CICERO:
EPISTULAE AD
FAMILIARES

EDITED BY
D. R. SHACKLETON BAILEY

VOLUME II
47–43 B.C.

CAMBRIDGE UNIVERSITY PRESS

CAMBRIDGE

LONDON · NEW YORK · MELBOURNE

Published by the Syndics of the Cambridge University Press
The Pitt Building, Trumpington Street, Cambridge CB2 1RP
Bentley House, 200 Euston Road, London NW1 2DB
32 East 57th Street, New York, NY 10022, USA
296 Beaconsfield Parade, Middle Park, Melbourne 3206, Australia

Library of Congress catalogue card number: 76-11079

ISBN 0 521 21151 4

First published 1977

Printed in Great Britain at the
University Press, Cambridge

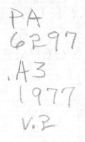

CONTENTS

3 Haec igitur est nunc vita nostra: mane salutamus domi et bonos viros multos, sed tristis, et hos laetos victores, qui me quidem perofficiose et peramanter observant. ubi salutatio defluxit, litteris me involvo; aut scribo aut lego. veniunt etiam qui me audiunt quasi doctum hominem quia paulo 5 sum quam ipsi doctior. inde corpori omne tempus datur. patriam eluxi iam et gravius et diutius quam ulla mater unicum filium.

Sed cura, si me amas, ut valeas, ne ego te iacente bona tua comedim; statui enim tibi ne aegroto quidem parcere. 10

194 (IX.19)

Scr. Romae med. m. Sext., ut vid., an. 46

CICERO S.D. PAETO

1 Tamen a malitia non discedis? tenu⟨i⟩culo apparatu significas Balbum fuisse contentum. hoc videris dicere, cum reges tam sint continentes, multo magis consularis esse oportere. nescis me ab illo omnia expiscatum. recta enim a porta domum meam venisse ⟨scito⟩; neque hoc admiror 5 quod non suam potius sed illud, quod non ad suam. ego autem tribus primis verbis 'quid noster Paetus?' at ille 2 adiurans nusquam se umquam libentius. hoc si verbis adsecutus es, auris ad te adferam non minus elegantis; sin autem obsonio, peto a te ne pluris esse balbos quam disertos putes. me cottidie aliud ex alio impedit; sed si me expediero, ut in ista loca venire possim, non committam ut te sero a me 5 certiorem factum putes.

3, 9–10 sed...parcere *adfert Non., p. 118 Lindsay* 10 comedim *M, Non.*: com(m)edam *DH*: commede' *V*
Ep. 194 Ω = *MVDH*] paeto *ind. MH*: l. papirio paeto Ω **1,** 1 a *ind. MH*: om. Ω tenuiculo ς: tenuc- (*MV*) *vel peiora* Ω 4 enim] eum *Lambinus* 5 venisse scito *Sjögren*: uenisse Ω: venit ς: venit ipse *Vallot* 7 tribus primis *M*: p- t- χ 8 adiurans χ: ati- *M* umquam *vel* unq- χ: eum q- *M* **2,** 4 me expediero *MV*: e- me *DH*

195 (IX.17)

Scr. Romae ex. m. Sext. vel in. Sept., ut vid., an. 46

CICERO PAETO

1 Non tu homo ridiculus es qui, cum Balbus noster apud te
fuerit, ex me quaeras quid de istis municipiis et agris futurum
putem? quasi aut ego quicquam sciam quod iste nesciat aut,
si quid aliquando scio, non ex isto soleam scire! immo vero,
si me amas, tu fac ut sciam quid de nobis futurum sit. 5
habuisti enim in tua potestate ex quo vel ex sobrio vel certe
ex ebrio scire posses. sed ego ista, mi Paete, non quaero;
primum quia de lucro prope iam quadriennium vivimus, si
aut hoc lucrum est aut haec vita, superstitem rei publicae
vivere; deinde quod scire quoque mihi videor quid futurum 10
sit. fiet enim quodcumque volent qui valebunt; valebunt
autem semper arma. satis igitur nobis esse debet quicquid
conceditur. hoc si qui pati non potuit, mori debuit.

2 Veientem quidem agrum et Capenatem metiuntur. hoc
non longe abest a Tusculano; nihil tamen timeo. fruor dum
licet, opto ut semper liceat; si id minus contigerit, tamen,
quoniam ego vir fortis idemque philosophus vivere pul-
cherrimum duxi, non possum eum non diligere cuius 5
beneficio id consecutus sum. qui si cupiat esse rem publicam
qualem fortasse et ille vult et omnes optare debemus, quid
faciat tamen non habet; ita se cum multis colligavit.

3 Sed longius progredior; scribo enim ad te. hoc tamen scito,
non modo me, qui consiliis non intersum, sed ne ipsum
quidem principem scire quid futurum sit; nos enim illi
servimus, ipse temporibus. ita nec ille quid tempora postu-
latura sint nec nos quid ille cogitet scire possumus. 5

4 Haec tibi antea non rescripsi, non quo cessator esse

Ep. 195 Ω = *MVDH*] PAETO *ind. MH*: 1. papirio paeto (-rio S | Peto
V) Ω   **1,** 1 non Ω: ne *Gronovius*   **2,** 1 ueientem *M*: ueye- *V*: uele-
DH   4 idemque ς: -m quod Ω   7 quid] qua id *Tyrrell–Purser*: qui
id *Vallot*   **3,** 4 ipse *M, V* (*sic*), *H*: ille *D*

solerem, praesertim in litteris, sed, cum explorati nihil haberem, nec tibi sollicitudinem ex dubitatione mea nec spem ex adfirmatione adferre volui. illud tamen adscribam, quod est verissimum, me his temporibus adhuc de isto 5 periculo nihil audisse. tu tamen pro tua sapientia debebis optare optima, cogitare difficillima, ferre quaecumque erunt.

196 (IX.15)

Scr. Romae fort. m. interc. priore an. 46

CICERO PAETO S.

1 Duabus tuis epistulis respondebo: uni quam quadriduo ante acceperam a Zetho, alteri quam attulerat Phileros tabellarius.

Ex prioribus tuis litteris intellexi pergratam tibi esse curam meam valetudinis tuae, quam tibi perspectam esse gaudeo; sed mihi crede, non perinde ut est reapse ex litteris 5 perspicere potuisti. nam cum a satis multis (non enim possum aliter dicere) et coli me videam et diligi, nemo est illorum omnium mihi te iucundior. nam quod me amas, quod id et iam pridem et constanter facis, est id quidem magnum atque haud scio an maximum, sed tibi commune cum multis; quod 10 tu ipse tam amandus es tamque dulcis tamque in omni 2 genere iucundus, id est proprie tuum. accedunt non Attici sed salsiores quam illi Atticorum Romani veteres atque urbani sales. ego autem (existimes licet quidlibet) mirifice capior facetiis, maxime nostratibus, praesertim cum

---

4, 4 adscribam *M, H (sed post* verissimum): assc- *V*: ad te sc- *D*   6 tua sapientia *MV*: s- tua *H*: tua prudentia *D*
Ep. 196 Ω = *MVDH*] **1**, 1 quadriduo *MV*: quatr. *M²V¹D*: tr- *H*
2 a zetho (az- *V*) *MV*: a re- *D*: ale- *H*   Phileros ς: pil- (pyl- *V*) Ω
3–4 esse...tibi (esse *om. H*) χ: *om. M*   4 perspectam *DH*: -tum *MV*
5 reapse ς: reabse *M*: res ab se *V*: re ipsa *DH*   8 *anne* quod-
⟨que⟩ id *?*   8–9 et iampridem ς: etiam p- Ω   **2**, 3 quidlibet
(-lubet *M*) *MVD*: quod l- *H*   4 facetiis *M³D*: fac et his *MV*: facetus *H*

eas videam primum oblitas †latio†, tum cum in urbem 5
nostram est infusa peregrinitas, nunc vero etiam bracatis et
Transalpinis nationibus * * * ut nullum veteris leporis
vestigium appareat. itaque te cum video, omnis mihi
Granios, omnis Lucilios, vere ut dicam, Crassos quoque et
Laelios videre videor. moriar si praeter te quemquam 10
reliquum habeo in quo possim imaginem antiquae et
vernaculae festivitatis agnoscere. ad hos lepores cum amor
erga me tantus accedat, miraris me tanta perturbatione
valetudinis tuae tam graviter exanimatum fuisse?

3 Quod autem altera epistula purgas te non dissuasorem
mihi emptionis Neapolitanae fuisse sed auctorem commorationis urbanae, neque ego aliter accepi ⟨et⟩ intellexi
tamen idem quod his intellego litteris, non existimasse te
mihi licere, id quod ego arbitrabar, res has non omnino 5
quidem sed magnam partem relinquere. Catulum mihi narras
et illa tempora. quid simile? ne mi quidem ipsi tunc placebat
diutius abesse ab rei publicae custodia; sedebamus enim in
puppi et clavum tenebamus. nunc autem vix est in sentina
4 locus. an minus multa senatus consulta futura putas si ego 10
sim Neapoli? Romae cum sum et urgeo forum senatus
consulta scribuntur apud amatorem tuum, familiarem meum;
et quidem, cum in mentem venit, ponor ad scribendum et
ante audio senatus consultum in Armeniam et Syriam esse 5
perlatum, quod in meam sententiam factum esse dicatur,
quam omnino mentionem ullam de ea re esse factam. atque
hoc nolim me iocari putes. nam mihi scito iam a regibus
ultimis adlatas esse litteras quibus mihi gratias agant quod
se mea sententia reges appellaverim, quos ego non modo 10
reges appellatos sed omnino natos nesciebam.

---

5 latio Ω: Lati *Madvig*: luto *Hirschfeld*: *removendum potius censeo*   6 etiam
MVD: *om.* *H*: etiam in *Madvig*   7 *lac. indicavi, de qua supplenda vide
comm.*   9 granios *MH*: graios *V*: grachos *D*   12 festiuitatis *M³VH*:
et f- *MD*   ad χ: at *M*   **3**, 2–3 commorationis *Manutius*: modera-
Ω   3 urbanae *M*: -ne χ (*sed ae nusquam fere exhibent VD*), *Madvig*
(*post* moderat- *commate distinguens*)   et *add. Nipperdey*

5   Quid ergo est? tamen, quam diu hic erit noster hic praefectus moribus, parebo auctoritati tuae. cum vero aberit, ad
fungos me tuos conferam. domum si habebo, in denos dies
singulos sumptuariae legis dies conferam; sin autem minus
invenero quod placeat, decrevi habitare apud te; scio enim 5
me nihil tibi gratius facere posse. domum Sullanam despera-
bam iam, ut tibi proxime scripsi, sed tamen non abieci. tu
velim, ut scribis, cum fabris eam perspicias. si enim nihil est
in parietibus aut in tecto viti, cetera mihi probabuntur.

197 (IX.26)

Scr. Romae med. m. interc. post., ut vid., an. 46

CICERO PAETO S.D.

1 Accubueram hora nona cum ad te harum exemplum in
codicillis exaravi. dices 'ubi?' apud Volumnium Eutrapelum,
et quidem supra me Atticus, infra Verrius, familiares tui.
miraris tam exhilaratam esse servitutem nostram? quid ergo
faciam? te consulo, qui philosophum audis. angar, excruciem 5
me? quid adsequar? deinde, quem ad finem? 'vivas' inquis
'in litteris.' an quicquam me aliud agere censes aut posse
vivere nisi in litteris viverem? sed est earum etiam non
satietas sed quidam modus; a quibus cum discessi, etsi
minimum mihi est in cena, quod tu unum ζήτημα Dioni 10
philosopho posuisti, tamen quid potius faciam prius quam
me dormitum conferam non reperio.
2   Audi reliqua. infra Eutrapelum Cytheris accubuit. 'in eo
igitur' inquis 'convivio Cicero ille

   "quem aspectabant, cuius ob os Grai ora obvertebant
                    sua?"'

5, 2 parebo *D*¹: probo Ω   cum ϛ: quam Ω
Ep. 197 Ω = *MVDH*] **1**, 7 posse *Starker*: -em Ω   8 uiuerem *DH*:
-re *MV*   10 ζήτημα Dioni ϛ: zetem ạd- *MDH*: heret (s (?) *supra scr.*)
V: ζήτημα Sironi *T. Frank*   **2**, 3 aspectabant ϛ: -am *MVH, D*¹ *in marg.*:
expectabam *D* (*exp.*)   grai ora *Dᶜ*: grai (gray *V*) lora Ω

non mehercule suspicatus sum illam adfore. sed tamen ne 5
Aristippus quidem ille Socraticus erubuit cum esset obiectum
habere eum Laida. 'habeo' inquit, 'non habeor a Laide'
(Graece hoc melius; tu, si voles, interpretabere). me vero
nihil istorum ne iuvenem quidem movit umquam, ne nunc
senem. convivio delector; ibi loquor quod in solum, ut 10
3 dicitur, et gemitum [et] in risus maximos transfero. an tu id
melius qui etiam [in] philosophum irriseris, cum ille si quis
quid quaereret dixisset, cenam te quaerere a mane dixeris?
ille baro te putabat quaesiturum unum caelum esset an
innumerabilia. quid ad te? at hercule cena numquid ad te, 5
ibi praesertim?
4 Sic igitur vivitur. cottidie aliquid legitur aut scribitur.
dein, ne amicis nihil tribuamus, epulamur una non modo non
contra legem, si ulla nunc lex est, sed etiam intra legem, et
quidem aliquanto. qua re nihil est quod adventum nostrum
extimescas. non multi cibi hospitem accipies, multi ioci. 5

198 (IX.23)

Scr. in Cumano xiii Kal. Dec., ut vid., an. 46

CICERO PAETO

Heri veni in Cumanum, cras ad te fortasse; sed cum certum
sciam, faciam te paulo ante certiorem. etsi M. Caeparius,
cum mihi in silva Gallinaria obviam venisset quaesissemque
quid ageres, dixit te in lecto esse quod ex pedibus laborares.

---

5 ne χ: *om. M*   7 inquit ⟨Laida⟩ ς, *Wesenberg* ('*cur non addit* Laida *ante*
habeo*?' Purser*)   a Laide *removit Muretus*   8 interpretabere
M²DH: -auere *MV*   11 et *removit* ς   **3**, 2 in *removit Cratander*
cum Ω: et cum *Ernesti*: qui cum *Wesenberg*: cumque *Lehmann*   3 quid
H: quidquid (quicq- *VD*) *MVD*   5 at ς: ad *MV*: *om. DH*   numquid ς: non q- Ω   6 ibi ς: tibi *MVD*: *om. H*   **4**, 5 ioci *D*: loci
MVH
Ep. 198 Ω = *MVDH*] 1 heri *M³*χ, *ind. MH*: here *M*   2 etsi M. ς:
etsim *MV*: ut sis. *DH* (*codicum lectiones parum diligenter referunt edd.*)

tuli scilicet moleste, ut debui, sed tamen constitui ad te 5
venire, ut et viderem te et viserem et cenarem etiam; non
enim arbitror cocum etiam te arthriticum habere. exspecta
igitur hospitem cum minime edacem tum inimicum cenis
sumptuosis.

199 (VII.4)

Scr. in Cumano xiii Kal. Dec., ut vid., an. 46

M. CICERO S.D. M. MARIO

A.d. XIIII Kal. in Cumanum veni cum Libone tuo, vel
nostro potius. in Pompeianum statim cogito, sed faciam ante
te certiorem. te cum semper valere cupio tum certe dum hic
sumus; vides enim quanto post una futuri simus. qua re, si
quod constitutum cum podagra habes, fac ut in alium diem 5
differas. cura igitur ut valeas, et me hoc biduo aut triduo
exspecta.

200 (VII.28)

Scr. Romae m. Sext., ut vid., an. 46

M. CICERO S.D. CURIO

1 Memini cum mihi desipere videbare quod cum istis potius
viveres quam nobiscum. erat enim multo domicilium huius
urbis, cum quidem haec urbs, aptius humanitati et suavitati
tuae quam tota Peloponnesus, nedum Patrae. nunc contra et
vidisse mihi multum ⟨tum⟩ videris cum prope desperatis his 5
rebus te in Graeciam contulisti et hoc tempore non solum
sapiens qui hinc absis sed etiam beatus. quamquam quis qui
aliquid sapiat nunc esse beatus potest?

---

8 cum edacem tum minime *Tyrrell–Purser*
Ep. 199 Ω = *MGR*] 1 XIIII *Schiche*: VIIII Ω   4 quantum *olim
conieci, vix recte*   simus *Victorius*: sumus Ω
Ep. 200 Ω = *MGR*] **1**, 3 urbs *GR*: urps *M*: urbs fuit *Wesenberg*   5 tum
addidi

39

2 Sed quod tu, cui licebat, pedibus es consecutus, ut ibi esses 'ubi nec Pelopidarum' (nosti cetera), nos idem prope modum consequimur alia ratione. cum enim salutationi nos dedimus amicorum, quae fit hoc etiam frequentius quam solebat quod quasi avem albam videntur bene sentientem civem videre, 5 abdo me in bibliothecam. itaque opera efficio tanta quanta fortasse tu senties; intellexi enim ex tuo sermone quodam, cum meam maestitiam et desperationem accusares domi tuae, dicere te ex meis libris animum meum desiderare.

3 Sed mehercule et tum rem publicam lugebam, quae non solum a suis ⟨erga⟩ me sed etiam a meis erga se beneficiis erat mihi ⟨vita mea⟩ carior, et hoc tempore, quamquam me non ratio solum consolatur, quae plurimum debet valere, sed etiam dies, quae stultis quoque mederi solet, tamen doleo ita 5 rem communem esse dilapsam ut ne spes quidem melius aliquando fore relinquatur. nec vero nunc quidem culpa in eo est in cuius potestate omnia sunt, nisi forte id ipsum esse non debuit; sed alia casu, alia etiam [in] nostra culpa sic acciderunt ut de praeteritis non sit querendum. reliquam 10 spem nullam video. qua re ad prima redeo: sapienter haec reliquisti si consilio, feliciter si casu.

201 (V.13)

Scr., ut arbitror, Romae vel in Tusculano aestate vel autumno an. 46

M. CICERO S.D. L. LUCCEIO Q.F.

1 Quamquam ipsa consolatio litterarum tuarum mihi gratissima est (declarat enim summam benevolentiam coniunctam pari prudentia), tamen illum fructum ex iis litteris vel

---

2, 9 dicere Ω: *removit Graevius:* discere *Madvig, infeliciter*   3, 2 a suis erga me *scripsi* (s- e- me ς): a me G: a suis R: *om.* M   a meis Ω: m- ς, *vulg.*   3 vita mea *add.* Wesenberg (vita *Kleyn*)   4 ualere GR: -ret M   5 quae stultis GR: quaestuitis M   9 in *removit* ς   10 de GR: *om.* M

maximum cepi, quod te praeclare res humanas contemnentem
et optime contra fortunam paratum armatumque cognovi; 5
quam quidem laudem sapientiae statuo esse maximam, non
aliunde pendere nec extrinsecus aut bene aut male vivendi
2 suspensas habere rationes. quae cogitatio, cum mihi non
omnino excidisset (etenim penitus insederat), vi tamen
tempestatum et concursu calamitatum erat aliquantum
labefactata atque convulsa; cui te opitulari et video et id
fecisse etiam proximis litteris multumque profecisse sentio. 5
itaque hoc saepius dicendum tibique non significandum
solum sed etiam declarandum arbitror, nihil mihi esse
potuisse tuis litteris gratius.

3 Ad consolandum autem cum illa valent quae eleganter
copioseque collegisti tum nihil plus quam quod firmitudinem
gravitatemque animi tui perspexi; quam non imitari turpissimum existimo. itaque hoc etiam fortiorem me puto quam
te ipsum, praeceptorem fortitudinis, quod tu mihi videris 5
spem non nullam habere haec aliquando futura meliora;
casus enim gladiatorii similitudinesque eae, tum rationes in
ea disputatione a te collectae vetabant me rei publicae penitus
diffidere. itaque alterum minus mirum, fortiorem te esse cum
aliquid speres; alterum mirum, spe ulla teneri. quid est enim 10
non ita adfectum ut id non deletum exstinctumque esse
fateare? circumspice omnia membra rei publicae, quae
notissima sunt tibi; nullum reperies profecto quod non
fractum debilitatumve sit. quae persequerer si aut melius ea
viderem quam tu vides aut commemorare possem sine 15
dolore, quamquam tuis monitis praeceptisque omnis est
abiciendus dolor.

4 Ergo et domestica feremus ut censes et publica paulo
etiam fortius fortasse quam tu ipse qui praecipis. te enim
aliqua spes consolatur, ut scribis, nos erimus etiam in

Ep. 201 Ω = *MGR*] **1**, 6 sapientiae statuo (*nisi quod* -iaest atuo) *M*:
-iae autumo *GR*   **2**, 4 ⟨nunc⟩ video *Wesenberg*   **3**, 4 itaque] atque
Ursinus, fort. recte   5 videris *Wesenberg*: -ere Ω   8 vetabant ς:
-bunt Ω

omnium desperatione fortes, ut tu tamen idem et hortaris et
praecipis. das enim mihi iucundas recordationes conscientiae 5
nostrae rerumque earum quas te in primis auctore gessimus.
praestitimus enim patriae non minus certe quam debuimus,
plus profecto quam est ab animo cuiusquam aut consilio
hominis postulatum.

5 Ignosces mihi de me ipso aliquid praedicanti; quarum
enim tu rerum cogitatione nos levari aegritudine voluisti
earum etiam commemoratione lenimur. itaque, ut mones,
quantum potero , me ab omnibus molestiis et angoribus
abducam transferamque animum ad ea quibus secundae res 5
ornantur, adversae adiuvantur, tecumque et ero tantum
quantum patietur utriusque aetas et valetudo et, si esse una
minus poterimus quam volemus, animorum tamen coniunctione iisdemque studiis ita fruemur ut numquam non una
esse videamur. 10

202 (IV.3)

Scr. Romae (?) parte pr. m. Sept., ut vid., vel fort. antea an. 46

M. CICERO S.D. SER. SULPICIO

1 Vehementer te esse sollicitum et in communibus miseriis
praecipuo quodam dolore angi multi ad nos cottidie deferunt.
quod quamquam minime miror et meum quodam modo
agnosco, doleo tamen te sapientia praeditum prope singulari
non tuis bonis delectari potius quam alienis malis laborare. 5
me quidem, etsi nemini concedo qui maiorem ex pernicie et
peste rei publicae molestiam traxerit, tamen multa iam

4, 4 omnium *Graevius*: omnibus Ω: omni *Streicher*   7 non minus] non
plus *Lambinus*: nos minus *vel* minus *ego olim*   **5,** 2 levari *Martyni-
Laguna*: -re Ω   3 *post* earum *in* M ea, *ut vid., erasum; quod etiam legi
pro* earum *poterat*   5 abducam ς: add- Ω   6 adiuuantur *GR*: adiua-
M, ut solet
Ep. 202 *M = MGR*] **1,** 5 delectari *GR*: -re *M*   5–6 laborare me
quidem *M³*: laborarem eq- *M*: laborare e- *GR*   7 iam *M*: me iam
GR

consolantur maximeque conscientia consiliorum meorum.
multo enim ante tamquam ex aliqua specula prospexi
tempestatem futuram, neque id solum mea sponte sed multo 10
etiam magis monente et denuntiante te. etsi enim afui
magnam partem consulatus tui, tamen et absens cogno-
scebam quae esset tua in hoc pestifero bello cavendo et
praedicendo sententia et ipse adfui primis temporibus tui
consulatus, cum accuratissime monuisti senatum collectis 15
omnibus bellis civilibus ut et illa timerent quae meminissent
et scirent, cum superiores nullo tali exemplo antea in re
publica cognito tam crudeles fuissent, quicumque postea rem
publicam oppressisset armis multo intolerabiliorem futurum.
nam quod exemplo fit id etiam iure fieri putant, sed aliquid 20
2 atque adeo multa addunt et adferunt de suo. qua re meminisse debes eos qui auctoritatem et consilium tuum non sint
secuti sua stultitia occidisse, cum tua prudentia salvi esse
potuissent.

Dices 'quid me ista res consolatur in tantis tenebris et 5
quasi parietinis rei publicae?' est omnino vix consolabilis
dolor. tanta est omnium rerum amissio et desperatio recipe-
randi. sed tamen et Caesar ipse ita de te iudicat et omnes cives
sic existimant, quasi lumen aliquod exstinctis ceteris elucere
sanctitatem et prudentiam et dignitatem tuam. haec tibi ad 10
levandas molestias magna esse debent. quod autem a tuis
abes, id eo levius ferendum est quod eodem tempore a multis
et magnis molestiis abes. quas ad te omnis perscriberem nisi
vererer ne ea cognosceres absens quae quia non vides mihi
videris melior⟨e⟩ esse condicione quam nos qui videmus. 15
3 Hactenus existimo nostram consolationem recte adhibitam
esse quoad certior ab homine amicissimo fieres iis de rebus
quibus levari possent molestiae tuae. reliqua sunt in te ipso
neque mihi ignota nec minima solacia, aut, ⟨ut⟩ quidem ego

---

20 sed *M*: ipsi *G*: ipse *R*   **2,** 5 me ista *GR*: mesta *M*   9 sic *GR*:
si *M*   15 meliore 5: -or Ω   **3,** 2 fieres iis de *R*: flere sihis de *M*:
flere de his *G*   4 aut ut *scripsi*: aut *MG*: ut *R*: et ut 5

sentio, multo maxima. quae ego experiens cottidie sic probo 5
ut ea mihi salutem adferre videantur. te autem ab initio
aetatis memoria teneo summe omnium doctrinarum studio-
sum fuisse omniaque quae a sapientissimis ad bene vivendum
tradita essent summo studio curaque didicisse. quae quidem
vel optimis rebus et usui et delectationi esse possent; his vero 10
temporibus habemus aliud nihil in quo acquiescamus. nihil
faciam insolenter neque te tali vel scientia vel natura praeditum hortabor ut ad eas te referas artis quibus a primis
4 temporibus aetatis studium tuum dedisti. tantum dicam,
quod te spero approbaturum, me, postea quam illi arti cui
studueram nihil esse loci neque in curia neque in foro
viderem, omnem meam curam atque operam ad philoso-
phiam contulisse. tuae scientiae excellenti ac singulari non 5
multo plus quam nostrae relictum est loci. qua re non equidem
te moneo, sed mihi ita persuasi, te quoque in isdem versari
rebus, quae etiam si minus prodessent, animum tamen
a sollicitudine abducerent.

Servius quidem tuus in omnibus ingenuis artibus in 10
primisque in hac in qua ego me scripsi acquiescere ita
versatur ut excellat. a me vero sic diligitur ut tibi uni
concedam, praeterea nemini, mihique ab eo gratia refertur.
in quo ille existimat, quod facile appareat, cum me colat et
observet, tibi quoque in eo se facere gratissimum. 15

203 (IV.4)

Scr. Romae ex. m. Sept. aut in. m. Oct. an. 46

M. CICERO S.D. SER. SULPICIO

1 Accipio excusationem tuam qua usus es cur saepius ad me
litteras uno exemplo dedisses, sed accipio ex ea parte
quatenus aut neglegentia aut improbitate eorum qui
epistulas accipiant fieri scribis ne ad nos perferantur; illam

---

4, 10 ingenuis *R*: -niis *MG*   12 excellat (-lleat *R*) *GR*: expe- *M*

partem excusationis qua te scribis orationis paupertate (sic 5
enim appellas) isdem verbis epistulas saepius mittere nec
nosco nec probo. et ego ipse, quem tu per iocum (sic enim
accipio) divitias orationis habere dicis, me non esse verborum
admodum inopem agnosco (εἰρωνεύεσθαι enim non necesse
est), sed tamen idem (nec hoc εἰρωνευόμενος) facile cedo 10
tuorum scriptorum subtilitati et elegantiae.

2 Consilium tuum quo te usum scribis hoc Achaicum
negotium non recusavisse, cum semper probavissem, tum
multo magis probavi lectis tuis proximis litteris. omnes enim
causae quas commemoras iustissimae sunt tuaque et auctoritate et prudentia dignissimae. quod aliter cecidisse rem 5
existimas atque opinatus sis, id tibi nullo modo adsentior.
sed quia tanta perturbatio et confusio est rerum, ita perculsa
et prostrata foedissimo bello iacent omnia ut is cuique locus
ubi ipse sit et sibi quisque miserrimus esse videatur, propterea
et tui consili paenitet te et nos qui domi sumus tibi beati 10
videmur, at contra nobis non tu quidem vacuus molestiis,
sed prae nobis beatus. atque hoc ipso melior est tua quam
nostra condicio quod tu quid doleat scribere audes, nos ne id
quidem tuto possumus; nec id victoris vitio, quo nihil
moderatius, sed ipsius victoriae, quae civilibus bellis semper 15
est insolens.

3 Uno te vicimus quod de Marcelli, collegae tui, salute
paulo ante quam tu cognovimus, etiam hercule quod quem
ad modum ea res ageretur vidimus. nam sic fac existimes,
post has miserias, id est postquam armis disceptari coeptum
sit de iure publico, nihil esse actum aliud cum dignitate. nam 5
et ipse Caesar, accusata acerbitate Marcelli (sic enim
appellabat) laudataque honorificentissime et aequitate tua
et prudentia, repente praeter spem dixit se senatui roganti

Ep. 203 Ω = *MGR*] **2,** 5 dignissim(a)e *GR*: et dignissime *M*   7 perculsa ς: -clusa Ω   9 et sibi *Lünemann*: ut s- *MG*: *om. R*   14 quo *GR*:
quod *M*   15 ⟨in⟩ civilibus *Boot*   **3,** 2 hercule ς: ercle *MR*: *om. G*:
mehercule ς   4 postquam *GR*: potest q- *M*   armis *M*: a- ciuilibus
GR   5 sit] est *Baiter*

de Marcello ne ominis quidem causa negaturum. fecerat
autem hoc senatus, ut, cum a L. Pisone mentio esset facta de 10
Marcello et C. Marcellus se ad Caesaris pedes abiecisset,
cunctus consurgeret et ad Caesarem supplex accederet. noli
quaerere: ita mihi pulcher hic dies visus est ut speciem
aliquam viderer videre quasi reviviscentis rei publicae.

4   Itaque, cum omnes ante me rogati gratias Caesari
egissent praeter Volcacium (is enim, si eo loco esset, negavit
se facturum fuisse), ego rogatus mutavi meum consilium;
nam statueram, non mehercule inertia sed desiderio pristinae
dignitatis, in perpetuum tacere. fregit hoc meum consilium 5
et Caesaris magnitudo animi et senatus officium; itaque
pluribus verbis egi Caesari gratias, meque metuo ne etiam
in ceteris rebus honesto otio privarim, quod erat unum
solacium in malis. sed tamen, quoniam effugi eius offensionem, qui fortasse arbitraretur me hanc rem publicam non 10
putare si perpetuo tacerem, modice hoc faciam aut etiam
intra modum, ut et illius voluntati et meis studiis serviam.
nam etsi a prima aetate me omnis ars et doctrina liberalis et
maxime philosophia delectavit, tamen hoc studium cottidie
ingravescit, credo, et aetatis maturitate ad prudentiam et iis 15
temporum vitiis ut nulla res alia levare animum molestiis
5 possit. a quo studio te abduci negotiis intellego ex tuis litteris,
sed tamen aliquid iam noctes te adiuvabunt.

Servius tuus, vel potius noster, summa me observantia
colit; cuius ego cum omni probitate summaque virtute tum
studiis doctrinaque delector. is mecum saepe de tua mansione 5
aut decessione communicat. adhuc in hac sum sententia,
nihil ut faciamus nisi quod maxime Caesar velle videatur.
res sunt eius modi ut, si Romae sis, nihil praeter tuos

---

9 ne ominis M^c (vel M^3) R: neominus M: ne omnis P: ne hominis G
11 C. Baiter: cum Ω: cum C. Klotz   4, 2 esset GR: esse M   9–12
sed tamen...serviam adfert Gell. xii.13.22   9–10 offensionem Ω:
occas- codd. Gell.   10 publicam Ω: imperite vel impertire codd. Gell.
5, 4 tum ς: tunc Ω

delectare possit. de reliquis nihil melius ipso est; ceteri et
cetera eius modi ut, si alterum utrum necesse sit, audire 10
ea malis quam videre. hoc nostrum consilium nobis minime
iucundum est, qui te videre cupimus; sed consulimus tibi.
Vale.

204 (XII.17)

Scr. Romae c. med. m. Sept. an. 46

CICERO S.D. CORNIFICIO COLLEGAE

1 Grata mihi vehementer est memoria nostri tua quam
significasti litteris; quam ut conserves, non quo de tua
constantia dubitem sed quia mos est ita rogandi, rogo.

Ex Syria nobis tumultuosiora quaedam nuntiata sunt,
quae, quia tibi sunt propiora quam nobis, tua me causa 5
magis movent quam mea. Romae summum otium est, sed ita
ut malis salubre aliquod et honestum negotium; quod spero
fore. video id curae esse Caesari.

2 Me ⟨s⟩cito, dum tu absis, quasi occasionem quandam et
licentiam nactum scribere audacius, et cetera quidem
fortasse quae etiam tu concederes, sed proxime scripsi de
optimo genere dicendi; in quo saepe suspicatus sum te
a iudicio nostro, sic scilicet ut doctum hominem ab non 5
indocto, paulum dissidere. huic tu libro maxime velim ex
animo, si minus, gratiae causa suffragere. dicam tuis ut eum,
si velint, describant ad teque mittant. puto enim, etiam si
rem minus probabis, tamen in ista solitudine quicquid a me
profectum sit, iucundum tibi fore. 10

---

9 possit *M¹*: -is Ω   ceteri et *M*: cesare et *G*: cesare *R* (ipso est Caesare,
cetera sunt *edd. plerique*): *removit Boot*   10 cetera *M*: -a sunt *GR*
11 ea *McGR*: a *M*
Ep. 204 Ω = *MVDH*] **1,** 5 tibi sunt *MV*: s- t- *DH*   7 et honestum
DH: exh- *MV*   8-**2,** 1 Caesari. me scito ϛ: c(a)esa. me cito *MV*: -ari.
merito *DH*   **2,** 4-5 te a *M*: ter *V* (*sic*): te *DH*   7 suffragere *M*:
-gare χ

3 Quod mihi existimationem tuam dignitatemque commendas, facis tu quidem omnium more, sed velim sic existimes,
me, cum amori quem inter nos mutuum esse intellegam
plurimum tribuam, tum de summo ingenio et de studiis tuis
optimis et de spe amplissimae dignitatis ita iudicare ut 5
neminem tibi anteponam, comparem paucos.

205 (XII.18)

Scr. Romae ex. m. Sept. vel in. Oct. an. 46

CICERO S.D. CORNIFICIO COLLEGAE

1 Quod extremum fuit in ea epistula quam a te proxime accepi
ad id primum respondebo; animum adverti enim hoc vos
magnos oratores facere non numquam. epistulas requiris
meas; ego autem numquam, cum mihi denuntiatum esset
a tuis ire aliquem, non dedi. 5

Quod mihi videor ex tuis litteris intellegere, te nihil commissurum esse temere nec ante quam scisses quo iste nescio
qui Caecilius Bassus erumperet quicquam certi constituturum,
id ego et speraram prudentia tua fretus et ut confiderem
fecerunt tuae gratissimae mihi litterae; idque ut facias quam 10
saepissime, ut et quid tu agas et quid agatur scire possim et
etiam quid acturus sis, valde te rogo.

Etsi periniquo patiebar animo te a me digredi, tamen eo
tempore me consolabar quod et in summum otium te ire
arbitrabar et ab impendentibus magnis negotiis discedere. 15
2 utrumque contra accidit; istic enim bellum est exortum, hic
pax consecuta, sed tamen eius modi pax in qua, si adesses,
multa te non delectarent, ea tamen quae ne ipsum Caesarem
quidem delectant. bellorum enim civilium ii semper exitus
sunt ut non ea solum fiant quae velit victor sed etiam ut iis 5
mos gerendus sit quibus adiutoribus sit parta victoria.
equidem sic iam obdurui ut ludis Caesaris nostri animo

3, 3 me cum amori (-re *H*) *DH*: mecum mori *MV*   intelligo ς

aequissimo viderem T. Plancum, audirem Laberi et
Publi⟨l⟩i poemata.

Nihil mihi tam deesse scito quam quicum haec familiariter 10
docteque rideam. is tu eris si quam primum veneris; quod ut
facias non mea solum sed etiam tua interesse arbitror.

206 (XII.19)

Scr. Romae c. m. Dec. an. 46

CICERO CORNIFICIO S.

1 Libentissime legi tuas litteras, in quibus iucundissimum mihi
fuit quod cognovi meas tibi redditas esse. non enim dubitabam
quin eas libenter lecturus esses; verebar ut redderentur.

Bellum quod est in Syria Syriamque provinciam tibi
tributam esse a Caesare ex tuis litteris cognovi. eam rem tibi 5
volo bene et feliciter evenire; quod ita fore confido fretus et
2 industria et prudentia tua. sed de Parthici belli suspicione
quod scribis sane me commovit. quid enim copiarum haberes
cum ipse coniectura consequi poteram tum ex tuis litteris
cognovi. itaque opto ne se illa gens moveat hoc tempore, dum
ad te legiones eae perducantur quas audio duci. quod si 5
paris copias ad confligendum non habebis, non te fugiet uti
consilio M. Bibuli, qui se oppido munitissimo et copiosissimo
tam diu tenuit quam diu in provincia Parthi fuerunt.

3 Sed haec melius ex re et ex tempore constitues. mihi
quidem usque curae erit quid agas dum quid egeris sciero.
litteras ad te numquam habui cui darem quin dederim; a te
ut idem facias peto, in primisque ut ita ad tuos scribas ut me
tuum sciant esse. 5

Ep. 205 Ω = *MVDH*] **2**, 9 Publili *Sillig et Wölfflin*: publii Ω
Ep. 206 Ω = *MVDH; accedit L ex §1, 5* tributam] **1**, 5 eam *Lambinus*:
eadem *M*: eandem χ*L*: eam quidem *Ernesti*   6 bene Ω: et b- *L*
2, 2 quid enim *DH*: q- e- commouit *V*: quantum *P²L*: *om. M*   4 itaque *MDH*: ita *VL*   8 parthi *DHL*: pharti *MV*   **3**, 1 haec ⟨tu⟩
Wesenberg   2 usque ⟨eo⟩ *Cobet*   erit *ML*: eris χ

Scr. Romae fort. in. m. Dec. an. 46

M. CICERO S.D. C. TREBONIO

1 Et epistulam tuam legi libenter et librum libentissime; sed
tamen in ea voluptate hunc accepi dolorem quod, cum
incendisses cupiditatem meam consuetudinis augendae
nostrae (nam ad amorem quidem nihil poterat accedere),
tum discedis a nobis meque tanto desiderio adficis ut unam 5
mihi consolationem relinquas, fore ut utriusque nostrum
absentis desiderium crebris et longis epistulis leniatur. quod
ego non modo de me tibi spondere possum sed de te etiam
mihi. nullam enim apud me reliquisti dubitationem quantum
2 me amares. nam ut illa omittam quae civitate teste fecisti, 10
cum mecum inimicitias communicavisti, cum me contionibus
tuis defendisti, cum quaestor in mea atque in publica causa
consulum partis suscepisti, cum tribuno plebis quaestor non
paruisti, cui tuus praesertim collega pareret; ut haec recentia, 5
quae meminero semper, obliviscar, quae tua sollicitudo de me
in armis, quae laetitia in reditu, quae cura, qui dolor cum
ad te curae et dolores mei perferrentur, Brundisium denique
te ad me venturum fuisse nisi subito in Hispaniam missus
esses – ut haec igitur omittam, quae mihi tanti aestimanda 10
sunt quanti vitam aestimo et salutem meam: liber iste quem
mihi misisti quantam habet declarationem amoris tui!
primum quod tibi facetum videtur quicquid ego dixi, quod
alii fortasse non item; deinde quod illa, sive faceta sunt sive
sic, fiunt narrante te venustissima, quin etiam ante quam ad 15
3 me veniatur risus omnis paene consumitur. quod si in iis
scribendis nihil aliud nisi, quod necesse fuit, de uno me tam
diu cogitavisses, ferreus essem si te non amarem; cum vero

Ep. 207 Ω = *MVDH(F)*] **1**, 1 libentissime (lub- *H*) χ: -mi *M*   6 relinquas (*sed ex* -ar, *ut vid.*) *D*: -ar *MVH*   **2**, 7 cum *M*: quam χ
8 perferrentur *MD*: -erentur *VH*   10 tanti *M*: -ta χ   12 quantam
VD: -tum *MH*   14 aliis *Cratander*   **3**, 2 de uno *bis M* (deuno)

ea quae scriptura persecutus es sine summo amore cogitare
non potueris, non possum existimare plus quemquam a se 5
ipso quam me a te amari. cui quidem ego amori utinam
ceteris rebus possem, amore certe respondebo, quo tamen
ipso tibi confido futurum satis.

4   Nunc ad epistulam venio; cui copiose et suaviter scriptae
nihil est quod multa respondeam. primum enim ego illas
Calvo litteras misi non plus quam has quas nunc legis
existimans exituras; aliter enim scribimus quod eos solos
quibus mittimus, aliter quod multos lecturos putamus. deinde 5
ingenium eius maioribus extuli laudibus quam tu id vere
potuisse fieri putas primum quod ita iudicabam. acute
movebatur, genus quoddam sequebatur in quo iudicio lapsus,
quo valebat, tamen adsequebatur quod probarat; multae
erant et reconditae litterae. vis non erat; ad eam igitur 10
adhortabar. in excitando autem et in acuendo plurimum
valet si laudes eum quem cohortere. habes de Calvo iudicium
et consilium meum; consilium, quod hortandi causa laudavi,
iudicium, quod de ingenio eius valde existimavi bene.

5   Reliquum est tuam profectionem amore prosequar,
reditum spe exspectem, absentem memoria colam, omne
desiderium litteris mittendis accipiendisque leniam. tu
velim tua in me studia et officia multum tecum recordere.
quae cum tibi liceat, mihi nefas sit oblivisci, non modo 5
virum bonum me existimabis verum etiam te a me amari
plurimum iudicabis.

Vale.

---

7 ceteris χ: certis M   quo MH: quod VD   8 ipso MVH: ipsi D
4, 5 mittimus χ: am- M   6 maioribus Ernesti: melio- Ω: amplio-
Orelli   7 iudicabam: acute edd. recc. plerique   9 malebat conieci
olim   probarat Nipperdey: -ret Ω   12 cohortere MV: -tare H:
-taro D   **5,** 2 absentiam Lambinus   4 recordere M: -dare χ

208 (XV.20)

Scr. Romae paulo post ep. superiorem

M. CICERO S.D. C. TREBONIO

1 'Oratorem' meum (sic enim inscripsi) Sabino tuo commendavi. natio me hominis impulit ut ei recte putarem, nisi
forte candidatorum licentia hic quoque usus hoc subito
cognomen arripuit; etsi modestus eius vultus sermoque
constans habere quiddam a Curibus videbatur. sed de 5
Sabino satis.

2 Tu, mi Treboni, quoniam ad amorem meum aliquantum
olei discedens addidisti, quo tolerabilius feramus igniculum
desideri tui crebris nos litteris appellato, atque ita si idem
fiet a nobis. quamquam duae causae sunt cur tu frequentior
in isto officio esse debeas quam nos: primum quod olim 5
solebant qui Romae erant ad provincialis amicos de re
publica scribere, nunc tu nobis scribas oportet (res enim
publica istic est); deinde quod nos aliis officiis tibi absenti
satis facere possumus, tu nobis nisi litteris non video qua re
alia satis facere possis. 10

3 Sed cetera scribes ad nos postea. nunc haec prima cupio
cognoscere, iter tuum cuius modi sit, ubi Brutum nostrum
videris, quam diu simul fueris; deinde, cum processeris
longius, de bellicis rebus, de toto negotio, ut existimare
possimus quo statu simus. ego tantum me scire putabo 5
quantum ex tuis litteris habebo cognitum.

Cura ut valeas meque ames amore illo tuo singulari.

Ep. 208 $\Omega = MVDH(F)$] **2,** 1 meum *MD*: nostrum *VH*   aliquantum
olei *Koch*: -tum olim Ω: -tulum *Lambinus*   10 alia χ: -as *M*   **3,**
1 prima χ: -mo *M*   6 habebo *MVH*[1]: -eo *DH*

209 (VII.23)

Scr. Romae m. Dec. an. 46

CICERO S.D. M. FABIO GALLO

1 Tantum quod ex Arpinati veneram cum mihi a te litterae
redditae sunt ab eodemque accepi Aviani litteras, in quibus
hoc inerat liberalissimum, nomina se facturum cum venisset
qua ego vellem die. fac, quaeso, qui ego sum esse te: estne aut
tui pudoris aut nostri primum rogare de die, deinde plus 5
annua postulare? sed essent, mi Galle, omnia facilia si et ea
mercatus esses quae ego desiderabam et ad eam summam
quam volueram. ac tamen ista ipsa quae te emisse scribis non
solum rata mihi erunt sed etiam grata. plane enim intellego
te non modo studio sed etiam amore usum quae te delectarint, 10
hominem, ut ego semper iudicavi, in omni iudicio elegantis-
2 simum, quae me digna putaris, coemisse. sed velim maneat
Damasippus in sententia; prorsus enim ex istis emptionibus
nullam desidero. tu autem, ignarus instituti mei, quanti ego
genus omnino signorum omnium non aestimo tanti ista
quattuor aut quinque sumpsisti. Bacchas istas cum Musis 5
Metelli comparas. quid simile? primum ipsas ego Musas
numquam tanti putassem atque id fecissem Musis omnibus
approbantibus, sed tamen erat aptum bibliothecae studiisque
nostris congruens; Bacchis vero ubi est apud me locus? at
pulchellae sunt. novi optime et saepe vidi. nominatim tibi 10
signa mihi nota mandassem si probassem. ea enim signa ego
emere soleo quae ad similitudinem gymnasiorum exornent
mihi in palaestra locum. Martis vero signum quo mihi pacis
auctori? gaudeo nullum Saturni signum fuisse; haec enim
duo signa putarem mihi aes alienum attulisse. Mercuri 15
mallem aliquod fuisset; felicius, puto, cum Avianio transigere
possemus.

Ep. 209 Ω = *MGR*] FADIO *Pighius, vulg.*   **1**, 6 postulare ς: -rent Ω
9 intellego *bis M*   **2**, 5 sumpsisti ς: -sisse Ω   8 erat *GR*: erant *M*,
quo servato ἄγαλμα *add. Orelli, alii alia*   16 facilius *Victorius*

3 Quod tibi destinaras trapezophorum, si te delectat, habebis; sin autem sententiam mutasti, ego habe⟨b⟩o scilicet. ista quidem summa ne ego multo libentius emerim deversorium Tarracinae, ne semper hospiti molestus sim. omnino liberti mei video esse culpam, cui plane res certas man- 5 daram, itemque Iuni, quem puto tibi notum esse, Aviani familiarem. exhedria quaedam mihi nova sunt instituta in porticula Tusculani. ea volebam tabellis ornare. etenim, si quid generis istius modi me delectat, pictura delectat. sed tamen si ista mihi sunt habenda, certiorem velim me facias 10 ubi, sint, quando arcessantur, quo genere vecturae. si enim Damasippus in sententia non manebit, aliquem Pseudodamasippum vel cum iactura reperiemus.

4 Quod ad me de domo scribis iterum, iam id ego proficiscens mandaram meae Tulliae; ea enim ipsa hora acceperam tuas litteras. egeram etiam cum tuo Nicia, quod is utitur, ut scis, familiariter Cassio. ut redii autem, priusquam tuas legi has proximas litteras, quaesivi de mea Tullia quid 5 egisset. per Liciniam se egisse dicebat (sed opinor Cassium uti non ita multum sorore); eam porro negare se audere, cum vir abesset (est enim profectus in Hispaniam Dexius), illo et absente et insciente migrare. est mihi gratissimum tanti a te aestimatam consuetudinem vitae victusque nostri 10 primum ut eam domum sumeres ut non modo prope me sed plane mecum habitare posses, deinde ut migrare tanto opere festines. sed ne vivam si tibi concedo ut eius rei tu cupidior sis quam ego sum. itaque omnia experiar. video enim quid mea intersit, quid utriusque nostrum. si quid 15 egero, faciam ut scias. tu et ad omnia rescribes et quando te exspectem facies me, si tibi videtur, certiorem.

3, 1 trapezophorum ς: trape zeph- *M, et sim. GR:* τραπεζοφόρον ς
2 habebo ς: -eo Ω   7 exhedria ς: ex(h)ad- Ω   **4,** 2 mandaram ς:
-dabam Ω   4 Crasso (*et* Crassum *infra*) *Manutius, haud absurde*
6 Liciniam ς: -nium (-num *G*) Ω   7 sorore; eam ς: -em eam *M*: -e
mea *G*: -em meam *R*   10 aestimatam ς: -atum Ω   16 faciam ut ς:
-iamus Ω   17 facies *M²GR*: -ias *M*   videbitur ς

210 (VII.26)

Scr. in Tusculano inter m. Oct. an. 46 et Febr. an. 45

CICERO S.D. GALLO

1 Cum decimum iam diem graviter ex intestinis laborarem neque iis qui mea opera uti volebant me probarem non valere quia febrim non haberem, fugi in Tusculanum, cum quidem biduum ita ieiunus fuissem ut ne aquam quidem gustarem. itaque confectus languore et fame magis tuum 5 officium desideravi quam a te requiri putavi meum. ego autem cum omnis morbos reformido tum ⟨eum in⟩ quo Epicurum tuum Stoici male accipiunt quia dicat στραγ-γουρικὰ καὶ δυσεντερικὰ πάθη sibi molesta esse; quorum alterum morbum edacitatis esse putant, alterum etiam 10 turpioris intemperantiae. sane δυσεντερίαν pertimueram; sed visa est mihi vel loci mutatio vel animi etiam relaxatio vel ipsa fortasse iam senescentis morbi remissio profuisse.

2 Ac tamen, ne mirere unde hoc acciderit quo modove commiserim, lex sumptuaria, quae videtur λιτότητα attulisse, ea mihi fraudi fuit. nam dum volunt isti lauti terra nata, quae lege excepta sunt, in honorem adducere, fungos, helvellas, herbas omnis ita condiunt ut nihil possit esse 5 suavius. in eas cum incidissem in cena augurali apud Lentulum, tanta me διάρροια arripuit ut hodie primum videatur coepisse consistere. ita ego, qui me ostreis et murenis facile abstinebam, a beta et a malva deceptus sum. posthac igitur erimus cautiores. 10

Tu tamen, cum audisses ab Anicio (vidit enim me nause-antem), non modo mittendi causam iustam habuisti sed

---

Ep. 210 Ω = *MGR*] **1**, 4 fuissem *GR*: -e *M*   5 languore *GR*: -em *M* 7 cum *GR*: quam *M*   eum in quo *scripsi*: quod Ω: quo *Manutius*: in quo ς: quo de (de quo *debuit*) *Krauss*   8–9 στραγγουρικὰ *Orelli*: γγουρικα *M*: 'ad στραγγουρικα *etiam GR ducere videntur*' *Mendelssohn* **2**, 5 heluellas *M*: uel uiles *GR*   7 διάρροια ς: διαγργα *M, corrupta etiam GR*

etiam visendi. ego hic cogito commorari quoad me reficiam.
nam et viris et corpus amisi; sed si morbum depulero, facile,
ut spero, illa revocabo. 15

211 (XIII.68)

Scr. Romae fort. m. Oct. an. 46

M. TULLIUS CICERO P. SERVILIO ISAURICO
PRO COS. COLLEGAE S.P.

1 Gratae mihi vehementer tuae litterae fuerunt, ex quibus
cognovi cursus navigationum tuarum; significabas enim
memoriam tuam nostrae necessitudinis, qua mihi nihil
poterat esse iucundius. quod reliquum est, multo etiam erit
gratius si ad me de re publica, id est de statu provinciae, de 5
institutis tuis, familiariter scribes. quae quamquam ex multis
pro tua claritate audiam, tamen libentissime ex tuis litteris
cognoscam.

2 Ego ad te de re publica summa quid sentiam non saepe
scribam propter periculum eius modi litterarum; quid
agatur autem scribam saepius. sperare tamen videor Caesari,
collegae nostro, fore curae et esse ut habeamus aliquam rem
publicam; cuius consiliis magni referebat te interesse. sed si 5
tibi utilius est, id est gloriosius, Asiae praeesse et istam partem
rei publicae male adfectam tueri, mihi quoque idem quod
tibi et laudi tuae profuturum est optatius debet esse.

3 Ego quae ad tuam dignitatem pertinere arbitrabor summo
studio diligentiaque curabo in primisque tuebor omni
observantia clarissimum virum, patrem tuum; quod et pro
vetustate necessitudinis et pro beneficiis vestris et pro
dignitate ipsius facere debeo. 5

Ep. 211 Ω = *MVDH*] **3**, 3 patrem tuum *MV*: t- p- *DH*

Scr. Romae autumno, ut vid., an. 46

M. CICERO S.D. P. SULPICIO IMP.

1 Cum his temporibus non sane in senatum ventitarem, tamen, ut tuas litteras legi, non existimavi me salvo iure nostrae veteris amicitiae multorumque inter nos officiorum facere posse ut honori tuo deessem. itaque adfui supplicationemque tibi libenter decrevi nec reliquo tempore ullo aut rei aut 5 existimationi aut dignitati tuae deero. atque hoc ut tui necessarii sciant, hoc me animo erga te esse, velim facias eos per litteras certiores, ut, si quid tibi opus sit, ne dubitent mihi iure suo denuntiare.

2 M. Bolanum, virum bonum et fortem et omnibus rebus ornatum meumque veterem amicum, tibi magno opere commendo. pergratum mihi feceris si curaris ut is intellegat hanc commendationem sibi magno adiumento fuisse, ipsumque virum optimum gratissimumque cognosces. pro- 5 mitto tibi te ex eius amicitia magnam voluptatem esse capturum.

3 Praeterea a te peto in maiorem modum pro nostra amicitia et pro tuo perpetuo in me studio ut in hac re etiam elabores: Dionysius, servus meus, qui meam bibliothecen multorum nummorum tractavit, cum multos libros surripuisset nec se impune laturum putaret, aufugit. is est in provincia tua. eum 5 et M. Bolanus, familiaris ⟨meus⟩, et multi alii Naronae viderunt, sed cum se a me manu missum esse diceret, crediderunt. hunc tu si mihi restituendum curaris, non possum dicere quam mihi gratum futurum sit. res ipsa parva

---

Ep. 212 Ω = MVDH] 1, 6 hoc ut *M*: hoc in *V*: ut hoc *DH*   2,
2 meumque *D*: reu- *M*: reru- *VH*   6 amicitia χ: -am *M*   3, 1 ate
M: te *VH* (magnam...amicitia *om. D*)   3 bibliothecen *MD*: -cam
VH: βιβλιοθήκην *Orelli*   4 nec *M*: et nec χ   6 meus *add.* ς (*ante*
fam- *Orelli, vulg.*)   8 tu si mihi *MV*: si tu m- *D*: tu m- *H*

sed animi mei dolor magnus est. ubi sit et quid fieri possit 10
Bolanus te docebit. ego, si hominem per te reciperaro,
summo me a te beneficio adfectum arbitrabor.

213 (XV.18)

Scr. Romae m. Dec. an. 46

M. CICERO S.D. C. CASSIO

1 Longior epistula fuisset nisi eo ipso tempore petita esset a me
cum iam iretur ad te, longior autem si φλύαρον aliquem
habuissem; nam σπουδάζειν sine periculo vix possumus.
'ridere igitur' inquies 'possumus?' non mehercule facillime;
verum tamen aliam aberrationem a molestiis nullam 5
habemus. 'ubi igitur' inquies 'philosophia?' tua quidem in
culina, mea molesta est; pudet enim servire. itaque facio
me alias res agere ne convicium Platonis audiam.
2 De Hispania nihil adhuc certi, nihil omnino novi. te
abesse mea causa moleste fero, tua gaudeo. sed flagitat
tabellarius. valebis igitur meque, ut a puero fecisti, amabis.

214 (XV.17)

Scr. Romae in. an. 45

M. CICERO C. CASSIO S.

1 Praeposteros habes tabellarios, etsi me quidem non offendunt;
sed tamen, cum a me discedunt, flagitant litteras, cum ad me
veniunt, nullas adferunt. atque id ipsum facerent commodius si mihi aliquid spati ad scribendum darent; sed
petasati veniunt, comites ad portam exspectare dicunt. ergo 5

Ep. 213 Ω = *MVDH(F)*] **1**, 2 autem si Ω: autem *Mendelssohn, alii alia*
3 habuissem *Lambinus*: -et Ω   7 molesta est (-tast *M*, -tia est *V*) Ω,
in quo multa multi hariolati sunt   **2**, 2 tua *M*: *om.* χ
Ep. 214 Ω = *MVDH(F)*] **1**, 5 petasati *M*: postea satis *V*: petunt
statim ut *DH*

ignosces: alteras iam habebis has brevis; sed exspecta
πάντα περὶ πάντων. etsi quid ego me tibi purgo, cum tui ad
me inanes veniant, ad te cum epistulis revertantur?

2   Nos hic, ut tamen ad te scribam aliquid, P. Sullam patrem
mortuum habebamus. alii a latronibus, alii cruditate
dicebant. populus non curabat; combustum enim esse
constabat. hoc tu pro tua sapientia feres aequo animo;
quamquam πρόσωπον πόλεως amisimus. Caesarem putabant 5
moleste laturum verentem ne hasta refrixisset. Mindius
Marcellus et Attius pigmentarius valde gaudebat se adver-
sarium perdidisse.

3   De Hispania novi nihil, sed exspectatio valde magna;
rumores tristiores sed ἀδέσποτοι. Pansa noster paludatus
a.d. III Kal. Ian. ⟨ita⟩ profectus est ut quivis intellegere
posset, id quod¦ tu nuper dubitare coepisti, τὸ καλὸν δι᾽
αὐτὸ αἱρετὸν esse. nam quod multos miseriis levavit et quod 5
se in his malis hominem praebuit, mirabilis eum virorum
bonorum benevolentia prosecuta est.

4   Tu quod adhuc Brundisii moratus es valde probo et gaudeo,
et mehercule puto te sapienter facturum si ἀκενόσπουδος
fueris; nobis quidem qui te amamus erit gratum. et amabo
te, cum dabis posthac aliquid domum litterarum, mei
memineris. ego numquam quemquam ad te, cum sciam, 5
sine meis litteris ire patiar.
    Vale.

---

6 iam χ: *om. M*   **2,** 1 ut χ: *om. M*   P. *Aldus*: d. Ω   2 cruditate
MD: crudeli- *VH*   6 hasta χ: asta *M*   7 marcellus Ω: macellarius
Weiske   etattius p- *M*: etatiui sp- *V*: et Atiuis p- *D*: ettuus p- *H*:
eatuus p- *F*   gaudebat *MV*: -bant *DF*: -bunt *H*   **3,** 3 K. Ian. ita
Mendelssohn, qui etiam K. ita: k(ł). ian. Ω: Kal. *Wesenberg*: *temporis notam
removit Stark*   **4,** 1 tu *M*: *om.* χ

Scr. Romae c. med. m. Ian. an. 45

M. CICERO S.D. C. CASSIO

1 Puto te iam suppudere quem haec tertia iam epistula ante
oppressit quam tu scidam aut litteram. sed non urgeo;
longiores enim ⟨ex⟩spectabo, vel potius exigam. ego, si
semper haberem cui darem, vel ternas in hora darem. fit
enim nescio qui ut quasi coram adesse videare cum scribo 5
aliquid ad te, neque id κατ' εἰδ⟨ώλ⟩ων φαντασίας, ut
dicunt tui amici novi, qui putant etiam διανοητικὰς
φαντασίας spectris Catianis excitari. nam, ne te fugiat,
Catius Insuber 'Επικούρειος, qui nuper est mortuus, quae
ille Gargettius et iam ante Democritus εἴδωλα, hic spectra 10
2 nominat. his autem spectris etiam si oculi possent feriri, quod
⟨pup⟩ulis ipsa incurrunt, animus qui possit ego non video;
doceas tu me oportebit cum salvus veneris. in meane potestate
ut sit spectrum tuum, ut, simul ac mihi collibitum sit de te
cogitare, illud occurrat? neque solum de te, qui mihi haeres 5
in medullis, sed si insulam Britanniam coepero cogitare, eius
εἴδωλον mihi advolabit ad pectus?
3 Sed haec posterius; tempto enim te quo animo accipias. si
enim stomachabere et moleste feres, plura dicemus postu-

Ep. 215 Ω = MVDH(F)] **1**, 1 quem *Gronovius*: cum Ω   tertia *MH*,
te ter- *VD*   2 oppressit *VH*: operissit *M*: oppresserit *D*, *fort. recte*
scidam *MV*: scedam *H*: cedulam *D*   2–3 sed…exigam *adfert*
Nonius, pp. 449 sq. Lindsay, additis quando hercle ego temere exigam, *post
lacunam, ut putavit Müller*   3 exspectabo ς: sp- Ω, *Non.*   4 haberem
χ: -re *M*   5 qui ς: quid Ω   6 κατ' εἰδώλων *Victorius*: κατειδων
MD (sic), et similia VH   9 Insuber *Manutius*: -uper Ω   'Επικούρειος
Manutius: epicureius Ω: -reus *vel* -rius *alii*   10 et iam ς: etiam Ω
11 nominat *MV*: -tus *DH*   **2**, 1 possent *MVH*: -sint *D*: -sunt
Wesenberg   2 pupulis *scripsi*, illis *etiam conieci*: uelis Ω: oculis *Castiglioni: multa et irrita alii, rationem prorsus non adsecuti*   incurrunt χ: cu-
M   4 ut (*prius*) *removit* ς, *vulg., sed locus recte distinguendo sanatus*
6 c(o)epero *DH*: coero *M*: coere *V*   **3**, 2 stomachabere *DF*: -chauere
MV: -chare *H*

labimusque ex qua αἱρέσει 'vi hominibus armatis' deiectus
sis in eam restituare. in hoc interdicto non solet addi 'in hoc
anno'. qua re, si iam biennium aut triennium est cum virtuti 5
nuntium remisisti delenitus illecebris voluptatis, in integro
res nobis erit.

Quamquam quicum loquor? cum uno fortissimo viro, qui,
postea quam forum attigisti, nihil fecisti nisi plenissimum
amplissimae dignitatis. in ista ipsa αἱρέσει metuo ne plus 10
nervorum sit quam ego putaram si modo eam tu probas.

'Qui ⟨i⟩d tibi in mentem venit?' inquies. quia nihil
habebam aliud quod scriberem. de re publica enim nihil
scribere possum. nec enim quod sentio libet scribere.

216 (xv.19)

Scr. Brundisii ex. m. Ian. an. 45

C. CASSIUS S.D. M. CICERONI

1 S. v. b.

Non mehercule in hac mea peregrinatione quicquam
libentius facio quam scribo ad te; videor enim cum praesente
loqui et iocari. nec tamen hoc usu venit propter spectra
Cati⟨a⟩na; pro quo tibi proxima epistula tot rusticos Stoicos 5
regeram ut Catium Athenis natum esse dicas.

2 Pansam nostrum secunda voluntate hominum paludatum
ex urbe exisse cum ipsius causa gaudeo tum mehercule etiam
omnium nostrum. spero enim homines intellecturos quanto
sit omnibus odio crudelitas et quanto amori probitas et
clementia, atque ea quae maxime mali petant et concupiscant 5

---

3 αἱρέσει *Orelli*: heresi Ω   5–6 iam...voluptatis *adfert Nonius, p. 427
Lindsay*   5 aut triennium *om. Non.*   9 postea ς: possessa Ω
11 putaram *Wesenberg*: -rim Ω   12 qui id *Schütz*: quid Ω
Ep. 216 Ω = *MVDH(F)*)] M. *ind. MH: om.* Ω   1, 5 Catiana ς:
catina Ω   2, 2 ex urbe χ: exur *M*   3 nostrorum *edd. non nulli
compendia in codd. male intellegentes*   4 omnibus ς: homin- Ω

ad bonos pervenire. difficile est enim persuadere hominibus τὸ καλὸν δι' αὐτὸ αἱρετὸν esse; ἡδονὴν vero et ἀτ⟨αρ⟩αξίαν virtute, iustitia, τῷ καλῷ parari et verum et probabile est. ipse enim Epicurus, a quo omnes Catii et Amafinii, mali verborum interpretes, proficiscuntur, dicit 'οὐκ 10

3 ἔστιν ἡδέως ἄνευ τοῦ καλῶς καὶ δικαίως ζῆν'. itaque et Pansa, qui ἡδονὴν sequitur, virtutem retinet et ii qui a vobis φιλήδονοι vocantur sunt φιλόκαλοι et φιλοδίκαιοι omnisque virtutes et colunt et retinent. itaque Sulla, cuius iudicium probare debemus, cum dissentire philosophos 5 videret, non quaesiit quid bonum esset ⟨s⟩ed omnia bona coemit. cuius ego mortem forti mehercules animo tuli. nec tamen Caesar diutius nos eum desiderare patietur (nam habet damnatos quos pro illo nobis restituat) nec ipse sectorem desiderabit cum filium viderit. 10

4 Nunc, ut ad rem publicam redeam, quid in Hispaniis geratur rescribe. peream nisi sollicitus sum; ac malo veterem et clementem dominum habere quam novum et crudelem experiri. scis Gnaeum quam sit fatuus, scis quo modo crudelitatem virtutem putet, scis quam se 5 semper a nobis derisum putet; vereor ne nos rustice gladio velit ἀντιμυκτηρίσαι. quid fiat, si me diligis, rescribe. hui, quam velim scire utrum ista sollicito animo an soluto legas! sciam enim eodem tempore quid me facere oporteat. 10

Ne longior sim, vale. me, ut facis, ama. si Caesar vicit, celeriter me exspecta.

---

7 ἀταραξίαν *Victorius*: αταξιαν *vel sim.* Ω   3, 1–2 et pansa *MV*: p-
DH   6 qu(a)esiit *MD*: qu(a)esiuit *VH*   sed *Lambinus*: et Ω
10 sectorem *M*: sert- *D*: sectat- *VH*   4, 4 Gnaeum *Bertotti*: cn. Ω:
Gnaeus *vulg.*   8 hui *M*: ut χ   ista χ: sta *M*

Scr. Romae in. an. 45

M. CICERO S.D. P. DOLABELLAE

1 Non sum ausus Salvio nostro nihil ad te litterarum dare; nec
mehercule habebam quid scriberem nisi te a me mirabiliter
amari, de quo etiam nihil scribente me te non dubitare
certo scio. omnino mihi magis litterae sunt exspectandae a te
quam a me tibi; nihil enim Romae geritur quod te putem 5
scire curare, nisi forte scire vis me inter Niciam nostrum
et Vidium iudicem esse. profert alter, opinor, duobus versiculis expensum Niciae, alter Aristarchus hos ὀβελίζει;
ego tamquam criticus antiquus iudicaturus sum utrum sint
τοῦ ποιητοῦ an παρεμβεβλημένοι. 10

2 Puto ⟨te⟩ nunc dicere 'oblitusne es igitur fungorum illorum
quos apud Niciam et ingentium †cularum cum sophia
septimae†?' quid ergo? tu adeo mihi excussam severitatem
veterem putas ut ne in foro quidem reliquiae pristinae frontis
appareant? sed tamen suavissimum συμβιωτὴν nostrum 5
praestabo integellum, nec committam ut, si ego eum con-
demnaro, tu restituas, ne ⟨non⟩ habeat Bursa Plancus apud
quem litteras discat.

3 Sed quid ago? cum mihi sit incertum tranquillone sis
animo an ut in bello in aliqua maiuscula cura negotiove
versere, labor longius. cum igitur mihi erit exploratum te
libenter esse risurum, scribam ad te pluribus. te tamen hoc
scire volo, vehementer populum sollicitum fuisse de P. 5
Sullae morte ante quam certum scierit. nunc quaerere

Ep. 217 Ω = *MVDH*] **1**, 1–10 nihil…τοῦ *adfert Suetonius, Gramm. 14*
7 uidium *M, Suet.*: uidicum *vel* iud- χ   **2**, 1 te *add. Aldus*   oblitusne
(-s ne *V*) χ: -tos ne *M*   2 cularum *MH*: iuncularum (*sed prius*
ingenti) *D*: ferculorum *V*: cochlearum ς: squillarum *Gronovius*: epularum
Moricca   2–3 sophia septim(a)e (-tume *DH*) Ω: sepia Septimiae
Gronovius, alii alia   4 quidem χ: *om. M*   7 ne non *Sedgwick*: ne Ω:
ut *Wesenberg*   **3**, 2 in aliqua *MV*: aut in a- *D*: ut in a- *H*

desierunt quo modo perierit; satis putant se scire quod sciunt.
ego ceteroqui animo aequo fero. unum vereor, ne hasta
Caesaris refrixerit.

218 (VI.18)

Scr. Romae m. Ian., ut vid., an. 45

CICERO LEPTAE

1 Simul accepi a Seleuco tuo litteras, statim quaesivi e Balbo
per codicillos quid esset in lege. rescripsit eos qui facerent
praeconium vetari esse in decurionibus; qui fecissent, non
vetari. qua re bono animo sint et tui et mei familiares. neque
enim erat ferendum, cum qui hodie haruspicinam facerent 5
in senatu⟨m⟩ Romae legerentur, eos qui aliquando praeconium fecissent in municipiis decuriones esse non licere.

2 De Hispaniis novi nihil. magnum tamen exercitum
Pompeium habere constat. nam Caesar ipse ad ⟨s⟩uos misit
exemplum Paciaeci litterarum in quo erat illas XI esse
legiones. scripserat etiam Messalla Q. Salasso P. Curtium,
fratrem eius, iussu Pompei inspectante exercitu interfectum, 5
quod consensisset cum Hispanis quibusdam, si in oppidum
nescio quod Pompeius rei frumentariae causa venisset, eum
comprehendere ad Caesaremque deducere.

3 De tuo negotio, quod sponsor es pro Pompeio, si Galba,
consponsor tuus, redierit, homo in re familiari non parum
diligens, non desinam cum illo communicare, si quid
expediri possit; quod videbatur mihi ille confidere.

4 'Oratorem' meum tanto opere a te probari vehementer
gaudeo. mihi quidem sic persuadeo, me quicquid habuerim
iudici de dicendo in illum librum contulisse. qui si est talis
qualem tibi videri scribis, ego quoque aliquid sum. sin aliter,

---

8 cetero qui *M*: -ra qui *M*²χ
Ep. 218 Ω = *MGR*] **1**, 1 simul *MR*: simulatque *G*, ind. *MG*, *vulg.*
6 senatum *Lambinus*: -tu Ω   **2**, 2 suos *Bücheler*: uos *M*: nos *GR*

non recuso quin quantum de illo libro tantundem de mei 5
iudici fama detrahatur. Leptam nostrum cupio delectari iam
talibus scriptis. etsi abest maturitas aetatis, tamen personare
auris eius huiusmodi vocibus non est inutile.

5   Me Romae tenuit omnino Tulliae meae partus. sed cum
ea, quem ad modum spero, satis firma sit, teneor tamen dum
a Dolabellae procuratoribus exigam primam pensionem. et
mehercule non tam sum peregrinator iam quam solebam.
aedificia mea me delectabant et otium: domus est quae nulli 5
mearum villarum cedat, otium omni desertissima regione
maius. itaque ne litterae quidem meae impediuntur, in
quibus sine ulla interpellatione versor. qua re, ut arbitror,
prius hic te nos quam istic tu nos videbis.

Lepta suavissimus ediscat Hesiodum et habeat in ore 10
'τῆς δ' ἀρετῆς ἱδρῶτα' et cetera.

219 (XVI.18)

Scr. Romae, ut vid., post m. Oct. an. 47

TULLIUS TIRONI S.

1 Quid igitur? non sic oportet? equidem censeo sic, addendum
etiam 'suo'. sed, si placet, invidia vitetur; quam quidem ego
saepe contempsi.

Tibi διαφόρησιν gaudeo profuisse; si vero etiam Tusculanum, di boni, quanto mihi illud erit amabilius! sed si me 5
amas, quod quidem aut facis aut perbelle simulas, quod tamen
in modum procedit – sed, ut⟨ut⟩ est, indulge valetudini
tuae; cui quidem tu adhuc, dum mihi deservis, servisti non
satis. ea quid postulet non ignoras: πέψιν, ἀκοπίαν,

4, 5 mei *M²R*: me *MG*   **7** tamen personare *Victorius*: iam inp- Ω
5, 5 delectabant *MG*: -tant *R*
Ep. 219 Ω = *MVDH(F)*] **1, 2** uitetur *M*: uide- *VH*: uince- *D*   **3** s(a)epe
MVH: semper *D, fort. recte, ut dixit Mendelssohn*   **5** dii boni *D*: dei b-
V: dei bonei *M*: deilionei *H*   **7** utut *Manutius*: ut ς

περίπατον σύμμετρον, τρῖψιν, εὐλυσίαν κοιλίας. fac 10
bellus revertare, ⟨ut⟩ non modo te sed etiam Tusculanum
nostrum plus amem.

2   Parhedrum excita ut hortum ipse conducat; sic holitorem
ipsum commovebis. Helico nequissimus HS ∞ dabat, nullo
aprico horto, nullo emissario, nulla maceria, nulla casa. iste
nos tanta impensa derideat? calface hominem, ut ego
3 Mothonem; itaque abutor coronis. de Crabra quid agatur, 5
etsi nunc quidem etiam nimium est aquae, tamen velim
scire. horologium mittam et libros, si erit sudum. sed tu
nullosne tecum libellos? an pangis aliquid Sophocleum? fac
opus appareat.   5
     A. Ligurius, Caesaris familiaris, mortuus est, bonus homo
et nobis amicus. te quando exspectemus fac ut sciam. cura
te diligenter.
     Vale.

220 (XVI.20)

Scr. paulo post ep. superiorem

TULLIUS TIRONI S.

Sollicitat, ita vivam, me tua, mi Tiro, valetudo. sed confido,
si diligentiam quam instituisti adhibueris, cito te firmum fore.
libros compone; indicem cum Metrodoro libebit, quoniam
eius arbitratu vivendum est. cum holitore ut videtur. tu
potes Kalendis spectare gladiatores, postridie redire, et ita 5
censeo; verum ut videbitur. cura te, si me amas, diligenter.
     Vale.

---

10 τριψιν χ: τρψιν *M*: τέρψιν ϛ, *sane fatue*   11 ut (*sed post* nostrum)
add. Orelli   **2**, 1 excita ut *M*: -aui χ   holitorem *DH*: -rum *MV*
3, 6 Aligurius *D*: aliguribus *MVH*
Ep. 220 Ω = *MVDH(F)*] tironi *MDH, ind. MH*: -ni suo *VF*

Scr. Romae c. m. Mai., ut vid., an. 46

CICERO DOMITIO

1 Non ea res me deterruit quo minus, postea quam in Italiam
venisti, litteras ad te mitterem quod tu ad me nullas miseras,
sed quia nec quid tibi pollicerer ipse egens rebus omnibus
nec quid suaderem, cum mihimet ipsi consilium deesset, nec
quid consolationis adferrem in tantis malis reperiebam. haec 5
quamquam nihilo meliora sunt nunc [etiam] atque etiam
multo desperatiora, tamen inanis esse meas litteras quam
nullas malui.

2 Ego si te intellegerem plus conatum esse suscipere rei
publicae causa muneris quam quantum praestare potuisses,
tamen, quibuscumque rebus possem, ad eam condicionem te
vivendi quae daretur quaeque esset hortarer. sed cum consili
tui bene fortiterque suscepti eum tibi finem statueris quem 5
ipsa Fortuna terminum nostrarum contentionum esse
voluisset, oro obtestorque te pro vetere nostra coniunctione
ac necessitudine proque summa mea in te benevolentia et
tua in me pari te ut nobis, parenti, coniugi, tuisque omnibus,
quibus es fuistique semper carissimus, salvum conserves, 10
incolumitati tuae tuorumque qui ex te pendent consulas,
quae didicisti quaeque ab adulescentia pulcherrime a sapientissimis viris tradita memoria et scientia comprehendisti
iis hoc tempore utare, quos coniunctos summa benevolentia
plurimisque officiis amisisti eorum desiderium, si non aequo 15
animo, at forti feras.

3 Ego quid possim nescio, vel potius me parum posse sentio.
illud tamen tibi polliceor, me quaecumque saluti dignitatique
tuae conducere arbitrabor tanto studio esse facturum quanto

Ep. 221 Ω = *MGR*] **1,** 4 deesset *GR*: desse *M*   6 etiam *removit*
Lambinus   **2,** 4 quaeque ς: quique *MG*: quaque *R*: quaecumque
Müller, fort. recte   11 ex te ς: e *M*: ex *G*: de (*ex* te) te *R*   15 amisisti
*M*³: m- Ω

semper tu et studio et officio in meis rebus fuisti. hanc meam
voluntatem ad matrem tuam, optimam feminam tuique 5
amantissimam, detuli. si quid ad me scripseris, ita faciam ut
te velle intellexero. sin autem tu minus scripseris, ego tamen
omnia quae tibi utilia esse arbitrabor summo studio
diligenterque curabo.

Vale. 10

222 (VI.10.4–6)

Scr. Romae fort. m. Sext. an. 46

⟨M. CICERO TREBIANO S.⟩

1 Antea misissem ad te litteras si genus scribendi invenirem.
tali enim tempore aut consolari amicorum est aut polliceri.
consolatione non utebar quod ex multis audiebam quam
fortiter sapienterque ferres iniuriam temporum quamque te
vehementer consolaretur conscientia factorum et consiliorum 5
tuorum. quod quidem si facis, magnum fructum studiorum
optimorum capis, in quibus te semper scio esse versatum,
idque ut facias etiam atque etiam te hortor.

2 Simul et illud tibi, homini peritissimo rerum et exemplorum
et omnis vetustatis, ne ipse quidem rudis sed et in studio
minus fortasse quam vellem et in rebus atque usu plus etiam
quam vellem versatus spondeo, tibi istam acerbitatem et
iniuriam non diuturnam fore. nam et ipse qui plurimum 5
potest cottidie magis mihi delabi ad aequitatem et ad †rerum†
naturam videtur et ipsa causa ea est ut iam simul cum re
publica, quae in perpetuum iacere non potest, necessario
reviviscat atque recreetur; cottidieque aliquid fit lenius et

---

Ep. 222 Ω = *MGR; accedit T usque ad* §*3, 2* polliceri] *novam ep. fecit Vic-*
torius; cum ep. 223 coniungunt ΩT   **1**, 8 idque. . .hortor *om. T*   **2**, 2 sed
et in *T:* sed in Ω, *vulg.*   3 uellem et ΩT: vellem *Orelli, vulg.*   5 diuturnam *T:* -ne Ω   6 magis mihi *T:* mihi Ω, *vulg.*   6–7 rerum
naturam ΩT: verum natura *Madvig: fort.* suam naturam   7 ut iam
Ω: ut *T*   8 in perpetuum iacere Ω: iacere diu *T*   9 atque Ω: et
aliquando *T*   lenius *T:* leuius Ω

liberalius quam timebamus. quae quoniam in temporum 10
inclinationibus saepe parvis posita sunt, omnia momenta
observabimus neque ullum praetermittemus tui iuvandi et
levandi locum.

3 Itaque illud alterum quod dixi litterarum genus cottidie
mihi, ut spero, fiet proclivius, ut etiam polliceri possim. id re
quam verbis faciam libentius. tu velim existimes et pluris te
amicos habere quam ⟨plerosque⟩ qui in isto casu sint ac
fuerint, quantum quidem ego intellegere potuerim, et me 5
concedere eorum nemini. fortem fac animum habeas et
magnum, quod est in uno te; quae sunt in fortuna temporibus
regentur et consiliis nostris providebuntur.

223 (VI.10.1–3)

Scr. Romae fort. m. Sept. an. 46

M. CICERO TREBIANO S.

1 Ego quanti te faciam semperque fecerim quantique me a te
fieri intellexerim sum mihi ipse testis. nam et consilium tuum,
vel casus potius, diutius in armis civilibus commorandi
semper mihi magno dolori fuit et hic eventus, quod tardius
quam est aequum et quam ego vellem reciperas fortunam et 5
dignitatem tuam, mihi non minori curae est quam tibi
semper fuerunt casus mei. itaque et Postumuleno et Sestio et
saepissime Attico nostro proximeque Theudae, liberto tuo,
totum me patefeci et haec iis singulis saepe dixi, quacumque
re possem, me tibi et liberis tuis satis facere cupere; idque tu 10
ad tuos velim scribas, haec quidem certe quae in potestate
mea sunt, ut operam, consilium, rem, fidem meam sibi ad

---

10 timebamus Ω: timemus *T*   12 obseruabimus *GRT*: -auimus *M*
iuuandi *GRT*: iua- *M, ut solet*   **3**, 2 ut etiam Ω: ut aliquid etiam *T*
4 plerosque *addidi*   5 potuerim Ω: potui *Wesenberg*
Ep. 223 Ω = *MGR; accedit T*] **1**, 1 quantique *RT*: -ti *M (in fine vers.)*,
G   5 aequum *M*: equum *GR*: aecum *T*   7–13 et Postumuleno...
putent *om. T*   9 h(a)ec Ω: hoc *Martyni-Laguna*   10 tuis *bis M*

2 omnis res paratam putent. si auctoritate et gratia tantum possem quantum in ea re publica de qua ita meritus sum posse deberem, tu quoque is esses qui fuisti, cum omni gradu amplissimo dignissimus tum certe ordinis tui facile princeps. sed quoniam eodem tempore eademque de causa nostrum 5 uterque cecidit, tibi et illa polliceor quae supra scripsi, quae sunt adhuc mea, et ea quae praeterea videor mihi ex aliqua parte retinere tamquam ex reliquiis pristinae dignitatis. neque enim ipse Caesar, ut multis rebus intellegere potui, est alienus a nobis et omnes fere familiarissimi eius 10 casu devincti magnis meis veteribus officiis me diligenter observant et colunt. itaque, si qui mihi erit aditus de tuis fortunis, id est de tua incolumitate, in qua sunt omnia, agendi, quod quidem cottidie magis ex eorum sermonibus adducor ut sperem, agam per me ipse et moliar. 15

3 Singula persequi non est necesse; universum studium meum et benevolentiam ad te defero. sed magni [mea] interest hoc tuos omnis scire, quod tuis litteris fieri potest ut intellegant, omnia Ciceronis patere Trebiano. hoc eo pertinet ut nihil existiment esse tam difficile quod non pro te mihi 5 susceptum iucundum sit futurum.

224 (VI.11)

Scr. fort. in Tusculano med. m. Iun. 45

M. CICERO S.D. TREBIANO

1 Dolabellam antea tantum modo diligebam, obligatus ei nihil eram; nec enim acciderat mihi ⟨opera ut eius⟩ opus

---

2, 3 deberem Ω*T*: debebam *Wesenberg* is *R*: eis *MG*: *om. T*
4 dignissimus Ω: dignus *T* 6–3, 4–5 tibi...pertinet ut *om. T*
2, 8 reliquiis *R*: -quis *M*: *om. G* 13 incolumitate *GR*: colom- *M*
3, 2 mea *removi* (*anne* nostra *?*) 5 nihil...pro te Ω: nihil erit saltem quod non pro te *T*, *sarciendi gratia* 6 iucundum sit futurum Ω: maximum semper ac iucundum futurum sit *T* (*vide comm.*)
Ep. 224 Ω = *MGR*] 1, 2 opera ut eius *addidi, Lehmann secutus* (opera eius ut)

esset et ille mihi debebat quod non defueram eius periculis.
nunc tanto sum devinctus eius beneficio, quod et antea in re
et hoc tempore in salute tua cumulatissime mihi satis fecit, 5
ut nemini plus debeam. qua in re tibi gratulor ita vehementer
ut te quoque mihi gratulari quam gratias agere malim;
alterum omnino non desidero, alterum vere facere poteris.

2 Quod reliquum est, quoniam tibi virtus et dignitas tua
reditum ad tuos aperuit, est tuae sapientiae magnitudinisque
animi quid amiseris oblivisci, quid reciperaris cogitare. vives
cum tuis, vives nobiscum. plus acquisisti dignitatis quam
amisisti rei familiaris; quae ipsa tum esset iucundior si ulla 5
res esset publica.

Vestorius, noster familiaris, ad me scripsit te mihi maximas
gratias agere. haec praedicatio tua mihi valde grata est
eaque te uti facile patior cum apud alios tum mehercule apud
Sironem, nostrum amicum. quae enim facimus ea prudentis- 10
simo cuique maxime probata esse volumus.

Te cupio videre quam primum.

225 (IV.13)

Scr. Romae fort. m. Sext. an. 46

M. CICERO S.D. P. FIGULO

1 Quaerenti mihi iam diu quid ad te potissimum scriberem
non modo certa res nulla sed ne genus quidem litterarum
usitatum veniebat in mentem. unam enim partem et consuetudinem earum epistularum quibus secundis rebus uti
solebamus tempus eripuerat, perfeceratque fortuna ne quid 5
tale scribere possem aut omnino cogitare. relinquebatur
triste quoddam et miserum et his temporibus consentaneum

---

3 eeí (*i.e.* esset) G: eē(*sic*) M, *sed, quod neglegunt edd., rasura sequente,*
ut esset *olim stetisse videatur*: eius G*ᶜ*(?), R   **2**, 5 amisisti M²R: adm- G:
m- M   tum MG: tam R: tamen *Lambinus*   10 ea R: eta M: a G
Ep. 225 Ω = MGR] **1**, 2 certa *bis* M   6 tale M: tibi tale GR

genus litterarum. id quoque deficiebat me, in quo debebat
esse aut promissio auxili alicuius aut consolatio doloris tui.
quid pollicerer non erat; ipse enim pari fortuna adfectus 10
aliorum opibus casus meos sustentabam, saepiusque mihi
veniebat in mentem queri quod ita viverem quam gaudere
quod viverem.

2   Quamquam enim nulla me ipsum privatim pepulit
insignis iniuria nec mihi quicquam tali tempore in mentem
venit optare quod non ultro mihi Caesar detulerit, tamen
†nihil† iis conficior curis ut ipsum quod maneam in vita
peccare me existimem. careo enim cum familiarissimis multis, 5
quos aut mors eripuit nobis aut distraxit fuga, tum omnibus
amicis quorum benevolentiam nobis conciliarat per me
quondam te socio defensa res publica, versorque in eorum
naufragiis et bonorum direptionibus nec audio solum, quod
ipsum esset miserum, sed etiam id ipsum video, quo nihil est 10
acerbius, eorum fortunas dissipari quibus nos olim adiutoribus illud incendium exstinximus; et in qua urbe modo gratia,
auctoritate, gloria floruimus in ea nunc his quidem omnibus
caremus. obtinemus ipsius Caesaris summam erga nos
humanitatem, sed ea plus non potest quam vis et mutatio 15
3 omnium rerum atque temporum. itaque orbus iis rebus
omnibus quibus et natura me et voluntas et consuetudo
adsuefecerat cum ceteris, ut quidem videor, tum mihi ipse
displiceo. natus enim ad agendum semper aliquid dignum
viro nunc non modo agendi rationem nullam habeo sed ne 5
cogitandi quidem; et qui antea aut obscuris hominibus aut
etiam sontibus opitulari poteram nunc P. Nigidio, uni
omnium doctissimo et sanctissimo et maxima quondam
gratia et mihi certe amicissimo, ne benigne quidem
polliceri possum.   10

---

10 quid Ω: quod *Victorius, vulg.*   adfectus *GR*: adiec- *M*: abiec- *P²*:
adflic- ς   **2**, 4 nihil eis Ω: nihilo minus eis ς: multeis *Klotz*: eis
Wesenberg: anne mihi crede, iis *?*   10 id ipsum *GR*: deipsum *M*: id
ipse *Orelli*   11 nos olim *GR*: non so- *M*   14 summam *GR*: -a *M*
15 et *R*: est *MG*   **3**, 3 tum *GR*: tunc *M*   10 possum *G*: -sim *MR*

4   Ergo hoc ereptum est litterarum genus. reliquum est ut
consoler et adferam rationes quibus te a molestiis coner
abducere. at ea quidem facultas vel tui vel alterius consolandi in te summa est, si umquam in ullo fuit. itaque eam
partem quae ab exquisita quadam ratione et doctrina 5
proficiscitur non attingam; tibi totam relinquam. quid sit
forti et sapienti homine dignum, quid gravitas, quid altitudo
animi, quid acta tua vita, quid studia, quid artes quibus
a pueritia floruisti a te flagitent, tu videbis. ego quod
intellegere et sentire, quia sum Romae et quia curo 10
attendoque, possum id tibi adfirmo, te in istis molestiis in
quibus es hoc tempore non diutius futurum, in iis autem in
quibus etiam nos sumus fortasse semper fore.

5   Video⟨r⟩ mihi perspicere primum ipsius animum qui
plurimum potest propensum ad salutem tuam. non scribo
hoc temere. quo minus familiaris sum, hoc sum ad investi-
gandum curiosior. quo facilius quibus est iratior respondere
tristius possit, hoc est adhuc tardior ad te molestia liberan- 5
dum. familiares vero eius, et ii quidem qui illi iucundissimi
sunt, mirabiliter de te et loquuntur et sentiunt. accedit
eodem vulgi voluntas, vel potius consensus omnium. etiam
illa quae minimum nunc quidem potest sed possit ⟨aliquando
aliquid⟩ necesse est, res publica, quascumque viris habebit, 10
ab his ipsis ⟨a⟩ quibus tenetur de te propediem, mihi crede,
impetrabit.

6   Redeo igitur ad id, ut iam tibi etiam pollicear aliquid,
quod primo omiseram. nam et complectar eius familiaris-
simos, qui me admodum diligunt multumque mecum sunt,
et in ipsius consuetudinem, quam adhuc meus pudor mihi
clausit, insinuabo et certe omnis vias persequar quibus 5
putabo ad id quod volumus perveniri posse. in hoc toto
genere plura faciam quam scribere audeo. cetera, quae tibi

4, 5 qu(a)e *M²GR*: qui *M*   **5**, 1 uideor 5̄: -eo Ω   9–10 aliquando
aliquid *addidi, alia (velut* plus iam, postea multum *ante* possit) *alii*
11 his] iis *vulg.*   a *add. Lambinus*   **6**, 1 pollicear *GR*: -at *M*
6 perveniri *Lambinus*: -ire Ω: -ire nos *vel* -ire me 5̄

a multis prompta esse certo scio, a me sunt paratissima. nihil
in re familiari mea est quod ego meum malim esse quam
tuum. hac de re et de hoc genere toto hoc scribo parcius quod 10
te id quod ipse confido sperare malo, te esse usurum tuis.

7 Extremum illud est, ut te orem et obsecrem animo ut
maximo sis nec ea solum memineris quae ab aliis magnis
viris accepisti sed illa etiam quae ipse ingenio studioque
peperisti. quae si colliges, et sperabis omnia optime et quae
accident, qualiacumque erunt, sapienter feres. sed haec tu 5
melius, vel optime omnium; ego quae pertinere ad te intellegam studiossime omnia diligentissimeque curabo tuorumque
tristissimo meo tempore meritorum erga me memoriam
conservabo.

226 (VI.12)

Scr. Romae fort. m. Sext. vel Sept. an. 46

CICERO AMPIO S.P.

1 Gratulor tibi, mi Balbe, vereque gratulor; nec sum tam
stultus ut te usura falsi gaudi frui velim, deinde frangi
repente atque ita cadere ut nulla res te ad aequitatem animi
possit postea extollere. egi tuam causam apertius quam mea
tempora ferebant. vincebatur enim fortuna ipsa debilitatae 5
gratiae nostrae tui caritate et meo perpetuo erga te amore
culto a te diligentissime. omnia promissa, confirmata, certa
et rata sunt quae ad reditum et ad salutem tuam pertinent.
vidi, cognovi, interfui.

2 Etenim omnis Caesaris familiaris satis opportune habeo
implicatos consuetudine et benevolentia sic ut, cum ab illo
discesserint, me habeant proximum. hoc Pansa, Hirtius,
Balbus, Oppius, Matius, Postum[i]us plane ita faciunt ut me

---

10 hac ς: ac *M*: ea *GR*   **7,** 1 orem *GR*: ortem *M*   4 optima
Madvig, fort. recte
Ep. 226 Ω = *MGR*] **2,** 4 Postumus *Wesenberg*: -mius Ω

unice diligant. quod si mihi per me efficiendum fuisset, non 5
me paeniteret pro ratione temporum ita esse molitum. sed
nihil est a me inservitum temporis causa, veteres mihi
necessitudines cum his omnibus intercedunt; quibuscum ego
agere de te non destiti. principem tamen habuimus Pansam,
tui studiosissimum, mei cupidum, qui valeret apud illum 10
non minus auctoritate quam gratia. Cimber autem ⟨T⟩illius
mihi plane satis fecit. valent tamen apud Caesarem non tam
ambitiosae rogationes quam necessariae; quam quia Cimber
habebat, plus valuit quam pro ullo alio valere potuisset.

3 Diploma statim non est datum quod mirifica est
improbitas in quibusdam, qui tulissent acerbius veniam tibi
dari quam illi appellant tubam belli civilis multaque ita
dicunt quasi non gaudeant id bellum incidisse. qua re visum
est occultius agendum neque ullo modo divulgandum de te 5
iam esse perfectum. sed id erit perbrevi, nec dubito quin
legente te has litteras confecta iam res futura sit. Pansa quidem
mihi, gravis homo et certus, non solum confirmavit verum
etiam recepit perceleriter se ablaturum diploma. mihi
tamen placuit haec ad te perscribi. minus enim te firmum 10
sermo Eppuleiae tuae lacrimaeque Ampiae declarabant quam
significant tuae litterae; atque illae arbitrabantur cum a te
abessent ipsae multo in graviore te cura futurum. qua re
magno opere ⟨e re⟩ putavi angoris et doloris tui levandi
causa pro certis ad te ea quae essent certa perscribi.   15

4 Scis me antea sic solitum esse scribere ad te magis ut
consolarer fortem virum atque sapientem quam ut exploratam spem salutis ostenderem, nisi eam quam ab ipsa re
publica, cum hic ardor restinctus esset, sperari oportere
censerem. recordare tuas litteras, quibus et magnum 5
animum mihi semper ostendisti et ad omnis casus ferendos
constantem ac paratum. quod ego non mirabar, cum

---

5 quod si mihi *R*: quid si m- *M*: quid m- si *G*   11 Tillius ς: ill- Ω
12 tamen] enim *Lambinus*   13 quas quia *Cratander*   **3**, 3 quam *MR*:
quem *G*   11 declarabant *R*: -buut (*sic*) *M*: -bĩ (*i.e.* -bunt) *G*
13 quare *P*²: quam Ω   14 e re *add. Gulielmius*: referre *Müller*

recordarer te et a primis temporibus aetatis in re publica
esse versatum et tuos magistratus in ipsa discrimina incidisse
salutis fortunarumque communium et in hoc ipsum bellum 10
esse ingressum non solum ut victor beatus sed etiam [ut], si ita
5 accidisset, victus ut sapiens esses. deinde, cum studium tuum
consumas in virorum fortium factis memoriae prodendis,
considerare debes nihil tibi esse committendum quam ob rem
eorum quos laudas te non simillimum praebeas.

Sed haec oratio magis esset apta ad illa tempora quae iam 5
effugisti. nunc vero tantum te para ad haec nobiscum
ferenda; quibus ego si quam medicinam invenirem, tibi
quoque eandem traderem. sed est unum perfugium doctrina
ac litterae, quibus semper usi sumus; quae secundis rebus
delectationem modo habere videbantur, nunc vero etiam 10
salutem.

Sed ut ad initium revertar, cave dubites quin omnia de
salute ac reditu tuo perfecta sint.

227 (VI.13)

Scr. Romae fort. m. Sext. vel Sept. an. 46

CICERO LIGARIO

1 Etsi tali tuo tempore me aut consolandi aut iuvandi tui causa
scribere ad te aliquid pro nostra amicitia oportebat, tamen
adhuc id non feceram, quia neque lenire videbar oratione
neque levare posse dolorem tuum. postea vero quam magnam
spem habere coepi fore ut te brevi tempore incolumem 5
haberemus, facere non potui quin tibi et sententiam et
voluntatem declararem meam.

2 Primum igitur scribam quod intellego et perspicio, non
fore in te Caesarem duriorem. nam et res eum cottidie et
dies et opinio hominum et, ut mihi videtur, etiam sua natura

4, 11 ut *hic removerunt alii, alii post* victus
Ep. 227 Ω = MGR] **1,** 3 feceram ς: -rim Ω

mitiorem facit; idque cum de reliquis sentio tum de te etiam
audio ex familiarissimis eius. quibus ego ex eo tempore quo 5
primum ex Africa nuntius venit supplicare una cum fratribus
tuis non destiti; quorum quidem et virtute et pietate et
amor⟨e⟩ in te singulari[s] et adsidua et perpetua cura salutis
tuae tantum proficit⟨ur⟩ ut nihil sit quod non ipsum
3 Caesarem tributurum existimem. sed si tardius fit quam 10
volumus, magnis occupationibus eius a quo omnia petuntur
aditus ad eum difficiliores fuerunt; et simul Africanae causae
iratior diutius velle videtur eos habere sollicitos a quibus se
putat diuturnioribus esse molestiis conflictatum. sed hoc 5
ipsum intellegimus eum cottidie remissius et placatius ferre.
qua re mihi crede et memoriae manda me tibi id adfirmasse,
te in istis molestiis diutius non futurum.

4   Quoniam quid sentirem exposui, quid velim tua causa re
potius declarabo quam oratione. etsi, ⟨si⟩ tantum possem
quantum in ea re publica de qua ita sum meritus ut tu existimas posse debebam, ne tu quidem in istis ⟨in⟩commodis
esses; eadem enim causa opes meas fregit quae tuam salutem 5
in discrimen adduxit. sed tamen, quicquid imago veteris
meae dignitatis, quicquid reliquiae gratiae valebunt, studium,
consilium, opera, gratia, ⟨res⟩, fides mea nullo loco deerit
tuis optimis fratribus.

5   Tu fac habeas fortem animum, quem semper habuisti:
primum ob eas causas quas scripsi, deinde quod ea ⟨de⟩ re
publica semper voluisti atque sensisti ut non modo nunc
secunda sperare debeas sed etiam si omnia adversa essent
tamen conscientia et factorum et consiliorum tuorum 5
quaecumque acciderent fortissimo et maximo animo ferre
deberes.

2, 8 amore...singulari *Orelli*: -r...-ris Ω   9 proficitur *Wesenberg*:
-cit Ω   **3,** I fit ς: sit *MG*: si *R*   5 putat *GR*: -ant *M*   **4,** I
velim ς: uellem Ω   2 etsi, si *scripsi*: et si Ω: si *Martyni-Laguna*
4 incommodis ς: com- Ω   8 gratia *removit Kayser*   res *add. Wesenberg*
5, 2 de *add.* ς   3 nunc *Lambinus*: cum *MR*: non *G*

228 (VI.14)

Scr. Romae ex. m. Nov. an. 46

CICERO LIGARIO

1 Me scito omnem meum laborem, omnem operam, curam,
studium in tua salute consumere. nam cum te semper
maxime dilexi tum fratrum tuorum, quos aeque atque te
summa benevolentia sum complexus, singularis pietas
amorque fraternus nullum me patitur offici erga te studique 5
munus aut tempus praetermittere. sed quae faciam fece-
rimque pro te ex illorum te litteris quam ex meis malo cognoscere. quid autem sperem, aut confidam et exploratum
habeam, de salute tua, id tibi a me declarari volo.

Nam si quisquam est timidus in magnis periculosisque 10
rebus semperque magis adversos rerum exitus metuens quam
sperans secundos, is ego sum et, si hoc vitium est, eo me non
2 carere confiteor. ego idem tamen, cum a.d. V Kal. intercalaris priores rogatu fratrum tuorum venissem mane ad
Caesarem atque omnem adeundi et conveniendi illius
indignitatem et molestiam pertulissem, cum fratres et
propinqui tui iacerent ad pedes et ego essem locutus quae 5
causa, quae tuum tempus postulabat, non solum ex oratione
Caesaris, quae sane mollis et liberalis fuit, sed etiam ex oculis
et vultu, ex multis praeterea signis, quae facilius perspicere
potui quam scribere, hac opinione discessi ut mihi tua salus
dubia non esset. 10

3 Quam ob rem fac animo magno fortique sis et, si turbidis-
sima sapienter ferebas, tranquilliora laete feras. ego tamen
tuis rebus sic adero ut difficillimis neque Caesari solum sed
etiam amicis eius omnibus, quos mihi amicissimos esse
cognovi, pro te, sicut adhuc feci, libentissime supplicabo. 5
Vale.

Ep. 228 Ω = *MGR*] **2**, 3 omnem *R*: ado- *MG*   4 fratres et *GR*: -re
sed *M*   9 hac opinione ς: hanc opinionem Ω

229 (IV.8)

Scr. Romae m. Sext., ut vid., an. 46

M. CICERO S.D. M. MARCELLO

1 Neque monere te audeo, praestanti prudentia virum, nec confirmare, maximi animi hominem unumque fortissimum, consolari vero nullo modo. nam si ea quae acciderunt ita fers ut audio, gratulari magis virtuti debeo quam consolari dolorem tuum; sin te tanta mala rei publicae frangunt, non 5 ita abundo ingenio ut te consoler, cum ipse me non possim. reliquum est igitur ut tibi me in omni re eum praebeam praestemque et ad omnia quae tui velint ita sim praesto ut me non solum omnia †debere tua causa sed causa† quoque etiam quae non possim putem. 10

2 Illud tamen vel tu me monuisse vel censuisse puta vel propter benevolentiam tacere non potuisse, ut, quod ego facio, tu quoque animum inducas, si sit aliqua res publica, in ea te esse oportere iudicio hominum reque principem, necessitate cedentem tempori; sin autem nulla sit, hunc 5 tamen aptissimum esse etiam ad exsulandum locum. si enim libertatem sequimur, qui locus hoc dominatu vacat? sin qualemcumque locum, quae est domestica sede iucundior? sed, mihi crede, etiam is qui omnia tenet favet ingeniis, nobilitatem vero et dignitates hominum, quantum ei res et 10 ipsius causa concedit, amplectitur.

Sed plura quam statueram. redeo e⟨r⟩go ad unum illud, me tuum esse; fore cum tuis, si modo erunt tui; si minus, me certe in omnibus rebus satis nostrae coniunctioni amorique facturum. 15

Vale.

Ep. 229 Ω = *MGR*] **1**, 2 unumque *M*: uirum- *GR*   7 re eum *M²*: reum *M*: re *GR*   8 et *Lambinus*: ut Ω   9 debere...causa] *ex coniecturarum turba quae minime displiceat in comm. quaere*   **2**, 1 vel tu ς: uultu *M*: multum *GR*   12 ergo ς: ego *M*: *om. GR*

230 (IV.7)

Scr. Romae fort. m. Sept. an. 46

M. CICERO S.D. M. MARCELLO

1 Etsi eo te adhuc consilio usum intellego ut id reprehendere non audeam, non quin ab eo ipse dissentiam sed quod ea te sapientia esse iudicem ut meum consilium non anteponam tuo, tamen et amicitiae nostrae vetustas et tua summa erga me benevolentia, quae mihi iam a pueritia tua cognita 5 est, me hortata est ut ea scriberem ad te quae et saluti tuae conducere arbitrarer et non aliena esse ducerem a dignitate.

2 Ego eum te esse qui horum malorum initia multo ante videris, consulatum magnificentissime atque optime gesseris, praeclare memini. sed idem etiam illa vidi, neque te consilium civilis belli ita gerendi nec copias Cn. Pompei nec genus exercitus probare semperque summe diffidere; qua in 5 sententia me quoque fuisse memoria tenere te arbitror. itaque neque tu multum interfuisti rebus gerendis et ego id semper egi ne interessem. non enim iis rebus pugnabamus quibus valere poteramus, consilio, auctoritate, causa, quae erant in nobis superiora, sed lacertis et viribus, quibus pares 10 non eramus. victi sumus igitur; aut, si vinci dignitas non potest, fracti certe et abiecti. in quo tuum consilium nemo potest non maxime laudare, quod cum spe vincendi simul abiecisti certandi etiam cupiditatem ostendistique sapientem et bonum civem initia belli civilis invitum suscipere, extrema 15 3 libenter non persequi. qui non idem consilium quod tu secuti sunt, eos video in duo genera esse distractos; aut enim renovare bellum conati sunt, ii qui se in Africam contulerunt, aut, quem ad modum nos, victori sese crediderunt. medium

---

Ep. 230 Ω = *MGR*] **1**, 3 iudico *Kleyn*   4 nostrae *M³GR*: tamen n- *M*   6 quae et *GR*: queut *M*   **2**, 1 malorum ϛ: maio- Ω   **3**, 4 victori sese *Victorius*: -ores esse *M*: -os se esse *GR*   dediderunt *Bentley*

quoddam tuum consilium fuit, qui hoc fortasse humilis 5
animi duceres, illud pertinacis.

Fateor a plerisque, vel dicam ab omnibus, sapiens tuum
consilium, a multis etiam magni ac fortis animi iudicatum.
sed habet ista ratio, ut mihi quidem videtur, quendam
modum, praesertim cum nihil tibi deesse arbitrer ad tuas 10
fortunas omnis obtinendas praeter voluntatem. sic enim
intellexi, nihil aliud esse quod dubitationem adferret ei penes
quem est potestas nisi quod vereretur ne tu illud beneficium
omnino non putares. de quo quid sentiam nihil attinet
4 dicere, cum appareat ipse quid fecerim. sed tamen, si iam 15
ita constituisses ut abesse perpetuo malles quam ea quae
nolles videre, tamen id cogitare deberes, ubicumque esses,
te fore in eius ipsius quem fugeres potestate. qui si facile
passurus esset te carentem patria et fortunis tuis quiete et 5
libere vivere, cogitandum tibi tamen esset Romaene et domi
tuae, cuicuimodi res esset, an Mitylenis aut Rhodi malles
vivere. sed cum ita late pateat eius potestas quem veremur
ut terrarum orbem complexa sit, nonne mavis sine periculo
tuae domi esse quam cum periculo alienae? equidem, etiam 10
si oppetenda mors esset, domi atque in patria mallem quam
in externis atque alienis locis.

Hoc idem omnes qui te diligunt sentiunt; quorum est
magna pro tuis maximis clarissimisque virtutibus multitudo.
5 habemus etiam rationem rei familiaris tuae, quam dissipari
nolumus. nam etsi nullam potest accipere iniuriam quae
futura perpetua sit, propterea quod neque is qui tenet rem
publicam patietur neque ipsa res publica, tamen impetum
praedonum in tuas fortunas fieri nolo. ii autem qui essent 5
auderem scribere nisi te intellegere confiderem.

6 Hic te unius sollicitudines, unius etiam multae et adsiduae
lacrimae, C. Marcelli, fratris optimi, deprecantur. nos cura

---

10 nihil tibi *G*: tibi (*exp. M³*) n- tibi *M*: t- n- *R*   deesse *M³GR*: dese *M*
4, 2 abesse *GR*: esse *M*   4 qui si ς: quasi Ω   5 esset te *M¹*:
essente *M*: -es te *GR*   7 cuicuimodi *Lambinus*: cuiusm- *MG*: huiusm-
R   Mytilenis ς   8 vivere ς: uidere Ω   **5,** 2 potes *Victorius*

et dolore proximi sumus, precibus tardiores quod ius adeundi,
cum ipsi deprecatione eguerimus, non habemus, gratia
tantum possumus quantum victi. sed tamen consilio studio 5
Marcello non desumus; a tuis reliquis non adhibemur. ad
omnia parati sumus.

231 (IV.9)

Scr. Romae paulo post ep. superiorem

M. CICERO S.D. M. MARCELLO

1 Etsi perpaucis ante diebus dederam Q. Mucio litteras ad te
pluribus verbis scriptas quibus declaraveram quo te animo
censerem esse oportere et quid tibi faciendum arbitrarer,
tamen, cum Theophilus, libertus tuus, proficisceretur, cuius
ego fidem erga te benevolentiamque perspexeram, sine meis 5
litteris eum ad te venire nolui.

Isdem igitur de rebus etiam atque etiam hortor quibus
superioribus litteris hortatus sum, ut in ea re publica
quaecumque est quam primum velis esse. multa videbis
fortasse quae nolis, non plura tamen quam audis cottidie. 10
non est porro tuum uno sensu solum oculorum moveri, cum
idem illud auribus percipias, quod etiam maius videri solet,
minus laborare.

2 At tibi ipsi dicendum erit aliquid quod non sentias aut
faciendum quod non probes. primum tempori cedere, id est
necessitati parere, semper sapientis est habitum. deinde non
habet, ut nunc quidem est, id viti res. dicere fortasse quae
sentias non licet, tacere plane licet. omnia enim delata ad 5
unum sunt. is utitur consilio ne suorum quidem, sed suo.
quod non multo secus fieret si is rem publicam teneret quem
secuti sumus. an qui in bello, cum omnium nostrum coniunctum esset periculum, suo et certorum hominum minime
prudentium consilio uteretur eum magis communem cen- 10

Ep. 231 Ω = *MGR*] **1**, 7 de rebus Ω: te r-ς: te de r- *Lambinus*   10 nolis
R: nobis *MG*   **2**, 8 sumus *M*ªGR: simus *M*   9 esset *GR*: esse *M*

semus in victoria futurum fuisse quam incertis in rebus fuisset? et qui nec te consule tuum sapientissimum consilium secutus esset nec fratre tuo consulatum ex auctoritate tua gerente vobis auctoribus uti voluerit nunc omnia tenentem nostras sententias desideraturum censes fuisse? 15

3 Omnia sunt misera in bellis civilibus, quae maiores nostri ne semel quidem, nostra aetas saepe iam sensit, sed miserius nihil quam ipsa victoria; quae etiam si ad meliores venit, tamen eos ipsos ferociores impotentioresque reddit, ut, etiam si natura tales non sint, necessitate esse cogantur. multa enim 5 victori eorum arbitrio per quos vicit etiam invito facienda sunt. an tu non videbas mecum simul quam illa crudelis esset futura victoria? igitur tunc quoque careres patria ne quae nolles videres? 'non' inquies; 'ego enim ipse tenerem opes et dignitatem meam.' at erat tuae virtutis in minimis 10 tuas res ponere, de re publica vehementius laborare.

Deinde qui finis istius consili est? nam adhuc et factum tuum probatur et ut in tali re etiam fortuna laudatur: factum, quod et initium belli necessario secutus sis et extrema sapienter persequi nolueris; fortuna, quod honesto 15 otio tenueris et statum et famam dignitatis tuae. nunc vero nec locus tibi ullus dulcior esse debet patria nec eam diligere minus debes quod deformior est, sed misereri potius nec eam multis claris viris orbatam privare etiam aspectu tuo.

4 Denique, si fuit magni animi non esse supplicem victori, vide ne superbi sit aspernari eiusdem liberalitatem, et, ⟨si⟩ sapientis est carere patria, duri non desiderare, et, si re publica non possis frui, stulti sit nolle privata.

Caput illud est, ut, si ista vita tibi commodior esse videatur, 5 cogitandum tamen sit ne tutior non sit. magna gladiorum est licentia, sed in externis locis minor etiam ad facinus verecundia.

---

14 nunc *MR*: nec *G*: hunc *Martyni-Laguna*   **3**, 7 an tu *R*: ante *MG*
8–9 ne quae ς: neque Ω   10 minimis *M²*: -mas *M*: -mo *GR*   **4**, 2 si
add. ς   3 est *removit Madvig*   4 stulti sit] -tum est Ω: -tum *vel* -ti
alii: -tum sit *Wesenberg*: *removit Madvig*   5 uideatur *M*: -etur *MG*

Mihi salus tua tantae curae est ut Marcello, fratri tuo, aut
par aut certe proximus sim. tuum est consulere temporibus 10
et incolumitati et vitae et fortunis tuis.

232 (IV.11)

Scr. Mytilenis m. Oct. an. 46

MARCELLUS CICERONI S.

1 Plurimum valuisse apud me tuam semper auctoritatem cum
in omni re tum in hoc maxime negotio potes existimare. cum
mihi C. Marcellus, frater amantissimus mei, non solum
consilium daret sed precibus quoque me obsecraret, non
prius mihi persuadere potuit quam tuis est effectum litteris 5
ut uterer vestro potissimum consilio.

Res quem ad modum sit acta vestrae litterae mihi decla-
rant. gratulatio tua etsi est mihi probatissima quod ab optimo
fit animo, tamen hoc mihi multo iucundius est et gratius quod
in summa paucitate amicorum, propinquorum ac necessari- 10
orum qui vere meae saluti faverent te cupidissimum mei
singularemque mihi benevolentiam praestitisse cognovi.
2 reliqua sunt eius modi quibus ego, quoniam haec erant
tempora, facile et aequo animo carebam. hoc vero eius modi
esse statuo ut sine talium virorum et amicorum benevolentia
neque in adversa neque in secunda fortuna quisquam vivere
possit. itaque in hoc ego mihi gratulor. tu vero ut intellegas 5
homini amicissimo te tribuisse officium re tibi praestabo.
Vale.

---

10 temporibus *MR*: *om. G*: *fort.* ⟨ex⟩ t-
Ep. 232 Ω = *MGR*] **1**, 1 plurimum *M³GR, ind. G*: -mam *M, ind. MR*
2 tum *M³GR*: tunc *M*   5 effectum *bis M*   8 ab *M¹ in ras.* (*ex*
ati, *ut vid.*): ad *G*: *om. R*   **2**, 4-5 cuiquam vivere prosit *olim conieci*
uiuere *M³GR*: uidere *M*

233 (IV.10)

Scr. fort. m. Dec. an. 46

CICERO MARCELLO S.

1 Etsi nihil erat novi quod ad te scriberem magisque litteras tuas iam exspectare incipiebam, vel te potius ipsum, tamen, cum Theophilus proficisceretur, non potui nihil ei litterarum dare. cura igitur ut quam primum venias. venies enim, mihi crede, exspectatus, neque solum nobis, id est tuis, sed prorsus 5 omnibus. venit enim mihi in mentem subvereri interdum ne 2 te delectet tarda decessio. quod si nullum haberes sensum nisi oculorum, prorsus tibi ignoscerem si quosdam nolles videre; sed cum leviora non multo essent quae audirentur quam quae viderentur, suspicarer autem multum interesse rei familiaris tuae te quam primum venire idque in omnis 5 partis valeret, putavi ea de re te esse admonendum. sed quoniam quid mihi placeret ostendi, reliqua tu pro tua prudentia considerabis. me tamen velim quod ad tempus te exspectemus certiorem facias.

234 (VI.6)

Scr. Romae fort. m. Oct. an. 46

M. CICERO S.D. A. CAECINAE

1 Vereor ne desideres officium meum quod tibi pro nostra et meritorum multorum et studiorum parium coniunctione deesse non debet – sed tamen vereor ne litterarum a me officium requiras. quas tibi et iam pridem et saepe misissem nisi cottidie melius exspectans gratulationem quam con- 5

Ep. 233 Ω = *MGR*] **1**, 1 erat *GR*: *om. M*   **2**, 5 idque *Victorius*: atque Ω   7 quid ς: quod Ω
Ep. 234 Ω = *MGR*] A. *ind. MG*: antonio *G*: *om. MR*   **1**, 2 parium *Victorius*: partum Ω   4 et saepe misissem ς: et sedem- *M*: et se (etsi *G*) di m- *GR*

85

firmationem animi tui complecti litteris maluissem. nunc,
ut spero, brevi gratulabimur; itaque in aliud tempus id
argumentum epistulae differo.

2   His autem litteris animum tuum, quem minime imbecillum
esse et audio et spero, etsi non sapientissimi, at amicissimi
hominis auctoritate confirmandum etiam atque etiam puto,
nec iis quidem verbis quibus te consoler ut adflictum et iam
omni spe salutis orbatum sed ut eum de cuius incolumitate 5
non plus dubitem quam te memini dubitare de mea. nam
cum me ex re publica expulissent ii qui illam cadere posse
stante me non putarunt, memini me ex multis hospitibus qui
ad me ex Asia, in qua tu eras, venerant audire te de glorioso

3   et celeri reditu meo confirmare. si te ratio quaedam ⟨m⟩ira 10
Tuscae disciplinae, quam a patre, nobilissimo atque optimo
viro, acceperas, non fefellit, ne nos quidem nostra divinatio
fallet, quam cum sapientissimorum virorum moni[men]tis
atque praeceptis plurimoque, ut tu scis, doctrinae studio tum 5
magno etiam usu tractandae rei publicae magnaque nostro-

4   rum temporum varietate consecuti sumus. cui quidem
divinationi hoc plus confidimus quod ea nos nihil in his tam
obscuris rebus tamque perturbatis umquam omnino fefellit.
dicerem quae ante futura dixissem ni vererer ne ex eventis
fingere viderer. sed tamen plurimi sunt testes me et initio ne 5
coniungeret se cum Caesare monuisse Pompeium et postea
ne seiungeret. coniunctione frangi senatus opes, diiunctione
civile bellum excitari videbam. atque utebar familiarissime
Caesare, Pompeium faciebam plurimi; sed erat meum
consilium cum fidele Pompeio tum salutare utrique. 10

5   Quae praeterea providerim praetereo; nolo enim hunc de
me optime meritum existimare ea me suasisse Pompeio
quibus ille si paruisset esset hic quidem clarus in toga et
princeps, sed tantas opes quantas nunc habet non haberet.

---

7 id ς: in Ω   2, 10 celeri GR : ceteri M   3, 1–2 mira Tuscae (tusce
R) R, Baiter : irat- M : tusce G : etruscae P in marg.   4 quam ς : nam Ω
monitis Kayser : monimentis (nonum- M) Ω   4, 7 se ⟨di⟩iungeret
Kleyn

eundum in Hispaniam censui; quod si fecisset, civile bellum 5
nullum omnino fuisset. rationem haberi absentis non tam
pugnavi ut liceret quam ut, quoniam ipso consule pugnante
populus iusserat, haberetur. causa orta belli est: quid ego
praetermisi aut monitorum aut querelarum, cum vel
6 iniquissimam pacem iustissimo bello anteferrem? victa est 10
auctoritas mea, non tam a Pompeio (nam is movebatur)
quam ab iis qui duce Pompeio freti peropportunam et rebus
domesticis et cupiditatibus suis illius belli victoriam fore
putabant. susceptum bellum est quiescente me, depulsum 5
ex Italia manente me quoad potui. sed valuit apud me plus
pudor meus quam timor; veritus sum deesse Pompei saluti,
cum ille aliquando non defuisset meae. itaque vel officio vel
fama bonorum vel pudore victus ut in fabulis Amphiaraus
sic ego 10

'prudens et sciens
ad pestem ante oculos positam'

sum profectus. quo in bello nihil adversi accidit non praedi-
cente me.

7   Qua re, quoniam, ut augures et astrologi solent, ego
quoque augur publicus ex meis superioribus praedictis
constitui apud te auctoritatem auguri et divinationis meae,
debebit habere fidem nostra praedictio. non igitur ex alitis
involatu nec e cantu sinistro oscinis, ut in nostra disciplina 5
est, nec ex tripudiis solistimis aut soniviis tibi auguror, sed
habeo alia signa quae observem; quae etsi non sunt certiora
8 illis, minus tamen habent vel obscuritatis vel erroris. notantur
autem mihi ad divinandum signa duplici quadam via;
quarum alteram duco e Caesare ipso, alteram e temporum
civilium natura atque ratione. in Caesare haec sunt: mitis
clemensque natura, qualis exprimitur praeclaro illo libro 5
'Querelarum' tuarum. accedit quod mirifice ingeniis excellentibus, quale est tuum, delectatur. praeterea cedit multorum
iustis et officio incensis, non inanibus aut ambitiosis volunta-

---

5, 5 quod *GR*: quid *M*   **8,** 3 alteram (*prius*) *GR*: -rum *M*

tibus; in quo vehementer eum consentiens Etruria movebit.
9 cur haec igitur adhuc parum profecerunt? quia non putat se
sustinere causas posse multorum si tibi, cui iustius videtur
irasci posse, concesserit. 'quae est igitur' inquies 'spes ab
irato?' eodem ⟨de⟩ fonte se hausturum intelleget laudes suas
e quo sit leviter aspersus. postremo homo valde est acutus et 5
multum providens. intellegit te, hominem in parte Italiae
minime contemnenda facile omnium nobilissimum et in
communi re publica cuivis summorum tuae aetatis vel
ingenio vel gratia vel fama populi Romani parem, non posse
prohiberi re publica diutius. nolet hoc temporis potius esse 10
aliquando beneficium quam iam suum.

10 Dixi de Caesare. nunc dicam de temporum rerumque
natura. nemo est tam inimicus ei causae quam Pompeius
animatus melius quam paratus susceperat qui nos malos
civis dicere aut homines improbos audeat. in quo admirari
soleo gravitatem et iustitiam et sapientiam Caesaris. num- 5
quam nisi honorificentissime Pompeium appellat. at in eius
persona multa fecit asperius. armorum ista et victoriae sunt
facta, non Caesaris. at nos quem ad modum est complexus!
Cassium sibi legavit, Brutum Galliae praefecit, Sulpicium
Graeciae; Marcellum, cui maxime suscensebat, cum summa 10
11 illius dignitate restituit. quo igitur haec spectant? rerum hoc
natura et civilium temporum non patietur nec manens nec
muta⟨ta⟩ ratio feret, primum ut non in causa pari eadem sit
et condicio et fortuna omnium, deinde ut in eam civitatem
boni viri et boni cives nulla ignominia notati non rever- 5
tantur iñ quam tot nefariorum scelerum condemnati
reverterunt.

12 Habes augurium meum; quo, si quid addubitarem, non
potius uterer quam illa consolatione qua facile fortem virum
sustentarem, te, si explorata victoria arma sumpsisses pro re

---

9, 4 eodem de fonte se *Klotz*: e- f- se *MR*: e- se f- *G*: ex e- f- se *Lambinus*:
e- e f- se *Baiter*   intelleget *Klotz*: -legest *M*: -lexi *G*: -lexisti *R*: -legit
Baiter   6 intelleget *Frederking*   10 prohiberi *GR*: -ere *M*   **10**, 8
at nos *GR*: adnos *M*   **11**, 3 mutata ς: muta Ω

publica (ita enim tum putabas), non nimis esse laudandum; sin propter incertos exitus eventusque bellorum posse 5 accidere ut vinceremur putasses, non debere te ad secundam fortunam bene paratum fuisse, adversam ferre nullo modo posse. disputarem etiam quanto solacio tibi conscientia tui facti, quantae delectationi in rebus adversis litterae esse deberent; commemorarem non solum veterum sed horum 10 etiam recentium vel ducum vel comitum tuorum gravissimos casus; etiam externos multos claros viros nominarem (levat enim dolorem communis quasi legis et humanae condicionis **13** recordatio); exponerem etiam quem ad modum hic et quanta in turba quantaque in confusione rerum omnium viveremus (necesse est enim minore desiderio perdita re publica carere quam bona). sed hoc genere nihil opus est. incolumem te cito, ut spero, vel potius ut perspicio, videbimus. 5

Interea tibi absenti et huic qui adest imagini animi et corporis tui, constantissimo atque optimo filio tuo, studium, officium, operam, laborem meum iam pridem et pollicitus sum et detuli, nunc hoc amplius quod me amicissime cottidie magis Caesar amplectitur, familiares quidem eius sicuti nemi- 10 nem. apud quem quicquid valebo vel auctoritate vel gratia, valebo tibi. tu cura ut cum firmitudine te animi tum etiam spe optima sustentes.

235 (VI.8)

Scr. Romae m. Dec. an. 46

CICERO CAECINAE

1 Cum esset mecum Largus, homo tui studiosus, locutus Kalendas Ianuarias tibi praefinitas esse, quod omnibus rebus perspexeram quae Balbus et Oppius absente Caesare egissent ea solere illi rata esse, egi vehementer cum iis ut hoc mihi darent, tibi in Sicilia, quoad vellemus, esse uti liceret. qui 5

12, 8 posse *GR*: dep- *M*   **13**, 12 ualebo *M*: conciliabo *GR*
Ep. 235 Ω = *MGR*] **1**, 5 quoad *GR*: quod *M*

mihi consuessent aut libenter polliceri, si quid esset eius modi
quod eorum animos non offenderet, aut etiam negare et
adferre rationem cur negarent, huic meae rogationi, ⟨vel
efflagitationi⟩ potius, non continuo responderunt. eodem die
tamen ad me reverterunt, mihi hoc dederunt ut esses in 10
Sicilia quoad velles; se praestaturos nihil ex eo te offensionis
habiturum.

Quoniam quid tibi permittatur cognosti, quid mihi placeat
2 puto te scire oportere. actis his rebus litterae a te mihi
redditae sunt quibus a me consilium petis quid sim tibi
auctor, in Siciliane subsidas an ut ad reliquias Asiaticae
negotiationis proficiscare. haec tua deliberatio non mihi
convenire visa est cum oratione Largi. ille enim mecum, 5
quasi tibi non liceret in Sicilia diutius commorari, ita locutus
erat; tu autem, quasi concessum sit, ita deliberas. sed ego,
sive hoc sive illud est, in Sicilia censeo commorandum.
propinquitas locorum vel ad impetrandum adiuvat crebris
litteris et nuntiis vel ad reditus celeritatem re aut impetrata, 10
quod spero, aut aliqua ratione confecta. quam ob rem
censeo magno opere commorandum.

3 T. Furfano Postumo, familiari meo, legatisque eius, item
meis familiaribus, diligentissime te commendabo cum
venerint. erant enim omnes Mutinae. viri sunt optimi et tui
similium studiosi et mei necessarii. quae mihi venient in mentem quae ad te pertinere arbitrabor ea mea sponte faciam; 5
si quid ignorabo, de eo admonitus omnium studia vincam.
ego, etsi coram de te cum Furfano ita loquar ut tibi litteris
meis ad eum nihil opus sit, tamen, quoniam tuis placuit te
habere meas litteras quas ei redderes, morem iis gessi.
earum litterarum exemplum infra scriptum est. 10

---

6 ⟨cum⟩ consuessent *Streicher*   8–9 vel efflagitationi *add. Wesenberg*
(vel fl- *iam Schütz*)   10–11 ut esses in Sicilia ς: ut esse singuli a *M*: et in
singula *G*: te esse in sicilia *R*   **2**, 3 ⟨ut⟩ subsidas *Wesenberg*   8 commorandum *GR*: commemo- *M*   11 quod *GR*: aut q- *M*   **3**, 1 *et* 7
furfano *MR*: fursano *G*: Furfanio ς

Scr. Romae eodem tempore quo ep. superior

M. CICERO FURFANO PRO COS. S.

1 Cum A. Caecina tanta mihi familiaritas consuetudoque semper fuit ut nulla maior esse possit. nam et patre eius, claro homine et forti viro, plurimum sum us⟨us⟩ et hunc a puero, quod et spem magnam mihi adferebat summae probitatis summaeque eloquentiae et vivebat mecum coniunctissime 5 non solum officiis amicitiae sed etiam studiis communibus, sic semper dilexi nullo ut cum homine coniunctius viverem.

2 Nihil attinet me plura scribere. quam mihi necesse sit eius salutem et fortunas, quibuscumque rebus possim, tueri vides. reliquum est ut, cum cognorim pluribus rebus quid tu et de bonorum fortuna et de rei publicae calamitatibus sentias, nihil a te petam nisi ut ad eam voluntatem quam tua sponte 5 erga Caecinam habiturus es tantus cumulus accedat commendatione mea quanti me a te fieri intellego. hoc mihi gratius facere nihil potes.
   Vale.

237 (VI.7)

Scr. in Sicilia m. Dec. 46 vel in. an. 45

CAECINA CICERONI P.S.

1 Quod tibi non tam celeriter liber est redditus, ignosce timori nostro et miserere temporis. filius, ut audio, pertimuit, neque

---

Ep. 236 Ω = *MGR; accedit T ex §1, 3* hunc] furfano *MR*: fursano *G*: FURFANIO ς: T. FURFANIO *Raiter*   **1, 3** sum usus *Bücheler*: sumus *M*: usi s- *GR*   6 officiis amiciti(a)e Ω: a- o- *T*   sic Ω: *om. T*   7 nullo ut *T*: ut nonnullo *MG*: ut non ullo *R, vulg.*   **2,** 1–2 nihil attinet...tueri *om. T*   1 sit *Lambinus*: est Ω   2 uides *T*: ut des (utdes *M*) Ω   3 est Ω: esse *T*   cognorim *M*: -ouerim *GR*: -ouim *T*   pluribus rebus *om. T*   4 sentias *T*: -ires Ω   6 es *T*: esses Ω, *vulg.*   7–9 hoc...vale *om. T*
Ep. 237 Ω = *MGR*] **1, 1** tam] ita *conieci olim*

iniuria, si liber exisset (quoniam non tam interest quo animo
scribatur quam quo accipiatur) ne ea res inepte mihi noceret,
cum praesertim adhuc stili poenas dem. qua quidem in re 5
singulari sum fato. nam cum mendum scripturae litura
tollatur, stultitia fama multetur, meus error exsilio corrigitur,
cuius summa criminis est quod armatus adversario male dixi.

2 nemo nostrum est, ut opinor, quin vota Victoriae suae fecerit,
nemo quin, etiam cum de alia re immolaret, tamen eo
quidem ipso tempore ut quam primum Caesar superaretur
optaret. hoc si non cogitat, omnibus rebus felix est; si scit et
persuasus est, quid irascitur ei qui aliquid scripsit contra 5
suam voluntatem cum ignorit omnibus qui multa deos
venerati sint contra eius salutem?

3 Sed ut eodem revertar, causa haec fuit timoris: scripsi de
te parce me dius fidius et timide, non revocans me ipse sed
paene refugiens. genus autem hoc scripturae non modo
liberum sed incitatum atque elatum esse debere quis ignorat?
solutum existimatur esse alteri male dicere, tamen cavendum 5
est ne in petulantiam incidas; impeditum se ipsum laudare,
ne vitium adrogantiae subsequatur; solum vero liberum
alterum laudare, de quo quicquid detrahas necesse est aut
infirmitati aut invidiae adsignetur. ac nescio an tibi gratius
opportuniusque acciderit; nam quod praeclare facere non 10
poteram primum erat non attingere, secundum beneficium
quam parcissime facere. sed tamen ego quidem me sustinui;
multa minui, multa sustuli, complura ne posui quidem. quem
ad modum igitur scalarum gradus si alios tollas, alios incidas,
non nullos male haerentis relinquas, ruinae periculum struas, 15
non ascensum pares, sic tot malis tum vinctum, tum fractum
studium scribendi quid dignum auribus aut probabile potest
adferre?

4 Cum vero ad ipsius Caesaris nomen veni, toto corpore

---

4 inepte] *multis suspectum*   6 cummendum *R*: comm- *M*: commentum
G   **2**, 4 optaret (obt- *M*) Ω: -rit ς   7 sint *MR*: sunt *G*   **3**, 3
refugiens *M*: f- *GR*   9 ac *M*: at *R*: an *G*   11 beneficium *removit
Lambinus*

contremesco, non poenae metu sed illius iudici. totum enim
Caesarem non novi. quem putas animum esse ubi secum
loquitur? 'hoc probabit, hoc verbum suspiciosum est. quid
si hoc muto? at vereor ne peius sit.' age vero, laudo aliquem: 5
num offendo? cum porro reprehendam, quid si non vult?
armati stilum persequitur; victi et nondum restituti quid
faciet? auges etiam tu mihi timorem, qui in 'Oratore' tuo
caves tibi per Brutum et ad excusationem socium quaeris.
ubi hoc omnium patronus facit, quid me, veterem tuum, 10
nunc omnium clientem, sentire oportet? in hac igitur
calumnia timoris et caecae suspicionis tormento, cum
plurima ad alieni sensus coniecturam, non ad suum iudicium
scribantur, quam difficile sit evadere, si minus expertus es,
quod te ad omnia summum atque excellens ingenium 15
armavit, nos sentimus. sed tamen ego filio dixeram librum
tibi legeret et auferret, aut ea condicione daret si reciperes te
correcturum, hoc est, si totum alium faceres.

5 De Asiatico itinere, quamquam summa necessitas preme-
bat, ut imperasti feci.

Te pro me quid horter? vides tempus venisse quo necesse
sit de nobis constitui. nihil est, mi Cicero, quod filium meum
exspectes. adulescens est; omnia excogitare vel studio vel 5
aetate vel metu non potest. totum negotium tu sustineas
oportet; in te mihi omnis spes est. tu pro tua prudentia quibus
rebus gaudeat, quibus capiatur Caesar, tenes; a te omnia
proficiscantur et per te ad exitum perducantur necesse est.
6 apud ipsum multum, ad eius omnis plurimum potes. unum 10
tibi si persuaseris, non hoc esse tui muneris, si quid rogatus
fueris ut facias (quamquam id magnum et amplum est), sed
totum tuum esse onus, perficies; nisi forte aut in miseria
nimis stulte aut in amicitia nimis impudenter tibi onus 5
impono. sed utrique rei excusationem tuae vitae consuetudo

4, 6 num *MR*: non *G*   reprendam (*vel* -do) *Wesenberg*, aliquem
addito: offendam Ω   volet *Wesenberg*   10 facis ς   14 minus
M^cR: minis *MG*: tu minus *Wesenberg*   **6, 5** in amicitia ς: inimic- Ω

dat. nam quod ita consuesti pro amicis laborare, non iam sic
sperant abs te sed etiam sic imperant tibi familiares.

Quod ad librum attinet quem tibi filius dabit, peto a te ne
exeat, aut ita corrigas ne mihi noceat.   10

238 (XIII.66)

Scr. Romae fort. m. Dec. an. 46

M. CICERO P. SERVILIO S.

1 A. Caecinam, maxime proprium clientem familiae vestrae,
non commendarem tibi, cum scirem qua fide in tuos, qua
clementia in calamitosos soleres esse, nisi me et patris eius,
quo sum familiarissime usus, memoria et huius fortuna ita
moveret ut hominis omnibus mecum studiis officiisque 5
coniunctissimi movere debebat. a te hoc omni contentione
peto, sic ut maiore cura, maiore animi labore petere non
possim, ut ad ea quae tua sponte sine cuiusquam commendatione faceres in hominem tantum et talem calamitosum
aliquem adferant cumulum meae litterae, quo studiosius eum 10
quibuscumque rebus possis iuves.

2   Quod si Romae fuisses, etiam salutem A. Caecinae essemus,
ut opinio mea fert, per te consecuti; de qua tamen magnam
spem habemus freti clementia collegae tui. nunc, quoniam
tuam iustitiam secutus tutissimum sibi portum provinciam
istam duxit esse, etiam atque etiam te rogo atque oro ut eum 5
et in reliqui⟨i⟩s veteris negotiationis colligendis iuves et
ceteris rebus tegas atque tueare. hoc mihi gratius facere
nihil potes.

Ep. 238 Ω = *MVDH*] 1, 6 debebat *MD*: -eat *VH*   ⟨nunc⟩ a te
Wesenberg, alii alia   8 possim *M*: -sum χ   2, 4 tutissimum χ:
-mam *M*   6 reliquiis ⚄: -uis Ω, *ut solent*

94

Scr. Romae fort. m. Ian. an. 45

M. CICERO S.D. A. CAECINAE

1 Quotienscumque filium tuum vidi (video autem fere cottidie) polliceor ei studium quidem meum et operam sine ulla exceptione aut laboris aut occupationis aut temporis, gratiam autem atque auctoritatem cum hac exceptione, quantum valeam quantumque possim.

Liber tuus et lectus est et legitur a me diligenter et custoditur diligentissime. res et fortunae tuae mihi maximae curae sunt. quae quidem cottidie faciliores mihi et meliores videntur multisque video magnae esse curae; quorum de studio et de sua spe filium ad te perscripsisse certo scio.

2 Iis autem de rebus quas coniectura consequi possumus non mihi sumo ut plus ipse prospiciam quam te videre atque intellegere mihi persuaserim. sed tamen, quia fieri potest ut tu ea perturbatiore animo cogites, puto esse meum quid sentiam exponere. ea natura rerum est et is temporum cursus ut non possit ista aut tibi aut ceteris fortuna esse diuturna neque haerere in tam bona causa et in tam bonis civibus tam acerba

3 iniuria. qua re ad eam spem quam ⟨de omnibus accedit ea quam⟩ extra ordinem de te ipso habemus, non solum propter dignitatem et fortunam tuam (haec enim ornamenta sunt tibi etiam cum aliis communia) ⟨sed, quae⟩ accedunt tua praecipua, propter eximium ingenium summamque virtutem, cui mehercules hic cuius in potestate sumus multum tribuit. itaque ne punctum quidem temporis in ista fortuna fuisses nisi eo ipso bono tuo quo delectatur se violatum putasset:

Ep. 239 Ω = *MGR*] **1**, 1 uidi Ω: uideo *M²*, *perperam*   **3**, 1–2 de...
quam (*sed* de omnibus habemus) *add. Madvig*   3 fortunam *scripsi*:
uirtutem Ω   4 sed quae accedunt *scripsi*: acc- Ω: sed etiam quae
sunt *Boot*: sed (*remotis* ac- tua praecipua) *Madvig*   5 uirtutem *ex*
uirtutem *quod supra praebent codd. sumptum aliud vocabulum summovisse
crediderunt multi, praepostere, ut opinor*

quod ipsum lenitur cottidie, significaturque nobis ab iis qui
simul cum eo vivunt tibi hanc ipsam opinionem ingeni apud 10
illum plurimum profuturam.

4   Quapropter primum fac animo forti atque magno sis –
ita enim natus, ita educatus, ita doctus es, ita etiam cognitus
ut tibi id faciendum sit; deinde spem quoque habeas
firmissimam propter eas causas quas scripsi. a me vero tibi
omnia liberisque tuis paratissima esse confidas velim. id 5
enim et vetustas nostri amoris et mea consuetudo in meos et
tua multa erga me officia postulant.

240 (IV.14)

Scr. Romae fort. m. Ian. an. 45

M. CICERO S.D. CN. PLANCIO

1 Binas a te accepi litteras Corcyrae datas, quarum alteris
mihi gratulabare quod audisses me meam pristinam dignitatem obtinere, alteris dicebas te velle quae egissem bene et
feliciter evenire.

Ego autem, si dignitas est bene de re publica sentire et 5
bonis viris probare quod sentias, obtineo dignitatem meam;
sin autem in eo dignitas est si quod sentias aut re efficere
possis aut denique libera oratione defendere, ne vestigium
quidem ullum est reliquum nobis dignitatis agiturque
praeclare si nosmet ipsos regere possumus ut ea quae partim 10
iam adsunt, partim impendent, moderate feramus. quod est
difficile in eius modi bello cuius exitus ex altera parte
2 caedem ostentet, ex altera servitutem. quo in periculo non
nihil me consolatur cum recordor haec me tum vidisse cum
secundas etiam res nostras, non modo adversas, perti-
mescebam videbamque quanto periculo de iure publico

---

10 uiuunt *G*ᶜ*R*: uiuum *M*: uiuit *G, ut vid.*
Ep. 240 Ω = *MGR*] **1,** 1 corcyre Ω: -yra *Martyni-Laguna*   2 gratulabare *R*: -lare (ba *supra*) *G*: -labere *M*   9 relicum *M*: -ctum *GR*
13 ostentet *M*: -ntat *M*ᶜ*G*: -ndat *R*

disceptaretur armis; quibus si ii vicissent ad quos ego pacis 5
spe, non belli cupiditate, adductus accesseram, tamen
intellegebam et iratorum hominum et cupidorum et insolentium quam crudelis esset futura victoria, sin autem victi
essent, quantus interitus esset futurus civium partim amplissi-
morum, partim etiam optimorum; qui me haec praedicentem 10
atque optime consulentem saluti suae malebant nimium
timidum quam satis prudentem existimari.

3   Quod autem mihi de eo quod egerim gratularis, te ita
velle certo scio. sed ego tam misero tempore nihil novi
consili cepissem nisi in reditu meo nihilo meliores res
domesticas quam rem publicam offendis. em. quibus enim
pro meis immortalibus beneficiis carissima mea salus et meae 5
fortunae esse debebant, cum propter eorum scelus nihil
mihi intra meos parietes tutum, nihil insidiis vacuum
viderem, novarum me necessitudinum fidelitate contra
veterum perfidiam muniendum putavi.

4   Sed de nostris rebus satis, vel etiam nimium multa. de tuis
velim ut eo sis animo quo debes esse, id est ut ne quid tibi
praecipue timendum putes. si enim status erit aliquis civitatis,
quicumque erit, te omnium periculorum video expertem
fore; nam alteros tibi iam placatos esse intellego, alteros 5
numquam iratos fuisse. de mea autem in te voluntate sic
velim iudices, me, quibuscumque rebus opus esse intellegam,
quamquam videam qui sim hoc tempore et quid possim,
opera tamen et consilio, studio quidem certe, rei, famae,
saluti tuae praesto futurum. tu velim et quid agas et quid 10
acturum te putes facias me quam diligentissime certiorem.

2, 8–9 sin...futurus M^2GR: sin...futurus a uictoria sin...futurus M
11 saluti suae M^2R: -is suae M: suae salutis G **4**, 8 video *Wesenberg*
11 certiorem M: -em. uale M^2GR

Scr. Romae non multo post ep. superiorem

⟨M. CICERO S.D. CN. PLANCIO⟩

1 Accepi perbrevis tuas litteras, quibus id quod scire cupiebam
cognoscere non potui, cognovi autem id quod mihi dubium
non fuit; nam quam fortiter ferres communis miserias non
intellexi, quam me amares facile perspexi. sed hoc scieram;
illud si scissem, ad id meas litteras accommodavissem.   5

2 Sed tamen, etsi antea scripsi quae existimavi scribi
oportere, tamen hoc ⟨te⟩ tempore breviter commonendum
putavi ne quo periculo te proprio existimares esse. in magno
omnes, sed tamen in communi sumus. qua re non debes aut
propriam fortunam et praecipuam postulare aut communem 5
recusare. quapropter eo animo simus inter nos quo semper
fuimus; quod de te sperare, de me praestare possum.

242 (VI.1)

Scr. Romae in. an. 45, ut vid.

M. CICERO S.D. A. TORQUATO

1 Etsi ea perturbatio est omnium rerum ut suae quemque
fortunae maxime paeniteat nemoque sit quin ubivis quam
ibi ubi sit esse malit, tamen mihi dubium non est quin hoc
tempore bono viro Romae esse miserrimum sit. nam etsi,
quocumque in loco quisquis est, idem est ei sensus et eadem 5
acerbitas ex interitu rerum et publicarum et suarum, tamen
oculi augent dolorem, qui ea quae ceteri audiunt intueri

Ep. 241 Ω = *MGR*] *inscr. om.* Ω *et indices*   1, 3 quam *GR*: quem *M*
5 si scissem *G*: siisc- *M*: si scisissem *R*   2, 2 te *hic add. Wesenberg, alii
alibi*   3 quo ⟨in⟩ periculo *Lambinus*
Ep. 242 Ω = *MGR*] 1, 2 nemoque ς: -o qui *MG*: -o que (*cum ras. sup.
ult.* e) *R*   3 sit *Wesenberg*: est Ω   5 quisquis Ω: -sque ς

cogunt nec avertere a miseriis cogitationem sinunt. qua re,
etsi multarum rerum desiderio te angi necesse est, tamen illo
dolore quo maxime te confici audio, quod Romae non sis, 10
animum tuum libera. etsi enim cum magna molestia tuos
tuaque desideras, tamen illa quidem quae requiris suum
statum tenent nec melius si tu adesses tenerent nec sunt ullo
in proprio periculo; nec debes tu, cum de tuis cogitas, aut
praecipuam aliquam fortunam postulare aut communem 15
recusare.

2 De te autem ipso, Torquate, est tuum sic agitare animo ut
non adhibeas in consilium cogitationum tuarum desperationem aut timorem. nec enim is qui in te adhuc iniustior
quam tua dignitas postulabat fuit non magna signa dedit
animi erga te mitigati nec tamen is ipse a quo salus petitur 5
habet explicatam aut exploratam rationem salutis suae;
cumque omnium bellorum exitus incerti sint, ab altera
victoria tibi periculum nullum esse perspicio, quod quidem
⟨se⟩iunctum sit ab omnium interitu, ab altera te ipsum
numquam timuisse certo scio.   10

3 Reliquum est ut te id ipsum quod ego quasi consolationis
loco pono maxime excruciet, commune periculum rei
publicae. cuius tanti mali, quamvis docti viri multa dicant,
tamen vereor ne consolatio nulla possit vera reperiri praeter
illam quae tanta est quantum in cuiusque animo roboris est 5
atque nervorum: si enim bene sentire recteque facere satis est
ad bene beateque vivendum, vereor ne eum qui se optimorum
consiliorum conscientia sustentare possit miserum esse nefas
sit dicere. nec enim nos arbitror victoriae praemiis ductos
patriam olim et liberos et fortunas reliquisse, sed quoddam 10
nobis officium iustum et pium et debitum rei publicae
nostraeque dignitati videbamur sequi, nec, cum id fa-
ciebamus, tam eramus amentes ut explorata nobis esset

---

8 cogunt *GR*: -tur (*ex corr., ut vid.*) *M*   **2**, 9 seiunctum ς: iu- *M* (*in*
init. vers.; ab altera...interitu *om. GR*)   **3**, 12 videbamur sequi ς:
-atur sed qui Ω   13 tam ς: tamen Ω

4 victoria. qua re, si id evenit quod ingredientibus nobis in
causam propositum fuit accidere posse, non debemus ita
cadere animis quasi aliquid evenerit quod fieri posse numquam putarimus. simus igitur ea mente quam ratio et veritas
praescribit, ut nihil in vita nobis praestandum praeter 5
culpam putemus, eaque cum careamus, omnia humana
placate et moderate feramus. atque haec eo pertinet oratio
ut perditis rebus omnibus tamen ipsa virtus se sustentare
posse videatur. sed si est spes aliqua ⟨d⟩e rebus communibus,
ea tu, quicumque status est futurus, carere non debes. 10

5 Atque haec mihi scribenti veniebat in mentem me esse
eum cuius tu desperationem accusare solitus esses quemque
auctoritate tua cunctantem et diffidentem excitare. quo
quidem tempore non ego causam nostram sed consilium
improbabam. sero enim nos iis armis adversari videbam 5
quae multo ante confirmata per nosmet ipsos erant, dolebamque pilis et gladiis, non consiliis neque auctoritatibus
nostris de iure publico disceptari. neque ego, ea quae facta
sunt fore cum dicebam, divinabam futura, sed quod et fieri
posse et exitiosum fore si evenisset videbam id ne accideret 10
timebam, praesertim cum, si mihi alterum utrum de eventu
atque exitu rerum promittendum esset, id futurum quod
evenit exploratius possem promittere. iis enim rebus praesta-
bamus quae non prodeunt in aciem, usu autem armorum et
militum robore inferiores eramus. sed tu illum animum nunc 15
adhibe, quaeso, quo me tum esse oportere censebas.

6 Haec eo scripsi quod mihi Philargyrus tuus omnia de te
requirenti fidelissimo animo, ut mihi quidem visus est,
narravit te interdum sollicitum solere esse vehementius. quod
facere non debes nec dubitare quin aut aliqua re publica sis
is futurus qui esse debes aut perdita non adflictiore con- 5
dicione quam ceteri. hoc vero tempus, quo exanimati omnes

4, 7 placate...feramus *adfert Charisius G.L.K. 1, 212, 16* 9 aliqua de
Wesenberg: -uae *M*: -ua *GR* **5,** 1 veniebat ς: -ant Ω 6 quae *GR*:
quem *M* 8 nostris de *M*: de *GR* **6,** 1 quod *GR*: quid *M*
4 aliqua *M*: reparata *GR* 4–5 sis is *Klotz*: si sis Ω: sis ς

et suspensi sumus, hoc moderatiore animo ferre debes quod
et in urbe ea es ubi nata et alta est ratio ac moderatio
vitae et habes Ser. Sulpicium, quem semper unice dilexisti;
qui te profecto et benevolentia et sapientia consolatur. cuius 10
si essemus et auctoritatem et consilium secuti, togati potius
potentiam quam armati victoriam subissemus.

7 Sed haec longiora fortasse fuerunt quam necesse fuit; illa
quae maiora sunt brevius exponam. ego habeo cui plus quam
tibi debeam neminem; quibus tantum debebam quantum tu
intellegis eos huius mihi belli casus eripuit. qui sim autem hoc
tempore intellego. sed quia nemo est tam adflictus qui⟨n⟩, 5
si nihil aliud studeat nisi id quod agit, possit navare aliquid
et efficere, omne meum consilium, operam, studium certe
velim existimes tibi tuisque liberis esse debitum.

243 (VI.3)

Scr. Romae non multo post ep. 242 (VI.1)

M. CICERO S.D. A. TORQUATO

1 Superioribus litteris benevolentia magis adductus quam quo
res ita postularet fui longior. neque enim confirmatione
nostra egebat virtus tua neque erat ea mea causa atque
fortuna ut, cui ipsi omnia deessent, alterum confirmarem.
2 hoc item tempore brevior esse debeo. sive enim nihil tum
opus fuit tam multis verbis, nihilo magis nunc opus est; sive
tum opus fuit, illud satis est, praesertim cum accesserit nihil
novi. nam etsi cottidie aliquid audimus earum rerum quas
ad te perferri existimo, summa tamen eadem est et idem 5
exitus; quem ego tam video animo quam ea quae oculis
cernimus, nec vero quicquam video quod non idem te
videre certo sciam. nam etsi quem exitum acies habitura sit

7, 5 quin *Victorius*: qui Ω
Ep. 243 Ω = *MGR*] **1**, 4 ut *GR*: aut *M*   **2**, 1 item *MR*: idem *G*:
anne autem ?   8 sciam *Lambinus*: scio Ω

divinare nemo potest, tamen et belli exitum video et, si id
minus, hoc quidem certe, cum sit necesse alterum utrum 10
3 vincere, qualis futura sit vel haec vel illa victoria. idque cum
optime perspexi, tale video nihil ut mali videatur futurum si
id vel ante acciderit quod vel maximum ad timorem proponitur. ita enim vivere ut tum sit vivendum miserrimum
est; mori autem nemo sapiens miserum duxit, ne beato 5
quidem. sed in ea es urbe in qua haec, vel plura et ornatiora,
parietes ipsi loqui posse videantur.

4   Ego tibi hoc confirmo, etsi levis est consolatio ex miseriis
aliorum, nihilo te nunc maiore in discrimine esse quam
quemvis ⟨aut eorum qui in armis permanserint⟩ aut eorum
qui discesserint. alteri dimicant, alteri victorem timent. sed
haec consolatio levis est; illa gravior, qua te ut⟨i⟩ spero, ego 5
certe utor: nec enim dum ero angar ulla re, cum omni vacem
culpa, et si non ero, sensu omnino carebo. sed rursus γλαῦκ'
εἰς Ἀθήνας qui ad te haec.

Mihi tu, tui, tua omnia maximae curae sunt et, dum vivam,
erunt.   10
Vale.

244 (VI.4)

Scr. Romae non multo post ep. 243 (VI. 3)

M. CICERO S.D. A. TORQUATO

1 Novi quod ad te scriberem nihil erat et tamen, si quid esset,
sciebam te a tuis certiorem fieri solere. de futuris autem
rebus etsi semper difficile est dicere, tamen interdum
coniectura possis propius accedere cum est res eius modi
cuius exitus provideri possit. nunc tantum videmur intel- 5

3, 2 ⟨tum⟩ tale *Wesenberg, fort. recte*   3 vel (*post* id) *iniuria suspectum*
(*removit Kayser*)   5 duxit *Cratander*: dixit Ω   **4,** 3 aut...per-
manserint *addidi*: aut eorum qui remanserint *post* discesserint ς   5 te
uti ς: te ut *M*: ut te *G*: uite *R*
Ep. 244 Ω = *MGR*] **1,** 1 quod *R*: quid *MG*

legere, non diuturnum bellum; etsi id ipsum non nullis
videtur secus. equidem, cum haec scribebam, aliquid iam
actum putabam; [non quo] sed quid, difficilis erat coniectura.
nam cum omnis belli Mars communis et cum semper incerti
exitus proeliorum sunt, tum hoc tempore ita magnae utrimque 10
copiae, ita paratae ad depugnandum esse dicuntur ut,
utercumque vicerit, non sit mirum futurum. illa in dies
singulos magis magisque opinio hominum confirmatur,
etiam si inter causas armorum aliquantum intersit, tamen
inter victorias non multum interfuturum. alteros prope 15
modum iam sumus experti, de altero nemo est quin cogitet
quam sit metuendus iratus victor armatus.

2 Hoc loco si videor augere dolorem tuum quem consolando
levare debe⟨b⟩am, fateor me communium malorum consolationem nullam invenire praeter illam, quae tamen, si
possis eam suscipere, maxima est quaque ego cottidie magis
utor, conscientiam rectae voluntatis maximam consolationem 5
esse rerum incommodarum nec esse ullum magnum malum
praeter culpam. a qua quoniam tantum absumus ut etiam
optime senserimus eventusque magis nostri consili quam
consilium reprehendatur et quoniam praestitimus quod
debuimus, moderate quod evenit feramus. sed hoc mihi 10
tamen non sumo ut te consoler de communibus miseriis,
quae ad consolandum maioris ingeni et ad ferendum
singularis virtutis indigent; illud cuivis facile est docere, cur
praecipue tu dolere nihil debeas. eius enim qui tardior in te
levando fuit quam fore putaremus non est mihi dubia de tua 15
salute sententia, de illis autem non arbitror te exspectare
quid sentiam.

3 Reliquum est ut te angat quod absis a tuis tam diu, res
molesta, praesertim ab iis pueris quibus nihil potest esse
festivius; sed, ut ad te scripsi antea, tempus est huius modi

---

7 uidetur *R*: -emur *MG*   8 sed quid *Schütz*: non quo sed quod Ω: non
quomodo, sed quid *Wesenberg, alia nec meliora alii*   17 quam *Victorius*:
cum Ω   **2**, 2 debebam *Lambinus*: debeam Ω   malorum *GR*: maio- Ω
12 quae ⟨et⟩ ς   15 putaramus *Lambinus*

ut suam quisque condicionem miserrimam putet et, ubi
quisque sit, ibi esse minime velit. equidem nos qui Romae 5
sumus miserrimos esse duco, non solum quod in malis
omnibus acerbius est videre quam audire sed etiam quod ad
omnis casus subitorum periculorum magis obiecti sumus
quam si abessemus.

Etsi me ipsum consolatorem tuum non tantum litterae, 10
quibus semper studui, quantum longinquitas temporis
4 mitigavit. quanto fuerim dolore meministi. in quo prima illa
consolatio est, vidisse me plus quam ceteros cum cupiebam
quamvis iniqua condicione pacem. quod etsi casu, non
divinatione mea, factum est, tamen in hac inani prudentiae
laude delector. deinde, quod mihi ad consolationem com- 5
mune tecum est, si iam vocer ad exitum vitae, non ab ea re
publica avellar qua carendum esse doleam, praesertim cum
id sine ullo sensu futurum sit. adiuvat ⟨et⟩iam aetas et acta
iam vita, quae cum cursu suo bene confecto delectat tum
vetat in eo vim timere quo nos iam natura ipsa paene 10
perduxerit. postremo is vir vel etiam ii viri hoc bello occiderunt ut impudentia videatur eandem fortunam, si res cogat,
recusare. equidem mihi omnia propono, nec ullum est
tantum malum quod non putem impendere. sed cum plus in
metuendo mali sit quam in ipso illo quod timetur, desino, 15
praesertim cum id impendeat in quo non modo dolor nullus
verum finis etiam doloris futurus sit.

Sed haec satis multa, vel plura potius quam necesse fuit;
facit autem non loquacitas mea sed benevolentia longiores
epistulas. 20
5 Servium discessisse Athenis moleste tuli. non enim dubito
quin magnae tibi levationi solitus sit esse cottidianus con-
gressus et sermo cum familiarissimi hominis tum optimi et
prudentissimi viri. tu velim te, ut debes et soles, tua virtute

---

3, 5 uelit *GR*: -im *M*   6 miserrimos *GR*: -mo *M*: -mum *M²*
9 quam *G*: quam et *MR*   **4,** 2 plus ς: prius Ω   8 etiam ς: iam Ω
9 quae cum *GR*: quaetum *M*   cursu suo *M²*: cur suo *M*: cursu *GR*
delectat *Wesenberg*: -atur Ω   12 impudentis *Lambinus*

sustentes. ego quae te velle quaeque ad te et ad tuos 5
pertinere arbitrabor omnia studiose diligenterque curabo.
quae cum faciam, benevolentiam tuam erga me imitabor,
merita non adsequar.

Vale.

245 (VI.2)

Scr., ut vid., in Attici Nomentano m. Apr. an. 45

M. CICERO S.D. A. TORQUATO

1 Peto a te ne me putes oblivione tui rarius ad te scribere quam
solebam, sed aut gravitate valetudinis, qua tamen iam paulum
videor levari, aut quod absim ab urbe, ut qui ad te pro-
ficisca⟨n⟩tur scire non possim. qua re velim ita statutum
habeas, me tui memoriam cum summa benevolentia tenere 5
tuasque omnis res non minori mihi curae quam meas esse.
2 Quod maiore in varietate versata est adhuc tua causa
quam homines aut volebant aut opinabantur, mihi crede,
non est pro malis temporum quod moleste feras. necesse est
enim aut armis urgeri rem publicam sempiternis aut iis
positis recreari aliquando aut funditus interire. si arma 5
valebunt, nec eos a quibus reciperis vereri debes nec eos
quos adiuvisti; si armis aut condicione positis aut defatigatione
abiectis aut victoria detractis civitas respiraverit, et dignitate
tua frui tibi et fortunis licebit; sin omnino interierint omnia
fueritque is exitus quem vir prudentissimus, M. Antonius, 10
iam tum timebat cum tantum instare malorum suspicabatur,
misera est illa quidem consolatio, tali praesertim civi et
viro, sed tamen necessaria, nihil esse praecipue cuiquam
dolendum in eo quod accidat universis.
3 Quae vis insit in his paucis verbis (plura enim committenda

---

5, 5 quaeque *M²R*: quae qui *M*: quae *G*
Ep. 245 Ω = *MGR*] **1**, 3–4 proficiscantur *Cratander*: -scatur *MR*: -scar
G   **2**, 6 reciperis *Egnatius*: recep- Ω: recipieris *Kayser*   7 defati-
gatione *GR*: defet- *M*   13 uiro *M³GR*: uiri *M*

epistulae non erant) si attendes, quod facis profecto etiam sine
meis litteris, intelleges te aliquid habere quod speres, nihil
quod aut hoc aut aliquo rei publicae statu timeas; omnia si
interierint, cum superstitem te esse rei publicae ne si liceat 5
quidem velis, ferendam esse fortunam, praesertim quae absit
a culpa. sed haec hactenus.

Tu velim scribas ad me quid agas et ubi futurus sis ut aut
quo scribam aut quo veniam scire possim.

246 (VI.21)

Scr., ut vid., Romae m. Ian. an. 45

CICERO TORANIO

1 Etsi cum haec ad te scribebam aut appropinquare exitus
huius calamitosissimi belli aut iam aliquid actum et confectum videbatur, tamen cottidie commemorabam te unum
in tanto exercitu mihi fuisse adsensorem et me tibi, solosque
nos vidisse quantum esset in eo bello mali in quo spe pacis 5
exclusa ipsa victoria futura esset acerbissima, quae aut
interitum adlatura esset, si victus esses, aut, si vicisses,
servitutem. itaque ego, quem tum fortes illi viri et sapientes,
Domitii et Lentuli, timidum esse dicebant (eram plane;
timebam enim ne evenirent ea quae acciderunt), idem nunc 10
nihil timeo et ad omnem eventum paratus sum. cum aliquid
videbatur caveri posse, tum id neglegi dolebam. nunc vero
eversis omnibus rebus, cum consilio profici nihil possit, una
ratio videtur quicquid evenerit ferre moderate, praesertim
cum omnium rerum mors sit extremum et mihi sim conscius 15
me ⟨et⟩, quoad licuerit, dignitati rei publicae consuluisse et
hac ⟨a⟩missa salutem retinere voluisse.

2 Haec scripsi, non ut de me ipse dicerem, sed ut tu, qui
coniunctissima fuisti mecum et sententia et voluntate, eadem

Ep. 246 Ω = *MGR*] TORANIO ς: tar- *M, et ind.*: tyr- *G, et ind.*: tir- *R*
1, 5 quo *GR*: eo *M*   16 et *add.* ς   17 amissa ς: m- Ω

cogitares. magna enim consolatio est cum recordare, etiam
si secus acciderit, te tamen recte vereque sensisse. atque
utinam liceat aliquando aliquo rei publicae statu nos frui 5
inter nosque conferre sollicitudines nostras, quas contulimus
tum cum timidi putabamur quia dicebamus ea futura quae
facta sunt.

3   De tuis rebus nihil esse quod timeas praeter universae rei
publicae interitum tibi confirmo. de me autem sic velim
iudices, quantum ego possim me tibi, saluti tuae liberisque
tuis summo cum studio praesto semper futurum.

Vale.   5

247 (VI.20)

Scr. aestate an. 45

CICERO TORANIO S.

1 Dederam triduo ante pueris Cn. Planci litteras ad te. eo
nunc ero brevior teque, ut antea consolabar, hoc tempore
monebo. nihil puto tibi esse utilius quam ibidem opperiri
quoad scire possis quid tibi agendum sit. nam praeter
navigationis longae et hiemalis et minime portuosae pericu- 5
lum, quod vitaveris, ne illud quidem non quan⟨ti⟩vis,
subito, cum certi aliquid audieris, te istim posse proficisci.
nihil est praeterea cur adven⟨ien⟩tibus te offerre gestias.
multa praeterea metuo, quae cum Cilone nostro com-
2 municavi. quid multa? loco opportuniore in his malis nullo 10
esse potuisti ex quo te, quocumque opus erit, facillime et
expeditissime conferas. quod si recipiet ille se ad tempus,
aderis; sin, quoniam multa accidere possunt, aliqua res eum

2, 3 recordere *Lambinus*   6 contulimus *scripsi*: pert- Ω   **3**, 1 esse ϛ:
est Ω

Ep. 247 Ω = MGR] **1**, 3 opperiri ϛ: -eri M: -erir G¹ *in marg.* (quam...
tibi *om.* G): -erire R   6 quantivis *Victorius*: quamuis Ω   7 istim
MR: -inc G   8 advenientibus *Manutius*: aduent- M: adeunt- GR
9 quae ϛ: quaequae M: quaeque GR   **2**, 3 conferas R: -eceras MG
4 aliqua R: -ae MG

vel impediet vel morabitur, tu ibi eris ubi omnia scire possis. 5
hoc mihi prorsus valde placet.

3   De reliquo, ut te saepe per litteras hortatus sum, ita velim
tibi persuadeas, te in hac causa nihil habere quod tibi
timendum sit praeter communem casum civitatis. qui etsi
est gravissimus, tamen ita viximus et id aetatis iam sumus ut
omnia quae non nostra culpa nobis accidant fortiter ferre 5
debeamus. hic tui omnes valent summaque pietate te desiderant et diligunt et colunt. tu cura ut valeas et te istim ne
temere commoveas.

248 (IV.5)

Scr. Athenis c. med. m. Mart. an. 45

SERVIUS CICERONI S.

1 Postea quam mihi renuntiatum est de obitu Tulliae, filiae
tuae, sane quam pro eo ac debui graviter molesteque tuli
communemque eam calamitatem existimavi, qui, si istic
adfuissem, neque tibi defuissem coramque meum dolorem
tibi declarassem; etsi genus hoc consolationis mi⟨se⟩rum 5
atque acerbum est propterea quia per quos ea confieri debet,
propinquos ac familiaris, ii ipsi pari molestia adficiuntur
neque sine lacrimis multis id conari possunt, uti magis ipsi
videantur aliorum consolatione indigere quam aliis posse
suum officium praestare. tamen, quae in praesentia in 10
mentem mihi venerunt, decrevi brevi ad te perscribere, non
quo ea te fugere existimem sed quod forsitan dolore impeditus
minus ea perspicias.

2   Quid est quod tanto opere te commoveat tuus dolor
intestinus? cogita quem ad modum adhuc fortuna nobiscum
egerit; ea nobis erepta esse quae hominibus non minus quam
liberi cara esse debent, patriam, honestatem, dignitatem,

3, 7 cura ut *GR*: ut cur aut *M*   istim *M*: -inc *M²GR*
Ep. 248 Ω = *MGR*] **1**, 2 sane quam *M*: sane *GR*   5 miserum ς:
mirum Ω   7 ii *R*: it *M*: *om. G*   10 praestare. tamen *dist. Festa*

honores omnis. hoc uno incommodo addito quid ad dolorem 5
adiungi potuit? aut qui non in illis rebus exercitatus animus
callere iam debet atque omnia minoris existimare?

3   At illius vicem, credo, doles. quotiens in eam cogitationem
necesse est et tu veneris et nos saepe incidimus, hisce
temporibus non pessime cum iis esse actum quibus sine
dolore licitum est mortem cum vita commutare! quid autem
fuit quod illam hoc tempore ad vivendum magno opere 5
invitare posset? quae res, quae spes, quod animi solacium?
ut cum aliquo adulescente primario coniuncta aetatem
gereret? licitum est tibi, credo, pro tua dignitate ex hac
iuventute generum deligere cuius fidei liberos tuos te tuto
committere putares. an ut ea liberos ex sese pareret quos 10
cum florentis videret laetaretur, qui rem a parente traditam
per se tenere possent, honores ordinatim petituri essent, in
re publica, in amicorum negotiis libertate sua ⟨us⟩uri? quid
horum fuit quod non prius quam datum est ademptum sit?
at vero malum est liberos amittere. malum, nisi hoc peius 15
est, haec sufferre et perpeti.

4   Quae res mihi non mediocrem consolationem attulit volo
tibi commemorare, si forte eadem res tibi dolorem minuere
possit. ex Asia rediens cum ab Aegina Megaram versus
navigarem, coepi regiones circumcirca prospicere. post me
erat Aegina, ante me Megara, dextra Piraeus, sinistra 5
Corinthus, quae oppida quodam tempore florentissima
fuerunt, nunc prostrata et diruta ante oculos iacent. coepi
egomet mecum sic cogitare: 'hem! nos homunculi indigna-
mur si quis nostrum interiit aut occisus est, quorum vita
brevior esse debet, cum uno loco tot oppidum cadavera 10
proiecta iacent? visne tu te, Servi, cohibere et meminisse
hominem te esse natum?' crede mihi, cogitatione ea non

3, 1 at *Manutius*: an Ω   credo *MR*: cedo *Tyrrell* (an *retento*): *om. G*
5 illam *GR*: -a *M*   9 deligere ς: dil- Ω   10 pareret *GR*: pararet *M*
13 usuri *Gulielmius*: uti Ω: usi *Martyni-Laguna*   14 ademptum *MᶜG*:
adep- *MR*   15–16 peius est *Wesenberg*: p- sit Ω   **4**, 3 Megara
Madvig   5 me Megara *Orelli*: menegare *M*: me meg- *GR*

mediocriter sum confirmatus. hoc idem, si tibi videtur, fac
ante oculos tibi proponas. modo uno tempore tot viri
clarissimi interierunt, de imperio populi Romani tanta 15
deminutio facta est, omnes provinciae conquassatae sunt: in
unius mulierculae animula si iactura facta est, tanto opere
commoveris? quae si hoc tempore non diem suum obisset,
paucis post annis tamen ei moriendum fuit, quoniam homo
5 nata fuerat. etiam tu ab hisce rebus animum ac cogitationem 20
tuam avoca atque ea potius reminiscere quae digna tua
persona sunt: illam, quam diu ei opus fuerit, vixisse, una
cum re publica fuisse, te, patrem suum, praetorem, consulem, augurem vidisse, adulescentibus primariis nuptam 5
fuisse, omnibus bonis prope perfunctam esse, cum res
publica occideret, vita excessisse. quid est quod tu aut illa
cum fortuna hoc nomine queri possitis?

Denique noli te oblivisci Ciceronem esse et eum qui aliis
consueris praecipere et dare consilium, neque imitare malos 10
medicos, qui in alienis morbis profitentur tenere se medicinae
scientiam, ipsi se curare non possunt, sed potius quae aliis
tute praecipere soles ea tute tibi subiace atque apud animum
6 propone. nullus dolor est quem non longinquitas temporis
minuat ac molliat. hoc te exspectare tempus tibi turpe est ac
non ei rei sapientia tua te occurrere. quod si qui etiam
inferis sensus est, qui illius in te amor fuit pietasque in omnis
suos, hoc certe illa te facere non vult. da hoc illi mortuae, da **5**
ceteris amicis ac familiaribus, qui tuo dolore maerent, da
patriae, ut, si qua in re opus sit, opera et consilio tuo uti
possit. denique, quoniam in eam fortunam devenimus ut
etiam huic rei nobis serviendum sit, noli committere ut
quisquam te putet non tam filiam quam rei publicae **10**
tempora et aliorum victoriam lugere.

---

13 idem Ω: item *Lehmann*   15 clarissimi *R*: car- *MG*   populi
Romani] p. r. *R*: propter *MG*   **5**, 1 ac ϛ: a Ω: ad *R*¹   4 fuisse Ω:
floru-ϛ   10 imitari *M*²   13 tute (*prius*) *removit Lambinus*   subiace
atque *R*: -ceat que *M*: -cent quae *G*: subi(i)ce atque ϛ   **6**, 4 amor
M: amor sensus *R*: sensus *G*

Plura me ad te de hac re scribere pudet, ne videar prudentiae tuae diffidere. qua re, si hoc unum proposuero,
finem faciam scribendi: vidimus aliquotiens secundam
pulcherrime te ferre fortunam magnamque ex ea re te 15
laudem apisci; fac aliquando intellegamus adversam quoque
te aeque ferre posse neque id maius quam debeat tibi onus
videri, ne ex omnibus virtutibus haec una tibi videatur
deesse.

Quod ad me attinet, cum te tranquilliorem animo esse 20
cognoro, de iis rebus quae hic geruntur quem ad modumque
se provincia habeat certiorem faciam.
Vale.

249 (IV.6)

Scr. in Attici Nomentano med. m. Apr. an. 45

M. CICERO S.D. SER. SULPICIO

1 Ego vero, Servi, vellem, ut scribis, in meo gravissimo casu
adfuisses. quantum enim praesens me adiuvare potueris et
consolando et prope aeque dolendo facile ex eo intellego
quod litteris lectis aliquantum acquievi. nam et ea scripsisti
quae levare luctum possent et in me consolando non medio- 5
crem ipse animi dolorem adhibuisti. Servius tamen tuus
omnibus officiis quae illi tempori tribui potuerunt declaravit
et quanti ipse me faceret et quam suum talem erga me
animum tibi gratum putaret fore. cuius officia iucundiora
scilicet saepe mihi fuerunt, numquam tamen gratiora. 10

Me autem non oratio tua solum et societas paene aegritudinis sed etiam auctoritas consolatur; turpe enim esse
existimo me non ita ferre casum meum ut tu tali sapientia
praeditus ferendum putas. sed opprimor interdum et vix
resisto dolori, quod ea me solacia deficiunt quae ceteris, 15

---

16 apisci *M*: adip- *GR*
Ep. 249 Ω = *MGR*] **1**, 6 ipse *GR*: ipsi *M*   10 fuerunt ς: -rint Ω
15 deficiunt *GR*: addef- *M*

quorum mihi exempla propono, simili in fortuna non defuerunt. nam et Q. Maximus, qui filium consularem, clarum
virum et magnis rebus gestis, amisit, et L. Paulus, qui duo
septem diebus, et vester Galus et M. Cato, qui summo
ingenio, summa virtute filium perdidit, iis temporibus 20
fuerunt ut eorum luctum ipsorum dignitas consolaretur, ea
2 quam ex re publica consequebantur. mihi autem, amissis
ornamentis iis quae ipse commemoras quaeque eram maximis
laboribus adeptus, unum manebat illud solacium quod
ereptum est. non amicorum negotiis, non rei publicae
procuratione impediebantur cogitationes meae, nihil in foro 5
agere libebat, aspicere curiam non poteram, existimabam,
id quod erat, omnis me et industriae meae fructus et fortunae
perdidisse. sed cum cogitarem haec mihi tecum et cum
quibusdam esse communia et cum frangerem iam ipse me
cogeremque illa ferre toleranter, habebam quo confugerem, 10
ubi conquiescerem, cuius in sermone et suavitate omnis
curas doloresque deponerem.

Nunc autem hoc tam gravi vulnere etiam illa quae
consanuisse videbantur recrudescunt. non enim, ut tum me
a re publica maestum domus excipiebat quae levaret, sic 15
nunc domo maerens ad rem publicam confugere possum ut
in eius bonis acquiescam. itaque et domo absum et foro,
quod nec eum dolorem quem e re publica capio domus iam
consolari potest nec domesticum res publica.

3 Quo magis te exspecto teque videre quam primum cupio.
maior mihi ⟨le⟩vatio [mihi] adferri nulla potest quam coniunctio consuetudinis sermonumque nostrorum; quamquam
sperabam tuum adventum (sic enim audiebam) appropinquare. ego autem cum multis de causis te exopto quam 5
primum videre tum etiam ut ante commentemur inter nos
qua ratione nobis traducendum sit hoc tempus, quod est

---

19 galus *M*: gallus *GR*   21 luctum *GR*: lum *M*   **2**, 10 cogeremque
GR: -rem *M*: et cogerem *Baiter*   18 e *Lambinus*: ex (?) *M*³ (a *P*): ad
M: de *GR*   **3**, 2 maior…adferri *Victorius*: maior mihi uatio mihi
adferre *M*: maius mihi solacium (-atium *R*) afferre ratio *GR*, *vulg.*

totum ad unius voluntatem accommodandum, et prudentis
et liberalis et, ut perspexisse videor, nec a me alieni et tibi
amicissimi. quod cum ita sit, magnae tamen est deliberationis 10
quae ratio sit ineunda nobis non agendi aliquid sed illius
concessu et beneficio quiescendi.

Vale.

250 (IX.11)

Scr., ut vid., in Attici Nomentano paulo post xii Kal.
Mai. an. 45

CICERO DOLABELLAE S.

1 Vel meo ipsius interitu mallem litteras meas desiderares
quam eo casu quo sum gravissime adflictus; quem ferrem
certe moderatius si te haberem. nam et oratio tua prudens et
amor erga me singularis multum levaret. sed quoniam brevi
tempore, ut opinio nostra est, te sum visurus, ita me adfectum 5
offendes ut multum a te possim iuvari; non quo ita sim
fractus ut aut hominem me esse oblitus sim aut fortunae
succumbendum putem, sed tamen hilaritas illa nostra et
suavitas, quae te praeter ceteros delectabat, erepta mihi
omnis est; firmitatem tamen et constantiam, si modo fuit 10
aliquando in nobis, eandem cognosces quam reliquisti.

2 Quod scribis proelia te mea causa sustinere, non tam id
laboro ut si qui mihi obtrectent a te refutentur quam intellegi
cupio, quod certe intellegitur, me a te amari. quod ut facias
te etiam atque etiam rogo, ignoscasque brevitati litterarum
mearum; nam et celeriter una futuros nos arbitror et 5
nondum satis sum confirmatus ad scribendum.

---

9 a me *GR*¹: ad me *R*: me *M*
Ep. 250 Ω = *MVDH*] **1**, 2 eo χ: ego *M*   6 possim *MᶜGR*: -sum *M*
2, 6 sum χ: *om. M*

Scr. Romae c. vii Id. Mai. an. 45

L. LUCCEIUS Q.F. S.D. M. TULLIO M.F.

1 S. v. b. e. v. sicut soleo, paululo tamen etiam deterius quam
soleo.

Te requisivi saepius ut viderem. Romae quia postea non
fuisti quam discesseras miratus sum, quod item nunc miror.
non habeo certum quae te res hinc maxime retrahat. si 5
solitudine delectare, cum scribas et aliquid agas eorum
quorum consuesti, gaudeo neque reprehendo tuum consilium. nam nihil isto potest esse iucundius non modo miseris
his temporibus et luctuosis sed etiam tranquillis et optatis,
praesertim vel animo defatigato tuo, qui nunc requiem 10
quaerat ex magnis occupationibus, vel erudito, qui semper
aliquid ex se promat quod alios delectet, ipsum laudibus
illustret.

2 Sin autem, sicut ⟨ante quam⟩ hinc discesseras, lacrimis ac
tristitiae te tradidisti, doleo quia doles et angere, non possum
te non, si concedis quod sentimus ut liberius dicamus,
accusare. quid enim? tu solus aperta non videbis, qui propter
acumen occultissima perspicis? tu non intelleges te querelis 5
cottidianis nihil proficere? non intelleges duplicari sollicitudines quas elevare tua te prudentia postulat?

3 Quod si non possumus aliquid proficere suadendo, gratia
contendimus et rogando, si quid nostra causa vis, ut istis te
molestiis laxes et ad convictum nostrum redeas ⟨atque⟩ ad
consuetudinem vel nostram communem vel tuam solius ac

Ep. 251 Ω = *MGR*] **1**, 4 discesseras *Ernesti*: -rat *M*: -ram *GR*: a me
discesserat (-ras ς) *M³*   idem *Wesenberg*   10 defatigato (*ex* defagito)
G: defast- *R*: defet- *M*   nunc ς: non Ω   requiem *GR*: -irem *M*:
-ietem ς   **2**, 1 ante quam *addidi*   hinc discesseras ς: hinc dicas
seras *M*: indicas *GR*   2 tradidisti *GR*: tradisti *M*   **3**, 1 possumus
G: -simus *MR*   3 redeas atque ad *Wesenberg*: redeas (*spat. fere 5 litt.
in fine vers. relicto*) ad *M*: -eas ad *G*: -eas ac *R*: -eas et ad *P²*

propriam. cupio non obtundere te, si non delectare nostro 5
studio, cupio deterrere ne permaneas in incepto. †cum† duae
res istae contrariae me conturbant, ex quibus aut in altera
mihi velim, si potes, obtemperes aut in altera non offendas.
Vale.

252 (v.15)

Scr. Asturae reddita ep. superiore

M. CICERO S.D. L. LUCCEIO Q.F.

1 Omnis amor tuus ex omnibus partibus se ostendit in iis
litteris quas a te proxime accepi, non ille quidem mihi ignotus
sed tamen gratus et optatus; dicerem 'iucundus' nisi id
verbum in omne tempus perdidissem, neque ob eam unam
causam quam tu suspicaris et in qua me lenissimis et 5
amantissimis verbis utens re graviter accusas, sed quod illius
2 tanti vulneris quae remedia esse debebant ea nulla sunt. quid
enim? ad amicosne confugiam? quam multi sunt? habuimus
enim fere communis; quorum alii occiderunt, alii nescio quo
pacto obduruerunt. tecum vivere possem equidem et maxime
vellem. vetustas, amor, consuetudo, studia paria – quod 5
vinclum, quaeso, deest nostrae coniunctioni? possumusne
igitur esse una? nec mehercule intellego quid impediat; sed
certe adhuc non fuimus, cum essemus vicini in Tusculano, in
Puteolano. nam quid dicam in urbe, in qua, cum forum
commune sit, vicinitas non requiritur? 10
3 Sed casu nescio quo in ea tempora nostra aetas incidit ut,
cum maxime florere nos oporteret, tum vivere etiam puderet.
quod enim esse poterat mihi perfugium spoliato et domesticis

---

6 cum Ω: nunc *Martyni-Laguna*: *anne* sic *?*
Ep. 252 Ω = *MGR*] **2**, 4 obduruerunt *R*: obduerunt *M*: obdurar- *G*
possem Ω: -se *Lambinus*, et *remoto*: si possem *Madvig*   6 quaeso deest
Rost: quas (a *ex* o, *ut vid.*, *M*¹) idest *M*: quasi est *GR*   coniunctioni
Cratander: -nis Ω   7 una? ⟨possumus.⟩ *Lambinus*   9 quid *GR*:
quod *M*

et forensibus ornamentis atque solaciis? litterae, credo.
quibus utor adsidue; quid enim aliud facere possum? sed 5
nescio quo modo ipsae illae excludere me a portu et perfugio
videntur et quasi exprobrare quod in ea vita maneam in qua
nihil insit nisi propagatio miserrimi temporis.

4 Hic tu me abesse urbe miraris, in qua domus nihil delectare possit, summum sit odium temporum, hominum, fori,
curiae? itaque sic litteris utor, in quibus consumo omne tempus, non ut ab iis medicinam perpetuam sed ut exiguam obli-
5 vionem doloris petam. quod si id egissemus ego atque tu quod 5
ne in mentem quidem nobis veniebat propter cottidianos
metus ⟨et⟩ omne tempus una fuissemus, neque me valetudo
tua offenderet neque te maeror meus. quod, quantum fieri
poterit, consequamur. quid enim est utrique nostrum aptius? 5
propediem te igitur videbo.

253 (IV.12)

Scr. Athenis prid. Kal. Iun. an. 45

SERVIUS CICERONI SAL. PLUR.

1 Etsi scio non iucundissimum me nuntium vobis adlaturum,
tamen, quoniam casus et natura in nobis dominatur, visum
est faciendum, quoquo modo res se haberet, vos certiores
facere.

A.d. X Kal. Iun., cum ab Epidauro Piraeum navi advectus 5
essem, ibi ⟨M.⟩ Marcellum, collegam nostrum, conveni
eumque diem ibi consumpsi ut cum eo essem. postero die

3, 7 exprobrare *R*: -bare *MG*   **4,** 1 tu me *GR*: tuae *M*: tu me ab ea
Wesenberg   1–2 delectare ς: -ri Ω   **5,** 3 et *addidi*: si *Baiter*: ut *Rost*
(*quo accepto* essemus *scribendum*)
Ep. 253 Ω = *MGR*] SAL. PLUR. *Baiter*: salutem pluribus verbis *M*: inscr.
om. *GR et ind. MR, nugas habet ind. G*   **1,** 1 non iucundissimum Ω,
sane inepte; sed iniuc- *reponere nolim*   2 nobis *R*: bonis *MG*   domi-
nantur *Lambinus*   3 faciendum *removit Lambinus*   ⟨ut⟩ vos certiores
facere⟨m⟩ *Martyni-Laguna*   6 M. *add. Orelli*   7–8 die cum *P²*: diem
M: die *McGR*

⟨cu⟩m ab eo digressus essem eo consilio ut ab Athenis in
Boeotiam irem reliquamque iuris dictionem absolverem, ille,
ut aiebat, supra Mal⟨e⟩as in Italiam versus navigaturus erat. 10
2 post diem tertium eius diei, cum ab Athenis proficisci in
animo haberem, circiter hora decima noctis P. Postumius,
familiaris eius, ad me venit et mihi nuntiavit M. Marcellum,
collegam nostrum, post cenae tempus a P. Magio Cilone,
familiare eius, pugione percussum esse et duo vulnera 5
accepisse, unum in stomacho, alterum in capite secundum
aurem; sperare tamen eum vivere posse. Magium se ipsum
interfecisse postea; se a Marcello ad me missum esse qui haec
nuntiaret et rogaret uti medicos ei mitterem. itaque medicos
coegi et e vestigio eo sum profectus prima luce. cum non 10
longe a Piraeo abessem, puer Acidini obviam mihi venit cum
codicillis in quibus erat scriptum paulo ante lucem Marcellum
diem suum obisse. ita vir clarissimus ab homine deterrimo
acerbissima morte est adfectus et cui inimici propter dignitatem pepercerant inventus est amicus qui ei mortem 15
offerret.
3   Ego tamen ad tabernaculum eius perrexi. inveni duos
libertos et pauculos servos; reliquos aiebant profugisse metu
perterritos, quod dominus eorum ante tabernaculum interfectus esset. coactus sum in eadem illa lectica qua ipse delatus
eram meisque lecticariis in urbem eum referre, ibique pro ea 5
copia quae Athenis erat funus ei satis amplum faciendum
curavi. ab Atheniensibus locum sepulturae intra urbem ut
darent impetrare non potui quod religione se impediri
dicerent, neque tamen id antea cuiquam concesserant. quod

---

8 essem *M*: cum e- *GR*: sum *Streicher*   10 ut aiebat *GR*: utie- *M*
super *Wesenberg*   Maleas *Manutius*: maias *M*: kal. maias *GR*: Maleam
Lambinus   **2,** 1 post diem tertium *Victorius*: postridiem t- *MR*: post
tercium diem *G*   4 a P. ς: apud Ω   5 familiare *M*: -rem *GR*: -ri
Cratander   7 sperari *Baiter*   9 ei...medicos *GR*: *om. M*   13–14
deterrimo (tet- *G*) acerbissima (-suma *M³*) *M³GR*: -rromodo cerbis suma
M   **3,** 2 aiebant *R*: age- *MG*   4 delatus *GR*: dil- *M*   6 quae ς:
quo *MG*: quod *R*

proximum fuit, uti in quo vellemus gymnasio eum sepeli- 10
remus, nobis permiserunt. nos in nobilissimo orbi terrarum
gymnasio Academiae locum delegimus ibique eum com-
bussimus posteaque curavimus ut eidem Athenienses in
eodem loco monumentum ei marmoreum faciendum locarent.
ita quae nostra officia fuerunt pro collegio et pro propinqui- 15
tate et vivo et mortuo omnia ei praestitimus.

Vale.

D. prid. Kal. Iun. Athenis.

254 (IX.8)

Scr. in Tusculano vi aut v Id. Quint. an. 45

CICERO VARRONI

1 Etsi munus flagitare, quamvis quis ostenderit, ne populus
quidem solet nisi concitatus, tamen ego exspectatione
promissi tui moveor ut admoneam te, non ut flagitem. misi
autem ad te quattuor admonitores non nimis verecundos;
nosti enim profecto os huius adulescentioris Academiae. ex 5
ea igitur media excitatos misi; qui metuo ne te forte flagitent,
ego autem mandavi ut rogarent. exspectabam omnino iam
diu meque sustinebam ne ad te prius ipse quid scriberem
quam aliquid accepissem, ut possem te remunerari quam
simillimo munere. sed cum tu tardius faceres, id est, ut ego 10
interpretor, diligentius, teneri non potui quin coniunctionem
studiorum amorisque nostri, quo possem litterarum genere,
declararem. feci igitur sermonem inter nos habitum in
Cumano, cum esset una Pomponius. tibi dedi partis
Antiochinas, quas a te probari intellexisse mihi videbar, 15

---

10 gymnasio] gimn- (gin- *hic M*) Ω, *itemque infra*   11 orbi *M*: -is *GR*
13 posteaquecuraumus (-auimus *P*) *M*² *in ras.*:-ea quoque curauimus *GR*
15 ita quae ϛ: itaque Ω   et pro *M*: et *GR*
Ep. 254 Ω = *MVDH*] **1**, 1 ostenderit ϛ: -ret Ω   3 tui *DH*: sui *MV*
misi *M*³χ: nisi *M*   5 huius *Lambinus*: eius *MV*: illius *DH*   academiae *H*¹: -ic(a)e Ω   14 esset χ: -em *M*

mihi sumpsi Philonis. puto fore ut, cum legeris, mirere nos
id locutos esse inter nos quod numquam locuti sumus, sed
2 nosti morem dialogorum. posthac autem, mi Varro, quam
plurima, si videtur, et [de] nobis inter nos, sero fortasse; sed
superiorum temporum Fortuna rei publicae causam sustineat, haec ipsi praestare debemus. atque utinam quietis
temporibus atque aliquo, si non bono, at saltem certo statu 5
civitatis haec inter nos studia exercere possemus! quamquam
tum quidem vel aliae quaepiam rationes honestas nobis et
curas et actiones darent; nunc autem quid est sine his
cur vivere velimus? mihi vero cum his ipsis vix, his autem
detractis ne vix quidem. sed haec coram et saepius. 10

Migrationem et emptionem feliciter evenire volo tuumque
in ea re consilium probo. cura ut valeas.

255 (v.9)

Scr. Naronae v Id. Quint. an. 45

VATINIUS IMP. CICERONI SUO S.

1 S. v. b. e. e. v.

Si tuam consuetudinem in patrociniis tuendis servas,
P. Vatinius cliens advenit qui pro se causam dicier vult. non,
puto, repudiabis in honore quem in periculo recepisti. ego
autem quem potius adoptem aut invocem quam illum quo 5
defendente vincere didici? an verear ne, qui potentissimorum
hominum conspirationem neglexerit pro mea salute, is pro
honore meo pusillorum ac malevolorum obtrectationes et
invidias non prosternat atque obterat?

Qua re, si me, sicut soles, amas, suscipe meme totum atque 10

---

16 philonis *H*: philio- *MVD*   **2**, 1 posthac *Manutius*: -h(a)ec (-hoc,
ut vid., D) Ω   2 videbitur ς   de *removi* (*mallem* et nobiscum et inter
nos)   ⟨et⟩ inter *Manutius*   7 uel *V*: tum uel *M*: om. *DH*   7–8 et
curas *M*: c- χ

Ep. 255 Ω = *MGR*] **1**, 1 e. e. u *M*: e. u. *R* (*notas om. G*): *fort.* e. e. ⟨q.⟩
v.   10 meme *M*: me *M³GR*

hoc, quicquid est, oneris ac muneris pro mea dignitate tibi
tuendum ac sustinendum puta. scis meam fortunam nescio quo
modo facile obtrectatores invenire, non meo quidem mehercules merito; sed quanti id refert, si tamen fato nescio quo
accidit? si qui forte fuerit qui nostrae dignitati obesse velit, 15
peto a te ut tuam consuetudinem et liberalitatem in me absente
defendendo mihi praestes. litteras ad senatum de rebus nostris
gestis, quo exemplo miseram, infra tibi perscripsi.

2   Dicitur mihi tuus servus anagnostes fugitivus cum Vardaeis
esse. de quo tu mihi nihil mandasti, ego tamen terra marique
ut conquireretur praemandavi et profecto tibi illum reperiam,
nisi si in Dalmatiam aufugerit; et inde tamen aliquando
eruam. tu nos fac ames.   5
  Vale.

A.d. V Id. Quint. ex castris Narona.

256 (v.10a.3)

Scr. Naronae parte priore m. Nov., ut vid., an. 45

⟨VATINIUS CICERONI SUO S.⟩

Caesar adhuc mi iniuriam facit. de meis supplicationibus et
rebus gestis Dalmaticis adhuc non refert, quasi vero non
iustissimi triumphi in Dalmatia res gesserim. nam si hoc
exspectandum est, dum totum bellum conficiam, viginti
oppida sunt Dalmatiae antiqua, quae ipsi sibi adsciverunt 5
amplius sexaginta. haec nisi omnia expugno si mihi supplicationes non decernuntur, longe alia condicione ego sum ac
ceteri imperatores.

---

12 sustinendum M^3GR: subt- M 13–14 mehercules ς: mercules (*sic*)
M: mehercule GR 18 quo R: quod MG **2, 4** dalmatiam (al- R)
GR: del- M 7 a.d. V Id. ς: l. d. u. l. d. Ω
Ep. 256 $\Omega = MGR$; *accedit I*] *novam ep. feci; cum ep. 259 coniungunt codd.*
ceterum vide quae scripsi in comm.   2 gestis GRI: -icis M 4 expec-
tandum est (-dumst M, -dam est R) Ω: -dum sit I *finem epistulae*
excidisse putavit Wesenberg

257 (v.11)

Scr. Romae parte priore m. Dec., ut vid., an. 45

M. CICERO VATINIO IMP. S.

1 Grata tibi mea esse officia non miror; cognovi enim te gratissimum omnium idque numquam destiti praedicare. nec enim tu mihi habuisti modo gratiam verum etiam cumulatissime rettulisti. quam ob rem ⟨in⟩ reliquis tuis rebus omnibus pari me studio erga te et eadem voluntate 5 cognosces.

2 Quod mihi feminam primariam, Pompeiam, uxorem tuam, commendas, cum Sura nostro statim tuis litteris lectis locutus sum ut ei meis verbis diceret ut, quicquid opus esset, mihi denuntiaret; me omnia quae ea vellet summo studio curaque facturum. itaque faciam eamque, si opus esse videbitur, 5 ipse conveniam. tu tamen ei velim scribas ut nullam rem neque tam magnam neque tam parvam putet quae mihi aut difficilis aut parum me digna videatur. omnia quae in tuis rebus agam et non laboriosa mihi et honesta videbuntur. 10

3 De Dionysio, si me amas, confice. quamcumque ei fidem dederis, praestabo; si vero improbus fuerit, ut est, duces eum captivum in triumpho. Dalmatis di male faciant qui tibi molesti sunt! sed, ut scribis, brevi capientur et illustrabunt res tuas gestas; semper enim habiti sunt bellicosi. 5

Ep. 257 Ω = *MGR; accedit I*] **1,** 1 grata *GR*: ut (*post* sal.) g- *MI* mea esse officia *MR*: e- mea o- *G*: o- mea e- *I* 3 gratiam Ω: -ias *I* 4 in *add. Martyni-Laguna* **2,** 3 ei *R*: et *MGI* **3,** 3 captiuum Ω: captum *I* dalmatis (de d- *R*) *GRI*: del- *M* 5 bellicosi Ω: -si uale *I*

258 (v.10*b*)

Scr. Naronae Non. Dec. an. 45

⟨VATINIUS CICERONI SUO S.⟩

Ego post supplicationes mihi decretas in Dalmatiam profectus
sum. sex oppida vi oppugnando cepi. unum †hoc†, quod erat
maximum, quater a me iam captum; quattuor enim turris
et quattuor muros cepi et arcem eorum totam. ex qua me
nives, frigora, imbres detruserunt, indigneque, mi Cicero, 5
oppidum captum et bellum confectum relinquere sum
coactus. qua re te rogo, si opus erit, ad Caesarem meam
causam agas meque tibi in omnis partis defendendum putes,
hoc existimans, neminem te tui amantiorem habere.

Vale. 10

D. Non. Dec. Narona.

259 (v.10*a*.1–2)

Scr., ut vid., Naronae m. Ian. an. 44

VATINIUS CICERONI SUO S.

1 S. v. b. e. e. q. v.

De Dionysio tuo adhuc nihil extrico, et eo minus quod me
frigus Dalmaticum, quod illinc eiecit, etiam hic refrigeravit.
sed tamen non desistam quin illum aliquando eruam. sed
tamen omnia mi dura imperas. De Catilio nescio quid ad me 5
scripsisti deprecationis diligentissimae. apage te cum nostro
Sex. Servilio! nam mehercule ego quoque illum amo. sed
huiusce modi vos clientis, huius modi causas recipitis?
hominem unum omnium crudelissimum, qui tot ingenuos,

Ep. 258 Ω = *MGR; accedit I*] *novam ep. fecit* ς; *cum ep. 259 coniungunt codd.*
initium epistulae excidisse putavit Wesenberg 2 unum hoc Ω*I*: *excidisse*
aliquid apparet, nisi hoc *delere malis* 7–8 meam causam Ω: c- m- *I, ut vid.*
Ep. 259 Ω = *MGR; accedit I inde a* §*1, 12* bello] 1, 5 catilio (calt- *R*,
-lino *G*) Ω: C. Atilio ς

matresfamilias, civis Romanos occidit, abripuit, disperdidit, 10
regiones vastavit? simius, non semissis homo, contra me
arma tulit et eum bello cepi.

2   Sed tamen, mi Cicero, quid facere possum? omnia mehercule cupio quae tu mi imperas. meam animadversionem
et supplicium quo usurus eram in eum quem cepissem
remitto tibi et condono: quid illis respondere possum qui
sua bona direpta, navis expugnatas, fratres, liberos, parentis 5
occisos actione expostulant? si mehercules Appi os haberem,
in cuius locum suffectus sum, tamen hoc sustinere non
possem. quid ergo est? faciam omnia sedulo quae te sciam
velle. defenditur a Q. Volusio, tuo discipulo, si forte ea res
poterit adversarios fugare. in eo maxima spes est.   10

3   Nos, si quid erit istic opus, defendes.

260 (VII.24)

Scr. in Tusculano xi, ut vid., Kal. Sept. an. 45

M. CICERO S.D. M. FABIO GALLO

1 Amoris quidem tui, quoquo me verti, vestigia, vel proxime
de Tigellio; sensi enim ex litteris tuis valde te laborasse. amo
igitur voluntatem. sed pauca de re. Cipius, opinor, olim
'non omnibus dormio.' sic ego non omnibus, mi Galle,
servio. etsi quae est haec servitus? olim, cum regnare existi- 5
mabamur, non tam ab ullis quam hoc tempore observor
a familiarissimis Caesaris omnibus praeter istum. id ego in
lucris pono, non ferre hominem pestilentiorem patria sua,

---

10 matres f- *MR*: patres f- *G*   12 cepi ϛ: -it Ω*I*   **2**, 1 possum Ω:
-sim *I*   5 ⟨ob⟩ sua *Krause*   6 actione *Manutius*: -es Ω*I*: a Catilio
Orelli   mehercules *I*: merc- *M*: mehercule *GR*   appii os *I*ᶜ:
appios *MI*: -ium *GR*   7 suffectus ϛ: eff- Ω*I*   10 maxima Ω:
-me *I*
Ep. 260 Ω = *MGR*] FADIO *Pighius, vulg.*   **1**, 3 Cipius *Festus, p. 174*
Lindsay: citius *M*: cicius *G*: titius *R*

eumque addictum iam tum puto esse Calvi Licini
Hipponacteo praeconio.   10

2   At vide quid suscenseat. Phameae causam receperam,
ipsius quidem causa; erat enim mihi sane familiaris. is ad me
venit dixitque iudicem sibi operam dare constituisse eo ipso die
quo de P. Sestio in consilium iri necesse erat. respondi nullo
modo me facere posse; quem vellet alium diem si sumpsisset,   5
me ei non defuturum. ille autem, qui sciret se nepotem bellum
tibicinem habere et sat bonum unctorem, discessit a me, ut
mi videbatur, iratior. habes 'Sardos venalis, alium alio
nequiorem'. cognosti meam causam et istius salaconis
iniquitatem.   10
     'Catonem' tuum mihi mitte; cupio enim legere. me adhuc
non legisse turpe utrique nostrum est.

261 (VII.25)

Scr. in Tusculano fort. ix Kal. Sept. an. 45

CICERO S.D. M. FABIO GALLO

1   Quod epistulam conscissam doles, noli laborare. salva est;
domo petes cum libebit. quod autem me mones, valde
gratum est idque ut semper facias rogo. videris enim mihi
vereri ne, si istum ⟨ludibrio⟩ habuerimus, rideamus γέλωτα
σαρδάνιον.   5
     Sed heus tu, manum de tabula! magister adest citius quam
putaramus. vereor ne in catomum Catoni⟨a⟩nos.
2   Mi Galle, cave putes quicquam melius quam epistulae
tuae partem ab eo loco, 'cetera labuntur'. secreto hoc audi,

---

9 tum Ω: totum *Otto, alii alia, inutiliter*   2, 4 Sestio *P*²: sentio *MR*:
sextio *G*   nullo *M*: id n- *GR*   5 quem vellet ς (*cf. Att. 347 (xiii. 49).1*):
q- uellem *M*: cum u- *GR*   7 unctorem Ω: cant- *Manutius*
Ep. 261 Ω = *MGR*] FADIO *Pighius, vulg.*   1, 2 domo Ω: domi *M*²
4 ne si *GR*: nisi *M*   ludibrio *add. Streicher, alii alia*   5 σαρδόνιον ς
7 Catonianos *Boot*: -oninos (-imos *G*) Ω   2, 2 audi ς: -ii *M*: -i id *GR*

tecum habeto, ne Apellae quidem, liberto tuo, dixeris.
praeter duo nos loquitur isto modo nemo; bene malene
videro, sed, quicquid est, nostrum est. urge igitur nec 5
transversum unguem, quod aiunt, a stilo; is enim est
dicendi opifex. atque equidem aliquantum iam etiam noctis
adsumo.

262 (VI.19)

Scr. Asturae c. v Kal. Sept. an. 45

CICERO LEPTAE

1 Maculam officio functum esse gaudeo. eius Falernum mihi
semper idoneum visum est deversorio, si modo tecti satis est
ad comitatum nostrum recipiendum. ceteroqui mihi locus
non displicet. nec ea re Petrinum tuum deseram; nam et
villa et amoenitas illa commorationis est, non deversori. 5

2 De curatione aliqua munerum regiorum cum Oppio
locutus sum; nam Balbum, postea quam tu es profectus, non
vidi. tantis pedum doloribus adficitur ut se conveniri nolit.
omnino de tota re, ut mihi videris, sapientius faceres si non
curares. quod enim eo labore adsequi vis nullo modo 5
adsequere. tanta est enim intimorum multitudo ut ex iis
aliquis potius effluat quam novo sit aditus, praesertim qui
nihil adferat praeter operam, in qua ille se dedisse beneficium
putabit, si modo ⟨id⟩ ipsum sciet, non accepisse. sed tamen
aliquid videbimus in quo sit species. aliter quidem non modo 10
non appetendum sed etiam fugiendum puto.

Ego me Asturae diutius arbitror commoraturum quoad
ille ⟨qua⟩ quandoque veniat.

Vale.

---

3 apellae *G*: app- *MR*
Ep. 262 Ω = *MGR*] **1, 2** deuorsorio *MR*: diuers- *G, similiterque infra*
2, 2 balbum *GR*: -us *M*   9 id *add. Ernesti,* hoc *Corradus*   12 Asturae
ς: adtur(a)e Ω   13 qua *addidi* (sciam qua, *omisso* ille, *Reid, testibus*
Tyrrell–Purser)

Scr. in villa sua aliqua fort. m. Dec. an. 45

CICERO DOLABELLAE

1 Gratulor Baiis nostris si quidem, ut scribis, salubres repente
factae sunt; nisi forte te amant et tibi adsentantur et tam
diu dum tu ades sunt oblitae sui. quod quidem si ita est,
minime miror caelum etiam et terras vim suam, si tibi ita
conveniat, dimittere.   5

2 Oratiunculam pro Deiotaro, quam requirebas, habebam
mecum, quod non putaram. itaque eam tibi misi. quam
velim sic legas ut causam tenuem et inopem nec scriptione
magno opere dignam. sed ego hospiti veteri et amico munusculum mittere volui, levidense crasso filo, cuius modi ipsius   5
solent esse munera.

Tu velim animo sapienti fortique sis, ut tua moderatio et
gravitas aliorum infamet iniuriam.

264 (VII.29)

Scr. Patris iv Kal. Nov. an. 45

CURIUS M. CICERONI SUO S.

1 S. v. b.

Sum enim χρήσει [μὲν tuus, κτήσει δὲ Attici nostri. ergo
fructus est tuus, mancipium illius; quod quidem si inter
senes comptionalis venale proscripserit, egerit non multum.
at illa nostra praedicatio quanti est, nos quod simus, quod   5
habeamus, quod homines existimemur, id omne abs te
habere! qua re, Cicero mi, persevera constanter nos con-

Ep. 263 Ω = *MVDH*] **1**, 3 ades ϛ: abes Ω   **2**, 5 uolui lenidense
(*sic*) *V*: u- leue dense *D*: u- leui densae *H*: leui dense *M*: volui, quod nevi
dense *Birt*: decrevi levidense *Walter*
Ep. 264 Ω = *MGR*] suo] ⟨PATRONO⟩ suo *Schütz* (*del.* s. v. b.): anne
suo ⟨VEL POTIUS SUUS⟩ ?   **1**, 4 coemptionalis ϛ   proscripserit ϛ:
prisc- *M*: persc- *GR*

servare et Sulpici successori nos de meliore nota commenda,
quo facilius tuis praeceptis obtemperare possimus teque ad
ver libentes videre et nostra refigere deportareque tuto 10
possimus.

2   Sed, amice magne, noli hanc epistulam Attico ostendere.
sine eum errare et putare me virum bonum esse nec solere
duo parietes de eadem fidelia dealbare.

Ergo, patrone mi, bene vale Tironemque meum saluta
nostris verbis.   5

Data a.d. IIII Kal. Nov.

265 (VII.30)

Scr. Romae in. an. 44

CICERO CURIO S.D.

1 Ego vero iam te nec hortor nec rogo ut domum redeas; quin
hinc ipse evolare cupio et aliquo pervenire

'ubi nec Pelopidarum nomen nec facta audiam'.

incredibile est quam turpiter mihi facere videar qui his
rebus intersim. ne tu videris multo ante providisse quid 5
impenderet tum cum hinc profugisti. quamquam haec etiam
auditu acerba sunt, tamen audire tolerabilius est quam videre.
in campo certe non fuisti cum hora secunda comitiis
quaestori⟨i⟩s institutis sella Q. Maximi, quem illi consulem
esse dicebant, posita esset; quo mortuo nuntiato sella sublata 10
est. ille autem, qui comitiis tributis esset auspicatus, centuriata habuit, consulem hora septima renuntiavit, qui usque ad
Kal. Ian. esset quae erant futurae mane postridie. ita
Caninio consule scito neminem prandisse. nihil tamen eo

---

9 possimus *del. Lambinus*   10 refigere *Lambinus*: def- Ω   **2,** 2 sine
GR: si M   4 nostrum saluta meis *Boot*
Ep. 265 Ω = MGR] **1,** 2 hinc ς: hic M: huc GR²: nunc R   9 quae-
storiis ς: -ris Ω   13 mane *removit Unger*

consule mali factum est; fuit enim mirifica vigilantia, qui suo 15
2 toto consulatu somnum non viderit. haec tibi ridicula
videntur; non enim ades. quae si videres, lacrimas non
teneres. qui⟨d⟩ si cetera scribam? sunt enim innumerabilia
generis eiusdem. quae quidem ego non ferrem nisi me in
philosophiae portum contulissem et nisi haberem socium 5
studiorum meorum Atticum nostrum. cuius quoniam
proprium te esse scribis mancipio et nexo, meum autem usu
et fructu, contentus isto sum. id enim est cuiusque proprium
quo quisque fruitur atque utitur. sed haec alias pluribus.

3 Acilius, qui in Graeciam cum legionibus missus est,
maximo meo beneficio est (bis enim est a me iudicio capitis
rebus salvis defensus) et est homo non ingratus meque
vehementer observat. ad eum de te diligentissime scripsi
eamque epistulam cum hac epistula coniunxi. quam ille quo 5
modo acceperit et quid tibi pollicitus sit velim ad me scribas.

266 (XIII.50)

Scr. Romae eodem tempore quo ep. superior

CICERO S.D. ACILIO

I Sumpsi hoc mihi pro tua in me observantia, quam penitus
perspexi quam diu Brundisii fuimus, ut ad te familiariter
et quasi pro meo iure scriberem si quae res esset de qua
valde laborarem.

M'. Curius, qui Patris negotiatur, ita mihi familiaris est 5
ut nihil possit esse coniunctius. multa illius in me officia,
multa in illum mea, quodque maximum est, summus inter

2, 3 quid ⟨⟩: qui Ω   7 meum ⟨⟩: meo Ω   8 isto sum ⟨⟩: -orum Ω
3, 5 epistula *removit* ⟨⟩
Ep. 266 Ω = *MVDH*] ACILIO *Schütz, Lallemand:* aucto Ω: AVCIO *ind.* M:
Auio *ind.* H   I, 3 quae M: qua χ   5 M'. ⟨⟩: m. Ω, *itemque infra*
6 coniunctius D: -ctio M: -ctior V: -cius H: coniunctius quam nostra
coniunctio (*potuit etiam* coniunctione nostra coniunctius) *Lehmann*
7 quodque DH: quoque MV

2 nos amor et mutuus. quae cum ita sint, si ullam in amicitia
mea spem habes, si ea quae in me officia et studia Brundisii
contulisti vis mihi etiam gratiora efficere, quamquam sunt
gratissima, si me a tuis omnibus amari vides, hoc mihi
da atque largire, ut M'. Curium sartum et tectum, ut 5
aiunt, ab omnique incommodo, detrimento, molestia
sincerum integrumque conserves. et ipse spondeo et omnes
hoc tibi tui pro me recipient, ex mea amicitia et ex tuo
in me officio maximum te fructum summamque voluptatem
esse capturum. 10
Vale.

267 (VII.31)

Scr. Romae m. Feb. an. 44

CICERO CURIO S.D.

1 Facile perspexi ex tuis litteris, quod semper studui, et me a te
plurimi fieri et te intellegere quam mihi carus esses. quod
quoniam uterque nostrum consecutus est, reliquum est ut
officiis certemus inter nos; quibus aequo animo vel vincam
te vel vincar abs te. 5
2 Acilio non fuisse necesse meas dari litteras facile patior.
Sulpici tibi operam intellego ex tuis litteris non multum opus
fuisse propter tuas res ita contractas ut, quem ad modum
scribis, 'nec caput nec pedes'. equidem vellem uti pedes
haberent ut aliquando redires. vides enim exaruisse iam 5
veterem urbanitatem, ut Pomponius noster suo iure possit
dicere

'nisi nos pauci retineamus gloriam antiquam Atticam'.

ergo is tibi, nos ei succedimus. veni igitur, quaeso, ne tamen
semen urbanitatis una cum re publica intereat. 10

Ep. 267 Ω = *MGR*

Scr. Romae hieme an. 47–46

M. CICERO Q. GALLIO

1 Etsi plurimis rebus spero fore ut perspiciam, quod tamen iam pridem perspicio, me a te amari, tamen ea causa tibi datur in qua facile declarare possis tuam erga me benevolentiam. L. Oppius M. f. Philomelii negotiatur, homo mihi familiaris. eum tibi unice commendo eoque magis quod cum ipsum 5 diligo, tum quod negotia procurat L. Egnati Rufi, quo ego uno equite Romano familiarissime utor et qui cum consuetudine cottidiana tum officiis plurimis maximisque mihi coniunctus est.

2 Oppium igitur praesentem ut diligas, Egnati absentis rem ut tueare aeque a te peto ac si mea negotia essent. velim memoriae tuae causa des litterarum aliquid quae tibi in provincia reddantur, sed ita conscribas ut tum cum eas leges facile recordari possis huius meae commendationis dili- 5 gentiam. hoc te vehementer etiam atque etiam rogo.

269 (XIII.74)

Scr. Romae an. 46

M. CICERO Q. PHILIPPO PRO COS. S.

Etsi non dubito pro tua in me observantia proque nostra necessitudine quin commendationem meam memoria teneas, tamen etiam atque etiam eundem tibi L. Oppium, familiarem meum, praesentem et L. Egnati, familiarissimi mei, absentis negotia commendo. tanta mihi cum eo necessitudo est 5

Ep. 268 Ω = *MVDH*] Q. *Manutius*: quintio Ω, *ind. MH*   gallio *M^cDV, ind. MH*: gallo *MD^c*: *om. H*   1, 2 ea χ: mea *M*   4 Oppius ς: opius Ω   6 quo χ: quod *M*   7 qui cum *Victorius*: qui *MV*: cum *DH*   2, 4 ut *D* (?): et *MVH*
Ep. 269 Ω = *MVDH*] 2 memoria *VH*: -iam *M*: -ie *D*

269 (XIII.74)

familiaritasque, ut, si mea res esset, non magis laborarem. quapropter gratissimum mihi feceris si curaris ut is intellegat me a te tantum amari quantum ipse existimo. hoc mihi gratius facere nihil potes, idque ut facias te vehementer rogo.

270 (XIII.44)

Scr. Romae eodem tempore quo ep. superior

CICERO GALLIO S.

Etsi ex tuis et ex L. Oppi, familiaris mei, litteris cognovi te memorem commendationis meae fuisse idque pro tua summa erga me benevolentia proque nostra necessitudine minime sum admiratus, tamen etiam atque etiam tibi L. Oppium praesentem et L. Egnati, mei familiarissimi, absentis negotia 5 commendo. tanta mihi cum eo necessitudo est familiaritasque ut, si mea res esset, non magis laborarem. quapropter gratissimum mihi feceris si curaris ut is intellegat me a te tantum amari quantum ipse existimo. hoc mihi gratius facere nihil potes, idque ut facias vehementer te rogo.   10

271 (XIII.45)

Scr. an. 46

CICERO APPULEIO PRO Q.

L. Egnatio uno equite Romano vel familiarissime utor. eius Anchialum servum negotiaque quae habet in Asia tibi commendo non minore studio quam si rem meam commendarem. sic enim existimes velim, mihi cum eo non modo cottidianam consuetudinem summam intercedere sed etiam 5

---

7 mihi feceris *MD*: f- m- *V*: f- *H*
Ep. 270 Ω = *MVDH*] gallio Ω (*recte Moricca*), ind. *MH*: gallo ind. *V*
1 familiaris mei *Mendelssohn*: -rissimi Ω: -rissimi mei ς
Ep. 271 Ω = *MVDH*] PRO Q. *scripsi*: proqu(a)estori Ω, ind. *MH*

officia magna et mutua nostra inter nos esse. quam ob rem
etiam atque etiam a te peto ut cures ut intellegat me ad te
satis diligenter scripsisse; nam de tua erga me voluntate non
dubitabat. id ut facias te etiam atque etiam rogo.

Vale.   10

272 (XIII.46)

Scr. an. 47 vel 46

CICERO APPULEIO S.

L. Nostius Zoilus est coheres meus, heres autem patroni sui.
ea re utrumque scripsi ut et mihi cum illo causam amicitiae
scires esse et hominem probum existimares, qui patroni
iudicio ornatus esset. eum tibi igitur sic commendo ut unum
ex nostra domo. valde mihi gratum erit si curaris ut intellegat   5
hanc commendationem sibi apud te magno adiumento fuisse.

273 (XIII.73)

Scr. fort. in Tusculano aestate an. 46

M. CICERO Q. PHILIPPO PRO COS. S.

1 Gratulor tibi quod ex provincia salvum te ad tuos recepisti
incolumi fama et re publica. quod si Romae fuissem, te
vidissem coramque gratias egissem quod tibi L. Egnatius,
familiarissimus meus, absens, L. Oppius praesens curae
fuisset.   5

2 Cum Antipatro Derbete mihi non solum hospitium verum
etiam summa familiaritas intercedit. ei te vehementer
suscensuisse audivi et moleste tuli. de re nihil possum
iudicare, nisi illud mihi persuadeo, te, talem virum, nihil

---

6 mutua Ω: multa *Wesenberg*
Ep. 272 Ω = *MVDH*] appuleio (apu- *H*) *MVH*, ind. *MH*; -EIO PRO-
QVESTORI *D*
Ep. 273 Ω = *MVDH*] 1, 2 fuissem χ: *om. M*   2, 4 nisi ⟨quod⟩ *Ernesti*

temere fecisse. ⟨a⟩ te autem pro vetere nostra necessitudine 5
etiam atque etiam peto ut eius filios, qui in tua potestate
sunt, mihi potissimum condones, nisi quid existimas in ea re
violari existimationem tuam. quod ego si arbitrarer, numquam te rogarem, mihique tua fama multo antiquior esset
quam illa necessitudo est. sed mihi ita persuadeo (potest fieri 10
ut fallar) eam rem laudi tibi potius quam vituperationi fore.
quid fieri possit et quid mea causa facere possis (nam quid
velis non dubito) velim, si tibi grave non erit, certiorem me
facias.

274 (XIII.47)

Scr. an. incerto

CICERO SILIO S.

Quid ego tibi commendem eum quem tu ipse diligis? sed
tamen ut scires eum a me non diligi solum verum etiam
amari, ob eam rem tibi haec scribo. omnium tuorum
officiorum, quae et multa et magna sunt, mihi gratissimum
fuerit si ita tractaris Egnatium ut sentiat et se a me et me a te 5
amari. hoc te vehementer etiam atque etiam rogo.

   Illa nostra scilicet ceciderunt. utamur igitur vulgari consolatione, 'quid si hoc melius?' sed haec coram. tu fac quod
facis, ut me ames teque amari a me scias.

275 (XIII.78)

Scr. an. 47 vel 46 (nisi potius c. an. 62)

M. CICERO ALLIENO S.

1 Democritus Sicyonius non solum hospes meus est sed etiam,
quod non multis contigit, Graecis praesertim, valde familiaris.

---

5 a *add.* ς   11 uituperationi *DH*: -nis *MV*   12 possit χ: -set *M*
12–13 quin velis *Cratander, fort. recte*
Ep. 274 Ω = *MVDH*

est enim in eo summa probitas, summa virtus, summa in
hospites liberalitas et observantia, meque praeter ceteros et
colit et observat et diligit. eum tu non modo suorum civium 5
2 verum paene Achaiae principem cognosces. huic ego tantum
modo aditum ad tuam cognitionem patefacio et munio;
cognitum per te ipsum, quae tua natura est, dignum tua
amicitia atque hospitio iudicabis. peto igitur a te ut his
litteris lectis recipias eum in tuam fidem, polliceare omnia te 5
facturum mea causa. de reliquo, si, id quod confido fore,
dignum eum tua amicitia hospitioque cognoveris, peto ut
eum complectare, diligas, in tuis habeas. erit id mihi
maiorem in modum gratum.

Vale.   10

276 (XIII.79)

Scr. an. 47 vel 46

M. CICERO S.D. ALLIENO PRO COS.

Et te scire arbitror quanti fecerim C. Avianium Flaccum et
ego ex ipso audieram, optimo et gratissimo homine, quam a
te liberaliter esset tractatus. eius filios dignissimos illo patre
meosque necessarios, quos ego unice diligo, commendo tibi
sic ut maiore studio nullos commendare possim. C. Avianius 5
in Sicilia est, Marcus est nobiscum; ut illius dignitatem
praesentis ornes, rem utriusque defendas te rogo. hoc mihi
gratius in ista provincia facere nihil potes, idque ut facias te
vehementer etiam atque etiam rogo.

Ep. 275 Ω = *MVDH(F)*] **2**, 2 patefacio ς: -cto Ω
Ep. 276 Ω = *MVDH(F)*] 1 auianium *V*: auinium *MDH*   2 audieram *VH*: -iueram *MD*   3 patre *DH*: -ri *M*, *V* (*sic*)

Scr. an. 46

CICERO BRUTO S.

1 Cum ad te tuus quaestor, M. Varro, proficisceretur, commendatione egere eum non putabam; satis enim commendatum tibi eum arbitrabar ab ipso more maiorum, qui, ut te
non fugit, hanc quaesturae coniunctionem liberorum necessitudini proximam voluit esse. sed cum sibi ita persuasisset 5
ipse, meas de se accurate scriptas litteras maximum apud te
pondus habituras, a meque contenderet ut quam diligentissime scriberem, malui facere quod meus familiaris tanti sua
interesse arbitraretur.

2 Ut igitur debere me facere hoc intellegas, cum primum
M. Terentius in forum venit, ad amicitiam se meam contulit;
deinde, ut se corroboravit, duae causae accesserunt quae
meam in illum benevolentiam augerent: una, quod versa-
batur in hoc studio nostro, quo etiam nunc maxime 5
delectamur, et cum ingenio, ut nosti, nec sine industria;
deinde, quod mature se contulit in societates publicorum;
quod quidem nollem, maximis enim damnis adfectus est. sed
tamen causa communis ordinis mihi commendatissimi fecit
amicitiam nostram firmiorem. deinde versatus in utrisque 10
subselliis optima et fide et fama iam ante hanc commu-
tationem rei publicae petitioni sese dedit honoremque
3 honestissimum existimavit fructum laboris sui. his autem
temporibus a me Brundisio cum litteris et mandatis profectus
ad Caesarem est; qua in re et amorem eius in suscipiendo
negotio perspexi et in conficiendo ac renuntiando fidem.

Videor mihi, cum separatim de probitate eius et mori- 5
bus dicturus fuissem si prius causam cur eum tanto opere
diligerem tibi exposuissem, in ipsa causa exponenda satis

Ep. 277 Ω = *MVDH*] **2**, 4 inillum *M*: inhilum (*seu potius* nihilum)
V: *om. DH*   7 societates *M*: -atem *V*: -ate *DH*   publicorum
VMH: -canorum *D*   9 causa *VDH*: *om. M*

etiam de probitate dixisse. sed tamen separatim promitto
in meque recipio fore eum tibi et voluptati et usui. nam et
modestum hominem cognosces et prudentem et a cupiditate 10
omni remotissimum, praeterea magni laboris summaeque
industriae.

4   Neque ego haec polliceri debeo, quae tibi ipsi, cum bene
cognoris, iudicanda sunt. sed tamen in omnibus novis
coniunctionibus interest qualis primus aditus sit et qua
commendatione quasi amicitiae fores aperiantur. quod ego
his litteris efficere volui. etsi id ipsa per se necessitudo 5
quaesturae effecisse debet; sed tamen nihilo infirmius illud
hoc addito. cura igitur, si me tanti facis quanti et Varro
existimat et ipse sentio, ut quam primum intellegam hanc
meam commendationem tantum illi utilitatis attulisse
quantum et ipse sperarit nec ego dubitarim.   10

278 (XIII.11)

Scr. an. 46

CICERO BRUTO S.

1 Quia semper animadverti studiose te operam dare ut ne
quid meorum tibi esset ignotum, propterea non dubito quin
scias non solum cuius municipi sim sed etiam quam diligenter soleam meos municipes Arpinatis tueri. quorum
quidem omnia commoda omnisque facultates, quibus et 5
sacra conficere et sarta tecta aedium sacrarum locorumque
communium tueri possi⟨n⟩t, consistunt in iis vectigalibus
quae habent in provincia Gallia. ad ea visenda pecuniasque
quae a colonis debentur exigendas totamque rem et cogno-
scendam et administrandam legatos equites Romanos misi- 10

3, 9 et usui. nam χ: eius uinam *M*   10 hominem *DH*: -es *MV*
prudentem *MDH*: -ter *V* (*sic*): pudentem *Corradus*   4, 10 nec χ:
ne *M*
Ep. 278 Ω = *MVDH*] 1, 4 Arpinatis *removit Bake*   7 possint ſ: -it Ω

mus, Q. Fufidium Q. f., M. Faucium M. f., Q. Mamercium
Q. f.

2 Peto a te in maiorem modum pro nostra necessitudine ut
tibi ea res curae sit operamque des ut per te quam commodissime negotium municipi administretur quam pri-
mumque conficiatur, ipsosque quorum nomina scripsi ut
quam honorificentissime pro tua natura et quam liberalissime 5
3 tractes. bonos viros ad tuam necessitudinem adiunxeris
municipiumque gratissimum beneficio tuo devinxeris, mihi
vero eo etiam gratius feceris quod cum semper tueri municipes
meos consuevi tum hic annus praecipue ad meam curam
officiumque pertinet. nam constituendi municipi causa hoc 5
anno aedilem filium meum fieri volui et fratris filium et
M. Caesium, hominem mihi maxime necessarium. is enim
magistratus in nostro municipio nec alius ullus creari solet.
quos cohonestaris in primisque me si res publica municipi tuo
studio diligentia bene administrata erit. quod ut facias te 10
vehementer etiam atque etiam rogo.

279 (XIII.12)

Scr. eodem tempore quo ep. superior

CICERO BRUTO S.

1 Alia epistula communiter commendavi tibi legatos Arpina-
tium ut potui diligentissime; hac separatim Q. Fufidium,
quocum mihi omnes necessitudines sunt, diligentius commendo, non ut aliquid de illa commendatione deminuam sed
ut hanc addam. nam et privignus est M. Caesi, mei maxime 5
et familiaris et necessari, et fuit in Cilicia mecum tribunus
militum; quo in munere ita se tractavit ut accepisse ab eo
2 beneficium viderer, non dedisse. est praeterea, quod apud te

---

11 faucium *M*: lucium *VH*: lutium *D* (*sic*)   **3,** 3 eo etiam *VH*: etiam
eo *D*: etiam *M*
Ep. 279 Ω = *MVDH*] **1,** 5 hanc *H*: ad h- *MVD*: ad illam h- *Baiter*

valet plurimum, a nostris studiis non abhorrens. qua re
velim eum quam liberalissime complectare operamque des
ut in ea legatione quam suscepit contra suum commodum
secutus auctoritatem meam quam maxime eius excellat 5
industria. vult enim, id quod optimo cuique natura tributum
est, quam maximam laudem cum a nobis, qui eum impulimus,
tum a municipio consequi. quod ei continget si hac mea
commendatione tuum erga se studium erit consecutus.

280 (XIII.13)

Scr. an. 46

CICERO BRUTO S.

L. Castronius Paetus, longe princeps municipi Lucensis, est
honestus, gravis, plenus offici, bonus plane vir et cum
virtutibus tum etiam fortuna, si quid hoc ad rem pertinet,
ornatus. meus autem est familiarissimus, sic prorsus ut nostri
ordinis observet neminem diligentius. qua re ut et meum 5
amicum et tua dignum amicitia tibi commendo. cui quibuscumque rebus commodaveris, tibi profecto iucundum,
mihi certe erit gratum.
  Vale.

281 (XIII.14)

Scr. an. 46

CICERO BRUTO S.

1 L. Titio Strabone, equite Romano in primis honesto et
ornato, familiarissime utor. omnia mihi cum eo intercedunt
iura summae necessitudinis. huic in tua provincia pecuniam

Ep. 280 Ω = *MVDH*] 1 *fort.* Castrinius 3 tum χ: tam *M* 4 prorsus χ: prosus *M* 7 commodaueris *DH*: commend- *MV*
Ep. 281 Ω = *MVDH*] **1,** 1 titio *D, ind. MH*: ticio *V* (*sic*), *H*: titione *M*:
fort. Tidio

debet P. Cornelius. ea res a Volcacio, qui Romae ius dicit,
reiecta in Galliam est. 5

2 Peto a te, hoc diligentius quam si mea res esset quo est
honestius de amicorum pecunia laborare quam de sua, ut
negotium conficiendum cures, ipse suscipias transigas,
operamque des, quoad tibi aequum et rectum videbitur, ut
quam commodissima condicione libertus Strabonis, qui eius 5
rei causa missus est, negotium conficiat ad nummosque
perveniat. id et mihi gratissimum erit et tu ipse L. Titium
cognosces amicitia tua dignissimum. quod ut tibi curae sit,
ut omnia solent esse quae me velle scis, te vehementer etiam
atque etiam rogo. 10

282 (XIII.29)

Scr. Romae c. in. an. 46, ut vid.

M. CICERO L. PLANCO S.

1 Non dubito quin scias in iis necessariis qui tibi a patre relicti
sint me tibi esse vel coniunctissimum, non iis modo causis
quae speciem habeant magnae coniunctionis sed iis etiam
quae familiaritate et consuetudine tenentur, quam scis mihi
iucundissimam cum patre tuo et summam fuisse. ab his 5
initiis noster in te amor profectus auxit paternam necessitudinem, et eo magis quod intellexi, ut primum per aetatem
iudicium facere potueris quanti quisque tibi faciendus esset,
me a te in primis coeptum esse observari, coli, diligi. accedebat
non mediocre vinculum cum studiorum, quod ipsum est per 10
se grave, tum eorum studiorum earumque artium quae per
se ipsae eos qui voluntate eadem sunt etiam familiaritate
devinciunt.

---

4 P. ς: pupillus Ω   **2**, 4 tibi (a)equum χ: tibiae cum *M*   7 titium
MD: ticium *VH*: *fort.* Tidium
Ep. 282 Ω = *MVDH*] **1**, 2 sint *MVD*: sunt *H*   3 habeant Ω: -ent
Cratander   4 tenentur Ω: tenean- *Lambinus*   5–6 ab his initiis
noster *MDH*: ab his in his ut *V* (*sic*)   6 inteamor *M*: et amor *V*:
a- inte *D*: a- *H*   9 coli *DH*: cogi *MV*   11 eorum ς: me- Ω

2 Exspectare te arbitror haec tam longe repetita principia
quo spectent. id primum ergo habeto, non sine magna
iustaque causa hanc a me commemorationem esse factam.
C. Ateio Capitone utor familiarissime. notae tibi sunt
varietates meorum temporum. in omni genere et honorum et 5
laborum meorum et animus et opera et auctoritas et gratia,
etiam res familiaris C. Capitonis praesto fuit et paruit et
temporibus et fortunae meae.

3 Huius propinquus fuit T. Antistius. qui cum sorte quaestor
Macedoniam obtineret neque ei successum esset, Pompeius
in eam provinciam cum exercitu venit. facere Antistius nihil
potuit; nam si potuisset, nihil ei fuisset antiquius quam ad
Capitonem, quem ut parentem diligebat, reverti, praesertim 5
⟨cum⟩ sciret quanti is Caesarem faceret semperque fecisset. sed
oppressus tantum attigit negoti quantum recusare non potuit.

4 cum signaretur argentum Apolloniae, non possum dicere eum
non praefuisse neque possum negare adfuisse, sed non plus
duobus an tribus mensibus. deinde afuit a castris, fugit omne
negotium. hoc mihi ut testi velim credas; meam enim ille
maestitiam in illo bello videbat, mecum omnia communicabat. 5
itaque abdidit se in intimam Macedoniam quo potuit longissime a castris, non modo ut non praeesset ulli negotio sed
etiam ut ne interesset quidem. is post proelium se ad hominem
necessarium, A. Plautium, in Bithyniam contulit. ibi eum
Caesar cum vidisset, nihil aspere, nihil acerbe dixit, Romam 10
iussit venire. ille in morbum continuo incidit, ex quo non
convaluit; aeger Corcyram venit, ibi est mortuus. testamento,
quod Romae Paulo et Marcello consulibus fecerat, heres ex
parte dimidia et tertia est Capito; in sextante sunt ii quorum
pars sine ulla cuiusquam querela publica potest esse. ea est 15
ad HS ⌈XXX⌉. sed de hoc Caesar viderit.

3, 4 ad ς: ut Ω   6 cum *add.* ς   4, 1 non possum *MVD*: p- *H*
2 non praefuisse *DH*: p- *MV, vulg.*   3 an *MV*: aut *DH*   afuit *M*:
aff- χ   a castris *DV*: aga- *M*: castris *H*   7 a castris χ: aga- *M*
8 hominem χ: -em se *M*   15–16 est ad *M*: est *DV*: est enim *H*
16 ⌈XXX⌉ *Mendelssohn*: XXX *vel* XXX Ω

5   Te, mi Plance, pro paterna necessitudine, pro nostro
amore, pro studiis et omni cursu nostro totius vitae simillimo
rogo et a te ita peto ut maiore cura, maiore studio nullam
possim, ut hanc rem suscipias, meam putes esse, enitare,
contendas, efficias ut mea commendatione, tuo studio, 5
Caesaris beneficio hereditatem propinqui sui C. Capito
obtineat. omnia quae potui in hac summa tua gratia ac
potentia a te impetrare, si petissem, ultro te ad me detulisse
putabo si hanc rem impetravero.

6   Illud fore tibi adiumento spero, cuius ipse Caesar optimus
esse iudex potest: semper Caesarem Capito coluit et dilexit.
sed ipse huius rei testis est; novi hominis memoriam. itaque
nihil te doceo; tantum tibi sumito pro Capitone apud

7 Caesarem quantum ipsum meminisse senties. ego quod in me 5
ipso experiri potui ad te deferam; in eo quantum sit ponderis
tu videbis. quam partem in re publica causamque defenderim,
per quos homines ordinesque steterim quibusque munitus
fuerim non ignoras. hoc mihi velim credas, si quid fecerim 5
hoc ipso in bello minus ex Caesaris voluntate (quod intellexi
scire ipsum Caesarem me invitissimum fecisse), id feci⟨sse⟩
aliorum consilio, hortatu, auctoritate; quo⟨d⟩ fuerim
moderatior temperatiorque quam in ea parte quisquam, id
me fecisse maxime auctoritate Capitonis. cuius similis si 10
reliquos necessarios habuissem, rei publicae fortasse non
nihil, mihi certe plurimum profuissem.

8   Hanc rem, mi Plance, si effeceris, meam de tua erga me
benevolentia spem confirmaveris, ipsum Capitonem, gratissimum, officiosissimum, optimum virum, ad tuam necessitudinem tuo summo beneficio adiunxeris.

5, 3 nullam Ω: non *Lambinus*   8 petissem ς: potuissem (-se *H*) Ω:
volu- *Klotz*   **6,** 5 ipsum *MH*: ipse *VD*   **7,** 4 munitus Ω: inimicus
Manutius   6 intellexiς: -xerim Ω   7 scire ipsum *MH*: s- possum *V*:
ipsum s- *D*   fecisse *Lambinus*: feci Ω (*recte Moricca*): fecisse me
Wesenberg   8 quod ς: quo Ω

283 (XIII.17)

Scr. an. 46

CICERO S.D. SER. SULPICIO

1 M'. Curius, qui Patris negotiatur, multis et magnis de causis a me diligitur. nam et amicitia pervetus mihi cum eo est, ut primum in forum venit instituta, et Patris cum aliquotiens antea tum proxime hoc miserrimo bello domus eius tota mihi patuit; qua, si opus fuisset, tam essem usus quam mea. 5 maximum autem mihi vinculum cum eo est quasi sanctioris cuiusdam necessitudinis quod est Attici nostri familiarissimus eumque unum praeter ceteros observat ac diligit.

2 Quem si tu iam forte cognosti, puto me hoc quod facio facere serius. ea est enim humanitate et observantia ut eum tibi iam ipsum per se commendatum putem. quod tamen si ita est, magno opere a te quaeso ut ad eam voluntatem, si quam in illum ante has meas litteras contulisti, quam 5 maximus po⟨te⟩st ⟨m⟩ea commendatione cumulus accedat.

3 sin autem propter verecundiam suam minus se tibi obtulit aut nondum eum satis habes cognitum aut quae causa est cur maioris commendationis indigeat, sic tibi eum commendo ut neque maiore studio quemquam neque iustioribus de causis commendare possim, faciamque id quod debent facere ii qui 5 religiose et sine ambitione commendant: spondebo enim tibi, vel potius spondeo in meque recipio, eos esse M'. Curi mores eamque cum probitatem tum etiam humanitatem ut eum et amicitia tua et tam accurata commendatione, si tibi sit cognitus, dignum sis existimaturus. mihi certe gratissimum 10 feceris si intellexero has litteras tantum quantum scribens confidebam apud te pondus habuisse.

Ep. 283 Ω = *MVDH*] ⟨M.⟩ CICERO *Baiter*   **1**, 1 M'.ς: m. Ω, *ind. MH, itemque infra*   3 uenit χ: -i *M*   **2**, 1 cognosti *M*: -ouisti *DH* (cognosti...facere *om. V*)   6 potest mea *Manutius*: postea Ω: post mea *Lambinus: anne* mea *?*   **3**, 8 tum etiam hum- *bis M*

284 (XIII.18)

Scr. an. 46 vel 45

CICERO SERVIO S.

1 Non concedam ut Attico nostro, quem elatum laetitia vidi, iucundiores tuae suavissime ad eum et humanissime scriptae litterae fuerint quam mihi. nam etsi utrique nostrum prope aeque gratae erant, tamen ego admirabar magis te, qui si rogatus aut certe admonitus liberaliter Attico respondisses 5 ⟨gratum mihi fecisses⟩, quod tamen dubium nobis quin ita futurum fuerit non erat, ultro ad eum scripsisse eique nec opinanti voluntatem tuam tantam per litteras detulisse. de quo non modo rogare te ut eo studiosius mea quoque causa facias non debeo (nihil enim cumulatius fieri potest quam 10 polliceris) sed ne gratias quidem agere, quod tu et ipsius 2 causa et tua sponte feceris; illud tamen dicam, mihi id quod fecisti esse gratissimum. tale enim tuum iudicium de homine eo quem ego unice diligo non potest mihi non summe esse iucundum; quod cum ita sit, esse gratum necesse est.

Sed tamen, quoniam mihi pro coniunctione nostra vel 5 peccare apud te in scribendo licet, utrumque eorum quae negavi mihi facienda esse faciam. nam et ad id quod Attici causa te ostendisti esse facturum tantum velim addas quantum ex nostro amore accessionis fieri potest et, quod modo verebar tibi gratias agere, nunc plane ago teque ita 10 existimare volo, quibuscumque officiis in Epiroticis reliquisque rebus Atticum obstrinxeris, iisdem me tibi obligatum fore.

Ep. 284 Ω = *MVDH*] **1**, 6 gratum mihi fecisses *addidi auctore Lehmann*, *qui* nobis gratum fecisses (*post* non erat *maluit Mendelssohn*)

285 (XIII.19)

Scr. an. 46 vel 45

CICERO SERVIO S.

1 Cum Lysone Patrensi est mihi quidem hospitium vetus, quam ego necessitudinem sancte colendam puto; sed ea causa etiam cum aliis compluribus, familiaritas tanta nullo cum hospite, et ea cum officiis eius multis tum etiam consuetudine cottidiana sic est aucta ut nihil sit familiaritate nostra 5 coniunctius. is cum Romae annum prope ita fuisset ut mecum viveret, etsi eramus in magna spe te meis litteris commendationeque diligentissime facturum, id quod fecisti, ut eius rem et fortunas absentis tuerere, tamen, quod in unius potestate erant omnia et quod Lyso fuerat in nostra causa 10 nostrisque praesidiis, cottidie aliquid timebamus. effectum tamen est et ipsius splendore et nostro reliquorumque hospitum studio ut omnia quae vellemus a Caesare impetrarentur, quod intelleges ex iis litteris quas Caesar ad te dedit. 15

2 Nunc non modo non remittimus tibi aliquid ex nostra commendatione quasi adepti iam omnia sed eo vehementius a te contendimus ut Lysonem in fidem necessitudinemque tuam recipias. cuius dubia fortuna timidius tecum agebamus verentes ne quid accideret eius modi ut ne tu quidem mederi 5 posses; explorata vero eius incolumitate omnia a te studio summo, ⟨summa⟩ cura peto. quae ne singula enumerem, totam tibi domum commendo, in his adulescentem filium eius, quem C. Maenius Gemellus, cliens meus, cum in calamitate exsili sui Patrensis civis factus esset, Patrensium 10

Ep. 285 Ω = *MVDH*] **1**, 2 causa ⟨est⟩ *Lambinus* 9 tuerere χ: uerere *M* (*in init. vers.*) 12 est et *M*: esset *V*: est *D*: et *H* reliquorumque *M*: -rum χ **2**, 6–7 studio summo, summa cura *Sjögren*: studia summo cura *M*: summo studio c- *V*: summo studio et c- *DH*: s- s-curaqueʃ s- s-, summa cura *Wesenberg* 9 maenius *M*: memius *V*: menius *DH*: memmiusʃ legibus adoptavit, ut eius ipsius hereditatis ius causamque tueare.

3 Caput illud est ut Lysonem, quem ego virum optimum gratissimumque cognovi, recipias in necessitudinem tuam. Quod si feceris, non dubito quin in eo diligendo ceterisque postea commendando idem quod ego sis iudici et voluntatis habiturus. quod cum fieri vehementer studeo tum etiam 5 illud vereor, ne, si minus cumulate videbere fecisse aliquid eius causa, me ille neglegenter scripsisse putet, non te oblitum mei. quanti enim me faceres cum ex sermonibus cottidianis meis tum ex epistulis etiam tuis potuit cognoscere.

286 (XIII.20)

Scr. an. 46 vel 45

CICERO SERVIO S.

Asclapone Patrensi medico utor familiariter eiusque cum consuetudo mihi iucunda fuit tum ars etiam, quam sum expertus in valetudine meorum; in qua mihi cum ipsa scientia tum etiam fidelitate benevolentiaque satis fecit. hunc igitur tibi commendo et a te peto ut des operam ut 5 intellegat diligenter me scripsisse de sese meamque commendationem usui magno sibi fuisse. erit id mihi vehementer gratum.

3, 1 ut *V*: et *MDH*   3 feceris *MD*: lege- *VH*   6 uidebere fecisse *M*: uidere fec- *V*: uiderer effic- *D*: uiderere fec- *H*   7 putet χ: pute *M* (*in fine vers.*)
Ep. 286 Ω = *MVDH*

Scr. an. 46 vel 45

CICERO SERVIO S.

1 M. Aemilius Avia⟨nia⟩nus ab ineunte adulescentia me
observavit semperque dilexit, vir cum bonus tum perhumanus
et in omni genere offici diligen[du]s. quem si arbitrarer esse
Sicyone et nisi audirem ibi eum etiam nunc ubi ego reliqui,
Cibyrae, commorari, nihil esset necesse plura me ad te de eo   5
scribere. perficeret enim ipse profecto suis moribus suaque
humanitate ut sine cuiusquam commendatione diligeretur
abs te non minus quam et a me et a ceteris suis familiaribus.
2 sed cum illum abesse putem, commendo tibi in maiorem
modum domum eius, quae est Sicyone, remque familiarem,
maxime C. Avianium Hammonium, libertum eius, quem
quidem tibi etiam suo nomine commendo. nam cum
propterea mihi est probatus quod est in patronum suum   5
officio et fide singulari, tum etiam in me ipsum magna
officia contulit mihique molestissimis temporibus ita fideliter
benevoleque praesto fuit ut si a me manumissus esset. itaque
peto a te ut eum Hammonium et in patroni eius negotio sic
tueare ut eius procuratorem quem tibi commendo et ipsum   10
suo nomine diligas habeasque in numero tuorum. hominem
pudentem et officiosum cognosces et dignum qui a te
diligatur.

Vale.

Ep. 287 Ω = *MVDH*] SERVIO ς: octauio Ω, *ind. M*: -iano *ind. H*
1, 1 Avianianus *W. Schulze*: auianus *MV, ind. MH*: auinianus *DH*:
Avianius *Klotz, edd. plerique, imperite*   3 diligens *Manutius*: -ndus Ω:
-ntissimus *Lambinus*   **2,** 3 auianium *MD*: auianianium *V*: auinianum
H   9 Hammonium *pro glossemate habuit Manutius*   10 et *M*: ut χ
12 pudentem *MV*: pru- *DH*

Scr. an. 46 vel 45

CICERO SERVIO S.

1 T. Manlium, qui negotiatur Thespiis, vehementer diligo. nam et semper me coluit diligentissimeque observavit et a studiis nostris non abhorret. accedit eo quod Varro Murena magno opere eius causa vult omnia; qui ita existimavit, etsi suis litteris, quibus tibi Manlium commendabat, valde 5 confideret, tamen mea commendatione aliquid accessionis fore. me quidem cum Manli familiaritas tum Varronis studium commovit ut ad te quam accuratissime scriberem. 2 Gratissimum igitur mihi feceris si huic commendationi meae tantum tribueris quantum cui tribuisti plurimum, id est, si T. Manlium quam maxime, quibuscumque rebus honeste ac pro tua dignitate poteris, iuveris atque ornaveris; ex ipsiusque praeterea gratissimis et humanissimis moribus 5 confirmo tibi te eum quem soles fructum a bonorum virorum officiis exspectare esse capturum.

289 (XIII.23)

Scr. an. 46 vel 45

CICERO SERVIO S.

1 L. Cossinio, amico et tribuli meo, valde familiariter utor. nam et inter nosmet ipsos vetus usus intercedit et Atticus noster maiorem etiam mihi cum Cossinio consuetudinem fecit. itaque tota Cossini domus me diligit in primisque libertus eius, L. Cossinius Anchialus, homo et patrono et 5

Ep. 288 Ω = *MVDH*] 1, 2 diligentissimeque *MD*: -me *VH*   4 ita *scripsi*: tamen *MDH*: tibi *V* (omnia que t- existimaui)   5 commendarat *Ernesti*   2, 2 cui *M²χ*: *om. M*
Ep. 289 Ω = *MVDH*] 1, 1 meo ς: tuo Ω (*quod servari possit* meo *post* amico *addito*)

patroni necessariis, quo in numero ego sum, probatissimus.
2 hunc tibi ita commendo ut, si meus libertus esset eodemque
apud me loco esset quo [et] est apud suum patronum, maiore
studio commendare non possem. qua re pergratum mihi
feceris si eum in amicitiam tuam receperis atque eum, quod
sine molestia tua fiat, si qua in re opus ei fuerit, iuveris. id et 5
mihi vehementer gratum erit et tibi postea iucundum;
hominem enim summa probitate humanitate observantiaque
cognosces.

290 (XIII.24)

Scr. an. 46 vel 45

CICERO SERVIO S.

1 Cum antea capiebam ex officio meo voluptatem quod memineram quam tibi diligenter Lysonem, hospitem et familiarem
meum, commendassem, tum vero, postea quam ex litteris
eius cognovi tibi eum falso suspectum fuisse, vehementissime
laetatus sum me tam diligentem in eo commendando fuisse. 5
ita enim scripsit ad me, sibi meam commendationem maximo
adiumento fuisse, quod ad te delatum diceret sese contra
2 dignitatem tuam Romae de te loqui solitum esse. de quo
etsi pro tua facilitate et humanitate purgatum se tibi scribit
esse, tamen primum, ut debeo, tibi maximas gratias ago,
cum tantum litterae meae potuerunt ut iis lectis omnem
offensionem suspicionis quam habueras de Lysone deponeres; 5
deinde credas mihi adfirmanti velim me hoc non pro Lysone
magis quam pro omnibus scribere, hominem esse neminem
qui umquam mentionem tui sine tua summa laude fecerit.
Lyso vero, cum mecum prope cottidie esset unaque viveret,
non solum quia libenter me audire arbitrabatur sed quia 10

2, 2 et *removit* ς   5 opus ei *M*: et opus *V*: o- *DH*   5–6 et mihi *M*:
m- χ
Ep. 290 Ω = *MVDH*] **1,** 1–2 memineram ς: -rim Ω   **2,** 4 cum Ω:
quod *Wesenberg*

libentius ipse loquebatur, omnia mihi tua et facta et dicta
laudabat.

3 Quapropter, etsi a te ita tractatur ut iam non desideret
commendationem meam unisque se litteris meis omnia consecutum putet, tamen a te peto in maiorem modum ut eum
etiam atque etiam tuis officiis liberalitate complectare.
scriberem ad te qualis vir esset, ut superioribus litteris 5
feceram, nisi eum iam per se ipsum tibi satis esse notum
arbitrarer.

291 (XIII.25)

Scr. an. 46 vel 45

CICERO SERVIO S.

Hagesaretus Larisaeus magnis meis beneficiis ornatus in
consulatu meo memor et gratus fuit meque postea diligentissime coluit. eum tibi magno opere commendo ut et
hospitem meum et familiarem et gratum hominem et virum
bonum et principem civitatis suae et tua necessitudine 5
dignissimum. pergratum mihi feceris si dederis operam ut is
intellegat hanc meam commendationem magnum apud te
pondus habuisse.

292 (XIII.26)

Scr. an. 46

CICERO SERVIO S.

1 L. Mescinius ea mecum necessitudine coniunctus est quod
mihi quaestor fuit; sed hanc causam, quam ego, ut a maiori-

3, 1 ita *M*: *om.* χ   2 unisque *D*: imis- *V*: unus- *H*: uis- *M*   6 esse
notum χ: e- n- esse *M*
Ep. 291 Ω = *MVDH*] 1 Hagesaretus (Hages a- *DH*) *MDH, ind. MH*:
Hegeser- *V*: Hegesar- *Ernesti*   4 hospitem meum et familiarem χ:
h- m- et f- meum *M*: h- et f- m- *Lambinus*
Ep. 292 Ω = *MVDH*] **1**, 1 ea mecum (eam- *M*) necessitudine *MVD*:
ea causa et n- mecum *H*: eo mecum n- *Ernesti*: ea re m- n- *Boot*: ea causa
m- n- *Purser*

bus accepi, semper gravem duxi, fecit virtute et humanitate
sua iustiorem. itaque eo sic utor ut nec familiarius ullo nec
libentius.   5

Is, quamquam confidere videbatur te sua causa quae
honeste posses libenter esse facturum, magnum esse tamen
speravit apud te meas quoque litteras ⟨pondus habituras⟩.
id cum ipse ita iudicabat tum pro familiari consuetudine
saepe ex me audierat quam suavis esset inter nos et quanta 10
coniunctio.

2   Peto igitur a te, tanto scilicet studio quanto intellegis
debere me petere pro homine tam mihi necessario et tam
familiari, ut eius negotia quae sunt in Achaia ex eo quod heres
est M. Mindio, fratri suo, qui Eli⟨de⟩ negotiatus est, explices
et expedias cum iure et potestate quam habes tum etiam 5
auctoritate et consilio tuo. sic enim praescripsimus iis quibus
ea negotia mandavimus, ut omnibus in rebus quae in
aliquam controversiam vocarentur te arbitro et, quod commodo tuo fieri posset, te disceptatore uterentur. id ut honoris
mei causa suscipias vehementer te etiam atque etiam rogo. 10

3   Illud praeterea, si non alienum tua dignitate putabis esse,
feceris mihi pergratum, si qui difficiliores erunt, ut rem sine
controversia confici nolint, si eos, quoniam cum senatore res
est, Romam reieceris. quod quo minore dubitatione facere
possis, litteras ad te a M. Lepido consule, non quae te aliquid 5
iuberent (neque enim id tuae dignitatis esse arbitramur)
sed quodam modo quasi commendaticias, sumpsimus.

4   Scriberem quam id beneficium bene apud Mescinium
positurus esses nisi et te scire confiderem et mihi peterem.
sic enim velim existimes, non minus me de illius re laborare
quam ipsum de sua. sed cum illum studeo quam facillime ad
suum pervenire tum illud laboro, ut non minimum hac mea 5
commendatione se consecutum arbitretur.

---

6 te *Lambinus*: et Ω   8 pondus habituras *add.* ꝛ   **2**, 4 Elide *Lam-*
binus: eli Ω   **3**, 5 posses *Ernesti*   6 id *M*: *om.* χ   arbitrabamur
Lambinus

Scr. an. 46 vel 45

CICERO SERVIO S.

1 Licet eodem exemplo saepius tibi huius generis litteras
mittam, cum gratias agam quod meas commendationes tam
diligenter observes, quod feci in aliis et faciam, ut video,
saepius; sed tamen non parcam operae et, ut vo⟨s so⟩letis
in formulis, sic ego in epistulis 'de eadem re alio modo'.   5

2   C. Avianius igitur Hammonius incredibilis mihi gratias per
litteras egit et suo et Aemili Avianiani, patroni sui, nomine:
nec liberalius nec honorificentius potuisse tractari nec se
praesentem nec rem familiarem absentis patroni sui. id mihi
cum iucundum est eorum causa quos tibi ego summa   5
necessitudine et summa coniunctione adductus commenda-
veram, quod M. Aemilius unus est ex meis familiarissimis
atque intimis maxime necessarius, homo et magnis meis
beneficiis devinctus et prope omnium qui mihi debere aliquid
videntur gratissimus, tum multo iucundius te esse in me tali   10
voluntate ut plus prosis amicis meis quam ego praesens
fortasse prodessem, credo, quod magis ego dubitarem quid
illorum causa facerem quam tu quid mea.

3   Sed hoc non dubito, quin existimes mihi esse gratum. illud
te rogo, ut illos quoque gratos esse homines putes; quod ita
esse tibi promitto atque confirmo. qua re velim quicquid
habent negoti des operam, quod commodo tuo fiat, ut te
obtinente Achaiam conficiant.   5

4   Ego cum tuo Servio iucundissime et coniunctissime vivo
magnamque cum ex ingenio eius singularique studio tum
ex virtute et probitate voluptatem capio.

Ep. 293 Ω = *MVDH*] **1**, 3 aliis *M*: alios χ   **4** vos soletis *Victorius*:
uoletis (-t is *D*) *MVD*: uidetis *H*   **2**, 2 (a)emili auianiani (auin- *V*)
MV: aemiliani *DH*: Aemili(i) Aviani(i) ς, *vulg.*   **4**, 1 et χ: *om. M*
2 *fort.* singularique ⟨in me⟩   3 capio *MH*: -o. uale *VD*

294 (XIII.28)

Scr. an. 46 vel 45

CICERO SERVIO S.

1 Etsi libenter petere a te soleo si quid opus est meorum cuipiam, tamen multo libentius gratias tibi ago, cum fecisti aliquid commendatione mea, quod semper facis. incredibile est enim quas mihi gratias omnes agant etiam mediocriter a me tibi commendati. quae mihi omnia grata, sed de 5 L. Mescinio gratissimum. sic enim est mecum locutus te, ut meas litteras legeris, statim procuratoribus suis pollicitum esse omnia, multo vero plura et maiora fecisse. id igitur (puto enim etiam atque etiam mihi dicendum esse) velim 2 existimes mihi te fecisse gratissimum. quod quidem hoc 10 vehementius laetor quod ex ipso Mescinio te video magnam capturum voluptatem; est enim in eo cum virtus et probitas et summum officium summaque observantia tum studia illa nostra quibus antea delectabamur, nunc etiam vivimus. quod 5 reliquum est, velim augeas tua in eum beneficia omnibus rebus quae te erunt dignae; sed ⟨sunt⟩ duo quae te nominatim rogo: primum ut, si quid satis dandum erit amplius eo nomine non peti, cures ut satis detur fide mea; deinde, cum fere consistat hereditas in iis rebus quas avertit Oppia, quae 10 uxor Mindi fuit, adiuves ineasque rationem quem ad modum ea mulier Romam perducatur. quod si putarit illa fore, ut opinio nostra est, negotium conficiemus. hoc ut adsequamur te vehementer etiam atque etiam rogo.

3 Illud quod supra scripsi, id tibi confirmo in meque recipio, te ea quae fecisti Mescini causa quaeque feceris ita bene collocaturum ut ipse iudices homini te gratissimo iucundissimo benigne fecisse. volo enim ad id quod mea causa fecisti hoc etiam accedere. 5

Ep. 294 Ω = *MVDH*] **1,** 2 cuipiam *VDH*: cup- *M*　　5 grata. sed Ω: -a sunt *vel* -a sunt sed *Wesenberg*　　**2,** 3 cum uirtus et *M*: u- et *V*: u- et cum *DH*　　7 te *DH*: et *MV*　　sunt *add. Purser (pro* sed *Wesenberg)* **3,** 1 tibi confirmo χ: *om. M (in fine vers.)*

295 (XIII.28a)

Scr. an. 46 vel 45

⟨CICERO SERVIO S.⟩

1 Nec Lacedaemonios dubitare arbitror quin ipsi sua maio-
rumque suorum auctoritate satis commendati sint fidei et
iustitiae tuae et ego, qui te optime novissem, non dubitavi quin
tibi notissima et iura et merita populorum essent. itaque cum
a me peteret Philippus Lacedaemonius ut tibi civitatem com- 5
mendarem, etsi memineram me ei civitati omnia debere, tamen
respondi commendatione Lacedaemonios apud te non egere.
2 Itaque sic velim existimes, me omnis Achaiae civitates
arbitrari pro horum temporum perturbatione felicis quod iis
tu praesis, eundemque me ita iudicare, te, quod unus optime
nosses non nostra solum sed etiam Graeciae monumenta
omnia, tua sponte amicum Lacedaemoniis et esse et fore. 5
qua re tantum a te peto ut, cum ea facies Lacedaemoniorum
causa quae tua fides, amplitudo, iustitia postulat, ut iis, si
tibi videbitur, significes te non moleste ferre quod intellegas
ea quae facias mihi quoque grata esse. pertinet enim ad
officium meum eos existimare curae mihi suas res esse. hoc 10
te vehementer etiam atque etiam rogo.

296 (XIII.67)

Scr. an. 46–44

M. CICERO P. SERVILIO PRO COS. S.

1 Ex provincia mea Ciliciensi, cui scis τρεῖς διοικήσεις
Asiaticas adtributas fuisse, nullo sum familiarius usus quam

Ep. 295 Ω = *MVDH*] *novam ep. fecit Manutius; cum ep. 294 coniungunt
codd.* **1**, 6 me ei *VDH*: mei *M* **2**, 3 iudicasse *Wesenberg* 6 cum
ea facies ς: quam ea f- (*scr. cont. M*) *MV*: ea f- *H*: ea facias *DH*¹ 7 postulat ut Ω: -abit *Wesenberg, fort. recte*
Ep. 296 Ω = *MVDH*] PRO COS. *scripsi*: propr. *vel* propretore Ω, *ind. M*:
PR. *ind. H* **1**, 1 *anne* tris ?

Androne, Artemonis filio, Laodicensi, eumque habui in ea
civitate cum hospitem tum vehementer ad meae vitae
rationem et consuetudinem accommodatum; quem quidem 5
multo etiam pluris postea quam decessi facere coepi, quod
multis rebus expertus sum gratum hominem meique
memorem. itaque eum Romae libentissime vidi. non te enim
fugit, qui plurimis in ista provincia benigne fecisti, quam
multi grati reperiantur.   10

2   Haec propterea scripsi ut et me non sine causa laborare
intellegeres et tu ipse eum dignum hospitio tuo iudicares.
feceris igitur mihi gratissimum si ei declararis quanti me
facias, id est si receperis eum in fidem tuam et, quibuscumque
rebus honeste ac sine molestia tua poteris, adiuveris. hoc 5
mihi erit vehementer gratum, idque ut facias te etiam atque
etiam rogo.

297 (XIII.69)

Scr. an. 46, ut vid.

CICERO P. SERVILIO COLLEGAE S.P.

1 C. Curtius Mithres est ille quidem, ut scis, libertus Postumi,
familiarissimi mei, sed me colit et observat aeque atque
illum ipsum patronum suum. apud eum ego sic Ephesi fui,
quotienscumque fui, tamquam domi meae, multaque
acciderunt in quibus et benevolentiam eius erga me experirer 5
et fidem. itaque si quid aut mihi aut meorum cuipiam in
Asia opus est, ad hunc scribere consuevi, huius cum opera et
fide tum domo et re uti tamquam mea.

Haec ad te eo pluribus scripsi ut intellegeres me non

---

5 accommodatum *DH*: -tam *MV*   6 decessi *M*: dic- *V*: disc- *DH*
2, 4 eum χ: dum *M*
Ep. 297 Ω = *MVDH*] **1, 3** illum ipsum patronum suum *M*: illum p-
ipsum s- *V*: ipsum p- s- *D*: p- ipsum s- *H*   5 experirer *M*: expiret *V*:
expererer *D*: expertus sum *H*   6 cuipiam *D*: cup- *M*: cuipp- *V*:
quipp- *H*

vulga⟨ri mo⟩re nec ambitiose sed ut pro homine intimo ac 10
2 mihi pernecessario scribere. peto igitur a te ut in ea controversia quam habet de fundo cum quodam Colophonio et
in ceteris rebus quantum fides tua patietur quantumque tuo
commodo poteris tantum ei honoris mei causa commodes;
etsi, ut eius modestiam cognovi, gravis tibi nulla in re erit. si 5
et mea commendatione et sua probitate adsecutus erit ut de
se bene existimes, omnia se adeptum arbitrabitur. ut igitur
eum recipias in fidem habeasque in numero tuorum te
vehementer etiam atque etiam rogo.

Ego quae te velle quaeque ad te pertinere arbitrabor omnia 10
studiose diligenterque curabo.

298 (XIII.70)

Scr. an. 46–44

M. CICERO P. SERVILIO COLLEGAE S.P.

Quia non est obscura tua in me benevolentia, sic fit ut multi
per me tibi velint commendari. ego autem tribuo non
numquam in vulgus, sed plerumque necessariis, ut hoc
tempore. nam cum T. Ampio Balbo mihi summa familiaritas
necessitudoque est. eius libertum, T. Ampium Menandrum, 5
hominem frugi et modestum et patrono et nobis vehementer
probatum, tibi commendo maiorem in modum. vehementer
mihi gratum feceris si, quibuscumque rebus sine tua molestia
poteris, ei commodaris. quod ut facias te vehementer etiam
atque etiam rogo. 10

---

10 vulgari more *Klotz*: uulgare Ω: -rem in modum *Wesenberg* **2, 4** ei
χ: et *M*　　6 ut de χ: uide *M*　　7 adeptum *DH*: ademp- *M*: *om. V*
10 te uelle Ω (*sic etiam VD*)　　11 curabo *MH*: -o. uale *VD*
Ep. 298 Ω = *MVDH*] 1 sic *removit Wesenberg*　　2 ⟨id⟩ tribuo *Wesen-*
berg

Scr. an. 46–44

M. CICERO S.D. P. SERVILIO COLLEGAE

Multos tibi commendem necesse est, quoniam omnibus nota nostra necessitudo est tuaque erga me benevolentia. sed tamen, etsi omnium causa quos commendo velle debeo, tamen cum omnibus non eadem mihi causa est.

T. Agusius et comes meus fuit illo miserrimo tempore et 5 omnium itinerum, navigationum, laborum, periculorum meorum socius; neque hoc tempore discessisset a me nisi ego ei permisissem. qua re sic tibi eum commendo ut unum de meis domesticis et maxime necessariis. pergratum mihi feceris si eum ita tractaris ut intellegat hanc commendationem 10 sibi magno usu atque adiumento fuisse.

300 (XIII.72)

Scr. an. 46 vel 45

M. CICERO P. SERVILIO COLLEGAE S.

1 Caerelliae, necessariae meae, rem, nomina, possessiones Asiaticas commendavi tibi praesens in hortis tuis quam potui diligentissime, tuque mihi pro tua consuetudine proque tuis in me perpetuis maximisque officiis omnia te facturum liberalissime recepisti. meminisse te id spero; scio enim solere. 5 sed tamen Caerelliae procuratores scripserunt te propter magnitudinem provinciae multitudinemque negotiorum etiam atque etiam esse commonefaciendum.

2 Peto igitur ut memineris te omnia quae tua fides pateretur mihi cumulate recepisse. equidem existimo habere te magnam facultatem (sed hoc tui est consili et iudici) ex eo senatus consulto quod in heredes C. Vennoni factum est

---

Ep. 299 Ω = *MVDH*] 11 magno usu *M*: m- usui *M²V*: usu magno *DH*
Ep. 300 Ω = *MVDH*] 2, 3 hoc *D*: hac *MVH*

Caerelliae commodandi. id senatus consultum tu inter- 5
pretabere pro tua sapientia; scio enim eius ordinis auctoritatem semper apud te magni fuisse. quod reliquum est, sic
velim existimes, quibuscumque rebus Caerelliae benigne
feceris, mihi te gratissimum esse facturum.

301 (XIII.30)

Scr. an. 46 vel 45

CICERO ACILIO PRO COS. S.

1 L. Manlius est Sosis. is fuit Catinensis, sed est una cum
reliquis Neapolitanis civis Romanus factus decurioque
Neapoli; erat enim adscriptus in id municipium ante
civitatem sociis et Latinis datam. eius frater Catinae nuper
mortuus est. nullam omnino arbitramur de ea hereditate 5
controversiam eum habiturum, et est hodie in bonis. sed
quoniam habet praeterea negotia vetera in Sicilia sua, et
hanc hereditatem fraternam et omnia eius tibi commendo,
in primisque ipsum, virum optimum mihique familiarissimum, iis studiis litterarum doctrinaeque praeditum quibus 10
ego maxime delector.

2 Peto igitur abs te ut eum, sive aderit sive non venerit in
Siciliam, in meis intimis maximeque necessariis scias esse
itaque tractes ut intellegat meam sibi commendationem
magno adiumento fuisse.

---

5 commodandi ς: commend- Ω
Ep. 301 Ω = *MVDH*] PRO COS. *scripsi* (*et ita in sequentibus*): proconsuli
(procon. *V*) Ω, *vulg.*: PROCOS. *ind. MH*   **1**, 1 sosis *M* (*et ind.*): socis *V*:
susis *DH*: Solis *ind. H*   7 sua] tua *Schütz*   8 et omnia *DH*: o-
MV   10 deditum ς   **2**, 1 aderit ς: abe- *M*: abie- χ

302 (XIII.31)

Scr. an. 46 vel 45

CICERO ACILIO PRO COS. S.

1 C. Flavio, honesto et ornato equite Romano, utor valde familiariter; fuit enim generi mei, C. Pisonis, pernecessarius meque diligentissime observant et ipse et L. Flavius, frater eius. quapropter velim honoris mei causa, quibus rebus honeste et pro tua dignitate poteris, quam honorificentissime **5** et quam liberalissime C. Flavium tractes. id mihi sic erit **2** gratum ut gratius esse nihil possit. sed praeterea tibi adfirmo (neque id ambitione adductus facio sed cum familiaritate et necessitudine tum etiam veritate) te ex C. Flavi officio et observantia et praeterea splendore atque inter suos gratia magnam voluptatem esse capturum. **5**
    Vale.

303 (XIII.32)

Scr. an. 46 vel 45

CICERO ACILIO PRO COS. S.

1 In Halaesina civitate tam lauta tamque nobili coniunctissimos habeo et hospitio et familiaritate M. et C. Clodios Archagathum et Philonem. sed vereor ne, quia compluris tibi praecipue commendo, exaequare videar ambitione quadam commendationes meas; quamquam a te quidem **5** **2** cumulate satis fit et mihi et meis omnibus. sed velim sic existimes, hanc familiam et hos mihi maxime esse coniunctos vetustate, officiis, benevolentia. quam ob rem peto a te in maiorem modum ut iis omnibus in rebus, quantum tua

---

Ep. 302 Ω = *MVDH*] **1**, 3 obseruant *M*: -uat χ   **2**, 3 te *M*: *om.* χ
6 uale *MD*: *om. VH*
Ep. 303 Ω = *MVDH*] **1**, 1 Halaesina *Klotz*: hales- Ω   2 M. et C. ϛ:
m. et gaium *M*: et g- *VD*: et gradium *H*   clodios ϛ: -ius *MV*: -ium
DH   **2**, 4 ut ϛ: in Ω   in *MVH*: *om. D*

303 (XIII.32) 2

fides dignitasque patietur, commodes. id si feceris, erit ₅
mihi vehementissime gratum.

304 (XIII.33)

Scr. an. 46 vel 45

⟨CICERO ACILIO PRO COS. S.⟩

Cn. Otacilio Nasone utor familiarissime, ita prorsus ut illius
ordinis nullo familiarius; nam et humanitate eius et probitate
in consuetudine cottidiana magno opere delector. nihil iam
opus est exspectare te quibus eum verbis tibi commendem
quo sic utar ut scripsi. habet is in provincia tua negotia quae ₅
procurant liberti, Hilarus, Antigonus, Demostratus; quos
tibi negotiaque omnia Nasonis non secus commendo ac si
mea essent. gratissimum mihi feceris si intellexero hanc
commendationem magnum apud te pondus habuisse.

Vale. ₁₀

305 (XIII.34)

Scr. an. 46 vel 45

⟨CICERO ACILIO PRO COS. S.⟩

Avitum mihi hospitium est cum Lysone, Lyşonis filio,
Lilybitano, valdeque ab eo observor cognovique dignum et
patre et avo; est enim nobilissima familia. quapropter
commendo tibi maiorem in modum rem domumque eius
magnoque opere abs te peto cures ut is intellegat meam ₅
commendationem maximo sibi apud te et adiumento et
ornamento fuisse.

Ep. 304 Ω = *MVDH*] *inscr. om.* Ω, *ind. MH*   1 Nasone ⟨e(quite)
R(omano)⟩ *Kleyn*   6 demostratus *D*: demons- *MVH*   8 mea *D*:
me(a)e *MVH*
Ep. 305 Ω = *MVDH*] *inscr. om.* Ω (*nisi quod* CI ACILIO *D*), *ind. MH*
2 Lilybitano ς: lilybitoni (lilib- *VH*) Ω

306 (XIII.35)

Scr. an. 46 vel 45

CICERO ACILIO PRO COS. S.

1 C. Avianius Philoxenus antiquus est hospes meus et praeter hospitium valde etiam familiaris. quem Caesar meo beneficio in Novocomensis rettulit; nomen autem Aviani secutus est quod homine nullo plus est usus quam Flacco Avianio, meo, quem ad modum te scire arbitror, familiarissimo. quae ego 5 omnia collegi ut intellegeres non vulgarem esse commendationem hanc meam.

2 Peto igitur abs te ut omnibus rebus, quod sine molestia tua facere possis, ei commodes habeasque in numero tuorum perficiasque ut intellegat has litteras meas magno sibi usui fuisse. erit id mihi maiorem in modum gratum.

307 (XIII.36)

Scr. an. 46 vel 45

⟨CICERO ACILIO PRO COS. S.⟩

1 Cum Demetrio Mega mihi vetus hospitium est, familiaritas autem tanta quanta cum Siculo nullo. ei Dolabella rogatu meo civitatem a Caesare impetravit, qua in re ego interfui; itaque nunc P. Cornelius vocatur. cumque propter quosdam sordidos homines, qui Caesaris beneficia vendebant, tabulam 5 in qua nomina civitate donatorum incisa essent revelli

---

Ep. 306 Ω = *MVDH*] ᴘʀᴏᴄᴏs. *ind. MH (vide ad ep. 301*): proconsuli *MH, vulg.*: procon. *VD* **1**, 1 Avianius ς: -nus Ω, *ind. MH*   3 Novocomensis ς: -esis (*varie divisum*) Ω   rettulit *M*: retu- χ   auiani (*sed seq.* insecutus) *V*: -nii *M*: -ni hic *DH*   **2**, 2 commodes χ: commendes *M*

Ep. 307 Ω = *MVDH*] *in hac ep. et sequentibus duabus inscr. om.* Ω (*nisi quod* ᴄɪ ᴀᴄɪʟɪᴏ *D*), *ind. MH*   **1**, 1 uetus *VD* (cum...interfui *om. H*): uetustum *M, vulg.*

160

iussisset, eidem Dolabellae me audiente Caesar dixit nihil
esse quod de Mega vereretur; beneficium suum in eo manere.
2 Hoc te scire volui ut eum in civium Romanorum numero
haberes, ceterisque in rebus tibi eum ita commendo ut
maiore studio neminem commendarim. gratissimum mihi
feceris si eum ita tractaris ut intellegat meam commendationem magno sibi ornamento fuisse.   5

308 (XIII.37)

Scr. an. 46 vel 45

⟨CICERO ACILIO PRO COS. S.⟩

Hippiam, Philoxeni filium, Calactinum, hospitem et necessarium meum, tibi commendo in maiorem modum. eius bona,
quem ad modum ad me delata res est, publice possidentur
alieno nomine contra leges Calactinorum. id si ita est, etiam
sine mea commendatione ab aequitate tua res ipsa impetrare   5
debet ut ei subvenias. quoquo modo autem se res habet, peto
a te ut honoris mei causa eum expedias, tantumque ei
commodes et in hac re et in ceteris quantum tua fides
dignitasque patietur. id mihi vehementer gratum erit.

309 (XIII.38)

Scr. an. 46 vel 45

⟨CICERO ACILIO PRO COS. S.⟩

L. Bruttius, eques Romanus, adulescens omnibus rebus
ornatus, in meis familiarissimis ⟨est⟩ meque observat dili-

---

7 iussisset ς: -ent Ω   8 demega uereretur *M*: de me grauaretur *V*:
demetrio grauar- *DH*   **2,** 1 ciuium χ: ciui *M*   5 sibi *D* (*sed exp.*),
H: ei *V*: *om. M*
Ep. 308 Ω = *MVDH*] 1 calactinum *M*: -neum χ   8 commodes χ:
commendes *M, usitato iam errore*
Ep. 309 Ω = *MVDH*] 2 est *add.* ς

gentissime; cuius cum patre magna mihi fuit amicitia iam
inde a quaestura mea Siciliensi. omnino nunc ipse Bruttius
Romae mecum est. sed tamen domum eius et rem familiarem 5
et procuratores tibi sic commendo ut maiore studio commendare non possim. gratissimum mihi feceris si curaris ut
intellegat Bruttius, id quod ei recepi, hanc meam commendationem sibi magno adiumento fuisse.

310 (XIII.39)

Scr. an. 46 vel 45

⟨CICERO ACILIO PRO COS. S.⟩

Cum familia Titurnia necessitudo mihi intercedit vetus; ex
qua reliquus est M. Titurnius Rufus, qui mihi omni diligentia
atque officio est tuendus. est igitur in tua potestate ut ille in
me satis sibi praesidi putet esse. quapropter eum tibi
commendo in maiorem modum et abs te peto efficias ut is 5
commendationem hanc intellegat sibi magno adiumento
fuisse. erit mihi vehementer gratum.

311 (IX.13)

Scr. ex. an. 46 vel in. an. 45

CICERO DOLABELLAE S.

1 C. Subernius Calenus et meus est familiaris et Leptae, nostri
familiarissimi, pernecessarius. is, cum vitandi belli causa
profectus esset in Hispaniam cum M. Varrone ante bellum

---

5 rem χ: re *M*
Ep. 310 Ω = *MVDH*] *hanc quoque inscr. om. MVH, ind. MH:* CI. ACILIO
PROCON. *habet D*   1 ex *M*: in χ   4 satis *bis M*   7 erit ⟨id⟩
Cratander, vulg., fort. recte
Ep. 311 Ω = *MVDH*] **1**, 1 c. subernius *M, ind. M*: c. s. ub- χ (*sic*),
ind. H (*sed* uberius)

et in ea provincia esset in qua nemo nostrum post Afranium
superatum bellum ullum fore putaret, incidit in ea ipsa mala 5
quae summo studio vitaverat. oppressus est enim bello
repentino, quod bellum commotum a Scapula ita postea
confirmatum est a Pompeio ut nulla ratione ab illa miseria
2 se eripere posset. eadem causa fere est M. Plani Heredis, qui
est item Calenus, Leptae nostri familiarissimus.

Hosce igitur ambos tibi sic commendo ut maiore cura,
studio, sollicitudine animi commendare non possim. volo
ipsorum causa meque in eo vehementer et amicitia movet et 5
humanitas. Lepta vero cum ita laboret ut eius fortunae
videantur in discrimen venire, non possum ego non aut
proxime atque ille aut etiam aeque laborare. quapropter,
etsi saepe expertus sum quantum me amares, tamen sic
velim tibi persuadeas, id me in hac re maxime iudicaturum. 10
3 Peto igitur a te, vel, si pateris, oro, ut homines miseros et
fortuna, quam vitare nemo potest, magis quam culpa
calamitosos conserves incolumis velisque per te me hoc
muneris cum ipsis amicis hominibus, cum municipio Caleno,
quocum mihi magna necessitudo est, tum Leptae, quem 5
omnibus antepono, dare.
4 Quod dicturus sum puto equidem non valde ad rem
pertinere, sed tamen nihil obest dicere. res familiaris alteri
eorum valde exigua est, alteri vix equestris. quapropter,
quoniam iis Caesar vitam sua liberalitate concessit nec est
quod iis praeterea magno opere possit adimi, reditum, si me 5
tantum amas quantum certe amas, hominibus confice. in quo
nihil est praeter viam longum; quam idcirco non fugiunt ut
et vivant cum suis et moriantur domi. quod ut enitare
contendasque, vel potius ut perficias (posse enim te mihi
persuasi), vehementer te etiam atque etiam rogo. 10

---

4 et *scripsi*: ut Ω   5 putaret χ: -re *M*: -rat ς   **2**, 5 causa meque *M*:
-am eque *V*: -am meque *DH*   **3**, 3 incolumis *MD*: *om. V* (*add. in
marg., manu posteriore, ut vid.*), *H*   **4**, 2 dicere *M*: *om.* χ   7 longum
scripsi: -gam Ω

312 (XIII.52)

Scr., ut vid., an. 46 vel 45

CICERO REGI S.

A. Licinius Aristoteles Melitensis antiquissimus est hospes meus et praeterea coniunctus magno usu familiaritatis. haec cum ita sint, non dubito quin tibi satis commendatus sit; etenim ex multis cognosco meam commendationem plurimum apud te valere. hunc ego a Caesare liberavi; frequens 5 enim fuerat nobiscum atque etiam diutius in causa est quam nos commoratus; quo melius te de eo existimaturum arbitror.

Fac igitur, mi Rex, ut intellegat has sibi litteras plurimum profuisse.   10

313 (XIII.49)

Scr. an. incerto

CICERO CURIO PRO COS.

Q. Pompeius Sex. f. multis et veteribus causis necessitudinis mihi coniunctus est. is, cum antea meis commendationibus et rem et gratiam et auctoritatem suam tueri consuerit, nunc profecto te provinciam obtinente meis litteris adsequi debet ut nemini se intellegat commendatiorem umquam fuisse. 5 quam ob rem a te maiorem in modum peto ut, cum omnis meos aeque ac tuos observare pro necessitudine nostra debeas, hunc in primis ita in tuam fidem recipias ut ipse intellegat nullam rem sibi maiori usui aut ornamento quam meam commendationem esse potuisse.   10

Vale.

Ep. 312 Ω = *MVDH*] 2 ⟨mihi⟩ coniunctus *Lambinus* (*sed cf. Nep. Att.*
7.1)   5 acaesare *MD*ᶜ: a te (*vel* ate) c- χ   10 profuisse *MH*: -se.
uale *VD*
Ep. 313 Ω = *MVDH*] 1 Q. *MVD*: Q. sal. *H* (*errant Mendelssohn et*
Moricca)   4 te prouinciam *MD*: te prouincia *V*: prouintia te *H*

314 (XIII.2)

Scr. an. incerto

CICERO MEMMIO S.

C. Avianio Evandro, qui habitat in tuo sacrario, et ipso
multum utor et patrono eius M. Aemilio familiarissime. peto
igitur a te in maiorem modum, quod sine tua molestia fiat,
ut ei de habitatione accommodes. nam propter opera
instituta multa multorum subitum est ei remigrare Kal. 5
Quint. impedior verecundia ne te pluribus verbis rogem;
neque tamen dubito quin, si tua nihil aut non multum intersit,
eo sis animo quo ego essem si quid tu me rogares. mihi certe
gratissimum feceris.

315 (XIII.3)

Scr. an. incerto

CICERO MEMMIO S.

A. Fufium, unum ex meis intimis, observantissimum studiosis-
simumque nostri, eruditum hominem et summa humanitate
tuaque amicitia dignissimum, velim ita tractes ut mihi
coram recepisti. tam gratum mihi id erit quam quod
gratissimum. ipsum praeterea summo officio et summa 5
observantia tibi in perpetuum devinxeris.

316 (XIII.16)

Scr., ut vid., Romae ex. an. 45 vel in. an. 44

CICERO CAESARI S.

1 P. Crassum ex omni nobilitate adulescentem dilexi plurimum
et ex eo cum ab ineunte eius aetate bene speravissem, tum

Ep. 314 Ω = *MVDH*] 1 c. auianio *MD*: c. AVIANO *ind. M*: Cauiano *H*,
ind. H: Caniano *V*   3 tua χ: tu *M*   4 commodes ⟨
Ep. 315 Ω = *MVDH*
Ep. 316 Ω = *MVDH*] 1, 2 ex eo *MDH*: eo *V*: de eo *Lambinus*

optime existimare coepi [ex] iis iudiciis quae de eo feceras
cognitis. eius libertum Apollonium iam tum equidem cum
ille viveret et magni faciebam et probabam. erat enim et 5
studiosus Crassi et ad eius optima studia vehementer aptus;
2 itaque ab eo admodum diligebatur. post mortem autem
Crassi eo mihi etiam dignior visus est quem in fidem atque
amicitiam meam reciperem quod eos a se observandos et
colendos putabat quos ille dilexisset et quibus carus fuisset.
itaque et ad me in Ciliciam venit multisque in rebus mihi 5
magno usui fuit et fides eius et prudentia et, ut opinor, tibi
in Alexandrino bello, quantum studio et fidelitate consequi
potuit, non defuit.

3   Quod cum speraret te quoque ita existimare, in Hispaniam
ad te maxime ille quidem suo consilio sed etiam me auctore
est profectus. cui ego commendationem non sum pollicitus,
non quin eam valituram apud te arbitrarer, sed neque egere
mihi commendatione videbatur, qui et in bello tecum fuisset 5
et propter memoriam Crassi de tuis unus esset, et, si uti
commendationibus vellet, etiam per alios eum videbam id
consequi posse; testimonium mei de eo iudici, quod et ipse
magni aestimabat et ego apud te valere eram expertus, ei
libenter dedi.   10

4   Doctum igitur hominem cognovi et studiis optimis deditum,
idque a puero. nam domi meae cum Diodoto Stoico, homine
meo iudicio eruditissimo, multum a puero fuit. nunc autem
incensus studio rerum tuarum eas litteris Graecis mandare
cupiebat. posse arbitror; valet ingenio, habet usum, iam 5
pridem in eo genere studi litterarumque versatur, satis facere
immortalitati laudum tuarum mirabiliter cupit.

Habes opinionis meae testimonium, sed tu hoc facilius

---

3 optime *Lambinus*: perme *vel* per me Ω: nuper optime *Krauss*: perbene
Schütz: praeclare *Klotz*   iis *Ernesti*: exhis *vel* ex hi(i)s Ω: eximiis
Klotz   feceras *Madvig*: -am Ω   4 libertum χ: -rum *M*   **2,**
3 quod χ: quos (*ex* quot, *ut vid.*) *M*   **3,** 1 speraret te *MD*: te s- *VH*
8 mei *Lambinus*: meum Ω   9 ei *MD*: et *VH*   **4,** 8 opinionis χ:
-ones *M*

multo pro tua singulari prudentia iudicabis. et tamen, quod
negaveram, commendo tibi eum. quicquid ei commodaveris, 10
erit id mihi maiorem in modum gratum.

317 (XIII.15)

Scr. c. m. Mai., ut vid., an. 45

CICERO CAESARI IMP. S.

1 Precilium tibi commendo unice, tui necessari, mei familiarissimi, viri optimi, filium. quem cum adulescentem ipsum
propter eius modestiam, humanitatem, animum et amorem
erga me singularem mirifice diligo tum‑patrem eius re doctus
intellexi et didici mihi fuisse semper amicissimum. em hic ille 5
est de illis maxime qui irridere atque obiurgare me solitus
est quod me non tecum, praesertim cum abs te honorificentissime invitarer, coniungerem.

'ἀλλ' ἐμὸν οὔ ποτε θυμὸν ἐνὶ στήθεσσιν ἔπειθεν.'

audiebam enim nostros proceres clamitantis   10

'ἄλκιμος ἔσσ', ἵνα τίς σε καὶ ὀψιγόνων ἐῦ εἴπῃ.'

'ὣς φάτο, τὸν δ' ἄχεος νεφέλη ἐκάλυψε μέλαινα.'

2   Sed tamen idem me consolatur etiam. hominem ⟨enim⟩
perustum etiamnum gloria volunt incendere atque ita
loquuntur:

'μὴ μὰν ἀσπουδί γε καὶ ἀκλειῶς ἀπολοίμην,
ἀλλὰ μέγα ῥέξας τι καὶ ἐσσομένοισι πυθέσθαι.'   5

sed me minus iam movent, ut vides. itaque ab Homeri
magniloquentia confero me ad vera praecepta Εὐριπίδου:

'μισῶ σοφιστήν, ὅστις οὐχ αὑτῷ σοφός.'

---

11 id mihi χ: id *M*
Ep. 317 Ω = *MVDH*] **1**, 1 praecilium *ex cod. D falso relatum*   5 em
M: *om.* χ: en ϛ   6 deillis *M*: *om.* χ   **2**, 1 consolantur ϛ, *vulg.*
enim *addidi*   6 me minus *DH*: miminus *M*: minimus *V*: minus *Ernesti*

quem versum senex Precilius laudat egregie et ait posse
eundem et 'ἅμα πρόσσω καὶ ὀπίσσω' videre et tamen nihilo   10
minus

'αἰὲν ἀριστεύειν καὶ ὑπείροχον ἔμμεναι ἄλλων.'

3   Sed ut redeam ad id unde coepi, vehementer mihi gratum
feceris si hunc adulescentem humanitate tua, quae est
singularis, comprehenderis et ad id quod ipsorum Preciliorum
causa te velle arbitror addideris cumulum commendationis
meae. genere novo sum litterarum ad te usus ut intellegeres   5
non vulgarem esse commendationem.

318 (XIII.4)

Scr. fort. inter m. Nov. an. 46 et m. Quint. an. 45

M. CICERO S.D. Q. VALERIO Q.F. ORCAE LEGATO
PRO PR.

1   Cum municipibus Volaterranis mihi summa necessitudo est.
magno enim meo beneficio adfecti cumulatissime mihi
gratiam rettulerunt; nam nec in honoribus meis nec laboribus umquam defuerunt. cum quibus si mihi nulla causa
intercederet, tamen, quod te vehementissime diligo quodque   5
me a te plurimi fieri sentio, et monerem te et hortarer ut
eorum fortunis consuleres, praesertim cum prope praecipuam
causam haberent ad ius obtinendum, primum quod Sullani
temporis acerbitatem deorum immortalium benignitate sub-
terfugerunt, deinde quod summo studio populi Romani a me   10
2   in consulatu meo defensi sunt. cum ⟨enim⟩ tribuni pl. legem
iniquissimam de eorum agris promulgavissent, facile senatui

---

9 precilius *D* (*sic*): praec- *MH*: p̄cibus *V*   **3**, 1 coepi *M*: cepi χ
3 preciliorum *M, D* (*sic*): praec- *H*: p̄c- *V*
Ep. 318 Ω = *MVDH*] **1**, 1 Volaterranis ς: -terraneis *MDH*: -tranis *V*
(*sic*)   3 rettulerunt *M*: retu- *DH*: retulere *V*   meis nec *Sjögren*:
meis *M* (*in fine vers., spat. relicto*), *V*: meis nec meis *DH*: meis nec in
Victorius   **2**, 1 cum enim *Victorius*: cum Ω: qui quum *Wesenberg*

populoque Romano persuasi ut eos civis quibus Fortuna
pepercisset, salvos esse vellent. hanc actionem meam C.
Caesar primo suo consulatu lege agraria comprobavit 5
agrumque Volaterranum et oppidum omni periculo in
perpetuum liberavit, ut mihi dubium non sit quin is qui
novas necessitudines adiungat vetera sua beneficia con-
servari velit. quam ob rem est tuae prudentiae aut sequi
eius auctoritatem cuius sectam atque imperium summa cum 10
tua dignitate secutus es aut certe illi integram omnem
causam reservare. illud vero dubitare non debes quin tam
grave, tam firmum, tam honestum municipium tibi tuo
summo beneficio in perpetuum obligari velis.

3   Sed haec quae supra scripta sunt eo spectant ut te horter
et suadeam. reliqua sunt quae pertinent ad rogandum, ut
non solum tua causa tibi consilium me dare putes sed etiam
quod mihi opus sit me a te petere et rogare. gratissimum
igitur mihi feceris si Volaterranos omnibus rebus integros 5
incolumisque esse volueris. eorum ego domicilia, sedes, rem,
fortunas, quae et a dis immortalibus et a praestantissimis in
nostra re publica civibus summo senatus populique Romani
studio conservatae sunt, tuae fidei, iustitiae, bonitatique
commendo.   10

4   Si pro meis pristinis opibus facultatem mihi res hoc
tempore daret ut ita defendere possem Volaterranos quem ad
modum consuevi tueri meos, nullum officium, nullum denique
certamen, in quo illis prodesse possem, praetermitterem. sed
quoniam apud te nihilo minus hoc tempore valere me confido 5
quam valuerim semper apud ⟨bonos⟩ omnis, pro nostra
summa necessitudine parique inter nos et mutua benevolentia

---

5 lege agraria *V*: legem agraria *M*: -em -am *DH*   6 uolaterranum *M*:
-terrarum *DH*: -trarum *V* (*sic*)   13 tuo *M*: *om.* χ   14 in perpetuum (imp- *V*) χ: in pertuum *M*   14–**3**, 1 uelis set *M*: uelisset *VH*:
uolui- *D*   **3**, 1 te Ω: et *Baiter*   2 et ⟨tibi⟩ *Lambinus*   6 sedes
rem *M*: si deserem *V*: si desererem *DH*   7 qu(a)e et a diis (*vel* ad-)
χ: et id is *M*   8 ciuibus *M*: *om.* χ   **4**, 2 daret *DH*: dare *MV*
6 bonos *add. Orelli*

abs te peto ut ita de Volaterranis mereare ut existiment eum
quasi divino consilio isti negotio praepositum esse apud quem
unum nos eorum perpetui defensores plurimum valere 10
possemus.

1 Non moleste fero eam necessitudinem quae mihi tecum est
notam esse quam plurimis, neque tamen ob eam causam
(quod tu optime existimare potes) te impedi⟨i⟩ quo minus
susceptum negotium pro tua fide et diligentia ex voluntate
Caesaris, qui tibi rem magnam difficilemque commisit, 5
gerere possis. nam cum multi a me petant multa, quod de
tua erga me voluntate non dubitent, non committo ut
ambitione mea conturbem officium tuum.

2 C. Curtio ab ineunte aetate familiarissime sum usus. eius
et Sullani temporis iniustissima calamitate dolui et, cum iis
qui similem iniuriam acceperant amissis omnibus fortunis
reditus tamen in patriam voluntate omnium concedi
videretur, adiutor incolumitatis fui. is habet in Volaterrano 5
possessionem, cum in eam tamquam e naufragio reliquias
contulisset. hoc autem tempore eum Caesar in senatum
legit; quem ordinem ille ista possessione amissa tueri vix
potest. gravissimum autem est, cum superior factus sit
ordine, inferiorem esse fortuna, minimeque convenit ex eo 10
agro qui Caesaris iussu dividatur eum moveri qui Caesaris
3 beneficio senator sit. sed mihi minus libet multa de aequitate
rei scribere ne causa potius apud te valuisse videar quam
gratia. quam ob rem te in maiorem modum rogo ut C. Curti
rem meam putes esse; quicquid mea causa faceres, ut, id

Ep. 319 Ω = *MVDH*] **1,** 3 impedii ς: -di *MV*: -diri *DH*: -dio ς, *vulg.*
6 *anne* posses *?* quod] *anne* qui *?* **2,** 7 caesar *DH*: -ri *MV*
11 moueri *MH*: am- *D*: moneri *V* **3,** 1 mihi *M*: *om.* χ

C. Curti causa cum feceris, existimes quod ille per me 5
habuerit id me habere abs te. hoc te vehementer etiam atque
etiam rogo.

320 (XIII.7)

Scr., ut vid., inter m. Nov. an. 46 et m. Quint. an. 45

CICERO CLUVIO S.

1 Cum in Galliam proficiscens pro nostra necessitudine tuaque
summa in me observantia ad me domum venisses, locutus
sum tecum de agro vectigali municipi Atellani qui esset in
Gallia, quantoque opere eius municipi causa laborarem tibi
ostendi. post tuam autem profectionem cum et maxima res 5
municipi honestissimi mihique coniunctissimi et summum
meum officium ageretur, pro tuo animo in me singulari
existimavi me oportere ad te accuratius scribere, etsi non
sum nescius et quae temporum ratio et quae tua potestas sit
tibique negotium datum esse a C. Caesare, non iudicium, 10
praeclare intellego. qua re a te tantum peto quantum et te
facere posse et libenter mea causa facturum esse arbitror.

2 Et primum velim existimes, quod res est, municipi fortunas
omnis in isto vectigali consistere, his autem temporibus hoc
municipium maximis oneribus pressum summis adfectum
esse difficultatibus. hoc etsi commune videtur esse cum
multis, tamen mihi crede singularis huic municipio cala- 5
mitates accidisse; quas idcirco non commemoro ne de
miseriis meorum necessariorum conquerens homines quos
3 nolo videar offendere. itaque, nisi magnam spem haberem
C. Caesari nos causam municipi probaturos, non erat causa
cur a te hoc tempore aliquid contenderem; sed quia confido
mihique persuasi illum et dignitatis municipi et aequitatis et

---

5 quod *DH*: quid *MV*: quicquid *Baiter*
Ep. 320 Ω = *MVDH*] **1**, 1 necessitudine tuaque χ: -dineque tua *M*:
-dine proque tua *Orelli*   6–7 summum meum *M*: m- s- χ   8 existimavi ς: -ari *MV*: -arim *DH*   11 et te Ω: te et *Koch*

etiam voluntatis erga se habiturum esse rationem, ideo a te 5
non dubitavi contendere ut hanc causam illi integram
conservares.

4   Quod etsi nihilo minus a te peterem si nihil audivissem te
tale fecisse, tamen maiorem spem impetrandi nactus sum
postea quam mihi dictum est hoc idem a te Regiensis
impetravisse; qui etsi te aliqua necessitudine attingunt,
tamen tuus amor in me sperare me cogit te, quod tuis 5
necessariis tribueris, idem esse tributurum meis, praesertim
cum ego pro his unis petam, habeam autem qui simili causa
laborent compluris necessarios. hoc me non sine causa
facere neque aliqua levi ambitione commotum a te contendere etsi te existimare arbitror, tamen mihi [arbitranti] 10
adfirmanti credas velim me huic municipio debere plurimum;
nullum umquam fuisse tempus neque honorum nec laborum
meorum in quo non huius municipi studium in me exstiterit
singulare.

5   Quapropter a te etiam atque etiam pro nostra summa
coniunctione proque tua in me perpetua et maxima benevolentia maiorem in modum peto atque contendo ut, cum
fortunas agi eius municipi intellegas quod sit mihi necessitudine, officiis, benevolentia coniunctissimum, id mihi des; 5
quod erit huius modi ut, si a Caesare quod speramus
impetrarimus, tuo beneficio nos id consecutos esse iudicemus,
sin minus, pro eo tamen id habeamus, quoniam a te data sit
opera ut impetraremus. hoc cum mihi gratissimum feceris
tum viros optimos, homines honestissimos eosdemque 10
gratissimos et tua necessitudine dignissimos summo beneficio
in perpetuum tibi tuisque devinxeris.

4, 10 arbitranti, *del. M²*, *ut vid.*   12 honorum nec *M*: -um neque *V*:
om. DH   5, 5–6 id mihi des, quod *Wesenberg*   11 dignissimos χ: -mo
M

321 (XIII.8)

Scr. eodem fere tempore quo tres superiores, ut vid.

M. CICERO M. RUTILIO S.

1 Cum et mihi conscius essem quanti te facerem et tuam erga
me benevolentiam expertus essem, non dubitavi a te petere
quod mihi petendum esset.

P. Sestium quanti faciam ipse optime scio; quanti autem
facere debeam et tu et omnes homines sciunt. is cum ex aliis 5
te mei studiosissimum esse cognosset, petivit a me ut ad te
quam accuratissime scriberem de re C. Albani senatoris,
cuius ex f[am]ilia natus est L. Sestius, optimus adulescens,
filius P. Sesti. hoc idcirco scripsi ut intellegeres non solum me
pro P. Sestio laborare debere sed Sestium etiam pro Albanio. 10

2 Res autem est haec: a M. Laberio C. Albanius praedia
in aestimationem accepit, quae praedia Laberius emerat a
Caesare de bonis Plotianis. ea si dicam non esse e re publica
dividi, docere te videar, non rogare. sed tamen, cum Caesar
Sullanas venditiones et adsignationes ratas esse velit quo 5
firmiores existimentur suae, si ea praedia dividentur quae
ipse Caesar vendidit, quae tandem in eius venditionibus
esse poterit auctoritas?

3 Sed hoc quale sit tu pro tua prudentia considerabis. ego
te plane rogo, atque ita ut maiore studio, iustiore de causa,
magis ex animo rogare nihil possim, ut Albanio parcas, praedia
Laberiana ne attingas. magna me adfeceris non modo laetitia
sed etiam quodam modo gloria si P. Sestius homini maxime 5
necessario satis fecerit per me, ut ego illi uni plurimum debeo.

Ep. 321 Ω = *MVDH*] 1, 6 te mei ϛ: te me *M, in fine vers.*: rome *V* (*sic*):
te erga me *DH* cognosset *M*: -oscet χ ad te χ: ad me *M* 7 C.
Albani *scripsi*: c. albinii *M*: galbinii χ 8 filia ϛ: familia Ω 10 albanio (abb- *H*) Ω: Albinio ϛ, *vulg.* 2, 1 albanius *MVD*: albin-
H, vulg. 6 suae si ea *M*: sua esse ea *V*: sua etsi ea *D*: sua est ea *H*
3, 3 Albinio ϛ, *vulg.* 6 per χ: pro *M* ut...debeo *Ernesti*: ut...
debeam Ω: cum...debeam ϛ

quod ut facias te vehementer etiam atque etiam rogo; maius
mihi dare beneficium nullum potes. id mihi intelleges esse
gratissimum.

322 (VI.15)

Scr. an. incerto

CICERO BASILO S.

Tibi gratulor, mihi gaudeo. te amo, tua tueor. a te amari et
quid agas quidque agatur certior fieri volo.

323 (VI.16)

Scr. in Sicilia fort. ex. m. Mart. an. 44

BITHYNICUS CICERONI S.

Si mihi tecum non et multae et iustae causae amicitiae
privatim essent, repeterem initia amicitiae ex parentibus
nostris, quod faciendum iis existimo qui paternam amicitiam
nullis ipsi officiis prosecuti sunt. itaque contentus ero nostra
ipsorum amicitia, cuius fiducia peto a te ut absentem me, 5
quibuscumque in rebus opus fuerit, tueare, si nullum
officium tuum apud me intermoriturum existimas.

    Vale.

324 (VI.17)

Scr. fort. c. m. Mai. an. 44

CICERO BITHYNICO

1 Cum ceterarum rerum causa cupio esse aliquando rem
publicam constitutam tum velim mihi credas accedere, id

Ep. 322 Ω = *MGR*] BASILO ς: basilio Ω, *ind. MG*
Ep. 323 Ω = *MGR*] 4 ipsi *GR*: ipsis *M*   nostra *GR*: -am *M*
Ep. 324 Ω = *MGR*] 1, 2-3 accedere etiam, id *Schütz* (etiam *removit*),
Wesenberg

etiam quo magis expetam, promissum tuum quo in litteris
uteris. scribis enim, si ita sit, te mecum esse victurum.
2 gratissima mihi tua voluntas est, facisque nihil alienum
necessitudine nostra iudiciisque patris tui de me, summi viri.
nam sic habeto, beneficiorum magnitudine eos qui temporibus valuerunt ⟨a⟩ut valent coniunctiores tecum esse quam me,
necessitudine neminem. quam ob rem grata mihi est et 5
memoria tua nostrae coniunctionis et eius etiam augendae
voluntas.

325 (XI.1)

Scr. Romae c. xi Kal. Apr., ut vid., an. 44

D. BRUTUS BRUTO SUO ET CASSIO S.

1 Quo in statu simus cognoscite. heri vesperi apud me Hirtius
fuit; qua mente esset Antonius demonstravit, pessima
scilicet et infidelissima. nam se neque mihi provinciam dare
posse aiebat neque arbitrari tuto in urbe esse quemquam
nostrum; adeo esse militum concitatos animos et plebis. quod 5
utrumque esse falsum puto vos animadvertere atque illud
esse verum quod Hirtius demonstrabat, timere eum ne, si
mediocre auxilium dignitatis nostrae habuissemus, nullae
partes iis in re publica relinquerentur.
2 Cum in his angustiis versarer, placitum est mihi ut postularem legationem liberam mihi reliquisque nostris, ut aliqua
causa proficiscendi honesta quaereretur. haec se impetraturum pollicitus est, nec tamen impetraturum confido; tanta
est hominum insolentia et nostri insectatio. ac si dederint 5
quod petimus, tamen paulo post futurum puto ut hostes
iudicemur aut aqua et igni nobis interdicatur.

2, 4 aut valent ς: ut ualeant Ω: ut valent *Festa*   coniunctiores tecum
GR: -or is tecum *M*   5 grata *GR*: -tam *M*
Ep. 325 Ω = *MVDH*] 1, 9 iis ς: his *M*: *om.* χ: sibi *Lambinus*: suis *Kahnt*:
illis *vel* ipsis *Wesenberg*   2, 3 h(a)ec Ω: hoc ς: hanc *Baiter*   7 igni
MV: ignis *DH*

3 'Quid ergo est' inquis 'tui consili?' dandus est locus
fortunae, cedendum ex Italia, migrandum Rhodum aut
aliquo terrarum arbitror. si melior casus fuerit, revertemur
Romam; si mediocris, in exsilio vivemus; si pessimus, ad
4 novissima auxilia descendemus. succurret fortasse hoc loco 5
alicui vestrum cur novissimum tempus exspectemus potius
quam nunc aliquid moliamur. quia ubi consistamus non
habemus praeter Sex. Pompeium et Bassum Cae⟨ci⟩lium;
qui mihi videntur hoc nuntio de Caesare adlato firmiores 5
futuri. satis tempore ad eos accedemus ubi quid valeant
scierimus. pro Cassio et te si quid me velitis recipere,
recipiam; postulat enim hoc Hirtius ut faciam.
5 Rogo vos quam primum mihi rescribatis; nam non dubito
quin de his rebus ante horam quartam Hirtius certiorem me
sit facturus. quem in locum convenire possimus, quo me
velitis venire, rescribite.
6 Post novissimum Hirti sermonem placitum est mihi postulare ut liceret nobis Romae esse publico praesidio. quod illos
nobis concessuros non puto; magnam enim invidiam iis
faciemus. nihil tamen non postulandum putavi quod
aequum esse statuerem. 5

326 (IX.14)

Scr. in Pompeiano v Non. Mai. an. 44

CICERO DOLABELLAE COS. SUO SAL.

1 Etsi contentus eram, mi Dolabella, tua gloria satisque ex ea
magnam laetitiam voluptatemque capiebam, tamen non
possum non confiteri cumulari me maximo gaudio quod
vulgo hominum opinio socium me adscribat tuis laudibus.
neminem conveni (convenio autem cottidie plurimos; sunt 5

3, 5 descendemus (disc- *M*) *MV*: -damus *H*: -dam *D* **4**, 4 Caecilium
ς: c(a)el- Ω **6**, 3 inuidiam *M*³ *in marg.*: umquam Ω

enim permulti optimi viri qui valetudinis causa in haec loca
veniant, praeterea ex municipiis frequentes necessarii mei)
quin omnes, cum te summis laudibus ad caelum extulerunt,
mihi continuo maximas gratias agant. negant enim se
dubitare quin tu meis praeceptis et consiliis obtemperans 10
praestantissimum te civem et singularem consulem praebeas.

2 Quibus ego, quamquam verissime possum respondere te
quae facias tuo iudicio et tua sponte facere nec cuiusquam
egere consilio, tamen neque plane adsentior, ne imminuam
tuam laudem si omnis a meis consiliis profecta videatur,
neque valde nego; sum enim avidior etiam quam satis est 5
gloriae. et tamen non alienum est dignitate tua, quod ipsi
Agamemnoni, regum regi, fuit honestum, habere aliquem in
consiliis capiendis Nestorem, mihi vero gloriosum te iuvenem
consulem florere laudibus quasi alumnum disciplinae meae.

3 L. quidem Caesar, cum ad eum aegrotum Neapolim
venissem, quamquam erat oppressus totius corporis doloribus,
tamen, ante quam me plane salutavit, 'o mi Cicero' inquit,
'gratulor tibi cum tantum vales apud Dolabellam quantum
si ego apud sororis filium valerem, iam salvi esse possemus. 5
Dolabellae vero tuo et gratulor et gratias ago, quem quidem
post te consulem solum possumus vere consulem dicere.'
deinde multa de facto ac de re gesta tua; nihil magnificentius,
nihil praeclarius actum umquam, nihil rei publicae salu-
tarius. atque haec una vox omnium est.   10

Ep. 326 Ω = *MVDH; huius epistulae alterum exemplum exstat in codd. ep.
ad Att. 371A (xiv.17A). de siglis vide ad ep. 153*] **1**, 6 qui Ω: *om.* A
6–7 in h(a)ec loca ueniant (-iunt V, conueniant H) Ω: in his (is Rᵃ) locis
conueniunt ACλ: in haec loca veniant, conveniunt *Lehmann*   8 quin
DH: qui MVA   9 agant MDH: agunt VA   **2**, 1–2 te qu(a)e
MᵃVH: teque M: qu(a)e DA   6 alienum est A: alienum Ω   7 habere
hic ΩO: *post* Nestorem ERᵃdms: *om.* Mᵃ   **3**, 3 o *om.* E   5 iam
χE, O(?), ms: tam MMᵃd: *om.* Rᵃ   6 et gratulor VDEOΔ: ei g- MH:
cong- Rᵃ   7 possumus Ω: possum A   8 deinde ΩEPᵃ: dein RᵃΔ
re gesta tua *Wesenberg*: re g- tum (cum D) Ω, O(?), PᵃΔ: rege est actum
ERᵃ   10–**4**, 1 est a te VA: aestate MDH

4   A te autem peto ut me hanc quasi falsam hereditatem
alienae gloriae sinas cernere meque aliqua ex parte in
societatem tuarum laudum venire patiare. quamquam, mi
Dolabella (haec enim iocatus sum), libentius omnis meas, si
modo sunt aliquae meae, laudes ad te transfuderim quam 5
aliquam partem exhauserim ex tuis. nam cum te semper
tantum dilexerim quantum tu intellegere potuisti, tum his
tuis factis sic incensus sum ut nihil umquam in amore fuerit
ardentius. nihil est enim, mihi crede, virtute formosius, nihil
5 pulchrius, nihil amabilius. semper amavi, ut scis, M. Brutum 10
propter eius summum ingenium, suavissimos mores, singularem probitatem atque constantiam; tamen Idibus Martiis
tantum accessit ad amorem ut mirarer locum fuisse augendi
in eo quod mihi iam pridem cumulatum etiam videbatur. 5
quis erat qui putaret ad eum amorem quem erga te habebam
posse aliquid accedere? tantum accessit ut mihi nunc
denique amare videar, antea dilexisse.
6   Qua re quid est quod ego te horter ut dignitati et gloriae
servias? proponam tibi claros viros, quod facere solent qui
hortantur? neminem habeo clariorem quam te ipsum. te
imitere oportet, tecum ipse certes. ne licet quidem tibi iam
7 tantis rebus gestis non tui similem esse. quod cum ita sit,
hortatio non est necessaria, gratulatione magis utendum est.
contigit enim tibi, quod haud scio an nemini, ut summa severitas animadversionis non modo non invidiosa sed etiam
popularis esset et cum bonis omnibus tum infimo cuique 5
gratissima. hoc si tibi fortuna quadam contigisset, gratularer

---

4, 4 iocatus M^a *corr.*, *dms*: loc- DHM^a: locutus MV 5 transfuderim
Ω: transtul(l)erim Σ*dms*: trans M^a: transferam Z^l 8 amore $VER\Delta$:
-em MDH **5,** 5 mihi iam $\Omega\Delta$: iam m- R^a: iam E 6–8 quis
erat...dilexisse *adfert Nonius, p. 682 Lindsay*   6 te $\Omega Odms$, *Non.*:
illum ER^a: *om.* M^a 8 uidear $MDHA$: -atur (at²) V antea
$\Omega R^a \Delta$: añ antea (?) E: te antea P^a: ante *Non.*   **6,** 1 horter
MA: -tor χ   2 proponam VA: -as MDH 3 te (*alterum*) ΩO:
om. Σ$M^a dm$ 4 imitere MO: -tare V: -tari $DHR^a\Delta$: -tari re
E

felicitati tuae; sed contigit magnitudine cum animi tum
etiam ingeni atque consili. legi enim contionem tuam. nihil
illa sapientius; ita pedetemptim et gradatim tum accessus
a te ad causam facti, tum recessus, ut res ipsa maturitatem 10
tibi animadvertendi omnium concessu daret.

8   Liberasti igitur et urbem periculo et civitatem metu neque
solum ad tempus maximam utilitatem attulisti sed etiam ad
exemplum. quo facto intellegere debes in te positam esse rem
publicam tibique non modo tuendos sed etiam ornandos
esse illos viros a quibus initium libertatis profectum est. sed 5
his de rebus coram plura, propediem ut spero. tu, quoniam
rem publicam nosque conservas, fac ut diligentissime te
ipsum, mi Dolabella, custodias.

327 (XII.1)

Scr. in Pompeiano v Non. Mai. an. 44

CICERO CASSIO S.

1 Finem nullam facio, mihi crede, Cassi, de te et Bruto nostro,
id est de tota re publica, cogitandi, cuius omnis spes in vobis
est et in D. Bruto; quam quidem iam habeo ipse meliorem
re publica a Dolabella meo praeclarissime gesta. manabat
enim illud malum urbanum et ita corroborabatur cottidie ut 5
ego quidem et urbi et otio diffiderem urbano, sed ita
compressum est ut mihi videamur omne iam ad tempus ab
illo dumtaxat sordidissimo periculo tuti futuri.

Reliqua magna sunt ac multa, sed posita omnia in vobis.
quamquam primum quicque explicemus. nam ut adhuc 10

7, 7 cum *MDΣ*: tum *V*: quam *M^a*: quadam cum *dms*: *om. H*   9 et
(ac *D*) gradatim Ω: *om. A*   tum Ω*R^aM^adm*: cum *Es*: tamen *P^a*
8, 3 quo χ*A*: *om. M*   5 esse illos Ω: illos *A*
Ep. 327 Ω = *MVDH*] 1, 7 compressum ς: -ssa Ω: -ssa res *Ernesti*:
seditio (concitatio *Lehmann*) compressa *Purser*   8 tuti *V*: tute *MDH*:
tuto *Nardo*

quidem actum est, non regno sed rege liberati videmur. interfecto enim rege regios omnis nutus tuemur, neque vero id solum, sed etiam quae ipse ille, si viveret, non faceret, ea nos quasi cogitata ab illo probamus. nec eius quidem rei finem video. tabulae figuntur, immunitates dantur, 15 pecuniae maximae discribuntur, exsules reducuntur, senatus consulta falsa referuntur, ut tantum modo odium illud hominis impuri et servitutis dolor depulsus esse videatur, res publica iaceat in iis perturbationibus in quas eam ille coniecit. 20

2 Haec omnia vobis sunt expedienda, nec hoc cogitandum, satis iam habere rem publicam a vobis. habet illa quidem tantum quantum numquam mihi in mentem venit optare; sed contenta non est et pro magnitudine et animi et benefici vestri a vobis magna desiderat. adhuc ulta suas iniurias est 5 per vos interitu tyranni, nihil amplius. ornamenta vero sua quae reciperavit? an quod ei mortuo paret quem vivum ferre non poterat? cuius aera refigere debebamus, eius etiam chirographa defendimus? at enim ita decrevimus. fecimus id quidem temporibus cedentes, quae valent in re publica 10 plurimum; sed immoderate quidam et ingrate nostra facili- tate abutuntur.

Verum haec propediem et multa alia coram. interim velim sic tibi persuadeas, mihi cum rei publicae, quam semper habui carissimam, tum amoris nostri causa maximae 15 curae esse tuam dignitatem. da operam ut valeas.

Vale.

---

16 discribuntur *M*: des- χ   17 deferuntur *Orelli*   **2**, 5 ulta χ: ultra *M*   7 an] adde *Sedgwick*   16 esse (*ante* curae *D*) *MD*: esses *V*: *om. H*

328 (XII. 16)

Scr. Athenis viii Kal. Iun. an. 44

TREBONIUS CICERONI S.

1 S. v. b.

Athenas veni a.d. XI Kal. Iun. atque ibi, quod maxime
optabam, vidi filium tuum deditum optimis studiis summaque modestiae fama. qua ex re quantam voluptatem
ceperim scire potes etiam me tacente. non enim nescis quanti 5
te faciam et quam pro nostro veterrimo verissimoque amore
omnibus tuis etiam minimis commodis, non modo tanto
bono, gaudeam. noli putare, mi Cicero, me hoc auribus tuis
dare. nihil adulescente tuo atque adeo nostro (nihil enim
tibi a me potest esse seiunctum) aut amabilius omnibus his 10
qui Athenis sunt est aut studiosius earum artium quas tu
maxime amas, hoc est optimarum. itaque tibi, quod vere
facere possum, libenter quoque gratulor nec minus etiam
nobis, quod eum quem necesse erat diligere qualiscumque
esset talem habemus ut libenter quoque diligamus. 15

2 Qui cum mihi in sermone iniecisset se velle Asiam visere,
non modo invitatus sed etiam rogatus est a me ut id potissimum nobis obtinentibus provinciam faceret. cui nos et
caritate et amore tuum officium praestaturos non debes
dubitare. illud quoque erit nobis curae ut Cratippus una cum 5
eo sit, ne putes in Asia feriatum illum ab iis studiis in quae
tua cohortatione incitatur futurum. nam illum paratum, ut
video, et ingressum pleno gradu cohortari non intermittemus,
quo in dies longius discendo exercendoque se procedat.

3 Vos quid ageretis in re publica, cum has litteras dabam,
non sciebam. audiebam quaedam turbulenta, quae scilicet
cupio esse falsa, ut aliquando otiosa libertate fruamur; quod

---

Ep. 328 Ω = *MVDH*] **1**, 1 s. u. b. *MH*: Sub *V*: s. u. b. c. *D* (*haec
propter Moricca notavi*)　　7 etiam χ: et tam *M*　　10 tibi a me *scripsi*:
mihi (*hic supra scr. D, post* potest *exp.*) ate (*vel* a te) Ω　　14 diligere χ: del-
M　　**2**, 5 Cratippus ς: gr- Ω

vel minime mihi adhuc contigit. ego tamen nactus in
navigatione nostra pusillum laxamenti concinnavi tibi 5
munusculum ex instituto meo et dictum cum magno nostro
honore a te dictum conclusi et tibi infra subscripsi. in
quibus versiculis si tibi quibusdam verbis εὐθυρρημονέστερος
videbor, turpitudo personae eius in quam liberius invehimur
nos vindicabit. ignosces etiam iracundiae nostrae, quae iusta 10
est in eius modi et homines et civis. deinde qui magis hoc
Lucilio licuerit adsumere libertatis quam nobis? cum, etiam
si odio par fuerit in eos quos laesit, tamen certe non magis
dignos habuerit in quos tanta libertate verborum incurreret.

4   Tu, sicut mihi pollicitus es, adiunges me quam primum ad
tuos sermones; namque illud non dubito quin, si quid de
interitu Caesaris scribas, non patiaris me minimam partem
et rei et amoris tui ferre. vale, et matrem meosque tibi commendatos habe.   5

D. VIII Kal. Iun. Athenis.

329 (XI.2)

Scr. Lanuvii ex. m. Mai. an. 44

BRUTUS ET CASSIUS PRAETORES M. ANTONIO COS.

1 De tua fide et benevolentia in nos nisi persuasum esset nobis,
non scripsissemus haec tibi; quae profecto, quoniam istum
animum habes, in optimam partem accipies. scribitur nobis
magnam veteranorum multitudinem Romam convenisse iam
et ad Kal. Iun. futuram multo maiorem. de te si dubitemus 5
aut vereamur, simus nostri dissimiles. sed certe, cum ipsi in
tua potestate fuerimus tuoque adducti consilio dimiserimus
ex municipiis nostros necessarios, neque solum edicto sed
etiam litteris id fecerimus, digni sumus quos habeas tui

3, 13 pari *Lambinus, fort. recte*
Ep. 329 Ω = *MVDH*] **1,** 2 non scripsissemus χ: consc- *M*   6 dissimiles *DH*: dissimus *MV*   8 nostros *M*: -ris χ

consili participes, in ea praesertim re quae ad nos pertinet. 10
2 qua re petimus a te facias nos certiores tuae voluntatis in
nos, putesne nos tutos fore in tanta frequentia militum
veteranorum, quos etiam de reponenda ara cogitare audimus;
quod velle et probare vix quisquam posse videtur qui nos
salvos et honestos velit.   5

Nos ab initio spectasse otium nec quicquam aliud libertate
communi quaesisse exitus declarat. fallere nemo nos potest
nisi tu, quod certe abest ab tua virtute et fide; sed alius nemo
facultatem habet decipiendi nos. tibi enim uni credidimus et
3 credituri sumus. maximo timore de nobis adficiuntur amici
nostri; quibus etsi tua fides explorata est, tamen illud in
mentem venit, multitudinem veteranorum facilius impelli
ab aliis quolibet quam a te retineri posse.

Rescribas nobis ad omnia rogamus. nam illud valde leve 5
est ac nugatorium, ea re denuntiatum esse veteranis quod de
commodis eorum mense Iunio laturus esses. quem enim
impedimento futurum putas, cum de nobis certum sit nos
quieturos? non debemus cuiquam videri nimium cupidi
vitae cum accidere nobis nihil possit sine pernicie et con- 10
fusione omnium rerum.

330 (XVI.23)

Scr. in Tusculano ex. m. Mai., ut vid., an. 44

CICERO TIRONI S.

1 Tu vero confice professionem, si potes (etsi haec pecunia ex
eo genere est ut professione non egeat, verum tamen).
Balbus ad me scripsit tanta se ἐπιφορᾷ oppressum ut loqui

2, 2 putes ne *MV*: putas ne *DH*   4 uelle χ: -let *M*   **3, 7** laturus
esses *M*ᶜ: -rus esse *MH*: -rum esse *D*: -rum est *V*   10 accidere
M²VDH¹: acced- *MH*
Ep. 330 Ω = *MVDH(F)*] **1**, 3 ἐπιφορᾷ *Orelli*: epiphora (-phana *D*)
Ω

non possit. Antonius de lege quod egerit. liceat modo rusticari. ad Bithynicum scripsi. 5

2 De Servilio tu videris, qui senectutem non contemnis. etsi Atticus noster, quia quondam me commoveri πανικοῖς intellexit, idem semper putat nec videt quibus praesidiis philosophiae saeptus sim; et hercle, quod timidus ipse est, θορυβοποιεῖ. ego tamen Antoni inveteratam sine ulla 5 offensione amicitiam retinere sane volo scribamque ad eum, sed non ante quam te videro. nec tamen te avoco a syngrapha; γόνυ κνήμης. cras exspecto Leptam et †n.†, ad cuius rutam puleio mihi tui sermonis utendum est.
Vale.

331 (VII.22)

Scr. Romae, fort. an. 44

CICERO TREBATIO S.

Illuseras heri inter scyphos, quod dixeram controversiam esse, possetne heres, quod furtum antea factum esset, furti recte agere. itaque, etsi domum bene potus seroque redieram, tamen id caput ubi haec controversia est notavi et descriptum tibi misi, ut scires id quod tu neminem sensisse dicebas Sex. 5 Aelium, M'. Manilium, M. Brutum sensisse. ego tamen Scaevolae et Testae adsentior.

---

4 posset *Wesenberg*   de lege χ: delegem *M*: de legg. (*pro* legionibus) IIII *Orelli*: de legg. (*pro* legationibus) *Wesenberg*   quod *Lehmann*: quid Ω   2, 4 hercle *DH*: er- *MV*   8 expecto *DH*: excepto *MV*   leptam *MDH*: -ta *V*   etn. *M*: et N *H*: et H *V* (*sic*): etenim *D*: et eum *Wesenberg* (eum *iam Manutius*), *qui etiam nomen proprium latere suspicatus est*   9 cuius *MVH*: eius *D*   puleio χ: pleio *M*
Ep. 331 Ω = *MGR*] 6 M'. *Ernesti*: m. Ω

332 (VII.21)

Scr. in Tusculano parte post. m. Iun. an. 44

CICERO TREBATIO S.

Sili causam te docui. is postea fuit apud me. cum ei dicerem tibi videri sponsionem illam nos sine periculo facere posse, 'si bonorum Turpiliae possessionem Q. Caepio praetor ex edicto suo mihi dedit', negare aiebat Servium tabulas testamenti esse eas quas instituisset is qui factionem testa- 5 menti non habuerit; hoc idem Offilium dicere. tecum se locutum negabat meque rogavit ut se et causam suam tibi commendarem.

Nec vir melior, mi Testa, nec mihi amicior P. Silio quisquam est, te tamen excepto. gratissimum mihi igitur 10 feceris si ad eum ultro veneris eique pollicitus eris; sed, si me amas, quam primum. hoc te vehementer etiam atque etiam rogo.

333 (VII.20)

Scr. Veliae xiii Kal. Sext. an. 44

CICERO TREBATIO S.

1 Amabilior mihi Velia fuit quod te ab ea sensi amari. sed quid ego dicam 'te', quem quis non amat? Rufio me dius fidius tuus ita desiderabatur ut si esset unus e nobis. sed te ego non reprehendo qui illum ad aedificationem tuam traduxeris. quamquam enim Velia non est vilior quam 5 Lupercal, tamen istuc malo quam haec omnia. tu, si me audies quem soles, has paternas possessiones tenebis (nescio quid enim Velienses verebantur), neque Haletem, nobilem amnem, relinques nec Papirianam domum deseres. quam-

---

Ep. 332 Ω = *MGR*] 2 uideri *GR*: -ris *M*   6 Offilium *Cratander*: -icium (-itium *R*) Ω
Ep. 333 Ω = *MGR*] 1, 6 *fort.* ⟨at⟩ tu *vel* tu ⟨tamen⟩

quam illa quidem habet lotum, a quo etiam advenae teneri 10
2 solent; quem tamen si excideris, multum prospexeris. sed in
primis opportunum videtur, his praesertim temporibus,
habere perfugium, primum eorum urbem quibus carus sis,
deinde tuam domum tuosque agros, eaque remoto, salubri,
amoeno loco; idque etiam mea interesse, mi Trebati, arbitror. 5
sed valebis meaque negotia videbis meque dis iuvantibus ante
brumam exspectabis.

3 Ego a Sex. Fadio, Niconis discipulo, librum abstuli
Νίκωνος περὶ Πολυφαγίας. o medicum suavem meque
docilem ad hanc disciplinam! sed Bassus noster me de hoc
libro celavit, te quidem non videtur.

Ventus increbrescit. cura ut valeas. 5

XIII Kal. Sext. Velia.

334 (VII.19)

Scr. Regii v Kal. Sext. an. 44

CICERO TREBATIO S.

Vide quanti apud me sis (etsi iure id quidem, non enim te
amore vinco, verum tamen): quod praesenti tibi prope
subnegaram, non tribueram certe, id absenti debere non
potui. itaque ut primum Velia navigare coepi, institui
Topica Aristotelea conscribere ab ipsa urbe commonitus 5
amantissima tui. eum librum tibi misi Regio, scriptum quam
planissime res illa scribi potuit. sin tibi quaedam videbuntur
obscuriora, cogitare debebis nullam artem litteris sine

---

10 lotum *M*: lutum *GR*: lucum ς   **3,** 3 bassus *MR*: balbus *G, haud
absurde*   6 uelia *GR*: uilia *M*
Ep. 334 Ω = *MGR*] 1 uide *M*: uidene (-e nequanti *G*) *GR*: -esne
Graevius: -en *Mendelssohn*   3 subnegaram...tribueram *Cratander*:
-rem...-rem (-re *R*) Ω   absenti ς: -tem Ω   6 misi ς: amisio (*sed* o
erasa) *M*: amisi *G*: amasi *R*   7 planissime *Victorius*: plenissime (-ma
R) Ω

334 (VII.19)

interprete et sine aliqua exercitatione percipi posse. non
longe abieris: num ius civile vestrum ex libris cognosci 10
potest? qui quamquam plurimi sunt, doctorem tamen
usumque desiderant. quamquam tu, si attente leges, si
saepius, per te omnia consequere ut recte intellegas; ut vero
etiam ipsi tibi loci proposita quaestione occurrant exercitatione consequere. in qua quidem nos te continebimus, 15
si et salvi redierimus et salva ista offenderimus.

V. Kal. Sext. Regio.

335 (XI.29)

Scr. fort. Anagniae in. m. Quint. an. 44

CICERO OPPIO S.D.

1 Dubitanti mihi, quod scit Atticus noster, de hoc toto consilio
profectionis, quod in utramque partem in mentem multa
veniebant, magnum pondus accessit ad tollendam dubitationem iudicium et consilium tuum. nam et scripsisti
aperte quid tibi videretur et Atticus ad me sermonem tuum 5
pertulit. semper iudicavi in te et in capiendo consilio prudentiam summam esse et in dando fidem, maximeque sum
expertus cum initio civilis belli per litteras te consuluissem
quid mihi faciendum esse censeres, eundumne ad Pompeium
an manendum in Italia. suasisti ut consulerem dignitati 10
meae; ex quo quid sentires intellexi et sum admiratus fidem
tuam et in consilio dando religionem, quod, cum aliud malle
amicissimum tuum putares, antiquius tibi officium meum
quam illius voluntas fuit.

2 Equidem et ante hoc tempus te dilexi et semper me a te
diligi sensi; et cum abessem atque in magnis periculis essem,
et me absentem et meos praesentis a te cultos et defensos

9–10 non longe *iterat M in nova pagina*   12 usumque *Egnatius*: unumque
(-em *G*) Ω   13 recte *Konrad Müller, per litteras*: certe et *M* (et *eras.*):
certe *GR* **Ep. 335** Ω = *MVH* (*in D deest*)] **1**, 12 aliud *VH*: -ut *M*
malle *H*: -em *MV*

187

esse memini, et post meum reditum quam familiariter mecum
vixeris quaeque ego de te senserim et praedicarim omnis 5
qui solent haec animadvertere testis habemus. gravissimum
vero iudicium de mea fide et constantia fecisti cum post
mortem Caesaris [et] totum te ad amicitiam meam contulisti.
quod tuum iudicium nisi mea summa benevolentia erga te
omnibusque meritis comprobaro, ipse me hominem non 10
putabo.

3   Tu, mi Oppi, conservabis amorem tuum (etsi more magis
hoc quidem scribo quam quo te admonendum putem)
meaque omnia tuebere; quae tibi ne ignota essent Attico
mandavi. a me autem, cum paulum oti nacti erimus,
uberiores litteras exspectato. da operam ut valeas. hoc mihi 5
gratius facere nihil potes.

336 (XI.3)

Scr. Neapoli prid. Non. Sext. an. 44

BRUTUS ET CASSIUS PR. S.D. ANTONIO COS.

1 S. v. b.
Litteras tuas legimus simillimas edicti tui, contumeliosas,
minacis, minime dignas quae a te nobis mitterentur. nos,
Antoni, te nulla lacessiimus iniuria neque miraturum
credidimus si praetores et ea dignitate homines aliquid 5
edicto postulassemus a consule. quod si indignaris ausos esse
id facere, concede nobis ut doleamus ne hoc quidem abs te
Bruto et Cassio tribui.

2   Nam de dilectibus habitis et pecuniis imperatis, exercitibus
sollicitatis et nuntiis trans mare missis quod te questum esse
negas, nos quidem tibi credimus optimo animo te fecisse,
sed tamen neque agnoscimus quicquam eorum et te miramur,

2, 7 constantia *H*: de c- *MVH*[1]   **8** totum te ς: et totum te *MVH*:
anne te totum *?*
Ep. 336 Ω = *MVDH*] **1, 4** lacessiimus ς: -simus Ω

cum haec reticueris, non potuisse continere iracundiam tuam 5
quin nobis de morte Caesaris obiceres.

3 Illud vero quem ad modum ferendum sit tute cogita, non
licere praetoribus concordiae ac libertatis causa per edictum
de suo iure decedere quin consul arma minetur. quorum
fiducia nihil est quod nos terreas. neque enim decet aut
convenit nobis periculo ulli submittere animum nostrum 5
neque est Antonio postulandum ut iis imperet quorum opera
liber est. nos si alia hortarentur ut bellum civile suscitare
vellemus, litterae tuae nihil proficerent; nulla enim minantis
auctoritas apud liberos est. sed pulchre intellegis non posse
nos quoquam impelli et fortassis ea re minaciter agis ut 10
iudicium nostrum metus videatur.

4 Nos in hac sententia sumus ut te cupiamus in libera re
publica magnum atque honestum esse, vocemus te ad nullas
inimicitias, sed tamen pluris nostram libertatem quam tuam
amicitiam aestimemus. tu etiam atque etiam vide quid
suscipias, quid sustinere possis; neque quam diu vixerit 5
Caesar sed quam non diu regnarit fac cogites. deos quaesumus
consilia tua rei publicae salutaria sint ac tibi; si minus, ut
salva atque honesta re publica tibi quam minimum noceant
optamus.

Prid. Non. Sext. 10

337 (XVI.21)

Scr. Athenis fort. m. Sext. an. 44

CICERO F. TIRONI SUO DULCISSIMO S.

1 Cum vehementer tabellarios exspectarem cottidie, aliquando
venerunt post diem quadragensimum et sextum quam a vobis
discesserant. quorum mihi fuit adventus exoptatissimus. nam

2, 6 obiceres *M*: -ris *V*: obieceris *DH*   3, 1 sit *M*: *om.* χ   4, 6
nondiu *M*: non *V*: diu *DH*
Ep. 337 Ω = *MVDH(F)*] 1, 3 exoptatissimus *DH*: adopta- *M*:
expecta- *V*: opta- ς

cum maximam cepissem laetitiam ex humanissimi et carissimi
patris epistula, tum vero iucundissimae tuae litterae cumu- 5
lum mihi gaudi attulerunt. itaque me iam non paenitebat
intercapedinem scribendi fecisse, sed potius laetabar;
fructum enim magnum humanitatis tuae capiebam ex silentio
mearum litterarum. vehementer igitur gaudeo te meam sine
dubitatione accepisse excusationem. 10

2   Gratos tibi optatosque esse qui de me rumores adferuntur
non dubito, mi dulcissime Tiro, praestaboque et enitar ut in
dies magis magisque haec nascens de me duplicetur opinio.
qua re quod polliceris te bucinatorem fore existimationis
meae, firmo id constantique animo facias licet. tantum enim 5
mihi dolorem cruciatumque attulerunt errata aetatis meae
ut non solum animus a factis sed aures quoque a commemoratione abhorreant. cuius te sollicitudinis et doloris
participem fuisse notum exploratumque est mihi, nec id
mirum; nam cum omnia mea causa velles mihi successa, 10
tum etiam tua. socium enim te meorum commodorum
3 semper esse volui. quoniam igitur tum ex me doluisti, nunc
ut duplicetur tuum ex me gaudium praestabo.

Cratippo me scito non ut discipulum sed ut filium esse
coniunctissimum. nam cum [et] audio illum libenter tum
etiam propriam eius suavitatem vehementer amplector. sum 5
totos dies cum eo noctisque saepe numero partem; exoro
enim ut mecum quam saepissime cenet. hac introducta
consuetudine saepe inscientibus nobis et cenantibus obrepit
sublataque severitate philosophiae humanissime nobiscum
iocatur. qua re da operam ut hunc talem, tam iucundum, 10
tam excellentem virum videas quam primum.

4   Nam quid ego de Bruttio dicam, quem nullo tempore a me

---

4 ex ς: et Ω   5 epistula *MV*: -am *DH*   6 meiam *M*: etiam χ
2, 1 qui de me (*scr. cont. M*) *MD*: quidem *V*: -dam *H*   4 polliceris
te *MD*: -etur iste *VH*   10 mea causa *MV*: c- mea *DH*   **3,** 2
duplicetur *H*: -citer (dupl*ł V*) *MVD*   3 cratippo *MD*: grati pro *V*:
gratis *H*   4 cum audio *Lambinus*: cum et a- *MVD*: cum et (et cum
H) ga- *HF*

patior discedere? cuius cum frugi severaque est vita tum
etiam iucundissima convictio; non est enim seiunctus iocus
a philologia et cottidiana συζητήσει. huic ego locum in
proximo conduxi et, ut possum, ex meis angustiis illius ₅
5 sustento tenuitatem. praeterea declamitare Graece apud
Cassium institui, Latine autem apud Bruttium exerceri volo.
utor familiaribus et cottidianis convictoribus quos secum
Mitylenis Cratippus adduxit, hominibus et doctis et illi
probatissimis. multum etiam mecum est Epicrates, princeps ₅
Atheniensium, et Leonides et horum ceteri similes. τὰ μὲν
οὖν καθ' ἡμᾶς τάδε.

6 De Gorgia autem quod mihi scribis, erat quidem ille in
cottidiana declamatione utilis, sed omnia postposui dum
modo praeceptis patris parerem; διαρρήδην enim scripserat
ut eum dimitterem statim. tergiversari nolui, ne mea nimia
σπουδή suspicionem ei aliquam importaret. deinde illud ₅
etiam mihi succurrebat, grave esse me de iudicio patris
7 iudicare. tuum tamen studium et consilium gratum accep-
tumque est mihi.

Excusationem angustiarum tui temporis accipio; scio enim
quam soleas esse occupatus. emisse te praedium vehementer
gaudeo feliciterque tibi rem istam evenire cupio. hoc loco me ₅
tibi gratulari noli mirari; eodem enim fere loco tu quoque
emisse te fecisti me certiorem. habes! deponendae tibi sunt
urbanitates; rusticus Romanus factus es. quo modo ego
mihi nunc ante oculos tuum iucundissimum conspectum
propono! videor enim videre ementem te rusticas res, cum ₁₀
vilico loquentem, in lacinia servantem ex mensa secunda
semina. sed, quod ad rem pertinet, me tum tibi defuisse aeque
ac tu doleo. sed noli dubitare, mi Tiro, quin te sublevaturus

4, 3 conuictio *M*: coniunc- *DH*: *om. V*   iocus ς: lo- Ω   4 φιλολογίᾳ
Orelli   **5,** 4 mitylenis *M*: mytilenes *V*: mutilenis *D*: mitilenes *H*
6, 3 patris *D*: -res *MVH*   **7,** 5-6 me tibi χ: meti *M*   7 tibi sunt
M: s- t- χ   8 es. quo modo...propono! *ita dist. Ernesti*: es, quo
modo...propono. *vel* es. quo modo...propono? *alii*   10 ementem *M*:
men- *V*: mente *DH*

sim, si modo fortuna me, praesertim cum sciam communem
nobis emptum esse istum fundum.   15

8   De mandatis quod tibi curae fuit est mihi gratum. sed
peto a te ut quam celerrime mihi librarius mittatur, maxime
quidem Graecus. multum mihi enim eripitur operae in
exscribendis hypomnematis. tu velim in primis cures ut
valeas, ut una συμφιλολογεῖν possimus. Anterum tibi   5
commendo.
Vale.

338 (XVI.25)

Scr. Athenis fort. autumno an. 44

CICERO F. TIRONI SUO S.

Etsi iusta et idonea usus es excusatione intermissionis
litterarum tuarum, tamen id ne saepius facias rogo. nam
etsi de re publica rumoribus et nuntiis certior fio et de sua in
me voluntate semper ad me perscribit pater, tamen de quavis
minima re scripta a te ad me epistula semper fuit gratissima. 5
qua re, cum in primis tuas desiderem litteras, noli committere
ut excusatione potius expleas officium scribendi quam
adsiduitate epistularum.
Vale.

339 (XII.20)

Scr. Romae fort. iv Non. Sept. an. 44

CICERO CORNIFICIO

Gratae mihi tuae litterae, nisi quod Sinuessanum deversoriolum contempsisti. quam quidem contumeliam villa pusilla

---

8, 1 de mandatis *D*: demandastis *MVH*   3 mihi enim *MV*: e- m- *DH*
5 anterum *H*: anthe- *MVD*
Ep. 338 Ω = *MVDH(F)*] 1 intermissionis *Cratander*: -one *MDH*: *om. V*:
de int- *Victorius*   5 minima *MD*: -me *VH*
Ep. 339 Ω = *MVDH; accedit L*] 1–2 deuersoriolum ς: deu(diu- *DHL*)-
ersiolum Ω*L*   2 contumeliam χ*L*: -ia *M*

iniquo animo feret, nisi in Cumano et Pompeiano reddideris
πάντα περὶ πάντων. sic igitur facies, meque amabis et
scripto aliquo lacesses. ego enim respondere facilius possum ⁵
quam provocare. quod si, ut es, cessabis, lacessam, nec tua
ignavia etiam ⟨mihi⟩ inertiam adferet. plura otiosus; haec
cum essem in senatu exaravi.

340 (X.1)

Scr. Romae m. Sept. an. 44

CICERO PLANCO

1 Et afui proficiscens in Graeciam et, postea quam de me⟨di⟩o
cursu rei publicae sum voce revocatus, numquam per
M. Antonium quietus fui; cuius tanta est non insolentia
(nam id quidem vulgare vitium est) sed immanitas non
modo ut vocem sed ne vultum quidem liberum possit ferre ⁵
cuiusquam. itaque mihi maximae curae est non de mea
quidem vita, cui satis feci vel aetate vel factis vel, si quid
etiam hoc ad rem pertinet, gloria, sed me patria sollicitat in
primisque, mi Plance, exspectatio consulatus tui, quae ita
longa est ut optandum ⟨magis quam sperandum⟩ sit ut ¹⁰
possimus ad id tempus rei publicae spiritum ducere. quae
potest enim spes esse in ea re publica in qua hominis
impotentissimi atque intemperantissimi armis oppressa sunt
omnia et in qua nec senatus nec populus vim habet ullam
nec leges ullae sunt nec iudicia nec omnino simulacrum ¹⁵
aliquod ac vestigium civitatis?

2 Sed quoniam acta omnia mitti ad te arbitrabar, nihil erat
quod singulis de rebus scriberem. illud autem erat amoris

---

3 iniquo χL: inquo M   4 περὶ] *anne* ἀντὶ ?   6 ut es *vel* utes MVHL:
ut es delicatus D: *alii aliter*   nec ML: ne χ   7 mihi *add. Lambinus*
adferet MHL: afferret (*sic*) V: afferat D
Ep. 340 Ω = MVDH] **1**, 1 AFVI M, *ind. M*: affui χ   medio *Manutius*:
meo Ω   7 factis D²: facetis MV: -etiis M¹D: -etus H   9 mi DH:
me MV   10 magis quam sp- *addidi*

mei, quem a tua pueritia susceptum non servavi solum sed etiam auxi, monere te atque hortari ut in rem publicam omni cogitatione curaque incumberes. quae si ad tuum 5 tempus perducitur, facilis gubernatio est; ut perducatur autem magnae cum diligentiae est tum etiam fortunae.

3 Sed et te aliquanto ante, ut spero, habebimus et, praeter-quam quod rei publicae consulere debemus, tamen tuae dignitati ita favemus ut omne nostrum consilium, studium, officium, operam, laborem, diligentiam ad amplitudinem tuam conferamus. ita facillime et rei publicae, quae mihi 5 carissima est, et amicitiae nostrae, quam sanctissime nobis colendam puto, me intellego satis facturum.

4 Furnium nostrum tanti a te fieri quantum ipsius humanitas et dignitas postulat nec miror et gaudeo, teque hoc existimare volo, quicquid in eum iudici officique contuleris, id ita me accipere ut in me ipsum te putem contulisse.

341 (x.2)

Scr. Romae c. xiii Kal. Oct. an. 44

CICERO PLANCO S.

1 Meum studium honori tuo pro necessitudine nostra non defuisset si aut tuto in senatum aut honeste venire potuissem; sed nec sine periculo quisquam libere de re publica sentiens versari potest in summa impunitate gladiorum nec nostrae dignitatis videtur esse ibi sententiam de re publica dicere ubi 5 me et melius et propius audiant armati quam senatores.

2 Quapropter in privatis rebus nullum neque officium neque studium meum desiderabis; ne in publicis quidem, si quid erit in quo me interesse necesse sit, umquam deero ne cum periculo quidem meo dignitati tuae. in iis autem rebus

---

2, 7 tum *MVD*: tuaeque curae tum *H* (*commemoratione prorsus indignum nisi quod edd. non nullis imposuit*)   3, 2 tamen Ω: etiam *Wesenberg* (tum e- *Ernesti*)

Ep. 341 Ω = *MVDH*] 2, 1 neque (*prius*) *V*c*D*c: (a)eque Ω

quae nihilo minus ut ego absim confici poterunt peto 5
a te ut me rationem habere velis et salutis et dignitatis
meae.

342 (XI.4)

Scr. in Gallia Cisalpina m. Sept. an. 43

D. BRUTUS IMP. COS. DESIG. S.D. CICERONI

1 Si de tua in me voluntate dubitarem, multis a te verbis
peterem ut dignitatem meam tuerere. sed profecto est ita ut
mihi persuasi, me tibi esse curae. progressus sum ad Inalpinos
cum exercitu, non tam nomen imperatorium captans quam
cupiens militibus satis facere firmosque eos ad tuendas 5
2 nostras res efficere; quod mihi videor consecutus; nam et
liberalitatem nostram et animum sunt experti. cum omnium
bellicosissimis bellum gessi. multa castella cepi, multa
vastavi. non sine causa ad senatum litteras misi. adiuva nos
tua sententia; quod cum facies, ex magna parte communi 5
commodo inservieris.

343 (XI.6)

Scr. Romae c. ex. m. Sept. an. 44

M. CICERO S.D. D. BRUTO IMP. COS. DESIG.

Lupus noster cum Romam sexto die Mutina venisset,
postridie me mane convenit; tua mihi mandata diligentissime exposuit et litteras reddidit. quod mihi tuam dignitatem
commendas, eodem tempore existimo te mihi meam dignitatem commendare, quam mehercule non habeo tua 5
cariorem. qua re mihi gratissimum facies si exploratum
habebis tuis laudibus nullo loco nec consilium nec studium
meum defuturum.

---

5 poterunt *V* (poteṙ), *DᶜH*: possunt poterunt *D*: potest' *M*   7 me(a)e
DH: mee cura *V* (*sic*): tuae *M*
Ep. 342 Ω = *MVDH*] **2, 3** bellicosissimis *DH*: -cosis *MV*
Ep. 343 Ω = *MVDH*] **4–5** dignitatem *removit Ernesti*

344 (XII.2)

Scr. Romae inter xiii Kal. Oct. et vi Non. Oct. an. 44

CICERO CASSIO S.

1 Vehementer laetor tibi probari sententiam et orationem meam. qua si saepius uti liceret, nihil esset negoti libertatem et rem publicam reciperare. sed homo amens et perditus multoque nequior quam ille ipse quem tu nequissimum occisum esse dixisti caedis initium quaerit nullamque aliam 5 ob causam me auctorem fuisse Caesaris interficiendi criminatur nisi ut in me veterani incitentur; quod ego periculum non extimesco, modo vestri facti gloriam cum mea laude communicet. ita nec Pisoni, qui in eum primus invectus est nullo adsentiente, nec mihi, qui idem tricensimo post die 10 feci, nec P. Servilio, qui me est consecutus, tuto in senatum venire licet. caedem enim gladiator quaerit eiusque initium a.d. XIII Kal. Oct. a me se facturum putavit; ad quem paratus venerat, cum in villa Metelli compluris dies commentatus esset. quae autem in lustris et in vino commentatio 15 potuit esse? itaque omnibus est visus, ut ad te antea scripsi, vomere suo more, non dicere.

2 Qua re, quod scribis te confidere auctoritate et eloquentia nostra aliquid profici posse, non nihil ut in tantis malis est profectum. intellegit enim populus Romanus tris esse consularis qui, quia de re publica bene senserint, libere locuti sint, tuto in senatum venire non possint. nec est praeterea 5 quod quicquam exspectes. tuus enim necessarius adfinitate nova delectatur, itaque iam non est studiosus ludorum infinitoque fratris tui plausu dirumpitur. alter item adfinis

---

Ep. 344 Ω = *MVDH*] **1**, 7 in me χ: inter me *M*   8 modo *M*: quom-
χ   10 tricensimo *M*: -esimo χ   13 XIII *M*: XIIII χ   14–
15 commentatus *M*: -ndatus χ   15 commentatio *M*: -ndatio χ
17 uomere suo more χ: -resuomere *M*   **2**, 4 quia] quia quae *Cratander*: quia quod *Nardo*   senserint ⟨quaeque senserint⟩ *Lehmann*
5 sint ς: sunt Ω   8 dirumpitur χ: dirr- *M*

novis commentariis Caesaris delenitus est. sed haec tolerabilia,
illud non ferendum, quod est qui vestro anno filium suum 10
consulem futurum putet ob eamque causam se huic latroni
3 deservire prae se ferat. nam L. Cotta, familiaris meus, fatali
quadam desperatione, ut ait, minus in senatum venit;
L. Caesar, optimus et fortissimus civis, valetudine impeditur;
Ser. Sulpicius, et summa auctoritate et optime sentiens, non
adest. reliquos exceptis designatis – ignosce mihi, sed non 5
numero consularis. habes auctores consili publici. qui
numerus etiam bonis rebus exiguus esset, quid censes
perditis?

Qua re spes est omnis in vobis. qui si idcirco abestis ut sitis
in tuto, ne in vobis quidem; sin aliquid dignum vestra gloria 10
cogitatis, velim salvis nobis, sin id minus, res tamen publica
per vos brevi tempore ius suum reciperabit.

Ego tuis neque desum neque deero. qui sive ad me referent
⟨sive non referent⟩, mea tamen tibi benevolentia fidesque
praestabitur. 15
Vale.

345 (XII.3)

Scr. Romae paulo post vi Non. Oct. an. 44

CICERO CASSIO S.

1 Auget tuus amicus furorem in dies. primum in statua quam
posuit in rostris inscripsit 'parenti optime merito', ut non
modo sicarii sed iam etiam parricidae iudicemini. quid dico
'iudicemini'? iudicemur potius. vestri enim pulcherrimi
facti ille furiosus me principem dicit fuisse. utinam quidem 5
fuissem! molestus nobis non esset. sed hoc vestrum est; quod
quoniam praeteriit, utinam haberem quid vobis darem

---

9 delenitus *M*: delin- χ   **3,** 5 sed] si ς   11 sin *M*: si χ   12 reciperabit ς: -auit (recup- *DH*) Ω   13 siue *MV*: si que *DH*   14 sive
non r- *add. Orelli* (*ante* referent *unius vel duarum litt. rasuram habet M*)
tamen tibi *V*: tibi tamen in *M*: tibi *DH*: tibi tamen ς, *vulg.*
Ep. 345 Ω = *MVDH*] **1,** 3 quid *DH*: quod *MV*

consili! sed ne mihi quidem ipsi reperio quid faciendum sit.
quid enim est quod contra vim sine vi fieri possit?

2   Consilium omne autem hoc est illorum ut mortem
Caesaris persequantur. itaque a.d. VI Non. Oct. productus
in contionem a Cannutio turpissime ille quidem discessit,
sed tamen ea dixit de conservatoribus patriae quae dici
deberent de proditoribus; de me quidem non dubitanter 5
quin omnia de meo consilio et vos fecissetis et Cannutius
faceret. cetera cuius modi sint ex hoc iudica quod legato tuo
viaticum eripuerunt. quid eos interpretari putas cum hoc
faciunt? ad hostem scilicet portari.

O rem miseram! dominum ferre non potuimus, conservo 10
servimus. et tamen me quidem favente magis quam sperante
etiam nunc residet spes in virtute tua. sed ubi sunt copiae?
de reliquo malo te ipsum tecum loqui quam nostra dicta
cognoscere.
Vale.

346 (XII.22)

Scr. Romae post xiii Kal. Oct. et fort. post vi Non. Oct. an. 44

CICERO CORNIFICIO S.

1 Nos hic cum homine gladiatore omnium nequissimo, collega
nostro, Antonio, bellum gerimus, sed non pari condicione,
contra arma verbis. at etiam de te contionatur, nec impune;
nam sentiet quos lacessierit. ego autem acta ad te omnia
arbitror perscribi ab aliis; a me futura debes cognoscere, 5
quorum quidem nunc est difficilis coniectura.

2   Oppressa omnia sunt, nec habent ducem boni nostrique
tyrannoctoni longe gentium absunt. Pansa et sentit bene et
loquitur fortiter; Hirtius noster tardius convalescit. quid

2, 3 acannutio *vel* a c- Ω: a fratre Lucio *Cobet*
Ep. 346 Ω = *MVDH; accedit L*] 1, 1 nos *DHL*: non *MV, ind. MH*
2 nostro ς: uos- *L, ut vid.*: ues- Ω   3 at χ*L*: ad *M*   5 arbitror *ML*:
-trabor χ   6 nunc *scripsi*: non Ω*L*   2, 2 τυραννοκτόνοι ς

futurum sit plane nescio; spes tamen una est aliquando
populum Romanum maiorum similem fore. ego certe rei 5
publicae non deero et quicquid acciderit a quo mea culpa
absit animo forti feram. illud profecto quoad potero: tuam
famam et dignitatem tuebor.

347 (xii.23)

Scr. Romae c. vi Id. Oct. an. 44

⟨CICERO CORNIFICIO S.⟩

1 Omnem condicionem imperi tui statumque provinciae mihi
demonstravit Tratorius. o multa intolerabilia locis omnibus!
sed quo tua maior dignitas eo quae tibi acciderunt minus
ferenda. neque enim quae tu propter magnitudinem et
animi ⟨et⟩ ingeni moderate fers tibi ea non ulciscenda sunt, 5
etiam si non sunt dolenda. sed haec posterius.

2 Rerum urbanarum acta tibi mitti certo scio. quod ni ita
putarem, ipse perscriberem, in primisque Caesaris Octaviani
conatum. de quo multitudini fictum ab Antonio crimen
videtur, ut in pecuniam adulescentis impetum faceret;
prudentes autem et boni viri et credunt factum et probant. 5
quid quaeris? magna spes est in eo; nihil est quod non existi-
metur laudis et gloriae causa facturus. Antonius autem,
noster familiaris, tanto se odio esse intellegit ut cum inter-
fectores suos domi comprenderit rem proferre non audeat.
itaque a.d. VII Id. Oct. Brundisium erat profectus obviam 10

---

4 una est (unast *M*) Ω: est una *L*   7 illud profecto] *vide comm.*
Ep. 347 Ω = *MVDH; accedit L usque ad finem* §*1* (posterius)] *novam ep.*
facit ind. V, itemque epp. 361, 373–4, 417, 430, 432–3; quae omnes quattuorque
praeterea inscr. omissis post ep. 346 hac serie in codd. coniunguntur: 357, 347,
361, 430, 373, 383, 431–2, 374, 433 (*sed vide ad loc.*)*, 417* (*hoc est lib.*
XII.22a–30)   **1, 4–5** et animi et ς: et a- Ω: a- et *L*   5 fers tibi ea non
scripsi: fersteanon *M:* fers te ante *V:* f- (*fere L*) ate non *DHL:* f- ea non
Victorius: f- a te ea non *Kayser*   **2, 9** suos Ω: suae *C. F. Hermann*
10 itaque χ: *om. M* (*in fine vers.*)

legionibus Macedonicis quattuor, quas sibi conciliare
pecunia cogitabat easque ad urbem adducere et in cervicibus
nostris collocare.

3   Habes formam rei publicae, si in castris potest esse res
publica. in quo tuam vicem saepe doleo, quod nullam partem
per aetatem sanae et salvae rei publicae gustare potuisti.
atque antehac quidem sperare saltem licebat; nunc etiam id
ereptum est. quae enim est spes, cum in contione dicere 5
ausus sit Antonius Cannutium apud eos locum sibi quaerere
quibus se salvo locus in civitate esse non posset?

4   Equidem et haec et omnia quae homini accidere possunt
sic fero ut philosophiae magnam habeam gratiam, quae me
non modo ab sollicitudine abducit sed etiam contra omnis
fortunae impetus armat, tibique idem censeo faciendum nec
a quo culpa absit quicquam in malis numerandum. sed haec 5
tu melius.

Tratorium nostrum cum semper probassem, tum maxime
in tuis rebus summam eius fidem, diligentiam prudentiamque
cognovi.

Da operam ut valeas. hoc mihi gratius facere nihil potes. 10

348 (XI.27)

Scr. in Tusculano med. m. Oct., ut vid., an. 44

M. CICERO MATIO S.

1 Nondum satis constitui molestiaene plus an voluptatis attulerit
mihi Trebatius noster, homo cum plenus offici tum utriusque
nostrum amantissimus. nam cum in Tusculanum vesperi
venissem, postridie ille ad me, nondum satis firmo corpore
cum esset, mane venit. quem cum obiurgarem quod parum 5
valetudini parceret, tum ille nihil sibi longius fuisse quam ut
me videret. 'num quidnam' inquam 'novi?' detulit ad me
querelam tuam.

3, 2 quo *Ernesti*: qua Ω

2 De qua prius quam respondeo, pauca proponam. quantum
memoria repetere praeterita possum, nemo est mihi te
amicus antiquior. sed vetustas habet aliquid commune cum
multis, amor non habet. dilexi te quo die cognovi, meque
a te diligi iudicavi. tuus deinde discessus isque diuturnus, 5
ambitio nostra et vitae dissimilitudo non est passa voluntates
nostras consuetudine conglutinari. tuum tamen erga me
animum agnovi multis annis ante bellum civile, cum
Caesar esset in Gallia. quod enim vehementer mihi utile esse
putabas nec inutile ipsi Caesari perfecisti, ut ille me diligeret, 10
coleret, haberet in suis. multa praetereo quae temporibus
illis inter nos familiarissime dicta, scripta, communicata
sunt; graviora enim consecuta sunt.

3 [et] Initio belli civilis cum Brundisium versus ires ad
Caesarem, venisti ad me in Formianum. primum hoc ipsum
quanti, praesertim temporibus illis! deinde oblitum me putas
consili, sermonis, humanitatis tuae? quibus rebus interesse
memini Trebatium. nec vero sum oblitus litterarum tuarum 5
quas ad me misisti cum Caesari obviam venisses in agro, ut
arbitror, Trebulano.

4 Secutum illud tempus est cum me ad Pompeium proficisci
sive pudor meus coegit sive officium sive fortuna. quod
officium tuum, quod studium vel in absentem me vel in
praesentis meos defuit? quem porro omnes mei et mihi et
sibi te amiciorem iudicaverunt? 5
Veni Brundisium. oblitumne me putas qua celeritate, ut
primum audieris, ad me Tarento advolaris, quae tua fuerit
adsessio, oratio, confirmatio animi mei fracti communium
miseriarum metu?

5 Tandem aliquando Romae esse coepimus. quid defuit
nostrae familiaritati? in maximis rebus, quonam modo
gererem me adversus Caesarem, usus tuo consilio sum, in

Ep. 348 Ω = *MVDH*] **2**, 8 ciuile χ: -em *M*   13 sunt (*prius*) *DH*: sint
MV   **3**, 1 et *removit Wesenberg*: etenim *Orelli*   **4**, 7 advolaris ς: auo-
MVH: aduolaueris *D*

reliquis officio. cui tu tribuisti excepto Caesare praeter
me ut domum ventitares horasque multas saepe suavissimo 5
sermone consumeres, tum cum etiam, si meministi, ut haec
φιλοσοφούμενα scriberem tu me impulisti? post Caesaris
reditum quid tibi maiori curae fuit quam ut essem ego illi
quam familiarissimus? quod effeceras.

6   Quorsum igitur haec oratio longior quam putaram? quia
sum admiratus te, qui haec nosse deberes, quicquam a me
commissum quod esset alienum nostra amicitia credidisse.
nam praeter haec quae commemoravi, quae testata sunt et
illustria, habeo multa occultiora, quae vix verbis exsequi 5
possum. omnia me tua delectant, sed maxime maxima, cum
fides in amicitia, consilium, gravitas, constantia tum lepos,
humanitas, litterae.

7   Quapropter (redeo nunc ad querelam) ego te suffragium
tulisse in illa lege primum non credidi; deinde, si credidissem, numquam id sine aliqua iusta causa existimarem te
fecisse. dignitas tua facit ut animadvertatur quicquid facias,
malevolentia autem hominum ut non nulla durius quam 5
a te facta sunt proferantur. ea tu si non audis, quid dicam
nescio. equidem si quando audio, tam defendo quam me scio
a te contra iniquos meos solere defendi. defensio autem est
duplex: alia sunt quae liquido negare soleam, ut de isto ipso
suffragio, alia quae defendam a te pie fieri et humane, ut de 10
curatione ludorum.

8   Sed te, hominem doctissimum, non fugit, si Caesar rex
fuerit, quod mihi quidem videtur, in utramque partem de
tuo officio disputari posse, vel in eam qua ego soleo uti,
laudandam esse fidem et humanitatem tuam qui amicum
etiam mortuum diligas, vel in eam qua non nulli utuntur, 5

5, 4 officio *Madvig, qui etiam recte distinxit*: -ciis Ω   7 φιλοσοφούμενα ς:
philosophumena *MVH*: ad populum eis *D*   **6**, 4 commemoraui χ: com-
meraui *M*   5 multa χ: -to *M*   6 *post* maxima (*quod removit Ernesti*)
distinxi   **7**, 6 sunt *D*: sint *MVH*   tu si *M*: si tu χ   9 liquido ς:
ali- *M*: aliquando *VH*: aḻii *D, ut vid.*   10–11 de curatione χ:
decuria- *M*

libertatem patriae vitae amici anteponendam. ex his
sermonibus utinam essent delatae ad te disputationes meae!
illa vero duo quae maxima sunt laudum tuarum quis aut
libentius quam ego commemorat aut saepius, te et non
suscipiendi belli civilis gravissimum auctorem fuisse et 10
moderandae victoriae? in quo qui mihi non adsentiretur
inveni neminem.

Qua re habeo gratiam Trebatio, familiari nostro, qui mihi
dedit causam harum litterarum. quibus nisi credideris, me
omnis offici et humanitatis exper⟨tem⟩ iudicaris, quo nec 15
mihi gravius quicquam potest esse nec te alienius.

349 (XI. 28)

Scr. Romae accepta ep. superiore

MATIUS CICERONI S.

1 Magnam voluptatem ex tuis litteris cepi, quod quam
speraram atque optaram habere te de me opinionem cognovi. de qua etsi non dubitabam, tamen, quia maximi
aestimabam ut incorrupta maneret, laborabam. conscius
autem mihi eram nihil a me commissum esse quod boni 5
cuiusquam offenderet animum. eo minus credebam plurimis
atque optimis artibus ornato tibi temere quicquam persuaderi
potuisse, praesertim in quem mea propensa et perpetua
fuisset atque esset benevolentia. quod quoniam ut volui scio
esse, respondebo criminibus quibus tu pro me, ut par erat 10
pro tua singulari bonitate et amicitia nostra, saepe restitisti.

2 Nota enim mihi sunt quae in me post Caesaris mortem
contulerint. vitio mihi dant quod mortem hominis necessari
graviter fero atque eum quem dilexi perisse indignor; aiunt
enim patriam amicitiae praeponendam esse, proinde ac si

8, 15 expertem ς: exper *MV*: -rs *DH*   16 te *MVH*: a te *D*
Ep. 349 Ω = *MVDH*] **1**, 1 quam ς: cum *MVH*: tamquam *D*   11 pro
tua *D*: tua *MVH*   **2**, 4 patriam amicitie *D*: -ri(a)e -tiam *MVH, quo
servato* postponendam (p'po-) *pro* praep- (p̄p-) *Gronovius*

iam vicerint obitum eius rei publicae fuisse utilem. sed non 5
agam astute: fateor me ad istum gradum sapientiae non
pervenisse. neque enim Caesarem in dissensione civili sum
secutus, sed amicum, quamquam re offendebar, tamen non
deserui, neque bellum umquam civile aut etiam causam
dissensionis probavi, quam etiam nascentem exstingui summe 10
studui. itaque in victoria hominis necessari neque honoris
neque pecuniae dulcedine sum captus, quibus praemiis reliqui,
minus apud eum quam ego cum possent, immoderate sunt
abusi. atque etiam res familiaris mea lege Caesaris deminuta
est, cuius beneficio plerique qui Caesaris morte laetantur 15
remanserunt in civitate. civibus victis ut parceretur aeque ac
pro mea salute laboravi.

3   Possum igitur, qui omnis voluerim incolumis, eum a quo
id impetratum est perisse non indignari, cum praesertim
idem homines illi et invidiae et exitio fuerint? 'plecteris ergo'
inquiunt, 'quoniam factum nostrum improbare audes.'
o superbiam inauditam! alios in facinore gorialri, aliis ne 5
dolere quidem impunite licere! at haec etiam servis semper
libera fuerunt, ⟨ut sperarent⟩ timerent gauderent dolerent
suo potius quam alterius arbitrio; quae nunc, ut quidem isti
dictitant, 'libertatis auctores' metu nobis extorquere conan-
4 tur. sed nihil agunt. nullis umquam periculi terroribus 10
ab officio aut ab humanitate desciscam. numquam enim
honestam mortem fugiendam, saepe etiam appetendam
putavi.

   Sed quid mihi suscensent si id opto ut paeniteat eos sui 5
facti? cupio enim Caesaris mortem omnibus esse acerbam.
at debeo pro civili parte rem publicam velle salvam. id
quidem me cupere, nisi et ante acta vita et reliqua mea spes

5 uicerint *VH, D¹ in marg.*: -rit *M*: uixerit *D*   **3**, 6 dolere χ: dolore *M*
impunite *MH*: -une *VD*   7 ut sperarent *add. Lehmann* (ut *iam Baiter*)
8 ut quidem isti] isti, ut quidem *Manutius*: isti, ut se quidem *Boot*
4, 1 nullis *M*: mellis *V*: nullius *DH*   2 aut ab *M, V* (*sic*), *H*: aut *D*
desciscam *MH*: desistam *VD¹*: absi- *D*   3 appetendam χ: opp- *M,*
vulg.   7 at *H*: ad *M*: ac *VD*

5 tacente me probat, dicendo vincere non postulo. qua re
maiorem in modum te rogo ut rem potiorem oratione ducas
mihique, si sentis expedire recte fieri, credas nullam communionem cum improbis esse posse. an quod adulescens
praestiti, cum etiam errare cum excusatione possem, id nunc 5
aetate praecipitata commutem ac me ipse retexam? non
faciam, neque quod displiceat committam, praeterquam quod
hominis mihi coniunctissimi ac viri amplissimi doleo gravem
casum. quod si aliter essem animatus, numquam quod
facerem negarem, ne et in peccando improbus et in dissimu- 10
lando timidus ac vanus existimarer.

6 At ludos quos Caesaris victoriae Caesar adulescens fecit
curavi. at id ad privatum officium, non ad statum rei
publicae, pertinet. quod tamen munus et hominis amicissimi
memoriae atque honoribus praestare etiam mortui debui et
optimae spei adulescenti ac dignissimo Caesare petenti 5
7 negare non potui. veni etiam consulis Antoni domum saepe
salutandi causa; ad quem qui me parum patriae amantem
esse existimant rogandi quidem aliquid aut auferendi causa
frequentis ventitare reperies. sed quae haec est adrogantia,
quod Caesar numquam interpellavit quin quibus vellem 5
atque etiam quos ipse non diligebat tamen iis uterer, eos qui
mihi amicum eripuerunt carpendo me efficere conari ne
quos velim diligam!

8 Sed non vereor ne aut meae vitae modestia parum valitura
sit in posterum contra falsos rumores aut ne etiam ii qui me
non amant propter meam in Caesarem constantiam non
malint mei quam sui similis amicos habere. mihi quidem si
optata contingent, quod reliquum est vitae in otio Rhodi 5
degam. sin casus aliquis interpellarit, ita ero Romae ut recte
fieri semper cupiam.

6, 1 at *VH*: ad *M*: ac *D*   2 at *V*: ad *M*: ac *D*: *om. H*   5 caesare
petenti *H*: -re repetenti *M*: -ri petenti *V*: -ri repente *D*   **7,** 2 ad *DH*:
at *MV*   amantem *VD*: fam- *MH*   4 quae haec est *M*: qu(a)e est
hec *DH*: quam h̄ (*i.e.* hoc) est *V*   **8,** 1 ne aut *DH*: ne ad *M*: ne *V*

Trebatio nostro magnas ago gratias quod tuum erga me
animum simplicem atque amicum aperuit et quod eum
quem semper libenter dilexi quo magis iure colere atque 10
observare deberem fecit.

Bene vale et me dilige.

350 (XVI.24)

Scr. in Arpinati med. m. Nov. an. 44

TULLIUS TIRONI S.

1 Etsi mane Harpalum miseram, tamen, cum haberem cui
recte darem litteras, etsi novi nihil erat, isdem de rebus volui
ad te saepius scribere, non quin confiderem diligentiae tuae,
sed rei me magnitudo movebat. mihi prora et puppis, ut
Graecorum proverbium est, fuit a me tui dimittendi ut 5
rationes nostras explicares. Offilio et Aurelio utique satis fiat.
a Flamma, si non potes omne, partem aliquam velim
extorqueas, in primisque ut expedita sit pensio Kal. Ian. de
attributione conficies, de repraesentatione videbis.

2 De domesticis rebus hactenus. de publicis omnia mihi
certa, quid Octavius, quid Antonius, quae hominum
opinio, quid futurum putes. ego vix teneor quin accurram,
sed litteras tuas exspecto. et scito Balbum tum fuisse Aquini
cum tibi est dictum et postridie Hirtium; puto utrumque ad 5
aquas. sed quod egerint. Dolabellae procuratores fac ut
admoneantur. appellabis etiam Papiam.

Vale.

Ep. 350 Ω = *MVDH(F)*] **1**, 2 darem *DH*: dare *V*: da *M*   de χ:
om. M   6 Of(f)ilio ς: ofillio *MD*: offillio *VH*   **2**, 1 rebus ς: eius *M*:
om. χ   2 octauius *MVD*: -ianus *H, edd. recc.*   4 sed χ: sed si *M*:
sed st! *Manutius, satis putide sed non sine recentiorum adsensu*

351 (XVI.26)

Scr. an. incerto

QUINTUS TIRONI SUO P.S.D.

1 Verberavi te cogitationis tacito dumtaxat convicio quod
fasciculus alter ad me iam sine tuis litteris perlatus est. non
potes effugere huius culpae poenam te patrono; Marcus est
adhibendus, isque diu et multis lucubrationibus commentata
2 oratione vide ut probare possit te non peccasse. plane te rogo,
sic ut olim matrem nostram facere memini, quae lagonas
etiam inanis obsignabat ne dicerentur inanes aliquae fuisse
quae furtim essent exsiccatae, sic tu, etiam si quod scribas
non habebis, scribito tamen, ne furtum cessationis quaesivisse
videaris. valde enim mi semper et vera et dulcia tuis epistulis
nuntiantur.

Ama nos et vale.

352 (XVI.27)

Scr. ex. m. Dec. an. 44

Q. CICERO TIRONI SUO S.P.D.

1 Mirificam mi verberationem cessationis epistula dedisti. nam
quae parcius frater perscripserat, verecundia videlicet et
properatione, ea tu sine adsentatione ut erant ad me scripsisti, et maxime de cos. designatis; quos ego penitus novi,
libidinum et languoris effeminatissimi animi plenos. qui nisi
a gubernaculis recesserint, maximum ab universo naufragio
2 periculum est. incredibile est quae ego illos scio oppositis
Gallorum castris in aestivis fecisse; quos ille latro, nisi aliquid

Ep. 351 Ω = *MVDH(F)*] QUINTUS ς: Q. *MDH*: Cicero *V*: ET Q. *ind.*
MH: Q. Cicero ς, *fort. recte*   **1**, 3 paenam (*sic*) *H*: penam *V, D* (*sic*):
ponam *M*   4 commentata *M*: -ndata χ   **2**, 2 lagonas *MV*: -oenas
DH   4 quod] quid *F*
Ep. 352 Ω = *MVDH(F)*] Q. *M*: *om.* χ (*ep. om. ind. MH*)   **1**, 4 de
cos. *M, D* (*sic*): quos *VH*   5 animi *MVH*: *om. D*   **2**, 1 scio *MVD*:
om. H: sciam *Wesenberg*

firmius fuerit, societate vitiorum deleniet. res est aut tri-
buniciis aut privatis consiliis munienda. nam isti duo vix
sunt digni quibus alteri Caesenam, alteri Cossutianarum 5
tabernarum fundamenta credas.

Te, ut dixi, fero ⟨in⟩ oculis. ego vos a.d. III Kal. videbo,
tuosque oculos, etiam si te veniens in medio foro videro,
dissaviabor.

Me ama. vale.   10

353 (XI.5)

Scr. Romae v Id. Dec. vel paulo post an. 44

M. CICERO S.D. D. BRUTO IMP. COS. DESIG.

1 Lupus, familiaris noster, cum a te venisset cumque Romae
quosdam dies commoraretur, ego eram in iis locis in quibus
maxime tuto me esse arbitrabar. eo factum est ut ad te
Lupus sine meis litteris rediret, cum tamen curasset tuas ad
me perferendas. Romam autem veni a.d. V Id. Dec., nec 5
habui quicquam antiquius quam ut Pansam statim con-
venirem; ex quo ea de te cognovi quae maxime optabam.

Qua re hortatione tu quidem non eges, si ne in illa
quidem re quae a te gesta est post hominum memoriam
2 maxima hortatorem desiderasti. illud tamen breviter signi- 10
ficandum videtur, populum Romanum omnia a te exspectare
atque in te aliquando reciperandae libertatis omnem spem
ponere. tu si dies noctesque memineris, quod te facere certo
scio, quantam rem gesseris, non obliviscere profecto quantae 5
tibi etiam nunc gerendae sint. si enim iste provinciam nactus
erit, cui quidem ego semper amicus fui ante quam illum
intellexi non modo aperte sed etiam libenter cum re publica
bellum gerere, spem reliquam nullam video salutis.

---

5 cossutianarum *M*: quos sut- χ   7 in *add. Ernesti*   8 oculos *casu
om. Tyrrell–Purser*
Ep. 353 Ω = *MVDH*] **1**, 5 Idus *vel* Id. Ω: Kal. *Ruete*   7 optabam
DH: ort- *M*: hortabas *V*: optaram *Wesenberg*   **2**, 6 prouinciam *DH*:
-cia *MV*   9 gerere spem *M*: gereres *V*: gerere *DH*

3 Quam ob rem te obsecro, iisdem precibus quibus senatus
populusque Romanus, ut in perpetuum rem publicam dominatu regio liberes, ut principiis consentiant exitus. tuum est
hoc munus, tuae partes; a te hoc civitas, vel omnes potius
gentes, non exspectant solum sed etiam postulant. quam- 5
quam, cum hortatione non egeas, ut supra scripsi, non utar
ea pluribus verbis; faciam illud quod meum est, ut tibi
omnia mea officia, studia, curas, cogitationes ⟨in res omnis⟩
pollicear quae ad tuam laudem et gloriam pertinebunt.
quam ob rem velim tibi ita persuadeas, me cum rei publicae 10
causa, quae mihi vita mea est carior, tum quod tibi ipsi
faveam tuamque dignitatem amplificari velim, me tuis
optimis consiliis, amplitudini, gloriae nullo loco defuturum.

354 (XI.7)

Scr. Romae med. m. Dec. an. 44

M. CICERO S.D. D. BRUTO IMP. COS. DESIG.

1 Cum adhibuisset domi meae Lupus me et Libonem et
Servium, consobrinum tuum, quae mea fuerit sententia
cognosse te ex M. Seio arbitror, qui nostro sermoni interfuit;
reliqua, quamquam statim Seium Graeceius est subsecutus,
tamen ex Graeceio poteris cognoscere. 5
2 Caput autem est hoc, quod te diligentissime percipere et
meminisse volam, ut ne in libertate et salute populi Romani
conservanda auctoritatem senatus exspectes nondum liberi,
ne et tuum factum condemnes (nullo enim publico consilio
rem publicam liberavisti, quo etiam est res illa maior et 5
clarior) et adulescentem, vel puerum potius, Caesarem
iudices temere fecisse qui tantam causam publicam privato

3, 8 in res omnis *add. Andresen*   11 ipsi ʒ: ipse *MVD*: *om. H*   12 me
removit ʒ
Ep. 354 Ω = *MVDH*] **1,** 3 cognosse *MD*: -ouisse *VH*   **2,** 2 uolam
MVH: uolem *D*: velim *et* volumus ʒ: volo *Wesenberg*   5 est ʒ: et Ω

consilio susceperit, denique homines rusticos sed fortissimos
viros civisque optimos dementis fuisse iudices, primum
milites veteranos, commilitones tuos, deinde legionem 10
Martiam, legionem quartam, quae suum consulem hostem
iudicaverunt seque ad salutem rei publicae defendendam
contulerunt. voluntas senatus pro auctoritate haberi debet
3 cum auctoritas impeditur metu. postremo suscepta tibi
causa iam bis est ut non sit integrum, primum Idibus Martiis,
deinde proxime exercitu novo et copiis comparatis. quam ob
rem ad omnia ita paratus, ita animatus debes esse, non ut
nihil facias nisi iussus sed ut ea geras quae ab omnibus summa 5
cum admiratione laudentur.

355 (X.3)

Scr. Romae paulo post v Id. Dec. an. 44

CICERO PLANCO S.

1 Cum ipsum Furnium per se vidi libentissime tum hoc
libentius quod illum audiens te videbar videre. nam et in re
militari virtutem et in administranda provincia iustitiam et
in omni genere prudentiam mihi tuam exposuit et praeterea
mihi non ignotam in consuetudine et familiaritate suavitatem 5
tuam; adiunxit praeterea summam erga se liberalitatem.
quae omnia mihi iucunda, hoc extremum etiam gratum fuit.

2 Ego, Plance, necessitudinem constitutam habui cum domo
vestra ante aliquanto quam tu natus es, amorem autem erga
te ab ineunte pueritia tua, confirmata iam aetate familiari-
tatem cum studio meo tum iudicio tuo constitutam. his de
causis mirabiliter faveo dignitati tuae, quam me tecum 5
statuo habere communem. omnia summa consecutus es

3, 4 ita (*alt.*) ς: sit *MV*: seu *M*ᶜ: et *DH*
Ep. 355 Ω = *MVDH*] 1, 2 videre *scripsi*: audire Ω   5 ignotam *V*:
ignatam *M*: ignaram *DH*   2, 5 me *scripsi*: mihi Ω   6 statuo *MDH*:
statuo studio *V*   habere *V*: h- esse *M*: h- et esse *DH*: debere esse
Victorius: esse ς

virtute duce, comite fortuna, eaque es adeptus adulescens
multis invidentibus, quos ingenio industriaque´fregisti. nunc,
me amantissimum tui, nemini concedentem qui tibi vetustate
necessitudinis potior possit esse, si audies, omnem tibi 10
reliquae vitae dignitatem ex optimo rei publicae statu
adquires.

3   Scis profecto (nihil enim te fugere potuit) fuisse quoddam
tempus cum homines existimarent te nimis servire temporibus;
quod ego quoque existimarem, te si ea quae patiebare
probare etiam arbitrarer. sed cum intellegerem quid
sentires, prudenter te arbitrabar videre quid posses. nunc 5
alia ratio est. omnium rerum tuum iudicium est idque
liberum. consul es designatus, optima aetate, summa
eloquentia, maxima orbitate rei publicae virorum talium.
incumbe, per deos immortalis, in eam curam et cogitationem
quae tibi summam dignitatem et gloriam adferat; unus 10
autem est, hoc praesertim tempore, per tot annos re publica
divexata, rei publicae bene gerendae cursus ad gloriam.

4   Haec amore magis impulsus scribenda ad te putavi quam
quo te arbitrarer monitis et praeceptis egere. sciebam enim
ex iisdem te haec haurire fontibus ex quibus ipse hauseram.
qua re modum faciam. nunc tantum significandum putavi
ut potius amorem tibi ostenderem meum quam ostentarem 5
prudentiam. interea quae ad dignitatem tuam pertinere
arbitrabor studiose diligenterque curabo.

356 (xi.6a)

Scr. Romae xiii Kal. Ian. an. 44

⟨M. CICERO S.D. D. BRUTO IMP. COS. DESIG.⟩

1 Cum tribuni pl. edixissent senatus adesset a.d. XIII Kal.
Ian. haberentque in animo de praesidio consulum designa-

3, 5 prudenter *VD*: -tem *H*: *om. M*   8 ⟨in⟩ maxima *Ernesti*   12 di-
uexata ς: deu- *vel* de u- Ω

torum referre, quamquam statueram in senatum ante Kal.
Ian. non venire, tamen, cum eo die ipso edictum tuum
propositum esset, nefas esse duxi aut ita haberi senatum ut 5
de tuis divinis in rem publicam meritis sileretur, quod
factum esset nisi ego venissem, aut etiam, si quid de te
honorifice diceretur, me non adesse.

2 Itaque in senatum veni mane. quod cum esset animadver-
sum, frequentissimi senatores convenerunt. quae de te in
senatu egerim, quae in contione maxima dixerim, aliorum
te litteris malo cognoscere; illud tibi persuadeas velim, me
omnia quae ad tuam dignitatem augendam pertinebunt, 5
quae est per se amplissima, summo semper studio suscepturum et defensurum. quod quamquam intellego me cum
multis esse facturum, tamen appetam huius rei principatum.

357 (xii.22*a*)

Scr. Romae c. xii Kal. Ian. an. 44

⟨CICERO CORNIFICIO S.⟩

1 A.d. XIII Kal. Ian. senatus [aut] frequens mihi est adsensus
cum de ceteris rebus magnis et necessariis tum de provinciis
ab iis qui obtinerent retinendis neque cuiquam tradendis
nisi qui ex senatus consulto successisset. hoc ego cum rei
publicae causa censui tum mehercule in primis retinendae 5
dignitatis tuae. quam ob rem te amoris nostri causa rogo, rei
publicae causa hortor ut ne cui quicquam iuris in tua
provincia esse patiare atque ut omnia referas ad dignitatem,
2 qua nihil esse potest praestantius. vere tecum agam, ut
necessitudo nostra postulat: in Sempronio, si meis litteris
obtemperasses, maximam ab omnibus laudem adeptus esses.

Ep. 356 Ω = *MVDH*] *novam ep. fecit Sternkopf*   **1**, 7 aut etiam, si
dist. Wesenberg (aut, etiam si *priores*)
Ep. 357 Ω = *MVDH; accedit L*] *novam ep. fecit Ganter* (*vide etiam ad ep.*
347)   **1**, 1 frequens ς: aut f- Ω: autem f- *L*: haud inf- *Baiter*

sed illud et praeteriit et levius est, haec magna res est. fac ut
provinciam retineas in potestate rei publicae.   5

   Plura scripsissem nisi tui festinarent. itaque Chaerippo
nostro me velim excuses.

358 (X.4)

Scr. in Gallia Transalpina ex. m. Dec. an. 44

PLANCUS CICERONI

1 Gratissimae mihi tuae litterae fuerunt, quas ex Furni sermone
te scripsisse animadverti. ego autem praeteriti temporis
excusationem adfero quod te profectum audieram nec multo
ante redisse scivi quam ex epistula tua cognovi. nullum
enim in te officium ne minimum quidem sine maxima culpa 5
videor posse praeterire, in quo tuendo habeo causas plurimas
vel paternae necessitudinis vel meae a pueritia observantiae
vel tui erga me mutui amoris.

2 Qua re, mi Cicero, quod mea tuaque patitur aetas,
persuade tibi te unum esse in quo ego colendo patriam mihi
constituerim sanctitatem. omnia igitur tua consilia mihi non
magis prudentiae plena, quae summa est, videntur quam
fidelitatis, quam ego ex mea conscientia metior. qua re, si 5
aut aliter sentirem, certe admonitio tua me reprimere aut, si
dubitarem, hortatio impellere posset ut id sequerer quod tu
optimum putares. nunc vero quid est quod me in aliam
partem trahere possit? quaecumque in me bona sunt aut
fortunae beneficio tributa aut meo labore parta, etsi a te 10
propter amorem carius sunt aestimata, tamen vel inimicissimi
iudicio tanta sunt ut praeter bonam famam nihil desiderare
videantur.

3 Qua re hoc unum tibi persuade, quantum viribus eniti,
consilio providere, auctoritate monere potuero, hoc omne

Ep. 358 Ω = *MVDH*] **1,** 4 sciui *DH*: sciis *M*: scis *V*: scii ς   **3,** 2 monere *M*ᶜ*D*: mouere *M*, *V* (*sic*), *H*

rei publicae semper futurum. non est ignotus mihi sensus
tuus; neque, si facultas optabilis mihi quidem tui praesentis
esset, umquam a tuis consiliis discreparem nec nunc 5
⟨c⟩om⟨m⟩ittam ut ullum meum factum reprehendere iure
possis.

4 Sum in exspectatione omnium rerum, quid in Gallia
citeriore, quid in urbe mense Ianuario geratur; ⟨fac igitur⟩
ut sciam. interim maximam hic sollicitudinem curamque
sustineo, ne inter aliena vitia hae gentes nostra mala suam
putent occasionem. quod si proinde ut ipse mereor mihi 5
successerit, certe et tibi, cui maxime cupio, et omnibus viris
bonis satis faciam.

Fac valeas meque mutuo diligas.

359 (x.5)

Scr. Romae med. m. Ian. an. 43

CICERO PLANCO S.

1 Binas a te accepi litteras eodem exemplo, quod ipsum argu-
mento mihi fuit diligentiae tuae. intellexi enim te laborare ut
ad me mihi exspectatissimae litterae perferrentur. ex quibus
cepi fructum duplicem mihique in comparatione difficilem
ad iudicandum, amoremne erga me tuum an animum in 5
re⟨m⟩ publicam pluris aestimandum putarem. est omnino
patriae caritas meo quidem iudicio maxima, sed amor
voluntatisque coniunctio plus certe habet suavitatis. itaque
commemoratio tua paternae necessitudinis benevolentiaeque
eius quam erga me a pueritia contulisses ceterarumque 10
rerum quae ad eam sententiam pertinebant incredibilem
2 mihi laetitiam attulerunt. rursus declaratio animi tui quem

---

6 committam ς: omi- Ω   **4,** 2 fac igitur *add. Lehmann* (fac *vel* tu fac
Wesenberg)   3 ut sciam *removit Ernesti*   8 mutuo *DH*: multo *MV*
Ep. 359 Ω = *MVDH*] **1,** 6 rem p(ublicam) ς: rep. *vel* re p. Ω
12 attulerunt (protu- *D*) Ω: -lit ς: -lerat *Lambinus*   **2,** 1 rursus *M*ᶜχ:
rusus *M*

359 (X.5) 2

haberes de re publica quemque habiturus esses mihi erat
iucundissima, eoque maior erat haec laetitia quod ad illa
superiora accedebat.

Itaque te non hortor solum, mi Plance, sed plane etiam 5
oro, quod feci iis litteris quibus tu humanissime respondisti,
ut tota mente omnique animi impetu in rem publicam
incumbas. nihil est quod tibi maiori fructui gloriaeque esse
possit, nec quicquam ex omnibus rebus humanis est praeclarius aut praestantius quam de re publica bene mereri. 10
3 adhuc enim (patitur tua summa humanitas et sapientia me
quid sentiam libere dicere) fortuna suffragante videris res
maximas consecutus; quod quamquam sine virtute fieri non
potuisset, tamen ex maxima parte ea quae es adeptus fortunae temporibusque tribuuntur. his temporibus difficillimis 5
rei publicae quicquid subveneris, id erit totum et proprium
tuum. incredibile est omnium civium latronibus exceptis
odium in Antonium, magna spes in te et in tuo exercitu,
magna exspectatio; cuius, per deos, gratiae gloriaeque cave
tempus amittas. sic moneo ut filium, sic faveo ut mihi, sic 10
hortor ut et pro patria et amicissimum.

360 (XI.8)

Scr. Romae ex. m. Ian. an. 43

M. CICERO S.D. D. BRUTO IMP. COS. DESIG.

1 Eo tempore Polla tua misit ut ad te si quid vellem darem
litterarum cum quid scriberem non habebam; omnia enim
erant suspensa propter exspectationem legatorum, qui quid
egissent nihildum nuntiabatur. haec tamen scribenda
existimavi: primum senatum populumque Romanum de te 5
laborare non solum salutis suae causa sed etiam dignitatis

---

7 rem p. *D*: rep. *vel* re p. *MVH*   3, 2 quid *Wesenberg*: quod ς
3 fieri χ: *om. M*   4 potuisses *M²*   6 proprie *Lambinus*
Ep. 360 Ω = *MVDH*] 1, 3 qui quid *M²DH*: quid q- *M*: quicq- *VH¹*

8   215   SCE 2

tuae; admirabilis enim est quaedam tui nominis caritas
amorque in te singularis omnium civium. ita enim sperant
atque confidunt, ut antea rege, sic hoc tempore regno te rem
2 publicam liberaturum. Romae dilectus habetur totaque 10
Italia, si hic dilectus appellandus est cum ultro se offerunt
omnes; tantus ardor animos hominum occupavit desiderio
libertatis odioque diutinae servitutis. de reliquis rebus a te
iam exspectare litteras debemus, quid ipse agas, quid noster 5
Hirtius, quid Caesar meus; quos spero brevi tempore societate victoriae tecum copulatos fore.

Reliquum est ut de me id scribam quod te ex tuorum
litteris et spero et malo cognoscere, me neque deesse ulla in
re neque umquam defuturum dignitati tuae. 10

361 (XII.24.1–2)

Scr. Romae ex. m. Ian. an. 43

⟨CICERO CORNIFICIO S.⟩

1 Ego nullum locum praetermitto (nec enim debeo) non modo
laudandi tui sed ne ornandi quidem; sed mea studia erga te
et officia malo tibi ex tuorum litteris quam ex meis esse nota.
te tamen hortor ut omni cura in rem publicam incumbas.
hoc est animi, hoc est ingeni tui, hoc eius spei quam habere 5
debes amplificandae dignitatis tuae.
2 Sed hac de re alias ad te pluribus. cum enim haec
scribebam in exspectatione erant omnia. nondum legati
redierant quos senatus non ad pacem deprecandam sed ad
denuntiandum bellum miserat nisi legatorum nuntio
paruisset. ego tamen, ut primum occasio data est meo 5
pristino more rem publicam defen⟨den⟩di, me principem
senatui populoque Romano professus sum, nec, postea quam

2, 4 diuturnae *Ciceronem scripsisse verisimile est*   9 me *M*: *om.* χ
Ep. 361 Ω = *MVDH*] *de inscr. vide ad ep. 347*   **1,** 5 hoc est animi *M*:
om. χ   **2,** 6 defendendi *Ernesti*: defendi Ω

suscepi causam libertatis, minimum tempus amisi tuendae
salutis libertatisque communis. sed haec quoque te ex aliis
malo.   10

362 (IX.24)

Scr. Romae m. Ian., ut vid., an. 43

CICERO PAETO S.D.

1 Rufum istum, amicum tuum, de quo iterum iam ad me
scribis, adiuvarem quantum possem etiam si ab eo laesus
essem cum te tanto opere viderem eius causa laborare; cum
vero et ex tuis litteris et ex illius ad me missis intellegam et
iudicem magnae curae ei salutem meam fuisse, non possum 5
ei non amicus esse, neque solum tua commendatione, quae
apud me, ut debet, valet plurimum, sed etiam voluntate ac
iudicio meo. volo enim te scire, mi Paete, initium mihi
suspicionis et cautionis et diligentiae fuisse litteras tuas,
quibus litteris congruentes fuerunt aliae postea multorum. 10
nam et Aquini et Fabrateriae consilia sunt inita de me, quae
te video inaudisse, et quasi divinarent quam iis molestus
essem futurus, nihil aliud egerunt nisi me ut opprimerent.
quod ego non suspicans incautior fuissem nisi a te admonitus
essem. quam ob rem iste tuus amicus apud me commenda- 15
tione non eget. utinam ea fortuna rei publicae sit ut ille
me[um] gratissimum possit cognoscere! sed haec hactenus.
2   Te ad cenas itare desisse moleste fero; magna enim te
delectatione et voluptate privasti. deinde etiam vereor (licet
enim verum dicere) ne nescio quid illud quod sciebas
dediscas et obliviscare cenulas facere. nam si tum cum
habebas quos imitarere non multum proficiebas, quid nunc 5
te facturum putem? Spurinna quidem, cum ei rem demon-

Ep. 362 Ω = *MVDH*] **1**, 17 me *Wesenberg* (*idem* me omnium *et* me
virum *et* me hominem): meum *MH*: me meum *VD*: me unum *Krauss*:
alii alia   **2**, 1 itaredesisse *MD*: (cenam) si redesisse (*sic*) *V*: ita
resedisse *H*   3 sciebas *scripsi*: sole- Ω

strassem et vitam tuam superiorem exposuissem, magnum
periculum summae rei publicae demonstrabat nisi ad superiorem consuetudinem tum cum Favonius flaret revertisses;
hoc tempore ferri posse, si forte tu frigus ferre non posses.　10

3　Et mehercule, mi Paete, extra iocum moneo te, quod
pertinere ad beate vivendum arbitror, ut cum viris bonis,
iucundis, amantibus tui vivas. nihil est aptius vitae, nihil ad
beate vivendum accommodatius. nec id ad voluptatem refero
sed ad communitatem vitae atque victus remissionemque　5
animorum, quae maxime sermone efficitur familiari, qui est
in conviviis dulcissimus, ut sapientius nostri quam Graeci;
illi 'συμπόσια' aut 'σύνδειπνα', id est compotationes aut
concenationes, nos 'convivia', quod tum maxime simul
vivitur. vides ut te philosophando revocare coner ad cenas.　10

Cura ut valeas; id foris cenitando facillime consequere.

4　Sed cave, si me amas, existimes me quod iocosius scribam
abiecisse curam rei publicae. sic tibi, mi Paete, persuade, me
dies et noctes nihil aliud agere, nihil curare, nisi ut mei
cives salvi liberique sint. nullum locum praetermitto monendi,
agendi, providendi. hoc denique animo sum, ut, si in hac　5
cura atque administratione vita mihi ponenda sit, praeclare
actum mecum putem.

Etiam atque etiam vale.

363 (XII.4)

Scr. Romae iv vel iii Non. Febr., ut vid., an. 43

CICERO CASSIO S.

1　Vellem Idibus Martiis me ad cenam invitasses; profecto
reliquiarum nihil fuisset. nunc me reliquiae vestrae exercent,

---

10–3, 1 posses et χ: posse sed *M*: posses sed *M^c, vulg.*　　**3,** 1 iocum *D*:
lo- *MVH*　　8 συμπόσια aut σύνδειπνα ς: symposia aut syndipna *vel sim.*
Ω　id est... concenationes *removit Lambinus, fort. recte*
Ep. 363 Ω = *MVDH*] **1,** 1–2 vellem... exercent *adfert Macrob. Sat.*
ii.3.13　　1–2 profecto rel- n- f- *Macrob.*: rel- n- f- *MD^c, vulg.*: om. χ

et quidem praeter ceteros me. quamquam egregios consules
habemus, sed turpissimos consularis; senatum fortem, sed
infimo quemque honore fortissimum. populo vero nihil 5
fortius, nihil melius, Italiaque universa, nihil autem foedius
Philippo et Pisone legatis, nihil flagitiosius. qui cum essent
missi ut Antonio ex senatus sententia certas res nuntiarent,
cum ille earum rerum nulli paruisset, ultro ab illo ad nos
intolerabilia postulata rettulerunt. itaque ad nos concurritur, 10
factique iam in re salutari populares sumus.

2   Sed tu quid ageres, quid acturus, ubi denique esses
nesciebam. fama nuntiabat te esse in Syria, auctor erat nemo.
de Bruto quo propius est eo firmiora videntur esse quae
nuntiantur. Dolabella valde vituperabatur ab hominibus non
insulsis quod tibi tam cito succederet, cum tu vixdum XXX 5
dies in Syria fuisses. itaque constabat eum recipi in Syriam
non oportere. summa laus et tua et Bruti est quod exercitum
praeter spem existimamini comparasse. scriberem plura si
rem causamque nossem. nunc quae scribo scribo ex opinione
hominum atque fama. tuas litteras avide exspecto. 10
   Vale.

364 (x.28)

Scr. Romae eodem fere tempore quo ep. superior

CICERO TREBONIO S.

1 Quam vellem ad illas pulcherrimas epulas me Idibus Martiis
invitasses! reliquiarum nihil haberemus. at nunc cum iis
tantum negoti est ut vestrum illud divinum ⟨in⟩ rem
publicam beneficium non nullam habeat querelam. quod
vero a te, viro optimo, seductus est tuoque beneficio adhuc 5

3 me M: me hercule DH: om. V   8 denuntiarent Gronovius   2, 2 esse
in Syria ς: isse ins- M: ipse in s- V: isse in syriam (sir- D) DH
Ep. 364 Ω = MVDH] 1, 1 epulas M: ep̄las (i.e. epistulas) χ   3-4 in
rem p(ublicam) ς: rep. vel re p. MVH: rei p. D

vivit haec pestis, interdum, quod mihi vix fas est, tibi
subirascor; mihi enim negoti plus reliquisti uni quam praeter
me omnibus.

Ut enim primum post Antoni foedissimum discessum
senatus haberi libere potuit, ad illum animum meum reverti 10
pristinum quem tu cum civi acerrimo, patre tuo, in ore et
2 amore semper habuisti. nam cum senatum a.d. XIII Kal.
Ian. tribuni pl. vocavissent deque alia re referrent, totam rem
publicam sum complexus egique acerrime senatumque iam
languentem et defessum ad pristinam virtutem consuetudi-
nemque revocavi magis animi quam ingeni viribus. hic dies 5
meaque contentio atque actio spem primum populo Romano
attulit libertatis reciperandae. nec vero ipse postea tempus
ullum intermisi de re publica non cogitandi solum sed
etiam agendi.

3 Quod nisi res urbanas actaque omnia ad te perferri
arbitrarer, ipse perscriberem, quamquam eram maximis
occupationibus impeditus. sed illa cognosces ex aliis, a me
pauca et ea summatim. habemus fortem senatum, consularis
partim timidos, partim male sentientis. magnum damnum 5
factum est in Servio. L. Caesar optime sentit, sed, quod
avunculus est, non acerrimas dicit sententias. consules
egregii, praeclarus D. Brutus, egregius puer Caesar, de quo
spero equidem reliqua; hoc vero certum habeto, nisi ille
veteranos celeriter conscripsisset legionesque duae de 10
exercitu Antoni ad eius se auctoritatem contulissent atque is
oppositus esset terror Antonio, nihil Antonium sceleris, nihil
crudelitatis praeteriturum fuisse.

Haec tibi, etsi audita esse arbitrabar, volui tamen notiora
esse. plura scribam si plus oti habuero.   15

365 (XII.5)

Scr. Romae post iii Non. Febr. an. 43

CICERO CASSIO S.

1 Hiemem credo adhuc prohibuisse quo minus de te certum
haberemus quid ageres maximeque ubi esses. loquebantur
omnes tamen (credo, quod volebant) in Syria te esse, habere
copias. id autem eo facilius credebatur quia simile veri
videbatur. Brutus quidem noster egregiam laudem est   5
consecutus. res enim tantas gessit tamque inopinatas ut eae
cum per se gratae essent tum ornatiores propter celeritatem.
quod si tu ea tenes quae putamus, magnis subsidiis fulta res
publica est. a prima enim ora Graeciae usque ad Aegyptum
optimorum civium imperiis muniti erimus et copiis.   10
2 Quamquam, nisi me fallebat, res se sic habebat ut totius
belli omne discrimen in D. Bruto positum videretur. qui si,
ut sperabamus, erupisset Mutina, nihil belli reliqui fore
videbatur. parvis omnino iam copiis obsidebatur, quod
magno praesidio Bononiam tenebat Antonius. erat autem   5
Claternae noster Hirtius, ad Forum Cornelium Caesar,
uterque cum firmo exercitu, magnasque Romae Pansa copias
ex dilectu Italiae compararat. hiems adhuc rem geri pro-
hibuerat. Hirtius nihil nisi considerate, ut mihi crebris litteris
significat, acturus videbatur. praeter Bononiam, Regium 10
Lepidi, Parmam totam Galliam tenebamus studiosissimam
rei publicae. tuos etiam clientis Transpadanos mirifice coniunctos cum causa habebamus. erat firmissimus senatus
exceptis consularibus, ex quibus unus L. Caesar firmus est et
3 rectus. Ser. Sulpici morte magnum praesidium amisimus.   15
reliqui partim inertes, partim improbi. non nulli invident
eorum laudi quos in re publica probari vident. populi vero
Romani totiusque Italiae mira consensio est.

Ep. 365 Ω = *MVDH*] **1**, 2 ageres *M^eχ*: ages *M*   4 ueri (*ante*
simile *H*) χ: uere *M*   **2**, 3 reliquum ʃ   6 cornelium *MV*: -lii
DH   8 compararat *VD*: -parat *MH*: -parabat *Ernesti*

Haec erant fere quae tibi nota esse vellem. nunc autem 5
opto ut ab istis Orientis partibus virtutis tuae lumen eluceat.
Vale.

366 (XII.11)

Scr. in castris Taricheis Non. Mart. an. 43

C. CASSIUS PRO COS. S.D. M. CICERONI

1 S. v. b. e. e. q. v.

In Syriam me profectum esse scito ad L. Murcum et Q.
Crispum imp. viri fortes optimique cives, postea quam
audierunt quae Romae gererentur, exercitus mihi tradiderunt
ipsique mecum una fortissimo animo rem publicam admi- 5
nistrant. item legionem quam Q. Caecilius Bassus habuit ad
me venisse scito, quattuorque legiones quas A. Allienus ex
Aegypto eduxit traditas ab eo mihi esse scito.

2 Nunc te cohortatione non puto indigere ut nos absentis
remque publicam, quantum est in te, defendas. scire te volo
firma praesidia vobis senatuique non deesse ut optima spe et
maximo animo rem publicam defendas. reliqua tecum aget
L. Carteius, familiaris meus. 5
Vale.

D. Non. Mart. ex castris Taricheis.

367 (XII.7)

Scr. Romae c. Non. Mart. an. 43

CICERO CASSIO S.

1 Quanto studio dignitatem tuam et in senatu et ad populum
defenderim ex tuis te malo quam ex me cognoscere. quae
mea sententia in senatu facile valuisset, nisi Pansa vehemen-

---

Ep. 366 Ω = *MVDH*] **1,** 5 fortissimo animo *M*: fortissimo *V*: -me *DH*
2, 2 est in te *D*: in te est *H*: est *MV* 3 non *D*: om. *MVH* 6–7 vale.
D. *ς*: ualde .d. *M*: uale dilecte *χ*

ter obstitisset. ea sententia dicta productus sum in contionem
a tribuno pl. M. Servilio. dixi de te quae potui, tanta con- 5
tentione quantum forum est, tanto clamore consensuque
populi ut nihil umquam simile viderim. id velim mihi
ignoscas quod invita socru tua fecerim. mulier timida vere-
batur ne Pansae animus offenderetur. in contione quidem
Pansa dixit matrem quoque tuam et fratrem illam a me 10
sententiam noluisse dici. sed me haec non movebant, alia
malebam; favebam et rei publicae, cui semper favi, et dignitati ac gloriae tuae.

2   Quod autem et in senatu pluribus verbis disserui ⟨et⟩ dixi
in contione, in eo velim fidem meam liberes. promisi enim et
prope confirmavi te non exspectasse nec exspectaturum
decreta nostra, sed te ipsum tuo more rem publicam
defensurum. et quamquam nihildum audieramus nec ubi 5
esses nec quas copias haberes, tamen sic statuebam, omnis
quae in istis partibus essent opes copiaeque tuas esse, per
teque Asiam provinciam confidebam iam rei publicae
reciperatam. tu fac in augenda gloria te ipsum vincas.
    Vale.   10

368 (x.31)

Scr. Cordubae xvii Kal. Apr. an. 43

C. ASINIUS POLLIO CICERONI S.D.

1   Minime mirum tibi debet videri nihil me scripsisse de re
publica postea quam itum est ad arma. nam saltus Castulonensis, qui semper tenuit nostros tabellarios, etsi nunc
frequentioribus latrociniis infestior factus est, tamen nequa-

---

Ep. 367 Ω = *MVDH*] **1**, 5 a ϛ: ad Ω: ab *Wesenberg*   5–6 contione
Manutius   10 ame *M*: ad me *V*: om. *DH*   12 malebam Ω:
valebant *Krauss*: movebant *Orelli*   **2**, 1 et *add.* ϛ   8 teque *DH*: te
quae *MV*   9 ipsum uincas χ: ipsuincas *M*: ipse v- *Ernesti*
Ep. 368 Ω = *MVDH*] **1**, 2 saltus χ: -tis *M*   4 infestior *MD*: -ectior
VH

quam tanta in mora est quanta qui locis omnibus dispositi ab 5
utraque parte scrutantur tabellarios et retinent. itaque, nisi
nave perlatae litterae essent, omnino nescirem quid istic
fieret. nunc vero nactus occasionem, postea quam navigari
coeptum est, cupidissime et quam creberrime potero scribam
ad te.   10

2   Ne movear eius sermonibus quem, tametsi nemo est qui
videre velit, tamen nequaquam proinde ac dignus est oderunt
homines, periculum non est. adeo est enim invisus mihi ut
nihil non acerbum putem quod commune cum illo sit.
natura autem mea et studia trahunt me ad pacis et libertatis 5
cupiditatem. itaque illud initium civilis belli saepe deflevi.
cum vero non liceret mihi nullius partis esse quia utrubique
magnos inimicos habebam, ea castra fugi in quibus plane
tutum me ab insidiis inimici sciebam non futurum. compulsus
eo quo minime volebam, ne in extremis essem, plane pericula 10
3 non dubitanter adii. Caesarem vero, quod me in tanta
fortuna modo cognitum vetustissimorum familiarium loco
habuit, dilexi summa cum pietate et fide. quae mea sententia
gerere mihi licuit ita feci ut optimus quisque maxime pro-
barit; quod iussus sum eo tempore atque ita feci ut appareret 5
invito imperatum esse. cuius facti iniustissima invidia
erudire me potuit quam iucunda libertas et quam misera
sub dominatione vita esset.

Ita, si id agitur ut rursus in potestate omnia unius sint,
quicumque is est, ei me profiteor inimicum; nec periculum 10
4 est ullum quod pro libertate aut refugiam aut deprecer. sed
consules neque senatus consulto neque litteris suis praece-
perant mihi quid facerem; unas enim [post] Id. Mart. demum
a Pansa litteras accepi, in quibus hortatur me ut senatu
scribam me et exercitum in potestate eius futurum. * * * 5
quod, cum Lepidus contionaretur atque omnibus scriberet se

---

6 scrutantur *DH*: -atur *MV*   **2**, 1 movear ς: -are Ω   2 uelit *M^cDH*:
-int *M*: -im *V*   3 adeost (-o est *M²*)*M*: a deo *V*: adeo (*sed* est *ante* mihi)
DH   7 ut rubique *M*: utrob- χ   **4**, 3 *post removi*   4 ut χ: aut *M*
senatu *MV*: -ui *M²DH*   5 *post* futurum *lacunam indicavi*

consentire cum Antonio, maxime contrarium fuit. nam
quibus commeatibus invito illo per illius provinciam legiones
ducerem? aut si cetera transissem, num etiam Alpis poteram
transvolare, quae praesidio illius tenentur? adde huc quod 10
perferri litterae nulla condicione potuerunt; sescentis enim
locis excutiuntur, deinde etiam retinentur ab Lepido
5 tabellarii. illud me Cordubae pro contione dixisse ne⟨mo⟩
vocabit in dubium, provinciam me nulli nisi qui ab senatu
missus venisset traditurum. nam de legione tricensima tradenda quantas con⟨ten⟩tiones habuerim quid ego scribam?
qua tradita quanto pro re publica infirmior fuerim futurus 5
quis ignorat? hac enim legione noli acrius aut pugnacius
quicquam putare esse. qua re eum me existima esse qui
primum pacis cupidissimus sim (omnis enim civis plane
studeo esse salvos), deinde qui et me et rem publicam
vindicare in libertatem paratus sim. 10
6 Quod familiarem meum tuorum numero habes, opinione
tua mihi gratius est. invideo illi tamen quod ambulat et
iocatur tecum. quaeres quanti aestimem. si umquam licuerit
vivere in otio, experieris. nullum enim vestigium abs te
discessurus sum. 5
Illud vehementer admiror, non scripsisse te mihi manendo
in provincia an ducendo exercitum in Italiam rei publicae
magis satis facere possim. ego quidem, etsi mihi tutius ac
minus laboriosum est manere, tamen, quia video tali
tempore multo magis legionibus opus esse quam provinciis, 10
quae praesertim reciperari nullo negotio possunt, constitui,
ut nunc est, cum exercitu proficisci. deinde ex litteris quas
Pansae misi cognosces omnia; nam tibi earum exemplar misi.
XVII Kal. Apr. Corduba.

5, 1 nemo ς: ne Ω   3 traditurum DH: -ram MV   tricensima M:
trices- χ   4 contentiones ς: conti- Ω   5 fuerim futurus M: fut- fue- χ
10 libertatem M: -te χ   6, 3 quanti ⟨id⟩ Orelli   7 prouincia an
ducendo D: prouincia mand- M: prouinciam an d- McVH   13 misi
(prius) χ: mihi M

369 (x.27)

Scr. Romae xiii Kal. Apr. an. 43

CICERO LEPIDO S.

1 Quod mihi pro summa erga te benevolentia magnae curae
est ut quam amplissima dignitate sis, moleste tuli te senatui
gratias non egisse cum esses ab eo ordine ornatus summis
honoribus. pacis inter civis conciliandae te cupidum esse
laetor. eam si a servitute seiungis, consules et rei publicae et 5
dignitati tuae; sin ista pax perditum hominem in possessionem impotentissimi dominatus restitutura est, hoc animo
2 scito omnis sanos ut mortem servituti anteponant. itaque
sapientius meo quidem iudicio facies si te in istam pacifica-
tionem non interpones, quae neque senatui neque populo nec
cuiquam bono probatur.

Sed haec audies ex aliis aut certior fies litteris. tu pro tua 5
prudentia quid optimum factu sit videbis.

370 (x.6)

Scr. Romae xiii Kal. Apr. an. 43

CICERO PLANCO

1 Quae locutus est Furnius noster de animo tuo in rem publicam ea gratissima fuerunt senatui, populo Romano probatissima. quae autem tuae recitatae litterae sunt in senatu
nequaquam consentire cum Furni oratione visae sunt. pacis
enim auctor eras, cum collega tuus, vir clarissimus, a foedis- 5
simis latronibus obsideretur; qui aut positis armis pacem

Ep. 369 Ω = *MVDH*] **1**, 1 ⟨mea⟩ summa *Manutius*: summa ⟨mea⟩
Orelli   5 seiungis *VD*: se iu- (*ex* au-, *ut vid.*) *H*: se lu- *M*   7 restitutura est *V*, *ex corr.*, *ut vid.*: -iturast *M*: -itura est *M²D*: -ituta est *H*
2, 2 facies si te *M*: scire facies *V* (*sic*): faceres si te *DH*   3 interpones
ς: -neres Ω
Ep. 370 Ω = *MVDH*] **1**, 3 tu(a)e χ: *om. M*   litterae sunt *M*: s- l- χ
6 aut positis ς: aut possit. eis *M*: (qui)a ut possit eis *V*: haud possint
(-sunt *D*) *DH*

226

petere debent aut, si pugnantes eam postulant, victoria pax,
non pactione, parienda est. sed de pace litterae vel Lepidi
vel tuae quam in partem acceptae sint ex viro optimo, fratre
2 tuo, et ex C. Furnio poteris cognoscere. me autem impulit tui 10
caritas ut, quamquam nec tibi ipsi consilium deesset et fratris
Furnique benevolentia fidelisque prudentia tibi praesto
esset futura, vellem tamen meae quoque auctoritatis pro
plurimis nostris necessitudinibus praeceptum ad te aliquod 5
pervenire.

Crede igitur mihi, Plance, omnis quos adhuc gradus
dignitatis consecutus sis (es autem adeptus amplissimos) eos
honorum vocabula habituros, non dignitatis insignia, nisi
te cum libertate populi Romani et cum senatus auctoritate 10
coniunxeris. seiunge te, quaeso, aliquando ab iis cum quibus
te non tuum iudicium sed temporum vincla coniunxerunt.
3 complures in perturbatione rei publicae consules dicti,
quorum nemo consularis habitus nisi qui animo exstitit in
rem publicam consulari. talem igitur te esse oportet qui
primum te ab impiorum civium tui dissimillimorum
societate seiungas, deinde te senatui bonisque omnibus 5
auctorem, principem, ducem praebeas, postremo ut pacem
esse iudices non in armis positis sed in abiecto armorum et
servitutis metu. haec si et ages et senties, tum eris non modo
consul et consularis sed magnus etiam consul et consularis;
sin aliter, tum in istis amplissimis nominibus honorum non 10
modo dignitas nulla erit sed erit summa deformitas.

Haec impulsus benevolentia scripsi paulo severius; quae
tu [in] experiendo in ea ratione quae te digna est vera esse
cognosces.

D. XIII Kal. Apr.

---

371 (x.8)

Scr. in Gallia Transalpina paulo post med. m. Mart. an. 43

PLANCUS IMP. COS. DESIG. S.D. COS. PR. TR. PL.
SENATUI POPULO PLEBIQUE ROMANAE

1 Si cui forte videor diutius et hominum exspectationem et
spem rei publicae de mea voluntate tenuisse suspensam, huic
prius excusandum me esse arbitror quam de insequenti
officio quicquam ulli pollicendum. non enim praeteritam
culpam videri volo redemisse sed optimae mentis cogitata 5
iam pridem maturo tempore enuntiare.

2 Non me praeteribat in tanta sollicitudine hominum et tam
perturbato statu civitatis fructuosissimam esse professionem
bonae voluntatis magnosque honores ex ea re compluris
consecutos videbam. sed cum in eum casum me fortuna
demisisset ut aut celeriter pollicendo magna mihi ipse ad 5
proficiendum impedimenta opponerem aut, si in eo mihi
temperavissem, maiores occasiones ad opitulandum haberem,
expeditius iter communis salutis quam meae laudis esse
volui. nam quis in ea fortuna quae mea est et ab ea vita
quam in me cognitam hominibus arbitror et cum ea spe 10
quam in manibus habeo aut sordidum quicquam pati aut

3 perniciosum concupiscere potest? sed aliquantum nobis
temporis et magni labores et multae impensae opus fuerunt
ut quae rei publicae bonisque omnibus polliceremur exitu
praestaremus neque ad auxilium patriae nudi cum bona
voluntate sed cum facultatibus accederemus. confirmandus 5
erat exercitus nobis magnis saepe praemiis sollicitatus, ut ab
re publica potius moderata quam ab uno infinita speraret;
confirmandae complures civitates, quae superiore anno
largitionibus concessionibusque praemiorum erant obligatae,
ut et illa vana putarent et eadem a melioribus auctoribus 10
petenda existimarent; eliciendae etiam voluntates reli-

Ep. 371 Ω = *MVDH*] **2,** 5 mihi (mi *Klotz*) ipse *Rutilius*: in spe Ω: ipse
Orelli   8 salutis χ: satis *M*   **3,** 2 labores *Manutius*: -ris Ω

quorum, qui finitimis provinciis exercitibusque praefuerunt, ut potius cum pluribus societatem defendendae libertatis iniremus quam cum paucioribus funestam orbi terrarum

4 victoriam partiremur. muniendi vero nosmet ipsi fuimus 15 aucto exercitu auxiliisque multiplicatis, ut, cum praeferremus sensus aperte, tum etiam invitis quibusdam sciri quid defensuri essemus non esset periculosum.

Ita numquam diffitebor multa me, ut ad effectum horum 5 consiliorum pervenirem, et simulasse invitum et dissimulasse cum dolore, quod praematura denuntiatio boni civis imparati quam periculosa esset ex casu collegae

5 videbam. quo nomine etiam C. Furnio legato, viro forti atque strenuo, plura etiam verbo quam scriptura mandata dedimus, ut et tectius ad vos perferrentur et nos essemus tutiores, quibusque rebus et communem salutem muniri et nos armari conveniret praecepimus. ex quo intellegi potest 5 curam rei publicae summae defendendae iam pridem apud nos excubare.

6 Nunc, cum deum benignitate ab omni re sumus paratiores, non solum bene sperare de nobis homines sed explorate iudicare volumus. legiones habeo quinque sub signis et sua fide virtuteque rei publicae coniunctissimas et nostra liberalitate nobis obsequentis, provinciam omnium civitatum con- 5 sensu paratissimam et summa contentione ad officia certantem, equitatus auxiliorumque tantas copias quantas hae gentes ad defendendam suam salutem libertatemque conficere possunt. ipse ita sum animo paratus ut vel provinciam tueri vel ire quo res publica vocet vel tradere 10 exercitum, auxilia provinciamque vel omnem impetum belli in me convertere non recusem, si modo meo casu aut confirmare patriae salutem aut periculum possim morari.

7 Haec si iam expeditis omnibus rebus tranquilloque statu

---

1 2 praesunt *Manutius*   15 partiremur χ: pat- *M*   **4,** 3 invitis ς: inuictis Ω   **6,** 5 ciuitatum χ: -atium *M* (*cf. ep. 419.3*)   9 ut uel *DH*: uel ut *V, fort. recte*: uel *M*

civitatis polliceor, in damno meae laudis rei publicae commodo laetabor; sin ad societatem integerrimorum et maxi-
morum periculorum accedam, consilia mea aequis iudicibus
ab obtrectatione invidorum defendenda commendo. mihi 5
quidem ipsi fructus meritorum meorum in rei publicae
incolumitate satis magnus est paratus. eos vero qui meam
auctoritatem et multo magis vestram fidem secuti nec ulla
spe decipi nec ullo metu terreri potuerunt ut commendatos
vobis habeatis petendum videtur.   10

372 (x.7)

Scr. in Gallia Transalpina eodem fere tempore quo ep.
superior

PLANCUS CICERONI

1 Plura tibi de meis consiliis scriberem rationemque omnium
rerum redderem verbosius, quo magis iudicares omnia me
rei publicae praestitisse quae et tua exhortatione excepi et
mea adfirmatione tibi recepi (non minus enim a te probari
quam diligi semper volui, nec te magis in culpa defensorem 5
mihi paravi quam praedicatorem meritorum meorum esse
volui); sed breviorem me duae res faciunt: una, quod
publicis litteris omnia sum persecutus, altera, quod M.
Varisidium, equitem Romanum, familiarem meum, ipsum
ad te transire iussi, ex quo omnia cognoscere posses.   10

2 Non me dius fidius mediocri dolore adficiebar cum alii
occupare possessionem laudis viderentur; sed usque mihi
temperavi dum perducerem eo rem ut dignum aliquid et
consulatu meo et vestra exspectatione efficerem. quod spero,
si me fortuna non fefellerit, me consecuturum, ut maximo 5
praesidio rei publicae nos fuisse et nunc sentiant homines et
in posterum memoria teneant. a te peto ut dignitati meae

7, 4 accedam χ: -am ad *M*   7 paratus *DH*: -tos *MV*
Ep. 372 Ω = *MVDH*] 1, 3 exhortatione *M²H*: et h- *MV*: et exh- *D*

suffrageris et quarum rerum spe ad laudem me vocasti
harum fructu in reliquum facias alacriorem. non minus
posse te quam velle exploratum mihi est. 10
Fac valeas meque mutuo diligas.

373 (XII.25)

Scr. Romae c. xiii Kal. Apr. an. 43

⟨CICERO CORNIFICIO S.⟩

1 Liberalibus litteras accepi tuas, quas mihi Cornificius altero
vicensimo die, ut dicebat, reddidit. eo die non fuit senatus
neque postero. Quinquatribus frequenti senatu causam tuam
egi, non invita Minerva; etenim eo ipso die senatus decrevit
ut Minerva nostra, custos urbis, quam turbo deiecerat, 5
restitueretur. Pansa tuas litteras recitavit. magna senatus
approbatio consecuta est cum summo ⟨meo⟩ gaudio et
offensione Minotauri, id est Calvisi et Tauri. factum de te
senatus consultum honorificum. postulabatur ut etiam illi
notarentur, sed Pansa clementior. 10

2 Ego, mi Cornifici, quo die primum in spem libertatis
ingressus sum et cunctantibus ceteris a.d. XIII Kal. Ian.
fundamenta ieci rei publicae, eo ipso die providi multum
atque habui rationem dignitatis tuae; mihi enim est adsensus
senatus de obtinendis provinciis. nec vero postea destiti 5
labefactare eum qui summa cum tua iniuria contumeliaque
rei publicae provinciam absens obtinebat. itaque crebras,
vel potius cottidianas compellationes meas non tulit seque in
urbem recepit invitus, neque solum spe sed certa re iam et

Ep. 373 Ω = *MVDH*] *de inscr. vide ad ep. 347* **1**, 1–2 altero vicesimo
(-ensumo *edd. recc.*) die ϛ: -ro uicem sum hodie *M*: -ro .xx. die *V*: -ro
uicesumo die *D*: -ra uice summo die *H* 7 meo *add. Baiter*, nostro *vel*
omnium *Klotz* 8 id...Tauri *removit Manutius* caluisi (*ex* -sii *H*)
χ: clauis *M* 9 ut χ: aut *M* **2**, 1 libertatis *DH*: libem lib- *M*:
libere (liƀe) lib- *V* 2 a. d. (die *V*) XIII Kal. (*om. D*) Ian. *removit*
Cobet 3 reip. *D*: r. p. *MVH* 9 spe χ: spem *M*

possessione deturbatus est meo iustissimo honestissimoque 10
convicio.

Te tuam dignitatem summa tua virtute tenuisse pro-
vinciaeque honoribus amplissimis adfectum vehementer
3 gaudeo. quod te mihi de Sempronio purgas, accipio excusationem; fuit enim illud quoddam caecum tempus servitutis.
ego tuorum consiliorum auctor dignitatisque fautor iratus
temporibus in Graeciam desperata libertate rapiebar, cum
me etesiae quasi boni cives relinquentem rem publicam 5
prosequi noluerunt austerque adversus maximo flatu me ad
tribulis tuos Regium rettulit, atque inde ventis remis in
patriam omni festinatione properavi postridieque in summa
4 reliquorum servitute liber unus fui. sic sum in Antonium
invectus ut ille non ferret omnemque suum vinulentum
furorem in me unum effunderet meque tum elicere vellet ad
caedis causam, tum temptaret insidiis. quem ego ructantem
et nauseantem conieci in Caesaris Octaviani plagas. puer 5
enim egregius praesidium sibi primum et nobis, deinde
summae rei publicae comparavit. qui nisi fuisset, Antoni
5 reditus a Brundisio pestis patriae fuisset. quae deinceps acta
sint scire te arbitror. sed redeamus illuc unde devertimus:
accipio excusationem tuam de Sempronio. neque enim
statuti quid in tanta perturbatione habere potuisti.

'Nunc hic dies aliam vitam adfert, alios mores postulat', 5
ut ait Terentius. quam ob rem, mi Quinte, conscende
nobiscum et quidem ad puppim. una navis est iam bonorum
omnium, quam quidem nos damus operam ut rectam tene-
amus, utinam prospero cursu! sed quicumque venti erunt,
ars nostra certe non aberit. quid enim praestare aliud virtus 10
potest? tu fac ut magno animo sis et excelso cogitesque omnem
dignitatem tuam cum re publica coniunctam esse debere.

3, 2 c(a)ecum χ (*sed* c- tempus quoddam *DH*): graecum *M*   3 dignitatisque *D*: -tique *MVH*   7 rettulit *M*: att- χ   **4**, 5 conieci ς:
confeci Ω   **5**, 2 deuertimus *M*: diu- χ   5 adfert *codd. Terentii,
Andr. 189*: def- *MD*: diff- *VH*

Scr. Romae c. viii Kal. Apr. an. 43

⟨CICERO CORNIFICIO S.⟩

1 Adsentior tibi eos quos scribis Lilybaeo minari istic poenas dare debuisse. sed metuisti, ut ais, ne nimis liber in ulciscendo viderere. metuisti igitur ne ⟨nimis⟩ gravis civis, ne nimis fortis, ne nimis te dignus viderere.

2 Quod societatem rei publicae conservandae tibi mecum a patre acceptam renovas gratum est; quae societas inter nos semper, mi Cornifici, manebit. gratum etiam illud, quod mihi tuo nomine gratias agendas non putas; nec enim id inter nos facere debemus. senatus saepius pro dignitate tua 5 appellaretur si absentibus consulibus umquam nisi ad rem novam cogeretur. itaque nec de HS ⌈XX⌉ nec de HS $\overline{\text{DCC}}$ quicquam agi nunc per senatum potest. tibi autem ex senatus consulto imperandum mutuumve sumendum censeo.

3 In re publica quid agatur credo te ex eorum litteris cognoscere qui ad te acta debent perscribere. ego sum spe bona. consilio, cura, labore non desum, omnibus inimicis rei publicae esse me acerrimum hostem prae me fero. res neque nunc difficili loco mihi videtur esse et fuisset facillimo, 5 si culpa a quibusdam afuisset.

Scr. Romae iii Kal. Apr. an. 43

CICERO PLANCO

1 Etsi satis ex Furnio nostro cognoram quae tua voluntas, quod consilium de re publica esset, tamen tuis litteris lectis

---

Ep. 374 Ω = *MVDH*] *de inscr. vide ad ep.* 347   **1**, 3 nimis *addidi*
3–4 nimis...nimis ς: minus...minus Ω   **2**, 6 appellaretur *DH*:
-aret *MV*   7 ⌈XX⌉ *Mendelssohn auctore Manutio:* XX *vel* $\overline{\text{XX}}$ Ω
8 tibi autem *bis M*   9 mutuumve *Orelli:* -mque Ω   **3**, 5 facillimo
ς: -ma Ω   6 afuisset *M:* f- χ

liquidius de toto sensu tuo iudicavi. quam ob rem, quamquam in uno proelio omnia Fortuna rei publicae disceptat
(quod quidem cum haec legeres iam decretum arbitrabar 5
fore), tamen ipsa fama quae de tua voluntate percrebruit
magnam es laudem consecutus. itaque, si consulem Romae
habuissemus, declaratum esset ab senatu cum tuis magnis
honoribus quam gratus esset conatus et apparatus tuus.
cuius rei non modo non praeteriit tempus sed ne maturum 10
quidem etiam nunc meo quidem iudicio fuit. is enim denique
honos mihi videri solet qui non propter spem futuri benefici
sed propter magna merita claris viris defertur et datur.

2   Qua re, sit modo aliqua res publica in qua honos elucere
possit, omnibus, mihi crede, amplissimis honoribus abunda-
bis. is autem qui vere appellari potest honos non invitamentum ad tempus sed perpetuae virtutis est praemium.
quam ob rem, mi Plance, incumbe toto pectore ad laudem, 5
subveni patriae, opitulare collegae, omnium gentium con-
sensum et incredibilem conspirationem adiuva. me tuorum
consiliorum adiutorem, dignitatis fautorem, omnibus in
rebus tibi amicissimum fidelissimumque cognosces. ad eas
enim causas quibus inter nos amore sumus, officiis, vetustate 10
coniuncti patriae caritas accessit, eaque effecit ut tuam vitam
anteferrem meae.

III Kal. Apr.

376 (XII.6)

Scr. Romae ex. m. Mart. vel in. m. Apr., ut vid., an. 43

CICERO CASSIO S.

1 Qui status rerum fuerit tum cum has litteras dedi scire
poteris ex C. Tidio Strabone, viro bono et optime de re

Ep. 375 Ω = *MVDH*] 1, 4 omnia *scripsi*: -is Ω   disceptatur *Wesen-*
berg   8 declaratum *M*: cl- χ   2, 4 perpetuum *Ruhnken*   7 adiu-
ua *H*: adlua *MD*: allna *V* (*cf. epp. 379.2, 390.3*)   10 *anne* sumus
amore ?
Ep. 376 Ω = *MVDH*] 1, 2 Tidio] Titio *Manutius, vulg.*

publica sentiente; nam quid dicam 'cupidissimo tui', qui
domo et fortunis relictis ad te potissimum profectus sit?
itaque eum tibi ne commendo quidem. adventus ipsius ad te 5
satis eum commendabit.

2 Tu velim sic existimes tibique persuadeas, omne perfugium
bonorum in te et Bruto esse positum si, quod nolim, adversi
quid evenerit. res, cum haec scribebam, erat in extremum
adducta discrimen. Brutus enim Mutinae vix iam sustinebat.
qui si conservatus erit, vicimus; sin, quod di omen avertant, 5
omnis omnium cursus est ad vos. proinde fac animum tantum
habeas tantumque apparatum quanto opus est ad universam
rem publicam reciperandam.

Vale.

377 (X.12)

Scr. Romae iii Id. Apr. an. 43

CICERO PLANCO

1 Etsi rei publicae causa maxime gaudere debeo tantum ei te
praesidi, tantum opis attulisse extremis paene temporibus,
tamen ita te victorem complectar re publica reciperata ut
magnam partem mihi laetitiae tua dignitas adfert, quam et
esse iam et futuram amplissimam intellego. cave enim putes 5
ullas umquam litteras gratiores quam tuas in senatu esse
recitatas; idque contigit cum meritorum tuorum in rem
publicam eximia quadam magnitudine tum verborum
sententiarumque gravitate. quod mihi quidem minime
novum, qui et te nossem et tuarum litterarum ad me mis- 10
sarum promissa meminissem et haberem a Furnio nostro tua
penitus consilia cognita; sed senatui maiora visa sunt quam
erant ⟨ex⟩spectata, non quo umquam de tua voluntate

---

6 commendabit *DH*: -auit *MV*   **2**, 2 si *DH*: ꜱin *MV*   6 est] erit
Ernesti

Ep. 377 Ω = *MVDH*] **1**, 3 complectar *MD*: amp- *VH*   4 adfert
vel aff- *MVD*: -rat *M²H*   6 gratiores *Manutius*: graui- Ω   13 ex-
pectata ς: sp- Ω

377 (X.12) 1

dubitasset, sed nec quantum facere posses nec quo progredi
velles exploratum satis habebat. 15

2   Itaque, cum a.d. VII Id. Apr. mane mihi tuas litteras
M. Varisidius reddidisset easque legissem, incredibili
gaudio sum elatus; cumque magna multitudo optimorum
virorum et civium me domo deduceret, feci continuo omnis
participes meae voluptatis. interim ad me venit Munatius 5
noster, ut consuerat. at ego ei litteras tuas, nihildum enim
sciebat; nam ad me primum Varisidius, idque sibi a te
mandatum esse dicebat. paulo post idem mihi Munatius eas
litteras legendas dedit quas ipsi miseras et eas quas publice.

3 placuit nobis ut statim ad Cornutum, praetorem urbanum, 10
litteras deferremus, qui, quod consules aberant, consulare
munus sustinebat more maiorum. senatus est continuo con-
vocatus frequensque convenit propter famam atque exspectationem tuarum litterarum. recitatis litteris oblata religio 5
Cornuto est pullariorum admonitu non satis diligenter eum
auspiciis operam dedisse; idque a nostro collegio compro-
batum est. itaque res dilata est in posterum. eo autem die
magna mihi pro tua dignitate contentio cum Servilio; qui
cum gratia effecisset ut sua sententia prima pronuntiaretur, 10
frequens eum senatus reliquit et in alia omnia discessit,
meaeque sententiae, quae secunda pronuntiata erat, cum
frequenter adsentiretur senatus, rogatu Servili P. Titius

4 intercessit. res in posterum dilata. venit paratus Servilius
Iovi ipsi iniquus, cuius in templo res agebatur. hunc quem
ad modum fregerim quantaque contentione Titium inter-
cessorem abiecerim ex aliorum te litteris malo cognoscere,
unum hoc ex meis: senatus gravior, constantior, amicior tuis 5
laudibus esse non potuit quam tum fuit, nec vero tibi senatus
amicior quam cuncta civitas. mirabiliter enim populus

---

14 quo χ: quod *M*: quoad *Victorius*   2, 4 domo χ: de d- *M*   6 at
ego ei *M*: at ego et χ: lego ei *Boot*: ego ei *Wesenberg*   8 ⟨et⟩ eas *Koch*
3, 1 ⟨M.⟩ Cornutum *Wesenberg*   12 erat *bis M* (*corr. M²*)   **4**, 2–3
quemadmodum *McV*: quidem ad- *M, ut vid.*: quidem quemad- *DH*
6 quam tum *D*: quantum *MVH*

236

377 (x.12) 4

Romanus universus et omnium generum ordinumque consensus ad liberandam rem publicam conspiravit.

5   Perge igitur ut agis, nomenque tuum commenda immortalitati atque haec omnia quae habent speciem gloriae collectam inanissimis splendoris insignibus contemne; brevia, fucata, caduca existima. verum decus in virtute positum est, quae maxime illustratur magnis in rem publicam meritis. eam facultatem habes maximam; quam quoniam complexus es, tene. perfice ut ne minus res publica tibi quam tu rei publicae debeas. me tuae dignitatis non modo fautorem sed etiam amplificatorem cognosces. id cum rei publicae, quae mihi vita est mea carior, tum nostrae necessitudini debere me iudico. atque in his curis quas contuli ad dignitatem tuam cepi magnam voluptatem quod bene cognitam mihi T. Munati prudentiam et fidem magis etiam perspexi in eius incredibili erga te benevolentia et diligentia.

III Id. Apr.

378 (x.30)

Scr. in castris ad Mutinam a.d. xvii Kal. Mai. an. 43

GALBA CICERONI S.

1   A.d. XVII⟨I⟩ Kal. Mai., quo die Pansa in castris Hirti erat futurus, cum quo ego eram (nam ei obviam processeram millia passus centum quo maturius veniret), Antonius legiones eduxit duas, secundam et quintam tricensimam, et cohortis praetorias duas, unam suam, alteram Silani, evocatorum partem. ita obviam venit nobis, quod nos quattuor legiones tironum habere solum arbitrabatur. sed noctu, quo tutius

---

5, 2–3 collectam *V*: -ta *MDH*: -tam ex ς   4 fucata *DH*: fugata *V*: fugatia *M*³ (ia *in ras.*): fugato *P*: -acia *P*²   existima. uerum *DH*: -auerim *M*: -auere *V*   7 es tene *M*²: esset tenes, *M, ut vid.*: es et tenes χ **Ep. 378** Ω = *MVDH*] **1**, 1 A. d. ς: ad *ind. M*: *om.* Ω   XVIII *Ruete*: XVII Ω   2 ei ς: et Ω   3 passuum ς   4 tricensimam *M*: trices- χ   5 ⟨et⟩ evocatorum ς: -orumque ς

venire in castra potuissemus, legionem Martiam, cui ego
praeesse solebam, et duas cohortis praetorias miserat Hirtius
nobis.   10

2   Cum equites Antoni apparuissent, contineri neque legio
Martia neque cohortes praetoriae potuerunt; quas sequi
coepimus coacti, quoniam retinere eas non potueramus.
Antonius ad Forum Gallorum suas copias continebat neque
sciri volebat se legiones habere; tantum equitatum et 5
levem armaturam ostendebat. postea quam vidit se invito
legionem ire Pansa, sequi se duas legiones iussit tironum.
postea quam angustias paludis et silvarum transiimus, acies
est instructa a nobis XII cohortium. nondum venerant
3 legiones duae. repente Antonius in aciem suas copias de 10
vico produxit et sine mora concurrit. primo ita pugnatum est
ut acrius non posset ex utraque parte pugnari; etsi dexterius
cornu, in quo ego eram cum Martiae legionis cohortibus octo,
impetu primo fugaverat legionem XXXV Antoni, ut 5
amplius passus D ultra aciem, quo loco steterat, processerit.
itaque, cum equites nostrum cornu circumire vellent,
recipere me coepi et levem armaturam opponere Maurorum
equitibus, ne aversos nostros adgrederentur. interim video
me esse inter Antonianos Antoniumque post me esse 10
aliquanto. repente equum immisi ad eam legionem tironum quae veniebat ex castris, scuto reiecto. Antoniani
me insequi; nostri pila coicere velle. ita nescio quo fato
sum servatus, quod sum cito a nostris cognitus.

4   In ipsa Aemilia, ubi cohors Caesaris praetoria erat, diu pugnatum est. cornu sinisterius, quod erat infirmius, ubi Martiae
legionis duae cohortes erant et cohors praetoria, pedem
referre coeperunt quod ab equitatu circumibantur, quo vel
plurimum valet Antonius. cum omnes se recepissent nostri 5
ordines, recipere me novissimus coepi ad castra. Antonius

---

8 potuissemus χ: possuiss- *M*: possemus ς: potis essemus *Hellmuth*
2, 8 transiimus ς: -simus *MV*: -siuimus *DH*   **3**, 4 marti(a)e legionis
χ: marti releg- *M*   6 passus .d. *DH*: -us de *V*: -us *M*   7 cornu
DH: -um *MV*   13 me *DH*: anime *MV*

tamquam victor castra putavit se posse capere. quo cum
venit, compluris ibi amisit nec egit quicquam.

Audita re Hirtius cum cohortibus XX veteranis redeunti
Antonio in sua castra occurrit copiasque eius omnis delevit 10
fugavit, eodemque loco ubi erat pugnatum, ad Forum
Gallorum. Antonius cum equitibus hora noctis quarta se in
5 castra sua ad Mutinam recepit. Hirtius in ea castra redi⟨i⟩t
unde Pansa exierat, ubi duas legiones reliquerat quae ab
Antonio erant oppugnatae. sic partem maiorem suarum
copiarum Antonius amisit veteranarum; nec id tamen sine
aliqua iactura cohortium praetoriarum nostrarum et legionis 5
Martiae fieri potuit. aquilae duae, signa LX sunt relata
Antoni. res bene gesta est.

A.d. X⟨V⟩II Kal. Mai. ex castris.

379 (x.9)

Scr. in Gallia Narbonensi c. v Kal. Mai. an. 43

PLANCUS CICERONI S.

1 Nihil me tibi temere aut te ceteris de me frustra recepisse
laetor. certe hoc maius habes testimonium amoris mei quo
maturius tibi quam ceteris consilia mea volui esse nota. in
dies vero meritorum meorum fieri accessiones pervidere te
2 spero, cogniturum magis recipio. quod ad me attinet, mi 5
Cicero (ita ab imminentibus malis res publica me adiuvante
liberetur!), sic honores praemiaque vestra suspicio, con-
ferenda certe cum immortalitate, ut sine iis nihil de meo
studio perseverantiaque sim remissurus. nisi in multitudine 5

4, 8 amisit *DH*: amici sit *M*: -ci sint *V* (*sic*)   11 fugavitque eodem ⟨
5, 1 rediit ⟨: redit Ω   3 oppugnata *Nipperdey*   5 praetoriarum ⟨:
-anarum Ω   7 res *DH*: re *MV*   8 XVII *Ruete*: XII Ω: XVI
Manutius
Ep. 379 Ω = *MVDH*] **1,** 1 de me *DH*: me *MV*   **2,** 2 adiuuante *V*:
adluante *MDH* (*cf. ep. 375.2*)   4 ⟨etiam⟩ sine *Kleyn*: ⟨vel⟩ sine *Baiter*

optimorum civium impetus animi mei fuerit singularis et
opera praecipua, nihil ad meam dignitatem accedere volo
3 suffragatione vestra. concupisco autem nihil mihi, contra
quod ipse pugno; et temporis et rei te moderatorem facile
patior esse. nihil aut sero aut exigue a patria civi tributum
potest videri.

Exercitum a.d. VI Kal. Mai. Rhodanum traieci magnis 5
itineribus, Vienna⟨m⟩ equites mille via breviore praemisi.
ipse, si ab Lepido non impediar, celeritate satis faciam. si
autem is itineri meo se opposuerit, ad tempus consilium
capiam. copias adduco et numero et genere et fidelitate
firmissimas. te ut diligas me, si mutuo te facturum scis, rogo. 10
Vale.

380 (xi.9)

Scr. in castris Regii iii Kal. Mai. an. 43

D. BRUTUS S.D. M. CICERONI

1 Pansa amisso quantum detrimenti res publica acceperit non
te praeterit. nunc auctoritate et prudentia tua prospicias
oportet ne inimici nostri consulibus sublatis sperent se
convalescere posse. ego ne consistere possit in Italia Antonius
dabo operam. sequar eum confestim. utrumque me praesta- 5
turum spero, ne aut Ventidius elabatur aut Antonius in
Italia moretur. in primis rogo te ad hominem ventosissimum,
Lepidum, mittas, ne bellum nobis redintegrare possit
Antonio sibi coniuncto. nam de Pollione Asinio puto te
perspicere quid facturus sit. multae et bonae et firmae sunt 10
legiones Lepidi et Asini.

2 Neque haec idcirco tibi scribo quod te non eadem
animadvertere sciam, sed quod mihi persuasissimum est

3, 6 Viennamϛ: -na Ω   equitum III millia *Wesenberg*   uia *DH*: uta
M: et a *V*   8 is itineri *Klotz*: in it- *M*: in itinere χ: itineri *Victorius*
opposuerit χ: -sierit *M*
Ep. 380 Ω = *MVDH*] **1**, 6 elabatur *V*: -boratur *MH*: -boretur *D*
2, 2 est *DV*: et *M*: sit *H*

380 (XI.9) 2

Lepidum recte facturum numquam, si forte vobis id de hoc
dubium est. Plancum quoque confirmetis oro; quem spero
pulso Antonio rei publicae non defuturum. si se Alpis 5
Antonius traiecerit, constitui praesidium in Alpibus collocare
et te de omni re facere certiorem.

III Kal. Mai. ex castris Regio.

381 (XI.13*b*)

Scr. in castris Parmae prid. Kal. Mai., ut vid., an. 43

D. BRUTUS COS. DESIG. M. CICERONI S.D.

Parmensis miserrimos * * *

382 (X.11)

Scr. in Allobrogibus c. finem m. Apr. an. 43

PLANCUS CICERONI

1 Immortalis ago tibi gratias agamque dum vivam; nam
relaturum me adfirmare non possum. tantis enim tuis
officiis non videor mi respondere posse, nisi forte, ut tu
gravissime disertissimeque scripsisti, ita sensurus es ut me
referre gratiam putes cum memoria tenebo. si de fili tui 5
dignitate esset actum, amabilius certe nihil facere potuisses.
primae tuae sententiae infinitis cum muneribus, posteriores
ad tempus arbitriumque amicorum meorum compositae,
oratio adsidua et perpetua de me, iurgia cum obtrectatoribus propter me notissima mihi sunt. non mediocris adhi- 10
benda mihi est cura ut rei publicae me civem dignum
tuis laudibus praestem, in amicitia tua memorem atque

---

8 Regio *Orelli*: -ii *MV*: -iis *DH*
Ep. 381 *ep. iam perditae initium servat ind. M*
Ep. 382 Ω = *MVDH*] **1**, 3 mi *M*: me *V*: *om. DH*   6 dignitate esset
actum χ: -tem esse tactum *M*   12 tua] tui *Kleyn*

gratum. quod reliquum est, tuum munus tuere et me, si
quem esse voluisti eum exitu rebusque cognoscis, defende ac
suscipe.   15

2 Cum Rhodanum copias omnis traiecissem fratremque cum
tribus millibus equitum praemisissem, ipse iter ad Mutinam
dirigerem, in itinere de proelio facto Brutoque et Mutina
obsidione liberatis audivi. animadverti nullum alium receptum Antonium reliquiasque quae cum eo essent habere nisi   5
in his partibus, duasque ei spes esse propositas, unam Lepidi
ipsius, alteram exercitus, quod quaedam pars exercitus non
minus furiosa est quam qui cum Antonio fuerunt. equitatum
revocavi, ipse in Allobrogibus constiti, ut proinde ad omnia
paratus essem ac res me moneret. si nudus hoc se Antonius   10
confert, facile mi videor per me sustinere posse remque
publicam ex vestra sententia administrare, quamvis ab
exercitu Lepidi recipiatur. si vero copiarum aliquid secum
adducet et si decima legio veterana, quae nostra opera
revocata cum reliquis est, ad eundem furorem redierit, tamen 15
ne quid detrimenti fiat dabitur opera a me, idque me
praestaturum spero dum istinc copiae traiciantur con-
iunctaeque nobiscum facilius perditos opprimant.

3 Hoc tibi spondeo, mi Cicero, neque animum nec diligentiam mihi defuturam. cupio mehercules nullam residuam
sollicitudinem esse; sed si fuerit, nec animo nec bene-
volentiae nec patientiae cuiusquam pro vobis cedam. do
quidem ego operam ut etiam Lepidum ad huius rei   5
societatem incitem, omniaque ei obsequia polliceor si
modo rem publicam respicere volet. utor in hac re
adiutoribus interpretibusque fratre meo et Laterense et
Furnio nostro. non me impedient privatae offensiones quo
minus pro rei publicae salute etiam cum inimicissimo   10
consentiam. quod si nihil profecero, nihilo minus maximo

---

14 cognoscis *MVD*: -sces *H*   **2**, 1 omnis *VD*: omnes *H*: *om. M*
2 tribus mil(l)ibus *DH*: tria millia (milia *V*) *MV*   6 has partes
Wesenberg   9 constiti *DH*: -tituti *MV*   10 hoc *MV*: huc *DH*
11 mi *M*: me *V*: *om. DH*   **3**, 9 furnio *DH*: furtio *MV*

sum animo, et maiore fortasse cum mea gloria vobis satis faciam.

Fac valeas meque mutuo diligas.

383 (xii.25a)

Scr. Romae in. m. Mai. an. 43

⟨CICERO CORNIFICIO S.⟩

1 P. Luccium mihi meum commendas; quem quibuscumque rebus potero diligenter tuebor.

Hirtium quidem et Pansam, collegas nostros, homines in consulatu rei publicae salutaris, alieno sane tempore amisimus, re publica Antoniano quidem latrocinio liberata 5 sed nondum omnino explicata. quam nos, si licebit, more nostro tuebimur, quamquam admodum sumus iam defatigati. 2 sed nulla lassitudo impedire officium et fidem debet. verum haec hactenus. ab aliis te de me quam a me ipso malo cognoscere.

De te audiebamus ea quae maxime vellemus. de Cn. Minucio, quem tu quibusdam litteris ad caelum laudibus 5 extulisti, rumores duriores erant. id quale sit omninoque quid istic agatur facias me velim certiorem.

384 (x.14)

Scr. Romae iii Non. Mai. an. 43

CICERO PLANCO S.

1 O gratam famam biduo ante victoriam de subsidio tuo, de studio, de celeritate, de copiis! atque etiam hostibus fusis

Ep. 383 Ω = *MVDH*] *novam ep. hinc incipere vidit Corradus; et vide ad ep.* *347*   **1**, 1 luccium *M*: luctium *VH*: Lutium *D* (*cf. ep. 84.1.4,10*): Lucceium ς, *vulg.*   5 amisimus re p. ς: amici simus rep. *M*: amicissimos reip. (r. p. *H*) *DH* (salutaris...re p. *om. V*)   7 defatigati χ: defet- *M*
Ep. 384 Ω = *MVDH*] **1**, 2 atqui *Manutius*

spes omnis est in te. fugisse enim ex proelio Mutinensi
dicuntur notissimi latronum duces. est autem non minus
gratum extrema delere quam prima depellere.   5

2   Equidem ⟨ex⟩spectabam iam tuas litteras, idque cum
multis, sperabamque etiam Lepidum rei publicae temporibus admonitum tecum e re publica esse facturum. in illam
igitur curam incumbe, mi Plance, ut ne quae scintilla
taeterrimi belli relinquatur. quod si erit factum, et rem 5
publicam divino beneficio adfeceris et ipse aeternam
gloriam consequere.

D. III Non. Mai.

385 (xi.10)

Scr. in castris Dertonae iii Non. Mai. an. 43

D. BRUTUS S.D. M. CICERONI

1 Non mihi rem publicam plus debere arbitror quam me tibi.
gratiorem me esse in te posse quam isti perversi sint in me
exploratum habe[s]; si ta⟨me⟩n haec temporis videantur dici
causa, malle me tuum iudicium quam ex altera parte omnium
istorum. tu enim a certo sensu et vero iudicas de nobis; quod isti 5
ne faciant summa malevolentia et livore impediuntur. interpellent me quo minus honoratus sim, dum ne interpellent
quo minus res publica a me commode administrari possit.
quae quanto sit in periculo quam potero brevissime
exponam.

2   Primum omnium quantam perturbationem rerum urbanarum adferat obitus consulum, quantamque cupiditatem

---

2, 1 ex(s)pectabam ϛ: sp- Ω   2 rei p. χ: rep. *M*   3 e re p. *Bücheler*:
et reip. (re p. *H*) Ω: et cum re p. *Orelli*: et e re p. *Krauss*: rei p. satis
Ernesti (et rei p. s- *Dᶜ*)   4 ne quae *M*: neque *Mᶜχ*
Ep. 385 Ω = *MVDH*] **1,** 2 me esse *M*: esse χ   sint *MVD*: sunt *H*
3 habe; si tamen *scripsi* (habes. si t- *Victorius*, habe, etsi forsitan *Klotz*):
habes sit an Ω   haec *Victorius*: hoc Ω   temporis D: -re is *MH*: -e *V*
uideantur *MV*: -atur *DH*   5 acerto *DH*: acertu *M*: certo *V*

hominibus honoris iniciat vacuitas non te fugit. satis me
multa scripsisse quae litteris commendari possint arbitror.
scio enim cui scribam.   5

3   Revertor nunc ad Antonium. qui ex fuga cum parvulam
manum peditum haberet inermium, ergastula solvendo
omneque genus hominum abripiendo satis magnum numerum videtur effecisse. hoc accessit manus Ventidi, quae trans
Appenninum itinere facto difficillimo ad Vada pervenit atque 5
ibi se cum Antonio coniunxit. est numerus veteranorum et
armatorum satis frequens cum Ventidio.

4   Consilia Antoni haec sint necesse est, aut ad Lepidum ut
se conferat, si recipitur, aut Appennino Alpibusque se
teneat et decursionibus per equites, quos habet multos,
vastet ea loca in quae incurrerit, aut rursus se in Etruriam
referat, quod ea pars Italiae sine exercitu est. quod si me 5
Caesar audisset atque Appenninum transisset, in tantas
angustias Antonium compulissem ut inopia potius quam
ferro conficeretur. sed neque Caesari imperari potest nec
Caesar exercitui suo, quod utrumque pessimum est.

Cum haec talia sint, quo minus quod ad me pertinebit 10
homines interpellent, ut supra scripsi, non impedio. haec
quem ad modum explicari possint aut, a te cum explica-
5 buntur, ne impediantur timeo. alere iam milites non possum.
cum ad rem publicam liberandam accessi, HS mihi fuit
pecuniae ⌈CCCC⌉ amplius. tantum abest ut meae rei
familiaris liberum sit quicquam ut omnis iam meos amicos
aere alieno obstrinxerim. septem numerum nunc legionum 5
alo, qua difficultate tu arbitrare. non si Varronis thesauros
haberem subsistere sumptui possem.

Cum primum de Antonio exploratum habuero, faciam te

2, 3 honoris χ: *om. M*   iniciatuacuitas *M*: initia tu ac ůitas (*i.e.*
ueritas) *V*: -atu ciuitas (*?*) *D*: -ata ciuitas *D²H*   4 commendari
DH: -ntari *M* (*?*), *V*   4, 2 Alpibusve *olim conieci*   4 rursus χ:
rusus *M*   5, 3 pecuniae *glossema putavit Mendelssohn*   5 numero
nunc legiones *Orelli*   6 thesauros χ: thens- *M*

certiorem. tu me amabis ita si hoc idem me in te facere
senseris.   10

III Non. Mai. ex castris Dertona.

386 (XI.11)

Scr. in castris in finibus Statiellensium
prid. Non. Mai. an. 43

D. BRUTUS IMP. COS. DESIG. S.D. M. CICERONI

1 Eodem exemplo a te mi litterae redditae sunt quo pueri mei
attulerunt. tantum me tibi debere existimo quantum per-
solvere difficile est. scripsi tibi quae hic gererentur. in itinere
est Antonius, ad Lepidum proficiscitur. ne de Planco quidem
spem adhuc abiecit, ut ex libellis eius animadverti qui in me 5
inciderunt, in quibus quos ad Asinium, quos ad Lepidum,
quos ad Plancum mitteret scribebat. ego tamen non habui
ambiguum et statim ad Plancum misi et biduo ab Allobrogibus et totius Galliae legatos exspecto; quos confirmatos
domum remittam.   10

2   Tu, quae istic opus erunt administrari, prospicies ut ex tua
voluntate reique publicae commodo fiant. malevolentiae
hominum in me, si poteris, occurres; si non potueris, hoc
consolabere, quod me de statu meo nullis contumeliis
deterrere possunt.   5

Prid. Non. Mai. ex castris, ⟨ex⟩ finibus Statiellensium.

---

11 Dertona ς: -thoma Ω
Ep. 386 Ω = *MVDH*] **2**, 6 ex *add. Wesenberg*

Scr. in castris in Syria Non. Mai. an. 43

CASSIUS PRO COS. S.D. M. CICERONI SUO

1 S. v. b. e. e. q. v.

Legi tuas litteras in quibus mirificum tuum erga me
amorem recognovi. videbaris enim non solum favere nobis,
id quod et nostra et rei publicae causa semper fecisti, sed
etiam gravem curam suscepisse vehementerque esse de nobis 5
sollicitus. itaque quod te primum existimare putabam nos
oppressa re publica quiescere non posse, deinde, cum suspicarere nos moliri, quod te sollicitum esse et de salute nostra
et de rerum eventu putabam, simul ac legiones accepi quas
A. Allienus eduxerat ex Aegypto, scripsi ad te tabellariosque 10
compluris Romam misi. scripsi etiam ad senatum litteras,
quas reddi vetui prius quam tibi recitatae essent, si forte mei
obtemperare mihi voluerint. quod si litterae perlatae non
sunt, non dubito quin Dolabella, qui nefarie Trebonio occiso
Asiam occupavit, tabellarios meos deprehenderit litterasque 15
interceperit.

2 Exercitus omnis qui in Syria fuerunt teneo. habui pollulum
morae dum promissa militibus persolvo; nunc iam sum
expeditus. a te peto ut dignitatem meam commendatam tibi
habeas si me intellegis nullum neque periculum neque
laborem patriae denegasse, si contra importunissimos latrones 5
arma cepi te hortante et auctore, si non solum exercitus ad
rem publicam libertatemque defendendam comparavi sed
etiam crudelissimis tyrannis eripui. quos si occupasset
Dolabella, non solum adventu sed etiam opinione et
exspectatione exercitus sui Antonium confirmasset. 10

Ep. 387 Ω = *MVDH*] ⟨c.⟩ CASSIUS *Baiter*   **1**, 4 nostra et *M³DH*:
-r(a)e *MV*: -ri et *Victorius*   7–8 suspicarere ⟨res novas⟩ *Koch*
14 nefarie *M*: -io χ   **2**, 1 pollulum (pull- *V*) more *MV*: -lutum
morem *DH*   6 exercitus *Victorius*: -tu *MV*: -tum *DH*   8 quos *M*:
quod χ

3 Quas ob res milites tuere, si eos mirifice de re publica
meritos esse animadvertis, et effice ne quem paeniteat rem
publicam quam spem praedae et rapinarum sequi maluisse.
item Murci et Crispi imperatorum dignitatem, quantum est
in te, tuere. nam Bassus misere noluit mihi legionem tradere. 5
quod nisi milites invito eo legatos ad me misissent, clausam
Apameam tenuisset quoad vi esset expugnata. haec a te
peto non solum rei publicae, quae tibi semper fuit carissima,
sed etiam amicitiae nostrae nomine, quam confido apud te
4 plurimum posse. crede mihi hunc exercitum quem habeo 10
senatus atque optimi cuiusque esse maximeque tuum, de
cuius voluntate adsidue audiendo mirifice te diligit carumque
habet. qui si intellexerit commoda sua curae tibi esse, debere
etiam se tibi omnia putabit.   5
5 Litteris scriptis audivi Dolabellam in Ciliciam venisse cum
suis copiis. proficiscar in Ciliciam. quid egerim celeriter ut
scias dabo operam. ac velim, ut meremur de re publica, sic
felices simus.

Fac valeas meque ames.   5

Non. Mai. ex castris.

388 (XI.13)

Scr. in castris Pollentiae c. vii Id. Mai. an. 43

D. BRUTUS IMP. COS. DESIG. S.D. M. CICERONI

1 Iam non ago tibi gratias; cui enim re vix referre possum huic
verbis non patitur res satis fieri. attendere te volo quae in
manibus sunt. qua enim prudentia es, nihil te fugiet, si meas
litteras diligenter legeris.

Sequi confestim Antonium his de causis, Cicero, non 5
potui: eram sine equitibus, sine iumentis; Hirtium perisse

3, 5 tuere. Nam *DH*: etuere nam *M*: et uerenam *V*   5, 1 audiui *D*:
audi *MH*: aude *V*: audii ʂ
Ep. 388 Ω = *MVDH*] 1, 2 te *M*: *om.* χ   6 potui eram *M*: -ueram χ

nesciebam, Aquilam perisse [ne]sciebam; Caesari non credebam prius quam convenissem et collocutus essem. hic
2 dies hoc modo abiit. postero die mane a Pansa sum accersitus Bononiam. cum in itinere essem, nuntiatum mihi est eum mortuum esse. recurri ad meas copiolas; sic enim vere eas appellare possum. sunt extenuatissimae et inopia omnium rerum pessime acceptae. biduo me Antonius antecessit, itinera fecit 5 multo maiora fugiens quam ego sequens. ille enim iit passim, ego ordinatim. quacumque iit, ergastula solvit, homines abripuit; constitit nusquam prius quam ad Vada venit. quem locum volo tibi esse notum. iacet inter Appenninum et Alpis, impeditissimus ad iter faciendum.   10
3 . Cum abessem ab eo milia passuum XXX et se iam Ventidius coniunxisset, contio eius ad me est adlata in qua petere coepit a milititibus ut se trans Alpis sequerentur; sibi cum M. Lepido convenire. succlamatum est ei frequenter a milititibus Ventidianis (nam suos valde quam paucos habet) 5 sibi aut in Italia pereundum esse aut vincendum, et orare coeperunt ut Pollentiam iter facerent. cum sustinere eos non posset, in posterum diem iter suum contulit.
4 Hac re mihi nuntiata statim quinque cohortis Pollentiam praemisi meumque iter eo contuli. hora ante praesidium meum Pollentiam venit quam Trebellius cum equitibus. sane quam sum gavisus. in hoc enim victoriam puto consistere * * *   5

389 (X.13)

Scr. Romae c. v Id. Mai. an. 43

CICERO PLANCO

1 Ut primum potestas data est augendae dignitatis tuae, nihil praetermisi in te ornando quod positum esset aut in praemio

---

7 Aquilam perisse sciebam *scripsi*: a- p- nesc- χ: *om. M*   **2,** 5 fecit χ: *om. M*   **3,** 4 ei *Koch*: et Ω   5 uentidianis *DH*: uenditi- (*puto ex* uentiti-) *M, V*   **4,** 5 consistere χ: -iste *M*   *lac. agnovit Frey*; *v. ep.* 418
Ep. 389 Ω = MVDH] **1,** 1 primum Ω: p- mihi *ind. M*   2 esset χ: est *M*

virtutis aut in honore verborum. id ex ipso senatus consulto
poteris cognoscere; ita enim est perscriptum ut a me de
scripto dicta sententia est. quam senatus frequens secutus est 5
2 summo studio magnoque consensu. ego quamquam ex tuis
litteris quas mihi misisti perspexeram te magis iudicio
bonorum quam insignibus gloriae delectari, tamen con-
siderandum nobis existimavi, etiam si tu nihil postulares,
quantum tibi a re publica deberetur. tu contexes extrema 5
cum primis. qui enim M. Antonium oppresserit, is bellum
confecerit. itaque Homerus non Aiacem nec Achillem sed
Ulixem appellavit πτολιπόρθιον.

390 (x.15)

Scr. in Gallia Narbonensi cis Isaram v Id. Mai., ut vid., an. 43

PLANCUS CICERONI

1 His litteris scriptis quae postea accidissent, scire te ad rem
publicam putavi pertinere. sedulitas mea, ut spero, et mihi
et rei publicae tulit fructum. namque adsiduis internuntiis
cum Lepido egi ut omissa omni contentione reconciliataque
voluntate nostra communi consilio rei publicae succurreret; 5
se, liberos urbemque pluris quam unum perditum abiec-
tumque latronem putaret obsequioque meo, si ita faceret, ad
2 omnis res abuteretur. profeci. itaque per Laterensem
internuntium fidem mihi dedit se Antonium, si prohibere
provincia sua non potuisset, bello persecuturum; me ut
venirem copiasque coniungerem rogavit, eoque magis quod
et Antonius ab equitatu firmus esse dicebatur et Lepidus ne 5
mediocrem quidem equitatum habebat. nam etiam ex
paucitate eius non multis ante diebus †decem†, qui optimi
fuerant, ad me transierunt.

2, 4 existimavi ς: -ari *MV*: -arim *DH*   7 aiacem *DH*: alacem *V*:
alancem *M*   8 πτολιπόρθιον *Victorius*: ptoliport(h)ion *vel sim.* Ω
Ep. 390 Ω = *MVDH*] 2, 7 decem *MDH*: .x. *V*: DC *Schelle*   optimi
χ: -me *M*

Quibus rebus ego cognitis cunctatus non sum. in cursu
bonorum consiliorum Lepidum adiuvandum putavi. 10
3 adventus meus quid profecturus esset vidi, vel quod equitatu
meo persequi atque opprimere equitatum eius possem vel
quod exercitus Lepidi eam partem quae corrupta est et ab
re publica alienata et corrigere et coercere praesentia mei
exercitus possem. itaque in Isara, flumine maximo quod 5
in finibus est Allobrogum, ponte uno die facto exercitum
a.d. VII Id. Mai. traduxi. cum vero mihi nuntiatum esset
L. Antonium praemissum cum equitibus et cohortibus ad
Forum Iuli venisse, fratrem cum equitum quattuor milibus
ut occurreret ei misi a.d. V Id. Mai. ipse maximis itineribus 10
cum IIII legionibus expeditis et reliquo equitatu subsequar.
4 si nos mediocris modo fortuna rei publicae adiuverit, et
audaciae perditorum et nostrae sollicitudinis hic finem
reperiemus. quod si latro praecognito nostro adventu rursus
in Italiam se recipere coeperit, Bruti erit officium occurrere
ei; cui scio nec consilium nec animum defuturum. ego 5
tamen, si id acciderit, fratrem cum equitatu mittam qui
sequatur Italiamque a vastatione defendat.
Fac valeas meque mutuo diligas.

391 (x.21)

Scr. in castris iii Id. Mai., ut vid., an. 43

PLANCUS CICERONI

1 Puderet me inconstantiae mearum litterarum si non haec
ex aliena levitate penderent. omnia feci qua re Lepido
coniuncto ad rem publicam defendendam minore sollicitudine
vestra perditis resisterem. omnia ei et petenti recepi et ultro

---

10 adiuuandum *H*: adlua- *MD*: allua- *V* (*cf. ep. 375.2*)   **3,** 1 quid
DH: qui *MV*   7 VII *Nake, qui etiam* VIII : IIII Ω: VI *Wesenberg*
9 forum *DH*: eo- *MV*   10 V] III *Wesenberg* (*retento* IIII *supra*)   **4,** 3
rursus *M*ᶜχ: rusus *M*   7 italiamque χ: -iam *M*: ut Italiam *Wesenberg*

251

pollicitus sum, scripsique tibi biduo ante confidere me bono 5
Lepido esse usurum communique consilio bellum admini-
straturum. credidi chirographis eius, adfirmationi praesentis
Laterensis, qui tum apud me erat reconciliaremque me
Lepido fidemque haberem orabat. non licuit diutius bene de
eo sperare. illud certe cavi et cavebo, ne mea credulitate rei 10
publicae summa fallatur.

2   Cum Isaram flumen uno die ponte effecto exercitum
traduxissem pro magnitudine rei celeritatem adhibens, quod
petierat per litteras ipse ut maturarem venire, praesto mihi
fuit stator eius cum litteris, quibus ne venirem denuntiabat;
se posse per se conficere negotium; interea ad Isaram 5
exspectarem. indicabo temerarium meum consilium tibi:
nihilo minus ire decreram existimans eum socium gloriae
vitare. putabam posse me nec de laude ieiuni hominis
delibare quicquam et subesse tamen propinquis locis, ut, si
durius aliquid esset, succurrere celeriter possem. 10

3   Ego non malus homo hoc suspicabar. at Laterensis, vir
sanctissimus, suo chirographo mittit mihi litteras nimis quam
desperans de se, de exercitu, de Lepidi fide querensque se
destitutum, in quibus aperte denuntiat videam ne fallar;
suam fidem solutam esse; rei publicae ne desim. exemplar 5
eius chirographi Titio misi. ipsa chirographa omnia, et ⟨ea⟩
quibus credidi et ea quibus fidem non habendam putavi,
Laevo Cispio dabo perferenda, qui omnibus iis interfuit
rebus.

4   Accessit eo ut milites eius, cum Lepidus contionaretur,
improbi per se, corrupti etiam per eos qui praesunt, Canidios
Rufrenosque et ceteros quos cum opus erit scietis, conclamarent viri boni pacem se velle neque esse cum ullis

---

Ep. 391 Ω = MVDH] **1**, 10 caui M³D: ceui MH: diu V   **2**, 6 ex-
pectarem H: sp- MVD   7 decreram M: decreueram M²χ   9 de-
libareϚ: deliberare (lib- H) Ω   **3**, 2 nimis quam Mendelssohn: miisque
M: meisque McV: nimisque DH   6 et ea Lambinus: ex MV: et DH
4, 1 ut M: qui χ   3–4 conclamarent Wesenberg: -runt MDH: cum
clamare V: conclamarint Ϛ

pugnaturos, duobus iam consulibus singularibus occisis, tot 5
civibus [pro] patria⟨e⟩ amissis, hostibus denique omnibus
iudicatis bonisque publicatis; neque hoc aut vindicarat
5 Lepidus aut sanarat. hoc me venire et duobus exercitibus
coniunctis obicere exercitum fidelissimum, auxilia maxima,
principes Galliae, provinciam cunctam summae dementiae
et temeritatis esse vidi, mihique, si ita oppressus essem remque
publicam mecum prodidissem, mortuo non modo honorem 5
sed misericordiam quoque defuturum. itaque rediturus
sum nec tanta munera perditis hominibus dari posse sinam.
6   Ut exercitum locis habeam opportunis, provinciam tuear,
etiam si ille exercitus descierit, omniaque integra servem
dabo operam, quoad exercitus hoc summittatis parique
felicitate rem publicam hic vindicetis. nec depugnare, si
occasio tulerit, nec obsideri, si necesse fuerit, nec mori, si 5
casus inciderit, pro vobis paratior fuit quisquam. qua re
hortor te, mi Cicero, exercitum hoc traiciendum quam
primum cures et matures, prius quam hostes magis cor-
roborentur et nostri perturbentur. in quo si celeritas erit
adhibita, res publica in possessione victoriae deletis sceleratis 10
permanebit.
Fac valeas meque diligas.

392 (X.21*a*)

Scr. in castris c. Id. Mai. an. 43

⟨PLANCUS CICERONI⟩

Fratrem meum tibi, fortissimum civem et ad omnia paratis-
simum, excusem litteris? qui ex labore in febriculam incidit

---

5 singularibus *M*: *om.* χ (*supra scr. in D fort. prima manu*)   6 patriae
scripsi (*qui etiam* in patria *conieci*): pro patria Ω   amissis *cum* occisis
commutare voluit Ernesti   **5**, 6 defuturum *MV*: -ram *DH*   **6**, 1 ut
exercitum χ: ex- *M, quod defendi potest*   3 anne exercitum ?
Ep. 392 Ω = *MVLH*] novam *ἐp. agnovit Weiske*   2 excusem *V*: -se
M: -ses *M²*: -sa *DH*

adsiduam et satis molestam. cum primum poterit, istoc
recurrere non dubitabit, ne quo loco rei publicae desit.

Meam dignitatem commendatam habeas rogo. con- 5
cupiscere me nihil oportet. habeo te et amantissimum mei et,
quod optavi, summae auctoritatis. tu videris quantum et
quando tuum munus apud me velis esse. tantum te rogo, in
Hirti locum me subdas et ad tuum amorem et ad meam
observantiam. 10

393 (x.19)

Scr. Romae med. m. Mai., ut vid., an. 43

CICERO PLANCO

1 Quamquam gratiarum actionem a te non desiderabam, cum
te re ipsa atque animo scirem esse gratissimum, tamen
(fatendum est enim) fuit ea mihi periucunda. sic enim vidi,
quasi ea quae oculis cernuntur, me a te amari. dices 'quid
antea?' semper equidem, sed numquam illustrius. 5

Litterae tuae mirabiliter gratae sunt senatui cum rebus
ipsis, quae erant gravissimae et maximae, fortissimi animi
summique consili, tum etiam gravitate sententiarum atque
2 verborum. sed, mi Plance, incumbe ut belli extrema perficias.
in hoc erit summa et gratia et gloria. cupio omnia rei
publicae causa; sed mehercules in ea conservanda iam
defatigatus non multo plus patriae faveo quam tuae gloriae,
cuius maximam facultatem tibi di immortales, ut spero, 5
dederunt; quam complectere obsecro. qui enim Antonium
oppresserit, is hoc bellum taeterrimum periculosissimumque
confecerit.

---

3 istoc *M*: istuc χ   4 dubitabit *DH*: -auit *MV*
Ep. 393 Ω = *MVH*] **1**, 5 numquam *McH*: unum q- *MV*   8 graui-
tate *H*: -em *MV*   **2**, 6 dederunt *Orelli*: dedere *MH*: debere *V*

Scr. Romae c. iii Id. Mai. an. 43

M. CICERO S.D. D. BRUTO IMP. COS. DESIG.

1 Tris uno die a te accepi epistulas, unam brevem, quam
Flacco Volumnio dederas, duas pleniores, quarum alteram
tabellarius T. Vibi attulit, alteram ad me misit Lupus.

Ex tuis litteris et ex Graecei oratione non modo non
restinctum bellum sed etiam inflammatum videtur. non 5
dubito autem pro tua singulari prudentia quin perspicias, si
aliquid firmitatis nactus sit Antonius, omnia tua illa
praeclara in rem publicam merita ad nihilum esse ventura.
ita enim Romam erat nuntiatum, ita persuasum omnibus,
cum paucis inermis, perterri⟨ti⟩s metu, fracto animo fugisse 10
2 Antonium. qui si ita se habet ut, quem ad modum audiebam
de Graeceio, confligi cum eo sine periculo non possit, non
ille mihi fugisse a Mutina videtur sed locum belli gerendi
mutasse. itaque homines alii facti sunt. non nulli etiam
queruntur quod persecuti non sitis; opprimi potuisse, si 5
celeritas adhibita esset, existimant. omnino est hoc populi
maximeque nostri, in eo potissimum abuti libertate per quem
eam consecutus sit; sed tamen providendum est ne quae
iusta querela esse possit. res se sic habet: is bellum confecerit
qui Antonium oppresserit. hoc quam vim habeat te existi- 10
mare malo quam me apertius scribere.

Ep. 394 Ω = *MVDH*] D. BRVTO *VD*, *ind. M*: bruto *MH*   **1**, 4 et ς:
ut Ω   grecei (-cei *H*) oratione *DH*: graeceio rat- *M*: greceio *V*
                    7
7 tuaς: sua Ω   10 perterritisς: -rris *MV*: per terras *DH*   **2**, 5 queruntur χ: quaer- *M*   7 maximeque *D*: -mique *MVD¹H*   8 est χ:
sit *M*   8–9 ne quae iusta *M*: neque iusta *H*: n- in ista *V*: n- ut iusta
D   9 se sic *M*: si sic *VH*: si (*exp.*) sic se *D* (*sic*)

Scr. in castris ad Isaram xv Kal. Iun. an. 43

PLANCUS CICERONI

1 Quid in animo habuerim cum Laevus Nervaque discesserunt a me et ex litteris quas iis dedi et ex ipsis cognoscere potuisti, qui omnibus rebus consiliisque meis interfuerunt. accidit mihi quod homini pudenti et cupido satis faciendi rei publicae bonisque omnibus accidere solet, ut consilium 5 sequerer periculosum magis, dum me probarem, quam tutum, quod habere posset obtrectationem.

2 Itaque post discessum legatorum cum binis continuis litteris et Lepidus me ut venirem rogaret et Laterensis multo etiam magis prope implorans obtestaretur, non ullam rem aliam extimescens quam eandem quae mihi quoque facit timorem, varietatem atque infidelitatem exercitus eius, non 5 dubitandum putavi quin succurrerem meque communi periculo offerrem. sciebam enim, ⟨et⟩si cautius illud erat consilium, exspectare me ad Isaram dum Brutus traiceret exercitum et cum collega consentiente, exercitu concordi ac bene de re publica sentiente, sicut milites faciunt, hostibus 10 obviam ire, tamen, si quid Lepidus bene sentiens detrimenti cepisset, hoc omne adsignatum iri aut pertinaciae meae aut timori videbam, si aut hominem offensum mihi, coniunctum cum re publica non sublevassem aut ipse a certamine belli tam necessari me removissem. 15

3 Itaque potius periclitari volui si possem mea praesentia et Lepidum tueri et exercitum facere meliorem quam nimis cautus videri. sollicitiorem certe hominem non suis contractis neminem puto fuisse. nam quae res nullam habebat dubitationem si exercitus Lepidi absit, ea nunc magnam adfert 5

Ep. 395 Ω = *MVH*] **2**, 2 multo *H*: -os *MV*   5 eius *VH*: es *M*
7 etsi *Lambinus*: et Ω   9–10 exercitu...sentiente *VH*: *om. M*
3, 1 possem *H*: -et *MV*   2 quam *H*: qm̄ *V*: qua *M*   4 habeat
Ernesti   5 abesset *Lambinus*

sollicitudinem magnumque habet casum. mihi enim si
contigisset ut prior occurrerem Antonio, non mehercules
horam constitisset; tantum ego et mihi confido et sic
perculsas illius copias Ventidique mulionis castra despicio.
sed non possum non exhorrescere si quid intra cutem subest 10
vulneris, quod prius nocere potest quam sciri curarique
possit. sed certe, [ni]si uno loco me tenerem, magnum
periculum ipse Lepidus, magnum ea pars exercitus adiret
quae bene de re publica sentit. magnam etiam perditi hostes
accessionem sibi fecissent si quas copias a Lepido abstraxissent. 15
quae si adventus meus represserit, agam gratias fortunae con-
stantiaeque meae, quae me ad hanc experientiam excitavit.
4   Itaque a.d. XV Kal. Iun. ab Isara castra movi: pontem
tamen quem in Isara feceram castellis duobus ad capita
positis reliqui praesidiaque ibi firma posui, ut venienti
Bruto exercituique eius sine mora transitus esset paratus.
ipse, ut spero, diebus VIII quibus has litteras dabam cum 5
Lepidi copiis me coniungam.

396 (x.34)

Scr. in castris ad Pontem Argenteum xv Kal. Iun. vel
paulo post an. 43

⟨M.⟩ LEPIDUS IMP. ITER. PONT. MAX. S.D.
M. TULLIO CICERONI

1 S. v. b. e. e. v.
    Cum audissem M. Antonium cum suis copiis praemisso
L. Antonio cum parte equitatus in provinciam meam venire,
cum exercitu meo ab confluente †ab Rhodano† castra movi

---

11 vulneris] ulceris *Puteanus*   12 si *Manutius*: nisi Ω   17 meae (me
V) qu(a)e me *VH*: meaeque *M*   **4**, 4 transitus *H*: -tu *MV*
Ep. 396 Ω = *MVDH*] M. *add.* ς   **1**, 1 e. e. *MH*: e. e. q. *VD, fort.*
recte   2 M. *VD*: marcum *H*: *om. M*   4 ab confluente abrhodano
(ab rod- *V*) *MV*: ab conf- rhod- *D*: rhod- ab conf- *H*: ab conf- Durentiae
ac Rhodani *Wesenberg*: ab rhod- *removit Baiter auctore Victorio*

ac contra eos venire institui. itaque continuis itineribus ad 5
Forum Vocon[t]ium veni et ultra castra ad flumen Argenteum contra Antonios feci. P. Ventidius suas legiones tris
coniunxit cum eo et ultra me castra posuit. habebat antea
legionem V et ex reliquis legionibus magnam multitudinem,
sed inermorum. equitatum habet magnum; nam omnis ex 10
proelio integer discessit, ita ut sint amplius equitum milia
quinque. ad me complures milites et equites ab eo transierunt
2 et in dies singulos eius copiae minuuntur. Silanus et Culleo
ab eo discesserunt. nos etsi graviter ab iis laesi eramus, quod
contra nostram voluntatem ad Antonium ierant, tamen
nostrae humanitatis et necessitudinis causa eorum salutis
rationem habuimus; nec tamen eorum opera utimur neque 5
in castris habemus neque ulli negotio praefecimus.

Quod ad bellum hoc attinet, nec senatui nec rei publicae
deerimus. quae postea egerimus faciam te certiorem.

397(xi.18)

Scr. Romae xiv Kal. Iun. an. 43

M. CICERO S.D. D. BRUTO IMP. COS. DESIG.

1 Etsi ex mandatis quae Galbae Volumnioque ad senatum
dedisti quid timendum putares suspicabamur, tamen
timidiora mandata videbantur quam erat dignum tua
populique Romani victoria. senatus autem, mi Brute, fortis
est et habet fortis duces. itaque moleste ferebat se a te, quem 5
omnium quicumque fuissent fortissimum iudicaret, timidum
2 atque ignavum iudicari. etenim cum te incluso spem maximam omnes habuissent in tua virtute florente Antonio, quis
erat qui quicquam timeret profligato illo, te liberato? nec

---

6 Voconium *scripsi*: uocontium (uocan- *H*) Ω: Voconi(i) *Manutius, vulg.*
ultra *del. voluit Wesenberg* 7 Antonianos ς, *fort. recte* 8 me *M*:
a me *vel* ame χ 9 et *DH*: ut *MV* 11–12 milia quinque *Madvig*:
Itaque *M*: ∞ ∞ ∞. Itaque *V*: .m. itaque *DH*
Ep. 397 Ω = *MVDH*] 1, 2 putares *DH*: suspicarer putares *MV*

vero Lepidum timebamus. quis enim esset qui illum tam
furiosum arbitraretur ut, qui in maximo bello pacem velle 5
se dixisset, is in optatissima pace bellum rei publicae
indiceret?

3   Nec dubito quin tu plus providdeas. sed tamen tam recenti
gratulatione, quam tuo nomine ad omnia deorum templa
fecimus, renovatio timoris magnam molestiam adferebat.
quare velim equidem, id quod spero, ut plane abiectus et
fractus sit Antonius; sin aliquid virium forte collegerit, 5
sentiet nec senatui consilium nec populo Romano virtutem
deesse nec rei publicae te vivo imperatorem.

XIIII Kal. Iun.

398 (X.17)

Scr. ex itinere ad Forum Voconi paulo post xv Kal. Iun. an. 43

PLANCUS CICERONI

1 Antonius Id. Mai. ad Forum Iuli cum primis copiis venit.
Ventidius bidui spatio abest ab eo. Lepidus ad Forum
Voconi castra habet, qui locus a Foro Iuli quattuor et
viginti millia passus abest, ibique me exspectare constituit,
quem ad modum ipse mihi scripsit. quod si omnia mihi 5
integra et ipse et fortuna servarit, recipio vobis celeriter me
negotium ex sententia confecturum.

2   Fratrem meum adsiduis laboribus concursationibusque
confectum graviter se habuisse antea tibi scripsi. sed tamen,
cum primum posse ingredi coepit, non magis sibi quam rei
publicae se convaluisse existimans ad omnia pericula
princeps esse non recusabat. sed ego eum non solum hortatus 5
sum verum etiam coegi isto proficisci, quod et illa valetudine
magis conficere se quam me iuvare posset in castris et quod
acerbissimo interitu consulum rem publicam nudatam tali
cive praetore in urbanis officiis indigere existimabam. quod

Ep. 398 Ω = *MVDH*] **2**, 7 iuuare χ: tuare *M*

si qui vestrum non probabit, mihi prudentiam in consilio 10
defuisse sciat, non illi erga patriam fidelitatem.

3   Lepidus tamen quod ego desiderabam fecit, ut Apellam
ad me mitteret, quo obside fidei illius et societatis in re
publica administranda uterer. in ea re studium mihi suum
L. Gellius †de tribus fratribus segaviano† probavit, quo ego
interprete novissime ad Lepidum sum usus. amicum eum 5
rei publicae cognosse videor libenterque ei sum testimonio et
omnibus ero qui bene merentur.

Fac valeas meque mutuo diligas dignitatemque meam, si
mereor, tuearis, sicut adhuc singulari cum benevolentia
fecisti.
                                                              10

399 (xi.19)

Scr. Vercellis xii Kal. Iun. an. 43

D. BRUTUS IMP. COS. DESIG. S.D. M. CICERONI

1   Ad senatum quas litteras misi velim prius perlegas et si qua
tibi videbuntur commutes. necessario me scripsisse ipse
animadvertes. nam cum putarem quartam et Martiam
legiones mecum futuras, ut Druso Pauloque placuerat vobis
adsentientibus, minus de reliquis rebus laborandum existi- 5
mavi. nunc vero, cum sim cum tironibus egentissimis, valde
et meam et vestram vicem timeam necesse est.

2   Vicetini me et M. Brutum praecipue observant. his ne
quam patiare iniuriam fieri in senatu vernarum causa a te
peto. causam habent optimam, officium in re⟨m⟩ publicam
summum, genus hominum adversariorum seditiosum et
incertissimum.   5

XII Kal. Iun. Vercellis.

---

11 sciat *DH*: -am *MV*   **3**, 1 tamen] tandem *Manutius*   apellam *M*[1]:
ade- *M*: appe- χ   2 quo ς: quod Ω   fidei *DH*: fide *MV*   3 in
ea re χ: *om. M*   4 segauiano *M*: egani- χ (*de toto loco vide comm.*)
Ep. 399 Ω = *MVDH*] **1**, 6 recentissimis *Sedgwick*   **2**, 3 rem. p. ς:
rep. *vel* re p. Ω   5 incertissimum *H*: inert- *MVDH*[c]   6 uercellis
M[2]*DH*: -los *MV*

400 (X.34a)

Scr. in castris ad Pontem Argenteum xi Kal. Iun. an. 43

⟨LEPIDUS CICERONI⟩

1 Etsi omni tempore summa studia offici mutuo inter nos certatim constiterunt pro nostra inter nos familiaritate et proinde diligenter ab utroque conservata sunt, tamen non dubito in tanto et tam repentino motu rei publicae quin non nulla de me falsis rumoribus a meis obtrectatoribus me 5 indigna ad te delata sint, quae tuum animum magno opere moverent pro tuo amore in rem publicam. ea te moderate accepisse neque temere credendum iudicasse a meis procuratoribus certior sum factus. quae mihi, ut debent, gratissima sunt. memini enim et illa superiora quae abs tua voluntate 10 profecta sunt ad meam dignitatem augendam et ornandam, quae perpetuo animo meo fixa manebunt.

2 Abs te, mi Cicero, magno opere peto, si meam vitam, studium, diligentiam, fidem superioribus temporibus in re publica administranda quae Lepido digna sunt perspecta habes, ut paria aut eo ampliora reliquo tempore exspectes et proinde tua auctoritate me tuendum existimes quo tibi 5 plura tuo merito debeo.

Vale.

D. XI Kal. Iun. ex castris ex Ponte Argenteo.

401 (XI.20)

Scr. Eporediae ix Kal. Iun. an. 43

D. BRUTUS S.D. M. CICERONI

1 Quod pro me non facio, id pro te facere amor meus in te tuaque officia cogunt, ut timeam. saepe enim mihi cum esset

Ep. 400 Ω = *MVDH*] *novam ep. fecit Victorius; in codd. cum ep. 396 cohaeret* **1**, 1 officii mutui ς: -ciaque mutua *Lambinus* 12 ⟨in⟩ animo *Wesenberg* **2**, 2 diligentiam, fidem *scripsi*: -ntissime Ω: -ntiam *Lambinus* 3 sint *Wesenberg*

dictum neque a me contemptum, novissime Labeo Segulius,
homo sui simillimus, narrat mihi apud Caesarem se fuisse
multumque sermonem de te habitum esse; ipsum Caesarem 5
nihil sane de te questum nisi dictum, quod diceret te dixisse
laudandum adulescentem, ornandum, tollendum; se non
esse commissurum ut tolli possit. hoc ego Labeonem credo
illi rettulisse aut finxisse dictum, non ab adulescente pro-
latum. veteranos vero pessime loqui volebat Labeo me 10
credere et tibi ab iis instare periculum, maximeque indignari
quod in decem viris neque Caesar neque ego habiti essemus
atque omnia ad vestrum arbitrium essent collata.

2   Haec cum audissem et iam in itinere essem, committendum
nondum putavi prius ut Alpis transgrederer quam quid istic
ageretur scirem. nam de tuo periculo, crede mihi iactatione
verborum et denuntiatione periculi sperare eos te perti-
mefacto, adulescente impulso, posse magna consequi praemia, 5
et totam istam cantilenam ex hoc pendere ut quam plurimum
lucri faciant. neque tamen non te cautum esse volo et insidias
vitantem. nihil enim tua mihi vita potest esse iucundius
3 neque carius. illud vide, ne timendo magis timere cogare, et
⟨tamen,⟩ quibus rebus potest occurri veteranis, occurras:
primum quod desiderant de decem viris facias, deinde de
praemiis, si tibi videtur, agros eorum militum qui cum
Antonio veterani fuerunt iis dandos censeas ab utrisque 5
nobis. de nummis lente ac ratione habita pecuniae; senatum
de ea re constituturum. quattuor legionibus iis quibus agros
dandos censuistis video facultatem fore ex agris †silani†
et agro Campano. aequaliter aut sorte agros legionibus
adsignari puto oportere. 10

4   Haec me tibi scribere non prudentia mea hortatur sed
amor in te et cupiditas oti, quod sine te consistere ⟨non⟩
potest. ego, nisi valde necesse fuerit, ex Italia non excedam.

Ep. 401 Ω = *MVDH*] **1,** 4 sui ϛ: siui *M*: sibi χ   8 posset *Wesenberg*
2, 2 nondum *M*: *om.* χ: non ϛ   **3,** 2 tamen *addidi*   8 silani (scill-
H) Ω: Sullanis ϛ: Stellati (*om.* agris) *Schütz*   **4,** 2 non *add.* ϛ

legiones armo, paro. spero me non pessimum exercitum
habiturum ad omnis casus et impetus hominum. de exercitu 5
quem Pansa habuit legionem mihi Caesar non remittit.

Ad has litteras statim mihi rescribe tuorumque aliquem
mitte, si quid reconditum magis erit meque scire opus esse
putaris.

VIII⟨I⟩ Kal. Iun. Eporedia. 10

402 (XI.23)

Scr. Eporediae viii Kal. Iun. an. 43

D. BRUTUS S.D. M. CICERONI

1 Nos hic valemus recte et quo melius valeamus operam dabi-
mus. Lepidus commode [de] nobis sentire videtur. omni
timore deposito debemus libere rei publicae consulere. quod
si omnia essent aliena, tamen tribus tantis exercitibus
propriis rei publicae valentibus magnum animum habere 5
debebas; quem et semper habuisti et nunc Fortuna adiuvante
2 augere potes. quae tibi superioribus litteris mea manu
scripsi terrendi tui causa homines loquuntur. si frenum
momorderis, peream si te omnes quot sunt conantem loqui
ferre poterint.

Ego, tibi ut antea scripsi, dum mihi a te litterae veniant, 5
in Italia morabor.

VIII Kal. Iun. Eporedia.

---

4 armo *MD*: arma *V*: *om. H*   10 VIIII *Corradus*: VIII Ω
Ep. 402 Ω = *MVDH*] **1**, 2 de *removit Victorius*   **2**, 3 quot *DH*: quod
MV   4 poterint *MVDᶜH*: -runt *D*   7 eporedia *M*: -raida *V*: -ragia
DH

Scr. Romae m. Mai. an. 43

CICERO S.D. FURNIO

1 Si interest, id quod homines arbitrantur, rei publicae te, ut
instituisti atque fecisti, navare operam rebusque maximis
quae ad exstinguendas reliquias belli pertinent interesse,
nihil videris melius neque laudabilius neque honestius facere
posse, istamque operam tuam, navitatem, animum in rem 5
publicam celeritati praeturae anteponendam censeo. nolo
enim te ignorare quantam laudem consecutus sis; mihi crede,
proximam Planco, idque ipsius Planci testimonio, praeterea
fama sententiaque omnium.

2 Quam ob rem, si quid operis tibi etiam nunc restat, id
maximo opere censeo persequendum; quid enim honestius,
aut quid honesto anteponendum? sin autem satis factum
officio, rei publicae satis factum putas, celeriter ad comitia,
quoniam mature futura sunt, veniendum censeo, dum modo 5
ne haec ambitiosa festinatio aliquid imminuat eius gloriae
quam consecuti sumus. multi clarissimi viri, cum rei publicae
darent operam, annum petitionis suae non obierunt. quod
eo facilius nobis est quod non est annus hic tibi destinatus,
ut, si aedilis fuisses, post biennium tuus annus esset. nunc 10
nihil praetermittere videbere usitati et quasi legitimi
temporis ad petendum. video autem Planco consule, etsi
etiam sine eo rationes expeditas haberes, tamen splendi-
diorem petitionem tuam, si modo ista ex sententia confecta
essent. 15

3 Omnino plura me scribere, cum tuum tantum consilium

Ep. 403 Ω = *MVDH*] **1**, 5 nauitatem *DH*: natiu- *MV*   9 sententiaque ς: scienti- Ω: conscienti- *Orelli*   **2**, 3–4 satisfactum (-te *V*) officio
rei p. satisfactum χ: satisf- rei p. *M, vulg.*: s- f- officio, s- f- rei p. *Graevius*
6 ne h(a)ec *DH*: nequid h- *MV*   12 videbam *Wesenberg*   13 sine
eo rationes ς: sineor- *M*: sine eo (ea *V*) ratione χ   14 fore *post* tuam
add. ς, *ante* petit- *Wesenberg*

iudiciumque sit, non ita necesse arbitrabar; sed tamen
sententiam meam tibi ignotam esse nolebam. cuius est haec
summa, ut omnia te metiri dignitate malim quam ambitione
maioremque fructum ponere in perpetuitate laudis quam in 5
celeritate praeturae. haec eadem locutus sum domi meae
adhibito Quinto, fratre meo, et Caecina et Calvisio,
studiosissimis tui, cum Dardanus, libertus tuus, interesset.
omnibus probari videbatur oratio mea; sed tu optime
iudicabis. 10

404 (x.16)

Scr. Romae c. viii Kal. Iun. an. 43

CICERO PLANCO

1 Nihil post hominum memoriam gloriosius, nihil gratius, ne
tempore quidem ipso opportunius accidere vidi quam tuas,
Plance, litteras. redditae sunt enim frequenti senatu Cornuto,
cum is frigidas sane et inconstantis recitasset litteras Lepidi.
sub eas statim recitatae sunt tuae non sine magnis quidem 5
clamoribus. cum rebus enim ipsis essent et studiis bene-
ficiisque in re⟨m⟩ publicam gratissimae, tum erant gravissimis
verbis ac sententiis. flagitare senatus institit Cornutum ut
referret statim de tuis litteris. ille se considerare velle. cum
ei magnum convicium fieret cuncto a senatu, quinque 10
tribuni pl. rettulerunt. Servilius rogatus rem distulit. ego
eam sententiam dixi cui sunt adsensi ad unum. ea quae
fuerit ex senatus consulto cognosces.

2   Tu, quamquam consilio non eges, vel abundas potius,
tamen hoc animo esse debes ut nihil huc reicias neve in rebus
tam subitis tamque angustis a senatu consilium petendum
putes, ipse tibi sis senatus; quocumque te ratio rei publicae
ducet, sequare; cures ut ante factum aliquid a te egregium 5

3, 4 dignitate malim M^3D: -tem malim H: -tem aliam MV
Ep. 404 $\Omega = MVDH$] **1,** 5 sunt χ: sint M 7 rem p. ς: rep. *vel*
re p. Ω **2,** 2 huc H: huic MVD 3 subitis ς: subditis Ω 5 aliquid ς: -quod Ω

audiamus quam futurum putarimus. illud tibi promitto,
quicquid erit a te factum, id senatum non modo ut fideliter
sed etiam ut sapienter factum comprobaturum.

405 (XII.14)

Scr. Pergae iv Kal. Iun. an. 43

LENTULUS CICERONI SUO S.P.D.

1 Cum Brutum nostrum convenissem eumque tardius in
Asiam venturum animadverterem, in Asiam redii, ut
reliquias mei laboris colligerem et pecuniam quam primum
Romam mitterem. interim cognovi in Lycia esse classem
Dolabellae ampliusque centum navis onerarias, in quas 5
exercitus eius imponi posset, idque Dolabellam ea mente
comparasse ut, si Syriae spes eum frustrata esset, con-
scenderet in navis et Italiam peteret seque cum Antoniis et
reliquis latronibus coniungeret.

Cuius rei tanto in timore fui ut omnibus rebus relictis cum 10
paucioribus et minoribus navibus ad illas ire conatus sim.
2 quae res, si a Rhodiis non essem interpellatus, fortasse tota
sublata esset, tamen magna ex parte profligata est, quoniam
quidem classis dissipata est adventus nostri timore; milites
ducesque effugerunt, onerariae omnes ad unam a nobis sunt
exceptae. certe, quod maxime timui, videor esse consecutus 5
ut non possit Dolabella in Italiam pervenire nec suis sociis
firmatis durius vobis efficere negotium.

3 Rhodii nos et rem publicam quam valde spreverint ex
litteris quas publice misi cognosces. et quidem multo parcius
scripsi quam re vera furere eos inveni. quod vero aliquid de
iis scripsi mirari noli; mira est eorum amentia. nec me meae
ullae privatim iniuriae umquam ⟨moverunt⟩; malus animus 5

_____

Ep. 405 Ω = *MVDH*] **1**, 7 frustrata *M²VD*: frutr- *M*: frustata *H*
3, 1 spreverint *Kleyn*: desperauerint (-im *V*) Ω   3–4 quam...
scripsi χ: *om. M*   5 mouerunt *add. M³ in marg.*

eorum in nostra⟨m⟩ salute⟨m⟩, cupiditas partium aliarum,
perseverantia in contemptione optimi cuiusque ferenda mihi
non fuit. nec tamen omnis perditos esse puto. sed idem illi
qui tum fugientem patrem meum, qui L. Lentulum, qui
Pompeium, qui ceteros viros clasissimos non receperunt, idem
tamquam aliquo fato et nunc aut magistratum gerunt aut
eos qui sunt in magistratu in sua habent potestate. itaque
eadem superbia in pravitate utuntur. quorum improbitatem
aliquando retundi et non pati impunitate augeri non solum
utile est rei publicae nostrae sed etiam necessarium.

4   De nostra dignitate velim tibi, ut semper, curae sit et,
quocumque tempore occasionem habueris, et in senatu et
ceteris rebus laudi nostrae suffragere. quoniam consulibus
decreta est Asia et permissum est iis ut, dum ipsi venirent,
darent negotium qui Asiam obtinea[n]t, rogo te petas ab iis
ut hanc dignitatem potissimum nobis tribuant et mihi dent
negotium ut Asiam obtineam dum ipsorum alter uter venit;
nam quod hoc properent in magistratu venire aut exercitum
mittere causam non habent. Dolabella enim in Syria est, et,
ut tu divina tua mente prospexisti et praedicasti, dum isti
veniunt, Cassius eum opprimet. exclusus enim ab Antiochea
Dolabella et in oppugnando male acceptus, nulla alia
confisus urbe, Laodiceam, quae est in Syria ad mare, se
contulit. ibi spero celeriter eum poenas daturum. nam neque
quo refugiat habet neque diutius ibi poterit tantum exercitum
Cassi sustinere. spero etiam confectum esse iam et oppressum
Dolabellam.

5   Qua re non puto Pansam et Hirtium in consulatu propera-
turos in provincias exire sed Romae acturos consulatum.
itaque, si ab iis petieris ut interea nobis procurationem Asiae
dent, spero te posse impetrare. praeterea mihi promiserunt

---

6 nostram salutem ς: -ra -te Ω   14 pati M^2: putati MV: putari DH
4, 2 habueris et ς: -ri et M: -rit χ   5 obtineat *Cobet*: -ant Ω
7 uenit Ω: venerit *Ernesti*: veniat *Wesenberg*   13 confisus χ: -fessus M
5, 2 acturos M: pera- χ, *fort. recte*

Pansa et Hirtius coram et absenti mihi scripserunt, Verrioque 5
nostro Pansa adfirmavit se daturum operam ne in suo consulatu mihi succedatur. ego porro non me dius fidius cupiditate provinciae produci longius spatium mihi volo; nam mihi
fuit ista provincia plena laboris, periculi, detrimenti. quae
ego ne frustra subierim nive, prius quam reliquias meae 10
diligentiae consequar, decedere cogar valde laboro. nam si
potuissem quam exegeram pecuniam universam mittere,
postularem ut mihi succederetur. nunc, quod Cassio dedi,
quod Treboni morte amisimus, quod etiam crudelitate
Dolabellae aut perfidia eorum qui fidem mihi reique publicae 15
non praestiterunt, id consequi et reficere volo. quod aliter
non potest fieri nisi spatium habuero. id ut per te consequar
velim, ut solet, tibi curae sit.

6   Ego me de re publica puto esse meritum ut non provinciae
istius beneficium exspectare debeam sed tantum quantum
Cassius et Bruti, non solum illius facti periculique societate
sed etiam huius temporis studio et virtute. primus enim ego
leges Antonias fregi, primus equitatum Dolabellae ad rem 5
publicam traduxi Cassioque tradidi, primus dilectus habui
pro salute omnium contra coniurationem sceleratissimam,
solus Cassio et rei publicae Syriam exercitusque qui ibi erant
coniunxi; nam nisi ego tantam pecuniam tantaque praesidia
et tam celeriter Cassio dedissem, ne ausus quidem esset ire 10
in Syriam, et nunc non minora pericula rei publicae a Dola-
7   bella instarent quam ab Antonio. atque haec omnia is feci
qui sodalis et familiarissimus Dolabellae eram, coniunctissimus sanguine Antoniis, provinciam quoque illorum beneficio
habebam; sed 'πατρίδα ἐμὴν μᾶλλον φιλῶν' omnibus meis
bellum primus indixi. haec etsi adhuc non magno opere 5
mihi tulisse fructum animadverto, tamen non despero nec
defatigabor permanere non solum in studio libertatis sed

---

5 coram ς: ho- Ω   10 niue MV: neue DH   reliquias ς: -ui(a)e Ω
7, 4 πατρίδ' Klotz   5 indixi VD¹: induxi MDH   7 defatigabor χ:
defet- M

etiam in labore et periculis. ac tamen, si etiam aliqua gloria
iusta et merita provocabimur senatus et optimi cuiusque
officiis, maiore cum auctoritate apud ceteros erimus et eo 10
plus prodesse rei publicae poterimus.

8 Filium tuum, ad Brutum cum veni, videre non potui ideo
quod iam in hiberna cum equitibus erat profectus, sed me
dius fidius ea esse eum opinione et tua et ipsius et in primis
mea causa gaudeo. fratris enim loco mihi est qui ex te natus
teque dignus est. 5
Vale.

D. IIII Kal. Iun. Pergae.

406 (XII.15)

Scr. Pergae iv Kal. Iun. et iv Non. Iun. an. 43

P. LENTULUS P.F. PRO Q. PRO PR. S.D. COSS.
PR. TR. PL. SENATUI POPULO PLEBIQUE ROMANAE

1 S. v. l. v. v. b. e. v.

Scelere Dolabellae oppressa Asia in proximam provinciam
Macedoniam praesidiaque rei publicae quae M. Brutus,
v. c., tenebat, me contuli et id egi ut per quos celerrime
possent Asia provincia vectigaliaque in vestram potestatem 5
redigerentur. quod cum pertimuisset Dolabella, vastata
provincia, correptis vectigalibus, praecipue civibus Romanis
omnibus crudelissime denudatis ac divenditis, celeriusque Asia
excessisset quam eo praesidium adduci potuisset, diutius
morari aut exspectare praesidium non necesse habui et quam 10
primum ad meum officium revertendum mihi esse existimavi,
ut et reliqua vectigalia exigerem et quam deposui pecuniam

8 ac tamen *Wesenberg*: adt- *M*: att- χ   8, 4 loco mihi *M*: m- l- χ
7 pergae *M*: -as χ: -a *Orelli*
Ep. 406 Ω = *MVDH*] coss. *H*: conss. *MV*, *ind. MH*: cos. *D*   1, 1 l.
⟨q.⟩ v. *Lambinus*   6–8 uastata..celeriusque Ω: et v-...celerius
Manutius: vastataque...celerius *Madvig*   8 omnibus *M*: *om.* χ

colligerem, quidque ex ea correptum esset aut quorum id
culpa accidisset cognoscerem quam primum et vos de omni
re facerem certiores.   15

2   Interim cum per insulas in Asiam naviganti mihi nuntiatum
est classem Dolabellae in Lycia esse Rhodiosque navis
compluris instructas et paratas in aqua habere, cum iis
navibus quas aut mecum adduxeram aut comparaverat
Patiscus pro q., homo mihi cum familiaritate tum etiam   5
sen⟨s⟩ibus in re publica coniunctissimus, Rhodum deverti
confisus auctoritate vestra senatusque consulto quo hostem
Dolabellam iudicaratis, foedere quoque quod cum iis
M. Marcello Ser. Sulpicio ⟨coss.⟩ renovatum erat, quo
iuraverant Rhodii eosdem hostis se habituros quos senatus 10
populusque Romanus.

Quae res nos vehementer fefellit. tantum enim afuit ut
illorum praesidio nostram firmaremus classem ut etiam
a Rhodiis urbe, portu, statione quae extra urbem est,
commeatu, aqua denique prohiberentur nostri milites, nos   15
vix ipsi singulis cum navigiolis reciperemur. quam indignitatem deminutionemque maiestatis non solum iuris nostri
sed etiam imperi populique Romani idcirco tulimus quod
interceptis litteris cognoramus Dolabellam, si desperasset de
Syria Aegyptoque, quod necesse erat fieri, in navis cum   20
omnibus suis latronibus atque omni pecunia conscendere
esse paratum Italiamque petere; idcirco etiam navis
onerarias, quarum minor nulla erat duum milium ampho-
3   rum, contractas in Lycia a classe eius obsideri. huius rei
timore, p. c., percitus iniurias perpeti et cum contumelia
etiam nostra omnia prius experiri malui. itaque ad illorum
voluntatem introductus in urbem et in senatum eorum, quam
diligentissime potui, causam rei publicae egi periculumque 5

---

13 quidque *Wesenberg*: quicquid Ω   **2,** 2 est *M*: esset χ   3 instructas *DH*: -ta *M*, *V* (*sic*)   6 sensibus ς: seni- (a seni- *D*) Ω
deverti *Wesenberg*: reu- Ω   9 coss. *add.* ς   quo *M*: quod χ   17 nostri χ: -is *M*   23 minor nulla *M*: n- m- *DH* (quarum…contractas
om. V)

omne quod instaret, si ille latro cum suis omnibus navis conscendisset, exposui. Rhodios autem tanta in pravitate animadverti ut omnis firmiores putarent quam bonos, ut hanc concordiam et conspirationem omnium ordinum ad defendendam libertatem propense non crederent esse 10 factam, ut patientiam senatus et optimi cuiusque manere etiam nunc confiderent nec potuisse audere quemquam Dolabellam hostem iudicare, ut denique omnia quae improbi fingebant magis vera existimarent quam quae vere facta erant et a nobis docebantur. 15

4 Qua mente etiam ante nostrum adventum post Treboni indignissimam caedem ceteraque tot tamque nefaria facinora binae profectae erant ad Dolabellam legationes eorum et quidem novo exemplo, contra leges ipsorum, prohibentibus iis qui tum magistratus gerebant. haec sive timore, ut 5 dictitant, de agris quos in continenti habent sive furore sive potentia paucorum, qui et antea pari contumelia viros clarissimos adfecerant et nunc maximos magistratus gerentes, nullo exemplo neque nostra ex parte ⟨provocati⟩, neque nostro praesentium neque imminenti Italiae urbique nostrae 10 periculo, si ille parricida cum suis latronibus navibus ex Asia Syriaque expulsus Italiam petisset, mederi, cum facile possent, voluerunt.

5 Non nullis etiam ipsi magistratus veniebant in suspicionem detinuisse nos et demorati esse, dum classis Dolabellae certior fieret de adventu nostro. quam suspicionem consecutae res aliquot auxerunt, maxime quod subito ex Lycia Sex. Marius et C. Titius, legati Dolabellae, a classe discesse- 5 runt navique longa profugerunt onerariis relictis, in quibus colligendis non minimum temporis laborisque consumpserant. itaque cum ab Rhodo cum iis quas habueramus navibus in Lyciam venissemus, navis onerarias recepimus dominisque

---

4, 7 potentia *Egnatius*: patie- Ω: impote-ς   9 provocati *add. Wesenberg*
13 voluerunt *Cratander*: no- Ω (-ere *V*)   5, 7 consumpserant ς: -runt
(-re *V*) Ω   8 iis ς: his χ, *ut solent*: *om. M*

restituimus idemque, quod maxime verebamur, ne posset 10
Dolabella cum suis latronibus in Italiam venire, timere
desiimus; classem fugientem persecuti sumus usque Sidam,
quae extrema regio est provinciae meae.

6   Ibi cognovi partem navium Dolabellae diffugisse, reliquas
Syriam Cyprumque petisse. quibus disiectis, cum scirem
C. Cassi, singularis civis et ducis, classem maximam fore
praesto in Syria, ad meum officium reverti, daboque operam
ut meum studium diligentiam vobis, p. c., reique publicae 5
praestem pecuniamque quam maximam potero et quam
celerrime cogam omnibusque ⟨cum⟩ rationibus ad vos
mittam. si percurrero provinciam et cognovero qui nobis et
rei publicae fidem praestiterunt in conservanda pecunia a me
deposita quique scelere ultro deferentes pecuniam publicam 10
hoc munere societatem facinorum cum Dolabella inierunt,
faciam vos certiores. de quibus, si vobis videbitur, si, ut
meriti sunt, graviter constitueritis nosque vestra auctoritate
firmaveritis, facilius et reliqua exigere vectigalia et exacta
servare poterimus. interea quo commodius vectigalia tueri 15
provinciamque ab iniuria defendere possim, praesidium
voluntarium necessariumque comparavi.

7   His litteris scriptis milites circiter XXX, quos Dolabella ex
Asia conscripserat, ex Syria fugientes in Pamphyliam venerunt. hi nuntiaverunt Dolabellam Antiocheam quae in Syria
est venisse, non receptum conatum esse aliquotiens vi
introire; repulsum semper esse cum magno suo detrimento; 5
itaque DC circiter amissis, aegris relictis, noctu Antiochea
profugisse Laodiceam versus; ea nocte omnis fere Asiaticos
milites ab eo discessisse; ex his ad octingentos Antiocheam
redisse et se iis tradidisse qui a Cassio relicti urbi illi praeerant,
ceteros per ⟨A⟩manum in Ciliciam descendisse, quo ex 10
numero se quoque esse dicebant; Cassium autem cum suis

6, 3 classem *DH*: clas *M*: classium *V*   5 studium *M*: s- et χ   7 cum
add. ς   9–11 praestiterint...inierint *Wesenberg*   10 scelerate *Lambinus*   **7**, 2 ex Syria *Wesenberg*: et s- Ω: e S- ς   4–5 ui introire *M*: ut
introiret χ   10 Amanum ς: manum *MVH*: mare *D*

omnibus copiis nuntiatum esse quadridui iter Laodicea
afuisse tum cum Dolabella eo tenderet.

Quam ob rem opinione celerius confido sceleratissimum
latronem poenas daturum.   15

IIII Non. Iun. Pergae.

407 (X.20)

Scr. Romae iv Kal. Iun. an. 43

CICERO PLANCO

1 Ita erant omnia quae istim adferebantur incerta ut quid ad
te scriberem non occurreret. modo enim quae vellemus de
Lepido, modo contra nuntiabantur. de te tamen fama
constans, nec decipi posse nec vinci. quorum alterius fortuna
partem habet quandam, alterum proprium est prudentiae 5
tuae.

2 Sed accepi litteras a collega tuo datas Id. Mai. in quibus
erat te ad se scripsisse a Lepido non recipi Antonium; quod
erit certius si tu ad nos idem scripseris. sed minus audes
fortasse propter inanem laetitiam litterarum superiorum.
verum ut errare, mi Plance, potuisti (quis enim id effugerit?), 5
sic decipi te non potuisse quis non videt? nunc vero etiam
[iam] erroris causa sublata est; culpa enim illa 'bis ad
eundem' vulgari reprehensa proverbio est. sin ut scripsisti
ad collegam ita se res habet, omni cura liberati sumus; nec
tamen erimus prius quam ita esse tu nos feceris certiores. 10

3 Mea quidem, ut ad te saepius scripsi, haec sententia est,
qui reliquias huius belli oppresserit, eum totius belli con-
fectorem fore; quem te et opto esse et confido futurum. studia

---

12 ⟨a⟩ Laodicea ς   13 afuisse *M*: f- χ   16 Perga *Orelli*
Ep. 407 Ω = *MVDH* (*deest D usque ad* §3, *4 nulla esse*)]   **1**, 1 istim
M: isti ne *V*: istis *H*: istinc *M²in marg.*   **2**, 2 ad se scripsisse *VH¹*: ase
scr- *H*: adscr- *M*   recipi *VH*: recepi *M*   3 certius *M*: rect- *VH*
5 errare mi ς: -em mi *VH*: -em id *M*   potuisti ς: uolu- Ω   7 iam
removit Manutius

mea erga te, quibus certe nulla esse maiora potuerunt, tibi
tam grata esse quam ego putavi fore minime miror vehemen- 5
terque laetor. quae quidem tu, si recte istic erit, maiora et
graviora cognosces.

IIII Kal. Iun.

408 (x.35)

Scr. in Ponte Argenteo iii Kal. Iun. an. 43

M. LEPIDUS IMP. ITER. PONT. MAX. S.D. PR.
TR. PL. SENATUI POPULO PLEBIQUE ROMANAE

1 Si v. liberique vestri v. b. e. e. q. v.

Deos hominesque testor, p. c., qua mente et quo animo
semper in rem publicam fuerim et quam nihil antiquius
communi salute ac libertate iudicarim. quod vobis brevi
probassem, nisi mihi fortuna proprium consilium extorsisset. 5
nam exercitus cunctus consuetudine⟨m⟩ sua⟨m⟩ in civibus
conservandis communique pace seditione facta retinuit
meque tantae multitudinis civium Romanorum salutis atque
2 incolumitatis causam suscipere, ut vere dicam, coegit. in qua
re ego vos, p. c., oro atque obsecro ut privatis offensionibus
omissis summae rei publicae consulatis neve misericordiam
nostram exercitusque nostri in civili dissensione sceleris loco
ponatis. quod si salutis omnium ac dignitatis rationem 5
habueritis, melius et vobis et rei publicae consuletis.

D. III Kal. ⟨Iun.⟩ a Ponte Argenteo.

Ep. 408 Ω = *MVDH*] PR. (R. P. *H*) TR. PL. χ: *om. M*   **1**, 6 consuetudinem suam ⟨: -ine sua Ω   7 conservandis *Aldus*: obs- (ops-
M) Ω: s-⟨   **2**, 7 III Kal. (k.) *MVD*: *om. H*: IIII Kal.⟨   Iun. *add.*⟨

Scr. Cordubae parte priore m. Iun. an. 43

POLLIO CICERONI S.P.

1 S. v. b. e. e. q. v.

Quo tardius certior fierem de proeliis apud Mutinam
factis Lepidus effecit, qui meos tabellarios novem dies
retinuit; tametsi tantam calamitatem rei publicae quam
tardissime audire optandum est, sed illis qui prodesse nihil
possunt neque mederi. atque utinam eodem senatus consulto
quo Plancum et Lepidum in Italiam arcessistis me quoque
iussissetis venire! profecto non accepisset res publica hoc
vulnus. quo si qui laetantur in praesentia quia videntur et
duces et veterani Caesaris partium interisse, tamen postmodo
necesse est doleant cum vastitatem Italiae respexerint. nam
et robur et suboles militum interiit, si quidem quae nuntiantur
ulla ex parte vera sunt.

2 Neque ego non videbam quanto usui rei publicae essem
futurus si ad Lepidum venissem. omnem enim cunctationem
eius discussissem, praesertim adiutore Planco. sed scribenti
ad me eius modi litteras quas leges et contionibus videlicet
quas Narbone habuisse dicitur similis palparer necesse erat
si vellem commeatus per provinciam eius iter faciens habere.
praeterea verebar ne, si ante quam ego incepta perficerem
proelium confectum esset, pium consilium meum raperent in
contrariam partem obtrectatores mei propter amicitiam
quae mihi cum Antonio, non maior tamen quam Planco, fuit.

3 Itaque a Gadibus mense Aprili binis tabellariis in duas
navis impositis et tibi et consulibus et Octaviano scripsi, ut
me faceretis certiorem quonam modo plurimum possem
prodesse rei publicae. sed, ut rationem ineo, quo die proelium

5

10

5

10

Ep. 409 Ω = *MVDH*] **1**, 6 neque ϛ: -ueo Ω   9–10 et duces ϛ: utd-
vel ut d- *MDH*: d- *V*   **2**, 4 et *removit Ernesti*   5 palparer *Victorius*:
palmarer *MV*: -ma rerum *DH*   **3**, 2 impositis χ: imposui (*una litt.*
(t?) *in fine erasa*) *M*

Pansa commisit eodem a Gadibus naves profectae sunt; nulla 5
enim post hiemem fuit ante eam diem navigatio. et hercules
longe remotus ab omni suspicione futuri civilis tumultus
penitus in Lusitania legiones in hibernis collocaram. ita porro
festinavit uterque confligere tamquam nihil peius timerent
quam ne sine maximo rei publicae detrimento bellum 10
componeretur. sed si properandum fuit, nihil non summi
ducis consilio gessisse Hirtium video.

4   Nunc haec mihi scribuntur ex Gallia Lepidi et nuntiantur:
Pansae exercitum concisum esse, Pansam ex vulneribus
mortuum, eodem proelio Martiam legionem interisse et
L. Fabatum et C. Peducaeum et D. Carfulenum; Hirtino
autem proelio et quartam legionem et omnis peraeque 5
Antoni caesas, item Hirti, quartam vero, cum castra quoque
Antoni cepisset, a quinta legione concisam esse; ibi Hirtium
quoque perisse et Pontium Aquilam; dici etiam Octavianum
cecidisse (quae si, quod di prohibeant, vera sunt, non
mediocriter doleo); Antonium turpiter Mutinae obsessionem 10
reliquisse, sed habere equitum ⟨V̄⟩, legiones sub signis
armatas tris et P. Bagienni unam, inermis bene multos;
Ventidium quoque se cum legione VII, VIII, VIIII
coniunxisse; si nihil in Lepido spei sit, descensurum ad
extrema et non modo nationes sed etiam servitia concitatu- 15
rum; Parmam direptam; L. Antonium Alpis occupasse.

5   Quae si vera sunt, nemini nostrum cessandum est nec
exspectandum quid decernat senatus. res enim cogit huic
tanto incendio succurrere omnis qui aut imperium aut
nomen denique populi Romani salvum volunt esse. Brutum
enim cohortis XVII et duas non frequentis tironum legiones, 5

---

6 hercules *MV*: ego meh- *DH, edd. recc. plerique*   10 rei χ: res *M*
11 non *MV*: om. *DH*   12 gessisse *M*: ce- χ   **4,** 4 Hirtiano ϛ
5–6 quartam...Hirti *varie temptata*   5 per(a)eque *MDH*: per equites
V: praeter eq- ϛ   7–8 hirtium quoque *M*: q- h- χ   8 aquilam dici
M: qui iam dici *V*: quidam dicunt *DH*   11 equitum V̄ *Manutius*:
equitum *MDH*: -tum .d. *V*   12 P.ϛ: pupilli (-ili *V*) Ω   16 direptam *D*: der- *MVH*   **5,** 5 XVII *MD*: XVI *V*: XVIII *H*

quas conscripserat Antonius, habere audio; neque tamen
dubito quin omnes qui supersint de Hirti exercitu confluant
ad eum. nam in dilectu non multum spei puto esse,
praesertim cum nihil sit periculosius quam spatium confirmandi sese Antonio dari. anni autem tempus libertatem 10
maiorem mihi dat propterea quia frumenta aut in agris aut
in villis sunt. itaque proximis litteris consilium meum
expedietur. nam neque deesse neque superesse rei publicae
volo. maxime tamen doleo adeo et longo et infesto itinere ad
me veniri ut die quadragensimo post aut ultra etiam quam 15
facta sunt omnia nuntientur.

410 (XI.26)

Scr. in castris iii Non. Iun. an. 43

D. BRUTUS S.D. M. CICERONI

Maximo meo dolore hoc solacio utor quod intellegunt
homines non sine causa me timuisse ista quae acciderunt.
deliberent utrum traiciant legiones ex Africa necne et ex
Sardinia, et Brutum accersant necne, et mihi stipendium
dent an decernant! ad senatum litteras misi. crede mihi, nisi 5
ista omnia fiunt quem ad modum scribo, magnum nos omnis
adituros periculum. rogo te, videte quibus hominibus
negotium detis qui ad me legiones adducant. et fide opus est
et celeritate.

III Non. Iun. ex castris. 10

13–14 nam...volo *sic adfert Gellius, i.22.19*: nam neque deesse rei
publicae volo neque superesse   15 ueniri *M*: -re χ   quadragensimo *M*: -esimo χ
Ep. 410 Ω = *MVDH*] 1 ⟨in⟩ maximo ς   5 dent Ω: denegent
Mendelssohn (dent an denegent *malim*)   6 fiunt *MV*: fiant *DH*

Scr. Romae prid. Non. Iun. an. 43

M. CICERO S.D. D. BRUTO IMP. COS. DESIG.

1 Di isti Segulio male faciant, homini nequissimo omnium qui
sunt, qui fuerunt, qui futuri sunt! quid? tu illum tecum
solum aut cum Caesare? qui neminem praetermiserit
quicum loqui potuerit cui non eadem ista dixerit. te tamen,
mi Brute, sic amo ut debeo quod istud quicquid esset 5
nugarum me scire voluisti. signum enim magnum amoris
dedisti.

2 Nam quod idem Segulius veteranos queri quod tu et
Caesar in decem viris non essetis, utinam ne ego quidem
essem! quid enim molestius? sed tamen, cum ego sensissem
de iis qui exercitus haberent sententiam ferri oportere, idem
illi qui solent reclamarunt. itaque excepti etiam estis, me 5
vehementer repugnante. quocirca Segulium neglegamus;
qui res novas quaerit, non quo veterem comederit (nullam
enim habuit), sed hanc ipsam recentem novam devoravit.

3 Quod autem scribis te, quod pro te ipso non facias, id pro
me, ut de me timeas aliquid, omni te, vir optime mihique
carissime, Brute, de me metu libero. ego enim quae provideri
poterunt non fallar in iis; quae cautionem non habebunt de
iis non ita valde laboro. sim enim impudens si plus postulem 5
quam homini a rerum natura tribui potest.

4 Quod mihi praecipis ut caveam ne timendo magis timere
cogar, et sapienter et amicissime praecipis, sed velim tibi
persuadeas, cum te constet excellere hoc genere virtutis ut
numquam extimescas, numquam perturbere, me huic tuae
virtuti proxime accedere. quam ob rem nec metuo quicquam 5

Ep. 411 Ω = *MVDH*] **2, 4** sententiam ferri *MV*: s- fieri *D*: scientiam
fieri *H*: s.c. fieri *Orelli*   8 novam *removit Ursinus*: et (*vel* ac) novam
Boot   **3**, 1–2 facere *post* me *add. Cratander, post* facias *Klotz*   5 sim
enim *D*: si me (sime *M*) enim *MV*: si enim *H*   **4**, 5 metuo χ: -um *M*:
-uam ς

et cavebo omnia. sed vide ne tua iam, mi Brute, culpa futura
sit si ego quicquam timeam. tuis enim opibus et consulatu
tuo, etiam si timidi essemus, tamen omnem timorem
abiceremus, praesertim cum persuasum omnibus esset
mihique maxime a te nos unice diligi.   10

5   Consiliis tuis, quae scribis de quattuor legionibus deque
agris adsignandis ab utroque vestrum, vehementer adsentior.
itaque cum quidam de collegis nostris agrariam curationem
ligurrirent, disturbavi rem totamque vobis integram re-
servavi. si quid erit occultius et, ut scribis, reconditum,   5
meorum aliquem mittam, quo fidelius ad te litterae
perferantur.

Prid. Non. Iun.

412 (XI.24)

Scr. Romae viii Id. Iun. an. 43

M. CICERO S.D. D. BRUTO IMP. COS. DESIG.

1 Narro tibi: antea subirascebar brevitati tuarum litterarum,
nunc mihi loquax esse videor. te igitur imitabor. quam multa
quam paucis! te recte valere operamque dare ut cottidie
melius; Lepidum commode sentire; tribus exercitibus quidvis
nos oportere confidere. si timidus essem, tamen ista epistula   5
mi omnem metum abstersisses. sed ut mones, frenum
momordi. etenim, qui te incluso omnem spem habuerim in
te, quid nunc putas? cupio iam vigiliam meam, Brute, tibi
tradere, sed ita ut ne desim constantiae meae.

2 Quod scribis in Italia te moraturum dum tibi litterae
meae veniant, si per hostem licet, non erraris; multa enim
Romae. sin adventu tuo bellum confici potest, nihil sit
antiquius. pecunia expeditissima quae erat tibi decreta est.
habes amantissimum Servium. nos non desumus.   5

VIII Id. Iun.

5, 2 utroque *Lambinus*: utrisque Ω   4 vobis ʂ: no- Ω
Ep. 412 Ω = *MVDH*] 2, 3 sin ʂ: si in Ω

Scr. Romae vii Id. Iun. an. 43

M. CICERO D. BRUTO COS. DESIG. S.D.

1 Mirabiliter, mi Brute, laetor mea consilia measque sententias a te probari de decem viris, de ornando adulescente. sed quid refert? mihi crede, homini non ⟨parum⟩ glorioso, plane iam, Brute, frigeo. ὄργανον enim erat meum senatus; id iam est dissolutum. tantam spem attulerat exploratae victoriae 5 tua praeclara Mutina eruptio, fuga Antoni conciso exercitu ut omnium animi relaxati sint meaeque illae vehementes contentiones tamquam σκιαμαχίαι esse videantur.

2 Sed ut ad rem redeam, legionem Martiam et quartam negant qui illas norunt ulla condicione ad te posse perduci. pecuniae quam desideras ratio potest haberi eaque habebitur. de Bruto arcessendo Caesareque ad Italiae praesidium tenendo valde tibi adsentior. sed, ut scribis, habes obtrecta- 5 tores; quos equidem facillime sustineo, sed impediunt tamen. ex Africa legiones exspectantur.

3 Sed bellum istuc renatum mirantur homines. nihil tam praeter spem umquam; nam die tuo natali victoria nuntiata in multa saecula videbamus rem publicam liberatam. hi novi timores retexunt superiora. scripsisti autem ad me litteris iis quas Id. Mai. dedisti modo te accepisse a Planco 5 litteras non recipi Antonium a Lepido. id si ita est, omnia faciliora; sin aliter, magnum negotium. cuius exitum non extimesco. tuae partes sunt. ego plus quam feci facere non possum. te tamen, id quod spero, omnium maximum et clarissimum videre cupio. 10

Ep. 413 Ω = *MVDH*] **1**, 3 parum *addidi*   4 ὄργανον ς: opta non (-a. Non χ) Ω   5 attulerunt (*vel* viderentur *pro* videantur) *Ernesti*   8 σκια- μαχίαι ς: sciam achalae *M*: -m achare *V*: -m me achai(a)e *DH*   **2**, 3 eaque ς: ea qu(a)e Ω   3–4 habebitur de *M*: haberi turpe χ   5 valde ς: unde Ω   habes *DH*: -e *MV*   **3**, 3–4 hi noui timores (rum- *D*) *DH*: hinc (*sic*) uitiniores *V*: noui timores *M*: nunc novi t- *Orelli*   5 litteris his χ: iis *M*   6 recipi χ: recepi *M*   8 extimesco *MD*: -mes quo *V*: timesco *H*

Scr. Cularone viii Id. Iun. an. 43

PLANCUS CICERONI

1 Numquam mehercules, mi Cicero, me paenitebit maxima
pericula pro patria subire dum, si quid acciderit mihi,
a reprehensione temeritatis absim. confiterer imprudentia
me lapsum si umquam Lepido ex animo credidissem;
credulitas enim error est magis quam culpa, et quidem in 5
optimi cuiusque mentem facillime irrepit. sed ego non hoc
vitio paene sum deceptus; Lepidum enim pulchre noram.
quid ergo est? pudor me, qui in bello maxime est pericu-
losus, hunc casum co⟨e⟩git subire. nam si uno loco
essem, verebar ne cui obtrectatorum viderer et nimium 10
pertinaciter Lepido offensus et mea patientia etiam alere
bellum.

2 Itaque copias prope in conspectum Lepidi Antonique
adduxi quadragintaque millium passuum spatio relicto
consedi, eo consilio ut vel celeriter accedere vel salutariter
recipere me possem. adiunxi haec in loco eligendo, flumen
oppositum ut haberem in quo mora transitus esset, Vocontii 5
sub manu ut essent per quorum loca fideliter mihi pateret
iter. Lepidus desperato adventu meo, quem non mediocriter
captabat, se cum Antonio coniunxit a.d. IIII Kal. Iun.,
eodemque die ad me castra moverunt. viginti millia passuum
3 cum abessent, res mihi nuntiata est. dedi operam deum 10
benignitate ut et celeriter me reciperem et hic discessus nihil
fugae simile haberet, non miles ullus, non eques, non quicquam impedimentorum amitteretur aut ab illis ferventibus
latronibus interciperetur. itaque prid. Non. Iun. omnis 5
copias Isaram traieci pontisque quos feceram interrupi, ut

Ep. 414 Ω = *MVDH*] **1**, 9 coegit ς: cogit Ω   **2**, 2 millium *MD*:
milium *VH*   3 salutariter *DH*: -tari *MV*   6–7 pateret iter *MD²*:
pater et frater χ   9 millia *MD*: milia *VH*   **3**, 2 me χ: ame *M*
4 furentibus ς   6 ut Ω: ut et *H¹*

spatium ad colligendum se homines haberent et ego me interea
cum collega coniungerem; quem triduo, cum has dabam
litteras, exspectabam.

4 Laterensis nostri et fidem et animum singularem in re⟨m⟩
publicam semper fatebor. sed certe nimia eius indulgentia in
Lepidum ad haec pericula perspicienda fecit eum minus
sagacem. qui quidem, cum in fraudem se deductum videret,
manus, quas iustius in Lepidi perniciem armasset, sibi 5
adferre conatus est. in quo casu tamen interpellatus et adhuc
vivit et dicitur victurus; sed tamen de hoc parum mihi
certum est.

5 Magno cum dolore parricidarum elapsus sum iis. veniebant
enim eodem furore in me quo in patriam incitati, iracundias
autem harum rerum recentis habebant, quod Lepidum
castigare non destiteram ut exstingueret bellum, quod
colloquia facta improbabam, quod legatos fide Lepidi missos 5
ad me in conspectum venire vetueram, quod C. Catium
Vestinum, tribunum militum, missum ab Antonio ad me cum
litteris exceperam numeroque hostis habueram. in quo hanc
capio voluptatem quod certe, quo magis me petiverunt,
tanto maiorem iis frustratio dolorem attulit. 10

6 Tu, mi Cicero, quod adhuc fecisti, idem praesta ut
vigilanter nervoseque nos qui stamus in acie subornes. veniat
Caesar cum copiis quas habet firmissimas, aut, si ipsum
aliqua res impedit, exercitus mittatur; cuius ipsius magnum
periculum agitur. quicquid aliquando futurum fuit in castris 5
perditorum contra patriam, hoc omne iam convenit. pro
urbis vero salute cur non omnibus facultatibus quas habemus
utamur? quod si vos istic non defueritis, profecto, quod ad
me attinet, omnibus rebus abunde rei publicae satis faciam.

7 Te quidem, mi Cicero, in dies mehercules habeo cariorem
sollicitudinesque meas cottidie magis tua merita exacuunt,

6–7 ut et spatium colligendi *Wesenberg*   7 ad *VH*: et *MD*   **4,** 1 rem
p. ʒ: re p. Ω   **5,** 5 improbaram *Corradus*   missos ʒ: dim- Ω
6 uetueram *DH*: -at *MV*   7 me Ω: eum ʒ   8 numeroque hostis
habueram χ: *om. M*

ne quid aut ex amore aut ex iudicio tuo perdam. opto ut
mihi liceat iam praesenti pietate meorum officiorum tua
beneficia tibi facere iucundiora.   5

VIII Id. Iun. Cularone ex finibus Allobrogum.

415 (X.32)

Scr. Cordubae vi Id. Iun. an. 43

C. ASINIUS POLLIO CICERONI

1 Balbus quaestor magna numerata pecunia, magno pondere
auri, maiore argenti coacto de publicis exactionibus, ne
stipendio quidem militibus reddito duxit se a Gadibus et
triduum tempestate retentus ad Calpem Kal. Iun. traiecit
sese in regnum Bogudis plane bene peculiatus. his rumoribus 5
utrum Gadis referatur an Romam (ad singulos enim nuntios
turpissime consilia mutat) nondum scio.

2   Sed praeter furta et rapinas et virgis caesos socios haec
quoque fecit, ut ipse gloriari solet, eadem quae C. Caesar:
ludis, quos Gadibus fecit, Herennium Gallum histrionem
summo ludorum die anulo aureo donatum in XIIII sessum
deduxit (tot enim fecerat ordines equestris loci); quattuor- 5
viratum sibi prorogavit; comitia bienni biduo habuit, hoc
est renuntiavit quos ei visum est; exsules reduxit, non horum
temporum sed illorum quibus a seditiosis senatus trucidatus
aut expulsus est Sex. Varo pro consule.

3   Illa vero iam ne Caesaris quidem exemplo, quod ludis
praetextam de suo itinere ad L. Lentulum pro consule
sollicitandum posuit, et quidem, cum ageretur, flevit memoria
rerum gestarum commotus; gladiatoribus autem Fadium

7, 4 iam Ω: etiam *Starker*   6 Cularone *Sirmondus*: cuia- *MDH*: cui a
nerone *V*

Ep. 415 Ω = *MVDH*] **1**, 2 maiore *M^cDH*: -r *MV*   3 militibus
M³DH: milibus *MV*   gadibus *M^cχ*: gr- *M*   4 calpem Ω: -en ς
5 bogudis *DH¹*: bug- *H*: bogutis *MV*   6 ad *M²DH*: an *MV*

quendam, militem Pompeianum, quia, cum depressus in 5
ludum bis gratis depugnasset, auctor⟨ar⟩e sese nolebat et ad
populum confugerat, primum Gallos equites immisit in
populum (coniecti enim lapides sunt in eum cum abriperetur
Fadius), deinde abstractum defodit in ludo et vivum com-
bussit, cum quidem pransus nudis pedibus, tunica soluta, 10
manibus ad tergum reiectis inambularet et illi misero
quiritanti 'c. R. natus sum' responderet 'abi nunc, populi
fidem implora'; bestiis vero civis Romanos, in iis circulatorem
quendam auctionum, notissimum hominem Hispali, quia
deformis erat, obiecit. cum huiusce modi portento res mihi 15
fuit.

4   Sed de illo plura coram. nunc, quod praestat, quid me
velitis facere constituite. tris legiones firmas habeo, quarum
unam, XXVIII, cum ad se initio belli arcessisset Antonius
hac pollicitatione, quo die in castra venisset denarios
quingenos singulis militibus daturum, in victoria vero 5
eadem praemia quae suis legionibus (quorum quis ullam
finem aut modum futurum putavit?), incitatissimam retinui
aegre mehercules, nec retinuissem si uno loco habuissem,
utpote cum singulae quaedam cohortes seditionem fecerint;
reliquas quoque legiones non destitit litteris atque infinitis 10
pollicitationibus incitare. nec vero minus Lepidus ursit me et
suis et Antoni litteris ut legionem XXX mitterem sibi.

5   Itaque quem exercitum neque vendere ullis praemiis volui
nec eorum periculorum metu quae victoribus illis portende-
bantur deminuere, debetis existimare retentum et conservatum rei publicae esse atque ita credere, quodcumque
imperassetis facturum fuisse, si quod iussistis feci. nam et 5
provinciam in otio et exercitum in mea potestate tenui,
finibus meae provinciae nusquam excessi, militem non modo
legionarium sed ne auxiliarium quidem ullum quoquam

3, 6 auctorare ς: auctore Ω: -rari ς   8 coniecti ς: conle- *M*: colle- χ
13 circulatorem ς: circuml- *vel* circum l- Ω   **4**, 3 arcessisset ς: acc- Ω
7 putauit Ω: -abit *Gulielmius, edd. recc.*: -arit *Graevius*   8 si...habu-
issem *M: om.* χ   9 utpote χ: utpute *M*: ut puta *M*³

misi et, si quos equites decedentis nactus sum, supplicio
adfeci. quarum rerum fructum satis magnum re publica salva   10
tulisse me putabo. sed res publica si me satis novisset et
maior pars senatus, maiores ex me fructus tulisset.

Epistulam quam Balbo, cum etiam nunc in provincia
esset, scripsi, legendam tibi misi. etiam praetextam si voles
legere, Gallum Cornelium, familiarem meum, poscito.   15

VI Id. Iun. Corduba.

416 (XII.8)

Scr. Romae c. v Id. Iun. an. 43

CICERO CASSIO S.

1 Scelus adfinis tui Lepidi summamque levitatem et incon-
stantiam ex actis, quae ad te mitti certo scio, cognosse te
arbitror. itaque nos confecto bello, ut arbitrabamur, renovatum bellum gerimus spemque omnem in D. Bruto et
Planco habemus, ⟨vel⟩, si verum quaeris, in te et in M. Bruto,   5
non solum ad praesens perfugium si, quod nolim, adversi quid
acciderit sed etiam ad confirmationem perpetuae libertatis.
2 Nos hic de Dolabella audiebamus quae vellemus, sed
certos auctores non habebamus. te quidem magnum hominem
et praesenti iudicio et reliqui temporis exspectatione scito
esse. hoc tibi proposito fac ut ad summa contendas. nihil est
tantum quod non populus Romanus a te perfici atque   5
obtineri posse iudicet.

Vale.

5, 9 discedentes *Orelli*
Ep. 416 Ω = *MVDH*] **1**, 2 certo *MH*: -te *VD*   cognosse *MH*: -sce
V: -scere *D*   5 vel, si *scripsi* (sin *olim*): si Ω: sed si *Purser*   M.
Gronovius: meo *MDH*, *vulg.*: me *V*

Scr. Romae eodem fere tempore quo ep. superior

⟨CICERO CORNIFICIO S.⟩

1 Itane? praeter litigatores nemo ad te meas litteras? multae
istae quidem; tu enim perfecisti ut nemo sine litteris meis
tibi se commendatum putaret. sed quis umquam tuorum
mihi dixit esse cui darem quin dederim? aut quid mi iucundius
quam, cum coram tecum loqui non possim, aut scribere ad 5
te aut tuas legere litteras? illud magis mihi solet esse
molestum, tantis me impediri occupationibus ut ad te
scribendi meo arbitratu facultas nulla detur. non enim te epistulis sed voluminibus lacesserem; quibus quidem me a te
provocari oportebat. quamvis enim occupatus sis, oti tamen 10
plus habes; aut si ne tu quidem vacas, noli impudens esse nec
mihi molestiam exhibere et a me litteras crebriores, cum tu
2 mihi raro mittas, flagitare. nam cum antea distinebar
maximis occupationibus propterea quod omnibus curis mihi
tuendam ⟨rem publicam⟩ putabam, tum hoc tempore multo
distineor vehementius. ut enim gravius aegrotant ii qui, cum
levati morbo videntur, in eum de integro inciderunt, sic 5
vehementius nos laboramus, qui profligato bello ac paene
sublato renovatum bellum gerere conamur.

3 Sed haec hactenus. tu tibi, mi Cornifici, fac ut persuadeas
non esse me tam imbecillo animo, ne dicam inhumano, ut
a te vinci possim aut officiis aut amore. non dubitabam
equidem, verum tamen multo mihi notiorem amorem tuum
efficit C⟨h⟩aerippus. o hominem semper illum quidem mihi 5

Ep. 417 Ω = *MVDH*] *de inscr. vide ad ep. 347* **1**, 1 *ita ne M: ita ut* χ
6 *tuas DH: quas MV*   7 *te DH: me MV*   9 *me a te* ς: *amete vel
a me te vel ame te* Ω   **2**, 1 *distinebar M: dest- VD: det- H*   3 *rem
p(ublicam) hic addidi, post curis* ς, *post putabam Castiglioni*   4 *distineor
MV: dest- D: det- H*   5 *viderentur Manutius*   7 *cogamur
Manutius, fort. recte*   **3**, 5 *efficit MD: effecit VH   Chaerippus*
ς: *c(a)er- Ω*   5–6 *quidem mihi aptum MD:* q- a- m- *V:* m- q-
a- *H*

aptum, nunc vero etiam suavem! vultus mehercule tuos
mihi expressit omnis, non solum animum ac verba pertulit.
itaque noli vereri ne tibi suscensuerim quod eodem exemplo
ad me quo ad ceteros. requisivi equidem proprias ad me
unum litteras, sed neque vehementer et amanter.   10

4   De sumptu quem te in rem militarem facere et fecisse dicis
nihil sane possum tibi opitulari, propterea quod et orbus
senatus consulibus amissis et incredibiles angustiae pecuniae
publicae; quae conquiritur undique, ut optime meritis
militibus promissa solvantur. quod quidem fieri sine tributo   5
posse non arbitror.

5   De Attio Dionysio nihil puto esse, quoniam mihi nihil
dixit Tratorius. de P. Luccio nihil tibi concedo quo studiosior
eius sis quam ego sum; est enim nobis necessarius. sed
a magistris cum contenderem de proferendo die, probarunt
mihi sese quo minus id facerent et compromisso et iure   5
iurando impediri. qua re veniendum arbitror Luccio.
quamquam, si meis litteris obtemperavit, cum tu haec leges
illum Romae esse oportebit.

6   Ceteris de rebus maximeque de pecunia, cum Pansae
mortem ignorares, scripsisti quae per nos ab eo consequi te
posse arbitrarere. quae te non fefellissent si viveret; nam te
diligebat. post mortem autem eius quid fieri posset non
videbamus.   5

7   De Venuleio, Latino, Horatio valde laudo. illud non
nimium probo, quod scribis, quo illi animo aequiore
ferrent, te tuis etiam legatis lictores ademisse (honore enim
cum ignominia dignis non erant comparandi), eosque,
ex senatus consulto si non decedunt, cogendos ut decedant   5
existimo.

---

10 litteras χ: ad l- *M*: a te l- ς   **5**, 2 luccio *M*: luctio *VH*: lutio *D*:
Lucceio ς, *vulg., itemque infra*   3 eius sis ς: iussis *MV*: tu sis *DH*
4 contenderem *MD*¹: conderem χ   5 compromisso *M*: cum p- χ
6, 3 si uiueret *D*: si uiuerent *MH*: sin (*sic*) uenirent *V*   **7**, 1 *anne*
Latinio?   3 enim ⟨digni⟩ *Manutius, fort. recte*

Haec fere ad eas litteras quas eodem exemplo binas accepi.
de reliquo velim tibi persuadeas non esse mihi meam
dignitatem tua cariorem.

418 (XI.13*a*)

Scr. Cularone c. iv Id. Iun. an. 43

⟨PLANCUS IMP. COS. DESIG. ET D. BRUTUS IMP.
COS. DESIG. S.D. PR. TR. PL. SENATUI POPULO
PLEBIQUE ROMANAE⟩

1 * * * in spem venerant, quod neque Planci quattuor legiones
omnibus suis copiis paris arbitrabantur neque ex Italia tam
celeriter exercitum traici posse credebant. quos ipsi adhuc
satis adroganter Allobroges equitatusque omnis, qui eo
praemissus erat a nobis, sustinebant, nostroque adventu 5
sustineri facilius posse confidimus. tamen, si quo etiam casu
Isaram se traiecerint, ne quod detrimentum rei publicae
iniungant summa a nobis dabitur opera.

2 Vos magnum animum optimamque spem de summa re
publica habere volumus cum et nos et exercitus nostros
singulari concordia coniunctos ad omnia pro vobis videatis
paratos. sed tamen nihil de diligentia remittere debetis
dareque operam ut quam paratissimi [et] ab exercitu 5
reliquisque rebus pro vestra salute contra sceleratissimam
conspirationem hostium confligamus. qui quidem eas copias
quas diu simulatione rei publicae compararant, subito ad
patriae periculum converterunt.

Ep. 418 Ω = *MVDH*] *novam ep. agnovit Frey* **1**, 4 arroganter *DH*:
abro- *MV*: audacter (*vel* constanter *vel* acriter) *Müller* allobroges
(-gis *D*) *DH*: allobriges (allo b- *M*) *MV* 5 aduentu χ: -tus *M*
2, 5 et *removit Cratander* 8 compararant *Manutius*: -rabunt *M*:
-rarunt *D*: -rare *V*: -ratur *H*: -rabant ς

419 (XII.13)

Scr. in Cypro Crommyacride Id. Iun. an. 43

C. CASSIUS Q. S.D. M. CICERONI

1 S. v. b. e. v.

Cum rei publicae vel salute vel victoria gaudemus tum
instauratione tuarum laudum, quod maximus consularis
maximum consulem te ipse vicisti, et laetamur et mirari satis
non possumus. fatale nescio quid tuae virtuti datum, id quod 5
saepe iam experti sumus. est enim tua toga omnium armis
felicior; quae nunc quoque nobis paene victam rem publicam
ex manibus hostium eripuit ac reddidit. nunc ergo vivemus
liberi, nunc te, omnium maxime civis et mihi carissime, id
quod maximis rei publicae tenebris comperisti, nunc te 10
habebimus testem nostri et in te et in coniunctissimam tibi rem
publicam amoris, et, quae saepe pollicitus es te et taciturum
dum serviremus et dicturum de me tum cum mihi profutura
essent, nunc illa non ego quidem dici tanto opere desiderabo
quam sentiri a te ipso. neque enim omnium iudicio malim me 15
a te commendari quam ipse tuo iudicio digne ac mereor
commendatus esse, ut haec novissima nostra facta non
subita nec convenientia sed similia illis cogitationibus quarum
tu testis es fuisse iudices meque ad optimam spem patriae,
non minimam tibi ipsi, producendum putes. 20

2 Sunt tibi, M. Tulli, liberi propinquique digni quidem te et
merito tibi carissimi; esse etiam debent in re publica proxime
hos cari qui studiorum tuorum sunt aemuli, quorum esse
cupio tibi copiam. sed tamen non maxima me turba puto
excludi quo minus tibi vacet me excipere et ad omnia quae 5
velis et probes producere. animum tibi nostrum fortasse

Ep. 419 Ω = *MVDH*] Q. *M, ind. MH: om.* χ   **1,** 1 e. u. *MH*:
e. e. q. u. *VD*   5 possumus *DH*: possimus *MV*   10 maximis
Graevius: -me Ω   13 serviremus *Victorius*: seruis eremus (her- *D*:
haber- *H*) Ω: servi essemus ⟨   16 ipsi *Ernesti*   20 minimam
Gronovius: -mum Ω

probavimus; ingenium diutina servitus certe, qualecumque
est, minus tamen quam erat passa est videri.

3   Nos ex ora maritima Asiae provinciae et ex insulis quas
potuimus navis deduximus, dilectum remigum magna
contumacia civitatum tamen satis celeriter habuimus, secuti
sumus classem Dolabellae, cui L. Figulus praeerat. qui spem
saepe transitionis praebendo neque umquam non decedendo 5
novissime Corycum se contulit et clauso portu se tenere
coepit. nos illa relicta, quod et in castra pervenire satius esse
putabamus et sequebatur classis altera, quam anno priore in
Bithynia Tillius Cimber compararat, Turullius quaestor
praeerat, Cyprum petivimus. ibi quae cognovimus scribere 10
ad vos quam celerrime voluimus.

4   Dolabellam ut Tarsenses, pessimi socii, ita Laodiceni multo
amentiores ultro arcessierunt; ex quibus utrisque civitatibus
Graecorum militum numero speciem exercitus effecit.
castra habet ante oppidum Laodiceam posita et partem muri
demolitus est et castra oppido coniunxit. Cassius noster cum 5
decem legionibus et cohortibus XX auxiliariis et quattuor
milium equitatu a milibus passuum XX castra habet
posita Πάλτῳ et existimat se sine proelio posse vincere.
nam iam ternis tetrachmis triticum apud Dolabellam est.
nisi quid navibus Laodicenorum supportarit, cito fame 10
pereat necesse est; ne supportare possit et Cassi classis
bene magna cui praeest Sextilius Rufus et tres quas nos
adduximus, ego, Turullius, Patiscus, facile praestabunt. te
volo bene sperare et rem publicam, ut vos istic expedistis,

2, 7 probavimus *Manutius*: -abimus Ω   **3,** 2 magna *MDH*: magnum
magna *V*: in magna *Wesenberg*   3 ciuitatum χ: -atium *M* (*cf. ep.*
371.6)   **4** L. Figulus *Schütz*: lucilius Ω   5 recedendo *Gronovius*
7 et in *M*: in χ: et in Cassi *Purser*   8 quam *DH*: qui *MV*   **4,** 1 ita
Laodiceni (*sed* Laud-) *Graevius*: ita laui d- (*vel* lauid-) *MDH*: itala
iudicemini *V*   6 auxiliariis χ: -ris *M*   8 ΠΑΛΤΩΙ *M, et sim.* χ:
Παλτοΐ *Manutius*: ἐν Πάλτῳ *vel* ad Πάλτω *Wesenberg*   9 tetrachmis ς:
-acmhmis *M*: -achinis *vel sim.* χ   11 possit ς: -set Ω   13 te ς: et Ω
14 ut ς: et Ω

ita pro nostra parte celeriter [iter] nobis expediri posse 15
confidere.

    Vale.

D. Id. Iun. Cypro a Crommyacride.

420 (XI.25)

Scr. Romae xiv Kal. Quint. an. 43

M. CICERO S.D. D. BRUTO

1 Exspectanti mihi tuas cottidie litteras Lupus noster subito
denuntiavit ut ad te scriberem si quid vellem. ego autem,
etsi quid scriberem non habebam (acta enim ad te mitti
sciebam, inanem autem sermonem litterarum tibi iniucun-
dum esse audiebam), ⟨nihil tamen scribere nolebam⟩, 5
brevitatem secutus sum te magistro.

2   Scito igitur in te et in collega spem omnem esse. de Bruto
autem nihil adhuc certi; quem ego, quem ad modum
praecipis, privatis litteris ad bellum commune vocare non
desino. qui utinam iam adesset! intestinum urbis malum,
quod est non mediocre, minus timeremus. sed quid ago? non 5
imitor λακωνισμὸν tuum; altera iam pagella procedit.

    Vince et vale.

XIIII Kal. Quint.

---

15 iter *removit* ς   nobis expediri *MV*: e- n- *DH*: a n- e- *Lambinus*
18 a Crommyacride *scripsi*: acromamya- *MV*: ac roma mya- *DH*: a
Crommyua- ς, *vulg.*: a Crommyoa- *Wesenberg*
Ep. 420 Ω = *MVDH*] **1,** 5 nihil...nolebam *addidi* (*quaedam, velut
tamen Lupo non potui nihil dare, hic excidisse agnoverat Baiter*)   **2,** 1 collega χ: -as *M*

Scr. Romae med. vel ex. m. Iun. an. 43

CICERO CASSIO S.

1 Brevitas tuarum litterarum me quoque breviorem in scribendo facit et, vere ut dicam, non satis occurrit quid scribam. nostras enim res in actis perferri ad te certo scio, tuas autem ignoramus. tamquam enim clausa sit Asia, sic nihil perfertur ad nos praeter rumores de oppresso Dolabella, 5 satis illos quidem constantis, sed adhuc sine auctore.

2 Nos, confectum bellum cum putaremus, repente a Lepido tuo in summam sollicitudinem sumus adducti. itaque tibi persuade maximam rei publicae spem in te et in tuis copiis esse. firmos omnino exercitus habemus; sed tamen, ut omnia, ut spero, prospere procedant, multum interest te venire. 5 exigua enim spes est rei publicae (nam nullam non libet dicere), sed, quaecumque est, ea despondetur anno consulatus tui.

Vale.

422 (XI.15)

Scr. Romae ex. m. Iun. an. 43

M. CICERO D. BRUTO COS. DESIG. S.D.

1 Etsi mihi tuae litterae iucundissimae sunt, tamen iucundius fuit quod in summa occupatione tua Planco collegae mandasti ut te mihi per litteras excusaret; quod fecit ille diligenter. mihi autem nihil amabilius officio tuo et diligentia. coniunctio tua cum collega concordiaque vestra, quae litteris 5 communibus declarata est, senatui populoque Romano gratissima accidit.

2 Quod superest, perge, mi Brute, et iam non cum aliis sed

Ep. 421 Ω = *MVDH*] CASSIO *ind. MH*: attico (-os *V*) Ω   **1**, 3 certo *MD*: -te *VH*   **2**, 1 cum *H*: quam *MV*: cum iam *D*

tecum ipse certa. plura scribere non debeo, praesertim ad te,
quo magistro brevitatis uti cogito. litteras tuas vehementer
exspecto, et quidem talis qualis maxime opto.

Vale.   5

423 (X.22)

Scr. Romae eodem tempore, ut vid., quo ep. superior

CICERO PLANCO

1 In te et in collega omnis spes est dis approbantibus. concordia vestra, quae senatui declarata litteris vestris est,
mirifice et senatus et cuncta civitas delectata est.

2 Quod ad me scripseras de re agraria, si consultus senatus
esset, ut quisque honorificentissimam de te sententiam
dixisset, eam secutus esset; qui certe ego fuissem. sed propter
tarditatem sententiarum moramque rerum cum ea quae
consulebantur ad exitum non pervenirent, commodissimum   5
mihi Plancoque fratri visum est uti eo ⟨senatus consulto⟩
quod ne nostro arbitratu componeretur quis fuerit impedimento arbitror te ex Planci litteris cognovisse.

3 Sed sive in senatus consulto sive in ceteris rebus desideras
aliquid, sic tibi persuade, tantam esse apud omnis bonos tui
caritatem ut nullum genus amplissimae dignitatis excogitari
possit quod tibi non paratum sit. litteras tuas vehementer
exspecto, et quidem talis qualis maxime opto.   5

Vale.

Ep. 422 Ω = *MVDH*] **2**, 2 certa *M*: -te χ   4 talis qualis (*vel* tales
quales) χ: q- t- *M*   5 uale χ: *om. M*
Ep. 423 Ω = *MVDH*] **2**, 3 esset *Kleyn, praeeuntibus aliis qui plura
praeter necessitatem mutaverant*: -em Ω   6 eo s. c. *Manutius*: eo Ω: s. c.
Orelli

Scr. Romae fort. eodem tempore quo duae superiores

M. CICERO S.D. C. FURNIO

1 Lectis tuis litteris, quibus declarabas aut omittendos Narbonensis aut cum periculo dimicandum, illud magis timui; quod vitatum non moleste fero. quod de Planci et Bruti concordia scribis, in eo vel maximam spem pono victoriae. de Gallorum studio, nos aliquando cognoscemus, 5 ut scribis, cuius id opera maxime excitatum sit; sed iam, mihi crede, cognovimus. itaque iucundissimis tuis litteris stomachatus sum in extremo. scribis enim, si in Sextilem comitia, cito te, sin iam confecta, citius, ne diutius cum periculo fatuus sis. 10

2 O mi Furni, quam tu tuam causam non nosti, qui alienas tam facile discas! tu nunc candidatum te putas et id cogitas ut aut ad comitia curras aut, si iam confecta, domi tuae sis, ne cum maximo periculo, ut scribis, stultissimus sis? non arbitror te ita sentire; omnis enim tuos ad laudem impetus 5 novi. quod si ut scribis ita sentis, non magis te quam de te iudicium reprehendo meum. te adipiscendi magistratus levissimi et divulgatissimi, si ita adipiscare ut plerique, praepropera festinatio abducet a tantis laudibus, quibus te omnes in caelum iure et vere ferunt? scilicet id agitur, utrum 10 hac petitione an proxima praetor fias, non ut ita de re

3 publica mereare omni honore ut dignissimus iudicere. utrum nescis quam alte ascenderis an pro nihilo id putas? si nescis, tibi ignosco, nos in culpa sumus; sin intellegis, ulla tibi est praetura vel officio, quod pauci, vel gloria, quam omnes sequuntur, dulcior? hac de re et ego et Calvisius, homo magni 5 iudici tuique amantissimus, te accusamus cottidie. comitia tamen, quoniam ex iis pendes, quantum facere possumus,

---

Ep. 424 Ω = *MVDH*] **2**, 2 candidatum *D*ᶜ: canditum *MV*: conditum *DH*   3–4 sis ne *VH*: sicne (c *erasa*) *M*: sis (*om.* ne...sis) *D*   4 maximo χ: -me *M*   12 iudicere ς: -care Ω

quod multis de causis rei publicae arbitramur conducere, in
Ianuarium mensem protrudimus.

Vince igitur et vale.   10

425 (XII.10)

Scr. Romae c. Kal. Quint. an. 43

CICERO CASSIO S.

1 Lepidus, tuus adfinis, meus familiaris, prid. Kal. Quint.
sententiis omnibus hostis a senatu iudicatus est ceterique qui
una cum illo a re publica defecerunt; quibus tamen ad
sanitatem redeundi ante Kal. Sept. potestas facta est. fortis
sane senatus, sed maxime spe subsidi tui. bellum quidem cum   5
haec scribebam sane magnum erat scelere et levitate Lepidi.

Nos de Dolabella cottidie quae volumus audimus, sed
2 adhuc sine capite, sine auctore, rumore nuntio. quod cum
ita esset, tamen litteris tuis quas Non. Mai. ex castris datas
acceperamus, ita persuasum erat civitati ut illum iam
oppressum omnes arbitrarentur, te autem in Italiam venire
cum exercitu, ut, si haec ex sententia confecta essent,   5
consilio atque auctoritate tua, sin quid forte titubatum, ut
fit in bello, exercitu tuo niteremur. quem quidem ego
exercitum quibuscumque potuero rebus ornabo. cuius rei
tum tempus erit cum quid opis rei publicae laturus is
exercitus sit aut quid iam tulerit notum esse coeperit. nam   10
adhuc tantum conatus audiuntur, optimi illi quidem et
praeclarissimi; sed gesta res exspectatur, quam quidem aut
3 iam esse aliquam aut appropinquare confido. tua virtute
magnitudine animi nihil est nobilius. itaque optamus ut
quam primum te in Italia videamus. rem publicam nos
habere arbitrabimur si vos habebimus.

Ep. 425 Ω = *MVDH*] **1**, 5 spe *DH*: spes *MV*   **2**, 8 exercitum *M*:
-tum uerbis *V*: -tu *H*: excitum *D*   rebus *DH*: quibus r- *MV*   9 opis
DH: opus *MV*   is ς: sis *MVD*: sit *H*   **3**, 1 virtute ⟨et⟩ ς

Praeclare viceramus nisi spoliatum, inermem, fugientem 5
Lepidus recepisset Antonium. itaque numquam tanto odio
civitati Antonius fuit quanto est Lepidus. ille enim ex
turbulenta re publica, hic ex pace et victoria bellum excitavit.
huic oppositos consules designatos habemus, in quibus est
magna illa quidem spes sed anceps cura propter incertos 10
exitus proeliorum.

4 Persuade tibi igitur in te et in Bruto tuo esse omnia, vos
exspectari, Brutum quidem iam iamque. quod si, ut spero,
victis hostibus nostris veneritis, tamen auctoritate vestra res
publica exsurget et in aliquo statu tolerabili consistet. sunt
enim permulta quibus erit medendum, etiam si res publica 5
satis esse videbitur sceleribus hostium liberata.

Vale.

426 (X.29)

Scr. Romae prid. Non. Quint. an. 43

CICERO APPIO SAL.

De meo studio erga salutem et incolumitatem tuam credo te
cognosse ex litteris tuorum. quibus me cumulatissime satis
fecisse certo scio, nec iis concedo, quamquam sunt singulari
in te benevolentia, ut te salvum malint quam ego; illi mihi
necesse est concedant ut tibi plus quam ipsi hoc tempore 5
prodesse possim. quod quidem nec destiti facere nec desistam, et iam in maxima re feci et fundamenta ieci salutis
tuae. tu fac bono animo magnoque sis meque tibi nulla re
defuturum esse confidas.

Prid. Non. Quint. 10

Ep. 426 Ω = *MVDH*] 1 te *D*: et *MVH*   4 beniuolentia χ: ben *M*,
in fine vers.   7 et iam ϛ: etiam Ω   ieci *DH*: leci *M*: iexi *V*   8 magnoque *DH*: magno animoque *M*: om. *V*   nulla ⟨in⟩ *Lambinus*: ⟨in⟩
nulla *Baiter*

Scr. Romae m. Iun. vel Quint., ut vid., an. 43

M. CICERO S.D. D. BRUTO

1 Cum Appio Claudio C. f. summa mihi necessitudo est multis eius officiis et meis mutuis constituta. peto a te maiorem in modum vel humanitatis tuae vel mea causa ut eum auctoritate tua, quae plurimum valet, conservatum velis. volo te, cum fortissimus vir cognitus sis, etiam clementissimum existimari. 5 magno tibi erit ornamento nobilissimum adulescentem beneficio tuo esse salvum. cuius quidem causa hoc melior debet esse quod pietate adductus propter patris restitutionem 2 se cum Antonio coniunxit. qua re etsi minus veram causam habebis, tamen [vel probabilem] aliquam poteris inducere.

Nu⟨tus⟩ tuus potest hominem summo loco natum, summo ingenio, summa virtute, officiosissimum praeterea et gratissi- mum, incolumem in civitate retinere. quod ut facias ita a te 5 peto ut maiore studio magisve ex animo petere non possim.

428 (X.24)

Scr. in castris v Kal. Sext. an. 43

PLANCUS IMP. COS. DESIG. S.D. CICERONI

1 Facere non possum quin in singulas res meritaque tua tibi gratias agam, sed mehercules facio cum pudore. neque enim tanta necessitudo quantam tu mihi tecum esse voluisti desiderare videtur gratiarum actionem neque ego libenter pro maximis tuis beneficiis tam vili munere defungor orationis 5

Ep. 427 Ω = *MVDH*] 1, 9 se cum ς: mecum *M*: me cum χ   2, 2 vel probabilem *removi*   3 nutus tuus ς: nutuus *MV*: mitius *ex* nuntius *D*: nuncius *H*
Ep. 428 Ω = *MVDH*] 1, 1 meritaque *DH*: meraque *MV*   4 actio- nem *bis M* (*corr. M²*)   5 pro maximis tuis *M*: proxima in istius *V*: proximam istius *H*: pro eximiis tuis *D*

et malo praesens observantia, diligentia, adsiduitate memorem me tibi probare. quod si mihi vita contigerit, omnis gratas amicitias atque etiam pias propinquitates in tua observantia [indulgentia adsiduitate] vincam; amor enim tuus ac iudicium de me utrum mihi plus dignitatis in 10 perpetuum an voluptatis cottidie sit adlaturus non facile dixerim.

2   De militum commodis fuit tibi curae. quos ego non potentiae meae causa (nihil enim me non salutariter cogitare scio) ornari volui a senatu, sed primum quod ita meritos iudicabam, deinde quod ad omnis casus coniunctiores rei publicae esse volebam, novissime ut ab omni omnium 5 sollicitatione aversos eos talis vobis praestare possem quales adhuc fuerunt.

3   Nos adhuc hic omnia integra sustinuimus. quod consilium nostrum, etsi quanta sit aviditas hominum non sine causa ta⟨m optabi⟩lis victoriae scio, tamen vobis probari spero. non enim, si quid in his exercitibus sit offensum, magna subsidia res publica habet expedita quibus subito impetu ac 5 latrocinio parricidarum resistat. copias vero nostras notas tibi esse arbitror. in castris meis legiones sunt veteranae tres, tironum vel luculentissima ex omnibus una, in castris Bruti una veterana legio, altera bima, octo tironum. ita universus exercitus numero amplissimus est, firmitate exiguus. quan- 10 tum autem in acie tironi sit committendum nimium saepe expertum habemus.

4   Ad hoc robur nostrorum exercituum sive Africanus exercitus, qui est veteranus, sive Caesaris accessisset, aequo animo summam rem publicam in discrimen deduceremus; aliquanto autem propius esse quod ad Caesarem attinet videbamus. nihil destiti eum litteris hortari neque ille 5 intermisit adfirmare se sine mora venire, cum interim aversum

---

6 diligentia *Lambinus*: indulg- Ω   9 indulgentia adsiduitate *removi* (in...ads- *rem. Wesenberg*)   **2**, 2 causa *M²DH*: -am *MV*   **3**, 3 tam optabilis *scripsi*: talis Ω   **4**, 4 aliquanto *M*: -ndo χ   ad *et* attinet *removit Stroth*

illum ab hac cogitatione ad alia consilia video se contulisse.
ego tamen ad eum Furnium nostrum cum mandatis litterisque
misi, si quid forte proficere posset.

5 Scis tu, mi Cicero, quod ad Caesaris amorem attinet,
societatem mihi esse tecum, vel quod in familiaritate Caesaris
vivo illo iam tueri eum et diligere fuit mihi necesse vel quod
ipse, quoad ego nosse potui, moderatissimi atque humanissimi fuit sensus vel quod ex tam insigni amicitia mea atque 5
Caesaris hunc fili loco et illius et vestro iudicio substitutum
6 non proinde habere turpe mihi videtur. sed (quicquid tibi
scribo dolenter mehercules magis quam inimice facio) quod
vivit Antonius hodie, quod Lepidus una est, quod exercitus
habent non contemnendos [habent], quod sperant, quod
audent, omne Caesari acceptum referre possunt. neque ego 5
superiora repetam; sed ex eo tempore quo ipse mihi professus est se venire si venire voluisset, aut oppressum iam
bellum esset aut in aversissimam illi⟨s⟩ Hispaniam cum
detrimento eorum maximo extrusum. quae mens eum aut
quorum consilia a tanta gloria, sibi vero etiam necessaria ac 10
salutari, avocarit et ad cogitationem consulatus semestris
summo cum terrore hominum et insulsa cum efflagitatione
7 transtulerit, exputare non possum. multum in hac re mihi
videntur necessarii eius et rei publicae et ipsius causa
proficere posse, plurimum, ut puto, tu quoque, cuius ille
tanta merita habet quanta nemo praeter me; numquam
enim obliviscar maxima ac plurima me tibi debere. de his 5
rebus ut exigeret cum eo Furnio mandavi. quod si, quantam
debeo, habuero apud eum auctoritatem, plurimum ipsum
iuvero.

8 Nos interea duriore condicione bellum sustinemus, quod

6, 4 *alt.* habent *removit* ϛ, *prius Mendelssohn* (non...habent *om.* V)
8 adversissimam *Cratander*   illis *Victorius*: illi Ω   9 extrusum χ: et
r- *M*: detr- ϛ   10 a χ: *om.* M   11–13 avocarint...transtulerint ϛ
11 semestris *Lange*: bim- Ω: quinquem- *Manutius*   7, 6 quantam ϛ:
-tum Ω   8 iuvero ϛ: iuero *M, ut solet*: tu ero *V*: tuero *D*: tueor *H*

neque expeditissimam dimicationem putamus neque tamen
refugiendo commissuri sumus ut maius detrimentum res
publica accipere possit. quod si aut Caesar se respexerit aut
Africanae legiones celeriter venerint, securos vos ab hac 5
parte reddemus.

Tu, ut instituisti, me diligas rogo proprieque tuum esse
tibi persuadeas.

V Kal. Sext. ex castris.

429 (XII.21)

Scr. an. 44 vel 43

CICERO CORNIFICIO

C. Anicius, familiaris meus, vir omnibus rebus ornatus,
negotiorum suorum causa legatus est in Africam legatione
libera. eum velim rebus omnibus adiuves operamque des ut
quam commodissime sua negotia conficiat, in primisque,
quod ei carissimum est, dignitatem eius tibi commendo 5
idque a te peto, quod ipse in provincia facere sum solitus non
rogatus, ut omnibus senatoribus lictores darem; quod idem
acceperam et id cognoveram a summis viris factitatum.
hoc igitur, mi Cornifici, facies ceterisque rebus omnibus eius
dignitati reique, si me amas, consules. erit mihi gratissimum. 10
Da operam ut valeas.

Ep. 429 Ω = *MVDH(F); alterum exemplum (mvh) exstat in MVH post
ep. 212 (xiii.77), ubi etiam in F invenitur. accedit L*] 1 c. anicius *Mm, ind. M*:
Canitius (Cann- *V*) χ*vh*: Canius *ind. H*: c. antonius *L*   2–3 legatione
libera *VD²FmvhL*: legione 1- *MD*: legiones liberare *H*   8 et id *ML*:
et χ*mvh*   10 consules *mL*: -lis *MVDH*: -leris *Fh*: -leres *v*   erit
MVDH: erat *L*: erit id *Fmvh*

430 (XII.24.3)

Scr. an. 44 vel 43

⟨CICERO CORNIFICIO S.⟩

T. Pinarium, familiarissimum meum, tanto tibi studio commendo ut maiore non possim. cui cum propter omnis virtutes tum etiam propter studia communia sum amicissimus. is procurat rationes negotiaque Dionysi nostri, quem et tu multum amas et ego omnium plurimum. ea tibi ego non debeo commendare, sed commendo tamen. facies igitur ut ex Pinari, gratissimi hominis, litteris tuum et erga illum et erga Dionysium studium perspiciamus.

431 (XII.26)

Scr. Romae an. 44 vel 43

⟨CICERO CORNIFICIO S.⟩

1 Q. Turius, qui in Africa negotiatus est, vir bonus et honestus, heredes fecit similis sui: Cn. Saturninum, Sex. Aufidium, C. Anneum, Q. Considium Gallum, L. Servilium Postumum, C. Rubellinum. ex eorum oratione intellexi gratiarum actione eos magis egere quam commendatione. tanta enim liberalitate se tua usos praedicabant ut iis plus a te tributum intellegerem quam ego te auderem rogare. audebo tamen; scio enim quantum ponderis mea commendatio sit habitura. qua re a te peto ut ad eam liberalitatem qua sine meis litteris usus es quam maximus his litteris cumulus accedat.

Caput autem est meae commendationis ne patiare Erotem Turium, Q. Turi libertum, ut adhuc fecit, hereditatem

Ep. 430 Ω = *MVDH*] *novam esse ep. suspicatus est Nardo; in codd. cum ep. 361 cohaeret (vide ad ep. 347)*

Ep. 431 Ω = *MVDH*] *de inscr. vide ad ep. 347*   1, 3 Anneium ʃ
4 rubellinum (rubeli- *D*) Ω: Rubellium ʃ   6 liberalitate se ʃ: -atest *M*: -ate te est *V*: -ate esse *DH*

Turianam avertere ceterisque omnibus rebus habeas eos a me
commendatissimos. magnam ex eorum splendore et observantia capies voluptatem. quod ut velis te vehementer etiam
atque etiam rogo.   10

432 (XII.27)

Scr. an. 44 vel 43

⟨CICERO CORNIFICIO S.⟩

Sex. Aufidius et observantia qua me colit accedit ad proximos
et splendore equiti Romano nemini cedit. est autem ita
temperatis moderatisque moribus ut summa severitas summa
cum humanitate iungatur. cuius tibi negotia quae sunt in
Africa ita commendo ut maiore studio magisve ex animo   5
commendare non possim. pergratum mihi feceris si dederis
operam ut is intellegat meas apud te litteras maximum
pondus habuisse. hoc te vehementer, mi Cornifici, rogo.

433 (XII.29)

Scr. Romae priore parte an. 43

CICERO CORNIFICIO SAL.

1 Non modo tibi, cui nostra omnia notissima sunt, sed neminem
in populo Romano arbitror esse cui sit ignota ea familiaritas
quae mihi cum L. Lamia est. etenim magno theatro spectata
est tum cum est ab A. Gabinio consule relegatus quod libere
et fortiter salutem meam defendisset. nec ex eo amor inter   5
nos natus est, sed quod erat vetus et magnus, propterea
nullum periculum pro me adire dubitavit. ad haec officia,
vel merita potius, iucundissima consuetudo accedit, ut nullo
prorsus plus homine delecter.

Ep. **432** Ω = *MVDH*] *de inscr. vide ad ep. 347*   2 splendore *DH*:
-dere *MV*   equiti Romano *Lambinus*: -tis -ni Ω

Non puto te iam exspectare quibus eum tibi verbis 10
commendem. causa enim tanti amoris intellegis quae verba
2 desideret. iis me omnibus usum putato. tantum velim
existimes, si negotia Lamiae, procuratores, libertos, familiam
quibuscumque rebus opus erit defenderis, gratius mihi
futurum quam si ea tua liberalitas pertinuisset ad rem
familiarem meam. nec dubito quin sine mea commendatione, 5
quod tuum est iudicium de hominibus, ipsius Lamiae causa
studiose omnia facturus sis. quamquam erat nobis dictum te
existimare alicui senatus consulto quod contra dignitatem
tuam fieret scribendo Lamiam adfuisse; qui omnino consulibus illis numquam fuit ad scribendum; deinde omnia 10
tum falsa senatus consulta deferebantur. nisi forte etiam illi
Semproniano senatus consulto me censes adfuisse, qui ne
Romae quidem fui, ut tum de eo ad te scripsi re recenti.
3 Sed haec hactenus. te, mi Cornifici, etiam atque etiam
rogo ut omnia Lamiae negotia mea putes esse curesque ut
intellegat hanc commendationem maximo sibi usui fuisse.
hoc mihi gratius facere nihil potes.
Cura ut valeas. 5

434 (XI.16)

Scr. Romae m. Mai. vel Iun. an. 43

M. CICERO D. BRUTO COS. DESIG. S.D.

1 Permagni interest quo tibi haec tempore epistula reddita sit,
utrum cum sollicitudinis aliquid haberes an cum ab omni

Ep. 433 Ω = *MVDH; alterum exemplum* (*mvh*) *exstat in MVH post ep.*
212 (*xiii.77*), *ubi habet etiam F inde a §2, 10 deinde*] *inscr. om.* Ω (*vide ad*
ep. 347) **1,** 10 non (nam *V*) puto te iam Ω: nontoiamte *m*:
nuntio iam te *v*: non dubito iam te *h*   eum Ω: hunc *mvh*   11 commendem *mvh*: -darim *MVD*: -dauerim *H*   causa Ω: -am *mvh*
2, 3 erit Ω: fue- *mvh*   6 est iudicium Ω: iud- est *mvh*   8–9 dignitatem tuam Ω: t- d- *mvh*   9 fieret *mvh*: fle- Ω   9–10 consulibus
illis *M*: i- c- χ*mvh*   13 fui ut tum (utrum *V*) de eo (e eo *in ras. M*ᶜ)
adte (ad te *V*: *om. DH*) scripsi Ω: tum fui deque eo scripsi ad te *Fmv*
re *MD*: ex *V*: *om. Hmvh*   5 cura ut ualeas Ω: *om. Fmvh*

molestia vacuus esses. itaque ei praecepi quem ad te misi ut
tempus observaret epistulae tibi reddendae. nam quem ad
modum coram qui ad nos intempestive adeunt molesti saepe 5
sunt, sic epistulae offendunt non loco redditae. si autem, ut
spero, nihil te perturbat, nihil impedit, et ille cui mandavi
satis scite et commode tempus ad te cepit adeundi, confido
me quod velim facile a te impetraturum.

2   L. Lamia praeturam petit. hoc ego utor uno omnium
plurimum. magna vetustas, magna consuetudo intercedit,
quodque plurimum valet, nihil mihi eius est familiaritate
iucundius. magno praeterea beneficio eius magnoque merito
sum obligatus. nam Clodianis temporibus, cum equestris 5
ordinis princeps esset proque mea salute accerrime pro-
pugnaret, a Gabinio consule relegatus est; quod ante id
tempus civi Romano Romae contigit nemini. hoc cum
populus Romanus meminit, me ipsum non meminisse
turpissimum est.   10

3   Quapropter persuade tibi, mi Brute, me petere praeturam.
quamquam enim Lamia summo splendore, summa gratia est
magnificentissimo munere aedilicio, tamen, quasi ea ita non
essent, ego suscepi totum negotium. nunc, si me tanti facis
quanti certe facis, quoniam equitum centurias tenes inque 5
iis regnas, mitte ad Lupum nostrum ut is nobis eas centurias
conficiat. non tenebo te pluribus. ponam in extremo quod
sentio: nihil est, Brute, cum omnia a te exspectem, quod mihi
gratius facere possis.

Ep. 434 Ω = *MVDH*] **1**, 3 ei *M*: et χ   **2**, 7 consule relegatus ς:
-lare ligatus Ω   9 meminit me *DH*: -ni me *M*: me memini *V*:
meminerit me ς   **3**, 1 petere χ: praet- *M*   5–6 inque eis *Iac.*
Gronovius: in quis Ω: in quibus ς

435 (XI.17)

Scr. Romae eodem tempore quo ep. superior

[M.] CICERO [D.] BRUTO S.[D.]

1 L. Lamia uno omnium familiarissime utor. magna sunt eius
in me, non dico officia, sed merita eaque sunt populo
Romano notissima. is magnificentissimo munere aedilitatis
perfunctus petit praeturam, omnesque intellegunt nec
dignitatem ei deesse nec gratiam. sed is ambitus excitari 5
videtur ut ego omnia pertimescam totamque petitionem
Lamiae mihi sustinendam putem.

2 In ea re quantum me possis adiuvare facile perspicio, nec
vero quantum mea causa velis dubito. velim igitur, mi Brute,
tibi persuadeas nihil me maiore studio a te petere, nihil te
mihi gratius facere posse quam si omnibus tuis opibus, omni
studio Lamiam in petitione iuveris. quod ut facias, vehe- 5
menter te rogo.

Ep. 435 Ω = *MVDH*] CICERO BRUTO S. *scripsi Schmieder secutus*: M.
cicero d. bruto s. d. Ω, *ind. M*   **1,** 1 L. *ind. M*: *om.* Ω   sunt χ:
om. M   3 is χ: iis *M*   5 is *DH*: iis *M*: id *V*   excitari ς: -re Ω
2, 3–4 te mihi χ: me tibi *M*   5 Lamiam ς: iam iam Ω

COMMENTARY

174 (XV.15)

Caesar reached Antioch from Egypt in early July to deal with King Pharnaces of Bosporus, son of the great Mithridates (*A.* v, 296), whom he defeated at Zela (*'veni, vidi, vici'*) on 2 August. The news will have reached Rome early in September, evidently after this letter was written.

According to Dio (XLII.13.1, 5), after Pharsalia C. Cassius was with Cato in Cyrene, but left him after Pompey's murder and made his way straight to Caesar. In the early months of 47 he was at Rhodes, and in March Cicero told Atticus of a report that Cassius was going from there to Alexandria (*Att.* 224 (XI.13).1); but this is contradicted in a letter of 14 May (*Att.* 226 (XI.15).2). We do not know where and when he and Caesar met, or what to make of the strange story in *Phil.* II.26 of Cassius' attempt to murder Caesar at Cydnus in Cilicia. At any rate Caesar pardoned him through Brutus' intercession (Plut. *Brut.* 6) and, perhaps considerably later, appointed him *legatus* (234 (VI.6).10).

1, 2 belli ⟨non⟩ necessari pertinacia For the genitive cf. *Bell. Alex.* 26.2 *perseverantia constantiaque oppugnandi*; Just. III.4.3 *perseverantia belli*. But perhaps it may be subjective, 'the obstinacy of (i.e. consisting in) unnecessary war'. As an interpolation *necessaria* in M lacks motive, and ⟨*non*⟩ *necessari* helps the sense. Perseverance, which in a necessary war would be called *constantia*, becomes *pertinacia* in a needless one (cf. *Marc.* 31 *quae enim pertinacia quibusdam, eadem aliis constantia videri potest*).

3–4 plus...exspectare I.e. 'I ought to answer to you for the consequences of our decision rather than expect you to answer to me.' To understand *consili* from *eius consili* is awkward and makes a less logical sequence.

4–5 ut...recordari Cassius and Cicero were both at Formiae in the first half of February 49. They may possibly have met after Cicero's arrival in Greece, though at the time of Caesar's invasion in the beginning of 48 Cassius was in command of the Syrian fleet (Caes. *B.C.* III.5.3). But surely these conversations must have taken place after Pharsalia. Cassius may have met Cicero at Patrae; but why, holding the views here attributed to him, did he join Cato? Perhaps Dio was mistaken.

7 si non totam causam A damaging concession. How could it but be wrong to give up the cause if it was right for the cause to remain in being?

11–12 ego...proponebam 'For my part I set before myself no hope (obviously) in its destruction.' *mihi proponebam* is used as in *Amic.* 102 *qui sibi non illius memoriam atque imaginem proponendam putet*. The translation 'I could cherish no hope for myself' makes the sentiment too egoistic.

2, 4 fatali Generally of fated *disasters*, and often qualified by *quasi* or *quidam*, here by both.

5 vellent I.e. *putarem fore ut vellent.*

7 clementiam Quite a literature has grown up on the subject of Caesar's clemency; cf. Weinstock, *Div. Jul.* 237 n. 1.

7–8 Africa...Asia...Achaia I.e. the Pompeians in those areas; cf. *Att.* 226 (XI.15).1 *hi autem ex Africa iam adfuturi videntur, Achaici, item ex Asia redituri ad eos.*

9 legato Nothing is known of the circumstances. For the word (*allegato* Gronovius) see *A.* 1, 286.

3, 2 partem Taken as 'party' this is hardly sense. Cicero does not contrast Cassius' action in joining Caesar with his own in going to Italy from a political standpoint; that would involve a difference of *consilium*, which he had no wish to bring out even if it was in his mind. And the consequences are presented as a matter of chance (*casu*). Nor is *petere partem* normally used thus. Cicero is thinking of geography; it so happened that Cassius went east, he himself west. For *pars* ('direction') = *regio* cf. Caes. *B.G.* v.24.7 *quam* [sc. *legionem*] *L. Roscio in pacatissimam et quietissimam partem ducendam dederat.* Phrases like *regionem petere* are common. The meaning *pars terrarum* (cf. *Mur.* 89 *an se in contrariam partem terrarum abdet?*) is usually expressed by the plural: cf. e.g. 382 (X.11).2 *in his partibus*, 365 (XII.5).3 *ab istis orientis partibus.*

10 auctor I.e. Caesar.

4, 4 Luceria The letter (not letters) here referred to must have advised Cicero to stay out of the war. It was probably written in 49, just before the fall of Corfinium. Pompey set up his headquarters at Luceria about 25 January (*Att.* 137 (VII.13a).3, 144 (VII.20).1). On 7 February Cassius arrived in Capua with a message from Pompey (*Att.* 145 (VII.21).2), and was with Cicero at Formiae on the 10th (*Att.* 147 (VII.23).1). Later he doubtless rejoined Pompey, who remained at Luceria until the 19th (*Att.* 160 (VIII.9a).2).

175 (IX.1)

On Cicero's relations with M. Varro (*A.* 1, 392) see C. Kumaniecki, *Athenaeum* 40 (1962), 221ff.

The letter reads as though Cicero had been several months in Rome. Where was Varro? Evidently, from the opening phrases, far away, though there was hope of his return in the near future. After surrendering to Caesar in Spain he had made his way to Greece, like his colleagues Afranius and Petreius, for at the time of the battle of Pharsalia he was in Dyrrachium with Cato and Cicero (*Div.* 1.68, II.114). He would hardly have been there if he had already 'given up further participation in the war against Caesar' (H. Dahlmann, *RE* Suppl. VI, 1177, 65). What followed is not recorded, but since no Pompeian Senators were at first allowed to return to Italy, except Cicero and D. Laelius, Varro is likely to have stayed in Greece and to have still been there when Cicero wrote. But it is clear that Caesar had by now pardoned him a second time and that he was free to return at will.

2, 11 laturum This seems to be the only word which Cicero could well have used here, except *toleraturum*, which gives an undesirable clausula. It may be no less a guess than *sciturum*, and the same is true of *transiturum*. The proposed interpretations of the last, 'transeuntes vitamus ea quae impendent' (Manutius), 'surmount', 'hinwegkommen über', have little support in attested usage.

12–13 ⟨sive ad me...⟩ Cicero as well as Varro had villas at Tusculum and Cumae, and he could not in courtesy take it for granted that Varro would be host.

15 videatur *diiudicetur* is commonly read. The dative *utrique* must then be taken either with the verb (as T.–P., 'so that both of us shall adjudge that to be the most suitable place') or with *commodissimum*. But *utrique nostrum diiudicetur* for *uterque nostrum iudicet* is questionable Latin, and 'that it will be judged most convenient for both of us' is awkward and ambiguous (other people's judgement being irrelevant).

176 (IX.3)

Written shortly before the news of Thapsus reached Rome about 20 April 46 (cf. 177 (IX.2).1 *tantis postea novis rebus adlatis*), but not dispatched for several days; see 177 (IX.2), intr. note.

1, 1 Caninio Probably L. Caninius Gallus (*A.* VI, 295).

ad te I.e. to Cumae (not Tusculum). Varro was at Tusculum when Cicero wrote, but was expected to leave the following morning for Cumae; see 177 (IX.2), intr. note.

4–5 in istis locis On the Bay of Naples; cf. 193 (IX.20).1 and 194 (IX.19).2 *in ista loca*, 117 (IX.2).5 *in illa loca*.

7 ⟨sed⟩ quid refert? At this point Cicero pulls himself up and answers his own objection. Editors usually make *quid refert?...iucundius* an imaginary retort by Varro; the sequel is then unintelligible.

8 credo Ironical, as parenthetic *credo* usually is in Cicero. It could not possibly be otherwise here in view of *cum omnes...volutentur*.

9–10 nobiscum aut inter nos 'Whether indulged in alone or together' (Shuckburgh). For *nobiscum* cf. *Sen.* 49 *secum esse secumque, ut dicitur, vivere*; Sen. *Dial.* VIII.6.3 *ecquid illi secum esse permittes?* This is easier than to suppose a distinction between living together and joining in the same pursuits.

2, 1–2 ego vero...persequar Sc. *te in Cumanum*; cf. 179 (IX.5).3. 'Yes, I shall follow.'

4–5 sive...acquiescimus Cf. 202 (IV.3).3 *his vero temporibus habemus aliud nihil in quo acquiescamus.*

9 γλαῦκ' εἰς 'Αθήνας 'Coals to Newcastle'; cf. Leutsch–Schneidewin, *Corp. Paroem. Gr.* 1, 59. So 243 (VI.3).4.

177 (IX.2)

The narrative in §1 can be amplified as follows: one night Caninius called at Cicero's house in Rome to tell him that he was leaving next morning to join Varro at his Cuman villa (cf. 175 (IX.1).2, 179 (IX.5).3). He must have been going to Cumae, not Tusculum, because he also told Cicero that Varro was leaving Tusculum the following morning. Cicero asked him to call again before he left and take a letter to Varro. He then wrote 176 (IX.3). But Caninius failed to appear next day, and Cicero did not think it worth while to send his letter all the way to Cumae by special messenger. A few days later Caninius unexpectedly reappeared, his departure having been postponed; the reason, as appears in a later letter (179 (IX.5).3), was that Varro had changed his plans and was still at Tusculum. It was in the morning and Caninius was leaving at once, so Cicero had no time to write a new letter and gave the original one to Caninius. But he followed it up, perhaps the same day, with this. The news of Caesar's victory in Africa had now arrived (§2), but details were still awaited (§4). Cicero therefore wrote soon after 20 April.

1, 1 pervesperi ἅπ. λεγ., but probably to be kept; cf. Ter. *Heaut.* 67 *tam mane...tam vesperi*; *Att.* 85 (IV.9).2 *bene mane. heri vesperi* (T.–P.) ignores the data.

4 epistulam 176 (IX.3); see above.

5 ac tamen Cf. 147 (XVI.8).1n.

6 postridie The day after Caninius called. The day following that cannot be meant, since Cicero's letter would then have reached Tusculum in time.

9 ἕωλος Cf. *Att.* 327 (XIII.21*a*).1 *ne et* ἀδιόρθωτα *habeat Balbus et* ἕωλα *Brutus.*

9–10 tantis...novis rebus The battle of Thapsus; cf. §2.

2, 4 nos dolent vivere Cf. 179 (IX.5).2 *nos...quibus non satis facimus quia vivimus*, 183 (VII.3).6 *sunt enim qui...criminis loco putent esse quod vivam*. But sometimes Cicero declares himself ashamed to be alive, as in 225 (IV.13).2.

312

7 **tam Lynceus** κείνου γὰρ ἐπιχθονίων πάντων γένετ' ὀξύτατον ὄμμα (Pind. *Nem.* 10.64). Cf. 21 (1.10) *tam Ulixes.*

8 **nusquam incurrat**   It is quite unnecessary to look for examples of *incurrere* used absolutely or to conjecture *nusquam ⟨in quicquam⟩. nusquam = in nullam rem*; cf. *A.* IV, 333 (*ne quo inciderem*).

3, 4 **calumniabar**   On this use of the word, of factitious doubts and objections, see Peterson on Quint. *Inst.* x.1.115 *nimia contra se calumnia* or T.–P.'s note.

12 **diuturna**   Cf. *Fin.* III.15 *quae* [sc. *nomina*] *nunc consuetudo diuturna trivit.* No classical writer uses *diurnus* for *cottidianus.*

callum   Cf. *Att.* 92 (IV.18).2 *locus ille animi nostri stomachus ubi habitabat olim concalluit.*

4, 2 **ibidem**   At Tusculum.

dum effervescit   For the mood cf. K.–S. II, 544.

3 **negotium**   Cf. *Att.* 238 (XII.2).2 *res interea fortasse transacta est.*

5, 1–2 **te vero nolo, sqq.**   Cicero will have heard from Caninius that Varro thought of going to Baiae; his villa at Cumae was another matter.

2 **ad Baias**   Cf. *A.* 1, 320.

6–7 **a quibus...salutem**   Cf. 226 (VI.12).5 *doctrina ac litterae, quibus semper usi sumus, quae secundis rebus delectationem modo habere videbantur, nunc vero etiam salutem,* 294 (XIII.28).2 *studia illa nostra quibus antea delectabamur, nunc etiam vivimus.*

11 **in litteris et libris**   I.e. *scribendo et legendo.*

12 **de moribus ac legibus**   Probably Cicero had resumed work on his unfinished treatise *de Legibus,* or at least thought of doing so (despite Philippson, *RE* VIIA, 1118, 20).

178 (IX.7)

Evidently written before 179 (IX.5), to which see intr. note.

1, 1 **Seium**   *A.* III, 214.

2 **maturum**   Explained by T.–P. now as 'to go to Tusculum', now as 'to go to join Caesar'. In fact Cicero meant that it was time to go to Cumae; see next letter, init.

3 **calumniatus sum**   If Cicero meant this as a reference to 177 (IX.2).3 *sed calumniabar ipse,* his memory was at fault. For in that passage he gave reasons for staying in Rome himself, reasons which did not concern Varro; whereas the self-manufactured difficulties mentioned here had to do, as the next sentence shows, with his wish to keep Varro near by as well as with his own reluctance to leave. In fact he did express doubts about the propriety of going to Campania in 176 (IX.3).1; and he

advised Varro to stay at Tusculum, and above all not to go to Baiae, in 177 (IX.2).4f.

4 esse t⟨e⟩ Without *te* we should have to understand 'I wanted to be somewhere near' (i.e. near you). But that would not constitute a reason for not going to Cumae, where Cicero and Varro could still have been near each other.

si quid bonae salutis Cf. 72 (III.9).2n. When Cicero wrote 176 (IX.3) the news of Thapsus had not yet arrived, and when he wrote 177 (IX.2) details were still unknown (§4). In an uncertain situation he wanted to be in touch with Varro in case one of them might hit upon a good idea – or so he says. He does not explain why this would not have been feasible at Cumae; but he could have made the point that Rome would get the first news. The truth, no doubt, or part of it, was that he wished to keep in touch with other friends in the capital; cf. 182 (v.21).3.

T.–P. remark that this letter is full of strong ellipses.

5 σύν τε δύ' ἐρχομένω καί τε πρὸ ὃ τοῦ ἐνόησεν, | ὅππως κέρδος ἔῃ (*Il.* x.224). So to Atticus, 172 (IX.6).6.

6 equis viris Cf. *Off.* III.116 *cum his viris equisque, ut dicitur... decertandum est*; Otto, *Sprichwörter*, 126. It was now no time to stand back waiting on events; Cicero and Varro must join in the general rejoicing or appear to do so.

7 L. Caesare filio *A.* II, 219. He was at Utica as Proquaestor (Broughton, 297), presumably by Cato's personal appointment; cf. Mommsen, *St.* II, 563. Whether he had held the Quaestorship is uncertain, for Sumner's statement (*Lex Annalis*, 258) that he 'was a senatorial envoy at the beginning of 49 (Broughton 2, 265), so quaestor by 50', repeats false doctrine; see *A.* IV, Appendix III. After Cato's suicide he persuaded the townspeople to open their gates to Caesar. Sources differ about what followed, but his death some time later at the hands of Caesarian troops was believed by some to have been secretly ordered by Caesar (cf. Butler–Cary on Suet. *Iul.* 75.3).

quid hic mihi faciet patri? Ter. *Andr.* 112 (cited in *de Orat.* II.172 as an example of an *argumentum ex minore*). The original context is as irrelevant as in *Att.* 126 (VII.3).5 ποῦ σκάφος τὸ τῶν Ἀτρειδῶν; and the only point in *patri* seems to be that Cicero was an old man compared to L. Caesar. He cannot have meant 'he has pardoned L. Caesar and so will certainly pardon me' (cf. Butler–Cary, l.c.), for that would not be a reason for courting Caesarians (cf. 190 (IX.16).2, 191 (IX.18).2 *munio me ad haec tempora*).

2, 2 missa Sc. *sint*; cf. Plaut. *Asin.* 330 *mitte ridicularia*.

3 Africa, sqq. Enn. *Ann.* 310 (Vahlen), also quoted in *de Orat.* III.167 and *Orat.* 93.

4 **ἀποπροηγμένον** προηγμένα and ἀποπροηγμένα, translated *prae-posita* and *reiecta* in *Fin.* III.15, were the Stoic terms for things such as health, wealth, etc. and their opposites which, though really (i.e. ideally) neither good nor bad (ἀδιάφορα), are in practice put above or below the line of absolute indifference, so that they are chosen or avoided.

5 **quando, qua, quo** Sc. *Caesar adventurus sit.*

5–6 **istuc ipsum de Baiis** I.e. *quod ad istuc...attinet*; cf. Ter. *Andr.* 350 *atque istuc ipsum, nil periclist*; Fronto, *de Fer. Als.* 3.6 *istuc quidem, si lucernae removeantur, nihil videri poterit.* Or perhaps read *nihil adhuc scimus, ⟨ut⟩ istuc ipsum de Baiis; non nulli* sqq.; cf. K.–S. II, 559. Varro seems to have heard that Caesar was going to land at Baiae. In fact he came via Sardinia, landing in Italy at Ostia. He sailed from Africa on 13 June, but did not arrive in Rome until 25 July (*Bell. Afr.* 98).

7 **praedium** Caesar being now owner of the Roman empire, its provinces were his private estates! Cf. *Verr.* II.2.7 *quasi quaedam praedia populi Romani sunt vectigalia nostra atque provinciae.*

8 **deterius** Sardinia was notorious for an unhealthy climate and a good-for-nothing population.

10 **Dolabella** He arrived about 12 June; cf. *Att.* 241 (XII.5c).

magistrum Cf. *Att.* 339 (XIII.47) of August 45, *Dolabella scribit se ad me postridie Idus. o magistrum molestum!*

11 **πολλοὶ κ.τ.λ.** Source unknown (Nauck, p. 861). It would seem that Cicero had already given his son-in-law some lessons in declamation; cf. 190 (IX.16).7.

179 (IX.5)

Between this letter and the last Cicero had received a letter from Varro proposing the Nones as the day of departure for Cumae. The last sentence shows that these Nones were still some little time ahead, say a week. That they were the Nones of June, not May, is indicated by the mention of the time of year as suitable for a visit to Campania, early June of the unreformed calendar corresponding to early April; and, in the previous letter, by the talk of Caesar's return, L. Caesar's death, and Dolabella's advent – items which can hardly belong to a date only a week or two subsequent to the arrival of the news of Thapsus and some six weeks before Caesar left Africa.

1, 1–2 **mihi vero...tempus** 'The Nones? Yes, that will be very seasonable, I think, literally as well as politically speaking.' The reference to politics may mean that it would be wise to take the proposed trip to Campania before Caesar's return.

2, 4–6 **ita...reverterunt** 'So we had a tenderer conscience than those who never stirred from home and a sounder sense of reality than

315

those who, after the loss of our resources, did not return there.' As an example of the first class T.–P., after Watson, misguidedly offer Ser. Sulpicius Rufus.

9 quia vivimus   Cf. 177 (IX.2).2n.

3, 2 persequar   Cf. 176 (IX.3).2.

in Cumanum   'To the district of Cumae', rather than 'to your Cuman villa', though Cicero was to be Varro's guest.

180 (IX.4)

Cicero had written to Varro toward the end of May that he might manage a visit to Tusculum before they both left for Cumae on 5 June (179 (IX.5).3). In fact he went to Tusculum before the end of May (cf. *Att.* 241 (XII.5c) *etsi Kalendae vitandae fuerunt* – not 'on 5 June, as arranged' (T.–P.). But he did not go to Cumae. Probably he did not leave the vicinity of Rome until November (cf. 193 (IX.20).1; *A.* V, 307). Varro also seems to have changed his plans again, for he was at Tusculum when Cicero wrote 181 (IX.6). The present letter is likely to have been written soon after Cicero's arrival at his Tusculan villa, before he and Varro had met; just possibly, however, Cicero was still in Rome.

1 περὶ δυνατῶν, sqq.   This badinage is, of course, a compliment to Varro's expertise in Greek philosophy. Diodorus of Iasus, philosopher of the Megarian school and teacher of Zeno of Citium, 'flourished' toward the end of the fourth century. His so-called Master-Argument, to prove that only what is or will be actual is possible and that what is not going to be actual is not possible (cf. *Fat.* 13; Epict. *Diss.* II.19.1), was controverted by Chrysippus, who defined the possible as that which was capable of being actual (τὸ ἐπιδεκτικὸν τοῦ ἀληθὲς εἶναι); cf. Zeller, *Socrates and the Socratic Schools* (English translation), 272ff.; K. Döring, *Die Megariker* (1972), 132ff.; J. Hintikka, *Time & Necessity* (Oxford, 1973), ch. 9.

3 τῶν ἀδυνάτων   For the genitive cf. *A.* IV, 398 and Bücheler, *Kl. Schr.* I, 202. The palaeographical indications speak for themselves.

4 Diodotus   Cicero's Stoic friend and teacher (*A.* I, 393).

7 †Coctio†   The nomen Coctius is otherwise unattested, *lege coctia* (*coc(c)ia*) in *Att.* 89 (IV.16).8 being probably corrupt. Two Cottii (unlisted in *RE*) bore witness against Verres (*Verr.* II.5.165). A Cocceius had financial relations with Cicero in March 45 and subsequently (*A.* V, 310).

8 hortum   This probably refers to something in a letter from Varro, and cannot be fully elucidated; *Q.Fr.* II.9.4 *hortus domi est*, also obscure, does not assist. But *deerit nihil* doubtless means 'we shall have food for both mind and body'. *hortus* can mean either a kitchen garden or the vegetables it produces. Shuckburgh would understand it here as 'a garden to sit and converse in...the library being like Cicero's Tusculan gymnasium, round a court containing shrubs etc.' *deerit nihil* would then have less point, and Roman libraries are not known to have been built round such courts.

181 (IX.6)

We do not know how long Cicero stayed at Tusculum; he was still there in mid June (*Att.* 241 (XII.5c)). This letter seems to have been written soon after his return to Rome. Varro was still at his Tusculan villa (§4), where Cicero had probably paid him a visit.

1, 2 adventus *Caesaris scilicet* must be a gloss. There is no plausible function for *scilicet* in the text and Caesar's name is never mentioned in the letters to Varro.

4 Alsiense Caesar may have had a villa at Alsium near the coast of Etruria just south of Caere, as probably had Pompey (*Mil.* 54). But the meaning may be 'the district of Alsium'. Caesar did land there in 45.

5–6 multos...multis Apparently many people ill-disposed to Caesar were to be found in this area. They would have to pay their respects as a matter of courtesy, and this would be irksome to both sides. *ipsumque multis* can hardly mean that it would be troublesome for Caesar's well-wishers in Rome to go to Alsium, which was only a few miles further than Ostia.

7 Hirtius *A.* III, 299f. T.–P. remark that this is the first instance (within their knowledge) in which we hear of intercourse between Hirtius and Cicero. But cf. *Att.* 225 (XI.14).3.

8 Balbum et Oppium Probably they wrote jointly.

2, 5–6 non enim...probandum est Manutius quotes 355 (X.3).3 *si ea quae patiebare probare etiam arbitrarer.*

7 initia rerum Caesar could be blamed for starting the war – though even in that respect he was not solely to blame. Everything else followed inevitably.

8 aberas In Spain.

11 erat *esse* cannot be right. That one side or the other had to win (with all the consequences of victory in a civil war) lay in the nature of things. It was not an eyewitness observation of Cicero's.

3, 2 ducum Note that *alterius utriusque* is adjectival with *exercitus* and substantival with *ducum*.

3–4 extremum...victoriam Cf. 231 (IV.9).3 *omnia sunt misera in bellis civilibus...sed miserius nihil quam ipsa victoria.*

5 otiosis *otiosissimi* in χ is obviously due to *mi(nabantur)*. *otiosus* was a word for the stay-at-homes (cf. 179 (IX.5).2 *severitatem otiosorum*; *Marc.* 18 *quidam...etiam otiosis minabantur*), not conceivably to be applied to the republican militants.

6 nunc vero   Cicero turns from memories of Pompey's camp to the present, as it would have been if the republicans had won in Africa.

7 potiti   Probably sc. *rerum*; cf. *Att.* 135 (VII.12).3 *iis me dem qui tenent, qui potiuntur?* But *nostri* could be genitive; cf. *ad Herenn.* IV.34 *Atheniensium potiti sunt Spartiatae.*

8–11 quasi...vivere   'One might have supposed that we had taken some resolution for our own safety which we had not advised them to take for theirs, or that it was to the advantage of the state that they should go to brute beasts for help rather than die outright, or live in hope – admittedly no very bright hope, but still hope.'

10 bestiarum   Juba's elephants; cf. 183 (VII.3).3n. He brought thirty of them when he joined Scipio (*Bell. Afr.* 48.1).

4, 5 duxi, tum   Sc. *te magnum hominem duco*. With the paradosis *duxerim* the apodosis begins at *equidem*, producing a cumbrous and ill-organized structure and a logical inconsistency. Cicero could not *always* have thought Varro a great man because of his conduct 'in these storms'. Victorius' correction assumes a brachylogy of the type illustrated in K.–S. II, 557ff. (cf. also 20 (I.9).23n.). It is hardly more difficult than *Sull.* 10 *hoc totum eius modi est, iudices, ut, si ego sum inconstans ac levis, nec testimonio fidem tribui convenerit nec defensioni auctoritatem* (sc. *tribui conveniat*). It would have been easier if Cicero had written *tum hoc tempore*, but the idea of 'now' is implicit in *his tempestatibus.*

8 actis   *rebus gestis*; cf. *de Orat.* II.63 *vult etiam, quoniam in rebus magnis memoriaque dignis consilia primum, deinde acta, postea eventus exspectantur* [sc. *ab historico*], *et de consiliis significari quid scriptor probet et in rebus gestis declarari non solum quid actum aut dictum sit sed etiam quo modo et cum de eventu dicatur ut causae explicentur omnes*, sqq. *acta* = *negotia* is not found in Cicero, or indeed elsewhere, despite *Thes.* I, 1407, 2. The unhappy notion that *actis* comes from *acta* = ἀκτή (cf. *A.* VI, 219) is to be firmly rejected. Varro could not have been expected to understand it so (unless Cicero had written ἀκταῖς), and the combination 'both sea-side places and pleasures' is fatuous.

9 instar...vitae   Cf. *Pis.* 52 *unus ille dies mihi quidem immortalitatis instar fuit*. The sentiment is close to *Tusc.* v.5 *est autem unus dies bene et ex praeceptis tuis* [sc. *Virtutis*] *actus peccanti immortalitati anteponendus*; see Henry ad loc. Not 'life in the real sense of the word'. *vitam* might have meant that, not *instar vitae.*

5, 1 nos   'I', not 'we' (Varro was not imitating himself). But *nobis* and *nostra* in the next sentence probably refer to both.

5 **docti homines** Cf. *A.* 1, 383 (*controversia*).

6, 4–5 **quaecumque** On the whole the most satisfactory correction of *quae tua* (from *-cūq;*).

182 (v.21)

From §3 *exspectatio rerum Africanarum* this letter to Mescinius Rufus may be assigned to the period shortly before the news of Thapsus reached Rome; cf. *Att.* 238 (XII.2). He may have accompanied Cicero to Greece in 49 (cf. 152 (v.19).2). He was now back in Italy, probably in Campania (see on §5), but had been somehow penalized by Caesar (§3 *iniuriam*), perhaps forbidden to come to Rome.

1, 3–5 **quod...velim** 'That I welcome, but at the same time I don't allow you any priority in such a feeling. To be with you is my ardent desire, by all my hopes I swear it.' For *commoda* cf. Plaut. *Trin.* 1117 *ita commoda quae cupio eveniunt*. Nothing acceptable can be made of *communia*, which doubtless arose from *omnia*. *velim* is potential; cf. Ter. *Eun.* 1069 *ego vos credere ambos hoc mihi vehementer velim*.

10 **mutati** Cf. 252 (v.15).2 *alii occiderunt, alii nescio quo pacto obduruerunt*.

12 **quibuscum vivo** Caesarians.

2, 5 **is** Pompey; cf. *Att.* 13 (1.13).4 *occulte, sed ita ut perspicuum sit, invidet*. Cicero implies that it was jealousy that made Pompey unwilling to take his advice.

6 **me enim amabas** 'Mea causa illum non amabas cuius invidiam perfidiamque nosses' (Manutius).

7 **ego sum, sqq.** Similarly to M. Marius (183 (VII.3).5) *ut primum scires me numquam voluisse plus quemquam posse quam universam rem publicam, postea autem quam alicuius culpa tantum valeret unus ut obsisti non posset, me voluisse pacem.*

8 **illa ipsa arma** Caesar's armies.

10 **iniusta** In line with Cicero's often repeated view, before, during, and after the war; cf. *Att.* 128 (VII.5).5 *nam ego is sum qui illi concedi putem utilius esse quod postulat quam signa conferri*, 129 (VII.6).2 *sentiam enim omnia facienda ne armis decertetur*, 130 (VII.7).6f., 136 (VII.13).1 *quae condicio non huic fugae praestitit?*, 138 (VII.14).3 *quae* [sc. *pax*] *vel iniusta utilior est quam iustissimum bellum cum civibus*; *Fam.* 234 (VI.6).5 *cum vel iniquissimam pacem iustissimo bello anteferrem*, 244 (VI.4).4 *cum cupiebam quamvis iniqua condicione pacem*; *Phil.* II.37 *qui si viverent, quamvis iniqua condicione pacis (mihi enim omnis pax cum civibus bello civili utilior videbatur) rem publicam hodie teneremus.* Conjectures like *tuta* or *tolerabili* can be ruled out. I prefer *iniusta* to *iniqua* as accounting for the paradosis *tota*; *quamuis iniusta* became *qua(m)uista.*

3, 3-6 puto...amicorum 'I feel it is of some moment to me (though what actual difference it makes I hardly see, but even so) not to be far away from my friends' advice, whatever news comes in from that quarter.'

10 **animus ⟨meus⟩** *meus* seems requisite. Phrases like *avet animus, refugit animus* are not fairly parallel.

14 **tuas litteras** Cf. 123 (xvi.4).3n.

4, 5 nullum sensum Cf. 243 (vi.3).3n.

5, 2 qua Cf. K.–S. i, 58f.

3 **horribile** Cf. *Sull.* 59 *hominum genus horribile et pertimescendum*; *Cluent.* 7 *hunc locum consessumque vestrum quem illi horribilem A. Cluentio ac formidolosum fore putaverunt* (sim. *Scaur.* 22). *inhonorabile* could be right; the word is not found in classical Latin, but neither is *honorabilis* except in *Sen.* 63. But it is probably only one of GR's countless 'emendations'.

4 **ad te veniam** Cicero was planning a visit to Cumae at this time; cf. 176 (ix.3).

183 (vii.3)

This letter to M. Marius has been assigned by some to September, by others to the end of May. More probably it is contemporaneous with the preceding letter to Mescinius. §5 *me numquam voluisse...pacem* is closely in tune with 182 (v.21).2 *ego enim...pugnare*; and the final sentence fits in with 182 (v.21).5 *ad te veniam brevi* and with Cicero's projected trip to Cumae (176 (ix.3)); though to be sure he was again thinking of a trip into Campania in July and August (190 (ix.16).7ff., 194 (ix.19).2).

1, 5-6 cum...venissem For the circumstances see *Att.* 208 (x.16).4, from which the date in the MSS is corrected from *III Id.* to *IIII Id.* Of course, Cicero's memory may not have been as accurate as he thought.

6-7 **sollicitum...te habebat** Cf. 154 (ii.16).1n.

9 **periculum** Sc. *quod subiturus essem.*

11 **pudori** Cf. 234 (vi.6).6 *sed valuit apud me plus pudor meus quam timor...itaque vel officio vel fama bonorum vel pudore victus...sum profectus.*

2, 3 neque magnas Not so, according to Caes. *B.C.* iii.4; but cf. 230 (iv.7).2 *vidi...te...nec copias Cn. Pompei nec genus exercitus probare.*

5 **reliquos** *reliqui* can hardly stand, since *aes alienum* is clearly appositional to *vitia*.

rapacis Cf. Caesar's account of Metellus Scipio's plunderings in Syria and Asia Minor (*B.C.* iii.31ff.).

6 **ut...horrerem** Cf. 231 (iv.9).3 *an tu non videbas mecum simul quam illa crudelis esset futura victoria?*

7 **aes alienum** Cf. *Att.* 178 (ix.11).4.

10 **auctor** Cf. 209 (VII.23).2 *Martis vero signum quo mihi pacis auctori?* and intr. note to that letter.

13 **quadam ex pugna** At Dyrrachium; cf. Caes. *B.C.* III.72.1 *his rebus tantum fiduciae ac spiritus Pompeianis accessit ut non de ratione belli cogitarent sed vicisse iam sibi viderentur.*

3, 3 in acie cadendum As did, most notably, L. Domitius.

3–4 in aliquas insidias incidendum As did Pompey and Lentulus Crus.

4 deveniendum in victoris manus This may point to M. Brutus (cf. Plut. *Brut.* 6).

4–5 ad Iubam confugiendum As did Cato, Scipio, etc.; cf. 181 (IX.6).3 *ad bestiarum auxilium confugere*; *Att.* 218 (XI.7).3 *non esse barbaris auxiliis fallacissimae gentis rem publicam defendendam.*

5 capiendus...locus As did M. Marcellus and Ser. Sulpicius (cf. *Att.* 218 (XI.17).4). They were not legally exiled.

6 mors voluntaria If Cicero was writing in April, he cannot, of course, have been thinking of Cato's death, which in any case was relevant to the situation after Thapsus, not to that after Pharsalia.

12–13 ⟨et⟩...etiam Cf. *Thes.* v (ii), 941, 42. The addition of *et* (a hitherto unappreciated contribution of Schütz's which I published in the belief that it was my own) makes the qualification *si quicquam nunc cuiusquam est* apply to property, as it surely should; cf. *Phil.* II.48 *suam enim quisque domum tum obtinebat.*

4, 2 tamquam in patria *tamquam* is meaningless according to A. Frederking (*Philol.* 59 (1900), 156). Cicero would hardly have used the word if he had not wanted to balance *tamquam in exsilio*; but *aliqua forma* implies that full restoration of the constitution was not to be hoped for. Or possibly *tamquam in patria* = simply ὡς ἐν πατρίδι; cf. Sen. *Dial.* x.18.3 *orbis terrarum rationes administras tam abstinenter quam alienas, tam diligenter quam tuas, tam religiose quam publicas.*

5 vetus est Cf. *Quinct.* 55 (with T. E. Kinsey's note); *Verr.* II.5.7 *vetus est quod dicam.*

qui fueris Cf. *A.* II, 147. The proverb will have been a verse such as Bücheler's reconstruction *ubi non es qui fueris non est cur velis ibi vivere.*

5, 5 alicuius Pompey; cf. *Att.* 132 (VII.9).3 *magnum malum putat aliquis.*

7–9 me...belli 'I wanted to make an end to the war for all concerned; unable to bring that to pass, I made an end for myself individually.' With *voluisse* understand *finem belli facere.*

11 Rhodum...contulissem Like M. Marcellus (Mytilene) and C. Cassius (Rhodes); cf. *Att.* 224 (XI.13).1; *Fam.* 230 (IV.7).4; also Hor.

Epist. 1.11.17 *incolumi* [= *non exuli*] *Rhodos et Mytilene pulchra facit quod* | *paenula solstitio.*

6, 3–5 **sunt...vivam**   Cf. 177 (IX.2).2n.

6 **qui** = *et ei qui perierunt.*

11 **te...videbo**   See intr. note.

184 (XVI.19)

This and the following two letters to Tiro are linked by their references to a certain Demetrius. Schmidt's dating to August 45 was refuted by Schiche (*Zu Ciceros Briefen* (1905), 12ff.) and discountenanced by Sternkopf (*Woch. f. kl. Phil.* 23 (1906), 177f.). For key points see on 185 (XVI.22).1. Almost certainly the letters belong to the summer of 46, in which case they must have been written from Tusculum, probably in July or August rather than in the latter half of June, as Schiche held. Cicero seems to have gone back there at the end of June, when he found that Caesar was not expected in the immediate future.

2 Demetrium   A bore, but apparently a person of some consequence, who was expected in Rome. Identity with Pompey's wealthy freedman, Demetrius of Gadara, cannot be established, but there is nothing to disprove it (Münzer, *RE* IV, 2803, 19 was in error). Or he may be another Demetrius, on record as a freedman of Caesar's, governing Cyprus for Antony in 39 (ibid. 37). Cicero's evident desire to keep on good terms with him favours the second hypothesis. Nor can Demetrius of Magnesia (cf. *A.* II, 197) be peremptorily excluded.

redde nostrum   This does not imply a previous falling out, as T.–P. could have seen from their citation of 113 (VII.32).3 *Dolabellam...redde plane meum*; cf. 109 (XV.13).3 *ut eos mihi quam amicissimos redderes; Att.* 21 (II.1).6 *quid si etiam Caesarem...reddo meliorem?* et sim. Nor is there any double sense.

3 Aufidiano nomine   Presumably a debt owed to Cicero by one Aufidius, possibly the Sex. Aufidius of 432 (XII.27). There is no reason to make him a citizen of Tusculum.

185 (XVI.22)

1, 7 ipse   I.e. 'I write nothing myself but enjoy reading what others have written'. Cf. Horace's *nil scribens ipse* (*A.P.* 306).

10 de quadrimo Catone   There can be no reasonable doubt that the reference is to the story of the four-year-old Cato's defiance of Poppaedius the Marsian, told by Valerius Maximus (III.1.2) and Plutarch (*Cat. Min.* 2). And it is hardly less certain consequently that the book which was being copied in Rome under Tiro's supervision was Cicero's *Laus Catonis*, which was finished in the summer of 46, probably in July or August (cf. *A.* v, 302); the *Laudatio Porciae*, composed in July(?) 45 (cf. *Att.* 345 (XIII.48).2) is an implausible alternative. That Cicero produced a new edition of his *Cato* in 45 is pure supposition.

11 **Tertia aderit** Clearly Cicero was planning a dinner-party. For Tertia, i.e. Junia Tertia (Tertulla), half-sister of M. Brutus and wife of C. Cassius, see *A.* vi, 238f.

Publilius The only person whom readers of Cicero's letters can recognize as 'Publius' is P. Clodius Pulcher. And Cicero's use of praenomina allows them to reject with confidence the conclusion that he refers to a person who cannot be identified. Schmidt's emendation *Publilius* is therefore to be accepted (though his interpretation of the passage is too patently wrong to bear discussion), nor is its acceptance in any significant sense a departure from the MSS. The name Publilius occurs ten times in the letters (not to count *Att.* 244 (XII.7).1, where I retain the paradosis *publius*). In five of these passages the MSS have *publius*, in the other five they are divided. So *publius* in the MSS can freely be read as *publilius*, though the converse would not be true.

Publilius, a relative of Cicero's second wife Publilia whom he married later in the year, crops up in the letters to Atticus of March 45 to July 44; but his friend Aledius (*A.* v, 303, 414; cf. *Cicero*, 203) appears in May 46 (*Att.* 240 (XII.4).2). Cicero's closer acquaintance with the former may well have begun about then. The dissolution of his second marriage in the spring of 45 was followed by difficult and unpleasant negotiations on the repayment of dowry, concluded by Atticus. Publilius therefore makes an appropriate dinner-guest in the summer of 46, but an unlikely one in that of 45. The nature of Tertia's objections lies outside knowledge. Perhaps she was a friend of Terentia's – the coming match with Publilia may already have been in the air.

2, 1 Demetrius, sqq. As explained in *Cam. Phil. Soc. Proc.* 5 (1958–9), 13: When Cicero says that Demetrius was never a Phalereus his meaning is plain: 'numquam, ait, elegans, urbanus, Phalereo Demetrio similis fuit' (Manutius; cf. *de Orat.* II.95 *Phalereus ille Demetrius omnium istorum mea sententia politissimus*). What does Cicero mean when he says that Demetrius is now an absolute Billienus? Presumably that he is the very opposite of a Phalereus – a bore. Ernesti's idea that *Billienus* plays upon *bilis* 'ad perstringendam hominis malitiam' is popular but fatuous, not only by its irrelevance to the sense demanded but by its failure to take account of 149 (VIII.15).2. Surely there must be a significant allusion to the real Billienus or Bellienus (Caelius and Cicero may have used different spellings); the main fact about *him* was that he was a murderer. So, replacing the names by the characters they connote, we get 'Demetrius was not a wit at the best of times, but now he's an absolute assassin'. That may seem odd in English, though even English-speakers can be bored to extinction. But Horace was fated to die by a bore, and makes Vibidius say to Balatro after a tedious lecture on gastronomy from their host *nos nisi damnose bibimus moriemur inulti* (*Sat.* II.8.34). Add the relevant Plautine uses of *enecare* and *occidere*.

So interpreted this passage has a manifest and decisive bearing on 149 (VIII.15).2. To give Cicero's jest its due we have to assume that Domitius' killer was not just a Bellienus, but a Bellienus Demetrius. Otherwise the antithesis between the bore's two namesakes – the wit and the assassin – goes by the board. Hermann's proposal there is as good as proved. For, with the paradosis *Bellienus, verna Demetri*, the murderer could not have been called Demetrius unless, by an altogether inordinate coincidence, his slave-name happened to be the same as his patron's cognomen.

2 itaque, sqq. 'So I appoint you my deputy – you show him the courtesies. "Though to be sure..."; "All the same..."; "As to that...";– you know how it goes on.' Apparently a reproduction of Demetrius' ponderous way of talking.

3 nosti cetera 'Quae ille solet dicere' (Manutius). But possibly there is a kind of play on words since the phrase is normally used after incomplete quotations.

186 (XVI.17)

1–2 volumina Cicero kept Atticus' letters in rolls, and no doubt those of other correspondents, also his own; *A.* I, 59f.

3 ἄκυρον Lit. 'without authority'; see L.-S.-J., s.v.

fideliter Tiro no doubt meant 'conscientiously', with reference to his promises and duty to his friend and *patronus*; Ov. *ex Pont.* II.9.47 has been quoted: *ingenuas didicisse fideliter artes* (cf. ibid. 1.6.9 *nec quisquam meliore fide complectitur illas* (sc. *artes*)). In Act III of Wagner's *Tristan und Isolde*, as Kurvenal leaves the stage, he enjoins the wounded Tristan 'bleib mir treulich am Bett'. Cicero, however, appears to have taken Tiro to mean that he was rendering to his health what was *its* due.

6 doctrina...ager For *ager* cf. *Aetna*, 264 *haec* [sc. *tellus*] *dura et melior pecori silvisque fidelis*. Examples of the other metaphorical uses are to seek.

7 ut sit...tralatio 'Within the bounds of decent metaphor as approved by Theophrastus.' The *tralatio* which Cicero attributed to Tiro was *inverecunda*. Cf. *Orat.* 81 *nec in faciendis verbis erit audax et in transferendis verecundus*, with Sandys' note. Theophrastus will have treated of metaphor in his περὶ Λέξεως; cf. περὶ Ὕψους, 32.3. *ut* does not mean 'provided that'.

2, 1–2 Demetrius...scite 'I have had a visit from Demetrius from whose company on the road (from Tusculum to Rome) I disengaged myself rather neatly.' Demetrius was apparently travelling by the via Latina.

2 videlicet Tiro had no doubt written that Demetrius had not arrived.

3 nam Occupatory, 'as for myself'.

7 Cuspio Cf. 57 (XIII.6).1.

187 (v.16)

A letter of consolation to a certain Titius on the death of his children, apparently boys and victims of the epidemic mentioned in §4. He may have been T. Titius, the recipient of 60 (XIII.75), but the nomen is common at this period. Cicero seems to have written during Caesar's regime (cf. especially §3 *bona aut denique aliqua re publica*), but before the death of his own daughter in February 45; and his reference to 'this terrible year of pestilence' in §4 would not suit the beginning of the year, which was therefore 46 (it may tie up with *Att.* 247 (XII.10) *si quid habet collis* ἐπιδήμιον, but that letter too cannot be precisely dated). Summer or autumn would be an appropriate season, and the expressions of political gloom in §§3f. can be paralleled from letters which probably belong to that time; cf. 201 (v.13), intr. note. The opening sentence shows that the children's deaths had occurred some time beforehand.

At the same time it must be admitted that nothing in the wording absolutely excludes a period prior to the Civil War, as 53.

Much has been written on *consolatio* literature (λόγος παραμυθητικός). For a convenient summary of the stock motifs see W. C. Summers, *Select letters of Seneca* (1910), 243ff.

1, 6 tam diu Sc. *quam iam tacui*. Cicero reproaches himself for not having written sooner. Not 'so long (as I might have done considering my own misfortunes)' (T.–P.).

2, 6 tam graviter Sc. *quam eos quos consilio vitare possimus. neve... feramus* follows on from *ut...meminerimus*.

4, 3–4 sin illa...lugeas 'On the other hand, if the sting lies in your grief for the sad lot of the departed, a sentiment more in keeping with true affection...' Not 'But if your affliction is this – and it is a sign of a sympathetic nature that you mourn for the misfortunes of those who have fallen' (T.–P.).

5 legi et audivi Commentators point to Xen. *Cyr.* VIII.7.19ff. (only partially relevant) and Plat. *Apol.* 40 c. Cf. *Leg.* fr. 1 *gratulemurque nobis, quoniam mors aut meliorem quam qui est in vita aut certe non deteriorem adlatura est statum; nam sine corpore animo vigente divina vita est, sensu carente nihil profecto est mali.*

10 **deceptus** 'Cheated' of his due, i.e. his expectation of life. Hence *deceptus* sometimes = 'cut off (prematurely)' in sepulchral inscriptions (not simply *vita privatus, mortuus*, as *Thes.* v(i), 178, 75); e.g. *C.I.L.* III, 14644 *fato decepto non ab homine*, XII, 18 *immatura aetate decepta.*

5, 1–3 **qua re...deminutum** Cicero is not speaking 'like an Epicurean, trying to divest his correspondent of all fear that his loved ones should be suffering the terrors of Hades' (T.–P.). He has pointed out that (*a*) death, whether the individual survives or not, is not in itself an evil, and that (*b*) life for the deceased children was not worth living.

3–4 **cura doloris tui** 'Cura illa, quia doles tua causa' (Manutius).

5 **in qua, sqq.** Cf. *Tusc.* I.111 *nostrum enim et nostra causa susceptum dolorem modice ferre debemus, ne nosmet ipsos amare videamur.*

6–7 **casum incommodorum tuorum** 'The troubles chance has brought upon you.' Cf. *A.* VI, 256 and Housman, *Cl. papers*, 520 ('*casus periculorum* corresponds to *cadunt* (= *accidunt*) *pericula* as *fuga Pompeii* to *Pompeius fugit*').

10 **nam quod, sqq.** Cf. 248 (IV.5).6.

6, 3–5 **certe nos...possimus** 'Surely *we* can apply in advance by using our reason what the passing of the days will bring; we ought not to wait for time to produce the medicine which our intelligence can supply to hand.' *id* apparently = *id auxilium*. *anteferre* = *praecipere* is surely impossible, nor is Cicero likely to have repeated so closely what he said in the previous sentence.

188 (IX.21)

This letter may belong to any period of Cicero's relationship with Paetus. The opening reference to 'verbal thunderbolts' suggests that the latter had been reading a Ciceronian speech (or speeches), but that this speech was the *pro Marcello* is quite unsubstantiated; indeed, as argued by T. Schiche (*Zu Ciceros Briefen* (1905), 29f.), the phrase rather suggests invective. But nothing proves that the speech was a recent one. Schiche's other argument, that the mention in §1 of public meetings, trials, and private cases points to a period before the Civil War, is clearly not conclusive. Demmel suggests that the speech was the First or (privately communicated) Second Philippic. There is no telling.

1, 1 **videris** Conceivably Paetus had written something on these lines: 'After reading this splendid eloquence of yours I must try to raise the style of my letters. Here goes [rhetorical display follows]...But I am mad to try to imitate your thunderbolts.' But this is highly uncertain.

2 fulmina A metaphor applied by Cicero to Demosthenes' oratory; cf. *Att.* 378 (xv.1*a*).2; *Orat.* 234. Similarly Olympian Pericles ἤστραπτ' ἐβρόντα (Aristoph. *Ach.* 531). Cf. Virg. *Aen.* vi.590 *non imitabile fulmen.*

4 Trabea Cf. 85 (ii.9).2n. Perhaps Paetus' quotation had something to do with the unwisdom of reaching beyond one's grasp. Nothing recommends Ribbeck's idea (*Com. Rom. Fr.*² p. 32) that it was the line partially cited in 85 (ii.9).2.

5 ἀπότευγμα Cf. *Att.* 298 (xiii.27).1. Demmel (205 n. 2) thinks the word may belong to *Umgangssprache* in connexion with games or shooting or fighting.

9 privatas, sqq. Cf. *de Orat.* iii.211 *causae capitis alium quendam verborum sonum requirunt, alium rerum privatarum atque parvarum.*

10 subtilius Cf. 203 (iv.4).1n.

2, 2 fuerunt, sqq. Demmel (208) remarks 'der ganze Abschnitt über die Familiengeschichte der Papirier ist mehr als geistreiches Spiel mit historischen Namen denn als gelehrter und strenger Gegenbeweis zu verstehen.' Cicero seems to have got his information from an annalist, but which annalist? That remains in doubt, not for lack of discussion. Atticus, whose *liber annalis* came out in 47, was the choice of Drumann and Münzer (the article on Papirius Paetus in *RE* is by Münzer, not Hanslik; cf. Gelzer, *Cicero*, 276 n. 88); but he can be dismissed (see below). G. F. Unger (*Neue Jahrb.* 143 (1891), 647f.) argued inconclusively for Libo (see below). Perhaps Tubero or Macer (cf. A. Klotz, *Rhein. Mus.* 88 (1939), 35).

3 minorum gentium Tarquinius Priscus was said to have appointed a number of new Senators, whose clans were called *gentes minores* (*Rep.* ii.35, etc.).

3–4 L. Papirius Mugillanus Consul Suffectus 444, Censor 443. On the authority of the tradition see A. Klotz, l.c. 33ff.

6 CCCXII Cicero here takes the foundation date as 754, whereas in *Rep.* ii.18 he follows Polybius in making it 751. This shows that Atticus, who followed the Varronian reckoning from 753, was not his source; cf. A. E. Douglas on *Brut.* 72 and Demmel, 202 n. 1.

Papisii On rhotacism Demmel refers to F. Altheim, *Gesch. d. lat. Spr.* (1951), 404ff., pointing out that his derivation of the phenomenon from Faliscan conflicts with Sittig's observations in *Symb. Phil. Danielsson* (1932), 315f. The invention of the letter 'r' was traditionally ascribed to Appius the Censor (in 312); cf. *Dig.* 1.2.2.36 *r litteram invenit ut pro Valesiis Valerii essent et pro Fusiis Furii.*

7 **sella curuli** A remarkable ablative of quality in that *curulis* cannot be regarded as a descriptive adjective like *summus* or *bonus*; cf. K.–S. I, 454ff. (*factis florentibus* in Lucr. III.897 is taken as a dative by Kenney, but it is hard to agree; cf. C. Bailey ad loc.).

L. Papirium Crassum Dictator 340 and thrice consul.

11–12 **valde honoratus** See addenda.

12 **Masso** So the name appears in grave inscriptions (Münzer, *RE* XVIII (3), 1604); 'Maso' in the *Fasti*.

multi A gross exaggeration according to Münzer (*Adelsparteien*, 111), who points out that only one Papirius Maso reached the Consulship (in 231). But we have no way of knowing how many of them (besides three recorded) held Praetorships and Curule Aedileships. By the end of the Republic the family seems to have sunk into the plebs; cf. *A.* III, 197.

13 **quorum...volo** Cicero is joking, of course.

3, 1 Turdi The only Papirius Turdus known to have held a magistracy is Gaius, Tribune in 177.

3 **quem Damasippus occidit** In 82. This was C. Papirius Carbo Arvina, a supporter of Sulla and a speaker of some ability (*Brut.* 221).

civis e re publica Cf. *Phil.* VIII.13 *utilis et e re publica civis.*

4 **Cn. Carbonem, sqq.** The following comes from *Philol.* 114 (1970), 95: Having mentioned the only white sheep in the family, Cicero proceeds to list the black ones. He begins with three whom he had personally known, Cn. Carbo, his brother the *scurra*, and Rubria's son. Gnaeus is generally identified with the Marian leader put to death by Pompey in 81, and his brother Gaius with a *praetorius* who was killed in a soldier's mutiny in 80 (Val. Max. 9.7, *Mil. Rom.* 3., Licinian. Bonn. 39). But it seems strange that Cicero's verdict upon so prominent a figure as this Cn. Carbo should appear to be based on personal acquaintance (*cognovimus*) rather than on his political career, especially as the acquaintance can hardly have been close; and stranger still that the same personage should be introduced later in the list as though for the first time: *hoc vero qui Lilybaei a Pompeio nostro est interfectus improbior nemo meo iudicio fuit.*

The alternative is (with Manutius) to make the first Gnaeus a different man, otherwise unknown to fame. His brother Gaius must still be the victim of the mutiny, who otherwise has no place in the list. They may have been sons of the 'big thief' Marcus. As this C. Carbo was an active supporter of Sulla, he is more likely to have been cousin than brother of Cinna's colleague. Valerius Maximus and Granius Licinianus call him the latter's *frater*, which may, of course, mean *frater patruelis*; more probably the two Gnaei were confused. Similarly Velleius (II.26.2) refers to C. Carbo Arvina ('*quem Damasippus occidit*') as *consulis fratrem*. The stemma in *RE* xviii (3), 1015 may then be revised thus:

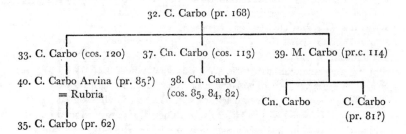

32. C. Carbo (pr. 168)

33. C. Carbo (cos. 120) 37. Cn. Carbo (cos. 113) 39. M. Carbo (pr.c. 114)

40. C. Carbo Arvina (pr. 85?) 38. Cn. Carbo
    = Rubria (cos. 85, 84, 82)

Cn. Carbo C. Carbo (pr. 81?)

35. C. Carbo (pr. 62)

5 **Rubriae filio** C. Papirius Carbo, Praetor in 62. After his subsequent governorship of Bithynia he was condemned for extortion (Val. Max. v.4.4 (where his praenomen is given as Gnaeus); Dio xxxvi.40.4; Broughton, 181). His father may have been Arvina, as in Münzer's stemma, but in that case Cicero might have been expected to call him *Arvinae filius*; so perhaps his father was Gaius the *scurra*. Demmel (211 n. 3), however, suggests that *Rubriae filius* is contemptuous, Rubria being of low origin. Perhaps she was simply alive (unlike the father) and known to Paetus. *hoc* may mean only that this Carbo was of Cicero's own generation (cf. *hoc vero* below), but it is possible that he was now back in Rome, recalled by Caesar.

6 **illi** Nominative, not dative as T.–P. supposed. *Rubriae filius* was the grandson or great-nephew of the three brothers.

7 **P. Flacco** Perhaps, says Münzer, an otherwise unknown Valerius of the generation of L. Flaccus, Consul in 131, adding that he may have belonged to some other gens (*RE* viiiA, 39, 47; cf. xviii (3), 1031, 46). In all likelihood he *was* a Valerius. The Fulvii Flacci, as Münzer points out, did not use the praenomen Publius, and if Flaccus had come from some ignoble family Cicero would probably have named him by gentilicium (cf. *A.* ii, 176). Münzer may have been influenced by his notion (*RE* viiiA, 39, 29) that the Valerii Flacci avoided the praenomen Publius after the untimely deaths of two Publii late in the third century. The charge against M. Carbo was evidently extortion in Sicily, but nothing is known of it or him outside this letter.

condemnatus...ex Sicilia Cf. *Verr.* ii.2.155 *ex ea provincia condemnati*, et sim. (*Thes.* v (ii), 1107, 24), and the use of *ex* with *triumphare* (*ovare*).

8 **accusante L. Crasso** In 119, when Crassus was nineteen. The case was a famous one, but the charge is nowhere specified.

cantharidas A well-known poison; cf. Plin. *N.H.* xxix.94 *ipsarum cantharidum venenum in qua parte sit non constat inter auctores. alii in pedibus et in capite existimant esse, alii negant.* Cf. *Brut.* 103 *morte voluntaria se a severitate iudicum vindicavit.* According to Valerius Maximus (iii.7.6) C. Carbo was sent into exile, but cf. Münzer, *Hermes* 47 (1912), 169.

9 tribunus pl. In 131 or 130. On his activities in office see Broughton, i, 502.

9–10 existimatus est Cicero implies elsewhere that the story of Scipio Aemilianus' murder in 129 was true; see *A.* iv, 410 (*nox*).

10 hoc vero The Marian leader, Cn. Carbo; cf. *Att.* 182 (ix.14).2. *hoc*, because he lived within Cicero's and Paetus' memory. The order in which these people are mentioned may be deliberately unsystematic, to preserve proper informality.

Pompeio nostro Demmel compares *Off.* ii.57 *nostri Pompei* as an indication of date; but cf. 70 (iii.8).10 *Pompeium nostrum,* et al.

11 pater eius Cn. Carbo, cos. 113, second of the aforesaid three brothers. His prosecution probably had to do with his defeat by the Cimbri.

12 sutorio atramento absolutus Generally supposed to mean that he poisoned himself with copper sulphate (on *sutorium atramentum,* 'shoemakers' blacking', see Nies, *RE* ii, 2135) to escape conviction; so, most recently, E. Malcovati, *Studi in onore di Gino Funaioli* (1951), 261ff., who cites Hieron. *Ep.* i.9a *iudice damnata absoluta per gladium est*; but that refers to a miracle narrated in §7 of St Jerome's letter. It seems barely credible that so extraordinary a coincidence between the deaths of the two consular brothers should go without special remark, or that it should be known from no other source (one would expect a reference in the *de Oratore*). An old view that the phrase is proverbial, somehow denoting a corrupt verdict, is preferable.

12–13 ad patres...revertare Probably a facetious echo of the technical phrase by which in default of magistrates the auspices were said *redire ad patres*; cf. *ad Brut.* 13.4.

189 (IX.22)

An exposition, prompted by the word *mentula* in a letter from Paetus, of the Stoic thesis (attributed in *Off.* i.128 to *Cynici, aut si qui fuerunt Stoici paene Cynici*) that the wise man will call a spade a spade (ὁ σοφὸς εὐθυρρημονήσει). No earlier treatment of the subject survives and Cicero's source (in so far as he may have had one) is unknown. Demmel (224) notes that belief in the goodness of all things natural underlies the Stoic position, which Cicero does *not* (as T.–P. wishfully imagine) controvert, though at the end of the letter he not very solemnly professes a personal preference for *verecundia*. The whole thing is a *jeu d'esprit* – the Paetus correspondence is rarely more than half-serious.

Demmel (220f., 238ff.) would date this, and also the foregoing letter, to the autumn of 44, mainly on the ground of affinities with the *de Officiis*, especially 1.128f. W. Wendt (whose dissertation (Giessen, 1926) is known to me only at second-hand) chooses early 46 when Cicero was engaged on the *Paradoxa*. All that can safely be said is that the theme suggests some time within the period 46–44, during which he was much occupied with Greek philosophy.

1, 1 amo verecundiam 'I like your modesty!' – ironic approval for the shameless *mentula* in Paetus' letter (cf. §2). For the irony cf. *Att.* 31 (II.10) *volo ames meam constantiam* (*A.* 1, 377); and for the omission of *tuam* 260 (VII.24).1 *amo igitur voluntatem*. Such uses of *amo*, mainly though not exclusively found in Cicero's familiar letters (cf. *A.* 1, 287, III, 275), were no doubt colloquial. The sentence is generally regarded as corrupt or lacunose. *inverecundiam* would be tempting if there were classical authority for the word (*inverecundus* too is not used by Cicero), but not necessary.

vel potius libertatem loquendi Cicero added these words (unless they are a gloss imported from the margin) to make it quite clear what *verecundiam* really meant; similarly 114 (IX.25).2 *ades ad imperandum, vel ad parendum potius*.

atqui 'But after all.' Since the ironical *amo verecundiam* is really censorious, the following theoretical defence of Paetus' impropriety can be introduced by the adversative *atqui*.

2 Zenoni Of Citium, founder of Stoicism.

acuto Cf. *Acad.* 1.35 *Zeno cum...peracute moveretur*.

3 nostrae The 'New' Academy of Carneades.

8 Demiurgo By Turpilius; cf. Ribbeck, *Com. Rom. Fr.*[2] p. 90.

11 destituit Sc. *meretrix*.

14 quae mulier, sqq. Ribbeck (*Trag. Rom. Fr.*[3] p. 294) arranges consecutively, *quae mulier una | usurpat duplex cubile* (troch. tetr. acat.). Bergk (*Philol.* 33 (1874), 307) proposed *quae mulier una duum virum | usurpat*, sqq. (troch. tetr. cat.), suggesting that Electra is the speaker in Accius' *Clutemestra*. But Aegisthus is generally held to have seduced Clytemnestra during her husband's absence.

18 †ferei† *Phere* (vocative of Pheres), printed by Ribbeck in his text (p. 294), carries no conviction. Perhaps *fili(a)e*.

22 alterum I.e. *futuit*; not *stuprat*, a verb used by Plautus, Cicero himself (who also uses *constuprare*), Livy, and Quintilian.

2, 5 alieno *anus = culus* was supposed to be a metaphorical use of *anus =* 'large ring'; cf. *Thes.* s.v.

8 penicillus 'Paint brush.' *peniculi*, brushes for cleaning, were so called according to Festus (Lindsay, p. 260) because in earlier times they were made *e codis extremis*. Cicero's *propter similitudinem* is therefore dubious.

at vero Not 'a supposed objection of Paetus' (T.–P.). Nowadays, says Cicero, *penis* is an indecent word, but in Piso the annalist's time (he was Censor in 120) it was a euphemism. Another of Piso's fragments dates the downfall of *pudicitia* in Rome from the year 154 (Peter, *Hist. Rom. Rel.* I, p. 137).

10 suo nomine No doubt *mentula*.

12 cum nos Pronounced like *cunnos*; cf. *Orat.* 154; Quint. *Inst.* VIII.3.45.

14 disertum consularem Cicero himself? Cf. *Att.* 44 (II.24).3 *me non nominavit sed dixit consularem disertum...sibi dixisse*, sqq.

15 illam dicam *landicam* = κλειτορίδα; see E. W. Fay, *Cl. Quart.* I (1907), 13f., who (following Shuckburgh) prefers to probe for offence in the harmless, necessary word *culpam*.

3, I liberis dare operam Cf. *Off.* I.128 *liberis dare operam re honestum est, nomine obscenum*, where, as here, Cicero is thinking of the word for which this phrase is a respectable periphrasis.

3 fidibus docuit Sc. *canere*. Similarly *fidibus scire, discere* (K.–S. I, 379).

Connus Cf. Plat. *Euthyd.* 272 c, *Menex.* 236 a. Socrates was a character in a comedy called Κόννος by Ameipsias, produced in 423, the same year as the 'Clouds' (cf. Kaibel, *RE* I, 1819, 32). Latin short 'u' is often transliterated by omikron.

4 cum loquimur, sqq. From *Philol.* 105 (1961), 264f.: The example of Connus introduces the point that the same word (phonetically, that is) may be obscene in Latin and innocent in Greek. In the case of *bini* it is the other way round. The usual punctuation makes Cicero assert that *bini*, pronounced like βινεῖ, is obscene. That not only makes havoc of his argument but is contrary to the fact that he and other writers use *bini* (and *binis*) without inhibition. *at cum 'bini', obscenum est* is a question, like *num id obscenum putas?* above. The imaginary adversary cannot answer yes, because *bini* is respectable. He cannot answer no, because βινεῖ is not. He answers that it *is* obscene, but only for Greeks. Cicero retorts that the *word* cannot in that case be obscene, and adds an explanation which skips a stage in reasoning. It occurs to him that his opponent might maintain that a word is obscene only when the parties to the conversation can understand it in an obscene sense, as they could not if that sense were in an unknown language. No such line of escape is open. For he, Cicero, knows Greek, and yet he can say '*bini*' without offence; and his opponent too knows Greek, as his reply *Graecis quidem,* which makes *bini* represent βινεῖ, betrays.

K. Kalbfleisch's notion (*Rhein. Mus.* 92 (1943–4), 288) that there is a reference to the town of Βῖναι or Βίνη in Macedonia can be dispensed with.

8 'ruta' et 'menta' Mendelssohn cited Hieron. *in Isa.* 47.3 *disputant Stoici multa re turpia prava hominum consuetudine verbis honesta esse ut parricidium, adulterium, homicidium, incestum et cetera his similia; rursumque re honesta nominibus videri turpia ut liberos procreare, inflationem ventris crepitu digerere, alvum relevare stercore, vesicam urinae effusione laxare: denique non posse nos ut dicimus a ruta rutulam sic ὑποκοριστικὸν mentae facere.*

10 tectoriola From *tectoriolum,* diminutive of *tectorium* = plaster, or a plastered surface. ἅπ. λεγ.

10–11 non potes The result would be *pavimentula.*

4, 2 inest obscenum I.e. *vissio* = βδέω (Cicero will have written *divissio*; cf. Quint. *Inst.* 1.7.20). Quintilian (*Inst.* VIII.3.46) seems to have misunderstood: *aliaeque coniunctiones aliquid simile faciunt...sed* divisio *quoque adfert eandem iniuriam pudori, ut si* intercapedinis *nominativo casu quis utatur.*

3 respondet *pedo* corresponds to *vissio.*

4 strangulavit 'It will not be out of place to add that the obscene sense discovered by lexicographers and editors in *strangulare* at Cic. *Fam.* IX.22.4 is another hallucination. What Cicero says [the Stoics said the same according to St Jerome, l.c.] is that we are absurd in treating parricide as more mentionable than sexual intercourse, not that *strangulare* was ever used in the latter connexion. The text (*aliquid*) actually forbids that interpretation; and it has therefore lately been proposed to alter it' (Housman, *Cl. papers,* 1167).

5 honorem non praefamur Lit. 'we do not premise a mark of respect'. For this formula of apology see *Thes.* VI, 2919, 75. In direct speech it might run *honor auribus (vestris) habitus sit* (Curt. V.1.38; cf. Quint. *Decl.* IIIb.2 (Lehnert, p. 59, l. 19)).

Aurelia...Lollia 'Simply names of women taken at random' according to T.-P. But Münzer (*RE* XIII, 1394, 2) was doubtless right in referring to the wives of Catiline and A. Gabinius, both of scandalous reputation; though he was wrong in taking the apologetic formula as a tribute to their standing as *matronae.* By *aliquid* is meant 'some piece of scandal'.

7–8 battuit...depsit 'Pound' (as in a mortar) and 'knead'. The subject of *inquit* is an imaginary user of the words (cf. *A.* IV, 298), and *impudenter* is the comment of an imaginary hearer. Not 'the word "grind",' he says, 'is shameful' (Shuckburgh).

9 **stultorum** ἀφρόνων, the Stoics holding that all men are fools (and all fools mad) except the (almost non-existent) Wise Man. Cf. Hor. *Sat.* II.3.287 *fecunda in gente Meneni*; Pers. 1.10 *o quantum est in rebus inane!*

10 **colei Lanuvini** *coleus*, connected with *culleus*, 'bag' (cf. κολεός, κουλεός), usually = 'testicle'; but apparently *colei Lanuvini* were something special and not indelicate. Demmel (232), dismissing sundry guesses, thinks Constans (*Rev. de Phil.* 4 (1930), 269ff.) may be right in detecting an allusion to the obscene cult of Liber at Lavinium (*in oppido Lavinio* vulg.; the MSS have *launino, lauino, lanuino*) recorded by St Augustine, *Civ. Dei*, VII.21. But Cicero is still concerned with *words* as opposed (in the next sentence) to things; and Lavinium is not Lanuvium, though the two are often confused (Demmel, it is true, reads *Lanvino*). T.–P. regarded *colei* as 'probably a provincial form of *cullei*, "sacks", which appear to have been made at Lanuvium'; but we have no other evidence for either supposition. *Cliternini* appears to be just *exempli causa*.

11–12 **quid ⟨quod⟩...turpis?** *quid?* cannot be followed, as here in modern texts, by a bare statement.

13 **non reprehendes** No need for Manutius' explanation 'quia valetudinis gratia itur ad balneum; et ideo in balneo pedere flagitium non est'; let alone the fantasies of Wendt and Demmel.

14 **scholam** Used like σχολή, of a disputation or lecture.

16 **Platonis** I.e. 'championed by the Academy'.

19 **honorem** Sc. *habeamus*, with allusion to *honos praefatus*.

19–20 **Kalendis Martiis** The day of the *Matronalia*. In effect, then, *matronarum aures ne offendamus*.

190 (IX.16)

Caesar's return from Africa was postponed by a stay at Caralis in Sardinia (15 to 27 June) and bad weather on the remainder of his voyage (*Bell. Afr.* 98.2). Cicero went back to Tusculum (cf. 181 (IX.6), intr. note, 184 (XVI.19), intr. note), from where he sent the next letter to Paetus (191 (IX.18)). That letter was probably written just before Caesar's arrival on 26 July, this one about ten days previously. Demmel (31f.) thinks Cicero was in Rome, where Hirtius and Dolabella (cf. §7) would be waiting for Caesar; but they seem to have been in Tusculum a little later (191 (IX.18).1).

1, 1–2 **amavi amorem tuum** 'I was touched by your affection'; cf. 189 (IX.22).1n.

3 **Silius** Possibly T. Sil(l)ius, a former officer of Caesar's in Gaul (*B.G.* III.7.4, et al.), rather than P. Silius, former governor of Bithynia (cf. Demmel, 34 n. 2); but there is no evidence that the former belonged

to Cicero's circle, as did the latter. From what follows the report evidently concerned some alleged *mot* or *mots* of Cicero's which had been passed on to Caesar and which, as Paetus feared, might offend him.

4 bis...eodem exemplo To ensure delivery; cf. 37 (VII.18).2n. In their note here T.–P. temporarily forget Gurlitt's fantasy.

6 quo modo = *ut*; cf. *A.* IV, 357.

2, 4 sed tamen, sqq. '– anyhow, all that pains can effect toward gaining and gathering the good-will of these gentry has been achieved by me, no effort spared; and I do not think I have wasted my endeavours. The courtesies and attentions I receive from all who stand high with Caesar are such that I believe they have an affection for me.'

9 tametsi 'Though to be sure'; so often, like *quamquam* and *etsi*. The paradosis *nam etsi* makes a concessive clause with no suitable apodosis.

10 quasi aurum igni Manutius cites Isocr. *Demon*. 25 τὸ μὲν γὰρ χρυσίον ἐν τῷ πυρὶ βασανίζομεν, τοὺς δὲ φίλους ἐν ταῖς ἀτυχίαις διαγιγνώσκομεν (cf. Theognis, 417). Cf. Otto, *Sprichwörter*, 170 (add also *post Red. in Sen*. 23 *amicitias igni perspectas*).

12 signa Sc. *amoris*. The *argumentum* which follows is not a *signum*, so that a full stop should follow *communia*, not a comma.

communia 'Tam eorum qui vere amant quam qui ficte' (Manutius).

13–14 et nostra...et illorum Not 'for we are all subjects of the one monarch, Caesar' (T.–P.), but 'for I am down in the world and they are up'.

3, 7–8 cuius...libertas Cf. 148 (VII.27).2.

10 effugere, sqq. With this passage compare the letter to Volumnius Eutrapelus, 113 (VII.32).

10–11 si velim...est Cf. *de Orat*. 1.61 *illustrari oratione si quis istas ipsas artis velit, ad oratoris ei confugiendum est facultatem*; K.–S. II, 395.

11–12 quod, si id possem So rightly T.–P. *quod = famam abicere*; *id = effugere opinionem*. Most editors reject *id*.

4, 2 Servius Servius Claudius or Clodius, who died in 60; Paetus gave Cicero his library (*A.* 1, 343). As often, we are left in doubt whether *frater* means brother, half-brother, or *frater patruelis* (the different nomen might be due to an adoption).

4 tritas auris Cf. *Brut*. 124 *nondum tritis nostrorum hominum auribus*.

6 iam 'In his time'; cf. *de Orat*. II.77 *egomet in multos iam Phormiones incidi*.

apophthegmatorum As pointed out by Demmel (43 n. 1), this seems to lie behind the paradosis ἀποφθεγματωρομ (he refers to Tyrrell's remark cited on 64 (III.1).1). Cicero himself may or may not have written ἀποφθεγμάτων; cf. Neue–Wagener, 1, 430f.

335

Suetonius (*Iul.* 56.7) mentions a collection of witty sayings (*dicta collectanea*) among the youthful works of Caesar which Augustus did not allow to be published. Cicero's own ἀποφθέγματα (*dicta*) were collected by C. Trebonius (165 (xv.21).2) and Tiro (or as some thought, by Cicero himself; cf. Macrob. *Sat.* ii.1.12).

7 quod meum non sit Cf. 113 (vii.32).1; *Planc.* 35.

11 actis The *acta urbana* or *diurna* (cf. *A.* ii, 144) would of course be sent to Caesar, but no doubt he received regular special reports as did Cicero from Caelius in Cilicia. The *dicta* would be included in these.

14 Oenomao Paetus had quoted from Accius' tragedy *Oenomaus* to the effect that *invidia* breaks against a strong mind like waves upon a rock; see on §6. To Tiro Cicero claims to have often (or always?) despised it (219 (xvi.18).1).

loco 'À propos.'

5, 2 esse omnia As though *quid mihi nunc est quod invideri possit?* had preceded: Wesenberg's *posse* is simpler and very likely right, but I do not feel it to be necessary.

3 iis Stoics. Demmel (47 n. 3) sees this 'als ein kleiner Nadelstich gegen den Epikureer Paetus'.

4 praestare 'Answer for'; cf. *praestare* below and *Sest.* 61 *dixit eam sententiam cuius invidiam capitis periculo sibi praestandam videbat*; *Off.* iii.67 *quod viti venditor non dixisset sciens, id oportere praestari*, et sim. Not 'guarantee (the absence of)'.

6, 2–3 illam Acci similitudinem Since Cicero does not have to fear *invidia*, he would rather apply the simile of waves breaking against a rock to fortune. Paetus had clearly brought in the quotation to encourage Cicero, not to warn him, and it should not be identified with the fragment in Ribbeck (*Trag. Rom. Fr.*³ p. 233) *saxum id facit angustitatem et sub eo saxo exuberans | scatebra fluviae radit rupem*, the only thing in common between the two being the word *saxum*. The fragment is obviously not a simile at all, but simple description. Its intrusion here has caused much misunderstanding (see T.–P.'s bemused note).

3 non modo The customary expulsion of *modo* is wholly unjustified. *transferam* is generally understood as 'transfer (from envy to fortune)', in which case *usurpem* vel sim. has to be supplied zeugmatically with *ad invidiam* and *modo* is unobjectionable. But *transferam* means 'apply' (i.e. transfer the image to the thing likened); cf. *Fin.* ii.45 *homines...rationem habent a natura datam mentemque...sagacem, quae et causas rerum et consecutiones videat et similitudines transferat et disiuncta coniungat*. Cicero would apply the wave and rock image not only to envy, as Accius had applied it, but to fortune as well; cf. Sen. *Dial.* vii.27.3 *praebeo me non aliter quam rupes aliqua in vadoso mari destituta quam fluctus non desinunt...verberare*, sqq.

7 **sapientissimi viri**   Notably Socrates under the Thirty and Plato (perhaps also Aristippus) under the Dionysii, though *suis* does not strictly apply to the latter.

7, 1–2 **secundum 'Oenomaum', sqq.**   'Papirius in epistula sua, post eos versus, quos ex Attii Oenomao recitaverat, Ciceronem irriserat, non modeste' (Manutius); cf. *de Orat.* II.239 *vitandum est oratori utrumque, ne aut scurrilis iocus sit aut mimicus*; Val. Max. II.4.4 *quod genus delectationis* [sc. *ludi Atellani*] *Italica severitate temperatum ideoque vacuum nota est.* But Demmel (52 n. 1) may be right in seeing a compliment to Paetus' wit: 'Zu Cicero's Zeit galt der Mimus gegenüber der derben, bäuerischen und tölpelhaften Atellana als geistreich und geschliffen, zugleich aber auch als reichlich unverschämt (vgl. Reich, *Der Mimus*, I, 1903, 61ff.).'

3 **Pompilium**   Is *popillium* man or fish? If *denarium* is right, the former makes a better sequence: pauper dinner-guest, small outlay, humble fare. And he will not have been an unknown plain man (as opposed to Hirtius and Dolabella) called Popilius (so L. Gurlitt, *Rh. Mus.* 57 (1902), 339ff.) but, as suggested by Demmel, the Syrian *grammaticus* M. Pompilius Andronicus. Three facts gleaned from our only source of information, Suet. *Gramm.* 8, commend him powerfully: he was a devoted Epicurean, he lived in later life at Cumae, and he was *inops atque egens.* As a contemporary of Antonius Gnipho (born about 114) and Orbilius Pupillus (born 113 or 112; not 114, as E. Bernert and H. Dahlmann in *RE*), he was of Paetus' generation. Cicero's familiar (*familiari homini ac domestico*) C. Andronicus of Puteoli (*Att.* 108(v.15).3) might possibly be his son. Demmel also suggests *Popidium*, the Popidii being a noted family in Pompeii (Münzer, *RE* XXII, 50).

As for fish, *pompilum* is nearer to *popillium* than is *polypum* (cf. §8), but the *pompilus* (pilot-fish, *gasterosteus ductor*), called 'the sacred fish' (ἱερὸς ἰχθύς), would not have been likely to appear on Paetus' table; cf. Athen. VII.282 Eff.

4 **denarium**   This should not have been tampered with. Paetus would naturally mention price.

tyrotarichi   Cf. *Att.* 370 (XIV.16).1 *Paeti nostri tyrotarichum*; *A.* II, 182.

4–5 **facilitate mea**   Cf. 193 (IX.20).1 *o hominem facilem!* Caesar once remarked 'if there is such a thing as an easy-going person, Cicero is it' (*Att.* 355 (XIV.1).2).

6 **dicendi discipulos**   Cf. 191 (IX.18), 192 (VII.33).

8 **tu autem, sqq.**   'As for making an affidavit of insolvency, you'd be wasting your time. When you had money, a profitable little deal would make you all the closer. But now, when you are losing your pile so philosophically, why not take the view that when you entertain me

you are being served with a valuation? Such a knock actually hurts less coming from a friend than from a debtor.'

9 **bonam copiam eiures** 'declare yourself insolvent'; cf. *Tab. Heracleensis* 113 *queive in iure ⟨bonam copiam abiuravit⟩ abiuraverit, bonamve copiam iuravit, iuraverit*; Varro, *L.L.* VII.105 *omnes qui bonam copiam iurarunt ne essent nexi dissoluti*; M. Kaser, *Röm. Zivilprocessrecht* (1966), 104 n. 88.

10 ⟨**cur**⟩ Not infrequently followed by a *cum* clause, as in *Dom.* 8 *cur, cum viri boni non nulli putarint tuto se in senatu esse non posse, ego non idem senserim? cur, cum ego me existimassem tuto omnino in civitate esse non posse, illi remanserunt?* Cf. *Flacc.* 77; *Sest.* 65; *Phil.* x.3.

12 **aestimationem** Cf. 128 (v.20).9n. On Caesar's ordinance in 49 compelling creditors to take their debtors' property in settlement at pre-war prices see *A.* v, 377 (*retentione*). There appear to have been subsequent enactments; cf. M. W. Frederiksen, *Journ. Rom. Stud.* 56 (1966), 133ff., and on 349 (XI.28).2 *lege Caesaris*.

13 **etiam** *et tamen* (Orelli), 'and after all', is attractive, but *etiam* makes tolerable sense. The loss would be no more painful, it would even be less painful, if caused by a friend.

levior Cf. Plaut. *Mil.* 674 *in bono hospite atque amico quaestus est quod sumitur*.

8, 3 **Phameae** *A.* IV, 375. On his supposed status of freedman (which remains unproven) see Treggiari, *Freedmen*, 269f. J. R. Rowland (*Trans. Am. Phil. Ass.* 103 (1972), 458 n. 18) concludes from the name, which is apparently Punic (Polyb. xxxvi.6(8); App. *Pun.* 97ff.), that he was a 'Romano-Punic notable'.

temperius 'The grander the dinner-party at Rome the earlier it began' (T.–P.); cf. *A.* IV, 359 (*tempestivis*).

4 **Matris tui** A palmary correction. Matris of Thebes (or Athens; see below), a hymn-writer of unknown date, was celebrated for his Spartan habit of life. Ptolemaeus Hephaestion (*Nov. Hist.* III ap. Phot. cod. 250) records that he ate nothing but μυρσίναι (probably a sort of fig; cf. Hobein, *RE* XIV, 2289, 5) all his life. Athenaeus (II.44 c) says the same of an Athenian Matris, doubtless the same person (ibid. 2287f.), and adds that he drank only water. For *tui* (almost inevitably changed to *tuae* after *matris*) cf. *Att.* 27 (II.7).4 *tuus amicus Sophocles*, et sim.

6 **miniati** In ancient times the clay image of Jupiter was given a new coat of vermilion paint on festival days; cf. Plin. *N.H.* XXXIII.111f., XXXV.157; Plut. *Quaest. Rom.* 98. The octopus was presumably to be cooked in a red sauce. Demmel seems to prefer *riciniati*, as proposed by H. Reich (*Der Mimus*, I, 62 n. 5), citing Arnob. *Adv. Gent.* VI.25 *riciniatus Iuppiter atque barbatus*, the *ricinium* being a kind of shawl or small cloak worn, among others, by mimes ('solch einen abenteuerlichen Kobold

von Polyp, wie es der Juppiter riciniatus im Mimus ist, mag man Cicero vorsetzen'). I agree with T.–P. that 'it is not easy to see much advantage gained by adopting this reading, which is a greater deviation from the text than *miniati*'. Note that the octopus was not among Paetus' suggestions (*ista quae scribis*); there must be an unexplained allusion.

9 **promulside**   *Hors d'œuvres*, also called *gustus* and *gustatio*. It was usually taken with mead (*mulsum*); cf. Hor. *Sat.* II.4.24ff.

10 **sustuli**   Cf. 193 (IX.20).1.

lucanicis   Cf. Varro, *L.L.* V.111 *quod fartum intestinum crassundiis Lucan⟨ic⟩am dicunt, quia milites a Lucanis didicerint, ut quod Faleriis Faliscum ventrem.*

10, 1 Seliciana   Cf. *A.* 1, 298.

3 **†sannonum†**   The conjectures *sannionum, sanorum, saniorum* are nugatory. From *Philol.* 114 (1970), 94: *salis* seems to have a double meaning, referring on the one hand to Paetus' wit (*scripsisti facetissime*) and on the other to the elegance of the villa; for the latter cf. Nep. *Att.* 13.2 *ipsum enim tectum antiquitus constitutum plus salis quam sumptus habebat*; Cicero (*Att.* 300 (XIII.29).1) writes of a villa's *insulsitas*. Perhaps Paetus had written of the *sal* of the villa Seliciana. A plausible way of dealing with *sann(i)onum* is to seek. Could *salinorum* be the answer? Paetus has supplied plenty of *salt*, so Cicero thinks he will not buy; for he has all the salt (wit) he needs, his shortage is in salt-cellars (*salina*). Since salt-cellars were regularly made of silver, this can be understood in the context as a facetious way of saying 'what I lack is the money (*argentum*, 'siller') to pay'. I had not then seen W. E. Sedgefield, *Locorum nonnullorum in epp. M. T. Ciceronis...emendationes* (1943): 'Read *Samiorum*, "I have the salt, but not the salt-cellars." Cicero means that though he can give the price asked for the villa he cannot afford the extra outlay which would be required to make it ready for his occupation. Samian ware was greatly esteemed.' The last statement is untrue; cf. Plaut. *Stich.* 694 and Marx on Lucil. 279 'Samia vasa supellex vilis et contempta saepissime memoratur.' Note also Plaut. *Pers.* 267 *qui salinum servo obsignant cum sale.*

191 (IX.18)

Cicero's reply to Paetus' reply to the foregoing. An interval of ten days would allow time for the letters to pass to and fro. This one seems to have been written shortly before Caesar's landing on 26 July (§1).

1, 1 discipulos   Cf. 190 (IX.16).7.

2 **miseram**   Rightly taken by T.–P. as a joke (perhaps an ironic one; cf. Demmel, 64 n. 1). Hirtius and Dolabella would naturally go to

meet Caesar of their own accord. We do not know why Cicero did not go too.

eadem   Sc. *via* or *opera*, as in Comedy.

4–6 ut Dionysius...aperuisse   Hence the proverb Διονύσιος ἐν Κορίνθῳ; cf. *A.* IV, 372f. Demmel (62 n. 1) thinks the comparison was made by Paetus.

6 sublatis iudiciis   Cf. *Att.* 260 (XII.21).5 *quid enim mihi foro sine iudiciis, sine curia?* It is a mistake to see in this a reference to Pompey's legislation in 52 limiting the number of advocates and the length of their speeches (Dio XL.52.1f.). Of the former restriction (which did not long remain operative; cf. *Brut.* 207; Ascon. 20.14; Gudeman on Tac. *Dial.* 38.2) Cicero could only approve (cf. *de Orat.* II.313; *Brut.* 207f.). As for the latter, he is far from complaining in *Brut.* 324 that it 'silenced oratory' (How) – that was due to the war – but says that it kept barristers busy. Here I think he alludes to the disappearance under Caesar of the sort of case in which he had been used to plead, cases *de vi, de ambitu, de maiestate, de repetundis*, involving prominent people and with more or less of a political complexion.

For the double abl. abs. without copula cf. K.–S. I, 782f.

7 regno forensi   Cf. *A.* I, 291.

2, 6 in lectulo   Cf. *A.* IV, 409.

ceteri   Those who did not die in their beds (like Bibulus or Ap. Pulcher) or in battle (like L. Domitius).

7 Lentulus tuus   L. Lentulus Crus (cos. 49), murdered in Egypt soon after Pompey. Cicero would have called P. Lentulus Spinther (cos. 57) *meus* or *noster*. Cf. *A.* III, 253.

Scipio, Afranius   Both died in Africa, the former killing himself to avoid capture, the latter killed by Caesar's soldiers. Quintilian (*Inst.* V.11.10), however, brackets Scipio with Cato as exemplary suicides, comparable with Lucretia.

9 necesse   Cicero either did not know or did not credit Caesar's alleged comment on Cato's suicide, Ὦ Κάτων, φθονῶ σοι τοῦ θανάτου· καὶ γὰρ ἐμοὶ σὺ τῆς σωτηρίας ἐφθόνησας (Plut. *Cat. Min.* 72).

3, 1 valetudine   'The Romans at times practised declamation to supply the place of physical exercise' (T.–P., citing *Phil.* II.42 *vini exhalandi, non ingeni acuendi causa declamitas*).

5 pavones   Cf. 193 (IX.20).2 *etiam Hirtio cenam dedi, sine pavone tamen.* Hortensius had the credit of first serving peacock, at an augural dinner, and it became an expensive fashion (Varro, *R.R.* III.6.6). Horace's Ofellus thought it tasted just like hen (*Sat.* II.2.29).

6 Hateriano iure   'While you enjoy Haterius' legal gravity in Naples, I regale myself here with Hirtius' gravy.' Münzer's identification with the proscribed Haterius of App. *B.C.* IV.29 is highly speculative. He appears to have been a lawyer and a neighbour or guest of Paetus; the nomen is later attested in Herculaneum (cf. J. H. D'Arms, *Romans on the Bay of Naples* (1970), 54 n. 12). Sauces seem to have been the pride of Hirtius' cuisine (193 (IX.20).2). For the pun cf. the famous *ius Verrinum* in *Verr.* II.1.121, which T.–P., like Aper in Tacitus' *Dialogus* (23.1), wrongly attribute to Cicero (who thought it 'frigid'). Demmel (wrongly, I think) follows Wieland in denying the pun, supposing 'Haterian sauce' to be a fearful concoction which Paetus had mock-seriously commended to Cicero as particularly good.

7 **προλεγομένας** Sc. θέσεις, say commentators. The word is not found thus elsewhere, but that is true of a number of Cicero's Greek expressions.

8 **sus Minervam** Sc. *docet*. A well-known proverb (ἡ ὗς τὴν Ἀθηνᾶν); cf. Otto, *Sprichwörter*, 224. There is no need to postulate a lost fable as its origin, since the pig was supposed to be the most stupid of animals (Plin. *N.H.* VIII.207). Paetus, it is implied, needed no instruction in oratory (cf. 188 (IX.21).1); he could assist in the teaching (§4 fin.).

4, 1 sed 'But (even though you need no such instruction from me).'

quo modo = *ut*; cf. 190 (IX.16).1n. Properly punctuated this sorely vexed passage is neither difficult nor doubtful. Demmel (69 n. 1) saw the answer, unaware that it had been given in *Cam. Phil. Soc. Proc.* 5 (1958–9), 14.

2 **aestimationes** Lands made over at valuation; cf. 190 (IX.16).7n. They were evidently a drug on the market.

2–3 **denariorum** With *implere*; cf. K.–S. I, 467.

4 **cruditate** Sc. *mori*; cf. Ps.-Quint. *Decl. Mai.* 240.16 (Lehnert) *famem cruditate pensemus.*

spero 'I expect' rather than 'I hope'. The latter sounds inhumane, even if it be taken to imply that Cicero wants Paetus back in Rome.

5 **idem istuc** Sc. *fecisse. istuc*, because Paetus had complained in his letter; cf. *Div.* II.35 *idem istuc...dicunt*, et sim. *item istic* (Wesenberg) is no improvement, especially with *istic* in the previous sentence.

7 **cantherium** 'Gelding', i.e. the proceeds on its sale; sometimes apparently a colloquial equivalent of *equus*, the sense of 'donkey' (κανθήλιος) not being found in classical Latin. *comedere* often = 'spend' or 'squander', but here the previous reference to starvation suggests that *comedisti* = 'spent on food' (cf. 193 (IX.20).3 *ne bona tua comedim*). One is tempted to take literally, but horseflesh does not seem to have been an ancient article of food, except in direst emergency (cf. Curt. IX.10.12); though Maecenas introduced donkey-foal into Roman menus, and

onager too was eaten (Plin. *N.H.* VIII.170). Demmel (71 n. 2) thinks that 'Cicero "voller Hohn" einen Doppelsinn angestrebt hat und auch die ursprüngliche Bedeutung mit anklingen lassen wollte'. He is also generally thought to allude to the proverb ἀφ' ἵππων ἐπ' ὄνους, used of people who have come down in the world (Otto, *Sprichwörter*, 233).

8–9 **eam pulvinus sequetur** Manutius cites Plaut. *Stich.* 93 *ego sedero in subsellio.* || *mane pulvinum* and *de Orat.* I.29 *pulvinosque poposcisse et omnis in eis sedibus quae erant sub platano consedisse dicebat.* Was the cushion to follow later on, if Paetus gave satisfaction, or to accompany the chair? The latter is the more natural sense, the former in accordance with normal Ciceronian usage; cf., however, Lucr. III.741 *cur acris violentia triste leonum | seminium sequitur?*, Plin. *Ep.* VI.22.5 *Bruttiano iustissimum integritatis testimonium redditum, quem quidem etiam constantiae gloria secuta est;* Sen. *Ep.* 53.5, et al.

192 (VII.33)

The opening of this letter to Volumnius Eutrapelus ranges it chronologically with the two preceding. That it was written from Rome, not Tusculum (as Schmidt, *Briefwechsel*, 248), appears from *concursum occupationum* in §2; these are likely to have been consequent upon Caesar's return on 26 July.

1, 4 **nos enim, sqq.** 'As for myself, my charming friend, I am simply nothing; or if not that, I am disgusted with my own performance, now that I have lost my old stable-mates who made me show my paces to your applause.' But perhaps this overplays a dead metaphor; cf. *Rosc. Am.* 89 *patronorum in grege.*

8 **pinnigero, sqq.** From Accius' *Philoctetes* (Ribbeck, *Trag. Rom. Fr.*³ p. 239). The two iambic lines were thus restored by G. Hermann: (∪–) *pinnigero, non armigero, in corpore | tela exercentur haec abiecta gloria.*

2, 3 **occupationum** From what follows these seem to have been partly of a public nature, perhaps imposed by Caesar; but further information is lacking.

3–4 **explicarimus** *exceperimus* has been defended as suiting a military metaphor in *concursum*, which is supposed to mean 'onslaught'. But *concursus* in military contexts means 'clash' (*Zusammenstoss*) rather than 'charge'. Moreover, 'come into an onslaught' is odd, and the metaphor does not seem quite natural. Between *explicarimus* and *expedierimus* there is little to choose palaeographically or otherwise; but cf. Sen. *Ep.* 72.3 *resistendum est occupationibus, nec explicandae sed summovendae sunt.*

6 **amatoribus** 'Admirers' ('fans'), cf. 196 (IX.15).4n.

7 **studiis** Apparently literary and philosophical rather than ora-

torical, since Cicero declares his intention *se totum in litteras abdere*. Cassius certainly had an interest in philosophy, evident in later correspondence.

7–8 meis...auribus I.e. they read their compositions to Cicero for his criticisms; cf. *Arch.* 26 *ut etiam Cordubae natis poetis...auris suas dederet.*

8 opus est huc, sqq. 'We need your delicately filed and polished critical judgement and that recherché learning before which I often check my exuberant tongue.' For *huc* cf. Plaut. *Rud.* 726 *huc arido argentost opus* and Müller ad loc. Volumnius' stores of out-of-the-way erudition made Cicero chary of holding forth on matters of which his own knowledge was relatively superficial; cf. *Nat. Deor.* III.42 *ii qui interiores scrutantur et reconditas litteras*; *Brut.* 265 *erant in eo plurimae litterae nec eae vulgares, sed interiores quaedam et reconditae.* It was not because Volumnius was an expert on style or language (though he may have been that too) that Cicero checked his flow of talk (*loquendo* does not = *declamando*) in Volumnius' presence. Nor is J. Stroux's explanation happy (*Philol.* 93 (1938), 409f.): 'die Inhalte des theoretischen Lebens und des Lehrens'. *meis* (which Stroux tries to defend) probably comes from the previous sentence.

12 personam Sc. *oratoris*, as *in qua...probavi* shows; though what public speaking Cicero was doing or expecting to do at this time is unknown.

15 pro libris Written ꝑ *libris* this might easily become *pluribus*. Cf. 417 (XII.30).1 *non enim te epistulis sed voluminibus lacesserem*; *Att.* 195 (X.4).1 *eam* [sc. *epistulam*] *vero quae voluminis instar erat*. In apologizing for the length of his letters Volumnius might say he was afraid they would read like so many 'books', not to be finished at one sitting.

17–18 tuas...fore Cf. *Att.* 420 (XVI.11).2 *sic epistula tua longissima quaeque optima videtur*; *Q.Fr.* 1.1.45 *tua longissima quaque epistula maxime delector.* The plural *longissimas quasque* is due to the fact that *litterae = epistula* has no singular; cf. 72 (III.9).1 *unas* (*litteras*), et sim.

193 (IX.20)

A reply to a letter from Paetus, which no doubt answered 191 (IX.18); cf. the first sentence. It will thus have been written early in August. The description of Cicero's life in Rome (§3; cf. 200 (VII.28).2) also suggests a period not long after his return there from Tusculum.

1, 2 iam posse ridere Apparently the tone of Paetus' two previous letters was mainly serious, though both contained jokes (cf. 190 (IX.16).7, 191 (IX.18).4).

2–3 scurram velitem Lit. 'light-armed jester'. This was apparently a term applied to Cicero (in earlier days called *scurra consularis* by his enemies; cf. Macrob. *Sat.* II.1.12) by Paetus; we should need his letter to be sure of the exact point. Demmel (80 n. 1) suggests that he may have been thinking of Caesar's army, which, as he believes, was celebrating Caesar's Triumph at the time (i.e. in August, not September; cf. 91 n. 1). Perhaps he merely meant that Cicero had started the fight. Plautus and Afranius (267, Ribbeck) use *velitari* and *velitatio* of verbal skirmishing; cf. Apul. *Met.* VIII.25 *qui scurrilibus iam dudum contra me velitaris iocis.* In the *Historia Augusta scurra* = 'guardsman', but that it has a military sense here (so F. Lammert, *RE* VIIIA, 624, 23) is surely improbable.

3 malis Cicero retorts that if he is a *scurra* it is natural enough that he should be pelted *malis*, i.e. *mălis*, 'abuse', or *mālis*, 'apples'; cf. Plaut. *Amph.* 723 *praegnati oportet et malum et malum dari*; Auson. *Epist.* 17. Manutius suggests that Paetus may have sent some apples as a present or have promised in his letter to provide excellent ones in Naples.

5 contubernalem 'Er wäre kein scheuer Gast, sondern ein tüchtig mithaltender *contubernalis* gewesen' (Demmel, 82); better, perhaps, Manutius 'diutius enim, quam solent hospites, apud te mansissem'; cf. Suet. *Tib.* 14.4 *quem ut sapientiae professorem contubernio admoverat.* But Cicero seems to be carrying on the military metaphor from *velitem*; cf. below *in Epicuri nos castra coniecimus.* Paetus was already in Epicurus' camp, where Cicero will join him; so G. P. Shipp, *Cl. Phil.* 39 (1944), 117 n. 2, who compares other military phrases applied to eating: Varro, *Menipp.* 102 (Bücheler; Riese, p. 121) *cenam committit* (cf. *pugnam committere*) and Juv. V.169 *stricto pane.*

at quem virum! 'Imitatus est Terentium' (Manutius); cf. *Phorm.* 367.

7 ad ovum Shipp (l.c.) points out that the eggs are here represented apparently as following the *promulsis*, which is out of keeping with other evidence. The proverb *ab ovo usque ad mala* (Hor. *Sat.* 1.3.6) makes the eggs begin the meal: Shipp supports it with Varro, l.c. *discumbimus mussati, dominus maturo ovo cenam committit*, to which add *R.R.* 1.2.11 *sed ne illud quidem ovum vidimus quod in cenali pompa solet esse primum.* But in Mart. XI.52, where the *promulsis* (*gustus*) has two or three stages, the eggs appear in the second, or second and third. 'The only solution I can offer is that there *was* a custom of beginning with eggs, sometimes departed from in elaborate dinners.' But that does not quite solve our problem. Trimalchio's feast, nothing if not elaborate, is instructive. While the diners were still at their *promulsis* (*gustantibus adhuc nobis*), peacock's eggs (which turn out to contain becaficos) are served (Petr. 33.3ff.). Then follows an interval of drinking, and the dinner proper (cf. 35.7 *suadeo... cenemus*) begins with the first *ferculum* (36.1). If Paetus' practice was similar, Cicero may be writing rather loosely. Though the eggs properly concluded the *promulsis*, he regarded their appearance as the beginning of serious eating.

assum vitulinum The last course before dessert.

9 **o hospitem non gravem!** Cf. *Att.* 353 (XIII.52).1 *o hospitem mihi tam gravem* ἀμεταμέλητον*!*

11–12 **in Epicuri...castra** See above; also on 213 (XV.18).1, where Epicureanism is said to belong in the kitchen.

12–13 **ad hanc insolentiam** There is no ellipse of 'some verb like *venimus* or *contulimus* taken out of *nos coniecimus*' (T.–P.). The notion *me gero* vel sim. is understood from what precedes, somewhat as *scribit* vel sim. is understood in *Leg.* 1.6 *Asellio, nihil ad Caelium sed potius ad antiquorum languorem et inscitiam*, where, as here, *ad* = *secundum*; cf. Varro, *R.R.* 1.13.6 *si potius ad antiquorum diligentiam quam ad horum luxuriam derigas aedificationem*; Liv. XXII.22.15 *homini non ad cetera Punica ingenia callido*. For *insolentia* = 'excess', 'extravagance' cf. *Phil.* IX.13 *mirifice enim Servius maiorum continentiam diligebat, huius saeculi insolentiam vituperabat*; *Rosc. Am.* 23 *qui in sua re fuisset egentissimus, erat, ut fit, insolens in aliena*. I incline to take *hanc* as = *urbis* rather than *huius saeculi*.

14 **praedia** Property compulsorily taken over at valuation in settlement of debt; cf. on 191 (IX.18).4 *aestimationes*.

2, 3 insolentes With reference, not to extravagance (T.–P.; cf. *insolentiam* above), but to the pretentious or pedantic display of knowledge supposed to characterize the late learner; cf. Gell. XI.7.3 *est adeo id vitium plerumque serae eruditionis, quam Graeci* ὀψιμαθίαν *appellant, ut quod numquam didiceris, diu ignoraveris, cum id scire aliquando coeperis, magni facias quo in loco cumque et quacumque in re dicere* (also XV.30.1); Lucian, *Salt.* 33 ἐγὼ δὲ μάλιστα μὲν τὴν περὶ ταῦτα φιλοτιμίαν ἀπειρόκαλόν τε καὶ ὀψιμαθῆ καὶ ἐμαυτῷ ἄκαιρον οἴομαι εἶναι. But in Theophr. *Char.* 27 the ὀψιμαθής is one who makes himself ridiculous by trying to behave like his juniors.

sportellae et artolagyni Trimalchio served his boar with two baskets (*sportellae*) of two kinds of dates hanging from its tusks (Petr. 40.3). ἀρτολάγανα are described as cakes made from bread, with a little wine, pepper, milk, and a little oil or lard (Athen. III.113D). Gurlitt (*Rhein. Mus.* 57 (1902), 345f.), keeping the paradosis *artolagyni*, explains both terms as referring to kitchen utensils. *sportellae* were used for slow cooking (Apic. VI.9.10, VIII.6.6, VIII.7.4). λάγυνος he explains as a broad-bellied iron vessel, and ἀρτολάγυνος as a utensil for keeping bread fresh. Demmel approves. But (*a*) nothing indicates that *sportellae* were used especially in simple, inexpensive cookery, and (*b*) the proposed use of ἀρτολάγυνος is not established, and it too would not seem to carry the required implication of simple living. See, however, addenda.

4 †text† **artis**   Out of a number of older conjectures *ex⟨quisitae⟩ artis* (Wesenberg) and *exercitationis* (Busch) have merit. I am more attracted by *ex artis ⟨argutiis⟩*, by F. Walter (*Wien. Stud.* 48 (1930), 77; 57 (1939), 129), who cites *Carm. Epigr.* 2 (*coci*), *quei soueis a⟨rg⟩utieis...gondecorant... comvivia*. My copy of Sjögren has a marginal note '*eius* W. B. An(derson)'.

Verrium tuum   Probably not 'Verrius' Flaccus, the expert on pontifical law mentioned by Macrobius (*Sat.* 1.15.21). The grammarian M. Verrius Flaccus is generally supposed to have been his freedman, in which case it would be strange to find him with his former master's cognomen. But the name in Macrobius ought probably to be Veranius; cf. O. Hirschfeld, *Wien. Stud.* 3 (1881), 110 = *Kl. Schr.* 798f. This Verrius may be the friend of the younger Lentulus Spinther mentioned in 405 (XII.14).5. On Camillus (an expert in business law, but hardly 'the eminent lawyer' (T.–P.)), see *A.* III, 203. The parenthesis sounds a little ironical, but Verrius was a fellow-guest of Cicero and Atticus at Volumnius Eutrapelus' dinner-party (197 (IX.26).1).

8 **nihil ⟨non⟩**   Demmel (88 n. 2) agrees with T.–P. in their first edition (1894): 'there does not seem any necessity to insert *non* after *nihil*' (reversed in their second). But after boasting of his new expertise Cicero would not present his cook as an incompetent. Hirtius' *ius* was especially noteworthy; cf. 191 (IX.18).3.

3, 8 unicum filium   Proverbial as an expression of deepest sorrow; cf. *Phil.* IX.12; Catull. 39.4. Münzer (*Adelsparteien*, 387 n. 1) gives illustrations from Jewish, Greek, and Roman sources, noting their absence in Otto, *Sprichwörter*, and in commentaries on the relevant passages. Cf. also Plaut. *Truc.* 731 *Thetis quoque etiam lamentando pausam fecit filio*.

10 **comedim**   For the archaic form cf. Neue–Wagener, III, 309.

194 (IX.19)

Written shortly after the return of Cornelius Balbus from a visit to Naples. The culinary joking is in line with the preceding letter, allowing us to suppose that Paetus had replied in kind and that Cicero wrote again in mid August (see intr. note to the next letter, 195 (IX.17)). Demmel's view (100ff.) that 194 (IX.19) preceded 193 (IX.20) is improbable; the latter would surely have recurred to Balbus' visit.

1, 1 tamen...non discedis?   I.e. 'Are you *still* talking to me about cheap fare (even after e.g. 193 (IX.20).2)?' The point has been misunderstood (cf. Demmel, 113 n. 1, who also misunderstands). For *tamen* introducing a question *Div. in Caec.* 21 and Ter. *Andr.* 231 are quoted. Some prefer a statement here.

tenuiculo apparatu Caesar's sumptuary law will not yet have come into force. The point is ruined if the 'modest little spread' is regarded as a compliance with legal requirements. T.–P.'s statement that there was a sumptuary law of Caesar's in operation at this time is gainsaid by their intr. note to the next letter in their series ('what with Caesar's triumphs and games and other occupations...we can hardly suppose it earlier than October').

3 **reges** Often of rich and powerful personages, but here with reference to Balbus' relations with Caesar; cf. *Att.* 259 (XII.12).1 *Balbi regia condicio est delegandi.*

4 **expiscatum** Colloquial; cf. *Att.* 37 (II.17).3; Ter. *Phorm.* 382.

6 **suam** Sc. *domum.*

ad suam Sc. *amicam*; cf. *Scaur.* 9 *cum illa sua*; *Phil.* II.69 *illam suam.*

7 **tribus...verbis** Here literally, as in *Cluent.* 50, but sometimes conventionally ('in a word'), as in Plaut. *Mil.* 1020 *brevin an longinquo sermoni?* ǁ *tribus verbis*; Pind. *Nem.* VII.48 τρία ἔπεα διαρκέσει. Similarly *duo verba, decem verba*; cf. Otto, *Sprichwörter*, 366f.

8 **libentius** Sc. *fuisse.*

2, 2 **auris...non minus elegantis** Demmel cites *Brut.* 223 *minime dignos elegantis conventus auribus* and for *elegans* 'in Sprache und Stil' ibid. 252 *Latine loqui elegantissime.* T.–P.'s remark that 'Balbus does not appear to have been a very bright, or cultivated, companion' is scarcely warranted. He is credited with *humanitas* among other good qualities in *Balb.* 19.

3 **balbos** For the play on Balbus' name cf. *Att.* 239 (XII.3).2.

5–6 **ut...putes** And so gain an excuse for providing only a modest reception.

195 (IX.17)

From §1 *cum...apud te fuerit* and *habuisti enim in tua potestate* it is plain that Balbus' visit to Naples was already over or that it would be over by the time Paetus received this letter. The letter to which it replies, concerning Paetus' anxieties over land assignations, must either have been written after 194 (IX.19), as Schmidt maintained, or else Cicero got it before Balbus returned to Rome; but in the latter case there must have been a corresponding interval between Balbus' visit to Paetus and his return, which nothing else suggests. Moreover, *haec tibi antea non rescripsi* in §3 shows that Cicero took some time (rather more than a few days, as Schmidt, *Briefwechsel*, 250) to answer Paetus' enquiries on the land matter. Therefore Schmidt's order (lengthily contested by Demmel, 97ff.) appears to be right, Demmel's dating (123ff.) of both letters to the beginning of 46 (African War) or alternatively to the late autumn

(Spanish War) being unacceptable *per se*. §§2 and 3 indicate that Caesar's mind was on affairs of state rather than fighting, and Cicero would not have needed to disclaim knowledge of the political plans of Caesar when Caesar was at war overseas. See also on §1 *quadriennium*.

1, 1 non Cf. K.–S. II, 503; *Rosc. Com.* 5 *suarum perscriptionum... adversaria proferre non amentia est?*

homo ridiculus 'A comedian' (not 'an absurd fellow').

2 municipiis et agris Paetus feared that land belonging to neighbouring towns or private owners might be confiscated for distribution to Caesar's veterans. According to Suet. *Iul.* 38.1 Caesar respected private property, and T.–P. assert that 'the lands Caesar assigned to his followers were always public lands' (similarly How), relying on App. *B.C.* II.94, where in a speech supposedly delivered in 47 Caesar *promises* that unlike Sulla he will not evict existing owners. But in Brutus' speech after Caesar's assassination he is equated with Sulla and accused of wholesale expropriations in Italy (ibid. 140f.). For cases in point cf. Volaterrae (318 (XIII.4)), Atella (320 (XIII.7)), and C. Curtius (319 (XIII.5)). Brunt (*Manpower*, 323f.) suggests that 'all these letters relate to the resumption of *ager publicus* for distribution rather than to the expropriation of private owners with a clear title', but that is far from certain. §2 init. implies that private owners *were* being mulcted (see below) – perhaps with compensation (cf. Gelzer, *Caesar*, 262 n. 36).

7 ebrio How remarks of Watson's inference that Balbus' gout (cf. 262 (VI.19).2) was due to intemperance, that it shows some lack of humour. In general Balbus was not a careless talker; cf. *Att.* 375 (XIV.21).2 *nosti virum, quam tectus.*

8 de lucro 'For almost four years past the fact that we are still alive is a bonus to which we are not entitled – that is, if to survive freedom can be called a bonus or a life.' Cf. Hor. *Carm.* 1.9.14 *quem fors dierum cumque dabit lucro | appone* with Nisbet–Hubbard's parallels (to which add Liv. XL.8.2 '*de lucro tibi*' *inquit* '*vivere me scito*').

prope...quadriennium Reckoning from January 49; cf. *Phil.* VIII.32 (January 43) *cum in spem libertatis sexennio post sumus ingressi.* Brunt's suggestion that this letter was written in 45, the four years running from Pharsalia (*Manpower*, 323 n. 1), cannot be entertained.

10 scire quoque To be taken together. There is no need for *ego*.

2, 1 Veientem...Capenatem Veii and Capena were in Etruria respectively about 20 and 27 English miles from Tusculum. The *ager Veius* or *Veientanus*, north and east of Rome, is the subject of a monograph by A. Kahane, L. Murray Threipland, and J. Ward-Perkins (*Papers of the British School at Rome* 36 (1968)). Land probably *was* distributed in these areas (Brunt, *Manpower*, 323), and the context implies that some of it, like Cicero's Tusculanum, had been in private ownership (see above).

2 **non longe abest**   Nearer at any rate than Campania.

Tusculano   I.e. *agro Tusculano* (cf. *A.* 1, 357 *(Solonium)*); not 'my Tusculan property'.

6 **id consecutus sum**   *id* simply = *vivere*. There is no such ambiguity as imagined by O. Seel (*Cicero*[2] (1961), 347), who translates 'all das' and interprets 'Das ist doppelsinnig: das resthafte Gute, oder das restlos Schlimme? Wobei die Ironie gleichsam um zwei Ecken herum geht!'

7–8 **quid...habet**   'There is nothing he can do.'

8 **ita...colligavit**   Cf. 231 (IV.9).3 *multa enim victori eorum arbitrio per quos vicit etiam invito facienda sunt*, 205 (XII.18).2. Similarly of Octavian, *Att.* 366 (XIV.12).2 *quem nego posse ⟨esse⟩ bonum civem; ita multi circumstant*.

3, 1 **longius progredior**   'I am going too far' ('further than I meant'); cf. *Att.* 260 (XII.21).5 *neque tamen progredior longius quam mihi doctissimi homines concedunt*; *Verr.* II.5.171 *si non ad homines verum ad bestias, aut etiam, ut longius progrediar, si...ad saxa et ad scopulos haec conqueri... vellem*, et sim. Cicero had entered upon dangerous ground – for, he says, he is writing to *Paetus*, whom he could trust. Not, as usually understood, 'I am running to unnecessary length, since I am writing to you (and you know more about it than I do)' (How). Why should Paetus know more than Cicero about these high matters? Demmel (109 n. 1) is equally astray in explaining 'Cicero setzt eine gewisse Gleichgültigkeit des Paetus politischen Fragen gegenüber voraus'.

3 **principem**   Later, when Cicero's attitude to Caesar had changed, he would have written *regem*.

196 (IX.15)

References to letters from distant eastern potentates (§4), which cannot well have been dispatched before October, and to Caesar's forthcoming departure (for Spain, late in the second intercalary month; cf. §5), together with the tone of political disillusionment in §§3 and 4, favour a date in the first or early in the second of the two intercalary months introduced by Caesar between November and December 46 in order to rectify the calendar (cf. 228 (VI.14).2n.). Demmel (172–200) brings an array of arguments to show that this and the two following letters belong either to November/December 45 or, as he prefers, to September/October 44. Like Gelzer (*Cicero*, 284 n. 167), I find them unacceptable. The dating to 46 is confirmed by (*a*) *noster hic praefectus moribus*, the title given to Caesar after his return from Africa; (*b*) repeated references to a sumptuary law, which must surely be Caesar's and not Antony's *edictum de sumpti-bus* mentioned in Macrob. *Sat.* III.17.14; (*c*) *risus maximos* in 197 (IX.26).2, which has to antedate Tullia's death.

1, 2 Zetho...Phileros tabellarius The first may have been a freedman of Paetus', the second his slave.

7 illorum Demmel (131 n. 1) sees a deliberate limitation to 'kleine Bewunderer, Klienten, Parteifreunde in Not' and the like. That would not be very complimentary to Paetus. Cicero will rather have been thinking of Caesarians (cf. 190 (IX.16).2).

2, 1 accedunt, sqq. With this passage cf. the end of a letter to M'. Curius, 267 (VII.31).

5 oblitas †latio† 'Smirched with Latium' is a very strange phrase (though *oblitas* (from *oblinere*) suits this sort of context; cf. *Brut.* 51 *eloquentia...ita peregrinata tota Asia est ut se externis oblineret moribus*). Even if it be passed, how can Cicero of Arpinum equate Latium with *pere-grinitas*? Lucilius and Granius, who figure in the next sentence as genuine Roman wits, came the one from the Latin colony of Suessa Aurunca, the other probably from Puteoli. According to Tenney Frank (*Am. J. Phil.* 50 (1929), 183) 'the real difficulty with the passage is Cicero's use of *Latium* in a somewhat unusual sense, referring here to the outlying regions and colonies that had been given the *ius Latii*' – in particular to Cisalpine Gaul. For this he compares Sall. *Iug.* 69.4 *civis ex Latio = civis Latinus*. Demmel (134 n. 1) agrees. But the usage in Sallust is unique and its meaning unmistakable; the context here gives no such guidance. *peregrinitas* surely refers to the influx of 'Greeks' – foreigners, but still cultured foreigners as opposed to recent arrivals from the semi-barbarous west; cf. E. Norden, *Die antike Kunstprosa* (1898), I, 183f.: 'Bezog sich der engere Gegensatz zum *urbanum*, das *rusticum*, nur auf die italische Bauernsprache (speziell die des *rus Latium*), so der weitere, das *pere-grinum*, auf die auswärtigen Dialekte', citing *de Orat.* III.44 *quare cum sit quaedam certa vox Romani generis urbisque propria...hanc sequamur, neque solum rusticam asperitatem sed etiam peregrinam insolentiam fugere discamus. luto* (Hirschfeld) and (*oblītas*) *Lati* (Madvig) do not convince. The first makes an unlikely expression, the second overstates the case – Roman wit had not 'forgotten Latium' in the days of Laelius and Lucilius. Moreover, both leave *nunc...appareat* virtually untranslatable (even with Madvig's *in* after *etiam*). *latio* may perhaps derive from a rewriting of *litas*. *oblitas* needs no accompanying ablative; cf. *Rep.* III.8 *me oblinam sciens*; Lucil. 1019 *quid tu istuc curas, ubi ego oblinar atque volutar?* It needs to be followed by a stronger word to balance the clauses introduced by *primum* and *nunc vero*; e.g. *nationibus ⟨additis ita demersas⟩ ut*, sqq.

6 bracatis Gallia Narbonensis was called *brac(c)ata* ('breeched') as distinct from Cisalpine Gaul (*Gallia togata*) and Caesar's conquests (*Gallia comata*). But Cicero is probably thinking generally of Gauls from beyond the Alps – trousers will not have been confined to the old Roman province.

9 Granios   Q. Granius, the witty *praeco*; cf. *A.* 1, 368 (*reges odisse superbos*). He and Lucilius are socially distinguished from *nobiles* like the orator Crassus (cf. *de Orat.* II.222, 264) and Laelius Sapiens (ibid. 286, with Wilkins' note). J. H. D'Arms (*Am. J. Phil.* 88 (1967), 200ff.) notes that the first two were natives of Campania and the other two owned property there, the absence of the Campanian connexion perhaps accounting for the omission of Caesar Strabo, desiderated by Manutius.

13–14 perturbatione valetudinis   Perhaps an attack of gout (cf. 198 (IX.23)).

3, 1–2 purgas te...fuisse   Cf. Liv. XLII.14.3 *purganti se nihil hostile dixisse.*

2 emptionis Neapolitanae   'Purchase of a place in Naples' rather than 'of the house in Naples', i.e. the *domus Sullana* (§5).

2–3 commorationis urbanae   The efforts of A. Lumpe (*Mus. Helv.* 17 (1960), 232) and Demmel (136ff.) on behalf of *moderationis urbanae* are thrown away. Nor does Madvig's *moderationis, urbane* (sc. *purgas*) deserve the favour it has received. There is nothing noticeably witty or graceful in the excuse 'I did not dissuade you from buying property in Naples, but only advised you to moderate your expenditure'. And to that excuse Cicero's rejoinder is totally irrelevant. Demmel's objection to *commorationis urbanae* that the lexica show no parallel (137 n. 1) is true of classical Latin, but the expression is used by Symmachus (cf. *Thes.* III, 1925, 54) and seems quite natural.

3–4 neque...⟨et⟩...tamen   Cf. *Nat. Deor.* II.39 *nec vero hominis natura perfecta est et efficitur tamen in homine virtus.* The addition of *et* could be avoided by taking *neque* as = *ne...quidem* (as suggested by J. P. Vallot, ed. Mondadori), but in Cicero this is a rare and doubtful usage; cf. K.–S. II, 44.

6 Catulum   The younger Catulus died about the end of 61, *extrema aetate* according to Sallust (*Cat.* 49.2); in fact he was probably about the same age as Cicero in 46. Paetus seems to have brought him up as an example of an elder statesman who never retired.

7 quid simile?   Sc. *habent.* Cf. 109 (VII.23).2 *Bacchas istas cum Musis Metelli comparas. quid simile?*; 391 (IX.21) *quid enim simile habet epistula aut iudicio aut contioni?*; *Rep.* 1.56 *quid habet illius carminis simile haec oratio?*; *Div.* II.65 *quid simile habet passer annis?*

ne mi quidem, sqq.   Cicero had refused to take a province after his Consulship.

8 **sedebamus** Cf. *Sen.* 17 *cum...alii sentinam exhauriant, ille autem clavum tenens quietus sedeat in puppi.*

4, 2 **urgeo** Cf. Hor. *Carm.* II.10.1 *altum semper urgendo*; *Planc.* 66 *pressi forum.*

3 **amatorem tuum** Almost certainly Balbus, as T.–P. suggest; cf. 194 (IX.19), 195 (IX.17).1. F. Schulz (*History of Roman legal sciences* (1946), 12, 87, 96f.) points out that Roman statesmen left the drafting of their laws to subordinates; and for Balbus in connexion with Caesar's laws cf. 218 (VI.18).1. For *amatorem*, 'fan' (with reference to Paetus' cuisine?), cf. 192 (VII.33).2 *vivamque tecum multum et cum communibus nostris amatoribus*; *Att.* 20 (1.20).7 *L. Papirius Paetus, vir bonus amatorque noster.* The Greek equivalent is ζηλωτής; cf. Plut. *Cic.* 43 "Ιρτιος καὶ Πάνσας ἄνδρες ἀγαθοὶ καὶ ζηλωταὶ τοῦ Κικέρωνος. Understood of Caesar the phrase has no assignable application to Paetus.

4 **ponor ad scribendum** Cf. *A.* 1, 339. Cicero himself had once been accused of forging or falsifying a *senatus consultum* (*Sull.* 40; *Dom.* 50); cf. also *Att.* 91 (IV.17).2. Antony followed in Caesar's footsteps; cf. *Att.* 327 (XII.1).1 *senatus consulta falsa referuntur.*

6 **quod...dicatur** This would be stated in an accompanying letter, not in the decree itself.

7 **mentionem...factam** Cf. *A.* II, 154.

8 **iam** 'Before today'; cf. 190 (IX.16).4n.

regibus We do not know who they were.

11 **natos** *aliquem non natum putare* was an expression of contempt; cf. Otto, *Sprichwörter*, 238.

5, 1–2 **praefectus moribus** Apparently this office, corresponding to the Censorship so far as that was concerned with public morals (cf. *Cluent.* 129 *tu es praefectus moribus*), was conferred upon Caesar by popular election in 46 for three years (Dio XLIII.14.4), and in 44 for life (Suet. *Iul.* 76.1; Dio XLIV.5.3). Augustus declined to become *curator legum et morum* (*Res Gestae*, 6.1; cf. Brunt and Moore ad loc.).

2 **auctoritati** Perhaps with reference to Paetus' use of the word *auctor* (cf. §3 init.); so Demmel.

3 **fungos** Cf. 210 (VII.26).2).

in denos dies, sqq. 'I shall make the daily maximum under the sumptuary law last ten days.' The amount of this maximum is not recorded.

4 **sumptuariae legis** Cf. *Att.* 314 (XIII.7); Suet. *Iul.* 43.2.

6 **domum Sullanam** Cicero's client in 62, P. Sulla (*A.* II, 175), had lived in Naples after his conviction *de ambitu* in 66 (*Sull.* 17). He died in 45. But the house may have been confiscated from the Dictator's son Faustus, recently killed in Africa.

7 **scripsi** In a lost letter.

197 (IX.26)

The date is indicated by the last sentence, which shows that Cicero was about to pay Paetus a visit. He had proposed to do so in August, but the trip did not materialize (cf. 193 (IX.20), 194 (IX.19).2). This letter was written some time after the enactment of Caesar's sumptuary law, which is unlikely to have happened until some months after his return from Africa (cf. 194 (IX.19).1n. (*tenuiculo apparatu*)). Toward the end of the second intercalary month, on 17 November by the true calendar, Cicero finally did leave Rome for a brief tour of his villas (the next letter finds him at Cumae), from which he returned on the 30th (*A.* v, 306f.). He may be assumed to have written shortly before he set out. The tone of political disillusionment (§1 *servitutem nostram*, §3 *si ulla nunc lex est*) suits the period immediately following Caesar's departure for Spain (cf. §§3 and 4 of the preceding letter).

From the opening statement it seems that a guest at a Roman dinner-party felt free to take his tablets and write a longish private letter at table. One recalls Trimalchio finishing his game of counters before attending to his guests (Petr. 33.1); cf. *Q.Fr.* III.1.19 *hoc inter cenam Tironi dictavi*; *Att.* 375 (XIV.21).4, 406 (XV.27).3, 417 (XV.13a).1.

1, 1 hora nona   The normal summer dinner time was the ninth hour, i.e. the end of that hour; see Friedländer on Mart. IV.8.

exemplum   As we might say the 'text' ('Wortlaut'), whether with reference to an original or a copy, though *exemplum* more commonly means the latter. *Thes.* cites *Leg. Agr.* II.53 *litteras ad Cn. Pompeium mittet, quarum ego iam exemplum ab istis compositum esse arbitror*; cf. also 255 (V.9).1 fin. *quo exemplo miseram* and the common *eodem exemplo*.

2 codicillis   Cf. *A.* v, 305.

3 Verrius   Cf. 193 (IX.10).2n.

5 philosophum   Dio, an Epicurean otherwise unknown to fame; see below.

6 quem ad finem   Demmel's citation of 231 (IV.9).3 *deinde, qui finis istius consili est?* supports the rendering 'how long?', which he condemns (153 n. 2).

10 minimum mihi est in cena   'I set very little store by my dinner' (T.–P.).

ζήτημα   See §3.

Dioni   *Sironi* (T. Frank, *Cl. Phil.* 15 (1920), 107), which Demmel finds attractive, is worth a mention. If it were right, Cicero's friendship with and respect (see on 224 (VI.11).2) for a man whom in §3 he calls *ille baro* might seem to have been a later development, despite Demmel, 313 n. 1.

2, 1 infra Eutrapelum   Eutrapelus' place as host was *summus in* *imo*. The two places to the host's right ('below' him) on the *imus lectus* were the least honourable, and might be occupied by members of his family or freedmen. If Cicero's couch was the *medius* (and not the *summus*), Verrius was in the place of honour (*imus in medio*) on the host's left.

Cytheris The notorious *mima*, Eutrapelus' freedwoman and Antony's mistress (*A*. IV, 416; cf. 163 (XIV.16)).

accubuit The old rule that women sat at a Roman dinner-party while their husbands reclined was relaxed in Tiberius' time (Val. Max. II.1.2) and may already have been so in Cicero's. It was scandal enough that Cytheris should be present at all. Association with *mimae* was among Cicero's charges against Verres and Antony (cf. E. Wüst, *RE* xv, 1748f.) and reprehended by Horace (*Sat*. 1.2.58).

3–4 quem...sua? The preceding line, quoted in *Tusc*. III.39, ran *hicine est ille Telamon modo quem gloria in caelum extulit*. The source may be the *Eurysaces* of Accius (so Ribbeck, *Trag. Rom. Fr.*³ p. 287) or, as earlier editors thought, the *Telamo* of Ennius.

6 Aristippus The Cyrenaic, who put pleasure as the *summum bonum*. He dedicated two of his books to the famous Corinthian courtesan Lais. For his saying, no more to be rendered literally in English than in Latin, cf. Athen. XII 544D: ὁ δ' Ἀρίστιππος ἐπὶ τῆς Λαΐδος ἔλεγεν 'ἔχω καὶ οὐκ ἔχομαι' and Hesychius Milesius (K. Müller, *Fr. Hist. Gr.* IV, 156) ἔχω Λαΐδα, ἀλλ' οὐκ ἔχομαι. *habeor*, 'I am possessed', does not properly represent ἔχομαι, 'I cling to'. Cicero's Latin (similarly Ps.-Acron ad Hor. *Epist*. 1.17.36 *si habui, non habeor*) corresponds to the version in Clement (*Strom*. II.118.2) ἔχω γάρ, ἔλεγεν, Λαΐδα καὶ οὐκ ἔχομαι ὑπ' αὐτῆς, but this was not the one he had in mind or he would not have invited Paetus to find a better translation. The antithesis *habeo/habeor* occurs elsewhere, e.g. Sall. *Iug*. 2.3 *animus...habet cuncta, neque ipse habetur*.

a Laide should perhaps be omitted with Muretus, Wesenberg, and T.–P.

9 ne nunc *ne* = *nedum*; cf. K.–S. II, 68f.

10 in solum Parallel to *in buccam*; cf. Otto, *Sprichwörter*, 328. The origin of the saying is obscure. Otto was probably right in taking *solum* as 'sole', not 'ground' ('= was mir unter (vor) den Fuss kommt, worauf ich zufällig stosse'). Can the reference be to the particles which sometimes find their way inside a walker's shoes?

11 risus Cf. §1 *tam exhilaratam esse servitutem nostram*; *Att*. 281 (XII.40).3 (of May 45) *hilaritatem illam qua hanc tristitiam temporum condiebamus in perpetuum amisi*.

3, 1–2 an tu id melius, sqq. 'Do *you* manage matters better, actually making game of a philosopher? When he put his question whether anybody had anything to ask, you called out "Who's going to ask me to dinner? Been wondering all day." The poor dunderhead thought you would be enquiring whether there is one sky or an infinite number. What business is that of yours? Well, but, confound it, is a dinner any business of yours, especially one in *this* house?' The asyndeton is perhaps to be kept as marking a progression of emphasis in passing from the general statement (*irriseris*) to the particular on which it is based (*dixeris*). Otherwise ⟨*et*⟩ *cum* (Ernesti) or *cum*⟨*que*⟩ (Lehmann) is preferable to ⟨*qui*⟩ *cum* (Wesenberg) after *qui...irriseris*. As for the joke, it is really quite obvious (cf. *Proc. Cam. Phil. Soc.* 5 (1958–9), 14). Dio, following traditional sophistic practice (this was seen independently by Demmel, 159 n. 1), asked whether anyone in the audience had a problem for him to handle; cf. *de Orat.* 1.102f. *quando enim me ista curasse aut cogitasse arbitramini et non semper irrisisse potius eorum hominum impudentiam qui, cum in schola adsedissent, ex magna hominum frequentia dicere iuberent, si quis quid quaereret? quod primum ferunt Leontinum fecisse Gorgiam* (see Wilkins ad loc.; Plat. *Hipp. min.* 363 D). Or possibly, though less probably in view of ʒήτημα above, like a modern lecturer he invited questions at the end of his discourse; cf. Gell. 1.26.2 *dabat enim saepe post cottidianas lectiones quaerendi quod quis vellet potestatem.* To the lecturer's *num quis quid quaerit?* Paetus answered *ego cenam a mane quaero* (cf. Pomponius, 80 (Ribbeck) *cenam quaeritat: | si eum nemo vocat, revortit maestus ad maenam miser*). Demmel thinks Cicero heard the story at the dinner table; it certainly does not look as though he took it from a letter of Paetus'.

4 baro On Cicero's application of this word to Epicureans see *A.* III, 209.

4–5 unum caelum...innumerabilia Cf. *Div.* II.11 *quid? quae a dialecticis aut physicis tractantur, num quid eorum divinari potest? unusne mundus sit an plures*, sqq. Like some earlier thinkers Epicurus held that there were innumerable worlds; cf. A. S. Pease, ad loc. cit.; C. Bailey, *Greek atomists*, 360ff. and *Lucretius*, II, p. 961. On the confusion of οὐρανοί with κόσμοι in post-Aristotelian philosophy see F. M. Cornford, *Cl. Quart.* 28 (1934), 1ff.

5–6 quid ad te?...praesertim *ibi* cannot be equivalent to *istic* (= in Naples). The word occurs more than ninety times in the Letters and, except where correlated with *ubi* or *quo*, regularly points back to a place previously specified. Here it refers to *apud Volumnium* in §1. A man whose favourite food was *tyrotarichum* should not bother about dinners – and certainly not about a dinner at Volumnius' table, which was doubtless of the most luxurious. *cena*, of course, refers back to *cenam*; but Cicero fastens on the word, and facetiously rebuts Paetus' (assumed) criticism of himself in relation to the dinner at Volumnius'.

4, 1 scribitur Cicero was working on his *Hortensius* about this time; cf. Philippson, *RE* VIIA, 1126, 12.

3 intra legem I.e. at a cost below the maximum laid down by the sumptuary law; see on 203 (IV.4).4 *intra modum*.

5 multi cibi Cf. Fronto, *ad M. Caes.* II.8 *neque est Gratia mea, ut causidicorum uxores feruntur, multi cibi*. T. Schwierczina collected possible echoes of Cicero's letters in Fronto in *Philol.* 81 (1925–6), 72ff. On the asyndeton cf. K.–S. II, 156f.

198 (IX.23)

Probably written along with the following letter to M. Marius the day after Cicero's arrival at Cumae (cf. 197 (IX.26), intr. note) on 21 November (true calendar).

1 heri Cf. *A.* VI, 243.

2 faciam te...certiorem Demmel (168 n. 1) compares *Att.* 208 (X.16).5 *misit enim puerum se ad me venire* and *Rep.* I.18 *puer nuntiavit venire ad eum Laelium domoque iam exisse* (cf. also *Att.* 195 (X.4).7, *Acad.* I.1).

M. Caeparius Perhaps a local resident. The Catilinarian conspirator of the same name came from Tarracina (Sall. *Cat.* 46.3).

3 silva Gallinaria Between Cumae and the Vulturnus. Probably it had not yet acquired its reputation as a haunt of robbers (Juv. III.307); cf. Strabo, p. 243 ἐν δὲ τῷ κόλπῳ τούτῳ καὶ ὕλη τίς ἐστι θαμνώδης, ἐπὶ πολλοὺς ἐκτεινομένη σταδίους, ἄνυδρος καὶ ἀμμώδης, ἣν Γαλλιναρίαν ὕλην καλοῦσιν. ἐνταῦθα δὴ λῃστήρια συνεστήσαντο οἱ Πομπηίου Σέξτου ναύαρχοι καθ᾽ ὃν καιρὸν Σικελίαν ἀπέστησεν ἐκεῖνος. Mayor's citation (on Juv. l.c.) of Val. Max. II.10.2 is irrelevant.

8 minime edacem Cf. 197 (IX.26).3 *non multi cibi hospitem accipies*; 190 (IX.16).9. Six months previously Cicero had described himself as just the opposite; cf. 193 (IX.20).2 *cum homine et edaci tibi res est et qui iam aliquid intellegat*. But T.–P.'s proposal to place *minime* before *inimicum* is not called for.

199 (VII.4)

See previous letter, intr. note.

1 XIIII Kal. Sc. *Dec.*, i.e. 21 November, true calendar.

Libone *A.* IV, 302.

4 quanto post...simus I formerly agreed with Graevius, 'haec verba nec scio quid ad rem faciant, nec an satis Latina sint. Si Latina sunt, longe aliud significant quam quod Cicero voluit.' The sense 'how long after (my visit) we shall be together (again)' would be awkwardly expressed; and could Marius have understood? Hence I proposed *quantum* (*Philol.* 105 (1961), 81), which T.–P. (not proposing it) translate: '"for you see the amount of one another's company we are likely to have in the future", i.e. how little we are likely to see of one another'. But this requires *posthac* (though *post* might mean 'after that occasion'). I now come back to *quanto* and understand 'after how long we shall be together', i.e. 'what a long while it is since we were last together'. Cicero had not seen Marius since 49 (cf. 183 (VII.3).1). For *post* cf. Plaut. *Men.* 1132 *o salve, insperate, annis multis post quem conspicor, Truc.* 497 *nunc ad amicam decimo mense post Athenas Atticas | viso*; Pacuv. 319 (Ribbeck) *quam te post multis tueor tempestatibus!*; Virg. *Georg.* III.476 *nunc quoque post tanto.*

simus   Cf. *A.* I, 295.

200 (VII.28)

August 46 is indicated by the forbearing reference to Caesar (§3) and the description of Cicero's daily routine (§2), though this is less full than in 193 (IX.20).3. On M'. Curius see *A.* III, 285.

1, 3 cum...urbs   For the ellipse of the verb Lehmann (*de Cic. ad Att. epp. rec. et emend.* (1892), 206) compares *Att.* 359 (XIV.5).2 *si quidem illi magistratus*, 360 (XIV.6).2 *si isti magistratus.*

5 ⟨tum⟩   Easily lost after *multum* and desirable, if not indispensable, to balance *hoc tempore*; cf. §3 init.

2, 2 ubi nec Pelopidarum   See *A.* VI, 225.

5 avem albam   White seems to have been a lucky colour; cf. Juv. XIII.141 *gallinae filius albae*. But it is difficult not to suppose that Cicero meant to convey the idea of rarity, as symbolized by a white crow or a black swan (Otto, *Sprichwörter*, 51f.), though this does not properly belong to the expression he used. Perhaps he unconsciously mixed up *rara avis* and *corvus albus*.

6 opera   Cicero was working on his *Orator*, having earlier in the year produced *Brutus, Paradoxa, Cato*, and perhaps *Partitiones Oratoriae*.

7 intellexi   This reminiscence probably came from Cicero's residence in Patrae after Pharsalia.

9 dicere   As though *memini* had preceded. Such carelessness is not incredible, especially in a familiar letter; cf. *A.* IV, 327f., V, 276f., 333 (*ut*). *intellexi...discere* (Madvig), translated by T.–P. 'I remember learning', would mean 'I perceived that you were learning'; but *discere* is a mere encumbrance.

ex meis libris   Not 'that you regretted the absence of my old spirit from my writings' (T.–P. and similarly others). What could such unsatisfactory writings have been? *ex* = 'taking as a starting-point', i.e. 'using as a criterion', as in phrases like *ex meo otio tuum specto* (*Att.* 280 (XII.39).1): 'you wondered what had become of the spirit you saw in my writings' ('cum diceres non eum me esse, qui viderer in meis libris', Manutius). *libris*, sc. *de Republica*.

3, 2 a suis...a meis   The prepositions have perhaps been too readily discarded: cf. *Att.* 202 (X.11).3 *ea...non sunt ab obsequio nostro*, 174B (IX.7B).3 (Balbus) *ab singulari amore...scribere*; Ov. *A.A.* 1.750 *haec quoque* (*voluptas*) *ab alterius grata dolore venit*; K.–S. 1, 495f. No authority, however, attaches to G and R; cf. Intr. p. 6.

3 ⟨vita mea⟩   Cf. 377 (X.12).5 *rei publicae quae mihi vita est mea carior*; similarly 353 (XI.5).3; *Catil.* 1.27; *Sull.* 88; *post Red. ad Quir.* 2; *Sest.* 45; *Phil.* XIII.7. *vita* by itself would be exceptional.

201 (V.13)

L. Lucceius, another friend of Cicero (cf. 22 (V.12), intr. note) and an intimate of Pompey, must have given up the republican cause after the latter's death and received Caesar's permission to return to Italy. He had been writing consoling letters to Cicero, to the latest of which (§2 *proximis litteris*) this is a reply. As generally assumed, the consolation was for Tullia's death in February 45, but that is not necessarily so. In 47 Brutus wrote a letter of consolation (possibly to be identified with his treatise *de Virtute*), in which he, like Lucceius (cf. §4), urged Cicero to take comfort in his glorious past (*Brut.* II.330); and compare the following letter from Cicero himself to Sulpicius Rufus. The present letter contains no direct mention of bereavement and Lucceius' letter was evidently concerned in the main with politics. The composed tone of Cicero's reply, likewise almost entirely concerned with the Republic, with the promise in §5 to withdraw his mind as far as possible from all troubles and devote it to letters, ill suits a time when he was almost beside himself with a personal grief. Contrast his answers to Sulpicius Rufus (249 (IV.6)), Dolabella (250 (IX.11)), and Lucceius himself (252 (V.15)); note especially §4 of the last *sic litteris utor, in quibus consumo omne tempus, non ut ab iis medicinam perpetuam sed ut exiguam oblivionem doloris petam*). Nor could the opening sentences of §3 well have been written in answer to condolences on a domestic loss. I therefore assign this letter to the summer or autumn of 46. Parallels are to be found in letters of that period (187 (V.16), 200 (VII.28), 202 (IV.3), 225 (IV.13), 226 (VI.12)) both for the expressions of political despair and the proposed self-dedication to study. The solitary reference to domestic matters in §4 (*domestica feremus ut censes*) may concern Terentia, who was divorced this year (cf. 240 (IV.14).3), and the Quinti.

358

1, 6 **statuo**   So M, apart from word-division. *autumo* in GR, a word not found in Cicero's writings, was commended by Streicher and Mendelssohn and adopted by T.–P.; 'mihi hoc insigne exemplum audaciae videtur esse', says Müller. No doubt he was right in regarding *autumo* as 'ex *atuo* aut sim. callide factum'.

6–7 **non aliunde**   Cf. *Tusc.* III.37 *quae* [sc. *virtus*] *si extrinsecus religata pendeat et non...omnia sua complexa nihil quaerat aliunde*, also ibid. v.36.

3, 4 **itaque**   'And so (I shall be brave and) I think I am even braver than you.' But very probably *atque* is right and *itaque* derives from *itaque hoc* above.

12 **membra rei publicae**   Cf. *Sest.* 98 *huius autem otiosae dignitatis haec fundamenta sunt, haec membra...religiones, auspicia, potestates magistratuum, senatus auctoritas, leges, mos maiorum, iudicia, iuris dictio, fides, provinciae, socii, imperi laus, res militaris, aerarium.*

4, 1 **domestica**   See intr. note.

4 **omnium**   = *omnium rerum*; cf. 242 (VI.1).2 *ab omnium interitu*. So occasionally elsewhere in Cicero, as *Tim.* 50 *has ipsas esse omnium* (= τῶν πάντων) *causas*. Cf. Krebs–Schmalz, II, 214.

tamen   Though not hopeless himself, Lucceius had nevertheless recommended courage in despair. Not 'though everything is ruined and all are despairing'.

7 **non minus**   For *non plus* (or *nos minus* or *minus*) cf. *Att.* 29 (II.9).3 *patria propitia sit. habet a nobis, etiam si non plus quam debitum est, plus certe quam postulatum est.* But the paradosis must be retained. *certe* makes a categorical claim, *profecto* implies a doubt, if only nominal: cf. 280 (XIII.13) *tibi profecto iucundum, mihi certe erit gratum; Thes.* III, 937, 18.

5, 7 **valetudo**   Lucceius' health was poor; cf. 252 (V.15).5 and *A.* v, 275.

202 (IV.3)

Like Cicero Ser. Sulpicius ultimately joined Pompey in the Civil War (see *Cl. Quart.* 10 (1960), 253 n. 7 and *A.* v, 275), though the myth of his neutrality dies hard (cf. e.g. D. Stockton, *Thirty-six letters of Cicero* (1969), 59). After Pharsalia he retired to Samos, but early in 46 Caesar appointed him governor of Achaia, perhaps as *legatus pro praetore* (Broughton, 302). This letter may belong to the first half of September before the delivery of the *pro Marcello* (so T.–P.), though there is nothing to rule out an earlier date.

1, 3 **meum**   Neuter (not sc. *dolorem*).

6–7 **etsi...traxerit**   *qui* = *ut is*, as often after *talis, tantus, tam, quam*; cf. K.–S. II, 297ff. Manutius compared 355 (X.3).2 *nemini concedentem qui tibi vetustate necessitudinis potior possit esse.*

17–18 **nullo tali exemplo...cognito** 'Though no such precedent had been known' (i.e. such as they themselves constituted). Not 'beyond any similar example previously in the State' (T.-P.).

3, 1–3 **hactenus...tuae** 'I judge my words of consolation well placed in so far as they tell you, from a true friend, of considerations which may serve to lighten your troubles.'

4 aut Sjögren's references do not really support the asyndetic *ut...sentio*; and *aut*, not *ut*, is the paradosis. A corrective particle is needed. That *aut*, like *vel* and *sive*, can stand for *aut potius* is all but denied by Krebs–Schmalz (I, 227) and not demonstrated by K.–S. (II, 101); but 228 (VI.14).1 *quid autem sperem, aut confidam et exploratum habeam, de salute tua* is a clear enough example.

8 sapientissimis *viris* (Martyni-Laguna) need not be added; Mendelssohn and Müller cite *Nat. Deor.* II.60; *Div.* I.110; *Rep.* II.59; *Leg.* II.8.

9–11 **quae...acquiescamus** Cf. 177 (IX.2).5n.; also 176 (IX.3).2 *sive quia nulla nunc in re alia acquiescimus.*

13 **artis** Philosophy.

4, 2 **illi arti** Oratory.

4 viderem Corresponding, Sjögren says, to *videbam* in direct speech. *viderim* or *vidissem* would correspond to *videbam*, *viderem* corresponds to *viderem*; cf. E. C. Woodcock, *A new Latin syntax* (1959), §279 and K.–S. II, 358f.

5 **tuae scientiae** Of jurisprudence.

10 **Servius** Cf. 151 (IV.2).1n.

14 **cum** The subjunctives are due to the indirect construction; cf. K.–S. II, 329.

203 (IV.4)

Apparently written soon after the scene in the Senate House described in §§3 and 4, which is generally held after Schmidt (*Briefwechsel*, 251ff., 255) to have taken place in the middle of September.

1, 1 **accipio, sqq.** 'I accept the excuse you make for often sending me identical letters, but I accept that part of it only in which you say letters are not always delivered to me because of the negligence or dishonesty of those who take charge of them. The other part, in which you write that you often send identically phrased letters because of your "verbal poverty", I neither recognize nor approve. I myself, whom you jestingly (so I suppose) credit with verbal riches, acknowledge that I am not altogether unprovided with words (no need for false modesty!); but also, and in no false modesty, I readily yield the palm to the spareness and elegance of your compositions.' *uno exemplo* cannot mean that

Sulpicius' letters were exact duplicates sent by different messengers to ensure delivery (cf. 37 (VII.18).2n.); that would have called for no excuses. Evidently he had been sending a series of letters each very much like the last, and in apologetic exaggeration had called them 'duplicates'. He excused himself on two grounds: letters might go astray, so it was just as well to be repetitious; and he lacked Cicero's 'verbal riches', which might have disguised similarity of content by diversity of expression.

4 **fieri...ne...perferantur** Cf. K.–S. II, 212.

8–9 **me...agnosco** Cf. 90 (II.11).1n.

9 **εἰρωνεύεσθαι** Cf. Arist. *Eud. Eth.* III.7 ὁ μὲν γὰρ ἐπὶ τὰ χείρω ψευδόμενος μὴ ἀγνοῶν εἴρων, ὁ δ' ἐπὶ τὰ βελτίω ἀλαζών; *Nic. Eth.* IV.7.14; Theophr. *Char.* I. Such courteous self-depreciation is distinguished from the mocking form of εἰρωνεία which consists in saying the opposite of what one means; cf. W. Büchner, *Hermes* 76 (1941), 339ff.

11 **subtilitati et elegantiae** *subtilis* and *elegans* are terms applied to Lysias' style by Cicero (*Brut.* 35) and Quintilian (*Inst.* X.1.78). The first amounts to ἰσχνός (*strigosus*) in *Brut.* 64, but can also suggest refinement and precision; cf. Wilkins on *de Orat.* 1.17. The *loquendi elegantia* of Sulpicius' writings is commended in *Brut.* 153; it implies correct and apposite choice of words; cf. *ad Herenn.* IV.17 *elegantia est quae facit ut ⟨locus⟩ unus quisque pure et aperte dici videatur.*

2, 1 **Achaicum** Achaia had previously been administered by the governors of Macedonia. The separation may not have become regular until 27 B.C. (cf. Marquardt, *Röm. St.* I, 330f.).

5 **aliter cecidisse** 'Putasti te, cum ab urbe abesses, a molestiis etiam abfuturum. id, ut scribis, te fefellit' (Manutius).

8–9 **ut...videatur** Cf. 242 (VI.1).1 init., 244 (VI.4).3.

13 **scribere audes** Not that 'Cicero may have thought that the letters of Sulpicius as a Caesarian official would be less likely to be tampered with' (How), but because Sulpicius' provincial vexations, whatever they were, did not in the same degree involve high politics.

16 **insolens** Cf. 231 (IV.9).3 init.; *Marc.* 9 *in victoria, quae natura insolens et superba est.*

3, 1 **collegae** As Consul in 51.

2 **ante quam tu** Cicero's words need not imply that Sulpicius had already heard the news at the time of writing.

4 **armis** Cf. 240 (IV.14).2 *quanto periculo de iure publico disceptaretur armis*; *Att.* 161D (VIII.11D).8 *armis disceptari*; Caes. *B.C.* III.107.2 *de controversiis iure apud se potius quam inter se armis disceptare.*

6 **et ipse Caesar** Anticipating a correlative *et senatu...*, which in fact does not arrive; cf. Pease on *Div.* 1.40 *et apud Ennium* and K.–S. II, 10.

acerbitate As in the matter of the citizen of Novum Comum (*Att.* 104 (v.11).2); cf. 234 (vi.6).10 *Marcellum, cui maxime suscensebat*.

9 **ne...negaturum** I.e. *vel ominis causa adsensurum*; cf. *Rosc. Am.* 139 *nolo in eos gravius quicquam ne ominis quidem causa dicere*. For *ne ominis quidem causa negabo = non negabo ne ominis quidem causa* cf. *ne illud quidem praetermittam* (*Sest.* 118) = *non praetermittam ne illud quidem* (*Q.Fr.* ii.6.2). For Caesar to have refused the Senate's first request would have been a bad omen for their future relations; *omina principiis inesse solent*. Caesar assuredly did not mean that it would be a bad omen for him to accede to it, though that is how he has been interpreted – in two ways, both preposterous: 'it was a bad omen for the friendly co-operation of Caesar and the Senate that the first request of the latter should be one which asked such a hard thing of Caesar as the recall of one of his bitterest enemies'; and 'the recall of so bitter an enemy as Marcellus would endanger Caesar's own life'. *se nolle...ne ominis quidem causa negare* would have been more normal Latin (cf. *Rosc. Am.* l.c.). Against Lambinus' ⟨*non*⟩ *negaturum* (unnecessary anyhow) is the fact that *ne...quidem* is preceded by a negative in such cases, not followed. *hominis* (G) would naturally give the meaning 'even for the man's own sake', which is clearly inappropriate. According to T.–P. it would mean, as Manutius took it, 'that he would not allow any special grudge he might have against the individual man Marcellus to stand in the way of his yielding to the express wish of the Senate'. That can hardly be extracted from the Latin, nor is Caesar likely at this point to have said anything so ungenerous; cf. again 234 (vi.6).10 *Marcellum, cui maxime suscensebat, cum summa illius dignitate restituit*.

10 **L. Pisone** L. Calpurnius Piso Caesoninus, Consul in 58 (*A.* iv, 304) and Caesar's father-in-law.

11 **C. Marcellus** M. Marcellus' cousin, Consul in 50.

12–13 **noli quaerere** Here equivalent to the common *quid quaeris?*, to introduce a summing-up.

4, 1 rogati Cf. *A.* i, 302. Manutius raised the question, why, since the Senate had shown itself virtually unanimous, the matter should not have been settled by simply taking a vote, citing Varro ap. Gell. xiv.7.9 *senatusque consultum fieri duobus modis, aut per discessionem, si consentiretur, aut, si res dubia esset, per singulorum sententias exquisitas*. Perhaps, as Hofmann supposed, because the latter procedure was regular in decrees relating to individuals, such as the ordering of *supplicationes* (cf. *Phil.* iii.24). Other explanations are that Caesar felt it more in keeping with the dignity of the occasion (but Tac. *Ann.* vi.12.1, cited to this effect, is not clearly relevant), or wanted to give Senators (including Cicero) the chance to express their appreciation.

2 **Volcacium** L. Volcacius (or Volcatius or Vulcatius) Tullus, Consul in 64. Gelzer's notion (*Cicero*, 279 n. 120) that he thought Marcellus' pardon a bad omen is moonshine. He was obviously playing the courtier, a role foreshadowed in the description *emptus pacificator* in April 49 (cf. *A.* IV, 397). *eo loco* certainly refers to Caesar, not Marcellus.

5-6 **fregit...officium** 'This resolution of mine was overborne by Caesar's magnanimity and the Senate's solicitude.'

7 **pluribus verbis** In the speech *pro Marcello*, which, as T.–P. remark, might more properly be called *de Marcello*.

10-11 **hanc rem publicam non putare** There seems to be a touch of irony here, since in fact this *had* been what Cicero thought, as Sulpicius was well aware; cf. 202 (IV.3).1 *ex pernicie et peste rei publicae*, 2 *in tantis tenebris et quasi parietinis rei publicae*.

12 **intra modum** *id est, non ad ipsum modum sed retro paululum et citra modum* (Gell. XII.13.24); cf. 197 (IX.26).4 *intra legem*. In Hor. *A.P.* 266 *intra spem veniae* the context requires the same sense: 'stopping short of the hope of indulgence', i.e. not committing any fault for which one would have to hope for pardon (not, as Brink, 'within (i.e. not to stray beyond) hope of pardon').

13 **nam etsi, sqq.** 'From my childhood I have taken pleasure in every liberal art and branch of knowledge, most of all in philosophy; but my devotion to this study grows upon me every day. I suppose I have reached an age for wisdom; and the evils of the times are such that nothing else can relieve one's mind of its burdens.' For *maturitate ad prudentiam* cf. Sil. XVI.656 *maturus ad arma*; *Planc.* 59 *ad praecepta aetas non est gravis*.

14 **philosophia** This and similar statements are to be taken with some reservation; see *Cicero*, 207.

5, 2 **iam noctes** By the true calendar Cicero was writing in late July.

6 **aut** Perhaps corrective = *aut potius* (cf. 202 (IV.3).3n.). But probably somewhat as in 110 (XV.4).14 *vitam imperatorum spectare solere in habendis aut non habendis honoribus*, 'on whether you should stay or leave'.

7 **faciamus** As often, Cicero politely identifies his correspondent's interests with his own; cf. *A.* I, 380 (*magnum...oti*).

9 **de reliquis** Sc. *rebus*; or perhaps *reliquis* is neuter (not masculine). *de* = 'from among' rather than 'as for'.

ceteri *caesare* in GR (and most editions) must be set down as a mistake or, more probably, an interpolation. Note that G has the grace to preserve *et*.

10 **si...necesse sit** Some of the unpleasantness might not even get reported. *malis* is probably general, 'one would prefer'; cf. 204 (XII.17).1 *ita ut malis...negotium*.

204 (XII.17)

Q. Cornificius, neoteric poet and orator (*A.* v, 311; on his Praetorship in 45 see now Sumner, *Lex Annalis,* 358), had taken over Cilicia presumably as *pro quaestore* (not Quaestor, as Broughton; he had been Quaestor in 48) or *legatus pro praetore* (or *pro consule*) in the spring or early summer of 46 (cf. Broughton, 297). Cicero's next letter to him (205 (XII.18)) belongs to the end of September or beginning of October. This one is usually assigned to mid September, which suits the other data: news of the anti-Caesarian movement in Syria, completion of the *Orator* (cf. 208 (xv.20).1; *Att.* 243 (XII.6*a*).1), and optimism about Caesar's political intentions (as to which it must be borne in mind that Cornificius was a Caesarian).

COLLEGAE Caesar had made Cornificius an Augur, probably in 47 (Broughton, 292).

1, 4 Syria First news of the soldiers' mutiny headed by Caecilius Bassus (cf. *A.* vi, 220) seems to have reached Rome shortly before Cicero wrote. On the further developments see Syme, *Cilicia,* 320.

2, 1 dum tu absis *abes* Lambinus. But the subjunctive is warranted both by the indirect construction after *scito* and by the idea of design taken up in the following words.

2 cetera *Brutus, Paradoxa, Cato,* and perhaps *Partitiones Oratoriae.*

3-4 de optimo genere dicendi I.e. the *Orator,* dedicated to Brutus; cf. *Att.* 374 (XIV.20).3 *cum...scripsissem ad eum de optimo genere dicendi.* The title was decided later (cf. 208 (xv.20).1).

5 doctum As T.–P. say, there is no need to suppose any reference to Cornificius' poetry.

6 dissidere Cornificius was presumably by way of being an 'Atticist'; cf. *Att.* l.c.

7 si...suffragere Really, perhaps, to be regarded as a touch of modesty and a compliment to Cornificius; cf. 22 (v.12).3n.

8 si velint 'If they please', a polite request; cf. 26 (vII.5).2.

9 solitudine A remote province was isolation after Rome; cf. *Leg. Agr.* II.55 *in Paphlagoniae tenebris atque in Cappadociae solitudine;* Mart. XII praef. *in hac provinciali solitudine.* The same idea seems to underly a much discussed expression in *Div.* II.22 *si sciret se in solitudine Aegyptiorum trucidatum iri,* even though the scene of Pompey's death probably *was* lonely enough (see Pease ad loc.). In *Cluent.* 36 *in solitudine* = *Larini* by contrast with *in turba* = *Romae.*

205 (XII.18)

The date is given approximately by the reference in §2 to the *ludi Victoriae Caesaris,* instituted in honour of Caesar's victory at Thapsus and in conjunction with his dedication of the temple of Venus Genetrix. That took place on 24 or 25 September by the current calendar. After the calendar had been reformed the games were held from 20 to 30 July (cf. Habel, *RE Suppl.* v, 629).

1, 2–3 vos magnos oratores Cf. 89 (II.14).1n.

4 cum...esset For the subjunctive of repeated action, of which Cicero has about 25 examples, see K.–S. II, 206f.

7–8 quo...erumperet 'Until you knew the upshot of this Caecilius Bassus fellow'; cf. *Att.* 40 (II.20).5 *haec quo sint eruptura timeo*, 42 (II.22).6 *sed certe videntur haec aliquo eruptura*, 195 (X.4).1 *quorum societatis et sceleratae consensionis fides quo eruperit vides*, et sim. Not 'the extent of the outbreak'.

8 Caecilius Bassus Cf. *A.* VI, 220 (*Vetere*).

10 idque ut facias I.e. *litteras mihi mittas*.

15 magnis negotiis Cornificius must have left for the East before the end of the war in Africa.

2, 5–6 sed etiam...victoria Cf. 195 (IX.17).2n.

7 ludis See intr. note.

7–8 animo aequissimo 'With perfect composure' (not, as W. A. Laidlaw, *Hermath.* 94 (1960), 63, 'He says he has listened with pleasure to *Laberi et Publili poemata*').

8 T. Plancum Bursa (*A.* III, 245; cf. 52 (VII.2).2f.). The spectacle of this despised and detested figure sitting with himself in the *orchestra* was a test of Cicero's sang-froid. Drumann's notion (III, 592, IV, 231) that he fought as a gladiator ('nebst anderen Optimaten'(!)), thus producing an analogy to Laberius, is based on a false premise; see below.

8–9 Laberi et Publili poemata D. Laberius, a Roman knight and a celebrated author of *mimi*, was obliged by Caesar to act in one of his own pieces. He protested in a prologue preserved by Macrobius, and the prize was awarded to his younger rival Publilius Syrus (cf. *Att.* 356 (XIV.2).1). Caesar presented Laberius with 500,000 sesterces and a gold ring (Suet. *Iul.* 39.2; Macrob. *Sat.* II.7.1–9; cf. 415 (X.32).2n.). But J. Schwartz (*Rev. d. Ét. anciennes* 50 (1948), 264ff.) may be right in holding that Macrobius' account, which he thinks is derived from Suetonius' lives of Laberius and Publilius, confuses two different occasions: the *ludi plebeii* of November 47, when Laberius was forced to appear on the stage and had his equestrian rank restored by Caesar (gold ring and money) at the end of the games (whence a *dictum* of Cicero's recorded by Macrobius (*Sat.* II.3.10) and Seneca Rhetor (*Contr.* VII.3.9)); and the *ludi Caesaris* of 46, when Laberius was beaten by Publilius. Cicero cannot here be thinking of Laberius' degradation, which did not affect Publilius. He only resented (or would have done but for his acquired callousness) having to sit through such stuff lest his absence should offend the Dictator.

10 **nihil, sqq.** Cf. *Att.* 18 (1.18).1 *nihil mihi nunc scito tam deesse quam hominem eum quocum omnia...una communicem.* For the sentiment cf. 93 (II.13).3 *di immortales, quam ego risum nostrum desidero! haec* refers to the strange phenomena in Rome rather than to theatrical matters.

10–11 **familiariter docteque** 'In an intimate, sophisticated way.'

206 (XII.19)

If, as seems probable, the letter referred to in the opening sentence is 205 (XII.18), this one may be placed four to five months later.

1, 2 meas T.–P. would refer this to the letters mentioned in 205 (XII.18).1 on the ground that 205 (XII.18) 'was hardly a letter that Cornificius would read with pleasure'. But Cicero is probably only answering a polite phrase like his own *libentissime legi tuas litteras*, amounting to little more than 'I was very glad to hear from you'. And 205 (XII.18) was at least intended to be amusing in parts and ended on an agreeably intimate note.

5 tributam After Sex. Caesar's murder; cf. Broughton, 297.

6 fretus Cf. 205 (XII.18).1 *prudentia tua fretus.*

2, 7–8 se...tenuit In Antioch, in 50. At the time Cicero was not disposed to admire Bibulus' *consilium*; cf. *Att.* 122 (VI.8).5 *Bibulus, qui dum unus hostis in Syria fuit pedem porta non plus extulit quam ⟨consul⟩ domo sua* (sim. 125 (VII.2).6).

3, 2 usque Cobet's *usque ⟨eo⟩* may well be right; cf., however, 372 (X.7).2 (Plancus) *usque mihi temperavi dum perducerem.*

207 (XV.21)

C. Trebonius (*A.* II, 189) was Proconsul in Further Spain from early 47 until he was driven out by the Pompeians in the summer of 46. He returned to Rome, but left again for Spain to take part in the war under Caesar. That this letter was written to him on that occasion was established by Sternkopf, *Neue Jahrb.* 147 (1893), 424ff.; the words in §5 *tuam profectionem amore prosequar* indicate a time just before or just after his departure, as does *discedens* in 208 (XV.20).2. Did he leave with Caesar (as stated by Münzer, *RE* VIA, 2277, 33 and Broughton, 299) or, as Sternkopf argued, subsequently? According to Sternkopf (l.c. 428), Trebonius' meeting with Antony at Narbo, at which Caesar's assassination was allegedly discussed (*Phil.* II.34; Plut. *Ant.* 13), took place on his way out to Spain, not on the way back in the summer of 45. Now

Antony left for Spain (actually getting no further than Narbo) some time *after* Caesar's departure, so Trebonius will have done the same. Sternkopf therefore places this letter about the end of 46. But he does not establish that the meeting with Antony did not take place on Trebonius' (and Caesar's) return journey (cf. Plut. l.c.). Antony had gone a very long way to meet Caesar on this occasion (cf. *Phil.* II.78 *C. Caesari ex Hispania redeunti obviam longissime processisti*), and although we are not informed that he got as far as Narbo, it is entirely credible. On the other hand, if Trebonius left with Caesar in the first half of November (true calendar), why did he not hand his book (§1) to Cicero in Rome when they said good-bye? It looks as though he may have left a little later, when Cicero was out of town, on the tour of his villas which began on 17 November. In that case he will have found Trebonius' letter and book waiting for him when he got back to Rome on the 30th.

1, 1 librum   See §2.

2, 1 quae...fecisti   Generally held to concern the attempts of the Tribune C. Herennius in 60 to get Clodius made a plebeian (cf. *Att.* 18 (I.18).4, 19 (I.19).5). This view is, as Münzer says (*RE* VIA, 2274, 21), acceptable, though not strictly provable. The only other historical context which might fit is that of early 58; but if Trebonius had been active then on Cicero's behalf, Cicero would have acknowledged it in the speeches made after his restoration.

2 inimicitias   Primarily, no doubt, with Clodius.

3–4 quaestor...suscepisti   Of the Consuls of 60 Afranius, as Pompey's man, may well have been favourably inclined to Clodius or neutral. Clodius' brother-in-law Metellus Celer early in the year promulgated a law for his transfer to the plebs, but only 'as a matter of form' (cf. *A.* I, 332 *promulgatum*); later he obstructed it (*Att.* 21 (II.1).4). The Consuls of 58, Gabinius and Piso, both of course supported Clodius. How Trebonius as Quaestor took upon himself the duties of the Consuls is beyond a guess; though it seems clear from the reference to his colleague that he was one of the two City Quaestors. Cicero's words cannot mean that he 'vigorously supported the consuls...in opposing the tribune C. Herennius' (T.–P.).

5 collega   Drumann's conjecture that he was a son of Metellus Creticus is virtually baseless (cf. *A.* II, 180 (*Metello*)).

9–10 missus esses   As governor of the Farther Province, early in 47 (*Bell. Alex.* 64.2).

11 liber   Evidently a collection of Cicero's *dicta*, each in its anecdotal setting.

15 sic   'Only so-so'; cf. *A.* VI, 295.

3, 7–8 quo...satis   'And after all, I feel sure that this by itself will be all the return you desire.' Not 'and in that special respect at all events I feel sure you will be satisfied'.

4, 3 Calvo C. Licinius Macer Calvus, the distinguished orator and neoteric poet. Correspondence between him and Cicero was extant in antiquity (cf. C. Weyssenhoff, *Ciceronis Epistularum Fragmenta* (1970), 70f.). On their public and private relations see E. S. Gruen, *Harvard Stud. in Cl. Phil.* 71 (1966), 215ff. How Cicero's letter here referred to came into Trebonius' hands years after Calvus' death (Münzer, *RE* xiii, 433, 10) we have no means of knowing. Trebonius had evidently been disconcerted by Cicero's praise of this 'Atticist'; G. L. Hendrickson suggests that he 'had participated on the Ciceronian side in the debate with Calvus and his followers, and now seemed to find himself left in the lurch by the *volte-face* of his chief' (*Am. J. Phil.* 47 (1926), 246).

4 aliter enim, sqq. The thought runs: 'I need not make much of a reply, because my letter was not intended for anybody but Calvus to read and because we cannot be held answerable to the world at large for what we put in private letters.'

6 maioribus If Cicero wrote *melioribus* it must have been a slip of the pen.

7 ita iudicabam Referring to what precedes, not (as usually punctuated) to what follows.

7–8 acute movebatur Cf. *Acad.* 1.35 *cum…subtiliter disse reret peracute moveretur*; a condensed expression, apparently equivalent to *motus ingeni eius erant acuti*; cf. *de Orat.* 1.113 *nam et animi atque ingeni celeres quidam motus esse debent, qui et ad excogitandum acuti et ad explicandum ornandumque sint uberes.* Apuleius (*Apol.* 95) reckons *argutiae* as Calvus' *forte*.

8 genus quoddam The 'Attic' style; cf. *Brut.* 284 *tum Brutus 'Atticum se' inquit 'Calvus noster dici oratorem volebat: inde erat ista exilitas quam ille de industria consequebatur'*; Quint. *Inst.* x.1.115; Tac. *Dial.* 25.6 *adstrictior Calvus.*

9 quo valebat Whether *tamen* be taken with *valebat* (so Manutius) or with *adsequebatur*, this casual tribute to Calvus' *iudicium* seems odd; for where oratory is concerned *iudicium* usually refers to this very choice and estimation of style in which Calvus, as Cicero thought, made his essential mistake; cf. 204 (xii.17).2 *proxime scripsi de optimo genere dicendi, in quo saepe suspicatus sum te a iudicio nostro…dissidere*; *ad Brut.* 23.1 *ita gravi iudicio multaque arte se exercuit in ⟨se⟩verissimo genere dicendi*, and other examples in *Philol.* 105 (1961), 271f. (where I conjectured *malebat* (sc. *id genus*; cf. 73 (iii.10).1n. (*malo enim dicere*)). If Calvus' judgement was faulty at this cardinal point, commendation of its soundness seems incongruous. However, oratorical *iudicium* can have a wider range; cf. Quint. *Inst.* iii.3.5f., vi.5.1f. Quintilian, who quotes from the Letters and would naturally find this passage of special interest, was probably relying upon it when he made *iudicium* Calvus' distinctive quality, like Caesar's *vis*, Caelius' *asperitas*, and Pollio's *diligentia* (*Inst.* X.2.25).

probarat   *probaret* would most naturally mean: 'something acceptable (to his hearers)'.

10 **vis non erat**   Cf. Quint. *Inst.* X.1.115 *inveni qui Calvum praeferrent omnibus, inveni qui Ciceroni crederent eum nimia contra se calumnia verum sanguinem perdidisse* (from *Brut.* 283). Yet according to Seneca Rhetor (*Contr.* VII.4.6f.) Calvus was a notably impassioned and excitable pleader; cf. Plin. *Ep.* I.2.2 *temptavi enim imitari Demosthenem semper tuum, Calvum nuper meum, dumtaxat figuris orationis; nam vim tantorum virorum 'pauci quos aequus' adsequi possunt*; Quint. *Inst.* X.1.115 *gravis oratio et castigata et frequenter vehemens quoque*; Fronto, *ad Ver. Imp.* 1.1.2 *tumultuatur Gracchus, Calvus rixatur*.

12 **habes, sqq.**   'So that's what I think of Calvus, and why I wrote as I did. I praised in order to exhort; and I did think very highly of his talent.'

5, 1 **reliquum est...prosequar**   Cf. 157 (IX.9).3 *reliquum est... simus.*

6–7 **amari plurimum**   As *vir bonus* (cf. 20 (I.9).10n.) Cicero could do no less, so the one judgement entailed the other. That Trebonius *would* regard him as *virum bonum*, though it does not follow from *quae...oblivisci*, Cicero could assume.

208 (XV.20)

Written soon after the preceding. *iter tuum cuius modi sit* (§3) implies that the bearer left Rome in time to catch Trebonius up before he reached his destination.

1, 1 **Oratorem**   This seems to have been finished about the middle of September; cf. 204 (XII.17).2. But revision and copying may have delayed its appearance for several months.

Sabino   A friend of Trebonius, whose cognomen (a common one) inspired trust as indicating that he came from the traditional home of old-time virtues. In *Catalept.* 10, a parody of Catull. 4, there figures a muleteer formerly called Quinctio who changed his cognomen to Sabinus and rose to curule office. The theory of his identity with P. Ventidius, Praetor and Consul in 43, was decisively discredited by Syme (*Latomus* 17 (1958), 73ff.), who plausibly suggests that he may have been C. Calvisius Sabinus, probably Praetor in 46. That the Sabinus of the *Catalepton*, whoever he was, is alluded to here is unlikely. *candidatorum licentia usus* does not naturally refer to one particular candidate. Moreover, the Sabinus of the *Catalepton* changed his cognomen, whereas Cicero seems to be thinking of the assumption of cognomina by persons not previously possessing them. As for Calvisius, his candidature for the Praetorship will have been more than a year previous to this letter. Cicero is probably referring to elections held shortly before Caesar's departure for Spain (cf. *Att.* 245 (XII.8)). It may be supposed, though there is no other evidence, that candidates of low social origin took to themselves cognomina in order to make their names sound more respectable.

2, 2 olei   Cf. Otto, *Sprichwörter*, 253. The correction can hardly be doubted, but as T.–P. say, the application of the fire metaphor both to *amor* and to *desiderium* is rather awkward – even though the latter is an aspect of the former.

addidisti   By the present of his book.

8 istic   I.e. with Caesar, whom Trebonius was about to join.

3, 2 Brutum   Now governing Cisalpine Gaul.

4 de toto negotio   There is no need to ask what information apart from military matters Cicero had in mind. He is only telling Trebonius to report as comprehensively as possible.

209 (VII.23)

The dates formerly assigned, 55 and 62/61, are ruled out by the expression *pacis auctori* in §2 (this was noticed by F. Marx (see below) and again by R. J. Rowland, *Cl. World* 62 (1969), 347). Cicero often so describes himself after the outbreak of the Civil War (183 (VII.3).2; *Lig.* 28; *Phil.* II.24, et al.), never before. His suppression of the Catilinarian movement did not make him a 'peace-monger'. See also on §4 *Nicia*. The case made by Marx for April 49 (*Festschr. O. Benndorf* (1898), 41ff.) was torn to shreds by T. Schiche (*Jahresber. d. Phil. Vereins* 27 (1901), 246ff.), though that did not prevent its subsequent endorsement by Münzer (*RE* x, 1034, 9; cf. v, 296, 1) and Sjögren. It is not worth while to add arguments of detail. The tone and matter of the letter are palpably inconsistent with the state of Cicero's mind and affairs in the early months of the war. It belongs then to Caesar's régime, like the other extant letters to M. Fabius Gallus, antedating Tullia's death in February 45 (§4). Cicero wrote after returning to Rome from Arpinum (§1). This he did on 30 November 46 (true calendar); cf. *Att.* 248 (XII.1).2). Note that one Dexius (§4) had recently left for Spain. It is a plausible guess that he left with Caesar in early November 46.

The first three paragraphs concern a purchase of statuary on Cicero's behalf by Fabius Gallus. It may have taken place in south Latium or

Campania (cf. §3 *Tarracinae*), the vendor being one Avianius, presumably the sculptor C. Avianius Evander (see below). But the pieces do not seem to have been Evander's own work, since Cicero says he had often seen one of them. There had been a misunderstanding. Cicero did not want these statues, which Gallus had bought on his own judgement, though to some extent underwritten by an offer from his fellow-connoisseur Damasippus to take them over if Cicero did not wish to keep them. Cicero for his part had no great confidence in Damasippus' intentions, and his exasperation with Gallus shows beneath a flurry of courtesies and jokes. But he professes to blame a freedman of his own, to whom he had given definite commissions, and a friend of Avianius called Junius, whose part in the transaction is not further specified.

On Cicero's appreciation, or lack of appreciation, of Greek art, cf. G. Showerman, *Am. J. Phil.* 25 (1904), 306ff.

1, 1 tantum quod Cf. *Att.* 417 (xv.13a).3 (7) *haec cum scriberem, tantum quod existimabam ad te orationem esse perlatam.*

2 Aviani Probably the sculptor C. Avianius Evander, freedman of M. Aemilius Avianianus (see on 314 (xiii.2)). C. Robert's notice in *RE* (ii, 2372; cf. also F. Marx and T. Schiche, ll.cc. and Treggiari, *Freedmen*, 136ff.) misleads. Horace in *Sat.* 1.3.90 *catillum | Evandri manibus tritum* assuredly referred to the legendary Arcadian king, not to the contemporary artist; see Orelli's note. But Horace's ancient commentators misunderstood: Porphyrio ad loc. *qui de personis Oratianis scripserunt aiunt Evandrum hunc caelatorem ac plasten statuarum Marcum Antonium ab Athenis Alexandriam transtulisse; inde inter captivos Romam perductum multa opera mirabilia fecisse.* Among these remarkable works was a head of Artemis replaced on a statue by Timotheus in the Palatine Temple of Apollo (Plin. *N.H.* xxxvi.32). If the statements retailed by Porphyrio are to be believed, Evander will have set up in Athens at a later period; Marx's thesis that he was there all along was refuted by Schiche with special attention to Cicero's words in 314 (xiii.2) *et ipso multum utor.*

3 nomina se facturum Cicero would be debited in Avianius' books for the several items as from a certain date; this would normally have been the day on which they were handed over, but Avianius had generously offered to set a later date at Cicero's pleasure. Cicero would thus have time to pay without incurring any extra charge. For the phrase *nomina facere* see Holden on *Off.* iii.59.

cum venisset Sc. *Romam.* Marx interprets 'sobald nur das Geschäft gemacht, der Kauf vollzogen sei', which is impossible. Nor do I understand his further description 'ein unpersönliches Zeitwort'.

4 fac...esse te Cf. 75 (iii.12).2 init.

5 de die Sc. *pecuniae (solvendae)*; cf. *A.* iv, 406.

5–6 plus annua Gallus may be supposed to have made this suggestion in his letter.

9 rata...grata Cf. *A.* 1, 317 (*fames...fama*).

2, 2 Damasippus Presumably the bankrupt connoisseur turned Stoic of Hor. *Sat.* II.3. This demonstrates the futility of the notion that such recurrences imply an acquaintance on Horace's part with Cicero's letters, since Horace's knowledge of Damasippus was clearly independent of this passage. Macrobius (*Sat.* II.3.2) has an anecdote showing Cicero and Damasippus on convivial terms. Though Horace's scholiasts, who may have read this letter, call him Junius Damasippus, Marx's identification with the Junius of §3 is certainly wrong (see below). He was probably the owner of a suburban estate which Cicero thought of buying in 45 (cf. *A.* v, 325). See further addenda.

4 genus...omnium 'All the statuary in creation.' *omnium* is added for extra emphasis; *totum statuarum genus* would have been the normal expression. Not 'statues of all kinds'.

5–6 Musis Metelli Probably Metellus Scipio. Perhaps this work had been sold *sub hasta* and Cicero had thought of acquiring it. Metellus Scipio's villa at Tibur came into Antony's hands (*Phil.* v.19).

8 erat Cf. K.–S. II, 402.

12–13 gymnasiorum...palaestra Cf. *A.* 1, 285. Cicero probably refers to the *palaestra* in his house on the Palatine (cf. *Att.* 24 (II.4).7).

13–14 pacis auctori See intr. note.

15 Mercuri The god of gain and good luck; in astrology Mars and Saturn generally bring the opposite (κακοποιοί, *malevoli*).

3, 1 trapezophorum A table leg, probably in the form of a sculptured figure. A table might have one or more; cf. Juv. III.204 *recubans sub eodem marmore Chiro* (where the objection 'that a *recumbent* figure would not make a good support' (Duff) leaves out of account that the human part of the Centaur remained erect while the equine part lay down). Later the word seems to have been used for a whole table (cf. A. Hug, *RE* VIA, 2209f.).

4 Tarracinae Cicero will have halted there on his way down the coast at the start of his recent tour. Possibly his host was Gallus himself.

6 Iuni Obviously not Damasippus, who, having been already mentioned both in this letter and in Gallus' letter, could not be thus introduced. It would appear from the introduction that Junius had not been in touch with Gallus; perhaps he had misled Avianius as to Cicero's requirements.

7 exhedria An *ex(h)edra* was a semi-circular recess in a colonnade, used for sitting in; cf. Wilkins on *de Orat.* III.17. The diminutive seems to occur elsewhere only in inscriptions.

12 **Pseudodamasippum** Cf. *Att.* 14 (1.14).6 *Pseudocatone*. This is only Cicero's facetious way of saying that he will find a substitute for Damasippus, i.e. someone on whom to unload the purchases. Marx strangely explains 'einen reellen, ernstlichen Käufer, keinen Speculanten, Strohmann und Preistreiber'.

4, 1 domo The house, adjacent to Cicero's, was owned by one Cassius (see below) and occupied by his sister (presumably half-sister) Licinia, whose husband Dexius (otherwise unknown) had left for Spain. Gallus proposed to buy it and was anxious to obtain possession as soon as possible. But the purchase can hardly have gone through; for if it had, why should Cassius be approached through Licinia, the tenant whom Gallus wanted out? The house was in Rome. For, apart from the (admittedly inconclusive) fact that Tullia and Licinia were evidently there, a property immediately adjacent to one of Cicero's villas would itself have been a villa, not a town house (*domus*).

2 mandaram *mandabam* is impossible. Cicero had received Fabius' earlier letter just as he was leaving Rome on 17 November and had instructed Tullia accordingly.

3 Nicia 'Geschäftsführer des M. Fadius [i.e. Fabius] Gallus' (Münzer, *RE* xvii.335.16). But once the letter is put in its right period there is no need to see here any other than Cicero's friend, the grammarian Curtius Nicias of Cos (*A.* iii, 297); for a detailed study of him, see R. Herzog, *Hist. Zeitschr.* 125 (1922), 189ff., also G. W. Bowersock, *Augustus and the Greek world* (1965), 45f. The manner of his first mention (*Nicias Cous*) in a letter of December 50 (*Att.* 126 (vii.3).10) implies that he was not at that time the familiar acquaintance he later became. Perhaps as suggested in my note, it was Nicias' friend and patron Dolabella, then newly married to Tullia, who brought him into Cicero's circle. Nicias, Fabius Gallus, and C. Cassius were all Epicureans.

4 Cassio Perhaps L. Cassius Longinus, the Tyrannicide's younger brother (*A.* vi, 214). With C. Cassius intermediaries would hardly have been necessary, for he and Gallus were good friends (cf. 106 (xv.14).1). Moreover, Cicero would surely have written to him directly – he was at Brundisium in December 46 (214 (xv.17).4). Manutius proposed *Crasso* (i.e. M. Licinius Crassus, son of the 'Triumvir').

210 (VII.26)

The sumptuary law mentioned in §2 is clearly Caesar's; *quae videtur* λιτότητα *attulisse* cannot reasonably be referred to a law nearly sixty years old (the lex Aemilia of 115), as it has to be if the letter is assigned to 57, the year in which the younger Lentulus Spinther entered the

Augural College (Broughton, 207). Cicero does not say that the augural dinner at Lentulus' house was a *cena aditialis*; and what would he have been doing at such a dinner before his own election in 53? Like the other three extant letters to Fabius Gallus this was written under Caesar's régime, after the passage of the sumptuary law (cf. 194 (IX.19).1n.) and, obviously, before Tullia's death.

1, 2 mea opera Though Cicero no longer practiced regularly as *patronus* he might be called upon in other ways, e.g. as *advocatus* or witness or *iudex* (cf. 217 (IX.10).1). Nor is it impossible that he spoke occasionally in a civil suit, though his only recorded speeches during Caesar's régime are the three Caesarianae.

7 tum ⟨eum in⟩ quo If *quod* ('inasmuch as' or 'whereas') is retained, *sane* δυσεντερίαν *pertimueram* becomes the main statement after *tum*; but the sequence 'I *am* afraid of all diseases...and (in particular) I *was* really afraid of dysentery' is not plausible.

8 male accipiunt According to T.-P. '"misconstrue" or "handle roughly": both explanations fit the sense'. The former meaning is not found in classical Latin, the latter is quite common, especially in Comedy and Cicero.

8–9 στραγγουρικὰ...πάθη Epicurus wrote to a friend from his death-bed: στραγγουρικά τε παρηκολούθει καὶ δυσεντερικὰ πάθη ὑπερβολὴν οὐκ ἀπολείποντα τοῦ ἐν ἑαυτοῖς μεγέθους (Diog. Laert. x.22; cf. *Fin*. II.96).

10 alterum...alterum 'The latter...the former', as often.

12 loci mutatio Cf. *Tusc*. IV.74 *loci denique mutatione tamquam aegroti non convalescentes saepe curandus est*; Sen. *Dial*. IX.17.8 *aliquando vectatio iterque et mutata regio vigorem dabunt*.

2, 1 ac tamen, sqq. 'But in case you wonder how this happened or what I did to deserve it, the Sumptuary Law, supposed to have brought plain living, has been my downfall. Our *bons vivants*, in their effort to bring into fashion products of the soil exempted under the statute, make the most appetizing dishes out of fungi, potherbs, and grasses of all sorts.' There is no reason to see in *fraudi fuit* an allusion to the expression *fraudem facere legi*, 'to get around a law' (cf. *A*. II, 188).

7 Lentulum The younger Lentulus Spinther (*A*. v, 282f.).

9 a beta et a malva Note the personification.

11 Anicio C. Anicius, a Senator, was recommended by Cicero to Cornificius in 44 (429 (XII.21); cf. *Q.Fr*. II.9.3). He may have been related to Atticus' cousin Anicia (Nep. *Att*. 2.1).

13 visendi Of visiting the sick; cf. 198 (IX.23) *ut et viderem te et viserem et cenarem etiam*.

211 (XIII.68)

P. Servilius Isauricus, Consul in 48 (*A.* 1, 340), had been sent to Asia as Proconsul. If he set out soon after Caesar's return to Italy, a letter describing his voyage might have reached Cicero in October; but he may have left earlier. The references to Caesar's plans in §2 may be compared with 204 (XII.17).1.

COLLEGAE As Augur. We do not know when Servilius entered the College.

1, 2 cursus navigationum Cf. Cicero's accounts of his own voyages in 127 (XVI.9).1 and *Att.* 105 (V.12).1. *navigationis* might have been expected, since *cursus* probably means no more than the stages of the voyage. Perhaps, however, this fell into two or more major sections with longish halts between.

3 qua Sc. *memoria*.

6 institutis Servilius seems to have been an admirable governor; cf. Magie, 1, 416f.

2, 2 periculum Such letters were dangerous because they might miscarry. Cicero was not in any case likely to open his mind on political matters to a Caesarian like Servilius, but he politely implies the contrary.

3 tamen 'In spite of all.'

4 collegae nostro Caesar (*Caesari* could well be spared), who probably became an Augur in 47; see on 97 (VIII.14).1 *ereptum*.

6 id est gloriosius Material gain having, of course, no place in Servilius' calculations.

3, 3 patrem Cf. *A.* III, 249 (correct '78' to '79'). He died at the age of ninety in 44.

212 (XIII.77)

P. Sulpicius P. f. Rufus, son, not of the jurist (so T.–P.), but probably of the Tribune of 88, had been Caesar's Legate in Gaul (*B.G.* IV.22.6, VII.90.7), Praetor in 48, and succeeded Q. Cornificius as Propraetor in Illyricum in 47 or 46. Sumner (*Lex Annalis*, 249f.) distinguishes him from P. Sulpicius Q. f. Rufus, brother of the jurist, Quaestor in 69, and governor of Bithynia–Pontus in 46–45. A P. Sulpicius was Censor along with C. Antonius Hybrida in 42. As appears from his title of Imperator and the reference to a *supplicatio* in §1 (granted, no doubt, before Caesar's departure for Spain), he had gained military successes in the province during the summer of 46. Vatinius succeeded him in 45.

It may be noted that §1 and §§2–3 could stand as separate letters.

SULPICIO H. Gundel's formulation (*RE* VIIIA, 513, 12) is remarkable: 'Der Brief gehört, wie längst richtig erkannt ist, entgegen der hsl.

Überlieferung [*Vatinio*] zum Briefwechsel mit Sulpicius.' *VATINIO* was Rutilius' conjecture.

1, 8–9 ut...denuntiare 'And feel entitled to call upon me without hesitation if you should stand in need of any service.'

2, 1 Bolanum A nomen gentilicium; see *Thes.* s.v.

3, 3 Dionysius More about him to Vatinius (255 (v.9).2, etc.).

bibliothecen *bibliothecam* was the usual Latin form at this period; cf. Neue–Wagener, 1, 67.

3–4 multorum nummorum Cf. *Verr.* 11.4.88 *signum...pecuniae magnae* and K.–S. 1, 458.

6 familiaris meus This is by far the more common order; cf. 53 (XIII.42).1.

Naronae In Dalmatia (modern Vid), on the coast north of Epidaurus.

213 (xv.18)

On C. Cassius' movements after Pharsalia cf. 174 (xv.15), intr. note. Though Legatus to Caesar, he took no part in the African and Spanish campaigns and was now (end of 46) in Brundisium (214 (xv.17).4). This is presumably the first of the three letters to him mentioned in 215 (xv.16).1. The second, 214 (xv.17), seems to have been written in early January 45.

1, 2 autem 'Longer, that is, if...' *autem* qualifies the previous statement; cf. *Rep.* 1.39 *est...res publica res populi, populus autem non omnis hominum coetus quoquo modo congregatus,* sqq.

3 σπουδάζειν I.e. *de re publica scribere*; cf. *Att.* 353 (XIII.52).2 σπουδαῖον οὐδὲν *in sermone,* φιλόλογα *multa*.

6 tua Cassius was a convert to Epicureanism (214 (xv.17).3).

6–7 in culina When Cicero took up gastronomy he described himself as going over to Epicurus' camp (193 (IX.20).1); cf. 210 (VII.26).1 fin. Epicurus' own saying ἀρχὴ καὶ ῥίζα παντὸς ἀγαθοῦ ἡ τῆς γαστρὸς ἡδονή (Usener, fr. 409) was sadly misunderstood (cf. C. Bailey, *Epicurus*, 397 and for further illustration Usener ad loc. and Pease on *Nat. Deor.* 1.113).

7 molesta est 'Is a scold' – i.e. annoys me with her preachments, because I have a bad conscience; cf. Catull. 10.33 *sed tu insulsa male et molesta vivis,* | *per quam non licet esse neglegentem.* The tamperings with the text in this passage are singularly gratuitous.

7–8 facio...agere I.e. 'I make a pretence of paying no attention to serious matters'.

convicium 'Reproach'; cf. 252 (v.15).3 *et quasi exprobrare quod in... vita maneam* (sc. *litterae videntur*).

Platonis 'Servientes obiurgantis' (Manutius). *Rep.* III.387B is quoted: ἀνδράσιν, οὓς δεῖ ἐλευθέρους εἶναι δουλείαν θανάτου μᾶλλον πεφοβημένους. But Cicero may not have had any particular passage in mind.

214 (XV.17)

Written soon after 30 December (§3), before 215 (XV.16) and after 213 (XV.18); cf. §1 *alteras*.

1, 4 si...darent Cf. 213 (XV.18) init.

5 petasati The *petasus* (πέτασος) was especially worn by travellers; cf. E. Schuppe, *RE* XIX, 1120, 57.

6 alteras...brevis 'You are going to get a second short letter', the first being 213 (XV.18). *iam* is to be taken with *alteras*; cf. *Att.* 329 (XIII.22).5 *alteris iam litteris nihil ad me ⟨de⟩ Attica.* Not 'one letter – this short one – please receive forthwith' (T.–P.).

7 πάντα περὶ πάντων 'Full amends' – at least, that seems to be the sense in 339 (XII.20), but for which we should understand with Manutius *omnia de omnibus rebus*.

2, 1 P. Sullam patrem Cicero's former client (*A.* II, 175f.).

3 combustum The practice of burying, not cremating, their dead, traditional among the patrician Cornelii, was first broken by P. Sulla's uncle, the Dictator (*Leg.* II.56f.; Plin. *N.H.* VII.187). The notion that Cicero intended any reference to his appearance in the criminal courts has nothing to commend it.

5 πρόσωπον πόλεως amisimus 'The town has lost a *personnage*', 'we have lost a city character'.

6 hasta Cf. 217 (IX.10).3 *unum vereor, ne hasta Caesaris refrixerit*; *Phil.* VIII.9 *hasta Caesaris...multis improbis et spem adfert et audaciam*. For this P. Sulla's activity as a buyer of confiscated property cf. 216 (XV.19).3 and *Off.* II.29 *nec vero umquam bellorum civilium semen et causa deerit dum homines perditi hastam illam cruentam et meminerint et sperabunt; quam P. Sulla cum vibrasset dictatore propinquo suo, idem sexto tricensimo anno post a sceleratiore hasta non recessit.*

refrixisset Cf. *Phil.* V.11 *calebant in interiore aedium parte totius rei publicae nundinae.*

6–7 Mindius Marcellus Probably M. Mindius Marcellus of Velitrae, who acted as go-between in Menodorus' second desertion of Sex. Pompeius in 36 and subsequently became Praefectus Classis under Octavian; cf. App. *B.C.* V.102 and the inscription cited by Münzer in *RE* XV, 1772, 43. Appian refers to him as τῶν ἑταίρων τινὶ τοῦ Καίσαρος (meaning Octavian). It is one of the curiosities of editing that even the ultra-conservative Sjögren adopted Weiske's and Madvig's unwarrant-

able conjecture *macellarium*; cf. *Att.* 75 (IV.3).2 *vix iam* †*Decimum*†
dissignatorem, vix Gellium retinet.

7 **Attius**   Otherwise unknown.

gaudebat   Cf. K.–S. I, 45.

3, 2 ἀδέσποτοι   = *nullo auctore.*

Pansa, sqq.   Here is a difficult problem. Pansa was in Rome on
7 March 45 (*Att.* 251 (XII.14).4) and set out for Cisalpine Gaul, to
succeed Brutus as governor, probably on the 15th (*Att.* 257 (XII.19).3;
cf. *Att.* 255 (XII.17), 266 (XII.27).3). Why then did he leave Rome
paludatus on the previous 30 December? Schmidt's view (*Briefwechsel,*
271f.) that he was going to Caesar in Spain has been too easily accepted.
If he did join Caesar it must have been for a very brief period. Caesar
himself had travelled to Obulco in Further Spain in 27 days, averaging
about 52 miles per day (cf. Gelzer, *Caesar*, 273 n. 95). That was extra-
ordinarily rapid progress. At normal speed the journey would have taken
about six weeks. Even if Pansa, in midwinter, travelled *Caesariana
celeritate,* he could hardly have spent more than a fortnight in Spain to be
back in Rome by early March. So long a journey for so short a stay
taxes belief. Moreover, the wearing of the *paludamentum* implies an
independent military command; cf. Mommsen, *St.* I, 432 (though the
case of Verres (*Verr.* II.5.34) shows that it did not necessarily imply the
prospect of actual warfare). But the date *III Kal. Ian.* seems to be sound.
The omission of *Ian.* or its alteration to *Iun.* does not help, since Pansa's
departure for Cisalpine Gaul certainly took place after the Kalends of
March and almost as certainly well before the Kalends of April.
R. Stark's arguments (*Rhein. Mus.* 94 (1951), 196ff.) on this point are
quite unconvincing, and his only answer to Schmidt's question 'how
could the jocular (*scherzend*) tone of the letter suit the time of deepest
mourning for Tullia's death?' is to deny that the tone *is* jocular. It is at
any rate not that of a man plunged in grief. I have no solution to offer.

4 **nuper**   In fact Cassius' conversion to Epicureanism took place two
or three years earlier; cf. 215 (XV.16).3 *si iam biennium aut triennium est cum
virtuti nuntium remisisti.* A. Momigliano (*Journ. Rom. Stud.* 31 (1941), 151)
failed to notice this: 'There is a conspicuous date in the history of
Roman Epicureanism: the date (46 B.C.) at which Cassius turned
Epicurean, not to enjoy the *hortulus,* but to reach quickly the conclusion that the tyrant had to be eliminated. This obviously was a pro-
found crisis, even for a man with the family tradition and character of
Cassius.' A. Rostagni (*Scritti Minori,* II (2), 160) was guilty of the same
oversight. But Momigliano's attempt to connect Roman Epicureanism
of this period with republican politics is worth recalling. It is at least less
implausible than previous very different correlations.

dubitare As an Epicurean; cf. 213 (xv.18).1 *in culina*. Cassius may formerly have been a Stoic, as T.–P., on 215 (xv.16).3, say he was, but the context there suggests that his αἵρεσις was the Academy. Perhaps, like Brutus, he followed Antiochus of Ascalon.

4, 2 ἀκενόσπουδος In the context this advice amounts to 'don't trouble your head about politics'. On the word see *A.* IV, 359.

3–5 amabo te...memineris For *amabo* with subjunctive cf. K.–S. II, 227 (where this passage is overlooked).

215 (xv.16)

For the probable date see on the two foregoing letters. Cicero had still heard nothing from Cassius.

1, 3 enim Cicero does not press because the longer he has to wait for a letter the stronger becomes his claim for a lengthy one.

6 κατ' εἰδώλων φαντασίας Appearances of (caused by) images according to the Epicurean theory of physical and mental perceptions; cf. *Att.* 23 (II.3).2 κατ' εἰδώλων ἐμπτώσεις (*A.* I, 357); C. Bailey, *Greek atomists*, 410 n. 3, 'I think it is clear from Epicurus' use that φαντασία is the technical term for the "image" resulting from a succession of individual "idols".'

8 spectris Catianis Cf. Porphyr. ad Hor. *Sat.* II.4.1 *Catius Epicureus fuit, qui scripsit quattuor libros de rerum natura et de summo bono* (some put a comma after *natura*), though he was mistaken in identifying this man with the Catius of Horace's Satire; Quint. *Inst.* x.1.124 *in Epicuriis levis quidem, sed non iniucundus tamen auctor est Catius.* Almost certainly he was the T. Catius whose portrait Herennius Severus wanted to set up in his library along with that of his fellow-townsman (of Ticinum or Mediolanum?), Cornelius Nepos (Plin. *Ep.* IV.28.1; see Sherwin-White ad loc.). The word *spectrum* is found only in this letter and Cassius' reply (213 (xv.19).1). Perhaps Catius coined it. Lucretius uses *simulacrum* or *imago* for the Epicurean εἴδωλον, Cicero *imago*.

9 Insuber Of the Gallic tribe whose chief town was Mediolanum (Milan).

10 Gargettius Epicurus belonged to the Attic deme of Gargettus.

iam ante Democritus In *Nat. Deor.* II.76 Cicero distinguishes between the image-gods of Democritus and Epicurus, calling the former *simulacra* and the latter *imagines*. And Democr. fr. 123 (Diels) 'suggests that Democritus called the "idols" by the characteristic title δείκελον' (C. Bailey, op. cit. 166 n. 1). However, the statement here that he called them εἴδωλα is unequivocal. Cicero's own usage (contrary to J. B. Mayor's note on *Nat. Deor.* l.c.) is quite consistent.

2, 1 his autem, sqq. 'Now even granting that these "spectres" could strike the eyes, because they run upon the pupils of their own accord, I for one don't see how they can strike the mind – you will have to teach me when you are safely home again. Are we really to suppose that your "spectre" is in my control, so that as soon as I take a fancy to think about you, up it comes? And not only you, who are in my heart all the time, but if I start thinking about the island of Britain, will its image fly into my brain?' The problem is similarly formulated in Lucr. IV. 779 ff.

2 pupulis For *uelis*. As to ⟨*cum*⟩ *velis* or ⟨*quae*⟩ *velis* 'for whom but Cicero's editors, outside a mental hospital, do the objects visually perceived coincide regularly with the wishes of the percipient?' (*Philol.* 105 (1961), 270). *illis* is another possibility, *velis* ⟨*nolis*⟩ (Koch) possible in itself but leaving a need for something equivalent to *oculis* – *oculis* (Castiglioni) itself would be inelegant after *oculi*. The punctuation of the following passage down to *occurrat* used to run as follows: *animus qui possit, ego non video. doceas tu me oportebit, cum salvus veneris, in meane potestate* [*ut*] *sit spectrum tuum, ut, simul ac mihi collibitum sit de te cogitare, illud occurrat.* From *Philol.* l.c.: A difficulty which Cicero, like others, found in the Epicurean theory (cf. *Div.* II.138; *Nat. Deor.* I.108) was that, even supposing ocular perception could be explained as the effect of 'images' striking the surface of the eye, it was not clear how the same explanation could be applied to the imagination; for the visions of the mind, unlike those of the eye, come at call. The words *meane potestate...pectus* make this plain, once relieved of the mispunctuation and textual interference which make Cicero ask Cassius to teach him *whether* the theory is true instead of *how* it could possibly be true.

3–4 in meane potestate ut sit Modern editors expel *ut*, having failed to realize what was pointed out in *Philol.* l.c., that Cicero is asking an incredulous question, as in *Sest.* 17 *hocine ut ego nomine appellem eversores huius imperi?* Either *-ne* or *ut* may be omitted in such questions, but both are often found. As might be expected, most of the examples come from Comedy; cf. K.–S. II, 510f.

4–5 simul ac...occurrat Cf. *Nat. Deor.* I.108 *quid quod simulac mihi collibitum est praesto est imago?*; Lucr. IV. 782 *simul ac volumus nobis occurrit imago.*

5–6 mihi...medullis Cf. *A.* VI, 250.

6 Britanniam Cf. *Nat. Deor.* l.c. *quid quod hominum, locorum, urbium earum quas numquam vidimus?*

7 ad pectus Cf. *Marc.* 10 *omnium Marcellorum* ⟨*in*⟩ *meum pectus* ⟨*se*⟩ *memoria effudit* (so Madvig). *toto pectore cogitare* is a common phrase (*Tusc.* II.58). Palmer's conjecture *ad adspectus* (ap. T.–P.) is one of the worst he ever made.

3, 3 ex qua αἱρέσει   Cf. 214 (xv.17).3n.

vi hominibus armatis   Cf. 36 (vII.13).2n. It seems to be implied that the Civil War had something to do with Cassius' change of opinion. Perhaps Pharsalia did for him what Philippi did for Brutus, whose 'dying breath declared his renunciation of all belief in the virtue which he fancied he had sincerely followed' (T.–P. vi, cxxii).

4 in hoc interdicto   That *de vi armata* as opposed to *de vi cottidiana*. On the *exceptio annua* in certain penal interdicts see A. Berger, *Encyclopedic dict. of Roman law* (1953), 460.

5-7 qua re...erit   'So if it is now two or three years since you were seduced by the wiles of Miss Pleasure into serving notice of divorce on Lady Virtue, my action will still lie.' The Choice of Hercules is, of course, in mind; cf. 22 (v.12).3.

6-7 in integro...erit   'Our case will be uncompromised', i.e. 'I shall be free to proceed if I choose'.

12 id   The topic of the letter. I do not think that *in mentem venit* is meant as an allusion to the theory of images; cf. 79 (vIII.3).3 *qui tibi istuc, inquis, in mentem venit?*; Plaut. *Trin.* 1050 *hoc qui in mentem venerit mi?*

216 (xv.19)

Cassius' reply to 214 (xv.17) and 215 (xv.16).

1, 1 s. v. b.   *si vales, benest*; not *si vales bene* (T.–P., with the added misinformation that 'we generally find s.v.b.e.e.v.').

5 Catiana   Add *catina* in the MSS to examples in *A.* 1, 321 (*Marianas*).

pro quo   I.e. *et pro eo* (sc. *Catio*); cf. *Att.* 199 (x.8).7 *in exsilio Themistocleo. qui cum fuisset*, sqq.; K.–S. 1, 30f.

Stoicos   Cassius cannot refer, as the context would suggest, to Latin writers on Stoicism, for there were none, or hardly any, such at this period; cf. *Tusc.* iv.6. Stoicism was unpopular; cf. *Cael.* 41 *illud unum derectum iter ad laudem cum labore qui probaverunt prope soli iam in scholis sunt relicti.* He was probably thinking of Greeks. Chrysippus was a notoriously poor stylist (cf. Zeller, *Stoics* etc. (Eng. trans.), 47).

2, 1 Pansam, sqq.   A logical answer to the claim in 214 (xv.17).3. What Pansa's case really proves is that virtue pays.

9 Amafinii   C. Amafinius was probably the first to write on Epicureanism in Latin and his work brought the system into fashion in Italy (*Tusc.* iv.6). His date is disputed. Contrary to the majority opinion that he worked about the beginning of the first century H. M. Howe (*Am. J. Phil.* 72 (1951), 57ff.) supports the view that he was a contemporary of Lucretius. Cicero says that he never read the Latin Epicureans, who, like their master, did not pretend to literary merit (*Tusc.* II.7).

381

10–11 οὐκ ἔστιν κ.τ.λ.   From Epicurus' *Letter to Menoeceus* (Diog. Laert. x.132, Usener, p. 64) οὐκ ἔστιν ἡδέως ζῆν ἄνευ τοῦ φρονίμως καί καλῶς καὶ δικαίως.

3, 5 **iudicium**   'Cassius is speaking ironically when he says that Sulla's judgement was worthy of respect' (T.–P.). True, but was he not also alluding to Sulla's conviction *de ambitu* in 66? For the genitive of the person tried, cf. *Thes.* vii (2), 613, 59.

6 **non quaesiit, sqq.**   'Instead of trying to discover *what* was good, he went and bought up all the goods he could find. Indeed I have borne his death with fortitude. However, Caesar will not let us miss him for long – he has other victims of justice to offer us in his place. Nor will h. miss Sulla's activity in the auction rooms – he will only have to look toward Sulla junior.'

10 **filium**   *A.* ii, 175.

4, 4 **Gnaeum**   Cf. Plaut. *Trin.* 373 *scin tu illum quo genere natus sit?*; 87 (viii.10).3 *nosti Marcellum, quam tardus...sit*, et sim.

5 **virtutem**   Probably = 'courage', 'manly spirit', rather than 'a virtue'.

7 ἀντιμυκτηρίσαι   Lit. 'sneer back at'. The passage is quoted, apparently from memory, in Sen. *Suas.* 1.5 *nos quidem illum deridemus, sed timeo ne ille nos gladio* ἀντιμυκτηρίσῃ.

8 **ista**   I.e. *haec*; cf. *Thes.* vii(2), 499, 67.

9–10 **sciam...oporteat**   If Cicero's mind was easy, i.e. if Caesar was clearly winning, Cassius would return to Rome.

217 (ix.10)

Written about the same time as 214 (xv.17) to Cassius, as appears from the parallel reference to P. Sulla's death in §3. The absence of any mention of Pansa's departure does not indicate priority (as Schmidt, *Briefwechsel*, 273); the difference of correspondents accounts for it, Cassius being a friend of Pansa (216 (xv.19).2) and an ex-republican. Dolabella was now in Spain, and despite his recent divorce still on the best of terms with his former father-in-law; cf. *Cicero*, 213.

1, 1 **Salvio**   Probably Caesar's freedman (*A.* iv, 426), not a literary slave of Atticus as stated by T.–P.

6 **Niciam**   The *grammaticus* from Cos, who had close relations with Dolabella; cf. 209 (vii.23).4n.

7 **Vidium**   According to Syme (*Journ. Rom. Stud.* 51 (1961), 25f.; cf. *Historia* 8 (1959), 211f.) this name 'must clearly be improved to "Vedium" or, better, "Veidium"'. In view of the association with Nicias he is inclined to identify with P. Vedius (Pollio); cf. *A.* iii, 254.

But the *nomen* Vidius is found in inscriptions: cf. *C.I.L.* VI, 28945, 36550; VIII, 27251; XI, 5796.

8 Aristarchus The representative Alexandrian critic, who standardized the use of critical signs; cf. 74 (III.11).5n. and Brink on Hor. *A.P.* 450.

ὀβελίζει The ὀβελός was a horizontal stroke in the margin to indicate a spurious line.

2, 2 quos apud Niciam Sc. *comedisti*.

2–3 †cularum...septimae† *cochlearum* is a plausible reconstruction of *cularum*, though far from certain. The following words seem hopeless.

7 ne ⟨non⟩ habeat If Nicias went into exile (Cicero playfully writes as though he were facing a criminal charge), Dolabella would only have him brought back again, for otherwise the illiterate Plancus Bursa (cf. 77 (VIII.1).4n.), now home from *his* exile, would have nobody to give him an elementary education. The conjecture *ne non*, palaeographically better than *ut*, published in *Philol.* 105 (1961), 263f., had been anticipated by W. B. Sedgwick (ibid. 100 (1956), 312). *ne habeat* is thus explained by T.–P.: "'I will not let you restore Nicias (as you would wish to do), for fear of his betaking himself to Plancus and instructing him in rhetoric [*sic*]'", so that Plancus would prove superior to you' – as though in order to teach Plancus Nicias would need first to be banished and then restored.

3, 2 ut in bello ὡς ἐν πολέμῳ ὤν.

6 certum scierit 'Know for certain.'

218 (VI.18)

To Q. Paconius (?) Lepta, Cicero's *praefectus fabrum* in Cilicia (*A.* III, 219). The reference to Tullia's delivery in §5 points to January 45.

1, 1 Seleuco No doubt a slave or freedman of Lepta's (Münzer, *RE* IIA, 1248, 7, overlooks *tuo*); not a friend of Lepta's who had written to Cicero (as F. de Martino, *Stud. in onore di U. E. Paoli* (1956), 229f.).

Balbo Probably concerned in the drafting of Caesar's laws; cf. on 196 (IX.15).4 *amatorem tuum*.

2 codicillos Cf. *A.* V, 305.

lege The relevant provision, barring undertakers and auctioneers from municipal office, forms part of the inscription formerly believed to be the lex Julia Municipalis and now known as the Tabula Heracleensis (*C.I.L.* I, 206, l. 94), 'on which every possible view has been advanced and more than every possible date' (M. W. Frederiksen, *Journ. Rom. Stud.* 55 (1965), 194). Frederiksen himself, following de Sanctis, thinks it may have been 'a set of excerpts from Roman laws compiled and published on local initiative' (195); Brunt (*Manpower*, 519ff.) agrees. Caesar's law had been drafted but not yet promulgated, and friends of Lepta, probably townsmen of Cales like himself, wanted to know how they would be affected. Lepta applied to Cicero, and Cicero to Balbus. Clearly the law was not, as maintained by J. M. Nap in *RE* xii, 2368ff., one passed nearly twenty years previously. Its provisions would then have been common knowledge; and why consult Balbus rather than a legal expert? Nap's argument (2376, 20) that Cicero was not sufficiently intimate with Balbus to ask for information on projected legislation is nugatory. Cf. Frederiksen, 196: 'What is plain is that his request to Balbus to know "quid esset in lege" was not for information about municipal *infamia* at large, a subject as well known to Cicero as to any Roman. It can have concerned only the new, yet unpublished, provision that aimed to exclude present and not past *praecones*.' This provision, however, may have been tralatician; so Brunt, 520: 'It was feared that Caesar intended to disqualify past *praecones*. In fact he did not; that might mean that he kept to the terms of some previous law preserved in our Table.'

3 praeconium The trade of auctioneer was poorly regarded; cf. *Pis.* 62; Mommsen, *St.* I, 365f. The laws drawn up for the Sicilian cities of Halaesa and Agrigentum likewise made it a disqualification for membership of the local senates (*Verr.* II.2.122f.).

5 haruspicinam *haruspices* had been called *Tusci ac barbari* by the elder Ti. Gracchus (*Nat. Deor.* II.11), but Etruscans were now Roman citizens. Commercial profit being traditionally discreditable to a Senator (Liv. xxi.63.4), the earning of a living would obviously be more so. Cicero evidently had particular persons in mind.

2, 2 ad suos *ad nos* could only be understood as 'to me', not 'to us who are in Rome' or 'to the Senate'. But Caesar would not have been furnishing Cicero with reports on the military situation; cf. *A.* iv, 389 (*Lepta*). For the corruption cf. *Att.* 104 (v.11).6.

3 Paciaeci *A.* v, 299. *Bell. Hisp.* 7.4 gives the number of Pompey's legions as thirteen, but all except two were made up of runaway slaves and Spanish natives.

4 Messalla Consul in 53. He had also served in the African campaign (*Bell. Afr.* 86.3, 88.7). Mommsen's view (*Hermes* 28 (1893), 616n.) that the Consular and the Caesarian officer were certainly different persons is not generally accepted.

Q. Salasso Probably the Curtius Salassus who served as Prefect under Antony in 41 and was burned alive by the people of Aradus; cf. Münzer, *RE* iv, 1891. Two inscriptions mention P. Curtius P. f. Salassus as a Quattuorvir of Canusium (*C.I.L.* ix, 326, 327).

3, 1 Galba *A.* iv, 375. The debt for which he and Lepta had stood surety was contracted by Pompey (the Great) in 52. After Caesar's return to Rome Galba demanded of him in public whether he was supposed to pay the creditor, Pompey's property having been confiscated. Caesar paid the debt himself (Val. Max. vi.2.11).

3 diligens 'Careful'; cf. *Thes.* v(i), 1183, 23.

3–4 si quid...possit 'In the hope of finding some solution.'

4, 3 iudici Cf. 207 (xv.21).4n.

6 Leptam Son of the addressee.

7 personare Best taken intransitively, as elsewhere in Cicero; cf. *Off.* iii.5 *tamen conducere arbitror talibus auris tuas vocibus undique circumsonare.*

5, 3 pensionem On Tullia's dowry.

5 delectabant 'My buildings and the freedom from distraction were what I used to enjoy.' The imperfect is preferable to the present even apart from MS authority.

11 τῆς δ' ἀρετῆς ἱδρῶτα θεοὶ προπάροιθεν ἔθηκαν (Hes. *Op.* 289).

219 (xvi.18)

The references to the *holitor* show that this and the following letter belong to the same period, which from the mention of A. Ligurius' death in §3 must have been after Cicero's return to Rome in 47.

1, 1 non sic oportet? Tiro seems to have suggested that the heading of Cicero's previous letter *TULLIUS TIRONI S.* was too familiar. To all other correspondents except his wife and brother Cicero uses his cognomen. But earlier letters to Tiro are similarly headed, and most of those after his manumission add *SUO. CICERO* only appears in a letter of 44 (330 (xvi.23)). Perhaps the letter to which Tiro referred was one which had to be shown to a third party.

3 saepe *semper* (D) gives the usual expression; cf. *de Orat.* i.163 *qui genus huius modi disputationis semper contempserit*; *Phil.* i.29, 37, vi.5.

4 διαφόρησιν 'Evaporation', i.e. perspiration.

4–5 si...Tusculanum Sc. *tibi profuerit.*

7 in modum = *in numerum*, 'rhythmically', i.e. 'smoothly'. Reid ap. T.–P. compares Catull. 61.38 *agite, in modum dicite* (cf. 121 *ite, concinite in modum*), also *Verr.* ii.4.20 *haec tibi laudatio procedat in numerum?* and Lucr. iv.788: 'the metaphor in *procedere in modum* (*numerum*) is that of undisturbed rhythmical movement, and hence comes to mean movement in accordance with one's wishes'.

7–9 sed...satis '– well, however that stands, humour your health. In your devotion to me you have not hitherto devoted yourself enough to that.' Cf. 123 (XVI.4).4 *adhuc, dum mihi nullo loco deesse vis, numquam te confirmare potuisti.*

9 πέψιν, **sqq.** 'Digestion, no fatigue, a walk of suitable length, massage, proper evacuation.' σύμμετρον = 'duly regulated', 'moderate'. L.–S.–J. quote Soran. 1.26 σύμμετραι τροφαί. Cicero's own habit of carefully regulated walking and massage is mentioned by Plutarch, *Cic.* 8 ὥστε καὶ τρίψεσι καὶ περιπάτοις ἀριθμῷ τεταγμένοις χρῆσθαι.

2, 1 Parhedrum, sqq. 'Prod Parhedrus to hire the garden himself. That will give the gardener a jolt. That rascal Helico used to pay HS 1,000 when there was no sun-trap, no drain, no wall, no shed. After all my expense is this fellow going to make fools of us? Give him a hot ime, as I did Motho and in consequence have more flowers than I cant well use.' The gardener who looked after Cicero's garden at Tusculum apparently took part of the produce for himself, while keeping the owner supplied with flowers and, presumably, vegetables, as did one Motho elsewhere (on the Palatine?). But he was not delivering the goods (*iste nos...derideat?*). Cicero complains that he himself had made expensive improvements to the garden, and that even before he had done this a certain Helico (whom for some reason he calls a thorough scoundrel) used to pay (or had been willing to pay) a rent of 1,000 sesterces. He therefore tells Tiro to interest one Parhedrus (I do not think this can mean 'the neighbour') in renting the garden; that would wake the gardener up. The usual explanation that the garden was already rented (to the *holitor*) and that Cicero wished to raise the rent does not suit the analogy with Motho (*abutor coronis*).

2 Helico = Ἑλικών. The proper name (for which *salaco* Victorius, *hel(l)uo* Reid) is clearly sound, for the person here mentioned cannot be the gardener, with whom he is contrasted below (*iste*).

3 aprico horto Apparently 'a spot in the garden especially laid out so as to catch as much sun as possible...used...for growing choice flowers' (T.–P.).

5 abutor 'Use wastefully'; cf. Caes. *B.C.* III.90.2 *neque se umquam abuti militum sanguine.* Once stimulated, Motho supplied flowers in such quantities that Cicero did not know what to do with them. The text is quite beyond reasonable suspicion.

3, 1 Crabra The Aqua Crabra, an aqueduct running into Rome, supplied water to the villa for which Cicero paid (cf. *A.* v, 358).

2 etsi...aquae Presumably the weather was rainy ('scil. ex inundationibus, ob quas Cicero emissarium faciendum curaverat' Schütz).

4 nullosne tecum libellos? This seems to be a joke. The books were being sent to be added to Cicero's library at Tusculum (see on next letter). Tiro may be supposed to have kept reminding Cicero to send them, so Cicero pretends to think that he wants them for his own amusement.

an pangis   I.e. 'or are you writing, not reading?' Or the books may have consisted of tragedies.

6 **A. Ligurius**   *A.* v, 278.

220 (XVI.20)

3 **libros**   Not 'Cicero's library at Tusculum' (the invalid would hardly have found arranging a library a lighter task than making a catalogue), but the books which he had promised to send along with the sundial. *compone = conde*, 'put away (in their cupboards, *armaria*)'; see *Propertiana*, p. 25 (where the customary rendering 'arrange' should be jettisoned).

indicem   Sc. *fac*.

Metrodoro   The doctor.

4 **cum holitore**   Sc. *age*; cf. *Att.* 323 (XIII.16).2 *tu cum Pisone, si quid poteris.*

221 (VI.22)

Many of the following twenty-six letters to or from or concerning former Pompeians not yet pardoned by Caesar cannot be precisely dated. The date of this one to Cn. Domitius Ahenobarbus (*A.* IV, 362), son of the Consul of 54, is far from certain, but the gloom of the last sentence of §1 and Cicero's emphasis on his own lack of influence in §3 suggest the first half of 46. So far as Cicero's own sentiments went, his dread of a republican victory in Africa might well have prompted *haec...desperatiora* before Thapsus; but he would hardly have let them appear in a letter to Cato's nephew. From §2 it seems that Domitius gave up the republican cause after Pharsalia and had been allowed to return to Italy, but was now thinking of rejoining the fight. That may have been after he heard of the revival of the war in Spain, news of which had reached Rome by 13 May (*Att.* 285 (XII.44).3). In fact he stayed in Italy, though Caesar did not fully rehabilitate him (cf. *Phil.* II.27 *spoliatio dignitatis*). Perhaps, after all, Cicero's adjuration was merely a general warning against imprudent speech or conduct.

2, 1 **plus conatum**   'Plus conatus esset muneris suscipere reipubl. caussa quam praestare posset si post pugnam Pharsalicam bellum cum aliis renovare voluisset. quod non fecit, desperata victoria' (Manutius). This is certainly Cicero's meaning, but he chose an odd way of expressing it, presumably in order to provide an antithesis to the next sentence.

9 **parenti**   Cato's sister Porcia, for whom Cicero wrote a funeral

387

laudatio; cf. *Att.* 345 (XIII.48).2 and 346 (XIII.37).3 of August 45. She probably died well before then (*A.* V, 390).

coniugi   Her name is unknown.

14-15 **coniunctos...officiis**   It is strange that Cicero should use words applying to friends rather than blood-relations. Domitius had lost his father at Pharsalia and his uncle Cato after Thapsus (if the letter is indeed later than Cato's death).

3, 3-4 **tanto...fuisti**   'With the same devotion that *you* have always shown to practical effect in my affairs.'

222 (VI.10.4-6)

In the MSS this letter follows the next without a break, but they are plainly to be separated. The Pompeian exile Trebianus is otherwise unknown; he was a Knight (223 (VI.10).2) with Campanian connexions (224 (VI.11).2), who had fought against Caesar in Africa (223 (VI.10).1) and was now hoping for pardon. The name is beyond reasonable suspicion. It occurs in inscriptions, as *C.I.L.* x, 6472 (Setia) and XIV, 1681 (Ostia), and is probably not an adoptive cognomen (though the nomen 'Trebius' is plentifully attested at this period; cf. *RE* VIA, 2270, 63) but derived from Trebia; cf. Suet. *Tib.* 31.1 *Trebianis*; but it could be a gentilicium; cf. Schulze, *Eigennamen*, 17. The interval between this letter and 223 (VI.10.1-3) is not likely to have been less than several weeks; they may belong to August/September 46. Note the parallels in §§1 and 2 with 225 (IV.13) to Nigidius and in 223 (VI.10.1-3).2 with 227 (VI.13) to Ligarius and 226 (VI.12) to Ampius.

1, 2 **aut consolari...aut polliceri**   Cf. 225 (IV.13).1 *in quo debebat esse aut promissio auxili alicuius aut consolatio doloris tui.*

2, 1 **simul et, sqq.**   'Moreover you are very well versed in affairs and in all the lessons that history teaches, nor am I myself a novice in these matters, having engaged both in study, though less perhaps than I could wish, and in practical experience of affairs even more than I could wish. And I give you this pledge: the harsh ill-usage you now suffer will not long continue. The personage whose power is greatest seems to me to be inclining more and more toward justice and his own real(?) disposition.'

2-3 **sed et...et**   Transcriptionally a better reading than the vulgate *sed in studio minus fortasse quam vellem*, [*et*] *in rebus*, sqq., and otherwise as good (cf. 234 (VI.6).3 *cum...tum*). Apart from T (on which see intr. p. 7), *et* is more likely to have dropped out after *sed* than to have been added after *vellem*.

6-7 **ad †rerum† naturam**   Editors have found it credible that

Cicero could write of Caesar 'gliding down toward the nature of things', above which he had been exalted by victory (so Müller). In *Proc. Cam. Phil. Soc.* 5 (1958–9), 8 I argued that *naturam* is Caesar's own nature from the parallel passage in 227 (VI.13).2 *nam et res eum cottidie et dies et opinio hominum et, ut mihi videtur, etiam sua natura mitiorem facit,* citing also 234 (VI.6).8 *mitis clemensque natura* and *Marc.* 19; *Lig.* 38; Hirt. *B.G.* VIII.38.5; *Bell. Afr.* 89.5; Vell. II.68.5. Hence my conjecture *ad veram ⟨suam⟩ naturam* (*suam* might perhaps be dispensed with, but cf. Petr. 52.11 *modo ad naturam suam revertebatur*; Censorin. 12.4 *mentes morbo turbatas saepe per symphonian suae naturae reddidit*). *delabi ad suam naturam* would, however, be an unusual expression, though eased by the intervention of *ad aequitatem.* Madvig's *ad verum natura* remains possible, though again one would have expected *sua natura.*

7–8 **cum re publica** Cf. 225 (IV.13).5 *illa, quae minimum nunc quidem potest sed possit ⟨aliquando aliquid⟩ necesse est, res publica,* 226 (VI.12).4. *aliquando recreetur* of T makes a bad clausula.

3, 3–6 **tu velim...nemini** 'I would ask you to believe that (at least so far as I have been able to judge) you have more friends than most people who are, and have formerly been, in the same case as yourself; and that I yield to none of them.' Three friends are mentioned in 223 (VI.10.1–3), two others in 224 (VI.11).2. The supplement *plerosque* is recommended by style and sense. Even if *isto casu...fuerint* could be confined to contemporaries, the statement that this obscure individual had more friends than any man so afflicted would be too licentious.

223 (VI.10.1–3)

1, 7 **Postumuleno** For the name in inscriptions cf. Schulze, *Eigennamen,* 215.

2, 3 **deberem** The subjunctive is perhaps to be explained by a suppressed protasis ('if that commonwealth were still in existence') rather than as *attractio modi*; cf. *Cluent.* 18 *mihi ignoscere non deberetis si tacerem.* Wesenberg, reading *debebam,* cites the close parallel in 227 (VI.13).4 *si tantum possem quantum in ea re publica de qua ita sum meritus ut tu existimas posse debebam.*

4 **amplissimo dignissimus** Cf. *Phil.* II.32 *amplissimis praemiis dignissimos* (see app. crit.).

11 **casu** Cf. 226 (VI.12).2 *omnis Caesaris familiaris satis opportune habeo implicatos consuetudine et benevolentia,* sqq. Cicero did not wish it to be thought that his friendly connexions with leading Caesarians were due to anything but the accident of old associations.

3, 2–3 **magni [mea] interest** *mea* is probably a copyist's addition, due to *meum* in the previous sentence. Cicero would hardly say that it was very much in *his own* interest that Trebianus' friends should be apprised of his zeal on Trebianus' behalf. He could have gone as far as *nostra* (n̄ra); cf. *A.* 1, 380 (*magnum...oti*).

6 iucundum T's *maximum semper ac iucundum* is not quite certainly spurious. Cicero might well say that nothing would be too slight or too difficult, rather than the latter only; cf. 257 (v.11).2 *tu tamen ei velim scribas ut nullam rem neque tam magnam neque tam parvam putet quae mihi aut difficilis aut parum me digna videatur.* So here *neque tam parvum neque* may have dropped out before *tam difficile.* For the combination *maximum...ac iucundum* see K.–S. II, 478f. Lewis and Short's statement that *ac* is very rare before consonantal *i* is incorrect: cf. *Dom.* 98 *cara ac iucunda; Har. Resp.* 21 *sollemnia ac iusta; Att.* 1.16.11 *misera ac ieiuna,* and many more.

224 (VI.11)

Dolabella returned from Spain about the beginning of June 45 and visited Cicero at Tusculum in the middle of the month (*Att.* 317 (XIII. 9).1). From the opening of the letter Schmidt (*Briefwechsel,* 362) infers that he brought Trebianus' pardon with him, but this is only a possibility.

1, 2–3 ⟨opera ut eius⟩ opus esset See app. crit. and cf. 267 (VII.31).2 *Sulpici tibi operam intellego...non multum opus fuisse*; also Lehmann, *Quaest.* 126f. The vulgate *neque enim acciderat mihi opus esse,* long suspect, can now be put out of court.

3 periculis Cf. 73 (III.10).5n.

7 gratias agere Cicero was, however, pleased that Trebianus should have expressed gratitude to third parties (§2 fin.).

2, 2–3 est tuae...animi Cf. 15 (1.5a).4 *tuae sapientiae magnitudinisque animi est omnem amplitudinem et dignitatem tuam in virtute atque in rebus gestis tuis atque in tua gravitate positam existimare.*

5 tum...si Cf. *Marc.* 25 *tum id audirem si tibi soli viveres. tamen* (Lambinus) is attractive but unnecessary.

7 Vestorius Cicero's and Atticus' friend, a wealthy businessman o Puteoli; cf. 84 (VIII.8).1n.

10 Sironem Siro (Σείρων) the Epicurean philosopher, who lived in Naples and became Virgil's teacher.

225 (IV.13)

The disclaimers of personal intercourse with Caesar in §§5 and 6 are in favour of placing this letter to Nigidius Figulus (*A.* 1, 354) early among the letters to Pompeian exiles.

1, 3 **unam...partem** Jokes; cf. 48 (II.4).1n. The classification there into letters informative, jocular, and serious does not apply here.

9 **promissio...consolatio** Cf. 222 (VI.10.4–6).1 *tali enim tempore aut consolari amicorum est aut polliceri.*

10 **quid...erat** Cf. *A.* III, 301 (*quid ad te scribam*).

adfectus *adfici incommodis* et sim. and *adfici commodis* et sim. belong equally to ordinary usage.

2, 4 **†nihil†** *nihil⟨ominus⟩*, ⟨*non*⟩*nihil* (bad), and *multeis* have been conjectured. Perhaps *mihi* ⟨*crede*⟩. Or does *nihil* represent a rewriting of *mihi* in the preceding clause?

ipsum Cf. Madvig on *Fin.* II.93, also *Att.* 299 (XIII.28).2 *cum vivere ipsum turpe sit nobis* (K.–S. I, 666).

8 **te socio** In 63. Plutarch (*Cic.* 20; *An seni sit ger.* 27) makes much of Nigidius' services as helper and counsellor in the Catilinarian affair, perhaps on the authority of this passage and *Sull.* 42.

9 **bonorum direptionibus** Brunt (*Manpower*, 321 n. 3) suggests that this may refer, not to confiscations, but to losses due to the owners' absence; cf. 229 (IV.7).5n. (*impetum praedonum*). The sentiment, however, resembles *Att.* 360 (XIV.6).1 *discrucior Sextili fundum a verberone Curtilio possideri*, which certainly refers to confiscation.

3, 4 **natus...ad agendum** Cf. *Att.* 108 (V.15).1 ⟨*cum*⟩ *non habeat satis magnum campum ille tibi non ignotus cursus animi et industriae meae.*

5, 4 **quo facilius, sqq.** Cf. 234 (VI.6).9.

8–9 **etiam illa, sqq.** 'Even the Republic, which counts for little enough at the moment but must count for something some day, will exert whatever power she may have to win your pardon from those in whose hands she lies, and, believe me, it will not be long.' Cf. 222 (VI.10.4–6).2 fin.

9–10 ⟨**aliquando aliquid**⟩ Cf. *A.* II, 612. Something is needed to balance *minime nunc quidem* despite Lehmann, *Quaest.* 14f. Cicero seems to envisage a partial revival of the constitution with Caesar still in control but amenable to senatorial pressure. *aliquid* spelt *aliquit* provides a homoeoteleuton. *postea* (Purser) normally means 'thereafter', not 'hereafter'.

10 **quascumque viris habebit** *iis usa* must be implied, but the writing is rather loose, unless we read *iis ab ipsis*.

6, 6 **perveniri posse** *pervenire* makes a bad clausula.

11 **tuis** I.e. *re familiari tua*; not 'not only your position and property, but the company of your friends' (T.–P.).

7, 6 **vel** = *vel potius*.

226 (VI.12)

Internal correspondences suggest, if only faintly, that this and the following letter belong to the same period as 223 (VI.10.1–3), probably August/September 46; see intr. note to 222 (VI.10.4–6). The language in §1 supports a date prior to the delivery of the *Pro Marcello*. On T. Ampius Balbus see *A*. IV, 343.

1, 1 vereque gratulor Cf. 224 (VI.11).1 *alterum* [sc. *gratulari*] *vere facere poteris*.

2 usura...frui 'Temporary enjoyment of an illusory happiness.'

3 cadere Cf. 242 (VI.1).4 *cadere animis*.

5–6 fortuna...nostrae For the genitive cf. Prop. 1.17.7 *nullane placatae veniet fortuna procellae?* and *Thes.* VI, 1188, 45.

7–8 omnia...pertinent 'All that concerns your return and restoration has been promised and confirmed, positively and definitely.' Syntactically *certa et rata* is to be taken as a unit along with *promissa* and *confirmata*. Others take *promissa* as substantival; thus T.–P., 'everything that has been promised is settled with perfect certainty, and ratified'.

2, 1 etenim, sqq. Cf. 223 (VI.10.1–3).2.

3 discesserint Cf. *A*. I, 327.

4 Postumus C. Curtius Postumus (see on 297 (XIII.69).1). *postumius* is clearly an error; cf. Münzer, *RE* XXII, 895f. Dolabella is presumably omitted from the list as a family connexion.

6 pro ratione temporum 'In view of the times we live in'; not 'in whatever way the special circumstances of the time required'. Cf. *Dom.* 31.

11 non minus auctoritate quam gratia Cf. *A*. I, 323.

Cimber L. Tillius Cimber, Praetor in 45(?See Sumner, *Lex Annalis*, 361), one of the conspirators against Caesar. Subsequently as governor of Bithynia he supported Brutus and Cassius and probably died at Philippi. What follows shows that he had a family tie with Ampius.

13 ambitiosae 'Self-interested'; cf. 234 (VI.6).8 *cedit multorum iustis et officio incensus, non inanibus aut ambitiosis voluntatibus*, 297 (XII.69).1 *ut intellegeres me non vulga⟨ri mo⟩re nec ambitiose sed ut pro homine intimo et mihi pernecessario scribere*, 283 (XIII.17).3 *qui religiose et sine ambitione commendant*, et sim. Also *Lig.* 31 *vidi enim et cognovi quid maxime spectares cum pro alicuius salute multi laborarent: causas apud te rogantium gratiosiores esse quam vultus, neque te spectare quam tuus esset necessarius is qui te oraret sed quam illius pro quo laboraret*.

quam Cf. Madvig on *Fin.* II.61 *num...P. Decius...cum...equo admisso in mediam aciem Latinorum irruebat, aliquid de voluptatibus suis cogitabat? ubi ut eam caperet aut quando?*; K.–S. I, 64.

14 pro ullo alio Cicero may have forgotten that Cimber had a brother in need of Caesar's pardon; cf. Münzer, *RE* VIA, 1037, 51. It is, however, not altogether impossible that this brother, or half-brother, was Ampius himself, though in that case Cicero's optimistic assurances were misplaced.

3, 1 diploma Cf. *A.* IV, 426.

3 quam Cf. *Parad.* 11 *iisne* [sc. *gradibus*] *quae isti bona appellant?*; K.–S. 1, 37.

tubam belli civilis We do not know what Ampius had done to deserve this title, with which cf. *Att.* 223 (XI.12).1 *illum existimare Quintum fratrem lituum meae profectionis fuisse (ita enim scripsit)*; *Phil.* VII.3 *bellicum me cecinisse dicunt.*

6 id erit I.e. *id accidet (diploma dabitur)*; not 'sc. *perfectum*'.

11 Ampiae Presumably Ampius' daughter. She and his wife Eppuleia had evidently left him and returned to Rome. The Eppuleii came from Praeneste (Wiseman, *New men*, 61 n. 3).

4, 3–4 ab ipsa re publica Cf. 222 (VI.10.4–6).2n.

9 tuos magistratus Ampius had been Tribune in Cicero's Consulship and Praetor in Caesar's.

11–12 non solum...esses 'Prepared for the role not only of happy winner but, should it so fall out, of philosophic loser.'

5, 2 prodendis Ampius must have been a historian or biographer; but the words cited in Suet. *Iul.* 77 were evidently published at a later date.

4 simillimum Cf. *Q.Fr.* 1.1.10 *Tubero, quem ego arbitror, praesertim cum scribat historiam, multos ex suis annalibus posse deligere quos velit et possit imitari.*

9–11 quae...salutem Cf. 177 (IX.2).5.

227 (VI.13)

Q. Ligarius is chiefly known from Cicero's speech in his defence on the charge of *perduellio*, delivered before Caesar in October (true calendar) 46. In 49, as Legate in Africa to the departed governor, C. Considius Longus, he had taken over the province until the arrival of P. Attius Varus, to whom he gave it up (cf. *A.* IV, 467f.). He was still there on the republican side in 46. Captured after Thapsus, along with Considius' son, his life was spared (*Bell. Afr.* 89.2); but he was not allowed to return to Italy until his acquittal by Caesar. He joined the conspiracy in 44, and probably died in the East (cf. Münzer, *RE* XIII, 522, 55).

2, 2 nam et res, sqq. Cf. 222 (VI.10.4–6).2n.

6 nuntius Probably of Ligarius' capture at Hadrumetum rather than 'de Pompeianis in Africa devictis' (Manutius).

fratribus Cf. *A.* v, 383. One of the pair, T. Ligarius, had shown good-will to Caesar when City Quaestor, *ca* 54 (*Lig.* 35f.).

3, 3 aditus Cf. 228 (VI.14).2; *Att.* 355 (XIV.1).2.

4, 2 si tantum, sqq. Closely parallel with the first half of 223 (VI.10.1–3).2.

8 gratia Cicero probably never noticed the echo *gratiae... gratia. res* is a desideratum both in itself and to give the series an even number according to Cicero's habit; cf. 223 (VI.10.1–3).1 *ut operam, consilium, rem, fidem meam sibi ad omnis res paratam putent.*

228 (VI.14)

For the date cf. §2 init.

1, 3 fratrum Cf. 227 (VI.13).2n.

10 timidus Cf. from a later period (when the study of philosophy had done its work) 330 (XVI.23).2 *quia quondam me commoveri* πανικοῖς *intellexit*, 411 (XI.21).4 *sed velim tibi persuadeas, cum te constet excellere hoc genere virtutis ut numquam extimescas, numquam perturbere, me huic tuae virtut proxime accedere.*

2, 1–2 a.d. V Kal. intercalaris priores I.e. 24 September (true calendar). Between the last day of November (unreformed calendar) and the first day of December 46 two intercalary months were inserted, of 29 and 38 days respectively.

3–4 omnem... pertulissem Cf. 227 (VI.13).3n.

5 locutus This does not, of course, refer to the speech *pro Ligario*, which was delivered a little later.

9 quam scribere Sc. *possum.*

229 (IV.8)

This and the following two letters to M. Marcellus, Consul in 51, who after Pharsalia had lived in retirement in Mytilene, were written between Caesar's return to Italy in late July 46 and the delivery of the *pro Marcello*. The first and second of the series certainly contain some similar material, which, except on the unprovable theory that the former was a rough sketch for the latter, argues a considerable interval between them.

1, 1–2 virum... hominem These words could have changed places (cf. *Verr.* II.3.214 *hominem... summa prudentia praeditum*). Usually this is not so; e.g. in 236 (VI.9).1 *claro homine et forti viro* and *Verr.* II.5.120 *vir primarius, homo nobilissimus* usage would not favour *forti homini* or *homo primarius.*

7–10 **reliquum...putem** 'All that remains then is for me to proffer and render my services to you in all things and to be at the disposal of your family in any way they may desire, holding myself bound to do on your behalf, not only whatever I can, but what I cannot as well.' That is: *non solum omnia ⟨quae possim⟩ debere tua causa sed ea (causa* codd.) *quoque etiam quae non possim*; see on 19 (1.8).7. Müller's *omnia debere tua causa sed posse (causa* codd.) *quoque etiam quae non possim* strikes me as more like Seneca's writing than Cicero's. Lehmann's *omnia debere tua causa ⟨quae possim in tua causa⟩ sed* is painfully inelegant, despite 260 (VII.24).2 *Phameae causam receperam ipsius quidem causa* or *Rosc. Am.* 149 *causam mihi tradidit quem sua causa cupere ac debere intellegebat*, where the difference of case helps; and *in tua causa* is surplusage.

2, 1 illud, sqq. 'One thing though I will say, and you may take it as a piece of advice, or as an expression of opinion, or you may suppose that the good-will I have for you made it impossible for me to keep silent; I hope you will come round to the view I take in my own case, that if there is to be some form of commonwealth you ought to be in it, as one of its leaders in virtue of public opinion and reality, but of necessity yielding to the conditions of the time.'

9 **ingeniis** Cf. 234 (VI.6).8 *mirifice ingeniis excellentibus...delectatur.* Marcellus is praised as a speaker in *Brut.* 248ff.

13 **si...tui** Except for his cousin Gaius (cos. 50) Marcellus' relatives and connexions were unhelpful; cf. 230 (IV.7).6, 232 (IV.11).1 fin. They cannot be identified.

230 (IV.7)

1, 3 iudicem The subjunctive is best explained as due to the influence of the governing verb *intellego*; so K.–S. II, 385.

2, 1–2 eum te esse qui...videris In oratio recta *is tu es* (not *fuisti*) *qui vidisti*; cf. 110 (XV.4).11 *tu es enim is qui me...ornasti, qui...ad caelum extulisti.*

4 **copias** Cf. 183 (VII.3).2n. Cicero is not alluding to the days before the outbreak of the Civil War, as Manutius and others have supposed.

5–6 **qua in sententia** Cf. *Marc.* 16 *nostri enim sensus, ut in pace semper, sic tum etiam in bello congruebant.*

7 **neque...rebus** On Marcellus' participation in the war (wrongly denied by some) see *A.* IV, 350.

8 **ne interessem** Cf. *Att.* 215 (XI.4) *ipse fugi adhuc omne munus.*

9 **consilio...causa** Cf. 242 (VI.1).5 *dolebamque pilis et gladiis, non consiliis neque auctoritatibus nostris de iure publico disceptari* – as though the

choice was open! Like many another *auctor pacis* Cicero wanted to eat his cake and have it; though sometimes he admits that peace would have had to be on Caesar's terms.

3, 4 sese crediderunt Cf. 183 (VII.3).3 *si te victori nolles aut non auderes committere.* Bentley's *dediderunt* is not needed; cf. Liv. XXXVI.13.8 *vel Romanis vel Thessalis se crediturum fuisse, in Philippi se potestatem commissurum non esse.*

4, 1–3 sed tamen...tamen Cf. 288 (XIII.22).1n.

7 cuicuimodi Cf. Neue–Wagener, II, 513.

Mitylenis aut Rhodi Cf. 183 (VII.3).5n.

8–9 sed... complexa sit Cf. 230 (IV.8).2 *qui locus hoc dominatu vacat?* T.–P. recall Gibbon, Ch. III, fin.: 'But the Empire of the Romans filled the world, and when the Empire fell into the hands of a single person the world became a safe and dreary prison for his enemies.' The world is of course the Greco-Roman world, Parthians and others being too psychologically remote to count.

10 cum periculo Cicero does not explain what kind of danger he had in mind; but cf. 231 (IV.9).4 *magna gladiorum est licentia, sed in externis locis minor etiam ad facinus verecundia.*

5, 5 praedonum Clearly Marcellus' property had not been confiscated, in line with Caesar's general circumspection in this matter (cf. Brunt, *Manpower*, 321). Cicero seems to have been afraid of illegal encroachments by powerful or influential persons, like the seizure of Varro's estate near Casinum of which Antony is accused in *Phil.* II.103. Manutius' hesitant suspicion that the 'pirates' may have been Marcellus' own relatives mentioned below can be taken (with P. Jal, *La guerre civile à Rome* (1963), 401) or left.

6, 2 C. Marcelli M. Marcellus' cousin, Consul in 50. His brother of the same name, Consul in 49, was now dead, though T.–P.'s statement that he probably fell at Pharsalia can be dismissed (Lucan for one would have told us).

4 eguerimus Note the past tense, which T.–P. translate as present.

231 (IV.9)

1, 1 Q. Mucio *Scaevolae* (*A.* II, 216f.).

litteras Cf. 230 (IV.7).

4 Theophilus Cf. 233 (IV.10).1.

7 quibus For the omission of the preposition cf. K.–S. I, 581f. If *te* is read for *de, rebus* (*rationibus* Ernesti) becomes difficult.

8–9 in ea re publica quaecumque est I.e. *quaecumque est res* *publica, in ea*; cf. *de Orat.* 1.44 *ut in iudiciis ea causa quamcumque tu dicis melior et probabilior esse videatur*, et sim.

11 **non est porro tuum** A man of culture and intelligence like Marcellus should know better than ordinary folk who react only (or more) to what is before their eyes; cf. Liv. III.50.10 *eadem illa querendo docendoque quanto visa quam audita indigniora potuerint videri.*

12 **idem illud** Sc. *quod vidisti*. This is hypothetical, since Marcellus had not in fact seen what was going on in Italy.

quod...solet This seems to have given editors no pause, and the sense is clear enough: things learned by hearsay are apt to grow in the telling or in the hearer's imagination; cf. Liv. XLV.27.5 *quae nobilitata fama maiora auribus accepta sunt quam oculis noscuntur*; Tac. *Ann.* II.82.1 *cunctaque, ut ex longinquo aucta, in deterius adferebantur.* But its expression is so defective as to raise doubts about the soundness of the text. The logical antecedent to *quod* would be, not *idem illud*, but *auribus perceptum.*

2, 1 at = *at enim.*

tibi ipsi...aliquid As opposed to the sayings and doings of others, of which Marcellus would be only a spectator.

9 **certorum hominum** As Libo, Lucceius, and Theophanes; cf. Caes. *B.C.* III.18.3.

10 **communem** In modern parlance, 'democratic'.

13 **fratre** Cousin.

3, 2–3 miserius nihil Cf. 181 (IX.6).3 *extremum malorum omnium esse civilis belli victoriam.*

12 **qui...consili est?** 'Where does this policy end?'

19 **multis claris viris** Cf. 234 (VI.6).12 *multos claros viros*; *Leg.* 1.17 *a multis claris viris*; Krebs–Schmalz, II, 112. Manutius' list of seven Consulars, quoted by T.–P., omits L. Afranius and C. Marcellus (cos. 49).

4, 3–4 et...privata 'If you may not be able enjoy public life, is it not foolish to refuse to enjoy your private fortune?'

6 **gladiorum** Cf. 341 (X.2).1 *in summa impunitate gladiorum* (sim. *Phil.* 1.27 *cum tanta praesertim gladiorum sit impunitas*; Vell. II.22.2 *neque licentia gladiorum in mediocris saevitum*). This warning, already hinted in 230 (IV.7).4, does indeed read like a prophecy, as Wieland (see T.–P.) did *not* remark; what he did say was that he thought it must be more than a fortuitously successful prophecy, i.e. that Cicero had some special reason to fear for Marcellus' safety. The circumstances of his murder in the following May, for which see 253 (IV.12) and *Att.* 318 (XIII.10).3, do not support this view. It is at first sight curious that in a letter to another exile, 244 (VI.4).3, Cicero seems to write to just the opposite effect: *nos qui Romae sumus...ad omnis casus subitorum periculorum magis obiecti sumus*

quam si abessemus. But there he was thinking of the political future rather than of individual acts of violence.

10 **consulere temporibus** Not 'take measures best suited to the present circumstances' (T.–P.) or 'make the best of your opportunities' (Williams). If the text is right, take with *tuis*, 'have regard to your present situation'; cf. *Comm. Pet.* 46 *tempori tuo consulam*, and, for the plural, 20 (1.9).8n. *consulere* then applies to *temporibus* in a different sense than to the other three substantives. Perhaps read ⟨*ex*⟩ *temporibus*, 'as best the times allow'; cf. *Verr.* II.3.215 *nisi omnis frumenti ratio ex temporibus esset et annona...consideranda*; *Balb.* 61 *cursum ex rei publicae tempestate moderari.*

232 (IV.11)

The letters to which Marcellus refers will have taken about a month to reach him in Mytilene.

1, 5 tuis...litteris Lost.

8 **gratulatio, sqq.** 'I cordially accept your congratulations because of the friendly spirit in which they are offered; but I am far more pleased and grateful to find that, when so very few of my friends and relatives and connexions sincerely promoted my restoration, you have shown such conspicuous affection and good-will toward me.' *hoc* is nominative, anticipating *quod...cognovi*, not ablative; thus *iucundius* is not to be taken with *gratulatio* (cf. K.–S. I, 32). The comparison lies with the subjects of Cicero's congratulations (permission to return to Rome, etc.) rather than the congratulations themselves.

10 **paucitate** Cf. 229 (IV.8).2n.

2, 1 reliqua All other matters for congratulation; not 'the rest of the matters (which you urge in order to induce me to return to Rome)' (T.–P.).

4 **vivere** I.e. in the true sense of the word; cf. *Amic.* 86 *sine amicitia vitam esse nullam*; *Off.* II.15 *quid enumerem artium multitudinem sine quibus vita omnino nulla esse potuisset?*; Wilkins on *de Orat.* II.21. The corresponding use of the verb here is rather odd, but I would not now substitute *cuiquam... prosit* for *quisquam...possit* (*Phil.* 105 (1961), 75).

5–6 ut intellegas...praestabo In correction of T.–P.'s note see K.–S. II, 212f.

233 (IV.10)

T.–P. argue that 'Cicero must have waited some reasonable time before he could take it on himself to imply a covert censure (*ne te delectet tarda decessio*) on the lack of eagerness Marcellus showed about returning'. Hence they would allow a lapse of two or three months from the arrival of 232 (IV.11) about the middle of the first intercalary month. As they say, the letter is so colourless that we cannot be sure.

1, 3 Theophilus Cf. 231 (IV.9).1.

2, 2 oculorum Cf. ibid. fin.

5–6 idque...valeret 'And since the same applies from all other points of view.' *id = multum interesse tua te quam primum venire.*

234 (VI.6)

The letter probably belongs to a period shortly after Marcellus' pardon (cf. §10), when Cicero's attitude toward Caesar dominant was more favourable than at any time before or afterwards (cf. §§8, 10, 13). Its recipient was the son of that A. Caecina of Volaterrae for whom Cicero pleaded in 69 (*pro Caecina*). In the Civil War he had fought Caesar with pen as well as sword (Suet. *Iul.* 75.5 *criminosissimo libro*), and fell into his hands after the battle of Thapsus (*Bell. Afr.* 89.5). Caesar spared his life, but did not allow him to return to Italy. He was probably now in Sicily, where we find him in December. That he was ultimately pardoned may be inferred from Suetonius' statement that his offensive pamphlet was taken by Caesar *civili animo*, for at the time of its appearance he was out of Caesar's reach, a soldier in Pompey's army (237 (VI.7).2). His work on fulgural divination was used by Seneca and the elder Pliny, the former referring to him as *facundum virum et qui habuisset aliquando in eloquentia nomen nisi illum Ciceronis umbra pressisset* (*N.Q.* II.56.1; cf. 236 (VI.9).1).

1, 1 vereor, sqq. 'I fear you may think me negligent, which I have no business to be toward a friend to whom I am bound by many obligations and by pursuits in common; still, I fear you find me a neglectful correspondent. I should have written long ago and often but that, as my hopes rose higher day by day, I wanted to send you a letter of congratulation rather than one of moral encouragement.' *quod...debet* (mistranslated by T.–P.) implies that the reproach of negligence (though natural in the circumstances) cannot really be deserved.

2 studiorum parium Not with reference to augury. Cicero's interest in that subject hardly went further back than his election to the College in 53, whereas he and Caecina had been joined by friendly offices and common interests (*studiis communibus*) since the latter's boyhood; cf. 236 (VI.9).1, from which passage it is clear that oratory was primarily in Cicero's mind.

2, 8 stante me Cf. 52 (VII.2).3n.

putarunt The historic (or aoristic) perfect has been needlessly suspected; cf. K.–S. I, 126ff.

399

hospitibus Persons on their way westward who visited Cicero in Greece.

9 **in qua tu eras** 'Negotiationis fortasse causa' (Manutius); cf. 235 (VI.8).2.

3, 2 Tuscae disciplinae Cf. Plin. *N.H.* I. ex auct. l. II *Caecina qui de Etrusca disciplina*. This lore was contained in a set of books classified as *haruspicini, fulgurales,* and *rituales* (*Div.* 1.72); see Thulin, *RE* VI, 725ff.

nobilissimo Cf. §9 and *Caec.* 104 *amplissimo totius Etruriae nomine.*

4–5 monitis atque praeceptis The vulgate (*monumentis*) is rendered 'writings and oral instructions'. But the combination does not seem to occur anywhere else, Lambinus' restoration of *monitis* for *monumentis* in *Off.* III.121 *talibus monitis praeceptisque* being generally accepted, and *praeceptis* does not in itself imply word of mouth. For *monitis* Lehmann (*Quaest.* 83) quotes 201 (V.13).3 *tuis monitis praeceptisque* and 355 (X.3).4 *monitis et praeceptis* along with *Off.* l.c.; add *Phil.* XIV.20 *omnium praeceptis monitisque.*

cum...tum Cf. *Att.* 29 (II.9).2 *nihil me existimaris neque usu neque a Theophrasto didicisse*; 222 (VI.10.4–6). 2.

4, 5–6 ne coniungeret Cf. *Phil.* II.23 *ego M. Bibulo...consule nihil praetermisi, quantum facere enitique potui, quin Pompeium a Caesaris coniunctione avocarem.* Such was certainly Cicero's desire, though whether he ventured to warn Pompey in so many words may be doubted. There is nothing to that effect in the contemporary letters to Atticus.

7 ne seiungeret Perhaps *ne se* ⟨di⟩*iungeret* (Kleyn, citing *Phil.* l.c. *Pompeium a Caesaris amicitia esse diiunctum*). Cicero was far from disapproving of Pompey's rapprochement with the optimates in 53–52, so on this point he can hardly be credited; cf. 80 (II.8).2; *Att.* 100 (V.7). But when war was imminent he did urge Pompey to compromise; cf. 146 (XVI.12).2; *Att.* 126 (VII.3).5, 161D (VIII.11D).6. To that period may have belonged his widely-known saying *utinam, Cn. Pompei, cum Caesare societatem aut numquam coisses aut numquam diremisses!* (*Phil.* II.24).

8–9 utebar...Caesare True only of the later period, when Cicero claims to have advised Pompey to maintain the alliance.

9 sed Cicero had close personal ties with both and a feeling of loyalty to Pompey, but advised what was for their good, not what would have pleased them.

10 fidele Loyalty was owing to Pompey in gratitude for the recall from exile.

5, 2 suasisse In *Phil.* II.24 Cicero claims to have advised (*suaserim*) Pompey against Caesar's interest at two junctures: first, in 55, when Caesar's command in Gaul was extended for a further five years; second (not quite consistently with what he says here), on the matter of permitting Caesar's candidature for the Consulship *in absentia*.

5 eundum...censui In 51–50 Cicero was opposed to Pompey's going to Spain; cf. 70 (III.8).10; *Att.* 104 (V.11).3, 132 (VII.9).3. But immediately before and after the outbreak of war he may have advocated acceptance of Caesar's proposals, which included this item; cf. 146 (XVI.12).3; Caes. *B.C.* 1.2.3. *censui* ('recommended', not 'voted') has been thought to refer to the meeting of Pompeian notables at Capua on 25 January 49 (*Att.* 139 (VII.15).2); but the decision on Caesar's terms had been made on the 23rd at Teanum (*Att.* 138 (VII.14).1), and the next sentence points to a period before Caesar crossed the Rubicon.

6 rationem, sqq. Cf. *A.* III, 278f.

8 causa The flight of the two Tribunes.

10 iniquissimam Cf. 182 (V.21).2n.

6, 4 cupiditatibus Cf. 143 (XVI.11).2 *cupiditates certorum hominum,* also 183 (VII.3).2; *Att.* 178 (IX.11).4; Caes. *B.C.* 1.4.2.

5 quiescente me Cf. *A.* IV, 440.

7 pudor Cf. 183 (VII.3).1 fin.

8 aliquando In 57.

9 Amphiaraus The prophet (*augure* Stat. *Theb.* VIII.366), who through the treachery of his wife became one of the Seven against Thebes, though foreseeing the outcome.

11–12 prudens...positam Ribbeck, *Trag. Rom. Fr.*[3] p. 296. The source has been conjectured to be the *Eriphyle* (*Epigoni?*) of Accius. *prudens et sciens* being metrically fitting is probably part of the quotation, though not distinctively poetic; see Otto, *Sprichwörter*, 312, also O. Skutsch, *Cl. Quart.* 10 (1960), 196f. = *Studia Enniana* (1968), 57.

7, 2 publicus By official appointment; cf. Fest. p. 316 (Lindsay), *augures publici*; *C.I.L.* VI.503f., X.1695f.; *Sest.* 26 *quoniam publicis ducibus res publica careret,* et sim. Cicero cannot resist an allusion to his priestly office, though it has nothing to do with his claim to foretell the future.

4–5 ex alitis involatu Auspices *ex avibus* and *ex tripudiis* constituted two out of the five categories of signs in augury; cf. Fest. l.c. In Roman augury only certain birds were significant (cf. *Div.* II.76), some by their flight (*alites*), others by their cries (*oscines*). The term *involatus*, 'flight into' the augur's *templum*, occurs only here.

5 sinistro The lucky side in Italian divination.

6 tripudiis solistimis aut soniviis *tripudium* signifies the falling to the ground of food from the mouths of birds, in effect the sacred chickens. Cicero derives the word from *terram pavire,* via *terripavium* (*Div.* II.72); for modern etymologies cf. Walde, *Lat. Etym. Wört.*[4] 705. *tripudium solistimum* (or *sollistimum,* superlative of *sollus* = *salvus*; cf. Fest.

p. 372 *sollum Osce totum et solidum significat*) seems to have occurred when the food fell of its own accord without human intervention, *tripudium sonivium* when additionally it made a sound in falling; cf. Pease on *Div.* 1.27.

7 **certiora** In *Div.* II.70ff. auspices are denied all divinatory value, but Cicero was writing to a believer. Therefore he is willing to grant that they tell the truth, but says they are hard to interpret and easy to interpret wrongly.

8, 4–5 mitis clemensque natura Cf. 222 (VI.10.4–6).2n., 174 (XV.15).2n.

6 **Querelarum** The purpose of this work was evidently to placate Caesar. It is not to be confused (as by T.–P. and Weinstock, *Div. Jul.* 239) with the later book referred to in Caecina's letter 237 (VI.7).1; see ad loc. The title suggests verse like Ovid's *Tristia* (so Wieland) rather than prose, such as an open letter to Caesar. There is no substance in T.–P.'s argument (IV, p. lxxxv n. 4) that Suetonius (*Iul.* 75.5) contrasts the *poems* of Pitholaus, since Suetonius refers to Caecina's earlier book *against* Caesar, which was doubtless in prose. J. Carcopino's egregious blunder in identifying that book with the *Querelae* (*Secrets of Cicero's correspondence*, Eng. tr. II, 413) misled R. A. Bauman, *Crimen Maiestatis in the Roman Republic and Augustan Principate* (1968), 251.

ingeniis Cf. 229 (IV.8).2.

8 **ambitiosis** Cf. 226 (VI.12).2n.

10, 3 susceperat 'Had taken up (when we joined him).'

6 at = *at enim*.

6–7 in eius persona I find it hard to believe that this means much more than *in eo*; it is generally taken to imply that the actions against Pompey (such as the confiscation of his property) pertained to his public role and did not connote hostility to him as a man. Cf. 328 (XII.16).3n.

9 legavit Cf. 174 (XV.15), intr. note.

Brutum Appointed to the governorship of Cisalpine Gaul in 46, probably as *legatus pro praetore*; he seems to have held no office higher than the Quaestorship.

Sulpicium On his Pompeian role in the Civil War see 202 (IV.3), intr. note.

11, 6 condemnati Cf. 148 (VII.27), intr. note.

12, 11–12 gravissimos casus Cf. 244 (VI.4).4 *postremo is vir vel etiam ii viri hoc bello occiderunt ut impudentia videatur eandem fortunam, si res cogat, recusare.*

13, 3–4 necesse est...bona Cf. 23 (V.17).3 *illud utinam ne vere scriberem, ea te re publica carere in qua neminem prudentem hominem res ulla delectet!*

11–12 **quicquid valebo...valebo tibi** Cf. with Manutius 90 (II.11).2 *quicquid erit, tibi erit,* 115 (II.18).3 *sin quid offenderit, sibi totum, nihil tibi offenderit.*

235 (VI.8)

Written, as the first sentence shows, after Caesar's departure for Spain and before the end of 46.

1, 1 Largus He or a descendant of his may have been adopted into the Caecina family, thus accounting for the Caecinae Largi under the Empire. A Largus is included by Appian (*B.C.* IV.28) among the victims of the triumviral Proscriptions.

2 praefinitas I.e. Caecina would have to leave Sicily by 1 January.

3 perspexeram During Caesar's absence in Africa in 47–46.

Balbus et Oppius Cf. Tac. *Ann.* XII.60.4 *C. Oppius et Cornelius Balbus primi Caesaris opibus potuere condiciones pacis et arbitria belli tractare.*

8–9 ⟨vel efflagitationi⟩ Without this insertion we must understand 'in preference (to either of these courses) they did not reply immediately'. But *potius* is then awkward and unnecessary.

2, 2–3 quid sim tibi auctor I.e. *quid tibi suadeam*; cf. *Att.* 343 (XIII.40).2 *quid mihi auctor es?* and Housman, *Cl. papers,* 473.

3–4 Asiaticae negotiationis Cf. 234 (VI.6).2n., 238 (XIII.66).2.

8 sive hoc sive illud est I.e. whether Largus' information that Caecina had been told to be out of Sicily by 1 January was right or wrong. There was no question of the order to leave, if it ever existed, remaining in force after what Balbus and Oppius had said.

11 aliqua ratione confecta If the Pompeians won in Spain, Caesar's consent would be unnecessary. Manutius' explanation that Caecina might be allowed to return to Italy but not to Rome seems to me less likely, if it were necessary to choose; but the words cover both contingencies.

3, 1 Furfano See *A.* IV, 311 (also now Sumner, *Lex Annalis,* 268f.) and, on the name, VII, 96f. The nomen Furfanus (Φόρφανος) is further attested by an inscription (1st cent. B.C.?) from Sestos; cf. J. Hatzfeld *Les trafiquants italiens dans l'Orient hellénique* (1919), 114. Furfanus was about to take over Sicily as Proconsul.

10 exemplum The original will have been sent to Caecina under seal.

236 (VI.9)

1, 2–3 claro homine et forti viro Cf. 229 (IV.8).1n.

6 studiis communibus Cf. 234 (VI.6).1n.

7 nullo ut *ut non ullo* is defensible; cf. Madvig on *Fin.* III.50. But it is not the reading of Ω and *nullo ut is* the reading of T. One of the few Ciceronian examples of *non ullus = nullus* (apart from anaphorae like *Parad.* 16 *non gravitas, non fides, non constantia, non ulla virtus*) thus disappears. They may all be misreadings (*nullus/n̄ ullus*).

237 (VI.7)

A reply to 235 (VI.8).

1, 1 non tam celeriter Not 'sc. *quam factum est*' (T.–P., whatever they meant by that), nor sc. *quam promiseram*. *non tam = non nimis*. *non ita* is commonly so used, *non tam* hardly ever; but cf. Ter. *Heaut.* 874 *ego me non tam astutum neque ita* (v.l. *tam*) *perspicacem esse id scio*.

liber Not the *liber Querelarum* (cf. 234 (VI.6).8n.), which Cicero had already seen and praised, nor a revised version of it (see on §3 *minui*). From §§2 and 3 it appears that the new book contained praise of Cicero, though less lavish than its author would have wished, and criticism of others. Perhaps it concerned oratory.

2 nostro I.e. 'mine and my son's'.

4 inepte mihi noceret An expression perhaps about as acceptable as its literal English equivalent.

6 mendum scripturae An artificial, not to say foolish, point; Caecina was not being punished for a slip of the pen.

2, 1 Victoriae suae Were the vows made *Victoriae nostrae* or *Victoriae Pompeianae*? Cf. *Victoria Mariana, Sullana, Augusta* (see Weinstock, *RE* VIIIA, 2513f., 2519f.). Cato and Metellus Scipio placed the image or symbol of Victoria on their coins issued in Africa (cf. Weinstock, *Div. Jul.* 97). But *suae* rather suggests that each man prayed to his own Victory as an individual might worship his Fortune or his Genius (cf. Otto, *RE* VII, 34, 40, and for association between Victoria and Fortuna Weinstock, *RE* VIIIA, 2535f.). Cf. also Plat. *Alcib.* 1 109D: οὐ μὰ τὸν Φίλιον τὸν ἐμόν τε καὶ σόν.

4 omnibus rebus felix 'Dubiae interpretationis' according to *Thes.* VI, 439, 70. Surely the meaning is clear, that the only fly in Caesar's ointment could be the realization that many Romans had wished, and still did wish, him ill. If he gave no thought to that, his good fortune would be complete.

5 persuasus est Cf. K.–S. 1, 103.

3, 2 parce The inhibition seems to have been due to fear of offending Caesar.

3 genus...hoc Eulogy of someone else.

6–7 impeditum...subsequatur 'Self-praise is held to be fraught with embarrassment – the vice of arrogance is at its heels.'

404

9 **infirmitati** 'Sc. ingenii' (Manutius). Perhaps rather sc. *consili*; cf. *Amic.* 64 *levitatis et infirmitatis*; Caes. *B.G.* IV.5.1 *infirmitatem Gallorum veritus, quod sunt in consiliis capiendis mobiles et novis plerumque rebus student.* But the first makes better sense.

12 **sed tamen** 'At all events.'

13 **minui** Naturally Caecina would write so important a passage more than once. But the context does not suggest, in fact it precludes, the notion that he is referring to an earlier draft which Cicero had seen (see on §1).

13–14 **quem ad modum, sqq.** This illustration may be 'picturesque and original' (T.–P.), but it is far from apt to the object illustrated. Apparently the ladder represents the process of composition, the person climbing it is the author (or his *scribendi studium*), and the defective rungs are the difficulties which beset him. But in *vinctum...adferre* the image seems to have been forgotten.

4, 1 veni In this letter (not in the book). From what follows it is obvious that Cicero had not already seen a draft.

3 **non novi** I.e. *ignoro*. Not 'for I do not know Caesar thoroughly'.

6 **num** Definitely preferable to *non*. This is the *num* of anxiety (cf. *Cl. Quart.* 3 (1953), 121ff.).

reprehendam Wesenberg's *reprendo aliquem* gives the sense required. But the future can stand. Caecina imagines himself in the throes of composition (despite the present tenses above, *esse...loquitur*). Nor need *aliquem* be supplied in the text or understood from *laudo aliquem*; he thinks at this point of the book as a whole, not of a particular criticism. *offendam* is intolerable, especially after *offendo* in a different sense (the cause of the corruption). Caecina's strictures will have concerned writings, or oratorical performance (see on §1); in his position he would not be likely to indulge in personal attacks.

8–9 **qui...quaeris** In allusion to *Orat.* 35, where Cicero states that his *Cato* was written at Brutus' instigation.

10–11 **tuum...clientem** Probably a reference to Cicero's speech on behalf of the writer's father.

11–12 **in hac...calumnia timoris** I.e. *dum propter timorem calumniamur* (cf. 177 (IX.2).3n.).

5, 1 Asiatico itinere Cf. 235 (VI.8).2; 238 (XIII.66).2.

10 **ad eius omnis** Cf. Liv. VI.34.5 *potentis viri cum inter sui corporis homines tum etiam ad plebem*, XXX.7.8 *blanditiis satis potentibus ad animum amantis*; *Thes.* 1, 526, 52. I see no difficulty in *eius omnis* = 'all his friends' (*suos*).

6, 4–5 in miseria nimis stulte Not that misfortune made him foolish, but because he was in so bad a way that it was perhaps foolish to hope for deliverance.

238 (XIII.66)

This to P. Servilius Isauricus, now governing Asia (cf. 211 (XIII.68), intr. note), must have been written before Cicero received Caecina's letter stating that he had given up his proposed journey to that province. Like the letter to Furfanus it may have been sent to Caecina for use if occasion arose.

1, 1 clientem W. V. Harris, *Rome in Etruria and Umbria* (1971), 282, suggests that Caecina's connexion may derive from the elder Isauricus' command in Etruria in 82 (Broughton, 72).

5 studiis Cf. 234 (VI.6).1n.

9 tantum...calamitosum 'So eminent and worthy a person in distress.' For Caecina's family standing in Etruria cf. 234 (VI.6).3,8.

2, 3 collegae tui Caesar, as Consul in 48.

6 reliquiis Cf. 235 (VI.8).2 *reliquias Asiaticae negotiationis*.

239 (VI.5)

It is not easy to decide whether this letter was written after the receipt of Caecina's letter 237 (VI.7). *custoditur diligentissime* in §1 with reference to Caecina's book reads like an answer to its final sentence (*peto a te ne exeat*), but there is nothing else to link the two.

1, 1 quotienscumque...vidi On the idiomatic perfect see 54 (XIII.41).1n.

6 liber If Cicero *had* read Caecina's letter, the lack of further comment would suggest that he did not like the book and did not think it should be published.

10 certo scio 'I feel sure.'

3, 1 qua re, sqq. This sentence looks beyond hope of sure restoration. The supplement after *quam* seems mandatory, but Madvig's replacement of *accedunt tua praecipua* with *sed* is a makeshift. Alternatively to the reading in my text the three embarrassing words could be accommodated in the parenthesis: (...*cum aliis communia, accedunt tua praecipua*), ⟨*sed*⟩ *propter*, sqq. As for *virtutem...virtutem*, the general assumption that the word is corrupt in the latter place should be reconsidered. We should expect the advantages (*ornamenta*) which Caecina possessed in common with others to be the adventitious ones of social status and wealth; it is otherwise in 224 (VI.11).2 *quoniam tibi virtus et dignitas tua reditum ad tuos aperuit*, which covers both kinds of asset, personal and social. Indeed by Cicero's standards to tell a correspondent that his *virtus* was nothing out of the common run would be discourteous. He is likely to have written *propter dignitatem et fortunam*; cf. 45 (II.1).2 *quantae-*

cumque tibi accessiones fient et fortunae et dignitatis; *de Orat.* II.209 *praestantia dignitatis aut fortunae suae*; *Balb.* 58 *fortunae dignitatique. virtutem* is in its right place below; cf. e.g. *Planc.* 12 *Cn. Mallium, non solum ignobilem verum sine virtute, sine ingenio.* The relative *cui* refers to *ingenium* as well as *virtutem*; cf. K.–S. I, 58.

240 (IV.14)

To Cicero's former host (in Thessalonica) and client Cn. Plancius (*A.* I, 299), now in exile at Corcyra, answering congratulations on Cicero's betrothal or marriage to Publilia. These would arrive about a month after the event. The marriage is generally held to have taken place in December 46, but this is doubtful; for the dating of *Att.* 249 (XII.11) to 29 November (true calendar) is really quite uncertain. The war alluded to in §4 could be the African (as Hofmann maintained) or the Spanish. But the latter is favoured by the fact that none of the other extant letters to Pompeian exiles appears to be earlier than Caesar's return from Africa. Note also the verbal coincidences with letters to A. Torquatus and Toranius, probably assignable to January 45 (see 246 (VI.21), intr. note).

1, 1 Corcyrae The locative and ablative seem both to be Ciceronian: cf. 8(XIV.1). 7n. and T.–P. ad loc.

3 quae egissem Sc. *de matrimonio.*

11 impendent So to A. Torquatus (244 (VI.4).4) *nec ullum est tantum malum quod non putem impendere.*

12 altera parte The Pompeians. Cf. Cassius' misgivings about Cn. Pompeius the Younger in 216 (XV.19).4.

2, 7–8 insolentium Cf. *Marc.* 16 *quotiens ego eum* [sc. *M. Marcellum*] *vidi cum insolentiam certorum hominum tum etiam ipsius victoriae ferocitatem extimescentem!*

11–12 nimium timidum Cf. 246 (VI.21).1 to Toranius *ego quem tum fortes illi viri et sapientes, Domitii et Lentuli, timidum esse dicebant,* ibid. 2 *tum cum timidi putabamur.*

3, 4 quibus, sqq. Cicero appears to be accusing Terentia of having worked against him with Caesar; see *Cicero*, 201ff. Since the treachery was inside his own home, there can hardly be any reference to the Quinti, nor does anything suggest that after the quarrel of 48–47 had been patched up, however superficially, Cicero suspected his brother of intriguing against him.

5 immortalibus beneficiis This seems to apply not so much to Terentia as to others involved (Philotimus?).

8 novarum For reason to think that Publilia's connexions were with the ruling party cf. *Cicero*, 202f.

4, 2-3 ne...putes This point is reiterated in the next letter, §2.

3 status Cf. to Torquatus (242 (VI.1).4) *quicumque status est futurus*.

5 alteros...alteros I.e. Caesarians...Pompeians. Similarly to Torquatus (242 (VI.1).2 fin., 245 (VI.2).2).

8 qui sim Cf. to Torquatus (242 (VI.1).7) *qui sim autem hoc tempore intellego*.

241 (IV.15)

Probably written about the same time as 242 (VI.1) in view of some almost identical phrasing in §2, and not very long after the foregoing. Cicero is replying to a letter from Plancius; as T.–P. thought, 'a somewhat peevish letter in which, while professing unbounded affection for him, he, in a jealous strain, contrasted his own hard lot of exile with the fortunate condition of Cicero...He may have added something bitter, to the effect that the great disparity of their fortunes now, of course, precluded any continuance of their friendship. If we suppose this, Cicero's reply is a masterpiece of quiet and severe rebuke.' I see no occasion to suppose anything of the kind, particularly as Plancius' letter was 'very short'. T.–P.'s ensuing comment on the date seems to have wandered from a note on a different letter (226 (VI.12)?): 'Cicero's hopeful tone and his renewed intercourse with Caesar (§1 *interfui*) would point to this letter having been written shortly after the delivery of the *Pro Marcello*, towards the end of September.'

2, 1 antea Cf. 240 (IV.14).4.

2 ⟨te⟩ According to Reid (*Cl. Rev.* 11 (1897), 350) *commonere aliquid*, 'to convey a warning', is a good enough expression (did he take *hoc* as acc.?). The only examples in classical writing (without a personal object) seem to be Quint. *Inst.* VI.1.50 and Sil. XIII.111.

3 ne quo periculo Cf. 78 (VIII.2).1n.

4 non debes, sqq. Cf. 242 (VI.1).1 fin.

6 quapropter The logic of this 'wherefore' is not obvious. Perhaps the underlying thought ran: 'that is what I have to say about your own position. Therefore I pass to the other point, your affection for me, and say...' Or perhaps the implication of the previous sentence, that Plancus and Cicero are in the same boat, leads to the conclusion 'let us go on loving each other as of yore'.

242 (VI.1)

To A. Manlius Torquatus in Athens (§6). For a revised stemma of the Torquati see J. F. Mitchell, *Historia* 15 (1966), 23ff. It seems safe to identify this correspondent with Cicero's old friend the Praetorius, not (as C. L. Neudling, *A prosopography of Catullus* (*Iowa Stud. in Cl. Phil.* 12 (1955), 116) with the Quaestor of 43, to whom Horace probably addressed *Epist.* 1.5. Cicero wrote him two more letters before Tullia's death. The state of suspense in Rome (§6) is consonant with early January 45.

1, 3 sit An almost necessary correction, borne out by the parallel passages in 244 (VI.4).3 and 203 (IV.4).2. Attraction of mood is usual with Cicero in such cases, though the indicative is in order in a definite statement of fact; cf. K.–S. II, 204f.

5 quisquis = *quisque*; cf. K.–S. II, 199. P. Persson (*Eranos* 14 (1914), 76) would understand ὅπου ἂν ἦ ὁστισοῦν ('wo immer sich wer es auch sei befindet'). But this does not fit a statement which applies only to *boni viri*.

14 nec debes Cf. 241 (IV.15).2.

2, 1–3 de te...timorem 'As for yourself, dear sir, when you revolve the situation it would ill become you to take despair or fear into the council-chamber of your mind.' Cf. *Cluent.* 159 *non se reputare solum esse...sed habere in consilio legem, religionem, aequitatem, fidem*; Plaut. *Most.* 688 *dum mi senatum consili in cor convoco.*

5–6 nec tamen...suae 'And yet he himself, from whom men beg their lives, has no plain assurance for his own.'

7–8 ab altera victoria Sc. *Caesaris.*

9 omnium = *omnium rerum*; cf. 201 (V.13).4n.

10 numquam Neither during the current war nor during the war in Africa.

3, 1–2 quod...pono 'What I am placing almost in the light of a consolation.'

4, 9 ⟨d⟩e rebus Cf. 49 (II.5).2 *sive habes aliquam spem de re publica sive desperas. aliquae* is a highly improbable form in Cicero; cf. Neue–Wagener, II, 476.

5, 2 solitus esses Cicero and A. Torquatus were together for a while at Formiae early in 49 (*Att.* 175 (IX.8).1), but he is probably thinking of his experiences in Greece.

8 nostris This word could well be dispensed with, but M's authority protects it. I take it as marking the point that political sagacity and prestige *were* plentiful on the Pompeian side (almost = *iis quae apud nos fuerunt*); cf. 230 (IV.7).2 *non enim iis rebus pugnabamus quibus valere poteramus, consilio, auctoritate, causa, quae erant in nobis superiora, sed lacertis et viribus, quibus pares non eramus.* The plural *auctoritatibus* refers to the counsels of respected individuals; cf. *Man.* 51 *auctoritates contrarias virorum fortissimorum...omissis auctoritatibus*, 68 *horum auctoritatibus*; Liv. XXIII.6.5 *extracta tamen auctoritatibus seniorum per paucos dies est res.*

11–13 si mihi...promittere Cf. *Att.* 126 (VII.3).5 *hic omnia facere* *omnis ne armis decernatur, quorum exitus semper incerti, nunc vero etiam in alteram partem magis timendi.*

6, 4 aliqua re publica This is Cicero's usual expression; Sjögren cites 187 (v.16).3, 245 (vi.2).3, 246 (vi.21).2; *Off.* 1.35. *reparata* in GR seems to be a gloss; Cicero, who has *reparare* only once (*Verr.* ii.3.199), would probably have written *reciperata*.

10 **cuius, sqq.** Cf. 202 (iv.3).1.

7, 3–4 **quantum tu intellegis** Torquatus would be the first to recognize that Cicero had owed more to Pompey or Lentulus Spinther than to himself.

243 (VI.3)

2, 1 item As though Cicero had written *superioribus litteris brevior esse debui.* But that is not quite what he wrote, and he goes on to make an open question of it (*sive tum opus fuit*). *autem* would be easier; or perhaps *item* arose '*ex geminatione inter hoctempore*', as conjectured by Streicher (*De Cic. epp. ad Fam. emendandis* (1884), 204).

7–8 **nec vero...sciam** Cf. 154 (ii.16).1 *non eam cognovi aciem ingeni tui quod ipse videam te id ut non putem videre.* Classical parallels for the indicative after a negative expression like *nec quicquam video quod* are few and dubious; cf. K.–S. ii, 306f.

9 **belli exitum video** Even if Caesar lost a battle he would win the war.

3, 1 idque, sqq. 'Perceiving this very clearly, I find the picture such that, if what is presented as the ultimate terror comes to pass even sooner, it will be no misfortune.' Death is supposed to be the worst that can happen (*quod vel maximum ad timorem proponitur*), and for Cicero a Pompeian victory with its attendant massacre (cf. 240 (iv.14).1 fin.) may mean death. But whichever side wins, the kind of life that will follow is not worth living; so death, even *before* the victory of one side or the other, will be no evil. *vel* before *ante*, deleted in some editions, should certainly stand.

4 **tum** After the victory of either side.

miserrimum est The present is appropriate in what may be regarded as a statement true for all time; cf. 434 (xi.16).2 fin. It misled T.–P. into rendering 'for to live with the prospect of having to live *then*'.

4, 1 levis est consolatio Cf. 245 (vi.2).2 fin.

3–4 **eorum qui...discesserint** The subjunctives are due to the oblique construction after *confirmo*. The supplement *aut eorum qui remanserint* after *discesserint* has purely conjectural status and makes by itself no satisfactory sense. Evidently Cicero distinguishes two categories of republicans, those who continued fighting in Spain and those who gave up at some previous stage (Torquatus himself probably 'remained' in Greece after Pharsalia); but these two categories do not clearly emerge from 'those who left' (Italy? Greece? Africa? the war?) and 'those who remained'. Not surprisingly, editors are at variance as to which is which. For *in armis permanere* cf. *Att.* 367 (XIV.13).2 *si Sextus in armis permanebit*, for *discedere* (*ab armis*) *Phil.* V.41, VIII.33. The changed order makes *alteri...alteri* = 'the former...the latter'.

7 **si non ero** The *possibility* of survival after death is here implied. Elsewhere it is ignored: cf. 244 (VI.4).4 *praesertim cum id sine ullo sensu futurum sit*, ibid. *in quo non modo dolor nullus, verum finis etiam doloris futurus sit*, 182 (V.21).4 *propterea quod nullum sensum esset habitura* (sc. *mors*); *Att.* 254 (XII.18).1 *longumque illud tempus cum non ero*. The Cicero who 'believed in the immortality of the soul' and 'grounded his deepest beliefs on the same foundations as did the mass of his countrymen' (T.–P. v, pp. cxf.) did not write these letters. Whether the more positive views expressed in his later *philosophica* reflect a genuine change of opinion is another matter.

7–8 **γλαῦκ' εἰς 'Αθήνας** Cf. 176 (IX.3).2n. Manutius reminds us that Torquatus *was* in Athens.

244 (VI.4)

1, 6 **non diuturnum bellum** Sc. *fore*; cf. Sjögren ad loc. and *A.* VI, 213 (*tumultum Gallicum*). Tacitus too has several examples of this ellipse, as *Hist.* III.60.3 *maiora illis praemia et multo maximum decus si incolumitatem senatui populoque Romano sine sanguine quaesissent.*

7 **equidem, sqq.** *non quo* ⟨*ego certo sciam*⟩ *sed quod* ⟨*haud*⟩ *difficilis*, an ancient botch found in some modern texts, not only involves a double supplement (never an attractive form of emendation) but stultifies *nam*. Orelli's aposiopesis *non quo – sed quid?* is too difficult for any reader to fill up. Wesenberg's *non quo* ⟨*modo*⟩ *sed quid*, 'not the manner but the result is hard to predict', is rather inept; of course the decision in Spain would be reached by battle, but why trouble to say so? I prefer the conjecture put forward in *Philol.* 105 (1961), 78f., but anticipated by Schütz: ...*actum putabam.* [*non quo*] *sed quid, difficilis erat coniectura*: 'At the time of writing I think something decisive has already taken place, but *what* – that is hard to guess.' *non quo* (*nō quo*) may have been an anticipation of *nam quom* (*nā quō*).

9 **Mars communis** Cf. *Att.* 131 (VII.8).4 *etsi mihi crebro* 'ξυνὸς 'Ενυάλιος' *occurrebat*; *Phil.* X.20 *sed ut concedam incertos exitus esse belli Martemque communem*, et sim.

14 **inter causas, sqq.** Cf. 182 (v.21).3, a warning that close verbal similarities can occur in letters far apart in date.

15 **alteros** The Caesarians, as Gronovius saw. Rome had experience of Caesar in victory, none of Cn. Pompeius the Younger, to whom Cicero refers in the singular (*de altero*) probably because Gnaeus' character for ferocity strengthened his point; cf. 216 (xv.19).4 (Cassius) *peream nisi sollicitus sum ac malo veterem et clementem dominum quam novum et crudelem experiri... scis quo modo crudelitatem virtutem putet.* In fact Cicero saw very clearly that a Pompeian victory would be *more* cruel than a Caesarian; but he could not say this outright to Torquatus.

15–16 **prope modum... experti** Cf. Plaut. *Truc.* 776 *prope modum expertae estis quam ego sim lenis tranquillusque homo.*

17 **iratus victor armatus** Cf. Val. Max. vi.2.1 *ancipiti igitur casu salus eorum fluctuabatur eodem tempore et victoribus et armatis subiecta.* Pompey would be angry (like his father; cf. *Att.* 176 (ix.9).2) because he had been driven out of his country and deprived of his property; cf. Liv. ii.19.10 *quo maiore pugnabat ira ob erepta bona patriamque ademptam.*

2, 2 **debe⟨b⟩am** Reading *debeam* Sjögren refers to *ad Brut.* 18.5, where Lambinus' *debe⟨b⟩at* stands in his own text as well as in Watt's.

3–4 **si possis** Probably general, as in 231 (iv.9).4, 240 (iv.14).1; cf. 242 (vi.1).3 *vereor ne consolatio nulla possit vera reperiri praeter illam, quae tanta est quantum in cuiusque animo roboris est atque nervorum.*

16 **de illis** The Pompeians; cf. 242 (vi.1).2 fin.

3, 2 **pueris** Cf. *A.* v, 313 (*Torquato*) and J. F. Mitchell, *Historia* 15 (1966), 26f.

3 **antea** In 242 (vi.1).1.

6–9 **quod... abessemus** Cicero is thinking of possible public commotions; cf. 231 (iv.19).4n. For *casus* ('contingencies') *periculorum* cf. Catull. 23.11 *non casus alios periculorum*; Liv. ii.13.2 *primi periculi casus*; Housman, *Cl. papers*, 520.

10 **etsi, sqq.** I.e. 'Although I have been giving you all this good advice, my own best healer has been time.' A new paragraph should begin here.

4, 8 **id** I.e. death; cf. 243 (vi.3).4n.

10 **vetat... vim timere** Cf. 201 (v.13).3 *rationes... a te collectae vetabant me rei publicae penitus diffidere.* Cicero did not, of course, believe himself secure from a violent death (so T.–P.); but after a long and meritorious career it should, he says, have no terrors for him; cf. *A.* 1, 403f. (*Q. Considi*).

11 **is vir** Pompey.

14–15 **cum plus... timetur** Cf. *Att.* 206 (x.14).1 *o vitam miseram maiusque malum tam diu timere quam est illud ipsum quod timetur!*

15 **desino** Sc. *metuere*; cf. *Thes.* v(i), 724, 17.
16 **id** Again death – the state of being dead.
19 **benevolentia** Cf. 243 (VI.3).1.
5, 1 **discessisse Athenis** Temporarily.
3–4 **hominis...viri** Cf. 229 (IV.8).1n.
5–6 **ego...curabo** The formula is almost repeated in 297 (XIII.69).2; cf. 355 (X.3).4.

245 (VI.2)

Although Tullia's death is not directly mentioned, the fact that Cicero was at a distance from Rome (§1) is one indication that he wrote after quitting the city on 6 March 45 (*A.* v, 309). The news of Munda, which reached Rome on 20 April, had not yet arrived. The initial reference to ill-health may tie up with 250 (IX.11).2 fin., written after 20 April. As there are no such complaints in the correspondence with Atticus during March, the assignment of this letter to April, which Cicero spent at Atticus' country-house between Ficulea and Nomentum (*A.* v, 328), is probably correct. Torquatus had now received permission to return to Italy, though not to Rome; see on §3 *quo veniam.*

2, 1 quod maiore, sqq. 'Considering the bad times we live in, you ought not, believe me, to take it hard that your case has hitherto gone through more ups and downs than was generally hoped and expected.' The passage is misinterpreted by Manutius, and Manutius is misinterpreted by T.–P. He understood *opinabantur* correctly, comparing 65 (III.2).1 *contra voluntatem meam et praeter opinionem.*

6 eos a quibus reciperis The Caesarians; see on §3 *quo veniam. reciperis* seems to mean 'are in process of being pardoned'; cf. *Catil.* IV.22 *hostes alienigenae aut oppressi serviunt aut recepti beneficio se obligatos putant;* Liv. XXVI.32.2 *cum...censerent...urbem recipi, non capi, et receptam legibus antiquis et libertate stabiliri,* XL.16.5 *Ligurum duo milia...venerunt, uti reciperentur orantes.*

10 M. Antonius Mark Antony's grandfather, the orator. Cf. *Orat.* I.26 *quo quidem sermone multa divinitus a tribus illis consularibus Cotta deplorata et commemorata narrabat, ut nihil incidisset postea civitati mali quod non impendere illi tanto ante vidissent* (the other two Consulars present were L. Crassus and Scaevola the Augur); Luc. II.121 *te, praesage malorum | Antoni.*

12 misera Cf. Plin. *Ep.* VI.20.17 *nisi me cum omnibus omnia mecum perire misero, magno tamen mortalitatis solacio credidissem.* Seneca disapproves of this *motif* altogether: *malevolum solacii genus est turba miserorum* (*Dial.* VI.12.5).

3, 1 quae vis, sqq. 'If you will carefully consider the significance implicit in these few words...you will realize, as I am sure you do without

413

any letter of mine, that', etc. *profecto...litteris* belongs with *quod facis*, not (as usually punctuated) with *intelleges*. *quod facis* looks forward to *intelleges*, not backward to *attendes* – Torquatus could not be considering the significance of words he had not read.

9 **quo veniam** Evidently Torquatus had received permission to return to Italy, if he had not already done so; cf. *reciperis* in §2.

246 (VI.21)

C. Toranius had probably been Quaestor in 73 and Plebeian Aedile in 64, the latter as colleague of C. Octavius, who left him guardian to the future Augustus (Suet. *Aug.* 27.1). That did not save him from proscription in 43 (App. *B.C.* IV.12). He is almost certainly to be distinguished from C. Turranius, Praetor in 44 and also proscribed (cf. Broughton, *Suppl.* 63f.).

The letter has sometimes been assigned to April 45, when Cicero was staying at Atticus' villa near Nomentum shortly after Tullia's death. Schmidt's view (*Briefwechsel*, 275) that Cicero wrote before that event seems preferable. True, he 'need not be supposed to have written to all and every acquaintance about his private grief' (T.–P. Cf. 245 (VI.2)). On the other hand the argument that in January it was not supposed that anything decisive was about to happen immediately in Spain (cf. §1 init.) is answered by 243 (VI.4).1 *equidem, cum haec scribebam, aliquid iam actum putabam* (note the similarity of phrase). Note further the coincidence in §1 with 240 (IV.14).2 fin. to Cn. Plancius. Since Toranius also was in Corcyra and we later find Cicero sending him a letter by Plancius' servants, it is not unlikely that these two letters went by the same dispatch.

1, 1–3 **etsi...tamen** I.e. 'Even in so anxious a present, I am constantly thinking about the old days.'

9 **Domitii et Lentuli** L. Domitius Ahenobarbus and L. Cornelius Lentulus Crus. Cf. 240 (IV.14).2 fin.

2, 6 **contulimus** For *pertulimus* (*c̄* for *p̄*). Cicero did not want to collate the anxieties of 49–48, which he had done at the time, but those of 45. *percusserit* should probably be read for *concusserit* in Prop. 1.7.15.

247 (VI.20)

The only indication of date is the prospect of Caesar's return from Spain, which actually took place in mid September, but was expected earlier (cf. *Att.* 348 (XIII.50).3f., *A.* v, 393).

1, 3 **ibidem** At Corcyra. Toranius thought of crossing over to Cisalpine Gaul in the hope of meeting Caesar, who travelled back from Spain by land (*Phil.* II.78; Plut. *Ant.* 10).

5 **hiemalis** 'Stormy.' The Adriatic was notoriously rough and dangerous. This may be added to Partsch's references in *RE* I, 418, 61.

minime portuosae Cf. Liv. x.2.4 *laeva importuosa Italiae litora*.

6 **ne...quantivis** 'There is also the very important consideration that', etc. *quantivis* literally = 'of any amount of importance'.

9 **Cilone** Unknown, perhaps a freedman.

2, 4 **quoniam...possunt** Cf. 412 (XI.24).2 *multa enim Romae*; *Att.* 329 (XIII.22).4 *sin quid* (*multa enim*).

248 (IV.5)

The news of Tullia's death, which probably took place about the middle of February, might reach Sulpicius Rufus in Athens in three weeks. This letter of condolence may therefore be assigned to the middle of March. It has been greatly admired, though I cannot think that Cicero found much comfort in it, despite the polite acknowledgement in his reply.

On the archaistic flavour of Sulpicius' style, natural in a jurist, see J. H. Schmalz, *Zeitschr. f. d. Gymnasialwesen* 35 (1881), 90ff.

SERVIUS Contrary to the doctrine of E. M. Pease (*Stud. B. L. Gildersleeve* (1902), 398) the use of *this* praenomen does not imply especial familiarity; cf. 151 (IV.2).1n., also the headings of 64 (III.1) and 426 (X.29). Pease's discussion of the letter-headings is vitiated by failure to take account of particular conventions of Roman nomenclature which override general rules; e.g. a Claudius Marcellus is 'Marcellus' in friendly correspondence, but a Cassius Longinus is 'Cassius'.

1, 2 **pro eo ac debui** Cf. K.–S. II, 19.

4 **neque...coramque** *et coram* would have been more usual; cf. K.–S. II, 48.

5 **etsi** 'And yet.' With the usual punctuation, a full stop after *declarassem* and a comma after *praestare* (l. 10), *etsi* is at length answered by *tamen*. Logic suffers.

genus hoc consolationis 'This sort of consolation', i.e. rendered by persons themselves grieved; not 'consolation in the abstract'. Condolences were not offered *only* by relatives and close friends.

6 **confieri** *confici* is the usual classical form; cf. Neue–Wagener, III, 631.

7 **pari** 'Simili potius quam pari', comments Manutius, pointing to the implication at the end of the paragraph that Cicero's grief was indeed greater than the writer's.

10 **tamen** I.e. 'Even though I could not be at your side, I shall offer what comfort I can'.

13 **perspicias** The indicative would have been proper but for *forsitan*.

2, 5 incommodo Not the most sympathetic choice of word; cf. Ter. *Eun.* 329 PAR. *incommode hercle.* CH. *immo enim vero infeliciter;* | *nam incommoda alia sunt dicenda.*

6 **qui** Either adverbial ('how') or with *animus*.

7 **callere** = *indurescere*; Cicero uses compounds in this sense. The rendering 'be wise', favoured by Reid (cf. *Thes.* III, 166, 9), suits neither word nor context.

3, 1 credo T.–P., reading *an...cedo*, felt that the slight shade of irony conveyed by *credo* is, at least to modern ideas, sadly out of place. Cf., however, *licitum est tibi, credo* below. This part of the letter is not remarkable for delicacy of feeling.

quotiens, sqq. I.e. *et tu quotiens...veneris necesse est et nos quotiens incidimus. saepe* is superfluous. Manutius saw a touch of modesty: 'nam in *veneris* ratio, in *incidimus* casus est'; cf. 107 (II.7).2n.

6 **quae res, quae spes** Cf. *A.* II, 159 *(aut rem)*.

7 **adulescente primario** The repetition of this phrase in §5 is obviously unintentional.

8–9 **ex hac iuventute** Cf. *Att.* 202 (X.11).3 *sed ea sunt tolerabilia... hac iuventute.* The assumption that every young Roman of rank was a rascal is in keeping with the rhetorical tone of the letter. Sulpicius was about the same age as Cicero.

9 **liberos tuos** The plural is often used of a single child; cf. Gell. II.13.

12–13 **in re publica...negotiis** Cf. *A.* III, 294f.

13 ⟨**us**⟩**uri** *uti* (sc. *possent*) is defended by Sjögren, *Eranos* 19 (1919), 154ff., who admits that he could find nothing precisely parallel. *us* could easily fall out before *uri* read as *uti*.

15 **nisi** 'Except that', a colloquial use, belonging mainly to Comedy and familiar letters (K.–S. II, 415f.).

4, 1 consolationem The nature of Servius' loss is not recorded.

3 **ex Asia, sqq.** Cf. Ambros. *Ep.* 1.39.3; Byron, *Childe Harold*, IV, 44. According to How, Sulpicius was on his way from his retreat in Rhodes (a slip for Samos, copied by Stockton) to take over his province of Achaia. In that case he would surely have made for Athens, not the Isthmus. Clearly he was returning to Rome, as *rediens* suggests, in the autumn of 47. The appointment to Achaia will have followed contact with Caesar.

Megaram On the form see Neue–Wagener, I, 716f.

4 **circumcirca** On the attributive use of the adverb see K.–S. I, 218.

5 **Aegina, sqq.** The fates of these places are recorded by How:

'Megara, which had apparently recovered after her destruction by Demetrius Poliorcetes in 307 B.C., since before 146 B.C. she had joined the Achaean league (Plut. *Ar.* 24), left it, and again joined it (Polyb. xx.6; Paus. vii.15.8), had been stormed and sacked by Calenus after Pharsalus (Dio Cass. xlii.14.4; Plut. *Brut.* 8). Piraeus...had been (86 B.C.) burned by Sulla in the Mithridatic War (App. *Mith.* 41; Plut. *Sull.* 14); Aegina had been seized, and its inhabitants sold as slaves by P. Sulpicius, Roman admiral in 210 B.C. (Polyb. xi.6, xxiii.8), and harried by the Pirates probably in 69 B.C. (*I.G.A.* iv.262); Corinth had been sacked by Mummius in 146 B.C. (Liv *ep.* 52; Vell. 1.13), and had never revived; cf. *de Leg. Agr.* ii.32.87 (63 B.C.) "Corinthi vestigium vix relictum est." Its restoration by Julius Caesar must have taken place after this voyage of Sulpicius.' No doubt allowance has to be made for rhetorical exaggeration; commentators refer to Sen. *Ep.* 91.9ff. and Reid, *Municipalities of the Roman Empire*, 405f.

8 hem 'Ah!' Cf. Ter. *Heaut.* 128 *haec coepi cogitare: hem, tot mea | soli solliciti sunt causa...?*

10 brevior 'Comparatively short' (How), not 'only too brief' (Stockton).

oppidum The abbreviated genitive plural of a neuter is uncommon; cf. Neue–Wagener, i, 180f. For the metaphor are cited *Catil.* iv.11 *sepulta in patria* and Rutil. Nam. 1.413 *non indignemur mortalia corpora solvi; | cernimus exemplis oppida posse mori.* Add Tac. *Hist.* iii.35 *sepultae urbis ruinis.*

11 visne tu *vis tu* is normal in an exhortation; cf. K.–S. ii, 505.

12 crede mihi Cf. 156 (viii.17).1n.

13 hoc idem If *hoc* is referred to what follows *idem* is unintelligible, unless taken as masculine or with *si tibi videtur*, neither of which expedients is attractive. It would be better to change to *item*. But *ante oculos proponas* is much more appropriate with reference to the preceding description (cf. *ante oculos* above). Therefore take *hoc* as looking back and understand *modo*, sqq. as continuing the train of thought, which remains basically the same; 'forget a mere personal grief in the contemplation of massive disasters' (cf. Manutius 'omitto, inquit, vetera. modo interitum vidisti', sqq.).

5, 2–3 tua persona 'The character you hold.'

3–4 una...fuisse Cf. *de Orat.* iii.10 *ut ille qui haec non vidit et vixisse cum re publica pariter et cum illa simul extinctus esse videatur. fuisse* is apparently used to avoid repeating *vixisse*, with the implication of 'lived and died'. *floruisse*, however, is very tempting, especially as the idea that Tullia *died* along with the Republic is expressed below.

10 imitare Perhaps from *imito*; cf. Neue–Wagener, iii.49 (where this passage is omitted). For *neque* linking the infinitives after *noli* cf. 417 (XII.30).1 *noli impudens esse nec mihi molestiam exhibere*; K.–S. 1, 204. More probably an imperative; cf. ibid. 202ff. Of course, *imitari* may be right.

13 **subiace** Probably, as Hofmann says, an old-fashioned form. It does not seem to occur elsewhere.

6, 2 **te...tibi** Cf. *A.* III, 303 (*me*). The sentiment is, of course, a commonplace; cf. Sen. *Ep.* 63.12 *scio pertritum iam hoc esse quod adiecturus sum; non ideo tamen praetermittam quia ab omnibus dictum est: finem dolendi etiam qui consilio non fecerat, tempore invenit. turpissimum autem est in homine prudente remedium maeroris lassitudo maerendi.*

3–4 **si qui...sensus est** Cf. 243 (VI.3).3n. (*si non ero*).

4 **qui...fuit** = *pro illius in te amore*, a common idiom.

8 **denique** The same word in §5 being now forgotten?

11 **aliorum** Euphemistic for *adversariorum*; cf. 405 (XII.14).3 *cupiditas partium aliarum.*

13 **si...proposuero** *si* = *simul ac.*

14 **secundam, sqq.** Cf. Nep. *Timol.* 1.2 *et, id quod difficilius putatur, multo sapientius tulit secundam quam adversam fortunam.*

16 **apisci** Another archaism; Cicero always has *adipisci* (cf. *A.* IV, 354). On *Leg.* 1.52 the latest commentator (L. P. Kenter, 1972) has this to say: 'For *ascindi* (BH; om. A) Feldhügel (1852) reads *adipiscendi*... A better reading is *a⟨pi⟩scendi* since *apisci* also occurs elsewhere in Cicero's writings and is closer to BH, cf. *Fam.* 4, 5, 6[!], *Att.* 8.14.3.' The palaeographical advantage in *apiscendi* is insignificant (the copyist could omit the four letters almost, if not quite, as easily as the two); the linguistic evidence against it is cogent. Why then do editors go on printing it? For the reason implied in F. R. D. Goodyear's remark that 'happily there are even today a few critics for whom *ratio et res ipsa centum editoribus potiores sunt*'.

17 **aeque** 'Equally.' There is no secure parallel for *aeque* = *aequo animo.*

18–19 **ne...deesse** Livy wrote that Cicero bore none of his misfortunes as a man should except death (ap. Sen. *Suas.* VI.22). I doubt, however, whether any criticism of Cicero's past conduct (as in 58–57) is here intended.

249 (IV.6)

1, 1 **ego vero** 'Yes, indeed, I wish...' Cf. *Att.* 344 (XIII.41).1 et sim.

9–10 **cuius...gratiora** 'I have often felt more pleasure in his attention than I feel now (as you may imagine), but never more gratitude.' 'Iucunditati locus non est in rebus miseris. nec fere iucundum quidquam, quod non idem gratum: grata vero multa, non eadem iucunda' (Manutius).

418

12 **auctoritas** Cf. *A.* III, 207 and *ad Brut.* 17.1 *me quidem cum rationes quas collegeras tum auctoritas tua a nimio maerore deterruit.*

17 **Q. Maximus** Cunctator; cf. *Sen.* 12; *Tusc.* III.70. The funeral speech he made for his son (cos. 213) was one of the earliest published in Rome.

18 **L. Paulus** His two remaining sons (two others having been given in adoption) died at the time of his Triumph over Perseus; cf. Vell. I.10.5.

19 **vester Galus** C. Sulpicius Galus (on the spelling see Münzer, *RE* IVA, 808, 34) died in 166. On his son's death cf. *Amic.* 9; Münzer, *Adelsparteien*, 384f.

M. Cato Cato the Censor's elder son, M. Porcius Cato Licinianus, died as Praetor-Designate in 152, about three years before his father; cf. *Amic.* 9; *Sen.* 84; *Tusc.* III.70.

2, 11 **sermone et suavitate** This is what Sulpicius' letter ignores.

15-16 **maestum...maerens** Probably synonymous, as W. S. Watt points out in connexion with *Att.* 16 (1.16).3 (*Cl. Quart.* 12 (1962), 253); though it would here be possible to make a distinction between 'sad' and 'in mourning'.

3, 2 **maior...adferri** Cf. *Tusc.* II.57 *qui quidem gemitus si levationis aliquid adferret.* GR's reading, acceptable in itself but most unlikely to have produced what we find in M, should be dismissed as interpolation.

250 (IX.11)

Since Dolabella was expected back in the near future the letter was written after 20 April, when the news of Munda reached Rome. On its tone see *Cicero*, 213.

1, 5-6 **ita...iuvari** 'You will find me in a state which offers plenty of scope for your assistance'; cf. *Phil.* IX.2 *cum ita adfectus esset ut, si ad gravem valetudinem labor accessisset, sibi ipse diffideret.*

8 **hilaritas** Cf. *Att.* 251 (XII.14).3 *non enim iam in me idem esse poteris. perierunt illa quae amabas,* 281 (XII.40).3 *hilaritatem illam qua hanc tristitiam temporum condiebamus in perpetuum amisi, constantia et firmitas nec animi nec orationis requiretur.*

2, 1 **proelia** The younger Quintus was with Caesar in Spain, traducing his uncle at every opportunity; cf. *A.* v, 330 (*cognato*).

6 **confirmatus** Cf. 245 (VI.2), intr. note.

251 (v.14)

This letter was assigned to approximately 9 May by Schmidt (*Brief-wechsel*, 278) on the grounds that (*a*) Cicero had not received it when he wrote *Att.* 281 (xii.40) on 9 May (cf. §2 of that letter, *ego quid homines aut reprehendant aut postulent nescio*), and (*b*) that his reply (252 (v.15)) was written after his decision to leave Astura, which was probably taken on 10 May (*Att.* 282 (xii.42).3): cf. its final words, *propediem te igitur videbo*. The first argument is obviously not very strong.

1, 1 s. v. b. e. v. *si vales, benest. ego valeo.*

4 discesseras This makes appropriate sense, though not very neatly expressed. Lucceius was surprised that Cicero had not been in Rome even for a short visit since the date of his leaving in early March.

6–7 eorum quorum Cf. K.–S. ii, 287f.

10–13 praesertim…illustret 'Moreover, yours is a weary mind, needing rest now from the heavy pressure of affairs; and a well-instructed one, ever creating something to delight others and shed lustre on yourself.' *vel…vel* virtually = *et…et. semper* is not 'as ever', = *ut semper fit* (T.–P., citing *saepe* = *ut saepe fit* in Virg. *Aen.* 1.148 *ac veluti magno in populo cum saepe coorta est | seditio*), but 'constantly'.

2, 1 ⟨ante quam⟩ hinc discesseras *indicas* in GR is quite unacceptable. Cicero would not have given such an intimation to Lucceius, who does not seem to have been hearing from him, and, if he had, Lucceius would hardly have written the foregoing sentences.

3, 6 †cum† *nunc* is hardly what is wanted. The word to be expected here is *sic*. 'Thus these two conflicting desires confuse me. As to the latter, I hope you will comply with my request, if you can; or else, as to the former, I hope you will take no offence.'

252 (v.15)

1, 3 gratus…iucundus Cf. 249 (iv.6).1n.

3–4 dicerem…perdidissem Editors who make this a parenthesis leave what follows in the air. For the sense cf. *Att.* 65 (iii.20).1 *gaudere me tum dicam si mihi hoc verbo licebit uti.*

2, 4 obduruerunt Cf. 182 (v.21).1.

3, 4 litterae I.e. philosophical writing or study.

6 portu et perfugio Cf. *Tusc.* 1.118 *portum potius paratum nobis et perfugium putemus.* There the harbour is death (cf. *A.* vi, 235), here the study of philosophy in literary leisure; cf. 265 (vii.30).2 *nisi me in philosophiae portum contulissem*; *Tusc.* v.5 *in eundem* [sc. *philosophiae*] *portum*, where the metaphor is expanded; *Brut.* 8 *quo tempore aetas nostra perfuncta* *rebus amplissimis tamquam in portum confugere deberet, non inertiae neque desidiae sed oti moderati atque honesti*; Sen. *Dial.* XII.18.1 *illum portum quem tibi studia promittunt*, et sim.

7 **exprobrare** See on 213 (XV.18).1 *convicium Platonis.*

4, 1 **abesse urbe** Perhaps *ab ea* has fallen out, as Wesenberg conjectured; but cf. K.–S. I, 369.

5, 3 ⟨**et**⟩ **omne** *et* (or *hoc est*) is needed for two reasons. *omne...
fuissemus* is logically complementary and explanatory of the preceding condition, not its apodosis. And a double function of *neque*, connecting with *fuissemus* and correlative with *neque* following, is suspect in Cicero; cf. *A.* I, 346.

253 (IV.12)

On the murder of M. Marcellus at Piraeus, on his way back to Rome from Mytilene, see also *Att.* 318 (XIII.10), 329 (XIII.22).2; Liv. *Epit.* 115; Val. Max. IX.11.14.

1, 1 **non iucundissimum** In the circumstances an almost comically unfortunate meiosis. If Cicero had been the writer I should have wished to read *iniucundissimum.*

2 **dominatur** Chance and nature being taken together as a single idea; cf. K.–S. I, 49ff.

2–4 **visum est faciendum...facere** This cumbrous expression is probably sound; its defenders cite *inter alia* a phrase in the Censors' edict of 90 B.C. (Bruns, 239) *visum est* (v.l. *videtur*) *faciundum ut ostenderemus nostram sententiam* and *Q.Fr.* 1.3.6 *illud quidem nec faciendum est nec fieri potest, me...commorari.*

5 **ab Epidauro** The preposition is used when direction from place to place is indicated, as *ab Athenis in Boeotiam* below and 248 (IV.5).4 *ab Aegina Megaram versus*; cf. K.–S. I, 478.

Piraeum Cf. *Att.* 126 (VII.13).10.

6 **collegam** As Consul in 51.

10 **supra Maleas** Livy uses *super* in such expressions (XXVIII.8.11 et al.); cf. Plin. *Ep.* x.15 ὑπὲρ Μαλέαν. Elsewhere in Latin the singular *Malea* is used, but the plural form is found in the Odyssey and Herodotus, and is regular in Strabo (I have sometimes wondered whether this may somehow account for the mysterious *vestros* in Ov. *Am.* II.16.24 *nec timeam vestros, curva Malea, sinus*). Marcellus' choice of this longer route, notoriously liable to storms and pirates, in preference to that across the Isthmus of Corinth surely had some other motive than the mere desire to postpone his arrival in Italy (cf. 233 (IV.10).1).

2, 1 **post diem tertium eius diei** 26 May, as usually understood.

But I suspect that *eius diei* refers to *eumque diem* rather than to *postero die*, in which case the date indicated is the 25th.

2 hora decima noctis About 3.20 a.m. Cf. *Att.* 75 (IV.3).5 *a.d. VIIII Kal. haec ego scribebam hora noctis nona* (i.e., probably, in the early morning of 22 December; see *A.* VII, 95). At the end of May sunset in Athens would be about 7 p.m. and sunrise about 5 a.m.

P. Postumius From his praenomen evidently not of the patrician gens.

3–4 M. Marcellum, collegam nostrum παθητικῶς.

4 post cenae tempus Sometimes understood 'after the ninth hour'; see on 197 (IX.26).1 *hora nona*. Probably = 'after dinner'. The attack obviously did not take place during the meal.

5 familiare Livy's Epitome calls Magius a client of Marcellus, giving his praenomen as Gnaeus; was it perhaps Numerius, like that of Pompey's *praefectus fabrum* in 49? A relative of Cluentius appears as Cn. Magius in the vulgate in *Cluent.* 21 and 33, but the stronger tradition is for Numerius. On his motive cf. *Att.* 318 (XIII.10).3.

7 sperare For *se* omitted cf. K.–S. I, 701.

7–8 se ipsum interfecisse Sulpicius gives no support to the version in Valerius Maximus, according to which after committing the murder Magius went on to attack some of Marcellus' friends of whom he was jealous.

11 Acidini A young nobleman studying in Athens, perhaps identical with Horace's friend Torquatus; see *A.* v, 326.

14 acerbissima 'Most untimely', or, as we might rather say, 'tragic'; so of the murdered Ariobarzanes II, *casu acerbissimo patris* (105 (XV.2).6).

3, 1 tabernaculum Piraeus being more or less in ruins, Marcellus had set up his own quarters.

2 metu On the punishment of slaves whose master had been killed see Mommsen, *Str.* 630f.

8–9 quod...dicerent Cf. K.–S. II, 200f.

9 neque tamen I.e. one did not have to go by what the Athenians *said*; they had in actual fact never allowed burial inside the city. The Twelve Tables also forbade it in Rome (*Leg.* II.58). *tamen* might be translated 'apart from that' or 'anyhow'.

11 orbi Locative; cf. K.–S. I, 486; Neuk–Wagener, II, 646.

12 Academiae On the appositional genitive see *A.* III, 221.

13 curavimus 'This is also an interesting incidental remark, as it shows the requirements to which the provincials were subjected by Roman governors, even by those of the better sort' (T.–P., and similarly How). But the city fathers of Athens, which owed so much to the generosity of individual Romans, would scarcely object to commemorating so important a personage in circumstances so remarkable, even if the city had to pay; and that is not certain.

15–16 **propinquitate** The nature of the relationship is unknown. We can hardly understand as 'intimacy' on the strength of Plaut. *Aul.* 236 *quam ad probos propinquitate proxume te adiunxeris.*

254 (IX.8)

It has been conjectured that this dedicatory letter, sent to Varro along with a copy of the final edition of the *Academica*, was published with the work, but its conclusion is not in favour of this hypothesis. Cicero wrote of it to Atticus (333 (XIII.25).3) on 12 July that he would never spend so much pains on anything again, and that he had dictated it syllable by syllable.

1, 1 munus With the double sense of 'present' and 'show'; cf. 47 (II.3).2n.

flagitare Cf. *Acad.* 1.3 '*ista quidem*' *inquam*, '*Varro, iam diu exspectans, non audeo tamen flagitare.*'

ostenderit 'Promised', a sense by no means rare in the Letters; cf. 53 (XIII.42). 1n.

3 promissi Varro had promised more than two years previously to dedicate his work *de Lingua Latina* to Cicero; cf. *Att.* 320 (XIII.12).3; *Acad.* l.c.

4 quattuor The final version of the *Academica* in four books instead of two was composed in June on a visit to Arpinum; cf. *Att.* 326 (XIII. 19).3.

5 adulescentioris The 'New' Academy of Carneades seems to be meant. The word is of course chosen to fit the personification of the *libri*.

7–10 exspectabam...munere 'To be sure, I have been waiting quite a while and holding back, so as not to address a piece to you before I received one and could thus repay you as nearly as possible in your own coin.' There is no asyndeton, as T.–P. supposed ('in order *not* to write anything...and in order *to* be able...'); *ut* is consecutive with *accepissem*, not final with *sustinebam*.

9–10 quam simillimo Cf. *Att.* 320 (XIII.12).3 *ego autem me parabam ad id quod ille mihi misisset ut* '*αὐτῷ τῷ μέτρῳ καὶ λώϊον*', *si modo potuissem.*

10 tardius faceres Cf. Ov. *Am.* II.2.23 *si faciet tarde* (on which see E. J. Kenney's 'palinode' in *Cl. Rev.* 7 (1957), 16).

11 diligentius Cf. *Acad.* l.c. *audivi...non te ea intermittere, sed accuratius tractare nec de manibus umquam deponere*; also Gell. X.11.5 *ut ad rem agendam simul adhiberetur et industriae celeritas et diligentiae tarditas.*

15–16 **Antiochinas...Philonis** Cf. *A.* v, 366.

17 **quod numquam locuti sumus** In fact Cicero had not visited Cumae since Tullia's death, which is mentioned in the dialogue.

2, 1–2 quam plurima Sc. *loquemur* (διαλεξόμεθα).

2 **[de] nobis inter nos** Clearly the talks envisaged were philosophical, not personal; see what follows. For such formulae see *Thes.* vii (i), 2143, 77. *nobis* will be dat. commodi (cf. e.g. *Off.* iii.63 *neque enim solum nobis divites esse volumus*); though one might rather have expected *et nobiscum et inter nos*; cf. 176 (IX.3).1n.

2–4 **sed...debemus** 'But let the public destiny answer for what is past; the present is our own responsibility.'

7 **tum** I.e. *aliquo certo statu civitatis.*

10 **vix** Sc. *est cur vivere velim.*

11 **migrationem** Varro seems to have moved house in Rome.

255 (V.9)

Cicero's old enemy and friend P. Vatinius (*A.* 1, 363f., vii, 94) had been sent to Illyricum as Proconsul in 45 to succeed P. Sulpicius Rufus (cf. 212 (XIII.77), intr. note; Broughton, 310). The heading shows that his military successes had already earned him the title of Imperator.

1, 1 s. v. b. e. e. v. *si vales, benest; ego exercitusque valemus.* For the omission of *q(ue)* cf. 396 (X.34).1 and 406 (XII.15).1. The copyists may be to blame in all three cases.

2 **in patrociniis tuendis** 'In standing by old clients.'

3 **dicier** The archaic form of the infinitive seems to be unique in ordinary prose of the classical period; cf. Neue–Wagener, iii, 224ff. Vatinius perhaps used it because of the legal context.

4 **honore** Vatinius was seeking a *supplicatio.*

periculo Cicero had defended Vatinius at one trial in 54 and apparently gave him a *laudatio* at another; cf. 20 (1.9).4n.

6–7 **potentissimorum hominum** Leading optimates, no doubt. The phrase would not apply to the prosecutor, Licinius Calvus.

10 **meme** Cf. Neue–Wagener, ii, 354f.

14 **si tamen** Strangely explained by T.–P. as '"if only" = *si modo*'. But correctly later in their note, 'if (notwithstanding that the detraction is undeserved)'.

18 **exemplo** 'Text'; cf. 197 (IX.26).1n.

2, 1 anagnostes Dionysius; cf. 212 (XIII.77).3.

Vardaeis Illyrian tribe in country near Narona, otherwise called Ἀρδιαῖοι.

3 praemandavi The force of *prae* is probably as T.–P. suggest, 'before any letter should come from you'.

4 nisi si Cf. 7 (xiv.2).1n.

Dalmatiam M has *Delmatis* in 257 (v.11).3. Either spelling is admissible (cf. Mommsen, *C.I.L.* iii, p. 280).

7 Narona Town near the coast, south of Salonae.

256 (v.10*a*.3)

The MSS combine this letter with two others in the following order: 259, 256, 258. It has long been recognized that 258 (v.10*b*) is a separate letter, or fragment of a letter, and it is certain that 259 comes last chronologically; see intr. note thereto.

In this letter (256) Vatinius complains that his request for a Thanksgiving has not been laid before the Senate; in 258, dated 5 December, he writes of the Thanksgiving decree as having been passed (*post supplicationes mihi decretas*). Editors, however, keep 256 with 259 as a single letter (v.10*a*), which, since 259 is definitely later than 258, they assign to January 44. The standard explanation of the resulting anomaly (which J. J. Wilkes, *Dalmatia* (1969) conceals by representing Vatinius as 'complaining about Caesar's refusal to grant him the *triumph* [my italics] which he believes he has earned'), that 'apparently no arrangements had been made as regards the details of the ceremony' (T.–P.), simply will not pass. The words *rebus gestis Dalmaticis* become a puzzle; and it is perverse to understand *si mihi supplicationes non decernuntur* as referring to any kind of decree other than one authorizing the Thanksgiving in the first place. This was what mattered to a general; the date of celebration was of little consequence, as can be seen from Caelius' letter 91 (viii.11).1, where the delay of eight months or more in the celebration of Cicero's Thanksgiving is mentioned in a way which shows that Cicero was not expected to attach any importance to it.

If the two letters are kept together we have to suppose that Vatinius had asked for a second Thanksgiving in honour of his late autumn expedition against the Dalamatians recorded in 258 (v.10*b*). That is highly improbable, since this expedition ended rather ingloriously (*indigne*). Furthermore, it would still be hard to account for the last sentence of 256.

The only way out I can find is to make three letters instead of two, placing the second part of 10*a* before 10*b*. Vatinius put in his claim on or just before 11 July (255 (v.9).1). His dispatch was not submitted to the Senate before Caesar's return to Rome soon after 13 September (cf. Drumann–Groebe, iii, 591); and after his return, to Vatinius' annoyance, Caesar let the matter slide. Since news would take about eighteen days to get from Rome to Narona, Vatinius may be imagined as growing impatient by early November. Then, or perhaps somewhat later, he will have written 256. The news of the passage of the desired decree reached him shortly before he left on his new Dalmatian campaign, from which he returned early in December (258 (v.10b)). How long that campaign lasted we do not know. Allowing three weeks, we get a date somewhere about 12 November for the news of the decree to reach Vatinius and about 25 October for its passage through the Senate.

The letter may be incomplete. The words *nos, si quid erit istic opus, defendes* (cf. 258 (v.10b) *defendendum*) must be assigned to 259, but some request for Cicero's good offices might have been expected. The absence of preliminary formula and date proves nothing, since these would naturally disappear when the three letters were amalgamated.

2 rebus gestis Dalmaticis   *rebus in Dalmatia gestis* would have been standard usage. Adjectives denoting the scene of action are not found with *res gestae* in good prose.

3 iustissimi triumphi   On the conditions required cf. Mommsen, *St.* I, 126ff. Vatinius finally celebrated his Triumph in 42 (Broughton, 363).

4 viginti, sqq.   'Dalmatia has twenty towns of ancient foundation, more than sixty added later to the confederacy.' Strabo (p. 315) says that the Dalmatians had about fifty settlements worth noticing, several of them ranking as πόλεις. They seem to have been formed into a loose confederacy after the downfall of Gentius in 168.

8 ceteri imperatores   The Senate hardly ever refused a general's request for a *supplicatio*; cf. 108 (xv.10).1n.

257 (v.11)

Apparently in answer to a lost letter of thanks for services rendered in the matter of the *supplicatio*. If written in mid November, this would reach Cicero early in the following month.

2, 1 Pompeiam   Possibly, but surely most improbably, sister of Magnus; cf. F. Miltner, *RE* xxi, 2264, 56.

2 Sura   A friend rather than a freedman. Sura is plentifully attested as a cognomen, but I do not know it as a masculine slave-name.

3, 2 praestabo   Hence it can be gathered that Cicero was less concerned to punish the runaway than to get back the stolen books.

si vero...ut est   'If he behaves like the scoundrel he is', i.e., if he refuses to give himself up. Not 'if he has proved himself a villain' by having friendly dealings with the Dalmatians.

5 **semper…bellicosi** Strabo speaks of their long history of warfare against Rome. He calls the Iapodes to the north ἀρειμάνιοι (p. 314).

258 (v.10*b*)

Written soon after Vatinius' return to Narona from a late autumn expedition against the Dalmatians. On the absence of the preliminary formula see intr. note on 256.

2 **vi oppugnando** *vi* = 'by storm' as opposed to blockade; so with *expugnare* in *Bell. Afr.* 36.4, Liv. x.45.13, et al. Either *vi* or *oppugnando* by itself could have meant the same; cf. 110 (xv.4).9 *castellaque vi capta*; Liv. xxiii.19.2 *quamquam ab oppugnatione cessatum erat, obsidio tamen continua oppidanos praesidiumque ad ultimum inopiae adduxerat.*

†**hoc**† The text cannot be right since no town is named. *unum*, which some have thought to conceal *Ulcinium* (Ulcinj), setting off *quater*, seems sound, so that the trouble probably lies with *hoc* (omit?). Mendelssohn proposed *Docleae* (the name of this place was in fact *Doclea*; see *RE* s.v.). It does not seem very likely that Vatinius put all six names in the letter.

5–7 **indigneque…sum coactus** According to T.–P. 'this is no doubt the retreat of Vatinius to which Appian (*Illyr.* 13) refers, though the latter erroneously places it *after* Caesar's death'. That is going too far; cf. H. Gundel, *RE* viiiA, 514, 40.

7 **ad Caesarem** Interesting, say T.–P., 'as showing the strict account which Caesar exacted of any failure on the part of his generals; and also the influence which Cicero must have been considered to possess with Caesar'. Vatinius may not have feared anything worse than disappointment in his hopes of a Triumph.

259 (v.10*a*.1–2)

The first sentence indicates that this was written some considerable time after Vatinius' return to Narona at the beginning of December.

1, 2 **extrico** Lit. 'disentangle', here of fishing out information.

3 **illinc** Cf. 258 (10*b*) *ex qua me nives, frigora, imbres detruserunt.*

5 **Catilio** Sometimes written *C. Atilio*. The nomen Catilius occurs in a number of inscriptions. This man may have been a former Pompeian.

7 **Sex. Servilio** The praenomen is extremely rare in the gens Servilia, but an inscription (possibly from Salonae) names one Sex. Servilius Sex. f. (*C.I.L.* iii, 14284 = xi, 217). The man mentioned here may have been resident in Vatinius' province.

9–10 **qui…disperdidit** 'Who has murdered and kidnapped and ruined so many freeborn men and matrons and Roman citizens.'

Vatinius seems to be piling up nouns and verbs as they came into his mind. The view that *occidit* goes with *civis Romanos, abripuit* with *matres-familias*, and *disperdidit* with *ingenuos* is probably at most only partially correct. 'Outraged numbers of free youths' (How) for *tot ingenuos disperdidit* is a dubious rendering, despite *Verr.* ii.4.116 *mitto adhibitam vim ingenuis, matres familias violatas.*

11 **simius** Cf. 98 (viii.12).2n. (*simiae*).

non semissis Cf. K.–S. I, 458f.

2, 6 **Appi os** Vatinius probably succeeded Ap. Pulcher as Augur after his death in 48 (cf. Mommsen, *Röm. Forsch.* I, 81). Appius' effrontery was evidently a byword, though *Att.* 91 (iv.17).2 is probably not in point (cf. *A.* ii, 214). It was a traditional Claudian trait (cf. e.g. Liv. ix.29.8), or perhaps Appius' own personality helped to establish the tradition.

9 **Q. Volusio** He had been on Cicero's staff in Cilicia; cf. *A.* iii, 234f.

3, 1 **defendes** Cf. 258 (v.10b). On the lack of a date cf. 256, intr. note.

260 (vii.24)

Cicero's difficulties with Caesar's friend or hanger-on Tigellius are also the subject of *Att.* 347 (xiii.49) of 22 (not 20) August. This letter to Fabius Gallus was probably written the same day. Cicero had heard, apparently from the younger Balbus, that Tigellius was hostile and had mentioned this to Gallus in Rome on 19 or 20 August. In a letter which arrived at Tusculum before Cicero wrote to Atticus, probably therefore on the 21st, Gallus wrote that he had taken the matter up (*habuit suum negotium*) and that according to Tigellius Cicero's suspicions were due to a guilty conscience in respect to Phamea. Quintus junior may also have been somehow involved (*A.* v, 392).

1, 1 **quoquo me verti** On the tense cf. 54 (xiii.41).1n. and Sen. *Ep.* 12.1 *quocumque me verti, argumenta senectutis meae video.*

vel 'For instance.'

2 **Tigellio** *A.* v, 391. But he is probably to be distinguished from Horace's Tigellius Hermogenes; cf. *A.* vii, 98.

3 **Cipius, sqq.** See *A.* v, 392 (*non omnibus dormire*).

5 **regnare** Cf. *A.* I, 321 (*regem appellas*).

9–10 **eumque...praeconio** 'I regard him as knocked down to the highest bidder all those years ago in Licinius Calvus' Hipponactean advertisement.' The sixth-century iambist Hipponax, inventor of the scazon (choliambus), was only less famous than Archilochus for his lampoons. The first line of Calvus' scazons on Tigellius ran *Sardi Tigelli putidum caput venit* (Morel, *Fr. Poet. Lat.* p. 84). Calvus seems to have died in or soon after 54, so that the poem dated from long ago. Hence *iam tum*, 'even in those days' (i.e. 'when Calvus wrote the poem'; not 'when he (Tigellius) slighted me in that marked way', as T.–P.). For a similar loose use of *tum* cf. *Att.* 368 (XIV.14).5. If change were required, *dudum* would make better sense than *totum*. *praeconio* may mean an auctioneer's advertisement, though that sense is not found elsewhere, or his oral announcement of an item in putting it up for sale.

2, 1 Phameae Cf. 190 (IX.16).8n.

4 de P. Sestio Cf. *A.* V, 392.

6 nepotem Either nephew or grandson; but since Tigellius was not a very young man, more probably the former.

6–7 bellum tibicinem According to Horace he had a talent for singing (cf. *A.* VII, 98); hence Manutius' conjecture *cantorem* for *unctorem*, which may well be right (*bonūcant* or *bonūcāt* becoming *bonū unct*).

8 habes 'There you are.' Cf. *Att.* 356 (XIV.2).3 *habes igitur* φαλά-κρωμα *inimicissimum oti*.

Sardos venalis For two ancient explanations of this proverb (*Sardi venales, alius alio nequior*) see Otto, *Sprichwörter*, 308f.

9 salaconis Perhaps to be written σαλάκωνος. σαλάκων may mean simply 'pretentious fellow, coxcomb', but Hesychius' gloss ὁ πτωχὸς ἀλαζών ('beggar on horseback') suits Tigellius very well.

11 Catonem A 'Cato', apparently a panegyric (see next letter), coming from the pen of this art-loving follower of Epicurus is a little unexpected.

261 (VII.25)

A reply, seemingly, to Gallus' reply to the foregoing.

1, 1 epistulam Presumably Cicero's letter 260 (VII.24), which Gallus may have thought it wise to destroy because of the reflexions on Tigellius and then been sorry. Or it may have been torn up by accident.

4 ⟨ludibrio⟩ A far more suitable supplement than others proposed (*infensum, iratum, inimicum*). *istum* is, of course, Tigellius (cf. 260 (VII.24).2 *istius salaconis*).

4–5 rideamus γέλωτα σαρδάνιον 'We may come to laugh on the wrong side of our faces.' Three explanations of σαρδάνιος (or σαρδόνιος) γέλως (here with a pun on *Sardus*) were current in antiquity, none of them certainly right; cf. P. Kretschmer, *Glotta* 34 (1955), 1ff.

6 manum de tabula *tolle*. So might a teacher, having left his class to do an exercise in his absence, say when he re-entered the schoolroom (I do not think the schoolboys are imagined as scribbling for their own amusement). *tabula* = *tabula litteraria* (Varro, *R.R.* III.5.10). Cf. Otto, *Sprichwörter*, 210.

7 in catomum Sc. *tollat*. The word comes from κατ' ὦμον, 'de homine vapulante supra umerum elato' (*Thes.* s.v.); cf. *catomidiare*, κατωμίϩειν. The schoolroom metaphor continues. Attempts to change the reading are clearly misguided.

Catonianos Both Cicero and Gallus had written 'Catos' and the context implies that Gallus' 'Cato' too had been a eulogy.

2, 1 mi Galle The context of the passage in Gallus' letter which struck Cicero so forcibly is quite obscure. *cetera labuntur* ('all else goes downhill'?) might suggest praise of the studious life; but the injunction to secrecy rather points to wit at the expense of Caesar and his associates. But then again the conclusion implies that it was Gallus' literary style, comparable to his own in his *philosophica*, that aroused Cicero's admiration.

cave...melius Cf. *A.* v, 372 (*nihil melius*).

2 audi Cf. on 74 (III.11).1 (*audiebam*).

3 tecum habeto Cf. *Att.* 90 (IV.15).6 *verum haec tu tecum habeto*; *Thes.* VI, 2429, 49.

Apellae Evidently a confidential freedman, like Tiro.

6 transversum unguem 'A nail's breadth'; cf. *A.* III, 298 (*digitum nusquam*).

7 dicendi opifex A favourite maxim with Cicero, as T.–P. say, citing *de Orat.* 1.150 *stilus optimus et praestantissimus dicendi effector ac magister*.

noctis Cf. *Att.* 286 (XIII.26).2 of 14 May, *equidem credibile non est quantum scribam, quin etiam noctibus; nihil enim somni.*

262 (VI.19)

Usually but incorrectly dated to the end of July. From *Att.* 338 (XIII.46).1 we find that Cicero and Lepta visited Balbus at Lanuvium on 12 August in connexion with Lepta's desire for the job discussed in §2. This seems to have been a preliminary talk (cf. L. R. Taylor, *Cl. Phil.* 32 (1937), 233 n. 10). On 25 August (not July; cf. Taylor, l.c. 231) Cicero went down to his villa at Astura, from where he wrote this letter; cf. *Att.* 350 (XIII.34). It cannot have been written later than the 29th; see below on §2 *diutius*.

1, 1 Maculam Thought to be possibly the Pompeius Macula mentioned by Macrobius (*Sat.* II.2.9) as one of the lovers of Sulla's daughter Fausta (an inscription in Pompeii (*C.I.L.* x, 896) recorded one Q. Pompeius Macula). But this Macula was probably rather old for that role (see below).

officio...gaudeo Certain conclusions might have been drawn from the analogy of *Att.* 65 (III.20).1 *avunculum tuum functum esse officio vehe-*

mentissime probo; gaudere me tum dicam si mihi hoc verbo licebit uti (Atticus' uncle Caecilius had died leaving his money to his nephew). Macula will have been a relative, perhaps uncle, of Lepta, who had died leaving him heir to an estate which included a small property in the *ager Falernus*, to the east of Sinuessa. Lepta had evidently suggested that Cicero might like to acquire this place as a lodge, for use on his journeys along the Appian way between Formiae and Cumae. By April 44 Cicero had in fact acquired such a lodge, the *deversoriolum Sinuessanum* of 349 (XII.20) and *Att.* 362 (XIV.8).1. The two are probably one and the same.

4 nec...deseram I.e. 'I shall continue to visit your Petrine villa when I stay for more than a night or two'. Cf. Comm. Cruq. on Hor. *Epist.* 1.5.5 Petrinus *mons est Sinuessanae civitati imminens vel ager Sinuessae vicinus.*

2, 1 munerum regiorum 'Perhaps gladiatorial games or banquets which Caesar is to give' (Taylor, l.c. 233); cf. *A.* v, 384. For *rex* applied to Caesar cf. *Att.* 346 (XIII.37).2, also 194 (IX.19).1n.

2 profectus Cicero and Lepta *had* seen Balbus on 12 August (see intr. note), after which Lepta had apparently left Rome for the country.

8–9 in qua...putabit Cf. *Off.* II.69 *qui se locupletes, honoratos, beatos putant, ii ne obligari quidem beneficio volunt; quin etiam beneficium se dedisse arbitrantur cum ipsi quamvis magnum aliquod acceperint, atque etiam a se aut postulari aut exspectari aliquid suspicantur.* Lepta was clearly not seeking a lucrative contract, as T.–P. supposed, but Caesar's favour.

9 ⟨id⟩ ipsum Cf. Madvig, *Fin.* II.93.

10 species Apparently a *curatio munerum* would not confer prestige.

12 diutius In fact, Cicero received a summons from Lepidus to return to Rome on the evening of 29 August and left Astura the next day (*Att.* 352 (XIII.47a).1.

13 ⟨qua⟩ quandoque The ellipse of *sciam(us)* is easy in a familiar letter; cf. e.g. *Att.* 200 (X.9).1 *Melitam igitur, opinor, capessamus, dum quid in Hispania.* The unciceronian *quandoque = aliquando* was deservedly suspected by Reid, who according to T.–P. proposed *quoad ⟨sciam qua⟩ quandoque,* comparing *Att.* 167 (IX.1).2 *qua quandove ituri sint* (but what of *ille?*).

263 (IX.12)

Cicero was evidently out of Rome (§2 *habebam mecum, quod non putaram*), but there is nothing to show at which of his villas he was staying. Nor is the date to be fixed precisely; it was some time after the delivery of the defence of King Deiotarus, which was probably in November (Schmidt, *Briefwechsel*, 362). On 19 December Cicero was at Puteoli or Cumae (*Att.* 353 (XIII.52)).

1, 1 salubres It is strange to find this great watering-place characterized as unhealthy. Could there be an elaborate joke, stemming from Dolabella's letter? He may have referred to the *moral* dangers of Baiae, which were notorious. Something of the sort occurred to Gronovius.

4 vim suam 'Their natural properties.' For *vis* as an inherent quality producing a certain effect cf. *Div.* 1.79 *terrae vis Pythiam Delphis incitabat*, et sim. Not 'their wonted severity' (T.–P.).

2, 5 levidense For *volui* (missing in M), F. Walter (*Wien. Stud.* 57 (1939), 129) suggests *decrevi*, comparing 248 (IV.5).1 *decrevi brevi ad te perscribere* (sim. *Att.* 265 (XII.26).2 *decrevi nihil tibi rescribere*). But χ is good authority. *levidense* is supported by Isid. *Orig.* XIX.22.19 *levidensis, quod raro filo sit leviterque densata. pavitensis contraria levidensi dicta, quod graviter pressa atque calcata sit* (T.–P. doubtless got their, admittedly harmless, misquotation out of Lewis and Short). T. Birt (*Philol.* 83 (1928), 38) thought the word 'der Form und dem Sinn nach eine Unmöglichkeit', and that Isidore may have got it from the letter. He proposed *mittere volui, ⟨quod⟩ nevi dense* (adv.) citing Ov. *Fast.* III.820 *rarum pectine denset opus* and *Anth. Lat.* 742.47 *Serica Arachneo densentur pectine texta*. But Isidore clearly did not base his *description* on Cicero.

crasso filo Cf. Otto, *Sprichwörter*, 224.

8 aliorum Other Caesarians.

264 (VII.29)

The language of this letter is highly colloquial (*senes comptionales, de meliore nota, refigere, duo parietes...dealbare*). For Cicero's appreciation of the writer's αὐτόχθων *urbanitas* cf. *Att.* 125 (VII.2).3 and the letter to Curius himself, 267 (VII.31).

1, 2 sum enim *enim* is difficult to understand, unless it is simply asseverative (cf. *A.* v, 386); Cicero's usufructuary rights in Curius offer no reason for the preceding formula. Is the reference to the heading (cf. 21 (I.10) n.)? In that case this should read *SUO ⟨VEL POTIUS SUUS⟩* or simply *SUUS* or, as Schütz suggested, *⟨PATRONO⟩ SUO*; cf. Ov. *ex Pont.* I.3.1 *hanc tibi Naso tuus mittit, Rufine, salutem,* | *qui miser est, ulli si suus esse potest*.

χρήσει χρῆσις and κτῆσις are often contrasted, like *usus* (*usus fructus*) and *mancipium*; cf. Munro and C. Bailey on Lucr. III.971.

3 mancipium Full ownership; cf. Ov. *ex Pont.* IV.5.39 *iurat* | *se fore mancipii tempus in omne tui*.

4 comptionalis I.e. *coemptionalis*. Explained by inference as old slaves put up for sale in a job lot as not worth buying individually;

cf. Plaut. *Bacch.* 976 *nunc Priamo nostro si est quis emptor, comptionalem senem | vendam ego venalem quem habeo.* In Liv. III.72.4 *comptionali seni* is a mere term of abuse, if, as seems likely, *comptionali* should be read for *contionali* ('a meeting-going old man'); for venality (cf. R. M. Ogilvie ad loc.) does not seem in point. But a different interpretation may lie behind *Mur.* 27 *sacra interire illi* [sc. *maiores*] *noluerunt; horum* [sc. *iuris-consultorum*] *ingenio senes ad coemptiones faciendas interimendorum sacrorum causa reperti sunt*; i.e., as explained by Heitland, lawyers had invented a device whereby a woman who had inherited an estate burdened by obligations to maintain family *sacra* could eventually get rid of them by contracting a formal marriage (*coemptio*) to an old man without property of his own, on whom the *sacra* would then devolve. He would manumit her and return the estate by gift. When he did, the *sacra* would lapse. It is hard to believe that Cicero did not connect this with the term *comptionalis senex*; and since advanced old age, childlessness, and poverty were requisite in such factitious husbands, the term, so understood, might easily become merely opprobrious. But it does not seem likely that this legal subterfuge existed in Plautus' time, to say nothing of the Livian passage; so that if Cicero did so understand the term, he may have been mistaken. The gloss quoted in *Thes.* *contemnalis* (*comptionalis* Goetz) *senex: emptus, manumissus et tutor, auctor factus* seems to contain elements of both interpretations.

egerit non multum 'Will not do himself much good' (i.e. will not make much out of the sale); cf. *nihil agis*, et sim.

5 **at illa nostra, sqq.** Curius seems to be saying 'I am not worth much to Atticus as my owner because I should fetch nothing in the market. But you as enjoying usufruct get something out of me when I go telling all and sundry how good you have been to me.'

5–6 **quod simus, quod habeamus, quod homines existimemur** Cf. 428 (x.24).6 *quod vivit Antonius hodie, quod Lepidus una est, quod exercitus habent non contemnendos, quod sperant, quod audent, omne Caesari acceptum referre possunt.* Here too *quod* may be a conjunction throughout ('the fact that I exist, that I have money...'). But it seems more natural to understand it as a pronoun in the first two places ('what I am, what I have').

8 **Sulpici successori** Acilius; cf. 301 (XIII.30), intr. note.

de meliore nota *nota* = 'brand' of wine, presumably from the mark on the jar or cask. The metaphorical use occurs in Catullus, Seneca, the younger Pliny, and several times in Petronius.

9 **praeceptis** See the beginning of Cicero's reply.

10 **refigere** 'Pull out.' Unique in this sense, and no doubt a vulgarism.

433

deportareque Regularly used of transport from the provinces to Italy or Rome; cf. *decedere*.

2, 1 amice magne *magne* = 'powerful', 'highly-placed', as in Juv. VI.313 *magnos visurus amicos*. Cf. *patrone mi* below.

3 duo...dealbare Like δύο τοίχους ἀλείφειν, explained ἐπὶ τῶν ἐπαμφοτεριζόντων καὶ διὰ μέσου χωρούντων ἐν μάχαις ἢ φιλίαις. Cf. Otto, *Sprichwörter*, 265f.

4 bene vale This formula is used by Matius (348 (XI.28).8), never by Cicero.

4-5 meum...nostris No occasion for *nostrum...meis* (Boot): Curius wrote *nostris* only because he did not want to use *meus* twice.

6 data Perhaps from *d. = dedi* or *dabam*; cf. *A.* II, 143.

265 (VII.30)

1, 1 ego vero In answer to *tuis praeceptis*, sqq. in Curius' letter. Cicero had in fact withdrawn this advice more than a year previously (200 (VII.28).1).

3 ubi...audiam On this favourite quotation (sometimes varied in the quoting) see *A.* VI, 225.

8 hora secunda About 9 a.m.

8-9 comitiis quaestoriis Held late this year because of Caesar's absence and the various celebrations following his return.

9 Q. Maximi Perhaps after all to be identified with Q. Fabius Maximus Sanga; cf. *A.* I, 348. He had served as Legate to Caesar in the Spanish war (Broughton, 311), after which he was granted an irregular Triumph and made Consul Suffect for the last three months of 45 (id. 304f.).

9-10 quem illi...dicebant Cf. *A.* VI, 216 (*si quidem illi magistratus*). According to Suetonius (*Iul.* 80.2) the public were of Cicero's way of thinking: *Q. Maximo suffecto trimenstrique consule theatrum introeunte, cum lictor animadverti ex more iussisset, ab universis conclamatum est non esse eum consulem.*

11 ille Caesar.

auspicatus Caesar apparently intended to preside as Dictator over the *comitia tributa*, even though the Consul Fabius was to have been present.

11-12 centuriata Noted by L. R. Taylor (*Assemblies* (1966), 47) as evidence that the Centuries as well as the Tribes voted in the Saepta – not a quite certain deduction, so far as this passage goes.

12 hora septima About 12.45 p.m.

13 mane Deleted by Unger (*Philol.* 51 (1892), 214) on the grounds

434

that the consular office changed hands at midnight and that Caninius should not be assumed to have stayed awake until dawn. But it seems more probable that Cicero wrote carelessly than that the word was inserted by a copyist. According to Hofmann–Andresen it is used '*scherzhaft*' for midnight; but where would be the joke?

14 **Caninio** C. Caninius Rebilus (*A.* III, 291). Cicero's jests on this incident were long remembered; cf. Macrob. *Sat.* II.3.6, VII.3.10; *Hist. Aug.* XXIV.8.2; Plut. *Caes.* 58.

16 **viderit** Cf. Ter. *Heaut.* 491 *somnum hercle ego hac nocte oculis non vidi meis* and the couplet attributed to Cicero in Macrob. l.c. *vigilantem habemus consulem Caninium, | qui in consulatu somnum non vidit suo (suo somnum non vidit* codd.).

2, 4–5 in philosophiae portum Cf. 252 (v.15).3n.

7 **mancipio et nexo** Cf. *Har. Resp.* 14 *iure mancipi, iure nexi.* Both procedures for acquiring ownership *per aes et libram* belong to the beginning of Roman law, the latter being obsolete in Cicero's time. Their relationship has been endlessly discussed. According to one view *nexum* (*nexus*) was a transaction whereby a debtor pledged his person in guarantee of debt, whereas *mancipium* involved conveyance of property by the act of *mancipatio* or *in iure cessio* (cf. Berger, *Encycl. dict. of Roman law*, 595, 573, 496). Doubtless Cicero was not here concerned with legal exactitude and merely wanted two words to balance *usu et fructu.*

3, 1 Acilius Cf. 266 (XIII.50), intr. note.

cum legionibus For use in Caesar's projected Parthian war.

2 **maximo meo beneficio est** Similarly *Phil.* VIII.8 *cum suo magno esset beneficio*; cf. K.–S. I, 455f.

3 **rebus salvis** At first sight most naturally taken as *nullo suo damno*. But usage, for which cf. 150 (IV.1).1 and Reid on *Acad.* II.57, supports the interpretation *salva re publica* ('in better days', as it were). T.–P. in rejecting it remark that an adjective signifying 'public' would then have been required with *rebus*. It would be truer to say that the other interpretation would require *suis*; cf. Nep. *Hann.* 10.1 *Poenus conservatis suis rebus.*

5 **eamque epistulam** See below.

6 **pollicitus sit** Cf. 275 (XIII.78).2 *peto...ut...polliceare omnia te facturum mea causa*, 293 (XIII.27).1 *te, ut meas litteras legeris, statim procuratoribus suis pollicitum esse omnia*, et sim.

266 (XIII.50)

A M. (or M'.) Acilius is mentioned several times in Caesar's *de Bello Civili* and once in Dio (XLII.12.1) as a Caesarian commander in 48. In one passage, *B.C.* III.39.1, he appears in the MSS as *canin(i)us legatus* or

caninianus legatus; and an Ostian inscription prior to 28 B.C. records
M. Acilius M. f. Caninus as Quaestor Urbanus (*C.I.L.* XIV, 153). It is
hard to believe this a coincidence; but it is scarcely less hard to believe
that Caesar would have puzzled his readers with an unaccompanied
cognomen, which he uses nowhere else, and go back to 'Acilius' in his
next chapter. Perhaps he wrote *Acilius Caninus*. In 46–45 an Acilius is
found as Proconsul in Sicily receiving letters of recommendation (301
(XIII.30)ff.) from Cicero (the inference of a previous Praetorship is
unsafe; cf. Sumner, *Lex Annalis*, 260). He was probably Ser. Sulpicius
Rufus' successor in Greece and the recipient of this letter. There are,
however, some complications, including the existence of M. Acilius
Glabrio, Consul Suffect in 33 and Proconsul in Africa in 25; cf.
Broughton, 285 n. 8 and Suppl. 1; also my note in *Cl. Quart.* 2 (1960), 257.

1, 2 quam diu Brundisii fuimus   In 48–47.

2, 5 sartum et tectum   Of a building, 'in good repair'; cf. 278
(XIII.11).1n. Metaphorical also in Plaut. *Trin.* 317 *sarta tecta tua praecepta
usque habui*; cf. Otto, *Sprichwörter*, 309.

8 ex mea amicitia, sqq.   Cf. 65 (III.2).2n.

267 (VII.31)

Cicero had received Curius' reply to 265 (VII.30) and will therefore have
written this in February 44.

2, 4 nec caput nec pedes   A saying usually applied to confusion or
inconsistency; cf. Otto, *Sprichwörter*, 74f. But the scaling down of business
affairs does not necessarily tend to their confusion, rather the contrary.
Curius will have meant that his affairs had been compressed into almost
nothing. In a charm against tumours quoted by Pliny (*N.H.* XXVII.131)
nec caput nec pedes habeat seems to mean 'let it perish'.

5 vides enim, sqq.   Papirius Paetus is similarly complimented in
196 (IX.15).2.

6–8 veterem urbanitatem...Atticam   Cicero does not make the
distinction made in his letter to Paetus: *non Attici, sed salsiores quam illi
Atticorum Romani veteres atque urbani sales.*

8 nisi nos, sqq.   Ascribed by Ribbeck (*Com. Rom. Fr.²* p. 253) to
Pomponius Bononiensis, writer of Atellanae. But *Pomponius noster* is, of
course, Atticus, and the authorship of the line is unknown.

9 nos ei   Cicero seems to mean that being slightly Atticus' junior
he stands ready to take over.

tamen   Sc. 'in spite of everything we can do to keep it alive'; or
perhaps with the implication *ut, quamvis interierit res publica, semen urbanitatis tamen superstes sit.*

10 **semen** Cf. Demosth. *in Aristog.* 48 πλὴν εἰ συκοφάντου τις καὶ πονηροῦ σπέρμα καὶ ῥίζαν, ὡσπερανεὶ γεωργός, οἴεται δεῖν ὑπάρχειν τῇ πόλει; Sen. *Lud.* 3 *quoniam placet aliquos peregrinos in semen relinqui.*

268 (XIII.43)

Syme (*Cilicia*, 315ff.) has shown that this and the four following letters were almost certainly addressed to Roman officials in the provinces of Cilicia and Asia in the winter of 47–46. The present addressee was about to join Q. Marcius Philippus, governor of Cilicia, as Quaestor or Legate. If the heading *Q. GALLIO* is correct, he will be the Praetor deposed by Octavian in 43; cf. Syme, l.c. 315 and 81 (VIII.4).1n. Contrary to what Münzer implies in *RE* XVIII(i), 738, 14 and Gundel states in *RE* XXIV, 1102, 3, *GALLIO* is read by χ in this letter and by all the MSS in the following. Münzer defends *QUINTIO* with an inscription (*C.I.L.* I², 1820 = IX, 4023) recording one Q. Quinctius Q. f. Gallus. If this is right, we should have to prefix a praenomen (*Q.*), since the letter-headings show no other example of nomen + cognomen (without praenomen). See also addenda.

1, 4 L. Oppius M. f. Perhaps of the banking family from Velia (cf. *A.* IV, 306 (*aenigma*)), as Münzer (l.c. 738, 22) suggests.

Philomelii This Phrygian town may have belonged to the province of Cilicia from its inception; it did not pass to Asia when the three Phrygian dioceses reverted to that province in 49 (Syme, l.c. 313f.).

6 L. Egnati Rufi There is a misunderstanding in Syme's statement (l.c. 313) that 'during the Civil War both Cicero and his brother, in need of ready cash, expected to get a loan from Egnatius' (cf. *A.* IV, 315). But letters to Atticus show them in a variety of financial relations with him from 49 to 44. He seems to have had interests not only in Cilicia but also in Asia (cf. 271 (XIII.45)) and, probably, Bithynia (cf. 274 (XIII.47)). His cognomen appears only here.

269 (XIII.74)

As Syme has shown, Q. (Marcius) Philippus was Proconsul in Cilicia in 47–46. He is likely to have been a son or nephew of L. Marcius Philippus, Consul in 56 and married to Caesar's niece, whose homonymous son was Tribune in 49 and Consul Suffect in 38 (cf. Syme, l.c. 317f.; E. Badian, *Phoenix* 25 (1971), 142ff.; Sumner, *Lex Annalis*, 252f.). His status was probably that of *Quaestor* (or *pro quaestore*) *pro consule* (Syme, l.c. 318), the inference of a previous Praetorship being invalid (Sumner, l.c. 252). On his highly implausible identification with Q. Marcius L. f. Pap. on Pompeius Strabo's *consilium* at Asculum in 89 see Sumner, l.c. 253 n. 23.

270 (XIII.44)

Almost a duplicate of the foregoing, evidently written several months after Gallius' arrival in Cilicia.

271 (XIII.45)

Asia can only mean the province of Asia (cf. Syme, l.c. 315 n. 6). The Proquaestor Appuleius will have served as Quaestor there in 47 under Cn. Domitius Calvinus and remained as Proquaestor after Domitius' departure about the end of the year until after the arrival of the next governor, P. Servilius, in or about the following September (cf. Syme, l.c. 317). He may have been any one of several contemporary Appuleii, but not M. Appuleius, Quaestor in 45 (*A.* v, 310); perhaps Marcus' elder brother Sextus, Consul in 29, or Publius, Tribune in 43 and an old associate of Cicero's (*Phil.* xiv.16); cf. Syme, l.c. 316f.

1–2 **eius Anchialum servum**   For the word-order cf. *A.* ii, 215.

272 (XIII.46)

1 **L. Nostius Zoilus**   Freedman of a deceased L. Nostius.

2 **causam**   So often of a circumstantial connexion giving rise to *amicitia* or *necessitudo*; cf. 285 (XIII.19).1n.

4 **iudicio**   Cf. Tac. *Agr.* 43.4 *satis constabat lecto testamento Agricolae quo coheredem...Domitianum scripsit laetatum eum velut honore iudicioque* and Furneaux ad loc.

273 (XIII.73)

Written after Philippus' return to Rome in the summer of 46.

1, 2 **si Romae fuissem**   Cicero is not known to have left the neighbourhood of the capital in the summer of 46, but he spent much time at Tusculum.

2, 1 **Antipatro Derbete**   Syme (l.c. 309), pointing to Strabo, pp. 535, 569, 679, justly refers to 'a persistent disinclination to discover who Antipater really was'. Far from being 'an unknown Greek' (T.–P.) he was 'a local dynast in south Lycaonia, holding Derbe and Laranda, both places of some consequence'. Cicero will have made his acquaintance in September 51 on his march from Iconium to Cybistra. ληστής (Strabo) is hardly an adequate description: he belonged 'to a recognisable class – resourceful individuals who seize power in troubled times, found principalities in regions difficult of access, and are tolerated of necessity by the central government or even enlisted in the service of public order'. For supporting details see Syme's fascinating pages. Antipater perished some time after 36 at the hands of Amyntas, King of Galatia.

4 nisi 'Except that', cf. 248 (IV.5).3n.

6 filios Presumably seized by Philippus and transported to Rome.

7 mihi potissimum 'To me in particular', i.e. 'if only as a favour to me'.

12–13 quid velis *quin* may well be right, but, with Sjögren, cf. 101 (XV.9).1 *non dubito quid praesentes sentiant.*

274 (XIII.47)

Another recommendation of Egnatius Rufus. It may have been written to P. Silius as governor of Bithynia in 51 (so e.g. Syme, l.c. 316). If so, Cicero probably wrote before he himself left Italy or *en route*; see below on *illa nostra*. The difficulty lies in *sed haec coram*. If Cicero expected to meet, or did meet, Silius in Asia Minor, he has left no other evidence of it.

2–3 ut scires... scribo An extraordinary sequence, perhaps inadvertent; *scripsi* (epistolary) would of course have been normal. In *ad Brut.* 19.2 *huic persuadere cupimus ut imperator in castris remaneret* Watt reads *cupiimus*; in any case the reference there is to the past. See also on 87 (VIII.10).1.

7 illa nostra If this was written in 51 it probably refers, as T.–P. suggest, to 'some futile efforts he made to escape from having to go to his province'.

8 quid si hoc melius? Cf. *Att.* 126 (VII.3).2 *sed 'quid si hoc melius?' saepe opportune dici videtur.*

275 (XIII.78)

A. Allienus, an old friend of the Ciceros (*A.* IV, 422) was Proconsul in Sicily in 48–46; cf. Broughton, 285 n. 6. It is probable that this and the following letter, if addressed to him in that capacity, were written after Cicero's return to Rome in the autumn of 47. But I suspect that *this* letter belongs to a much earlier stage in Allienus' career. The title *PRO COS.* does not appear in the heading, and the person recommended is a citizen of Sicyon, whom Allienus will find to be 'the leading man, not only in his own town, but almost in Achaia as a whole'. This would point to a Quaestorship in Macedonia sometime before our first official record of Allienus as Legate to Q. Cicero in Asia in 60.

1, 2 non multis The following 'Greek' *hospites*, all described as personal friends, are the subjects of recommendatory letters: Andro of

Laodicea, Antipater of Derbe, C. Avianius Philoxenus, M. Clodius Archagathus, C. Clodius Philo, Demetrius Megas, Hagesaretus of Larissa, Hippias of Calacte, A. Licinius Aristoteles, Lyso of Lilybaeum, Lyso of Patrae.

Graecis praesertim   Cf. 123 (xvi.4).2n.

276 (xiii.79)

1 **C. Avianium Flaccum**   Cf. 60 (xiii.75), intr. note. He was clearly dead when this letter was written.

6 **in Sicilia**   For the Sicilian connexions of Avianius Flaccus cf. ibid. and 306 (xiii.35).

277 (xiii.10)

Caesar made M. Brutus governor of Cisalpine Gaul, probably with the status of *legatus pro praetore*, shortly before leaving for Africa in December 47. Brutus remained in office until April 45. This letter is generally thought to have been written early in 46, since its subject, the Quaestor M. Terentius Varro Gibba, was setting out to join him. See, however, below on §2.

1, 1 M. Varro   He had appeared along with Cicero in defence of Milo's follower M. Saufeius in 52 (Ascon. 55.15, where his full name is given). On other notices which are likely to apply to him (his hump, his Tribunate in 43 (Dio xlvii.11.3), his execution at Philippi (Vell. ii.71.2)) see Münzer's entry in *RE* va, 704f.

3 **ab ipso more maiorum**   Cf. 116 (ii.19).1n. *mos maiorum* is quasi-personified; cf. K.–S. 1, 377.

2, 2 in forum venit   Cf. 25 (v.8).3n.

3 **ut se corroboravit**   Cf. *Cael.* 11 *cum iam sese corroboravisset.*

5 **studio**   Oratory, forensic in Varro's case; cf. *Brut.* 324 *hoc studium, Brute, nostrum conticuit subito et obmutuit.*

6 **delectamur**   Cicero composed his history of Roman oratory in dialogue form, Brutus being one of the characters (the title *Brutus* may not be original), early in 46. But his words here suggest that he was practising oratory; and if so it must have been in private. He did resume the practice of private declamation, which he had given up, in the summer of that year (cf. 191 (ix.18).3 *ipse melior fio, primum valetudine, quam intermissis exercitationibus amiseram*). Possibly then the customary dating of this letter is not correct.

7 **publicorum**   State revenues, farmed out to the companies of *publicani*; cf. *Dom.* 74 *omnes omnium publicorum societates*; *Verr.* ii.3.167 *cum esset magister scripturae et sex publicorum*; *Rab. Post.* 4 *magnas partis habuit*

publicorum; *Q.Fr.* 1.1.33 *publicis male redemptis*; Hor. *Ep.* 1.1.77 *pars hominum gestit conducere publica.* Similarly *societa(te)s (publicorum) vectigalium* in *Sest.* 32 and *Dig.* III.4.1 praef.

10–11 **in utrisque subselliis** Both as defender and prosecutor; cf. 84 (VIII.8).1 *subsellia rei*; *Rosc. Am.* 17 *accusatorum subselliis*, et sim. Not 'as barrister and juryman'. Cicero is clearly talking about Varro's career as an advocate, and it is unlikely that so young a man would have sat much on juries. Nor is *subsellia* attested as 'barristers' bench' (both defence and prosecution).

12 **honoremque, sqq.** Cf. *Leg. Man.* 2 *meus labor in privatorum periculis caste integreque versatus ex vestro iudicio fructum est amplissimum consecutus.*

3, 3 **ad Caesarem** Nothing else is known of this mission. Varro may have undertaken it in place of M. Cicero junior; cf. 167 (XIV.15).

10 **prudentem** *pudentem*, which adds little to *modestum*, should not be substituted either here or in *Cluent.* 94 *tribunus plebis modestus, prudens*; cf. Sen. *Ep.* 99.12 *potuit evadere modestus et prudens.*

278 (XIII.11)

1, 4 **Arpinatis** Certainly to be retained. In a formal letter like this it would be strange to omit the name, however well known to the recipient.

6 **sarta tecta** Of buildings in good repair (cf. 266 (XIII.50).2n.); hence = repairs or maintenance (of public buildings); cf. e.g. *Verr.* II.1.128 *in sartis tectis vero quem ad modum se gesserit quid ego dicam?*

8 **Gallia** Similarly the town of Atella owned land in Cisalpine Gaul (320 (XIII.7).1).

ad ea visenda, sqq. Cited by A. N. Sherwin-White (*Roman citizenship*[2] (1973), 163) in illustration of local magistrates' powers of coercion within their own territory.

11 **Q. Fufidium** On the Fufidii of Arpinum see now Wiseman, *New men*, 232.

Q. Mamercium Inscriptions from Asculum (*C.I.L.* IX, 668), Aeclanum (ibid. 1159), and elsewhere attest the nomen; see H.-O. Kröner, *RE* Suppl. x, 383. Wiseman (*New men*, 31 n. 2) is here behind the times.

3, 6 **aedilem** Cf. *A.* 1, 363 (*duumvirum*). Government by three Aediles was an ancient Italian institution, attested also at Formiae and Fundi; see E. Kornemann, *Klio* 14 (1915), 194ff., 494ff.; H. Dessau, ibid. 489f. Young Marcus was only eighteen or nineteen years old, and Cicero writes as though the posts were entirely his own to dispose of.

7 **M. Caesium** Cf. the following letter. A L. Caesius was on Q. Cicero's staff in Asia (*Q.Fr.* 1.1.14, 1.2.4). Cf. P. Caesius (61 (XIII.51)).

9 **res publica** Perhaps 'public property' rather than 'public affairs', cf. *Att.* 174 (IX.7).5 *egestates tot egentissimorum hominum nec privatas posse res nec rem publicam sustinere*; *Inv.* 1.35 *quo modo rem familiarem administret.*

279 (XIII.12)

1, 5 **ut hanc addam** Cf. 277 (XIII.10).4 *sed tamen nihilo infirmius illud hoc addito. ad* in the paradosis may derive from *addam*, as Sjögren suggests.

280 (XIII.13)

1 **L. Castronius Paetus** See on 78 (VIII.2).2.

3 **si...pertinet** Cf. *ad Brut.* 16.2 *fortem virum, Brute, tibi commendo, frugi hominem et, si quid ad rem pertinet, etiam locupletem.*

4–5 **nostri ordinis** I.e. of senatorial rank.

281 (XIII.14)

1, 1 **L. Titio Strabone** Perhaps *Tidio*; he may have been the father of C. Tidius Strabo who went east to join Cassius in 43 (376 (XII.6).1), on whose nomen see ad loc.

4 **Volcacio** L. Volcacius (or Volcatius, Vulcatius) Tullus, son of the Consul of 66 (*A.* VI, 220). He was evidently Praetor Urbanus in 46, and probably governor of Cilicia in succession to Q. Cornificius in 45–44 (cf. Syme, *Cilicia*, 321). That he became Proconsul in Asia after his Consulate in 33 and was the uncle of Propertius' friend Tullus (Prop. 1.6.19) is certain; cf. Syme, *Historia* 11 (1962), 152.

2, 1–2 **quo est...de sua** Cf. *Amic.* 57 *quam multa enim quae nostra causa numquam faceremus facimus causa amicorum!*

7 **perveniat** Cf. 292 (XIII.26).4 *ad suum pervenire*; *Verr.* II.3.196 *nam sperabam, inquit arator, me ad denarios perventurum*, et sim.

282 (XIII.29)

This letter was apparently written to L. Munatius Plancus (*A.* v, 341) while he was serving with Caesar in the African campaign (*Bell. Afr.* 4.1); cf. §7 *hoc ipso in bello.* Why he in particular was approached is open to conjecture. He clearly had much influence with Caesar, who appointed him a City Prefect later in the year. As such he handled the disposal of confiscated property (*A.* l.c.) and it is possible that he was already known as advising Caesar on such matters. Possibly too Cicero wrote to others on Capito's behalf, though his letter does not suggest it.

1, 2 iis...causis 'On those grounds' (not 'in those cases' (T.–P.)); cf. 285 (XIII.19).1n. Cicero is thinking of external links, such as family or official relationships, though what these were between himself and Plancus' father is unknown.

4 tenentur 'Consist in' (not 'are maintained by' (T.–P.)).

2, 4 C. Ateio Capitone *A.* II, 217f. T. Antistius is known only from this letter.

3, 1 sorte Quaestors were usually assigned by lot, though there were exceptions (*A.* III, 272). The mention of the lot here contributes to the picture of Antistius as a victim of circumstance. He will have gone to Macedonia in 50 and been left in charge of the province by the outgoing governor, probably M. Nonius (cf. *A.* III, 246).

4, 1 Apolloniae On the western coast of the province, south of Dyrrachium.

1–2 non possum...adfuisse 'I cannot say that he was not in charge (because I do not know) and I cannot deny that he was present (because so much is certain).' Without *non* before *praefuisse* we have 'I cannot say that he was in charge', as though that would have made a point in Antistius' favour. The reading in H *possum dicere eum non praefuisse* is intelligible, but does not so well account for that of M. Moreover, it would have been normal for Antistius as Quaestor or Proquaestor to preside over the mint, though he probably did so in the name of the Consuls of 49; cf. Mommsen, *Gesch. röm. Münzwesens*, 374f.; E. A. Sydenham, *Roman Republican coinage*, 171; H. Mattingly, *Roman coins*, 34.

7 ut non praeesset, sqq. Cf. 17 (1.6).1.

9 A. Plautium Perhaps = A. Plotius, Praetor in 51 (*A.* III, 216). He may have been governor of Bithynia in 49; cf. 321 (XIII.8).2n.

13 Paulo et Marcello consulibus In 50.

13–14 ex parte dimidia et tertia...in sextante 'Five sixths... one sixth.'

15 sine...querela The remaining heirs must have been committed Pompeians.

16 |XXX| The total estate, therefore, amounted to HS 18,000,000 – unless we read $\overline{XXX}$. But Cicero would hardly have made so much of a mere HS 150,000.

5, 3 nullam Supply *rem* from *hanc rem* and *petere* from *peto*. The difference between 'thing' and 'affair' is hardly marked enough to make this too awkward.

6, 3 memoriam Cf. *Deiot.* 42; *Phil.* II.116; *Lig.* 35 *qui oblivisci nihil soles nisi iniurias.*

4 tantum...Capitone 'Assume on Capito's behalf as much...',
i.e. as much credit with Caesar (not 'undertake on Capito's behalf'
(T.–P.)).

7, 2 quantum sit What follows is to show, not 'the faithfulness in
friendship which Capito displayed' (T.–P.), but Capito's good-will
toward Caesar.

6 intellexi *intellexerim* in the MSS may be due to *fuerim* and *fecerim*.
But *quod ⟨facile⟩ intellexerim* is a possibility; cf. 18 (1.7).3n.

8, 4 adiunxeris Two years later Capito is found as friend and
colleague (or subordinate) of Plancus' brother on a commission to
assign land to veterans (*Att.* 407 c, F (XVI.16 c, F)).

283 (XIII.17)

The following thirteen commendatory letters were written to Ser.
Sulpicius as governor of Achaia in 46–45. Curius in fact did not have
much to ask of Sulpicius (cf. 267 (VII.31).2).

1, 2 amicitia Their closer acquaintance dated from Cicero's visit
to Patrae on his way home in 50 (cf. *A.* III, 285).

3 in forum venit Cf. 25 (V.8).3n.

3–4 aliquotiens antea Cicero did not go to Patrae on his way out to
Cilicia in 51 (*Att.* 102 (V.9).1), nor yet in 58–57. He may have stayed
there with Curius during his travels in 79–77 (cf. 297 (XIII.69).1n.), and
is thought to have done so on his return journey in 50. But he only says
that Curius invited him.

4 hoc miserrimo bello In 48 after Pharsalia.

2, 6 potest mea 'Pro *postea, potest mea* mihi placere scholia mea in
has epistolas ante triginta annos edita et saepe deinde impressa testantur.
itaque non disputo quam recte faciant qui, quod nostrum est, ad alios
transferant, cum praesertim scholia nostra se vidisse infitias ire non
possint. Equidem, quod ad me attinet, non laboro; minima enim haec
duco et magis id specto ut studiosis meo labore consulam quam ut
inanem gloriam quaeram. sed iniquam nostrorum temporum consuetudinem notandam putavi' (Manutius).

3, 6 sine ambitione Cf. 226 (VI.12).2n.

284 (XIII.18)

1, 4 admirabar magis Why this unsolicited gesture on Servius'
part should have surprised Cicero more than it surprised Atticus does
not appear. Or does surprise stand for gratification?

5 **admonitus** Cf. 110 (xv.4).11 *admonendum potius te a me quam rogandum puto.*

9 **rogare** 'To make a request of you.' Not to be taken with *ut facias* ('ask you to act'), as it would be but for *eo. ut* is final.

2, 6–7 **quae negavi...faciam** Cf. 110 (xv.4).14 *ut faveas adiutorque sis, quod paulo ante me negaveram rogaturum, vehementer te rogo,* 316 (XIII.16).4 *et tamen, quod negaveram, commendo tibi eum.*

11 **Epiroticis** Sulpicius' province of Achaia probably included Aetolia, Acarnania, most of Epirus, and Thessaly, as did that constituted by Augustus (cf. Brandis, *RE* I, 193f.).

285 (XIII.19)

Lyso (cf. 123 (xvi.4).1) may have carried this letter on his way back from Rome to Patrae.

1, 2 **causa** Sc. *necessitudinis*; cf. 318 (XIII.4).1 and Heitland on *Div. in Caec.* 6, who cites inter alia *Quinct.* 48 *quicum tibi adfinitas, societas, omnes denique causae et necessitudines veteres intercedebant.* On *hospitium* and *amicitia* cf. 275 (XIII.78), init.

6–7 **mecum viveret** Cf. 290 (XIII.24).2 *Lyso vero cum mecum prope cottidie esset unaque viveret.* The expression does not necessarily imply sleeping under the same roof (*A.* IV, 408).

11 **nostrisque praesidiis** Sulpicius as well as Cicero had joined Pompey; see 202 (IV.3), intr. note.

2, 6–7 **studio summo, ⟨summa⟩ cura** Sjögren compares 282 (XIII.29).5 *maiore cura, maiore studio.*

9 **C. Maenius Gemellus** Unknown, unless he was *Gemellus, tribunicius viator*, of whom a scandalous incident in 52 involving the young Sentius Saturninus is recorded by Valerius Maximus (IX.1.8; cf. 97 (VIII.14).1n.).

10 **civis** Patrae being a *civitas foederata* could absorb a Roman exile into its own citizen body; cf. Greenidge, *Leg. Proc.* 510ff.

3, 6–8 **ne...oblitum mei** Cf. 63 (XIII.1).5 *non te in me illiberalem sed me in se neglegentem putabit.*

286 (XIII.20)

1 **Asclapone** Tiro's doctor in 50–49 (127 (XVI.9).2).

287 (XIII.21)

1, 1 **M. Aemilius Avia⟨nia⟩nus** Called Avianius (!) or Avianus by editors and others. M has the correct form in 293 (XIII.27).2. The

445

names of his freedmen C. Avianius Hammonius (§2) and C. Avianius
Evander (314 (XIII.2)) show that he was originally C. Avianius and was
adopted by a M. Aemilius ('here *res, ratio,* and MSS face one way, only
editors another' (*Proc. Cam. Phil. Soc.* 5 (1958–9), 15)); W. Schulze had
already discovered the truth (*Eigennamen* (Berichtigungen und Nachträge),
584). A resident of Sicyon, he seems to have had no close connexion with
the Avianii Flacci of Puteoli; cf. J. H. D'Arms, *Harv. Stud. in Cl. Phil.* 76
(1972), 211ff., who notes, however, that large numbers of both Aemilii
and Avianii recur in the inscriptions of Puteoli and that 'a certain
Decimus Avianius, an illegitimate child, set up a sepulchral monument
for his parents and, interestingly, for a friend who bears the name P.
Aemilius Firmus' (*C.I.L.* x, 2135).

3 **diligens** This change of *diligendus* would be desirable even if
dilexit had not preceded.

5 **Cibyrae** In the extreme south of Phrygia (cf. *A.* III, 235).

2, 3 **Hammonium** Very likely a gloss, as Manutius thought; but
cf. Sjögren, *Commentationes Tullianae* (1910), 161.

288 (XIII.22)

1, 3 **Varro Murena** Cf. 71 (III.7).4n.

4 **ita** *tamen* in the MSS could only anticipate *tamen* later in the
sentence; distinguish from sequences such as in 147 (XVI.8).1, 230
(IV.7).4, 299 (XIII.71), in which *sed (ac) tamen* followed by *tamen*, with
similar intervening concessive clause, refers backwards.

289 (XIII.23)

1, 1 **L. Cossinio** *A.* I, 341.

meo An almost necessary correction of *tuo,* unless *amico ⟨meo⟩ et
tribuli tuo* were preferred. If Cossinius had already been Servius' friend,
Cicero would have made more of it.

290 (XIII.24)

1, 2 **Lysonem** Cf. 285 (XIII.19).
2, 4 **cum...potuerunt** Cf. K.–S. II, 329.

291 (XIII.25)

1 **Hagesaretus** There is nothing 'very strange' (T.–P.) about the
form; cf. Hagesander, Hagesistratus, Hagesippus. Caesar mentions

Hegesaretos (*sic*) as *veteris homo potentiae*, leader of the Pompeian party in Thessaly in 48 (*B.C.* III.35.2). An inscription of Larissa records one Κλέαρχος ὁ Ἡγησαρέτου (*I.G.* IX, 2, 549, 7).

Larisaeus Thessaly was part of Sulpicius' province; cf. 284 (XIII.18).2n.

292 (XIII.26)

1, 1 ea...quod Cf. *Dom.* 97 *eamque animi duritiam...quod cum uritur non sentit*, et sim. (*Thes.* VII (ii), 478, 1).

8 ⟨pondus habituras⟩ Cf. 291 (XIII.25) fin.; 304 (XIII.33) fin. Mendelssohn proposed *magni* for *magnum* to obviate the need for a supplement. T.–P. find no difficulty in the present infinitive with *speravit*. There would be none if this letter had already been in Sulpicius' hands. But with reference to the future the present infinitive with *spero* is not to be admitted in Cicero; cf. Wilkins on *de Orat.* III.95; K.–S. I, 690.

2, 4 M. Mindio Cf. 128 (V.20).2n.

Elide Cf. Neue–Wagener, I, 350, 352. *Eli* (before *delubrum*) in *Nat. Deor.* III.59 is unlikely to be genuine.

8 controversiam No doubt in anticipation of trouble with Mindius' widow; cf. 294 (XIII.28).2.

8–9 arbitro...disceptatore Cf. *Rep.* V.3 *nec vero quisquam privatus erat disceptator aut arbiter, sed omnia conficiebantur iudiciis regiis*, which, however, does not clarify the nature of the distinction. T.–P. doubt whether any clear distinction is intended, but it is at least plain that the role of *disceptator* would be more burdensome to Sulpicius than that of *arbiter*. Perhaps the difference *here* is between opinion given privately to Mescinius' representatives and decision between rival claims with the presence or knowledge of all parties. It was not usual for a governor to give judgement in such cases; cf. *Q.Fr.* 1.2.10 *ne deminuat heres? quid si infitiatur? quid si omnino non debet? quid? praetor solet iudicare deberi?*

3, 3–4 quoniam cum senatore res est The remission to Rome, at the governor's discretion, of cases between Roman Senators and provincials is stigmatized by Mommsen as a mere abuse (*St.* III, 1214; cf. II, 268 n. 1). It may have originated, however, partly in a desire to protect the provincial litigant from the undue influence which a Senator might exert in a provincial court (so Greenidge, *Leg. Proc.* 292). But the implications here are undeniably sinister (cf. 294 (XIII.28).2). From 131 (XIII.56) it appears that even non-senatorial Roman citizens might have a claim against a provincial community heard in Rome.

5 possis The present seems natural, since as T.–P. say, 'it refers to action subsequent to the time of writing, so that with regard to *possis*, *sumpsimus* virtually means *habemus*' (rather perhaps *misimus*, 'I am sending').

M. Lepido   Caesar and Lepidus were Consuls in 46.

5–6 **non...iuberent**   M. I. Henderson (*Journ. Rom. Stud.* 47 (1957), 83) argues (in tacit rebuttal of C. E. Stevens and A. H. M. Jones, ibid. 41 (1951), 113 n. 7) that this does not imply that Lepidus as Consul had *imperium maius*; he might *ex hypothesi* have transmitted instructions from the Senate, or asserted (wrongly) as a point of law that a case against a Senator lay outside Sulpicius' *provincia*. 'Cicero is merely assuring him that Lepidus will say nothing of the kind.' But instructions from the Senate would hardly impair Sulpicius' *dignitas*, and Cicero is not likely to have imagined Lepidus as misdirecting the most eminent living jurist on a point of law. The only natural implication of his phrase is that Lepidus *could* have given a direct order, and might actually have done so in the case of a governor of less exalted status; cf. *Phil.* iv.9 *omnes enim in consulis iure et imperio debent esse provinciae*. That in some circumstances the Consuls could summon provincials to Rome is beyond doubt; cf. *Verr.* 1.84 *non eos homines qui populum concitarant consulum litteris evocandos curare oportuit?*

293 (XIII.27)

1, 3 quod feci   I.e. *gratias egi*.

4 **vos**   'You lawyers.'

5 **de eadem re alio modo**   Cf. *Fin.* v.88; *Prov. Cons.* 46. 'It was apparently a kind of introductory sentence...uttered by the parties for the purpose of safeguarding their future right of action by means of a new procedure, if the one adopted failed... the phrase seems to mean "by this, or whatever other mode of action is open to me, I assert my claim"' (Greenidge, *Leg. Proc.* 166).

2, 1 C. Avianius...Hammonius   Cf. 287 (XIII.21).2.

2 **Avianiani**   Cf. ibid. 1n.

3 **nec se**   For the double negative (quite normal) see K.–S. 1, 827.

7 **unus est, sqq.**   'For of all my most intimate and familiar friends M. Aemilius is the closest, bound to me by substantial favours on my part, and the most grateful, I might almost say, of all those who may be thought to owe me anything.' Even given Cicero's habit of exaggeration and the conventions of the *genre*, it is remarkable that nothing is heard of M. Aemilius except in letters of recommendation. To punctuate with a comma after *intimis* is certainly wrong; cf. *de Orat.* 1.99 *cum te unum ex omnibus ad dicendum maxime natum aptumque cognossem*; *Dom.* 24 *qui unus maxime popularis fuit*, et sim.

11–13 **plus prosis...mea**   Just as a *vir bonus* will do for his friends what he would scruple to do for himself (cf. 281 (XIII.14).2n.), so he will go further for his friend's friends than for his own.

4, 2 studio Cf. 203 (IV.4).5 *cuius ego cum omni probitate summaque virtute tum studiis doctrinaque delector*; also *Sen.* 22 *manent ingenia senibus, modo permaneat studium et industria.* Still the wording is unusual, and possibly Cicero wrote *singulari in me studio*; cf. 9 (XIV.3).3 *Pisonem nostrum mirifico esse studio in nos...perspicio*, 212 (XIII.77).3 *pro tuo perpetuo in me studio.*

294 (XIII.28)

1, 5 omnia grata For the ellipse Sjögren compares *Att.* 152 (VIII.2).1 *mihi vero omnia grata, et quod scripsisti*, sqq. Since *quae...grata* is not really a relative clause, Wesenberg's point 'neque sic in relativis verbum *esse* omitti solet' does not apply.

6 L. Mescinio Cf. 292 (XIII.26).

2, 8 satis dandum Cf. *A.* 1, 283 (*recusarat*).

295 (XIII.28a)

1, 4 populorum 'The (several) communities (under your jurisdiction)'; cf. *A.* III, 197. *merita* refers to services rendered to Rome.

6 omnia debere What the Lacedaemonians had done for Cicero we do not know. He visited Sparta in 79 (*Tusc.* v.77).

2, 3 iudicare *nosses* shows a historic implication: 'I judge (and have long been of that opinion)'. Cf. K.-S. II, 186.

4 monumenta 'Records.'

296 (XIII.67)

The following five letters were addressed to P. Servilius Isauricus as Proconsul in Asia in 46-44; cf. Syme, *Cilicia*, 307f. See also 211 (XIII.68) and 238 (XIII.66).

PRO COS. *PRO PR.* cannot stand. Servilius is addressed as *PRO COS.* in 211 (XIII.68) when he had only just arrived in the province and as a Consular would not have been given an inferior status. The scribe had just been copying five letters *P. SILIO PRO PR.* (XIII.61-5).

1, 1 Ciliciensi 'Non *Cilicia* dixit, quia non Cilicia tantum, sed Asiae quoque pars ad eius imperium pertineret' (Manutius).

τρεῖς διοικήσεις The three Phrygian *conventus* of Laodicea or Cibyra (cf. 81 (VIII.4).5n.), Apamea, and Synnada formed part of the province of Cilicia from 56 to 49 (Syme, *Cilicia*, 301 n. 4).

9-10 quam multi 'Id est, *quam pauci*' (Manutius).

297 (XIII.69)

COLLEGAE   As Augur.

1, 1 C. Curtius Mithres   His name has recently been found on an inscription in Naxos; cf. J. and L. Robert, *Rev. des. Ét. gr.* 83 (1970), 426 (no. 438).

Postumi   *A.* IV, 361f. Dessau's identification of C. Curtius Postumus, that 'enthusiastic and militaristic Caesarian' (Sumner, *Lex Annalis*, 254), with Cicero's old client C. Rabirius Postumus seems pretty well established. It is accepted by Syme (*Journ. Rom. Stud.* 55 (1961), 25) and Sumner (l.c.). Tenney Frank's rejection in *Am. J. Phil.* 41 (1920), 278ff. was based on the common but mistaken identification with M. Curtius, whom Cicero recommended to Caesar for a Military Tribunate in 54 (cf. 26 (VII.5).2n.; *A.* IV, 361). My statement that we have no other evidence for Curtius Postumus' praenomen (usually given as Marcus) was erroneous; the evidence is here, in the praenomen of his freedman, and in inscriptions recording others of his freedmen, all with praenomen Gaius (Dessau, *Hermes* 46 (1911), 618). My rejection of the reading *M. Curtius* in *Att.* 363 (XIV.9).2 becomes final.

4 quotienscumque   Actually Cicero stayed at Ephesus (after 76) on two occasions, from 22 to 26 July on his way out to Cilicia (*A.* III, 212) and for several days on his way back to Rome (*Att.* 122 (VI.8).1; cf. 283 (XIII.17).1n.). It is noteworthy that in so important a place as Ephesus a man in Cicero's position should have chosen to be the guest of a freedman.

10 vulgari more   Much the most satisfactory correction of *vulgare*.
ambitiose   I.e. to please Postumus; cf. 226 (VI.12).2n.

298 (XIII.70)

1 sic fit   *ideo* would be normal after *quia*. The nearest parallel (a somewhat doubtful one) may be Plaut. *Most.* 450 *sic quia foris ambulatis*; see T.–P. Müller on *Tusc.* 1.12, to whom Sjögren refers, has nothing helpful. But *sic* seems natural enough, since *sic fieri ut* is a standard combination; e.g. *Off.* 1.142 *sic fit ut modestia haec...scientia sit*; *Man.* 24 *hoc fere sic fieri solere accepimus ut...adliciant.*

2 tribuo   Cf. 139 (XIII.9).2n.
4 T. Ampio Balbo   Cf. 226 (VI.12).

299 (XIII.71)

2–4 sed tamen...tamen   Cf. 288 (XIII.22).1n.
5 T. Agusius   Nothing else is known of this faithful soul, who is clearly not the *Agusius quidam* of *Att.* 232 (XI.23).2.

illo miserrimo tempore Not 58–57 but 49–47. In the former period Cicero's only sea voyages were from Brundisium to Greece and back, and *neque hoc tempore*, sqq. implies that Agusius had been on hand during the interval.

11 **usu** For the form cf. 123 (XVI.4).2n.

300 (XIII.72)

1, 1 Caerelliae *A.* v, 340. *necessariae* may imply nothing more than friendship – Cicero could not use *amicae*.

2, 4 C. Vennoni *negotiator* and friend of Cicero's (*A.* III, 255). Syme (*Journ. Rom. Stud.* 51 (1961), 23 n. 6) points out that the article in *RE* overlooks an inscription at Apamea *C. Vennonio C. l. Eroti heredes ex testamento* with Greek text (Ramsay, *Cities and bishoprics of Phrygia* (1897), 475).

301 (XIII.30)

The following ten letters were written to Acilius as Proconsul in Sicily in 46–45. On his name and identity cf. 266 (XIII.50), intr. note.

PRO COS. Cf. 143 (XVI.11).2n.

1, 2 civis Romanus factus Under the lex Julia of 90; cf. *Balb.* 21; A. N. Sherwin-White, *The Roman citizenship*[2] (1970), 152f.

3–4 erat enim...datam Manlius' enrolment as a citizen of Naples would have to have antedated the lex Julia for him to have received Roman citizenship *una cum reliquis Neapolitanis*.

6 in bonis Probably Manlius had been granted *bonorum possessio* by the Praetor either as heir under his brother's will (*secundum tabulas*) or *ab intestato* as next of kin: cf. H. F. Jolowicz, *Historical introduction to Roman law*[2] (1952), 259ff.

7 in Sicilia sua I take this to mean 'in his own part of Sicily', though I know no nearer parallel than expressions like *Gallia Lepidi* in 409 (X.33).4 (cf. *A.* II, 204 (*gratia*) and *Att.* 114 (v.21).8 *in hac mea Asia*). Perhaps 'in his native Sicily'. *tua* (Schütz) would be superfluous, since Acilius governed the whole island.

10 studiis...praeditum Cf. *Cael.* 24 *adulescentes...rectissimis studiis atque optimis artibus praediti.*

302 (XIII.31)

1, 1 C. Flavio Probably the same who proposed to Atticus in 44 a plan for raising funds for the benefit of Caesar's killers by subscription from the equites (Nep. *Att.* 8.3; cf. *ad Brut.* 25.3). He was Brutus' *praefectus fabrum* and fell at Philippi (Plut. *Brut.* 51). Münzer (*RE* VI, 2526, 39) held it probable that he was also C. Flavius Hemicillus, *legatus pro praetore* under Brutus (cf. Broughton, 365), but these two functions do not go well together (cf. 70 (III.8).5n.). Münzer also for no obvious reason brings the Flavius of *Att.* 255 (XII.17) into conjectural identification with Gaius' brother L. Flavius rather than with Gaius (ibid. 2528, 23).

2 **C. Pisonis**   Cf. *A.* I, 288.

3 **L. Flavius**   Certainly, according to Münzer (ibid. 2528, 21), the Roman Knight mentioned in *Verr.* II.1.14, V.15.155f., resident in Sicily in 73; but C. Flavius' relations with Piso and Brutus suggest a man in his early forties rather than his sixties. The character in the Verrines is more likely to have been their father.

303 (XIII.32)

1, 1 **Halaesina**   Halaesa, in Greek always Ἄλαισα (see *RE* s.v. Alaisa), was a city on the north coast of Sicily, distinguished for wealth, prestige, and loyalty to Rome (*Verr.* II.3.170), one of five Sicilian *civitates sine foedere immunes ac liberae* (ibid. 3.13). In 95 its constitution was revised by the Praetor C. Claudius Pulcher *adhibitis omnibus Marcellis qui tum erant* (ibid. 2.122).

2–3 **M. et C. Clodios Archagathum et Philonem**   M. Clodius Archagathus and C. Clodius Philo, evidently relatives and Roman citizens.

3 **sed vereor, sqq.**   'But I feel some uneasiness in recommending so many people to you in special terms in case I may appear to be placing all my recommendations on a level from a self-regarding motive (i.e. because I want to please everyone alike).'

304 (XIII.33)

1 **Cn. Otacilio Nasone**   The name recurs in a Roman inscription (*C.I.L.* VI, 23613 = X, 1088*, 263). Münzer points out that the third-century consular Otacilii Crassi were much involved with Sicily.

1–2 **illius ordinis**   Obviously the equestrian. Acilius may have already known who Naso was.

305 (XIII.34)

1 **avitum**   'Going back to his grandfather.' This Lyso was presumably a grandson (rather than son, as Münzer, *RE* XIV, 68, 7) of the

Lyso of Lilybaeum from whom Verres purloined a statue (*Verr.* II.4.37; cf. 59).

2 Lilybitano Cf. Ps.-Ascon. p. 187 (Stangl) *cum enim a duobus quaestoribus Sicilia regi soleat, uno Lilybitano, altero Syracusano, ipse vero Lilybitanus quaestor fuerit.*

306 (XIII.35)

1, 3 in Novocomensis Philoxenus will have been one of the five hundred distinguished Greeks whom Caesar enrolled as colonists of Novum Comum under the lex Vatinia of 59, though they did not settle there (Strabo, p. 213). Their Roman citizenship was, of course, now established (cf. *A.* III, 207).

nomen Also praenomen. On the practice by which aliens receiving Roman citizenship might take the name of a friend or benefactor, especially one who had been instrumental in obtaining the privilege, rather than that of the person who actually granted it, see A. O'Brien Moore, *Yale Stud. in Cl. Phil.* 8 (1942), 28. Avianius may be supposed to have instigated Cicero to recommend Philoxenus to Caesar.

4 Flacco Avianio Cf. 60 (XIII.75). For the connexions of the Avianii of Puteoli with Sicily cf. ibid., intr. note, and 276 (XIII.79).

307 (XIII.36)

1, 1 Mega The Latin nominative was doubtless Megas or Mega (cf. Mela(s)), but corresponded perhaps to Μέγης (also in Latin Meges, with genitive Μέγητος, *Megetis*) rather than Μέγας.

vetus Cf. 285 (XIII.19).1, *Deiot.* 8. Cicero uses *vetustus* very rarely, in the sense of 'antique' as distinct from merely 'old'. Pollio, however, has *vetustissimorum familiarium* (368 (X.31).3); cf. Liv. XXI.13.2 *pro vetusto hospitio quod mihi vobiscum est.*

3 interfui 'I was party to the matter' rather than 'I was present on the occasion'.

6 revelli Cf. *Verr.* II.2.112 *fuit aenea tabula fixa Thermis in curia, in qua publice erat de huius beneficiis scriptum et incisum. quae tabula tum imperio tuo revulsa.*

8 in eo manere 'Holds good in his case.' Cf. *Prop.* II.12.13 *in me tela manent* (*Propertiana*, 87).

308 (XIII.37)

1 Calactinum Of Calacte (Καλὴ 'Ακτή) on the north coast of Sicily, east of Halaesa.

4 alieno nomine   Manutius' explanation seems plausible: 'Legem apud Calactinos fuisse crediderim quae vetaret ne quidquam publice nisi publico nomine possideretur. Hippiae autem bona alieno nomine, puta cuiuspiam absentis vel pupilli, publice possidebantur.'

309 (XIII.38)

4 quaestura   In 75.

310 (XIII.39)

1 Titurnia   According to Münzer (*RE* s.v.) the name is otherwise unattested, whence a conjecture *Tituria*. That is not so; cf. Schulze, *Eigennamen*, 244.

7 erit...gratum   *id* is generally added, but cf. 429 (XII.21).

311 (IX.13)

Not more closely to be dated than between Dolabella's departure for Spain in November 46 and (probably) Tullia's death in mid February 45.

1, 1 Subernius   The name does not seem to occur elsewhere; cf. Schulze, *Eigennamen*, 237f.

4 et...esset   It had looked as though Subernius had achieved his object of keeping out of harm's way. *ut*, which can hardly be anything but final, would imply that he foresaw Afranius' defeat. T.–P. treat *in qua...putaret* as a parenthesis, while confessing that 'the vulgate *putarat* would suit the parenthesis better'. But *in ea...in qua* obviously correlate.

Afranium   'Unum de tribus nominat, quia consularis erat solus, ideoque honore primus' (Manutius).

7 Scapula   T. Quinctius Scapula, a Knight, along with Q. Aponius led the revolt of Caesarian soldiers in Baetica which drove out Trebonius and started the last phase of 'Caesar's War' (Dio XLIII.29.3). He perished soon after Munda (*Bell. Hisp.* 33.3f.). That he was the deceased proprietor of the *horti Scapulani* which Cicero thought of buying in the summer of 45 (cf. Gundel, *RE* XXIV, 1103, 36; *A.* v, 410f.) is unlikely; his property would surely have been confiscated. But he may well have been his younger brother, son of the P. Scapula mentioned in *Quinct.* 17; cf. Plin. *N.H.* VII.183 and *Comm. Pet.* 10 where *Scapulas* (Puteanus) is probably to be read for *Sapalas*.

8 a Pompeio   I.e. by Cn. Pompeius the Younger.

8–9 ut...posset   Evidently Subernius had joined the Pompeian forces.

2, 1 M. Plani Heredis   A Knight (cf. §4 *vix equestris*). Inscriptions at Capua and Formiae, as well as Rome, have the nomen; cf. Münzer, *RE* xx, 2186, 64.

5 amicitia   With Lepta.

3, 1 peto...oro   'Non enim pati videtur amor in me tuus ut te orem. petere satis est' (Manutius).

4, 3 vix equestris   I.e. hardly 400,000 sesterces, if, as generally supposed, the equestrian census remained unchanged under the Empire; a view characterized by M. I. Henderson ('The establishment of the *Equester Ordo*', 63 n. 20 (*Crisis of the Roman Republic*, ed. R. Seager (1969)) as 'a possible bet, but unsafe, since Augustus was given to reviewing census levels'. Cf., however, Wiseman, *New men*, 66).

7 longum   The vulgate (*longam*) is rendered by T.–P. 'and in this there is nothing that stands in their way except the long journey'. But *nihil* does not mean 'nothing that stands in their way', and something besides the journey did stand in their way, namely the necessity of obtaining Caesar's permission. Dolabella could get that easily and quickly, if he would; the only thing that would take much time would be the journey itself. Between *viam* and *quam* the corruption was only to be expected (*longi* is also possible).

312 (XIII.52)

There is nothing beyond the reference to the Civil War to fix the date, which is usually given as September 46 after Schmidt (*Briefwechsel*, 255).

REGI   Perhaps son of Q. Marcius Rex (cos. 68) and Clodia Tertia, nephew and ward of Ap. Claudius Pulcher (cf. Münzer, *RE* xiv, 1581); or perhaps P. Rupilius Rex (cf. 139 (xiii.9).2n.). He appears to have been a pardoned Pompeian holding subordinate office (Quaestor?) in Sicily.

1 A. Licinius Aristoteles   Not 'manumitted by one of the Murena family' (cf. T.–P.), but probably granted Roman citizenship through the good offices of an A. Licinius, who might be A. Licinius Nerva, Moneyer *ca* 47 (Broughton, 443). The Nervae are the only Licinian family found with the praenomen Aulus. But the puzzling phenomenon of A. Licinius Archias (cf. Reid, *pro Archia*, p. 9) gives pause. T.–P. recall that 'Dionysius, the slave of Atticus, assumed the praenomen of Cicero and the nomen and cognomen [!] of Atticus and thus appeared as Marcus Pomponius Atticus [!]'.

antiquissimus   Cicero probably visited Malta when he was Quaestor.

5 a Caesare liberavi   'I obtained his pardon from Caesar.' Obviously Aristoteles was not a freedman. *liberavi* is used as in *Phil.*

455

XIII.8 *nemo ab eo* [sc. *Lepido*] *civis violatus, multi eius beneficiis et misericordia liberati* (cf. the legal sense, 'acquit'), and is not, as T.–P. thought, equivalent to *liberatum effeci* (or *accepi*); cf. *Q.Fr.* III.1.9 *teque item ab eo vindico et libero.*

6 **in causa** Cf. *Att.* 214 (XI.4a) *Brutus amicus; in causa versatur acriter.*

313 (XIII.49)

The date, the addressee (Münzer suggested the Caesarian Vibius Curius; cf. *A.* IV, 363 (*Albae*)), his province, and the person recommended remain in obscurity.

314 (XIII.2)

On the sculptor C. Avianius Evander see 209 (VII.23).1n. Like Philoxenus (306 (XIII.35)) he was a freedman of M. Aemilius Avianianus. If Memmius is C. Memmius L. f. (*A.* I, 331) the letter will be prior to 46, for he was dead in the spring of that year (cf. *Brut.* 247). But C. Memmius, Consul-Suffect in 34, who was probably his son, is a possibility.

1 **sacrario** Family chapel. Evander was occupying it temporarily (cf. *remigrare* below), perhaps *inter alia* making statues for it; cf. *Verr.* II.4.4 *erat apud Heium sacrarium magna cum dignitate in aedibus a maioribus traditum perantiquum, in quo signa pulcherrima quattuor.*

315 (XIII.3)

See on the foregoing. A. Fufius is an unknown.

316 (XIII.16)

Written to Caesar during the Spanish War of 46–45. Caesar was once again saluted *imperator* on 19 February (*Bell. Hisp.* 19.6), so that the absence of the title in the heading is taken to indicate a period before the news arrived in Rome.

1, 1 **P. Crassum** Cf. 25 (V.8).1n. The eulogy in *Brut.* 282 is followed by an unexplained censure: *sed hunc quoque absorbuit aestus quidam insolitae adulescentibus gloriae; qui quia naverat miles operam imperatori, imperatorem se statim esse cupiebat, cui muneri mos maiorum aetatem certam, sortem incertam reliquit. ita gravissimo suo casu, dum Cyri et Alexandri similis esse voluit, qui suum cursum transcurrerant, et L. Crassi et multorum Crassorum inventus est dissimillimus.* Did Cicero believe that Publius rather than his father was responsible for the invasion of Parthia in 53?

2 **ex eo**   *de* or *ab* would be more usual, but cf. *Verr.* II.3.160 *quid ex eo boni sperari atque effici potest. . . ?*; *Thes.* v (ii), 1106, 27.

3 **optime**   Not a certain conjecture but preferable to *perbene*, a word which Cicero's writings show elsewhere only in *Brut.* 108; and there *perbelle* is a likely variant.

4 **Apollonium**   Otherwise unknown.

3, 1 quod   *Not* anticipating the accusative and infinitive as in *Off.* III.112 *quod cum audivisset adulescens filius, negotium exhiberi patri* (cf. K.–S. II, 320f.). *ita = hoc modo* (cf. *Tull.* 9 *hoc ita existimavit*).

4, 2 Diodoto   A. I, 393.

9–10 **quod negaveram**   Sc. *Apollonio*; cf. §3.

317 (XIII.15)

From the title *imperator* in the heading the letter is generally taken to belong to the end of March 45 (see on the foregoing). Cicero also uses it in a letter to Caesar early in the Civil War (*Att.* 178A (IX.11A)), but as it is not found in 316 (XIII.16) the argument has force. But in view of the implications of §2, on which see below, late spring or early summer is more probable than March. To Schmidt's contention (*Briefwechsel*, 275) that Cicero would not have written in so airy a style soon after Tullia's death T.–P. have a fair answer: 'Two months after Tullia's death he may well have omitted to refer to his loss, especially when he was attempting a literary *tour de force* in endeavouring to exhibit originality in a letter of introduction. The letter appears to us to have a strained and unnatural tone of gaiety, such as might well have been assumed with an aching heart.' But there is more to the matter than that (see on §2).

1, 1 Precilium   Both Precilius and Praecilius are epigraphically attested nomina and the MSS are indecisive. On the absence of a praenomen see 131 (XIII.56).1n.

5 **em**   'Mark you.' Often with a demonstrative pronoun in Comedy; cf. *Thes.* v (ii), 438, 72.

6 **de illis**   Strange as it may seem, these words are surely sound and their survival in M is a notable example of the integrity of that MS. Vahlen (*Opusc.* II, 11) cited *Balb.* 48 *numquis eorum qui de foederatis civitatibus esset civitate donatus in iudicium est vocatus?*; *de Orat.* III.16 *is erit ex eis qui aut illos non audierit aut iudicare non possit*; *Inv.* II.19 *ex aliqua causa earum qua impulsus aliquem id fecisse dicet*; Sjögren added Plin. *Ep.* VI.21.1 *sum ex iis qui mirer antiquos.* Cf. K.–S. I, 66f. If anything is to be deleted it should be *ille*, the loss of which would be a distinct advantage.

7–8 **quod me non. . . coniungerem**   In 59.

9 ἀλλ' ἐμόν, κ.τ.λ.   *Od.* VII.258, IX.33 (Calypso and Circe could not persuade Odysseus).

10 **proceres**   Cato, etc.

11 ἄλκιμος, κ.τ.λ.   *Od.* I.302 (Athena to Telemachus).

12 ὣς φάτο, κ.τ.λ.   Ibid. XXIV.315 (of Laertes). Cicero had followed the advice and met with disaster.

2, 1 consolatur   Few *Schlimmbesserungen* have so thoroughly depraved their context as the vulgate *consolantur*. To incite Cicero to further follies would be a strange mode of consolation, and did the *proceres* rise from their graves to offer it? *idem* is Precilius, who used to mock and scold, but now comforts. How he does this is then explained. People still urge Cicero to strive for glory, but he no longer listens. He leaves Homeric grandiosity to follow the sober maxims of Euripides, which Precilius highly commends, at the same time pointing out (this is the consolation) that prudence and distinction are not incompatible (perhaps, if we wish to press so far, with reference to Cicero's literary activities).

2 volunt   The subject is not the extinct *proceres* of 59, but indefinite, 'people'; and the significance of the passage has been overlooked. In the preceding autumn Papirius Paetus seems to have urged Cicero to play a part in public life as an elder statesman, another Catulus (196 (IX.15).3), advice which he very reasonably rejected. Shortly after Tullia's death Atticus was persuading him at least to keep in public view and maintain his influence and prestige (cf. *A.* I, 50 n. 6). But that he was being pressed from any quarter to take an independent line in politics, even in opposition to the Dictator, as this passage implies, is not easy to believe. However, young Quintus, apparently much in favour at headquarters (cf. *Att.* 244 (XII.7).1 *fore ut angeretur cum a fratre familiaritate et omni gratia vinceretur*), warned Caesar against his uncle: cf. *Att.* 346 (XIII.37).2 of 21 August *cum multa de me, tum redire ad patrem; nihil ab eo tam* ἀξιοπίστως *dici quam alienissimos nos esse a Caesare, fidem nobis habendam non esse, me vero etiam cavendum.* φοβερὸν ἂν ἦν *nisi viderem scire regem me animi nihil habere.* This report (from the younger Balbus) was not the first of its kind: cf. 250 (IX.11) of late April or May; *Att.* 278 (XII.38) of 6 May and 317 (XIII.9) of 17(?) June. How was Cicero to react? He preferred not to recognize what seems to have been the real implication, that he might be plotting in secret. Nor did he choose to write directly and seriously to Caesar, giving Quintus the lie; such a letter would have 'dignified' the calumnies and perhaps defeated its purpose. So he put his denial in a emi-serious form, and chose of all things for its vehicle a letter of recommendation. Well might he conclude *genere novo sum litterarum ad te usus.*

4 μὴ μάν, κ.τ.λ.   *Il.* XXII.304f. (Hector speaks); cf. *Att.* 190 (X.1).1.

8 μισῶ σοφιστήν, κ.τ.λ.   Eur. fr. 905 (Nauck); cf. 27 (VII.6).2n.

10 ἅμα πρόσσω καὶ ὀπίσσω   *Il.* 1.343; *Od.* XXIV.452.

12 αἰὲν ἀριστεύειν, κ.τ.λ.   *Il.* VI. 208, XI.784. This had been Cicero's watchword in his early days (*Q.Fr.* III.5.4, where πολλόν replaces αἰέν).

318 (XIII.4)

This and the following three letters to persons in charge of land assignments to Caesar's veterans are generally supposed to follow Caesar's return from Spain in September 45. But they may be earlier. In fact the only concrete evidence, apart from an indication of Caesar's absence in §2, points to Caesar's third Dictatorship, between April 46 and April 45; see 320 (XIII.7), intr. note. On Orca see 57 (XIII.6), intr. note.

1, 2 beneficio   Cf. *A.* 1, 337. The particular benefaction referred to should have come before Cicero's Consulship to allow its objects to show their gratitude *in honoribus meis*, though the Augurate in 53 must not be forgotten.

4–5 causa intercederet   285 (XIII.19).1n.

8–9 Sullani temporis   Volaterrae fell to Sulla in 80 after two years of siege. In penalty he passed a law depriving its inhabitants of their recently acquired Roman citizenship and confiscating their lands. According to Cicero (*Dom.* 79) the deprivation of citizenship did not even last as long as Sulla had arms to support it (but cf. W. V. Harris, *Rome in Etruria and Umbria* (1971), 274ff.). The confiscation was in practice only partial (ibid., 259ff.; *A.* 1, 337).

2, 1 tribuni pl.   This seems to refer to Rullus' proposals, but Cicero may be confusing them with Flavius' agrarian bill in 60 (cf. *Att.* 19 (1.19).4).

5 comprobavit   Brunt (*Manpower*, 323) thinks this statement must be misleading: 'We may suppose that Caesar had then exempted the Ager Volaterranus from redistribution without giving the *possessores* better title than they had before.' Ever since Sulla's enactment the Volaterrans had been legally liable to eviction.

3, 8 civibus   Cicero himself and Caesar for two.

4, 6 apud ⟨bonos⟩ omnis   Without this supplement the statement is an absurdity, despite 73 (III.10).4 *remanere etiam nunc in civitate nostra studia prope omnium consensu erga fortis et industrios viros.*

319 (XIII.5)

Brunt (*Manpower*, 323) notes that this letter on behalf of an individual landowner implies that the general plea in the foregoing had not been successful.

1, 3 quod tu...potes Orca knew better than anyone how many such letters Cicero had written him.

6–7 quod...dubitent The indicative might have been expected, since no question about the reality of the reason given can be implied. Probably the subjunctive is due to *petant*.

2, 1 C. Curtio Probably son of the professional prosecutor Curtius, who was one of Sulla's victims (*Rosc. Am.* 90).

7 hoc...tempore Probably in 46 (cf. 218 (vi.18).1).

8–9 tueri vix potest There was no property qualification under the Republic for membership of the Senate or for election to the qualifying office; cf. Mommsen, *St.* iii, 876f. But obviously a man without means would be out of place there. Mommsen's view has been disputed, but see I. Shatzman, *Senatorial wealth and Roman politics* (1975), 45f. n. 121.

3, 3 ut C. Curti, sqq. 'To regard C. Curtius' estate as mine, to do for C. Curtius' sake whatever you would do for mine, and, having done it, to consider that whatever comes to him through my intervention is a gift from you to me.'

320 (XIII.7)

The addressee was evidently in charge of land assignments in Cisalpine Gaul and perhaps the man whom Augustus advanced to consular rank in 29 (Dio LII.42.4 Κλούουιόν τινα; cf. Broughton, Suppl. 17). He has been plausibly identified with C. Clovi(us) praef(ectus), who appears on a coin issued during Caesar's third Dictatorship, perhaps at Mediolanum (cf. M. Grant, *From Imperium to Auctoritas* (1946), 7ff.). Cicero's friend M. Cluvius of Puteoli, who died in August 45 (*Att.* 338 (xiii.46).2), is improbable, though the letter is likely to have been written before that date.

1, 3 agro vectigali municipi Atellani Cf. 278 (xiii.11).1. As generally understood, this means land belonging to the municipality and let out at rent; cf. *Leg. Agr.* ii.64 *agros vectigalis populi Romani*. Brunt (*Manpower*, 323) thinks it may have been *ager publicus* leased to Atella.

5–7 cum...ageretur 'Since the matter involves both a major financial interest of a highly respected township, with which I have close ties, and an imperative obligation on my side.'

4, 3 Regiensis The people of Regium Lepidi (perhaps *not* a Roman colony; cf. Weiss, *RE* IA, 487, 12) on the via Aemilia between Parma and Mutina.

5, 6–9 quod...impetrarimus 'You may take it that if we get what we hope from Caesar, we shall regard ourselves as owing it to your kindness; and if not, that we shall take the will for the deed, seeing that you will have done your best to get it for us.' More strictly, *eo* = 'the situation if our request is granted', *id* = 'the situation if it is refused'.

321 (XIII.8)

Nothing else is known of M. Rutilius, nor do we know the area in which he operated as one of Caesar's land commissioners.

1, 7 C. Albani Probably the C. Albanius of *Att.* 302 (XIII.31).4. The consensus of editors that the name is Albinius goes against the evidence. Albanius is the paradosis three out of four times in this letter. In *Sest.* 6 editors read *C. Albini* and *Albino* (*sic*), but in the second place P, the best MS, has *albano*. The familiarity of the cognomen Albinus accounts for the corruptions. In *C.I.L.* xv, 1445 *L. Sestius P.f. Alb. Quirinalis, Alb.* will represent *Albanianus*, not *Albiniensis*, as generally supposed.

8 L. Sestius *A.* vi, 265.

2, 2 in aestimationem accepit In settlement of a debt owed by Laberius; cf. 190 (IX.16).7n.

3 de bonis Plotianis The previous owner of the confiscated property bought by Laberius was probably A. Plautius (or Plotius), who seems to have been governor of Bithynia in 49–48 in succession to P. Silius; cf. 282 (XIII.29).4. Münzer (*RE* XXI, 9, 6) conjectures that he came to a violent end there.

4 dividi Cf. Brunt, *Manpower*, 323: 'It is rather puzzling that Cicero should have worried about the risk that another estate should be divided, the title to which derived from a sale by Caesar; one might perhaps suspect that all the circumstances are not disclosed, and that the purchaser had failed to pay the full sum when due.'

322 (VI.15)

On L. Minucius Basilus (the cognomen often appears as 'Basilius' in MSS; see *Thes.* s.v.) see *A.* v, 271, and further on his official career Sumner, *Lex Annalis*, 359. He was present at Caesar's murder as one of the conspirators and accidentally wounded a fellow-assassin in the scuffle (Nic. Damasc. *Vit. Caes.* 24). But the long-standing belief that this letter refers to that event was challenged by E. T. Merrill (*Cl. Phil.* 8 (1913), 48ff.; cf. P. Boyancé, *Études sur l'humanisme cicéronien* (1970; Collection Latomus, 121), 76f.) and seems impossible to sustain. Admittedly this is no ordinary letter. It has all the appearance of a note hastily scribbled in reaction to an exciting piece of news. And Cicero's later language leaves no doubt that his feelings at the time were just what it conveys. But when could he have written it? He did not get the first news of the murder from Basilus, as T.–P. surmise, for he was himself almost certainly present in the Senate-House (*Att.* 368 (XIV.14).4; *Phil.* II.28 – despite T.–P. v, xlviii n. 3); and that same afternoon of the Ides of March he met the conspirators, Basilus presumably included, on the Capitol (*Phil.* II.89, etc.). There is no point in between at which he can plausibly be imagined as writing to congratulate Basilus individually, with the assurance that he is looking after Basilus' individual interests and an enquiry as to what is going on. And even if Cicero was not present at the murder and did hear of it from Basilus (of all people), how should he write *tua tueor*? This cannot reasonably be dismissed as 'probably a general expression of interest felt toward Basilus'; cf. 323 (VI.16) *peto a te ut absentem me, quibuscumque in rebus opus fuerit, tueare*, 335 (XI.29).3 *meaque omnia tuebere*, et sim. Conceivably Cicero might so have written from the Capitol if Basilus had been elsewhere; but then he would not have needed Basilus to tell him what was going on.

Circumstantial evidence notwithstanding, one is left with a lurking doubt. The 'two abominable lines' (cf. *A.* 1, 74) are so uniquely apt to this context that it is hard to imagine them in any other.

323 (VI.16)

This Bithynicus was doubtless the son of Q. Pompeius A. f. Bithynicus mentioned as a speaker in *Brut.* 240 and 310, who acquired his cognomen (perhaps derisory; M. Antonius became Creticus about the same time) from his part in organizing the new province of Bithynia after the death of Nicomedes IV (cf. Broughton, 100), and grandson of A. Pompeius, Tribune in 102 (on the connexions between the Bithynici and other Pompeii see E. Badian, *Historia* 12 (1963), 138f.). As Propraetor in Sicily in 44–42 he surrendered after some resistance to Sex. Pompeius, who subsequently had him executed. 'Since we have no evidence on Bithynicus before 44...it seems useless to speculate on his career. He may never have been Praetor' (Sumner, *Lex Annalis*, 360). This letter would seem to have been the first in a correspondence which probably began soon after Bithynicus' arrival in his province and perhaps after he received the news of Caesar's death.

2–3 **ex parentibus nostris** The elder Bithynicus was about two years older than Cicero (*Brut.* 240), and as young men they were well acquainted. It does not seem likely that his son's friendship with Cicero originated in a friendship between him and Cicero's father, who would be contemporary with our Bithynicus' grandfather, the Tribune of 102. *parentibus* may therefore be used loosely (in legal language *parentes* could include grandparents and great-grandparents; cf. Fest. p. 247 (Lindsay). We may suppose that A. Pompeius and Cicero senior began the connexion, which was continued by their sons and then by the former's grandson.

7 intermoriturum Cf. *Mur.* 16 *memoriam prope intermortuam generis sua virtute renovare*, where *intermortuam* seems to mean 'dead–alive'. Here = 'wither', as of plant-roots in Cato and Pliny; cf. *Thes.* VII(i), 2230, 32).

324 (VI.17)

The letter to which Cicero here replies cannot be the foregoing, which contains no such promise as that mentioned in §1; cf. 330 (XVI.23).1n.

1, 3 etiam quo magis = *quo etiam magis*. Or should we read *accedere etiam, id quo magis expetam* (Wesenberg)?

2, 2 patris tui Q. Pompeius Bithynicus; see on the foregoing. For *iudiciis*, 'marks of confidence or friendship', cf. 20 (I.9).14; Ov. *ex Pont.* IV.9.69 *iudiciis...Augusti*; Plin. *Ep.* X.4.6 *ut...gloriari tuis iudiciis possim*; Tac. *Ann.* IV.39.2 *plurimis Tiberii iudiciis*. Cf. also *A.* IV, 412 where add Ov. *Tr.* V.6.16 (sim. *ex Pont.* II.7.84) *me pariter serva iudiciumque tuum*. In 316 (XIII.16).1 *eximiis iudiciis quae de eo feceras* the plural seems to be practically equivalent to the singular.

4 aut valent Of course *valuerunt ut valeant*, 'have succeeded in being successful', *is* impossible. *ut valeant* might be taken 'and so may they continue', but even to a Caesarian Cicero would not have expressed a wish that Caesar's following should be as powerful in the future as in the past. *aut valent* is perfectly satisfactory. Caesar was dead but his followers were very much alive; cf. *Att.* 360 (XIV.6).2 of 12 April *sic enim* πεπολιτεύμεθα *ut victos metueremus.*

325 (XI.1)

The events immediately following Caesar's murder on 15 March 44 have often been recorded. In brief, after the act the conspirators marched to the Capitol under the protection of gladiators belonging to D. Brutus, and there installed themselves. Later in the day they were joined by Cicero and others, and the situation was discussed. As a result negotiations were set on foot with the surviving Consul, Mark Antony, which led to a compromise; for on the 17th the Senate, meeting in the Temple of Tellus, decreed a general amnesty along with the ratification of Caesar's *acta*. But on the 20th riots broke out in connexion with Caesar's funeral, the houses of the conspirators were attacked, and M. Brutus and others (no doubt including Cassius) fled the city (Plut. *Brut.* 21).

At least half a dozen different dates for the letter have been advocated. Perhaps that of Schmidt (*Neue Jahrb.* 129 (1884), 334ff.) has found most favour, who assigns it to the early morning of the 17th (with §6 as a postscript a few hours later). This is open to two main objections. First, it seems unlikely that Decimus, presumed to be somewhere in the city, should have sent a letter to the Capitol instead of going there himself, and should ask his fellow-conspirators to name a place of meeting (§5). If it was not safe for him to go there, neither would it be safe for them to leave. Second, the letter shows a very low state of morale, easily understandable after the events of the 20th, much less so in the confused but by no means desperate situation preceding the temporary reconciliation of parties on the 17th.

I therefore follow Ruete, Sternkopf (*Woch. kl. Phil.* 33 (1916), 485ff.), and S. Accame (*Riv. di Fil.* 62 (1934), 201ff.) in assigning to a date shortly after Caesar's funeral. The arguments to the contrary are thus stated by How: 'Decimus Brutus must have left Rome for Cisalpine Gaul within a month of Caesar's death, since Atticus had heard by April 20 (*ad Att.* xiv.13.2) of his reaching his legions there. Now within that time it would be absurd for him to fear outlawry (§2) or for Antony to declare he could promise him no province (§1), at any rate after the decree of amnesty and of the confirmation of Caesar's acts (including his assignment of provinces), passed by the Senate on March 17. Further, it would be strange that no mention should be made of the disturbances which followed Caesar's burial (probably March 20) if the letter were written after that date.' As to the first point, the whole situation had been altered by the riots and the flight of the leading conspirators; in the period immediately following the compromise reached in the temple of Tellus may well have looked like a dead letter. As to the second, why should D. Brutus mention what his correspondents already know?

A copy of the letter was doubtless sent to Cicero at the time by the recipients.

1, 1 Hirtius Consul-Designate for 43 and a moderate.

3 provinciam Cisalpine Gaul, assigned to D. Brutus by Caesar (App. *B.C.* ii.124). He had also been designated to the Consulship in 42 along with L. Munatius Plancus.

5 militum Caesar's disbanded veterans and some troops under Lepidus, Caesar's Master of Horse (Nic. Damasc. *Vit. Caes.* 27; App. *B.C.* ii.119).

6 falsum Not that the soldiers and populace were not roused – obviously they were. But Decimus thought, doubtless rightly, that Antony had provoked the excitement and could put a stop to it if he wanted.

2, 2 legationem liberam   Cf. *A.* I, 359.

3, 1–2 **dandus est locus fortunae** 'We must yield to fortune';
cf. *Sest.* 12 *datus illo in bello esset hiemi locus*; *Nat. Deor.* II.83 *quacumque enim
imus qua movemur videtur quasi locum dare et cedere* (sc. *aer*); Liv. IV.39.1 *ut
parmatis. . .locus detur.*

4–5 **ad novissima auxilia** Cf. Caes. *B.C.* III.9.3 *ad extremum auxilium
descenderunt servosque omnis puberes liberaverunt*; 409 (X.33).4 *descensurum ad
extrema et non modo nationes sed etiam servitia concitaturum. novissimus* (cf.
Neue–Wagener, II, 261) is freely used by Cicero's correspondents (three
times in this letter), but not by Cicero, except in *Rosc. Com.* 30; cf.
Varro, *L.L.* VI.59; Gell. X.21. *descendemus* ('have recourse to') need not
imply degradation; cf. *Verr.* II.1.97 *se. . .quo ego vellem descensuros pollice-
bantur*; Hor. *Epist.* 1.9.11 *frontis ad urbanae descendi praemia*, et sim.

4, 1–3 **succurret. . .moliamur** 'Perhaps one of you will wonder
at this point why we should wait until the last moment instead of setting
something on foot now.'

4 **Sex. Pompeium** In Spain, where he had revived the war against
Caesar's governor, C. Asinius Pollio.

Bassum Caecilium At this time besieged in Apamea (Syria) by
Caesar's lieutenants.

6, 1 **post novissimum, sqq.** Usually regarded as a postscript
added after Hirtius' return. But in that case why is there nothing about
what Hirtius had brought back? *placitum est* need not imply that the
demand had already been made at the time of writing.

3 **invidiam** 'Indignarentur, inquit, boni cives vindices libertatis
egere praesidio' (Manutius).

326 (IX.14)

This letter is also found in the series to Atticus, 371 A (XIV.17 A); for
commentary see *A.* VI, 233f.

327 (XII.1)

The place and date of writing follow from *Att.* 372 (XIV.19).1 *quadriduo
ante ad eum scripseram.* Cicero had left Rome for Campania on 7 April.
Cassius was with Brutus at Lanuvium.

1, 4 **Dolabella** Now Consul in place of Caesar. About the end of
April, during Antony's absence in south Italy, he had dealt drastically
with pro-Caesarian rioters and destroyed a memorial (329 (XI.2).2n.)
which had been set up by the mob in the Forum; cf. *Att.* 369 (XIV.15).1,
and preceding letter.

manabat   Cf. *Att.* ibid. and *Phil.* I.5 *cum serperet in urbe infinitum malum idque manaret in dies latius.*

7 **compressum**   A somewhat easier change than the addition of *seditio* after *ita.*

8 **sordidissimo**   'Quod ab infima plebe atque a servis etiam impendebat bonis viris' (Manutius); cf. *Phil.* l.c.

10 **primum quicque**   'Each in its order', 'item by item'.

12 **interfecto...tuemur**   'Our king has been killed, but we are upholding (the validity of) his every regal nod.' Cf. *Att.* 368 (XIV.14).2 *sublato enim tyranno tyrannida manere video.*

13–14 **quae ipse...probamus**   Cf. *Att.* 367 (XIV.13).6 *quae enim Caesar numquam neque fecit neque fecisset neque passus esset, ea nunc ex falsis eius commentariis proferuntur,* 368 (XIV.14).2 *cui servire ipsi non potuimus, eius libellis paremus.*

15 **tabulae**   Bronze plaques inscribed with laws; cf. *Phil.* II.92 *inspectantibus vobis toto Capitolio tabulae figebantur, neque solum singulis venibant immunitates sed etiam populis universis;* 371 (X.8).3 *confirmandae complures civitates quae superiore anno largitionibus concessionibusque praemiorum erant obligatae.*

16 **discribuntur**   Here as in 143 (XVI.11).3 M has preserved the true reading against *describuntur* in χ.

exsules   The case of Sex. Cloelius (*Att.* 367 (XIV.13).6) is on record; cf. also 427 (XI.22).1n. Cicero himself implies that it was the only one down to 1 June (*Phil.* I.3, 6).

17 **referuntur**   Sc. *in tabulas publicas;* cf. *Dom.* 50 et al. *deferuntur* (sc. *in aerarium;* cf. Mommsen, *St.* III, 1011) is not a necessary change.

odium   Cf. *Att.* 366 (XIV.12).1 *vereor ne nobis Idus Martiae nihil dederint praeter laetitiam et odi poenam ac doloris.* Perhaps *odium* in both passages is better taken as 'weariness', 'disgust' than as 'the bitterness of hatred without the power to hurt' (*A.* VI, 224).

2, 5 **desiderat**   Emphatic, in contrast with *habet*: 'She has indeed had more from you than it ever entered my mind to hope, but she is not satisfied; she *wants* great things of you, proportionate to the greatness of your hearts and services.'

adhuc   This is no doubt the right punctuation (cf. *Phil.* II.113 *res publica, quae se adhuc tantum modo ulta est, nondum reciperavit*).

6 **nihil amplius**   'That's all.' Cassius was in no danger of misunderstanding this common expression, as Lehmann and others have done, to mean *est hoc unum omnium amplissimum.*

7 **an quod**   'Obedience to a dead man whom she could not tolerate alive – is that recovering her dignities?' *adde quod* (Sedgwick) is palaeo-

graphically unlikely; and this is no supplementary point, it is the heart of the problem.

8 refigere Cf. *Phil.* XII.12, XIII.5. *revellere* is similarly used (307 (XIII.36).1).

8–9 cuius...defendimus? 'Are we defending the paper memoranda of a man whose laws graven on bronze we ought to annul?'

9 decrevimus On 17 March.

17 vale Cf. 164 (XIV.8)n.

328 (XII.16)

Trebonius was on his way to Asia, the province assigned to him by Caesar.

1, 3 filium M. Cicero junior had been a student in Athens for about a year.

8–9 auribus tuis dare Cf., with Nardo, Quint. *Inst.* XII.10.45 *qui dandum putant non nihil etiam temporibus atque auribus*; Plin. *Ep.* II.5.5 *sunt enim quaedam adulescentium auribus danda*; Caes. *B.C.* II.27.2 *sive etiam auribus Vari serviunt.* Also *Quinct.* 40 *eius auribus pepercisse.*

10 tibi a me For the corruption cf. 377 (X.12).2 *sibi a te / tibi a se*, 435 (XI.17).2, and *Att.* 130 (VII.7).1 *te mihi / me tibi.* Nardo comments: 'L'emendamento proposto...è ingegnoso e non senza una sua giustificazione paleografica...tuttavia il testo scorre limpido anche così com' è, e anzi *mihi* sembra saldarsi più strettamente con *nostro*.' His translation tells a different tale: 'perchè non c'è cosa tua che non sia un poco anche mia'. For the phrase cf. *Pis.* 32 *si quid mihi potest a re publica esse seiunctum.*

14 qualiscumque Cf. Fronto, *ad Amic.* 1.5 *prorsus ego Statiani mei filium qualemcumque diligerem, tam hercle quam Faustiniani mei patrem qualemcumque carum haberem. nunc vero*, sqq.

15 libenter quoque I.e. with pleasure as well as sincerity (not 'quite spontaneously'). Similarly below, 'with pleasure (as well as because it is right)'.

2, 3–4 et caritate et amore Contrast *Part. Orat.* 56 *nam aut caritate moventur homines, ut deorum, ut patriae, ut parentum; aut amore, ut fratrum, ut coniugum, ut liberorum, ut familiarium*, where *caritas* as opposed to *amor* connotes reverence; here it denotes a regard based on moral duty as opposed to spontaneous affection.

5 Cratippus On this eminent Peripatetic see A. O'Brien Moore, *Yale Stud. in Cl. Phil.* 8 (1942), 25ff. (also, concerning his descendants, C. Habicht, *Altertümer von Pergamum VIII, 3: Die Inschriften des Asklepieions* (1969), 164f.). He had moved from Mytilene to Athens in late 46 or 45. A Pergamene inscription to M. Tullius Cratippus, probably his son or grandson, indicates that when Caesar gave him Roman citizenship at Cicero's request (Plut. *Cic.* 24) he took the latter's nomen, praenomen, and tribe.

8 pleno gradu A military expression found in Sallust and Livy (cf. *Thes.* VI, 2144, 45), appropriate, as Nardo says, from an old soldier like Trebonius.

9 exercendoque 'By practice', in declaiming and composition; not physical exercise (cf. 20 (1.9).24n.).

3, 4 ego tamen, sqq. 'However, I got a modicum of relaxation during the voyage, and have fitted together a little present for you after my fashion – I have cast a *bon mot* of yours, one very complimentary to myself, into verse, and written it down for you below.' Shuckburgh, T.–P., and Glynn Williams all translate alike, with three bad blunders, two of which go back to Manutius.

5 pusillum laxamenti Cf. *Att.* 262 (XII.23).3 *pusillum loci.*
concinnavi = *apte composui.* Cicero does not use this verb.

6 ex instituto meo Trebonius had already compiled a collection of Ciceronian *dicta*, each in an anecdotal framework (207 (XV.21)). Not 'as I had determined'.

6–7 dictum...dictum Cicero might have avoided this (though *dicta dicere* is unexceptionable and D. Brutus (401 (XI.20).1) writes *nisi dictum quod diceret te dixisse*). Cf. *de Orat.* II.222 *dicere Ennium flammam a sapienti facilius ore in ardente opprimi quam bona dicta teneat, haec scilicet bona dicta quae salsa sint; nam ea dicta appellantur proprio iam nomine*; fr. epist. (Watt), p. 152 *nostri, cum omnia quae dixissemus dicta essent, quae facete et breviter et acute locuti essemus, ea proprio nomine appellari dicta voluerunt.*

7 conclusi Cf. *Fin.* II.105 *nec male Euripides (concludam, si potero, Latine; Graecum enim hunc versum nostis omnes)* '*suavis laborum est praeteritorum memoria*', on which Madvig: '*concludam*) numeris, ut Horatius *concludere versum* dixit.' Not 'I have inserted'.

tibi infra subscripsi The verses were appended to the letter. Not 'and I added a footnote acknowledging it as yours'.

8 εὐθυρρημονέστερος Cf. 189 (IX.22).5. Antony was probably the target.

9 personae 'The figure.' T.–P. go too far: 'Antony, not as mere Antony, but in his public capacity as magistrate, the debauchee consul.' *persona*, like 'personage', 'character', can amount to little more than 'person'; cf. 234 (VI.6).10n.

13 par 'mihi: cum aeque illos, ut ego hunc, oderit' (Manutius). This is tenable, though *pari* (Lambinus), generally read by modern editors before Nardo, is very probably right.

4, 2 sermones 'Dialogos; in quos includi volebat' (Manutius).

3 **partem** Not a metaphor from the theatre (Nardo, comparing Ter. *Ad.* 880 *non posteriores feram*; Hor. *Sat.* 1.9.46 *ferre secundas*); with the genitives *rei* and *amoris* the meaning must be 'share'; cf. *Rosc. Am.* 107 *qui ab eo partem praedae tulerunt.*

329 (XI.2)

After their first flight from Rome following the riots after Caesar's funeral Brutus and Cassius seem to have returned (cf. Gelzer, *RE* x, 993, 62), only to withdraw again to Lanuvium about the middle of April (*Att.* 361 (XIV.7).1). No doubt a copy of this letter was sent to Cicero.

1, 4 veteranorum Some of them accompanied Antony on his return to Rome from Campania in late May (*Phil.* II.108).

5 **ad Kal. Iun.** Antony had called a meeting of the Senate for 1 June (*Phil.* I.6).

7 **dimiserimus** Cf. *Phil.* x.7 *qui cum praetor urbanus esset, urbe caruit, ius non dixit...cumque concursu cottidiano bonorum omnium qui admirabilis ad eum fieri solebat praesidioque Italiae cunctae saeptus posset esse, absens iudicio bonorum defensus esse maluit quam praesens manu.*

8 **edicto** This is the edict referred to in *Att.* 374 (XIV.20).3f. Cicero had produced a draft at Atticus' request, but Brutus preferred his own.

2, 3 ara After Caesar's murder a funeral monument consisting of an altar and column seems to have been set up in the Forum on the site of his pyre by the Pseudo-Marius (*A.* v, 339), who claimed to be his relative, and became an object of popular cult. It was demolished by Dolabella (cf. 327 (XII.1).1n.). Later a column was set up by Octavian on the same spot. On sources and problems see Weinstock, *Div. Jul.* 364ff.

6 **aliud libertate** *Thes.* I, 1636, 59 quotes other examples of the ablative after *alius* (like the genitive after ἄλλος, ἕτερος) from Varro, Horace, Phaedrus, and Seneca.

3, 7 commodis Cf. *Phil.* I.6 *veterani qui appellabantur...non ad conservationem earum rerum quas habebant sed ad spem novarum praedarum incitabantur.* On Antony's and Dolabella's land bill, passed in mid June, see Broughton, 332f., Suppl. 6.

330 (XVI.23)

Written before Cicero left the neighbourhood of Rome at the end of June. The reference to relations with Antony ill suits late June (cf. *Att.* 397 (XV.20).3) and Schmidt may be right in identifying the letter which Cicero here promises to write to him after Tiro's return with the one he mentions as already written in *Att.* 385 (xv.8).1 of 31 May (*Neue Jahrb.* 129 (1884), 337). Tiro had been sent to Rome on 25 May (*Att.* 382 (xv.4a), but was back in Tusculum by the end of the month (*Att.* 385 (xv.8).1). The words *liceat modo rusticari* in §1 can be related to Cicero's declaration in *Att.* 383 (xv.5).2 (27 or 28 May) that he had no intention of attending the meeting of the Senate called for 1 June.

1, 1 professionem 'Declaration', perhaps in respect of the transfer of a particular piece of property. On this controversial matter see *A.* v, 356.

2 verum tamen Sc. *confice.* Sim. ἀλλ' ὅμως (Eur. *Bacch.* 1027, et al.), ὅμως δέ (Lys. 12. 61); cf. 334 (vii.19) init. So often in the later letters to Atticus.

3 ἐπιφορᾷ *epiphora* is often used in post-Augustan technical writing in the sense of *destillatio,* usually of the eyes. Here perhaps 'attack', presumably of gout (cf. 262 (vi.19).2); cf. L.–S.–J. s.v. Since Greek medical terms in the letters are normally not latinized I have not followed Bertotti in restoring the Latin form.

4 de lege Perhaps the land law.

quod egerit Cf. *A.* iii, 271.

liceat modo rusticari I.e. 'so long as he doesn't insist on my coming to Rome (and the Senate)'; see intr. note above.

5 ad Bithynicum G. T. Merrill (*Cl. Phil.* 10 (1915), 437) thought this might refer to 324 (vi.17). But this is probably another man. Apart from Antony's follower L. (?) Clodius Bithynicus (cf. Münzer, *RE* iv, 76, 44), slaves and freedmen called Bithynicus are common in inscriptions.

2, 1 Servilio The recent death of the aged P. Servilius Isauricus senior is mentioned in *Phil.* ii.12, composed in September–October. Tiro seems to have relayed a talk with Atticus, who was afraid that Cicero might take alarm at a current 'scare' (πανικόν; cf. *Att.* 113 (v.20).3). As to its nature, the implausible theories of Ruete and Schmidt can be sought in T.–P. Talk of trouble from the veterans was rife in Rome in late May; cf. *Att.* 383 (xv.5).3. Tiro may have added something to the effect that Cicero ought not to worry, and that he would quite probably live to a ripe old age like Servilius.

3 nec videt Cf. 411 (xi.21).4 *sed velim tibi persuadeas, cum te constet excellere hoc genere virtutis, ut numquam extimescas, numquam perturbere, me huic tuae virtuti proxime accedere*; *Phil.* xii.24 *nemo me minus timidus, nemo tamen cautior.*

5 tamen I.e. 'although I am quite unperturbed by the rumours'.

6 amicitiam Cf. 353 (xi.5).2 *semper amicus fui*; *Phil.* i.11; *Att.* 199 A (x.8A).1. But the friendship was never close; cf. *Att.* 367 B (xiv.13B).5.

7–8 syngrapha Apparently some private business of Tiro's.

8 **γόνυ κνήμης**   Sc. ἔγγιον; cf. Leutsch–Schneidewin, *Corp. Paroem. Gr.* I, 57f. Plautus has a Latin counterpart, *tunica propior pallio est* (*Trin.* 1154).

†**n.**†   *eum* may well be right, but is obviously not certain; cf. 110 (xv.4).6 *Metram et eum quem tu mihi diligenter commendaras, Athenaeum.* The person concerned is probably either Quintus senior or his son; the latter seems to have borrowed money from Lepta about this time, making unauthorized use of his father's name (*Att.* 404 (xv.26).1).

8–9 **ad cuius...utendum est**   'I shall need the sweet of your conversation to counteract the bitter of his company.' The pleasant odour of *puleium* (pennyroyal, a kind of mint; originally pulioll royal, i.e. *puleium regium*, according to A. S. Pease on *Div.* II.33) was supposed to be good for headaches (Plin. *N.H.* xx.152). On other medical uses see Pease l.c. The bitter rue also was much used in medicaments. Presumably Cicero is thinking of the taste; pennyroyal (βλήχων or γλήχων) was used as a flavouring in wine, etc. (cf. e.g. *Hymn. Dem.* 209). Mendelssohn cited St Ambrose, *Ep.* 1.4.1 *etsi habitu corporis minus valebam, tamen ubi sermonem unanimi mihi pectoris tui legi, non mediocrem sumpsi ad convalescendum gratiam quasi quodam tui alloquii puleio refotus.* Unlike Cicero, the saint thinks only of the healing properties of the herb.

331 (VII.22)

E. Fraenkel (*Wien. Stud.* 69 (1956), 281f.) brings this note into comparison with Catull. 50 (*hesterno, Licini, die otiosi...*). It may belong with the three following to 44, though nothing precludes a date before Tullia's death. *domum* indicates that it was written in Rome (not Tusculum).

1 **illuseras, sqq.**   'You made mock of me yesterday over our cups for saying that it was a moot point whether an heir can properly take action for theft in respect of a theft previously committed. So when I got home, though late and well in tipple, I noted the relevant section and send you a transcript. You will find that the view which, according to you, has never been held by anybody was in fact held by Sex, Aelius, M'. Manilius, and M. Brutus. However, I for my part agree with Scaevola and Testa.'

2 **antea**   I.e. in the period between the death of the testator and the heir's taking possession, when the property legally belonged to no one; cf. *Dig.* XLVII.4.1.15 *Scaevola ait possessionis furtum fieri; denique si nullus sit possessor, furtum negat fieri: idcirco autem hereditati furtum non fieri, quia possessionem hereditas non habet, quae facti est et animi. sed nec heredis est possessio antequam possideat, quia hereditas in eum id tantum transfundit quod est hereditatis, non autem fuit possessio hereditatis.* A theft committed during the

testator's lifetime *was* actionable (*Dig.* XLVII.2.47). On the legal machinery devised to remedy this situation, see Buckland, 306.

4 id caput Doubtless with reference to 'the eighteen books *De iure civili* written by the great jurist whose instruction he himself was proud to have enjoyed, Q. Mucius Scaevola (*pontifex*)' (E. Fraenkel (following P. Huvelin), *Journ. Rom. Stud.* 47 (1957), 67). Cf. Gell. IV.1.20 *adscribendum hoc etiam putavi, Servium Sulpicium in reprehensis Scaevolae capitibus scripsisse,* sqq.

notavi Probably 'marked'. A slave would do the copying. Cf., however, Gell. III.18.9 *versum quoque Laberii. . .notari iussimus quem legimus in mimo.*

5 sensisse Fraenkel (l.c. 68) notes that *sentire* is fairly often so used by jurists (e.g. *Dig.* XXIII.3.79 praef. *ego cum Servio sentio*) though the use was not peculiar to them but could denote 'any δόξαι (*sententiae, placita*) in any branch of learning'.

5–6 Sex. Aelium, sqq. Sex. Aelius Paetus Catus (cos. 198), M'. Manilius (cos. 149), and his contemporary M. Junius Brutus (father of the Prosecutor; *Brut.* 130) were all eminent jurists.

332 (VII.21)

References to Silius' case in *Att.* 400 (XV.23) and 401 (XV.24) place this letter in the latter half of June 44.

1 Sili causam On this see A. Watson, *Law of succession in the later Roman Republic* (1971), 73ff. It seems to have been as follows: a certain Turpilia made a will leaving her estate to P. Silius; but as she had not undergone *capitis deminutio* by the process of *coemptio*, thus passing out of the *potestas* of her guardian, the will was legally void (cf. Watson, op. cit. 22f.). None the less the Praetor Urbanus (M. Brutus) granted Silius *bonorum possessio secundum tabulas* (cf. 301 (XIII.30).1n.). The will was contested by the intestate heir, who seems to have taken possession of the property, or some of it, and at Silius' request the Praetor issued an interdict ordering him to restore it. To give this effect Silius proposed a *sponsio* in the form *si bonorum Turpiliae possessionem Q. Caepio praetor ex edicto suo mihi dedit.* Trebatius, consulted by Cicero, had earlier given an opinion that Silius would win the *sponsio* and that he would regain possession. But two eminent jurists, Sulpicius Rufus and Offilius, disagreed. In their view (endorsed by Cicero in *Top.* 18, perhaps with this case in mind) *bonorum possessio secundum tabulas* could only be given *ex edicto* where the will was legally valid. Trebatius' previous opinion may have been based on some special circumstances which in his view made Turpilia's will valid, or, more probably, he held that a grant of *possessio*

472

bonorum, even if made in error, was none the less *ex edicto*. Such a grant was provisional, and the legal heir could assert his claim by *petitio hereditatis*.

3 **Q. Caepio** Brutus' name was officially Q. (Servilius) Caepio (Brutus); cf. *A*. I, 400. Apparently he had not, as some evidence would suggest (cf. Gelzer, *RE* x, 975f.), entirely dropped the nomen Servilius; cf. Broughton, Suppl. 32.

II **pollicitus eris** 'Promise your services.'

sed Not 'ay, and if you love me...' (T.–P.). 'But do it as soon as possible' is equivalent to 'but don't waste any time'; cf. *Q.Fr.* II.9.4 *et adduc, si me amas, Marium, sed approperate*.

333 (VII.20)

On the last day of June Cicero left for Arpinum and then Campania *en route* for Greece; but he got no further than Syracuse and was back at Tusculum by the end of August (cf. *Phil.* I.7ff.). It is not clear that Cicero stayed at Trebatius' house in Velia (cf. *A*. VI, 290 (*Talnam*)).

I, 2 **Rufio** A common slave-name. He will have been a slave or freedman of Trebatius, probably the C. Trebatius Rufio of *C.I.L.* VI, 16120, who along with another man put up a monument to one Q. Cornelius in Rome (*faciendum curaverunt ex testamento eius*). He evidently knew something of building.

3 **unus e nobis** Cf. *Fin.* v.4 *ita enim se Athenis collocavit ut sit paene unus ex Atticis*; Petr. 44.10 *et quam benignus resalutare...tamquam unus de nobis*. This may suggest that Rufio at this time was a slave rather than a freedman; cf. Ter. *Ad.* 422 *nam id nobis* [sc. *servis*] *tam flagitiumst quam illa, Demea, | non facere vobis quae modo dixti*. Or does *nobis* mean 'our circle'?

4 **aedificationem** In Rome, presumably near the Lupercal, a grotto at the foot of the Palatine where the she-wolf was supposed to have suckled Romulus and Remus.

5 **Velia...vilior** Apparently an intentional jingle.

6 **istuc** 'The place you are in' (Rome).

tu An adversative particle might have been expected. Perhaps *at* fell out between *omnia* and *tu*, or *tamen* (*tn̄*) after the latter.

8 **Haletem** F. Préchac (*Cl. Quart.* 7 (1913), 279f.) points out that the river and the town were intimately associated, some deriving the name of the latter ('Ελέα) from that of the former ('Ελέης; cf. G. Radke, *RE* VIIIA, 2405, 7), and rich in historical associations.

9 **Papirianam domum** The house must have belonged to a Papirius; cf. *A*. I, 280f. Lucania had been Roman since the victories of L. Papirius Cursor in 272.

473

9–11 quamquam...prospexeris From *Proc. Cam. Phil. Soc.* 5 (1958–9), 9: Préchac's article (see above) goes a long way in the right direction. He points out that *lotum* is practically certified by the words *quo etiam advenae teneri solent*, which, as he after Ernesti recognized, allude to Homer's λωτοφάγοι: he compares Plin. *N.H.* XIII.105 *ut nomen etiam genti terraeque dederit nimis hospitali advenarum oblivione patriae*. He convincingly defends the unusual gender, and perceives that *illa quidem* is the *domus Papiriana*. But he breaks down over *quamquam* because he sticks to the old, futile idea that *advenae* are unwelcome visitors, intruding on Trebatius' privacy (cf. T.–P.: 'this would appear to have been a show lotus which tourists came to see'). Cicero simply means: 'If you take my advice you won't desert the *domus Papiriana* – though to be sure it has a lotus, which usually holds even strangers captive'; i.e. 'I say "don't desert", but there can be no question of leaving a property with a lotus inside it.' The following witticism is idle word-play: 'True, you will take a longer view if you cut it down.' It is not implied that this would in fact be desirable. It merely occurs to Cicero that the lotus does block the view and that he can make his favourite sort of joke by saying so.

2, 1 sed Resumptive.

3, 1 Sex. Fadio Nothing else is known of him. His master Nico will be the physician whose prescriptions are cited by Celsus (v.18.26) and the pupil of Asclepiades mentioned in the medical section of Herennius Philo's work Περὶ κτήσεως καὶ ἐκλογῆς βιβλίων (cf. H. Diller, *RE* XVII, 506, 60).

3 Bassus Unknown, unless he is the bad author of *Att.* 242 (XII.5).2. *Balbus* is rather tempting. He was a friend of Trebatius and doubtless interested in food (cf. 194 (IX.19)).

4 te quidem non videtur This seems to imply that Trebatius knew all about πολυφαγία.

334 (VII.19)

1–2 vide...tamen For the punctuation cf. 330 (XV.23).1.

2–3 quod...certe 'That request of yours to which to your face I said something a little like no, and certainly did not say yes.'

3 debere Cf. *A.* II, 170.

4 itaque, sqq. Cf. *Top.* 5 *ut autem a te discessi in Graeciam proficiscens... ut veni Veliam tuaque et tuos vidi, admonitus huius aeris alieni nolui deesse ne tacitae quidem flagitationi tuae. itaque haec, cum mecum libros non haberem, memoria repetita in ipsa navigatione conscripsi tibique ex itinere misi.*

5 Topica Aristotelea Cicero's *Topica*, on the sources of proof (τόποι, *loci*), has in fact nothing to do with Aristotle's work of the same name, which he had possibly never seen. He seems to have followed Antiochus of Ascalon, who probably claimed to be following Aristotle; cf. W. Kroll, *RE* VIIA, 1103.

7 planissime A defensive note can be detected. The examples in the *Topica* being taken from Roman law, it is the least perspicuous of Cicero's works; cf. Quint. *Inst.* v.10.64.

8 litteris 'By reading.'

10 abieris = *abibis*; cf. K.–S. 1, 147f.

13 recte *certe* cannot well mean 'at least', since the difficulty as stated lay in understanding without a teacher. I prefer Konrad Müller's *recte* (cf. *A.* VI, 308 and 407 (x.20).2 *certius | rectius*), communicated privately, to my own suggestions *certe ut* or *certe omnia consequere ut per te.*

16 ista 'Things in Rome.' Cf. *Font.* 48 *haec salva esse non possent* (sim. *Marc.* 32; *Phil.* IV.7).

335 (IX.29)

Cicero was still hesitating about his trip to Greece on 29 June, the day before he left Tusculum (*Att.* 403 (xv.25)). But a visit from Atticus seems to have decided him (*Att.* 404 (xv.26).3, 406 (xv.27).2). It was doubtless on this farewell visit that Atticus reported the conversation with Oppius which (along with a letter from the same) had a settling effect on Cicero's mind (§1). This letter will have been written shortly after his departure, perhaps from Anagnia (cf. *Att.* 404 (xv.26).1). Hülsen's statement (*RE* I, 2025, 14) that Cicero had a fine estate there (a villa, according to T.–P., v, 363) is unfounded. It is not even certain that he had a *deversorium* (cf. *Att.* 248 (XII.1).1; modify *A.* VI, 297). On affinities with Cicero's letter to Matius (348 (XI.27)) see intr. note to the latter.

1, 13 amicissimum Caesar.

2, 2 cum abessem In 49–47.

7–8 post mortem Caesaris Oppius had been circumspect: cf. *Att.* 355 (XIV.1).1 of 7 April, *o prudentem Oppium! qui nihilo minus illum desiderat, sed loquitur nihil quod quemquam bonum offendat.*

336 (XI.3)

Brutus was at Naples in late July, still thinking of compromise with Antony and a return to Rome (*Att.* 415 (xvi.7).1). These hopes were soon dispelled. He and Cassius put out an edict to the effect that they were precluded from carrying out their duties as Praetors and declaring themselves ready to retire into voluntary exile. This provoked a violent

counter-edict and letter from Antony, to which the Praetors replied
with another edict and this letter (for sources see Gelzer, *RE* x, 998).

1, 6 postulassemus Brutus, as Praetor Urbanus, had already been
authorized by law to be absent from Rome (*Phil.* II.31). Andresen
therefore conjectured that the request referred to the extraordinary
corn-purchasing commission assigned to Brutus and Cassius by the Senate
(cf. *A.* VI, 256), of which they had asked to be relieved.

2, 1 exercitibus In the east.

3, 3–4 quorum...terreas 'It is idle for you to try to frighten us in
reliance upon them', i.e. 'you must not count upon such threats to
intimidate us'; not 'and by an appeal to force you cannot at all terrify
us' (T.–P.).

9–11 sed pulchre...videatur 'But you are perfectly well aware
that we cannot be driven into any course, and it may be that your
present menacing behaviour is designed to make our deliberate choice
look like fear.' For *pulchre intellegis* ('ye ken fine') cf. 414 (x.23).1
Lepidum enim pulchre noram. Whether the form *fortassis* was used by Cicero
is doubtful; cf. *Thes.* VI, 1143. Watt admits it in *Q.Fr.* II.2.1.

337 (XVI.21)

A date subsequent to July 44 has been deduced from the mention of
Cicero senior's letter in §1. This had apparently been written after he
had received better reports of his son's conduct, probably on 10 June
(*Att.* 391 (xv.16); cf. *Att.* 394 (xv.17).2) and took 46 days to reach
Athens. Moreover, Brutus seems not yet to have arrived there. He was at
Velia with a flotilla on 17 August (*Att.* 415 (xvi.7).5), and so may have
reached Athens by mid September. But Nicolaus of Damascus (*Vit.
Caes.* 31) represents him as leaving Italy after Octavian's reappearance
in Campania in October (but cf. 346 (xii.22).2 init.). However, Cicero
senior probably wrote soon after receiving the favourable reports, and
his son soon after the arrival of his mail – i.e. about the beginning of
August.

1, 8 humanitatis tuae One aspect of *humanitas* was readiness to
overlook a grievance and accept an excuse; cf. 18 (1.7).3n.

2, 2–3 praestaboque...opinio 'I shall make sure and work hard
to see that this tiny new image of mine goes on getting bigger and bigger
as the days go by.' *magis magisque duplicetur* (i.e. *crescat*) is not a logical
phrase.

4–5 bucinatorem...existimationis meae 'My publicity-agent';
cf. *Arch.* 24 '*o fortunate*' inquit '*adulescens, qui tuae virtutis Homerum prae-
conem* (= κήρυκα) *inveneris!*'; Juv. XIV.152 *quam foedae bucina famae!*

8–12 **cuius... volui** 'Very well do I know that you shared my worry and unhappiness, as well you might, for you wanted all to go right for me, not for my sake only but for your own too, because I have always wanted you to have a part in any good things that come my way.' There is nothing extraordinary in the subjunctive *velles*; cf. K.–S. II, 351f. On *successa* cf. ibid. I, 99.

3, 3 Cratippo Cf. 328 (XII.16).2n.

4, 1 Bruttio Nothing further known. The name (cf. 309 (XIII.38)) is found on numerous inscriptions, especially in southern Italy; cf. Henze, *RE* III, 911.

4 συζητήσει 'Disputation.' Cf. Epicur. fr. A lxxiv (Bailey) ἐν φιλολόγῳ συζητήσει πλεῖον ἤνυσεν ὁ ἡττηθείς, καθ' ὃ προσέμαθεν.

5 ex meis angustiis In June Marcus had complained that, while his allowance from his father was amply sufficient, it was doled out to him *perexigue et* γλισχρῶς by Atticus' Athenian agent, Xeno (*Att.* 409 (XVI.1).5).

5, 2 Cassium Another unknown professor of rhetoric. The Roman name could conceal a Greek one (*Castorem? Cassandrum? Ctesiam?*).

5–6 princeps Atheniensium 'A leading man in Athenian society' rather than 'the leading man'. Cicero often so describes prominent people in non-Roman communities; cf. W. Beringer, *RE* XXII, 2006; R. G. M. Nisbet on *Pis.* 84. Epicrates was identified by P. Graindor (*Athènes sous Auguste* (1927), 105f.) with the son of Callimachus, of Leuconoeum, who filled various high Athenian offices in the earlier part of Augustus' reign; cf. J. Geagan, *The Athenian constitution after Sulla*, *Hesperia*, Suppl. 12 (1967), 19. Leonides used to send reports on Cicero junior to his father (*Att.* 370 (XIV.16).3, etc.).

6, 1 Gorgia At this time he must have been himself quite a young man. In the later Augustan period he was in Rome and a noted rhetorician, mentioned by the elder Seneca, and the source of Rutilius Lupus' treatise *de Figuris* (Münscher, *RE* VII, 1604ff.). According to Plutarch (*Cic.* 24) he led young Marcus into bad ways and received a justly irate letter (in Greek) from his father.

7, 6 noli mirari 'Cum gratulatio primum in epistula locum postulet' (Manutius, with examples).

7 habes 'You are a landed proprietor'; cf. *Rosc. Am.* 132 *qui in Sallentinis et Brutiis habent.*

8 rusticus Romanus factus es 'You are now a Roman squire.' Cf. Varro, *Menipp.* p. 139 (Riese), *quotiens priscus homo ac rusticus Romanus inter nundinum barbam radebat?* Ribbeck's *germanus* is idle, though I do not know why T. Bertotti finds *rusticus germanus* unacceptable Latin. *rusticus Romanus* places Tiro as a member of a recognized social group, countrydwelling Roman citizens; cf. *Att.* 180 (IX.13).4 *municipia vero et rustici Romani illum metuunt*, et sim. Incidentally I find L. R. Taylor's explanation of *rusticos* in *Att.* 89 (IV.16).6 (*Voting districts of the Roman Republic* (1960), 143) as members of the rural tribes hard to accept, particularly as the persons alluded to would be *ex hypothesi* descendants of freedmen who would not in most cases be country folk. Nor would their influence among the 31 *tribus rusticae* count for much. In *Leg. Agr.* II.79 *ut...ante rusticis detur ager...quam urbanis* and *Har. Resp.* 56 *rustici* may be taken as either 'members of the rustic tribes' or as 'country folk', amounting in the contexts to practically the same thing. Cf. also *Fin.* II.77 *omnes urbani rustici, omnes, inquam, qui Latine loquuntur*.

8–10 quo modo...propono! This punctuation seems greatly preferable to its rivals. Müller did not think, as T.–P. say he thought, that *enim* renders it intolerable. His note refers to the punctuation *quo modo...propono?*

12 semina Presumably for sowing.

8, 4 hypomnematis 'Lecture-notes.'

5 Anterum Cf. *A.* IV, 388.

338 (XVI.25)

Generally placed after the foregoing, but still before Brutus' arrival in Athens. But the date is really uncertain. It could be earlier, since *de sua in me voluntate* scarcely 'shows that Cicero was on good terms with his son' (i.e., was satisfied with his conduct).

1 excusatione No doubt pressure of work; cf. 337 (XVI.21).7.

339 (XII.20)

The date is uncertain. L. Ganter's highly plausible hypothesis (*Philol.* 53 (1894), 141) that Cicero wrote the letter at the sitting of the Senate on 2 September 44, after Cornificius had set out for his province of Africa, cannot be proved; cf. Sternkopf, *Hermes* 47 (1912), 338. On the other hand, the reference to Cicero's lodge at Sinuessa is against Schmidt's dating to the spring of 46 (*Briefwechsel*, 252); see below.

1 Sinuessanum Cicero probably acquired this lodge in the autumn of 45; cf. 262 (VI.19).1n. Evidently Cornificius had been invited to use it on his journey south.

4 πάντα περὶ πάντων 'Si quid est praeteritum, plena compensatio demonstratur his verbis' (Manutius). That is what the context here demands, though a more obvious sense, 'everything about everything', would suit better in 214 (XV.17).1. Has περί replaced ἀντί?

6 **ut es** 'Quae tua consuetudo est' (Manutius); cf. *A.* v, 364 (*ut erat*); see also Lehmann, *Quaest.* 83f.

8 **exaravi** Probably on *codicilli*; cf. 197 (IX.26).I.

340 (X.I)

Written after Cicero's return to Rome at the end of August, perhaps after 19 September (see below). L. Munatius Plancus (*A.* v, 341), now Consul-Designate for 42 along with D. Brutus, had gone to his province of Transalpine Gaul (except Narbonensis) as Proconsul soon after Caesar's murder (cf. Broughton, 329).

1, 1 **me⟨di⟩o** An almost certain correction; cf. *Off.* III.121 *si ipse venissem Athenas, quod quidem esset factum nisi me e medio cursu clara voce patria revocasset*; *ad Brut.* 23.5 *in medio Achaico cursu*.

2 **numquam** On his way back to Rome, according to Plutarch (*Cic.* 43), Cicero had received a report (not constant reports, as T.–P.) of evil intent on the part of Antony, who also threatened violence against him on 1 September (*Phil.* 1.12, v.19; Plut. *Cic.* 43); but after the delivery of the First Philippic on the 2nd they remained, according to Plutarch, keeping out of each other's way, quietly watching one another (l.c. ἀντιπαρεξιόντες ἀτρέμα καὶ φυλαττόμενοι διετέλουν; L.–S.–J.'s rendering of ἀντιπαρεξιόντες, 'making hostile demonstrations', seems inadmissible). There is therefore something to be said for Nake's view that this letter was written after Antony's violent rejoinder on 19 September (cf. 373 (XII.25).4). The fact that Cicero says nothing about Plancus' *supplicatio*, the subject of his next letter, could be explained by supposing that letter to be the earlier of the two. However, Cicero does say in *Phil.* v.19 that Antony declared enmity against him (*inimicitias mihi denuntiavit*) *before* the 19th. And his words here, whenever he wrote them, strictly mean that Antony's persecution started from the time of his own return to Rome, if not sooner.

8 **gloria** Cf. *Phil.* 1.38 *mihi fere satis est quod vixi vel ad aetatem vel ad gloriam* – a strange echo of Caesar (*Marc.* 25).

10 **optandum ⟨magis quam sperandum⟩** Cf. *Q.Fr.* II.11.4 *id erat eius modi ut magis optandum quam sperandum putarem*, et sim. I do not think that *optandum* by itself could legitimately yield this sense. *sperandum* leads to *spes* in the next sentence.

11–12 **quae...spes** Two thoughts have become confused: (*a*) Plancus' Consulship is so far ahead that Cicero can scarcely hope to live to see it; (*b*) the state of the commonwealth is such that any hope is idle.

3, 2 tamen   The implication is that even if the commonwealth were left aside, Cicero would still be devoted to Plancus' interests.

4, 1 Furnium   Now Plancus' Legate; cf. *A*. III, 192.

3 iudici   'Good opinion'; cf. *A*. IV, 412.

341 (X.2)

The meeting of the Senate at which Plancus had been or was to be honoured, no doubt by a *supplicatio* (probably for victory over the Raeti, for which he was later given a Triumph), seems to have been that of 19 September, the only meeting between then and 20 December (when Cicero delivered the Third Philippic) being that called by Antony on 28 November. If Plancus' *supplicatio* had been part of the proceedings at that meeting, Cicero would have mentioned it, as he does mention the *supplicatio* for Lepidus (*Phil.* III.23).

1, 2 defuisset...potuissem   The tense, which may be epistolary, does not prove that the meeting had already taken place.

4 gladiorum   Cf. *Phil.* I.27 *cum tanta praesertim gladiorum sit impunitas*; Vell. II.125.2 *paene in ultimum gladiorum erupit impunitas*; 231 (IV.9).4n.

6 audiant   Cf. *Phil.* II.112 *cur me tui satellites cum gladiis audiunt?*

342 (XI.4)

D. Brutus left Rome early in April for Cisalpine Gaul, where he campaigned against Alpine tribes and was saluted Imperator (Broughton, 328). He now wanted a *supplicatio*. The letter was written in September. On its date and that of the three ensuing letters to and from Decimus see Sternkopf, *Philol.* 60 (1901), 282ff.; *Hermes* 40 (1905), 529ff.

1, 3 Inalpinos   A comprehensive term; cf. Suet. *Aug.* XXI.2 *Vindelicos ac Salassos, gentes Inalpinas*. Two other constituent tribes were transferred by the Emperor Galba to Gallia Narbonensis (Plin. *N.H.* III.37).

2, 2 liberalitatem...animum   'Generosity (in the distribution of plunder)...spirit.'

343 (XI.6)

This, a reply to the foregoing, was separated from 356 (XI.6a) by Sternkopf. It was clearly written after the Senate's meeting on 19 September (cf. 341 (X.2)), probably about the end of the month.

1, 1 Lupus noster   Probably an unknown familiar of Decimus, not P. Rutilius Lupus, Praetor in 49 (*A*. IV, 350).

sexto die   Averaging over forty miles a day; 'eine ganz respektable Leistung' (Sternkopf).

480

344 (XII.2)

Written after 19 September (§1) and before 2 October (345 (XII.3).2).
Cassius may still have been in South Italy.

1, 1 sententiam et orationem There is no formal motion in the
First Philippic though H. Frisch (*Cicero's fight for the Republic* (1946), 131)
thinks it probable that there was one in the speech as delivered. At any
rate, there was presumably some motion before the Senate, which Cicero
may have supported. *sententiam* çan hardly mean 'opinion' in this
context; cf. 76 (III.13).1 *auctoritate, oratione, sententia tua*; *Phil.* VIII.1 *qui. . .
oratione fuit quam sententia lenior*; *Verr.* II.1.68 *postridie homines mane in
contionem conveniunt. . .inventus est nemo cuius non haec et sententia esset et
oratio.* Cicero had written to Cassius about the speech after its delivery
(see below).

3–5 homo. . .dixisti 'A crazy desperado, far more wicked even
than he whom you called the wickedest man ever killed' (the reference,
of course, is to Antony and Caesar); cf. *Phil.* XI.8 *o multo miserior Dolabella quam ille quem tu miserrimum esse voluisti!*

5 caedis initium 'A starting-point for a massacre.' Cicero was to
be the first victim; see below and *Phil.* III.33 *si enim tum illi caedis a me
initium quaerenti respondere voluissem*, v.20 *caedis initium fecisset a me.*

7 quod ego, sqq. Cf. *Phil.* II.25.

9 Pisoni He had criticized Antony in the Senate on 1 August, but
found no supporters; cf. *Att.* 415 (XVI.7).7 *num quis Pisoni est adsensus?*;
Phil. I.14 *non modo voce nemo L. Pisoni consulari sed ne vultu quidem adsensus est.*

10 tricensimo post die 'A month later'; cf. *Phil.* v.19 *triginta
diebus ante*; *A.* III, 240.

11 P. Servilio This is the only record of his speech, which was
presumably made at the same meeting of the Senate, though to Cornificius (361 (XII.24).3) Cicero writes of that occasion *in summa reliquorum
servitute liber unus fui.*

13 ad quem Sc. *diem.*

14 in villa Metelli Metellus Scipio's villa at Tibur, bought by
Antony after its confiscation; cf. *Phil.* v.19.

16 ut. . .scripsi Probably in a letter reporting the proceedings of
19 September. T.–P.'s view that 'the criticism of Cicero was a general one
on Antony's customary style of speaking' is not very plausible. Antony's
tendency to vomit in public is featured in the Second Philippic and
attested by Plutarch (*Ant.* 9).

2, 6 tuus. . .necessarius Not Lepidus, whose wife was sister to
Cassius' wife Junia Tertia; he was in Narbonensis. His brother L.
Aemilius Paulus (cos. 50) is doubtless meant. Lepidus' son had recently

481

been betrothed to a daughter of Antony's. On this identification and those to follow see Mommsen, *Hermes* 28 (1893), 616f.

7 **iam non est studiosus ludorum** Presumably Paulus was normally fond of shows, but now avoided them for fear of popular demonstrations. Cassius' brother Lucius, Tribune this year, is mentioned in *Att.* 356 (XIV.2).1 of 8 April as having been applauded in the theatre. He was a Caesarian, but the applause was really meant for the 'Liberator'.

8 **alter...adfinis** C. Marcellus (cos. 50), whose mother was a Junia (cf. 99 (XV.7) n.), perhaps sister of D. Junius Silanus. If so, he and Cassius' wife were cousins. *adfinis* might refer to a connexion with Antony, but the only one traceable is extremely remote. Antony's mother Julia (sister of L. Caesar) was a distant relative of the Dictator, whose great-niece Octavia was Marcellus' wife. Of the other three suggested identifications, Paulus has already been disposed of and neither Dolabella nor Cassius' brother-in-law M. Junius Silanus were Consulars. Marcellus must have received some benefit from Antony, allegedly authorized in Caesar's memoranda.

10–11 **est qui...putet** By process of elimination this is proved to be L. Marcius Philippus (cos. 56). His son of the same name was Praetor in 44 and so would be eligible for the Consulate in the same year as Brutus and Cassius (*vestro*), i.e. 41.

3, 1 **L. Cotta** Consul in 65 and a relation of Caesar's mother (*A.* v, 320).

1–2 **fatali...ait** 'In a state of fatalistic despair, to use his phrase.' More strictly, the despair was 'ordained by fate' in that the situation producing it was fated.

3 **L. Caesar** Consul in 64 (*A.* 1, 292).

4–5 **non adest** Sulpicius left on a peace mission, destination now unknown (Spain?), early in May (*Att.* 373 (XIV.18).3; cf. *Att.* 384 (XV.7)), and apparently had not returned to Rome.

5 **reliquos** I.e. C. Antonius (cos. 63), M. Valerius Messalla Rufus (cos. 53), Cn. Domitius Calvinus (cos. 53), Q. Fufius Calenus (cos. 47), C. Caninius Rebilus (cos. suff. 45). Antonius and Messalla had been brought back from exile by Caesar (the former quite recently, as it would seem), and this passage is enough to show that the same applied to Calvinus. Fufius and Caninius are, of course, disqualified as Caesar's creations, the latter particularly scandalous (cf. 265 (XII.30).1). Three other Caesarian Consuls, Vatinius, Lepidus, and Trebonius, were absent from Rome. P. Servilius' credentials are admitted in §2, presumably on the principle indicated in 370 (X.6).3 *complures in perturbatione rei publicae consules dicti, quorum nemo consularis habitus nisi qui animo exstitit in rem publicam consulari.*

designatis A. Hirtius and C. Vibius Pansa; also D. Brutus, Plancus, M. Brutus and Cassius himself, all of whom were absent from Rome. Cicero thus indirectly assures his correspondent that he does not question the legitimacy of his designation for the Consulship of 41, which from *Phil.* VIII.27 would seem to have been recognized as part of Caesar's *acta*. He speaks of Consuls-Designate as Consulars (i.e. of consular status) as he could speak of them as Consuls (cf. *A.* 1, 296).

ignosce One or more of the five may have been on friendly terms with Cassius. Also the judgement logically applied to Lepidus, his connexion by marriage.

7 **exiguus** There were eight Consulars on the spot and in good standing, if Servilius is included. The corresponding number at the outbreak of 'Caesar's War' was at least seventeen (and two Consuls).

quid censes Cf. *Att.* 358 (XIV.4).1 *nam cum Matius, quid censes ceteros?*

12 **ius suum** Cf. *Att.* 416 (XV.13).4 *videtur res publica ius suum reciperatura*; *Verr.* II.5.173 *populus...Romanus brevi...ius suum...reciperabit.*

345 (XII.3)

Written shortly after 2 October (§2), before Antony's departure from Rome on the 9th.

1, 1 **tuus amicus** Cassius had dined with Antony three days after Caesar's murder.

statua Not to be confused with the monument set up by the Pseudo-Marius and restored by Octavian; see 329 (XI.2).2n. and Weinstock, *Div. Jul.* 365, 385f. The title *parens patriae*, which Cicero himself had held informally, had been conferred on Caesar by the Senate (ibid. 200ff.).

3 **sicarii...parricidae** Cf. *Phil.* II.31 *confiteor eos, nisi liberatores populi Romani conservatoresque rei publicae sint, plus quam sicarios, plus quam homicidas, plus etiam quam parricidas esse, si quidem est atrocius patriae parentem quam suum occidere.*

6 **molestus nobis non esset** Cf. 363 (XII.4) init., 364 (X.28) init.; *Phil.* II.34. In fact Cicero seems to have taken as long as most people to realize the danger; cf. *Att.* 357 (XIV.3).2 of 9 April *odorare tamen Antoni* διάθεσιν; *quem quidem ego epularum magis arbitror rationem habere quam quicquam mali cogitare.*

2, 1 **consilium omne** Cf. *Att.* 199 (X.8).4 *cuius omne consilium Themistocleum est.*

2 **productus** Cf. *Vat.* 24 *cum L. Vettium...in contionem produxeris, indicem in rostris...collocaris, quo auctoritatis exquirendae causa ceteri tribuni*

483

plebis principes civitatis producere consuerunt. It is not clear that Antony could have been forced to appear against his will, but cf. Plut. *Cic.* 9 τῶν δὲ δημάρχων αὐτὸν διαγαγόντων ἐπὶ τὸ βῆμα καὶ κατηγορούντων, ἀκουσθῆναι δεηθεὶς εἶπεν ὅτι, κ.τ.λ. and Varro ap. Gell. XIII.12.6 *tribuni plebis vocationem habent nullam; neque minus multi imperiti perinde atque haberent ea sunt usi. nam quidam non modo privatum sed etiam consulem in Rostra vocari iusserunt.*

3 Cannutio Ti. Cannutius, Tribune this year and a bitter opponent of Antony; cf. *Phil.* III.23 *Ti. Cannutium, a quo erat honestissimis contionibus et saepe et iure vexatus;* Vell. II.64.3 *tribunus Cannutius canina rabie lacerabat Antonium.* He seems to have been a Caesarian (cf. 289 (XII.23).3) and escaped proscription. But Octavian had him executed after the Perusine War.

turpissime . . . discessit 'He came off ignominiously indeed'; presumably he made a bad speech and was badly received.

7 legato tuo Cassius had been appointed governor of Cyrene. The names of his Legates are unknown.

8–9 quid . . . faciunt? 'What do you suppose they infer by that?'

13 tecum loqui Cf. 107 (II.7).2 *tecum loquere, te adhibe in consilium; Tusc.* v.103 *sed apud alios loqui videlicet didicerat, non multum ipse secum,* et sim.

346 (XII.22)

The separation of this letter from 357 (XII.22*a*) by F. L. Ganter (*Philol.* 53 (1894), 139ff.) seems certain. His dating to the latter half of September, based on affinities with 340 (X.1), 341 (X.2), and 344 (XII.2) is widely accepted, but may be rather too early (see below).

1, 1 homine gladiatore 'Gladiator-fellow.' T.–P. quote J. H. Gray on Plaut. *Trin.* 131: '*homo* is used like ἀνήρ in Greek to intensify the meaning of words good and bad, generally in a pitying or contemptuous sense' (I doubt this as regards 'good' words); cf. Wilkins on *de Orat.* II, 193, *Thes.* VI, 2885, 60.

collega As Augur; cf. 204 (XII.17)n.

3 at . . . contionatur 'However, he also makes speeches to public meetings, about you' – words as well as weapons. *at etiam contionatur et de te quidem* would have been clearer. Nardo suggests reference to Antony's speech of 2 October (cf. 345 (XII.3).2).

6 nunc *non* is glaringly inconsistent with what follows, especially the summing-up, *quid sit futurum plane nescio.* T.–P. take *quidem* as restrictive; 'at least such as are not hard to foresee'. This use of *quidem* is comparatively rare (cf. *A.* II, 180 (*cui equidem*)) and Cornificius could not be expected so to understand, particularly as it would be ridiculous for Cicero in his character of prophet to confine himself to matters which could be predicted with ease.

2, 2 longe gentium Brutus and Cassius having departed for the East. Other absent 'tyrannicides' were D. Brutus, Trebonius, and Tillius Cimber, governors of Cisalpine Gaul, Asia, and Bithynia respectively.

2–3 Pansa...Hirtius Cicero's opinion of both had been unfavourable earlier in the year (for Hirtius cf. *A.* vi, 254f., for Pansa *Att.* 409 (xvi.1).4), but may have improved.

3 tardius convalescit Hirtius seems to have fallen ill in August (*Phil.* 1.37); he never fully recovered (*Phil.* vii.12, viii.5, x.16, xiv.4).

7 illud profecto Apparently sc. *faciam.* But T.–P.'s citation 'Att. viii.11.1, *illud profecto totos dies* (sc. *facio*)', copied by Nardo, is not what Cicero wrote. Here I suspect he wrote something like ⟨*quid superest?*⟩ *illud profecto: quoad potero,* sqq.

347 (XII.23)

1, 1 imperi tui In Africa. Cornificius may have left Rome in the beginning of September (cf. 339 (xii.20)).

2 Tratorius He seems to have travelled to and fro between Rome and Africa on Cornificius' business; cf. 417 (xii.30).5.

3 quae tibi acciderunt Cornificius' predecessor, C. Calvisius Sabinus, had left two Legates behind him at Utica (*Phil.* iii.26), who may have given trouble.

4–6 neque enim...dolenda I.e. Cornificius was too big a man to let annoyances of this kind upset him, but he should not on that account meekly put up with them. *tibi* (= *tibi eidem*) in emphatic position (cf. 154 (ii.16).1 *quod ipse videam te id ut non putem videre*) answers *tu.* On the reading, see Intr. p. 13 n. 3.

2, 1 certo scio 'I feel sure.' Not 'I am well aware'.

3 conatum On Octavian's alleged attempt to have Antony assassinated cf. *A.* vi, 297 (*Myrtilo*).

4 pecuniam Left under Caesar's will.

5 probant There is surely no need to read *Phil.* iii.19 with T.–P. as a confession that Cicero had urged Octavian to the deed.

11 quattuor Probably the Martian, the Fourth, the Second and the Thirty-Fifth; cf. How, Appendix ix, §12. They had been sent to Macedonia to take part in Caesar's Parthian War and recently brought to Italy by Antony.

3, 3 per aetatem Cornificius was Quaestor in 48.

6 eos The 'Liberators'. Obviously Cannutius' antecedents were Caesarian.

348 (XI.27)

The celebrated exchange of letters between Cicero and C. Matius has been much discussed in recent decades; see *A.* IV, 381 and add H. Dahlmann, *Neue Jahrb. f. antike und deutsche Bildung* (1938), 225ff.; H. Drexler, *Romanitas* 8 (1966), 67ff. (R. Combès, *Rev. des Ét. Lat.* 36 (1958), 176ff., is quite unprofitable). I follow B. Kytzler (*Philol.* 104 (1960), 48ff.) in rejecting the generally received date, namely the end of August as Cicero was about to re-enter Rome after his abortive trip to Greece. He argues that (*a*) references to Cicero's activity in defending Matius against criticism (§§7, 8 and 349 (XI. 28).1) suggest that he had been in Rome; (*b*) the question *numquidnam novi?* (§1) would not have been asked after a *lengthy* absence; (*c*) if Cicero had been returning to the city, he would not have sent a letter by Trebatius but would have talked to Matius himself. He therefore puts the letters in mid October when Cicero was about to leave for Puteoli (there is no evidence that he stayed at Tusculum at this time, but it is in no way unlikely). The matter is, however, not conclusively proved and on the other side it might be argued that *nihil sibi longius*, sqq. in §1 favours the old view, indicating that Cicero had been out of reach for a considerable time.

Kytzler also draws attention to some parallelisms between this letter and 335 (XI.29).2 to Oppius: §2 *dilexi te quo die cognovi meque a te diligi iudicavi | equidem et ante hoc tempus te dilexi et semper me a te diligi sensi*; §4 *quod officium tuum, quod studium vel in absentem me vel in praesentis meos defuit? | et me absentem et meos praesentis a te cultos et defensos esse memini*; §5 *tandem aliquando Romae esse coepimus. quid defuit nostrae familiaritati? | post meum reditum quam familiariter mecum vixeris*; §8 *quibus nisi credideris, me omnis offici et humanitatis expertem iudicaris | quod tuum iudicium nisi mea summa benevolentia erga te omnibusque meritis comprobaro, ipse me hominem non putabo*. These affinities he thinks may have led to the two letters being juxtaposed. For a similar recapitulation of benefits received, cf. 207 (XV.21) to Trebonius. Cicero's professions of gratitude and loyal friendship, belied by his letters to Atticus, would have been more excusable under Caesar's despotism. Hypocrisy toward leading Caesarians seems to have become his inveterate habit.

1, 1 nondum satis constitui Cf. the beginning of the letter to Memmius, 63 (XIII.1), *etsi non satis mihi constiterat cum aliquane animi mei molestia an potius libenter te Athenis visurus essem.* Kytzler suggests that Cicero had been reading his συναγωγή *epistularum*, i.e., according to Gurlitt's theory, the collection of his letters of recommendation (cf. *A.* I, 59).

2 Trebatius He had become friendly with Matius in Gaul (39 (VII.15).2) and they were in one another's company in 49 (*A.* IV, 381).

6–7 **nihil...videret** Cf. *Rab. Post.* 35 *nec mihi longius quicquam est, iudices, quam videre hominum vultus.* Such usages are in extension of expressions like *Verr.* II.4.39 *nihil ei longius videbatur quam dum illud videret argentum*; *Phil.* V.1 *nihil umquam longius his Kalendis Ianuariis mihi visum est.*

8 **querelam** See §7.

2, 5 discessus This may refer to an absence abroad in early life. Cicero's pursuit of political office (*ambitio*) stretched from 76 to 64. *vitae dissimilitudo* embraces the post-consular years. Matius, like Atticus, had not sought a public career.

3, 1 [et] initio If *et* is retained, it foreshadows a correlative clause which fails to arrive; cf. on 203 (IV.4).3 *et ipse Caesar.*

2 **venisti ad me** On 19 March 49, and perhaps again on the 21st; cf. *Att.* 178 (IX.11).2; *A.* IV, 381.

5 **litterarum** Presumably the letter from Matius and Trebatius jointly which Cicero received on 25 March (*Att.* 184 (IX.15a)).

7 **Trebulano** Cf. *A.* III, 191.

4, 2 officium Toward Pompey.

5, 2–4 in maximis...officio 'In the most important matters, in determining how to conduct myself toward Caesar, I availed myself of your advice; in others, of your good offices.' How's preferred rendering, 'in all others (I followed) the dictates of duty', is plainly wrong.

7 **impulisti** At the end of the *Tusculans* the credit is given to Brutus: *a quo non modo impulsi sumus ad philosophiae scriptiones verum etiam lacessiti.*

9 **effeceras** I.e., before Caesar's death. This is not the (miscalled instantaneous) pluperfect sometimes found in combination with the perfect in historical narrative (K.–S. I, 139).

6, 6 sed maxime maxima 'But your most important characteristics attract me most.' I take *maxima* as neut. plur. It is usually made to agree with *fides.*

7, 1 querelam We gather that Matius had been told of criticisms by Cicero of his political conduct, as having been offensive to the *boni.* Specifically Cicero was said to have blamed him for voting in favour of a certain law and for participating with two Caesarian stalwarts in the management of Octavian's games. But Matius' reply makes it evident that his political attitude generally since Caesar's death was in question. The insincerity of Cicero's disclaimer can be judged from his letters to Atticus, e.g. 356 (XIV.2).3.

2 **in illa lege** The old view that this was a lex Julia on debt is in no way borne out by §2 of Matius' reply and can be finally dismissed. For (*a*) even in Cicero's eyes there could be nothing very reprehensible in a supporter of Caesar voting for one of Caesar's laws. (*b*) If Matius did so vote he would have been voting against his own interest (cf. ibid.

§2 and M. W. Frederiksen, *Journ. Rom. Stud.* 56 (1966), 138). (*c*) It was evidently Matius' more recent behaviour that was under fire. The law will therefore have been one of Antony's, perhaps that *de permutatione provinciarum* giving him command of the legions in Macedonia, which according to Appian (*B.C.* III.30) struck terror into the Senate. Sternkopf (*Zu Ciceros Briefen* (Dortmund, 1901), 19) thought of L. Antonius' *lex agraria*, whereas Gelzer (*Cicero*, 354 n. 69) would make it the *lex iudiciaria* of *Phil.* VIII.27. The latter's suggestion that Matius voted first in the first voting tribe (*principium*, cf. Taylor, *Assemblies*, 76) does not seem very likely; the *fact* of such a vote would hardly be in dispute.

non credidi Contrary to T.–P. ('Matius voted for it in the interests of order; and he had good reason to do so'), Matius evidently denied that he had so voted; Cicero accepts the denial and goes on to say that he himself was in the habit of contradicting the story.

5–6 **malevolentia...proferantur** 'And the malice of the world sometimes presents your actions as more uncompromising than they really were.'

8 **iniquos meos** Cf. *Verr.* II.5.177 *omnibus iniquissimis meis*; *Planc.* 57 *non nulli etiam nostri iniqui. inimicos*, several times put forward, is altogether needless.

11 **ludorum** On these games, celebrated by Octavian at his own expense from 20 to 30 July, see Weinstock, *Div. Jul.* 368f. They were a combination of the *ludi Victoriae Caesaris*, created in 46, and funeral games in Caesar's memory. In the latter character especially they would attract the assistance of Caesar's friends: cf. *Att.* 379 (XV.2).3 *ludorumque eius apparatus et Matius ac Postumus mihi procuratores non placent; Saserna collega dignus.*

8, 10 **auctorem** Cf. *Att.* 178 (IX.11).2 *venit etiam ad me Matius Quinquatribus, homo mehercule, ut mihi visus est, temperatus et prudens; existimatus quidem est semper auctor oti* – but that was in 49.

349 (XI.28)

1, 11 **pro...nostra** The simple ablative with *par* has been defended by the dative in *Div.* II.114 *ita ut constantibus hominibus par erat* and by Sall. *Hist.* IV.14 *scalas pares moenium altitudine* and Ov. *Fast.* VI.804 *in qua par facies nobilitate sua est*, where *par* means 'equal', not 'fitting'.

restitisti Did Matius believe this? It seems improbable.

2, 1 **enim** Perhaps inceptive (cf. *A.* 1, 314), perhaps simply explanatory.

2 **contulerint** As though *notum est* had preceded; cf. *Phil.* VI.1 *audita vobis esse arbitror, Quirites, quae sint acta in senatu, quae fuerit cuiusque*

sententia; *Amic.* 56 *constituendi autem sunt qui sint in amicitia fines et quasi termini diligendi.*

5 **vicerint** 'Proved', 'made good their case'. So *vincere* in §4 fin.

5–6 **non agam astute** 'I shall not try to be clever', i.e. make debating points. Cf. *Att.* 197 (x.6).1 *astute nihil sum acturus.*

6–7 **fateor...pervenisse** 'I acknowledge that I have not arrived at that philosophical level.' Cf. *Dom.* 97 *non nego, neque istam mihi adscisco sapientiam quam non nulli in me requirebant*; Plin. *Ep.* v.1.13 *neque enim sum tam sapiens ut nihil mea intersit an iis quae honeste fecisse me credo testificatio quaedam et quasi praemium accedat.*

7–9 **neque...deserui** Correlative with *neque...studui*. Some editors misguidedly place a semicolon after *amicum.*

14 **lege Caesaris** Probably a law *de bonis cedendis* passed in 46 or 45, allowing debtors to hand over their property in settlement, thus avoiding *infamia*. The matter is, however, controversial; cf. M. W. Frederiksen, *Journ. Rom. Stud.* 56 (1966), 135ff.; *A.* v, 377. As a creditor, Matius stood to lose, like Paetus (cf. 190 (IX.16).7n.).

16 **in civitate** A defaulting debtor incurring *infamia* forfeited certain civil rights, becoming *civis non optimo iure*; cf. Pfaff, *RE* IX, 1539.

3, 3 idem homines Not, as generally supposed, favoured ex-Pompeians (Brutus and Cassius), but Caesarians among the conspirators who *praemiis immoderate sunt abusi*. It is easy to believe that Ser. Sulpicius Galba (wrongly listed as a Pompeian by Groebe, *RE* x, 255) and L. Minucius Basilus fell into this category, and there is direct evidence against D. Brutus; cf. Vell. II.64.2 *fortunae ex qua fructum tulerat invidiam in auctorem relegabat censebatque aequum quae acceperat a Caesare retinere, qui illa dederat perire* (cf. 92 (VIII.7).2n. *(Paula Valeria)).*

7 ⟨**ut sperarent**⟩ *ut* has certainly fallen out of the text, *ut sperarent* probably. In Sen. *Ep.* 47.17 *alius libidini servit, alius avaritiae, alius ambitioni, omnes spei, omnes timori* the MSS omit *omnes spei*, which is preserved in a citation by Macrobius.

8–9 **ut...auctores** '"The authors of our liberty", as those persons like to say.'

4, 3 appetendam Definitely preferable to *oppetendam*; cf. 262 (VI.19).2 *non modo non appetendum sed etiam fugiendum puto*; *Fin.* v.28 *quae appetenda fugere, quae fugienda appetere*, et sim.

7 **at...parte** 'But I shall be told that as a citizen...' Cf. *pro virili parte.*

9 **dicendo...postulo** 'I do not ask anyone to accept it because I say so.'

5, 1–11 qua re...existimarer 'Therefore I earnestly request you to consider the facts rather than words, and if you perceive that it is

to my advantage that things go well, to believe that I cannot have part
or lot with rascals. Is it likely that in my declining years I should reverse
the record of my youth (*then* I might have been pardoned for going
astray) and undo the fabric of my life? No, I shall not do that. Nor shall
I give any offence, except that I grieve for the tragic fate of a great man
to whom I was intimately bound. But if I were differently disposed,
I should never deny what I was doing, and risk being thought a rascal
for my misconduct and a cowardly hypocrite for trying to conceal it.'
T.–P. might have admired this 'noble language' less if they had understood it. Its purport is to establish the writer as a thorough *bonus*, saving
his loyalty to Caesar's memory.

2 rem The facts of Matius' present situation and past record, which
speak louder than any words he could use – the point made in the
previous sentence. *oratione* does not refer to what people had been saying
against him.

3 recte fieri *fieri = evenire*, so that the expression (repeated in §8)
is virtually equivalent to *recte esse* (cf. *A.* IV, 406). It would be possible,
though I do not think it would be right, to render 'that things be done
properly', i.e. that law and order be maintained along constitutional
lines. Not 'if you are of opinion that it is expedient for the world that the
rule of right should be maintained' (T.–P.). *mihi* belongs both to
expedire and to *communionem cum improbis*.

4 improbis In the usual political sense, converse of *bonis*: the
enemies of established order. T.–P.'s interpretation as a reference to
Caesar's assassins, followed by D. Stockton (*Cicero* (1971), 289), is what
Sternkopf called it in 1901 (*Zu Ciceros Briefen* (Dortmund), 19): 'ganz
irreführend und den Zusammenhang verdunkelnd'.

7 quod displiceat 'Quod cuiquam bono recte displicere possit'
(Schütz).

7, 3 auferendi 'Or to carry off some favour'; cf. 226 (VI.12).3
perceleriter se ablaturum diploma, et sim.

4–8 sed quae...diligam! 'The presumption of it! Caesar never
put any obstacle in the way of my associating with whom I pleased, even
persons whom he himself did not like. And shall the people who have
robbed me of my friend try to stop me with their carping tongues from
liking whom I choose?' The sentence is exclamatory rather than
interrogative (cf. Housman, *Cl. papers*, 1083), though it may be questioned
how far Romans were aware of the distinction. *quod...interpellavit* is
generally explained as a relative clause anticipating *ne quos velim diligam*,
and *quin...uterer* as epexegetic of *quod*. But perhaps *quod* = 'whereas' and
interpellavit is absolute (or sc. *me*), like *interpellarit* in the next paragraph.
So apparently *Thes.* VII (i), 2241, 57.

8, 2 aut ne As though *aut ne*, not *ne aut*, had preceded. 'Such little irregularities are common' (T.–P.).

6–7 ita ero...cupiam 'I shall live in Rome as one whose desire will ever be that things go as they should.' For *recte fieri* see §5. Matius emphatically does not mean 'that he will offer vigorous resistance to the so-called patriots if they violate ordinary constitutional morality either by murdering their opponents or in any other way' (T.–P.).

9 simplicem atque amicum What was in Matius' mind as he wrote these words and in Cicero's as he read them?

eum Not Trebatius, but Cicero himself. Matius' friendship with the former was less than ten years old (note *semper*), and *colere atque observare* are not terms he would use in relation to a much younger man.

12 bene vale Cf. 264 (VII.29).2n.

350 (XVI.24)

Ruete's dating to mid November, after Cicero had sent Tiro back to Rome on the 10th (*Att.* 423 (XVI.13).3), is generally accepted. Cicero arrived at Arpinum that day, and seems to have stayed until early December; see on 353 (XI.5).1.

1, 1 Harpalum Not elsewhere mentioned.

4 prora et puppis Cf. *Att.* 92 (IV.18).1 *omnino* πρῷρα πρύμνα *accusatorum incredibilis infantia* and *A.* II, 219f.

6 Offilio The jurist (*A.* v, 386).

Aurelio Procurator (presumably) of L. Tullius Montanus, who was with young Marcus in Athens. Marcus had asked his father to pay out of his own allowance a sum owed by Montanus as surety of Flaminius Flamma (*A.* v, 341) for a debt to Plancus (*Att.* 294 (XII.52).1). Cicero had agreed, but through some delinquency on the part of Eros, who under Atticus now looked after his financial affairs (*A.* v, 305), the money was not available when required, and Aurelius had to borrow it at usurious interest (*Att.* 426 (XVI.15).5 of date after 12 November). Cicero then seems to have produced the money, and wanted to get it back from Flamma.

8 pensio Not payment by Flamma (T.–P.), but repayment of Terentia's dowry by Cicero; cf. *Att.* l.c. *ne Terentiae quidem adhuc quod solvam expeditum est. ut* depends on *velim*, not *extorqueas*.

9 attributione...repraesentatione 'Assignment...cash payment.' These items cannot be further elucidated.

2, 1–2 omnia mihi certa Sc. *scribe*.

2 Octavius So the paradosis. Modern editors read *Octavianus* because he is so styled in letters to Atticus from June 44 on.

4 sed The following *si* in M is best regarded as a dittography of *s;*.

6 quod egerint 'What's the odds?' Cf. 330 (XVI.23).1.

7 admoneantur With regard to the repayment of Tullia's dowry. Dolabella was still in Italy at the end of October (cf. *Att.* 417 (XV.13*a*).1), but had now apparently left for the East.

Papiam Probably no lady, but as Münzer pointed out (*RE* XVIII (3), 965, 65), a slave or freedman, Papia(s), presumably Dolabella's.

351 (XVI.26)

The date is quite uncertain. The year is usually taken to be 44, but may just as well be earlier, as during Q. Cicero's service in Gaul.

1, 1 verberavi Cf. *verberationem* in the first sentence of the next letter.

tacito...convicio A paradoxical expression; the original meaning of *convicium* seems to be 'outcry'. Cf. *Q.Fr.* II.10.1 *epistulam hanc convicio efflagitarunt codicilli tui.*

5 vide ut *ut = ne non*; cf. *A.* IV, 309f. This use is to be distinguished from the common *vide ut* = 'see to it that'.

2, 3 obsignabat The empty bottles, kept for future use, were sealed promptly. Otherwise an empty bottle might be empty for two reasons, one legitimate, the other not. Likewise Tiro must write regularly. Otherwise empty spaces in the correspondence might have a legitimate reason (lack of matter) or an illegitimate one (idleness). The letters which merely recorded lack of news would correspond to the seals on the empty bottles.

5 furtum cessationis 'An excuse to cover your idleness.' For the genitive T.–P. compare Sidon. *Ep.* III.3.8 *intellexerunt furtum ruinae suae...patuisse.*

352 (XVI.27)

Apparently written shortly before Hirtius and Pansa took office on 1 January 43.

1, 1 epistula Tiro's thorough and conscientious account of the political news made Quintus ashamed of his slackness as a correspondent. In 54 he had sent a request from Gaul for Tiro to send him political reports – Tiro's first appearance in the Letters (*Q.Fr.* III.1.10).

3 sine adsentatione, ut erant 'The naked truth without varnish.'

4 de cos. designatis This characteristic verbal assault (cf. *Cicero*, 67f.) was, as How points out, grossly ungrateful, in that Hirtius had been instrumental in gaining Caesar's pardon for the writer.

5 libidinum...plenos 'Full of lusts and languor, utter effeminates at heart.' *effeminatissimi animi* seems to qualify *languoris* but would better have followed *plenos*. Perhaps *animi* should be omitted.

2, 1–2 incredibile est quae...fecisse 'It is incredible the things I know they did.' This English is as ungrammatical as the Latin, but in a familiar letter would hardly call for remark.

2 latro Antony.

3 deleniet 'Will woo them over.'

4–6 nam isti...credas 'As for that precious pair, you would hardly trust one with Caesena, or the other with the cellars of Cossutius' taverns.' Caesena was a small town near the Rubicon in Cisalpine Gaul. Nothing is known of Cossutius' taverns, but they were probably in the same area, which produced a noted wine (Plin. *N.H.* xiv.67). Hirtius then was feeble and incompetent, Pansa a drunkard (cf. *Att.* 409 (xvi.1).4 *ad Kal. Ian. in Pansa spes?* λῆρος πολύς. *in vino et in somno* ⟨*animi*⟩ *istorum*). But what put this locality into Quintus' head there is no knowing. Possibly something in Tiro's letter, or possibly he was on a visit there.

7 fero ⟨in⟩ oculis A common expression: cf. Otto, *Sprichwörter*, 249f.

8–9 tuosque oculos...dissaviabor 'I shall smother *your* eyes in kisses.' Cf. Catull. 48 *mellitos oculos tuos, Iuventi,* | *si quis me sinat usque basiare.* T.–P.'s no doubt accidental omission of *oculos* in their text produced their note '*tuosque*] sc. *oculos*'.

353 (XI.5)

1, 1 Lupus Cf. 343 (xi.6).1. After returning to Decimus he will have made another journey to Rome in November.

2 in iis locis In Arpinum. Cicero had gone there to escape threats against his personal safety; cf. *Phil.* xii.20 and on 362 (ix.24).

3 tuto Cf. *Att.* 418 (xvi.8).2 *Arpinum* (ἀσφάλειαν *habet is locus*).

5 a.d. V Id. Dec. Yet we have only two letters to Atticus (the last of the correspondence) after 11 November and the second ends *adsum igitur*; and Cicero was writing to Atticus almost daily at this time. If he stayed on at Arpinum for almost another month, many letters must have disappeared. Ruete's change of *Id.* to *Kal.* helps little unless we also change *V* to *XV*.

5–6 nec...antiquius 'And I made it my first business...'.

2, 6 iste 'The person with whom you have to deal.' Antony was trying to deprive Decimus of his province.

7 semper amicus Cf. 330 (xvi.23).1 n.

3, 8 ⟨in res omnis⟩ This or a similar supplement can hardly be dispensed with. Hofmann–Andresen compare 25 (v.8).2 *nihil esse tam promptum aut tam paratum quam in omnibus rebus quae ad te pertineant operam, curam, diligentiam, auctoritatem meam*; also 19 (1.8).5, 6, 225 (IV.13).7, 356 (XI.6a).2; *Att.* 367B (XIV.13B).5.

10–13 quam ob rem...defuturum 'Therefore I hope you will believe that both for the sake of the commonwealth, which is dearer to me than my life, and also because I wish you well personally and desire your further advancement, I shall not fail at any point to support your patriotic designs, your greatness, and your glory.' For the superfluous *me* (after *tuis*) Sjögren compares *Planc.* 86 *ego vero fateor me, quod viderim mihi auxilium non deesse, idcirco me illi auxilio pepercisse*, where some editors omit the second *me* and at least one saw a reason for its presence which is not obvious to me ('cur iteratum sit pronomen apparet' Müller). It is easier to tolerate as an inadvertence in a long sentence and a private letter. The mood of *faveam* is due to the indirect construction (not 'because, as you know, I am devoted to your interests').

10–11 cum...tum Cf. 377 (X.12).5 *id cum rei publicae, quae mihi vita est mea carior, tum nostrae necessitudini debere me iudico.*

354 (XI.7)

Lupus seems to have made a third journey to Rome in the first half of December; see Sternkopf, *Philol.* 60 (1901), 282ff.

1, 1 Libonem *A.* IV, 302. This former intimate of Pompey crops up in a curious variety of contexts. It may not be a coincidence that in one of them (financial) he is mentioned along with a Sulpicius (*Att.* 254 (XII.18).3).

2 Servium Not Ser. Sulpicius Galba (T.–P.), but the younger Ser. Sulpicius Rufus, whose mother was a Postumia. His cousinly relationship to D. Brutus may have been only adoptive, since the latter had been adopted by a Postumius Albinus (cf. *A.* III, 236). But it is also possible that Decimus' father (Consul in 77) had married a sister of Servius' mother; cf. Syme, *Sallust*, 134.

3 M. Seio Cf. 178 (IX.7).1. From *Att.* 249 (XII.11).1 it looks as though the man there mentioned died in 45 (cf. *A.* V, 308). This M. Seius may have been his son.

4 Graeceius A man of this name was corresponding with Cicero and Cassius in the previous May; cf. *Att.* 385 (XV.8).2 (this passage was overlooked in my note ad loc., as also by Münzer in *RE*).

5 tamen Graeceius would probably not have much to add to Seius' news, since he left almost at the same time.

2, 2 volam The future is not inappropriate; cf. with Sjögren

(*Comm. Tull.* 150ff.) Plaut. *Curc.* 493 *commeminisse ego haec volam te* and *Att.* 45 (II.25) init.

6 puerum According to Suet. *Aug.* 12 and Dio XLVI.41.4 Octavian resented being called a boy, as Cicero called him not only in letters but in public speeches: cf. *Phil.* III.3 *adulescens, paene potius puer*, IV.3 *clarissimi adulescentis, vel pueri potius*; J. H. McCarthy, *Cl. Phil.* 26 (1931), 362ff.

7–8 privato consilio Augustus begins his own *Res Gestae* with the words *annos undeviginti natus exercitum privato consilio et privata impensa comparavi, per quem rem publicam a dominatione factionis oppressam in libertatem vindicavi.*

10 veteranos Settled in Caesar's Campanian colonies. They had rallied to Octavian in October (cf. *Att.* 418 (XVI.8).1). *rusticos* applies to the two legions as well as the veterans (cf. *Phil.* X.22 *Saxae et Cafones, ipsi rustici atque agrestes...quos avertit agri Campani infinita possessio*). Manutius cited *Sen.* 75 *adulescentes, et ei quidem non solum indocti sed etiam rustici*, where Cato the Censor is referring to the Roman legions of his own and earlier days; add *Arch.* 24 *nostri illi fortes viri, sed rustici ac milites* and see Gruen, *Last generation*, 368.

13–14 voluntas...metu Cf. 404 (X.16).2 (to Plancus) *ut...ipse tibi sis senatus*; *Phil.* XI.27 *nam et Brutus et Cassius multis iam in rebus ipse sibi senatus fuit.*

3, 3 exercitu...comparatis Decimus had supplemented the two legions he found in Cisalpine Gaul with another raised locally and a quantity of gladiators (App. *B.C.* III.49).

355 (X.3)

358 (X.4) is plainly an answer to this letter. Since 358 (X.4) was written not long before the end of the year (§4), this letter may belong to mid December, shortly after Cicero returned to Rome on the 9th (cf. 358 (X.4).1). So most modern editors.

1, 1 Furnium Cf. 340 (X.1).4.

2 videre Cf. 417 (XII.30).3 *vultus mehercule tuos mihi expressit omnis, non solum animum ac verba pertulit.* 'Furnius might well describe Plancus' virtues and charm so vividly as to make Cicero feel that Plancus stood in person before him; but he would not feel that Furnius *was* Plancus describing himself. That is implied by *audire*' (*Philol.* 114 (1970), 96). *audio | audeo | video* are often confused by copyists (see on 420 (XI.25).1), but here *videre* was assimilated to *audiens. videor videre* is of course common in Cicero, and *videre* comes neatly after *vidi*.

5 ignotam *ignaram* in DH is doubtless a reconstruction of *ignatam*, the only classical example of *ignarus* in a passive sense being Sall. *Iug.* 18.6 *ignara lingua*; cf. *Thes.* vii(i), 275, 81.

7 quae...fuit 'All this I heard with pleasure, the last with gratitude as well.'

2, 3–4 confirmata...constitutam 'When you became a grown man, my desire and your choice established a familiar friendship.' For *iudicio* cf. *A.* iv, 411f. The repetition of *constitutam* (like that of *praeterea* in §1) is probably a mere inadvertence.

5–6 quam...communem No one can be sure how this originally stood, but the reading here adopted accounts better than others for the paradosis. Once *me* had become *mi(hi)* the temptation to write *esse* would be strong. For *habere* cf. 348 (xi.27).2 *vetustas habet aliquid commune cum multis*; Varro, *Menipp.* (Riese), p. 112 *unam virtutem propriam mortalibu' fecit, | cetera promisque voluit communia habere.*

9–10 nemini...esse 'Who could allow no man pride of place with you in virtue of old association', i.e. in so far as Plancus values a friend according to the length of the friendship he must value no one more than Cicero.

11 optimo...statu I.e. the traditional constitution, based on the pre-eminence of the Senate.

3, 1–3 fuisse...temporibus Plancus alludes to this in his reply (358 (x.4).2) *tanta sunt* [sc. *in me bona*] *ut praeter bonam famam nihil desiderare videantur.*

4 probare Cf. 181 (ix.6).2 *non enim est idem ferre si quid ferendum est et probare si quid non probandum est.*

4–5 sed...posses 'But, perceiving your sentiments as I did, I considered that you took a realistic view of your power to influence events.'

8 eloquentia Manutius notes that Asconius (32.26) in referring to T. Plancus (Bursa) calls him *frater L. Planci oratoris.* Likewise Pliny, *N.H.* vii.55.

10–12 unus...gloriam 'To glory there is only one path, especially now when the body politic has for so many years been torn asunder: honest statesmanship.'

4, 3 fontibus 'Ex eisdem libris, quibus ad laudem praecepta traduntur' (Manutius); cf. *Arch.* 13 *illa quidem certe quae summa sunt ex quo fonte hauriam sentio. nam nisi multorum praeceptis multisque litteris mihi ab adulescentia suasissem nihil esse in vita magno opere expetendum nisi laudem atque honestatem...numquam me pro salute vestra in tot ac tantas dimicationes... abiecissem.*

5–6 ut...prudentiam 'So much as might advise you of my affection rather than advertise my wisdom.'

356 (xi.6*a*)

See on 343 (xi.6), intr. note.

1, 4 edictum tuum Cf. *Phil.* iii.8 *hoc vero recens edictum D. Bruti, quod paulo ante propositum est, certe silentio non potest praeteriri. pollicetur enim se provinciam Galliam retenturum in senatus populique Romani potestate. o civem natum rei publicae, memorem sui nominis imitatoremque maiorum!*

2, 2–3 quae...egerim The Third Philippic.

3 quae...dixerim The Fourth Philippic.

6–7 suscepturum et defensurum 'Take up and maintain.' Not hendiadys.

357 (xii.22*a*)

See 346 (xii.22), intr. note.

1, 1 senatus *aut*, following in the MSS, is best regarded as arising from *senat'*.

frequens Cf. *A.* ii, 168 and 356 (xi.6*a*).2; *Phil.* v.2.

2 de ceteris rebus The Senate had been called to consider provision for the security of the Consuls-Designate and of its own meeting on 1 January; cf. 356 (xi.6*a*).1; *Phil.* iii.13.

6 dignitatis tuae At the meeting of the Senate called by Antony on 28 November he put through a decree reallocating a number of provinces including Africa Vetus, which was reassigned to its former governor, C. Calvisius Sabinus (*Phil.* iii.26). This was annulled on 20 December.

2, 2 in Sempronio Probably C. Sempronius Rufus (*A.* iii, 192). The matter under reference is obscure, but see on 373 (xii.25).3.

6 Chaerippo Cf. 417 (xii.30).3; hardly to be identified with Q. Cicero's freedman (?), mentioned in *Q.Fr.* 1.1.14 and *Att.* 77 (iv.7).1; cf. *A.* ii, 180.

7 excuses 'Quod ei non rescripsi' (Manutius).

358 (x.4)

A reply to 355 (x.3); see intr. note thereto.

1, 3 profectum Cicero left for Campania in the latter part of October (*A.* vi, 294) and returned to Rome (if the date is correct) on 9 December (353 (xi.5).1).

4 scivi Cf. Neue–Wagener, iii, 433, 443.

8 tui...amoris 'Your reciprocal affection for me.'

2, 1–3 qua re...sanctitatem 'Therefore, my dear Cicero, be assured that (as our respective ages allow) in cultivating your friendship I have invested you, and only you, with the sacred character of a father.' More literally, 'that you are the only one in the cultivation of whom I have placed (i.e. decided to recognize)' etc. Cf. 382 (x.11).1 *si de fili tui dignitate esset actum*, 359 (x.5).3 *sic moneo ut filium*. Not 'I have set before myself the duty of the reverence of our forefathers' (T.–P.), whatever that might mean. *patriam = patris* (i.e. *patri propriam*) as in *Cael.* 37 *mihi auctoritatem patriam severitatemque suscipio*; Suet. *Tib.* 52.1 *patria caritate dilexit*.

5 **quam…metior** Plancus measures Cicero's sincerity, which he can only surmise, by his own, which he knows.

12 **bonam famam** Cf. 355 (x.3).3 init.

3, 1–3 **qua re…futurum** 'Therefore rest assured of one thing: all that my strength can compass, my prudence foresee, and my counsel suggest, shall ever be at the service of the commonwealth.' Orelli well compared 362 (ix.24).4 *nullum locum praetermitto monendi, agendi, providendi*. Sjögren, followed by *recentiores*, reads the paradosis *movere* ('sway by my prestige'). Copyists constantly confuse the two verbs.

4–5 **neque…nec nunc** 'If I could have you with me in person, as I should so much wish, I should never dissent from your policies; and as it is…'

4, 3 **ut sciam** 'So that I know', depending loosely on *exspectatione*, as though *certior fieri cupio* had preceded. The words emphasize Plancus' desire for definite information. I prefer this to taking *quid…geratur* as governed by *sciam*. Rhodius' contention that *esse in exspectatione* is always used passively, 'to be waited for' (see T.–P.), is a mare's nest; cf. *Thes.* v(ii), 1886, 67.

4 **inter aliena vitia** 'While others misbehave.'

6 **cui maxime cupio** Sc. *satis facere*. *cui* does not = *cuius causa* as in *Q.Fr.* 1.2.10 *ego Fundanio non cupio?*

359 (x.5)

A reply to the foregoing.

1, 1 **eodem exemplo** Cf. 37 (vii.18).2n.

5–6 **in rem publicam** The ablative is defensible in the sense 'in public affairs', as also in 414 (x.23).4 (but hardly in 405 (xii.14).3); cf. 19 (1.8).2 *sensum in re publica…deponere*, 406 (xii.15).2 *homo mihi… sensibus in re publica coniunctissimus*; *Leg. Agr.* ii.48 *ut in suis rebus ita in re publica luxuriosus nepos*. But with *animus* the accusative is normal and the change (*re p.* to *rē p.*) insignificant.

12 **attulerunt** 'Potest Cicero ad illa omnia quae proxime dixerat,

paternam necessitudinem, benevolentiam Planci, ceterasque res ad eam sententiam pertinentes, hoc verbum accommodasse' (Manutius).

2, 7 animi impetu 'Mental drive.'

3, 2 quid sentiam Editors who keep *quod* ought to have explained the subjunctive, for which cf. K.–S. II, 205 (*patitur tua humanitas = licet*).

3–4 fieri non potuisset *fieri* could be dispensed with (cf. K.–S. II, 554), but M's omissions are often supplied by χ.

6 proprium Against *proprie* (Lambinus, comparing 196 (IX.15).1 *id est proprie tuum*) cf. with Sjögren *Marc. 7 tuam esse totam et propriam fatetur* (sc. *se Fortuna*).

7 latronibus A stock word for Antony's supporters in letters and speeches of this period.

9 gratiae gloriaeque Cf. 393 (X.19).2 *in hoc erit summa et gratia et gloria.*

11 ut et pro patria Sc. *hortans*. T.–P. doubt the text, not understanding it.

360 (XI.8)

Cicero seems to have written this in late January, not long before the return of the envoys mentioned in §1.

1, 1 Polla A popular form of Paul(l)a (cf. 92 (VIII.7).2), as Clodius of Claudius; cf. on 387 (XII.12).2.

3 legatorum The three Consulars, Ser. Sulpicius Rufus, L. Calpurnius Piso, L. Marcius Philippus, appointed by the Senate on 4 January to convey its behests to Antony at Mutina. They left Rome the next day and the two latter returned about 1 February, Sulpicius having died in the interval.

5 primum *deinde* should have followed before *Romae dilectus habetur.*

2, 1 habetur By Pansa (365 (XII.5).2).

4 diutinae Cf. Cassius Parmensis (419 (XII.13).2) *diutina servitus.* But in Cicero the form should be suspect. It is found nowhere else in his writings, whereas *diuturnus* (with *servitus* in *Q.Fr.* 1.1.16 and elsewhere) is common.

6 Hirtius...Caesar Now at Mutina.

361 (XII.24)

Evidently written about the same time as the foregoing (cf. §2).

1, 1–2 non modo...quidem 'Of singing your praises and, what is more, of securing practical recognition for you.' There is nothing to be said for Gronovius' proposal to make *ornandi* and *laudandi* change places.

2, 5 occasio The reference is to the delivery of the Third Philippic on 20 December; cf. 364 (x.28).1 fin. The force of *ego tamen* seems to be: 'everything hangs in the balance at the moment; but for my part I took my stand and have maintained it'.

5–6 meo pristino more Cf. 383 (xii.25*a*).1 *quam* [sc. *rem publicam*] *nos, si licebit, more nostro tuebimur* and the parallel passage in 364 (x.28).1.

6 defendendi A practically certain correction (cf. 20 (1.9).19 for the same error).

10 malo Sc. *cognoscere*; cf. *ad Brut.* 9.3 *sed haec te malo ab aliis*. The sentiment is common in the letters of this period.

362 (IX.24)

For the date see on §2, *flaret*.

1, 1 Rufum T. Frank (*Am. J. Phil.* 50 (1929), 183 n. 2) wished to identify him with Virgil's friend, the poet L. Varius Rufus, as a member of Paetus' Epicurean circle. But Rufus is perhaps the commonest of Roman cognomina.

4 ex illius ad me missis Paetus seems to have sent Cicero a letter from Rufus expressing concern for Cicero's safety shortly before the journey alluded to below.

8 volo enim, sqq. Demmel (246ff.) brings what follows into connexion with *Phil.* xii.20 *an L. Antonium aspicere potero, cuius ego crudelitatem effugere non potuissem, nisi me moenibus et portis et studio municipi mei defendissem.* He thus evolves an incident between Cicero and troops under L. Antonius on the former's journey from Puteoli to Arpinum in November 44 (cf. *Att.* 421–3 (xvi.12, 10, 13)). But Cicero is here referring to preconcerted plots, not to 'irgendwelchen Anpöbelungen von Soldaten'. Now it was only on 8 November, at Sinuessa, that Cicero decided by a sudden change of plan to go to Arpinum; his previous destination had been Rome, by the via Appia (*Att.* 422 (xvi.10).1). He stayed at Aquinum on the 9th (cf. *A.* vi, 303f.). This would not give the plotters much time. Nor does it make much sense for Cicero to say (in *Phil.* l.c.) that he escaped L. Antonius' cruelty by taking refuge in Arpinum in relation to plots to intercept him on his way there. In fact, he changed his plans at Sinuessa to avoid an encounter with *Marcus* Antonius (*Att.* l.c.). The allusion in *Phil.* xii may be to an earlier threat: cf. *A.* vi, 260 (*sine cura*). Moreover the words *quasi divinarent quam iis molestus essem futurus* point to a period before the delivery of the First Philippic, Cicero's first open challenge to Antony. Perhaps then we should think of his journey from Arpinum to Puteoli in July (*Att.* 405, 406 (xv.28, 27)).

11 **Fabrateriae** I.e. *Novae*; cf. 62 (XIII.76), intr. note.

consilia...inita Regularly of plots, especially plots against the safety of an individual or community; cf. *Phil.* XIV.15 *ibi cum consilia inirent de caede nostra*, et sim.

12 **video inaudisse** Paetus' own letter had apparently contained a general warning from which Cicero later deduced that he had got some inkling (*inaudisse*) of what was afoot.

iis Not grammatically inadmissible, as Demmel thought (258 n. 1); cf. K.–S. I, 611f. *his = Antonianis* would be more natural if Antony and most of his following had been in Rome, not at Mutina.

2, 2 **delectatione et voluptate** 'Amusement and pleasure.'

3 **quod sciebas** From *Philol.* 105 (1961), 265: *quod solebas* is explained 'amicos ad cenam invitare' (Manutius). But *nam...putem?* shows that the danger in view is not that Paetus by ceasing to go to other people's dinner-parties will give up entertaining, but that he will forget whatever little gastronomic skill he had managed to acquire. So *obliviscare cenulas facere* (remove the comma after *obliviscare* with which modern editors show us how to misconstrue) means, not 'forget to give dinners', but 'forget how to give dinners' (cf. 38 (VII.14).1 *quod si scribere oblitus es*), and *sciebas* will replace *solebas*.

5 **quos imitarere** Cicero himself.

6 **Spurinna** 'This Vestricius Spurinna was the augur who warned Caesar shortly before his assassination that his life was in danger.' So T.–P. (citing Suet. *Iul.* 81.2; Plut. *Caes.* 63; Val. Max. VIII.11.2; add *Div.* I.119); correctly, except that there is no reason to suppose that *this* Spurinna had the double nomen (cf. H. Gundel, *RE* VIIIA, 1791, 23) and that he was not an Augur but a haruspex, possibly the *summus haruspex* of *Div.* II.52, who in 46 warned Caesar against crossing to Africa before midwinter.

9 **flaret** This was supposed to happen on or about 8 February (Plin. *N.H.* II.122; Ov. *Fast.* II.149; Col. *R.R.* XI.2.15), so that this letter was probably written in January.

3, 7 **quam Graeci** Sc. *faciant* or *iudicent*; for the latter cf. K.–S. II, 551. Cicero had made the same point in *Sen.* 45.

8 **σύνδειπνα** Sc. *vocant*: cf. *Att.* 425 (XVI.14).3 *mihi non est dubium quin, quod Graeci* καθῆκον, *nos officium.*

id est...concenationes Very likely a gloss. A resident of Naples did not need to have the Greek interpreted for him.

11 **cura ut valeas** Cicero had intended to end here, but added the next paragraph as an afterthought, to correct the appearance of levity.

4, 6–7 **praeclare...putem** 'I shall consider myself very fortunate in my destiny.'

8 etiam atque etiam vale 'Once again, good-bye', pointing back to *cura ut valeas*: cf. *A.* III, 231.

363 (XII.4)

After the return of the two surviving envoys from Mutina the Senate held a debate which Cicero calls confused (*Phil.* VIII.1). The following day he delivered the Eighth Philippic, in which he declared (§6) that next morning the *sagum* would be worn instead of the *toga*. On 4 February he appeared in the *sagum* (*Epist. fr.* p. 159 (Watt)). The return of the envoys can therefore be dated to 1 or 2 February, more probably the former. The letter seems to have been written after (rather than before, as usually supposed) the first debate, i.e. on the 2nd or 3rd.

1, 1–2 vellem...fuisset Cf. 345 (XII.3).1n. The following letter to Trebonius begins almost identically.

1 profecto The word is entirely in place (cf. 409 (X.33).1), and its omission in M does not discredit it; see app. crit.

3 quamquam, sqq. 'True, we have an excellent pair of Consuls.' *quamquam* is not a conjunction and there is nothing rare about the use of *sed*.

4 consularis Cf. 344 (XII.2).2f. Cassius having already heard from him on this subject, Cicero says less about it than in his letter to Trebonius.

4–5 senatum...fortissimum 'The Senate is firm, but firmest in its lowest rank' (i.e. the Quaestorii).

5–6 nihil fortius Sc. *est* (not *habemus*); the semi-colon usually placed after *fortissimum* is misleading.

8 certas res 'Specific items'; these are specified in *Phil.* VI.4 and VII.26.

nuntiarent Cf. *Phil.* VI.4 *mittuntur enim qui nuntient ne oppugnet consulem designatum*, sqq.; Sall. *Iug.* 21.4; Liv. XLIII.1.11. *denuntient* (Gronovius) is needless.

9–10 ultro...rettulerunt 'They took it upon themselves to bring a set of intolerable demands from him to us.' *ultro* marks a turning of the tables. Nardo cites *ad Brut.* 25.4 *o magnam stultitiam timoris, id ipsum quod verearis ita cavere ut, cum vitare fortasse potueris, ultro arcessas et attrahas.*

11 populares 'A popular favourite.'

2, 3 Bruto M. Brutus was now in Macedonia.

4 Dolabella, sqq. He had left to take over Syria, assigned to him in April 44 (Broughton, 317), early in November (cf. 350 (XVI.24).2n.). Thirty days was the period during which under the lex Cornelia a governor might remain in his province after the arrival of his successor (cf. 69 (III.6).3); not 'before his successor took up the reins of government' (T.–P.). Cassius, it seemed, was not to be allowed thirty days in office from the *start* of his tenure. The main point of the joke (which Nardo thinks was Cicero's own) seems, however, to lie in the fact that Cassius had in reality no legal claim to Syria (cf. *Phil.* XI.28 *cum est in Syriam profectus, alienam provinciam*; despite App. *B.C.* III.2).

6 **itaque** The real point, of course, was that Cassius should hold the province in the public interest without regard to legal entitlement.

9 **scribo** Nardo cites E. Zimmermann, *De epistolari temporum usu Ciceroniano quaestiones grammaticae*, Rastenburg, II (1887), 23 to the effect that the present is used instead of the epistolary imperfect or pluperfect when 'iis quae vel non scribuntur vel scribi non possunt vel scribenda non sunt opponuntur ea quae scribuntur'.

364 (x.28)

Apparently written at the same time as the foregoing.

1, 3 negoti Cf. 84 (VIII.8).9n.

5 **seductus** For the gender cf. Kühner–Holzweissig, 271f. For Trebonius' role at the murder (transferred to D. Brutus in Plut. *Caes.* 66) cf. *Phil.* II.34, XIII.22; Plut. *Brut.* 17; App. *B.C.* II.117.

6 **quod...fas est** 'Quod mihi per nostram amicitiam vix licet' (Manutius). Cf. *nefas* used of failing in the duty of a friend, as in 356 (XI.6a).1.

9 **foedissimum discessum** For Cisalpine Gaul on 28 November; cf. *Phil.* III.24, XIII.20. Appian, sympathetic to Antony as usual, tells quite a different story (*B.C.* III.46).

11 **civi acerrimo** 'That ardent loyalist.' Antony referred to him publicly as a *scurra*, Cicero as *splendidus eques Romanus*.

2, 2 deque alia re Cf. 357 (XII.22a).1n.

3–5 **egique...viribus** 'I did not mince my words, and, more by will-power than by oratorical skill, I recalled the weak and weary Senate to its old, traditional vigour.'

6 **contentio atque actio** *contentio* refers to the energy of the performance, *actio* might be taken as 'delivery', but probably means the speech regarded as a political proceeding.

7 **tempus** Perhaps with a twofold sense, 'time' (for thinking) and 'opportunity' (for doing). Cicero thought of the state all the time and acted for it whenever he saw a chance.

3, 6 Servio Cf. 360 (XI.8).1n.

7 **avunculus** L. Caesar's sister Julia was Antony's mother. Cf. *Phil.* VIII.1 *vicit L. Caesaris* [sc. *sententia*] *...qui verbi atrocitate dempta oratione*

fuit quam sententia lenior: quamquam is quidem, antequam sententiam diceret, propinquitatem excusavit. But in a letter to Cassius a few days later L. Caesar is still the only staunch and straight Consular (365 (XII.5).2).

8–9 de quo...reliqua 'I for one have good hope of him in the future'; cf. *Man.* 47 *ut praeterita meminisse, reliqua sperare videamur.*

365 (XII.5)

Hirtius' dispatch announcing the capture of Claterna (cf. §2) was read to the Senate on 3 February (*Phil.* VIII.6). Exactly how long afterwards Cicero wrote this letter remains undetermined. As Nardo observes, the correspondences between the letter and the Tenth Philippic do not prove the priority of the speech, the date of which is itself uncertain.

1, 7 ornatiores 'Enhanced.'

celeritatem Cf. *Phil.* X.11 *quae celeritas illa Bruti!*

9–10 a prima...copiis 'From the shores of Greece down to Egypt we shall have a rampart of commands and armies in thoroughly patriotic hands.' Cf. *Phil.* X.10 *exterae nationes a prima ora Graeciae usque ad Aegytptum optimorum et fortissimorum civium imperiis et praesidiis tenentur.* Besides Brutus and Cassius Cicero could think of Trebonius in Asia and L. Tillius Cimber in Bithynia, though neither of them found armies in their provinces (Syme, *Cilicia*, 322).

2, 3 erupisset Epistolary for *eruperit*: 'If, as we hope, he breaks out of Mutina, it seems unlikely that there will be any further fighting.'

reliqui Adjective (despite Liv. XXVI.40.2 *Agrigentum...quod belli reliquum erat* or *Att.* 389 (XV.11).1 *nihil esse iam reliqui quod ageremus*); cf. *Verr.* II.3.34 *quid est reliqui iudici quod in aratorem dari possit?*; Varr. *R.R* 1.54.2 *scopi...si qui⟨d⟩ reliqui habea⟨n⟩t musti*; Caes. *B.G.* v.53.4 *quid reliqui* (gen. rather than nom.) *consili caperent*; Liv. XXXIII.3.4 *quibus modo quicquam reliqui roboris erat,* XL.12.5 *ut ego ne apud te quidem spei quicquam reliquae habeam.*

4 parvis In fact Antony had six legions and two praetorian cohorts (cf. 378 (x.30).1n.), but how much of this force was garrisoning Bononia and other towns we do not know. Decimus was under close siege (Dio XLVI.36.1f.; Front. *Strat.* III.13.7f.).

6 Claternae Claterna (modern Quaderna) was ten miles south-east of Bononia (Bologna) on the via Aemilia. Forum Cornelium (usually Forum Corneli(i): but cf. *C.I.L.* XI, p. 126 and 396 (x.34).1n.), modern Imola, lay another thirteen miles in the same direction.

10 praeter Bononiam, sqq. Cf. *Phil.* X.10 *tria tenet oppida toto in orbe terrarum.*

12 **tuos clientis** There is no other evidence of this connexion. Possibly it had something to do with M. Brutus' governorship of Cisalpine Gaul. The loyalty of the Transpadani is often praised in the Philippics: cf. *Phil.* l.c. *habet inimicissimam Galliam, eos etiam quibus confidebat alienissimos, Transpadanos.*

3, 2–3 **non nulli...vident** 'Some are jealous of the credit of those whose statesmanship they see gaining approval', i.e. of Cicero.

5–6 **nunc...eluceat** 'I pray now that from those lands of the sunrise the light of your valour may shine.'

366 (XII.11)

PRO COS. Not a self-assumed title, as Nardo implies. It will have come with Cassius' appointment as governor of Cyrene (Broughton, 327). His command in Syria was not legitimized by the Senate until late April (ibid. 343).

1 1 **s. v. b. e. e. q. v.** *si vales, benest. ego exercitusque valemus* (not *si vales bene est, ego quoque valeo*).

2–3 **L. Murcum et Q. Crispum** Besieging Caecilius Bassus in Apamea, each with three legions. On Murcus, governor of Syria, see *A.* v, 299. Q. Marcius Crispus, also a former officer of Caesar's, was probably Tillius Cimber's predecessor in Bithynia. In the spring of 44 he had marched into Syria to join Murcus against Bassus (cf. Syme, *Cilicia*, 321f.). After handing over his troops to Cassius he retired from service and is no more heard of.

3 **imp.** T.–P. note that Cicero in *Phil.* XI.30 does not give them this title and that it may apply to Crispus only. But the MSS have *imperatorum* in 387 (XII.12).3.

6 **legionem** Cf. 387 (XII.12).3. According to Appian (*B.C.* IV.58; cf. Strabo, p. 752 fin.) Bassus had two legions, the one which he had taken over from Sex. Caesar and another later recruited; this is further implied in Appian's total of twelve legions under Cassius' control (ibid. 59; Velleius, however, says ten (II.69.2); cf. 419 (XII.13).4). Perhaps Cassius did not think the newly recruited legion worth including.

7 **A. Allienus** Cf. 275 (XIII.78). As Dolabella's Legate he was sent to Egypt to bring four legions stationed there up to Syria. The general persuasion that he was Trebonius' Legate before becoming Dolabella's is in no way borne out by the customary reference to *Phil.* XI.32.

2, 2 **quantum est in te** Cf. 387 (XII.12).3.

5 **L. Carteius** Otherwise unknown.

7 **Taricheis** Taricheae or Taricha (Ταριχέα) at the south end of the lake of Gennesaret in Galilee.

505

367 (XII.7)

Written shortly after the delivery of the Eleventh Philippic, which can be placed about 6–7 March: see T.–P.

1, 1 ad populum   This speech has not survived.

3 mea sententia   Cf. *ad Brut.* 4.2 *mihi etiam qui repugnante et irascente Pansa sententiam dixerim ut Dolabellam bello Cassius persequeretur*. For the terms of Cicero's motion see *Phil.* XI.29f. Pansa put through a decree assigning the war against Dolabella to himself and Hirtius after D. Brutus had been relieved.

5 M. Servilio   Cf. *A.* III, 264 (*Q. Celeris*). He had previously brought Cicero before an assembly on 20 December to deliver the Fourth Philippic (*Phil.* IV.16).

6 quantum forum est   'Quantum fori magnitudo postulat' (Manutius). The expression is odd, but it seems to be Cicero's. *contione*, though an easy change, would not sit happily between *in contionem* and *populi*.

8 socru   Servilia (*A.* III, 196), mother of Brutus and of Cassius' wife Junia (Tertulla). She was politically active and, to judge from *Att.* 389 (XV.11).2, no great favourite with Cicero (or vice versa). The belief of certain editors that she was related to the Tribune mentioned above is ill-informed. His office and praenomen show that he belonged to a plebeian branch of the gens, whereas Servilia was a patrician Caepio.

10 fratrem   L. Cassius Longinus. Nothing is known of Cassius' mother.

12 malebam   I.e. *antiquiora habebam*, a peculiar use, but perhaps not sufficiently so to warrant a change to *valebant* or *movebant*.

2, 4 tuo more   'In your customary style'; cf. 383 (XII.25a).1 *quam* [sc. *rem publicam*] *nos, si licebit, more nostro tuebimur*, et sim.

9 reciperatam   From Dolabella, who had seized Asia from Trebonius.

368 (X.31)

Pollio was now governor, probably as Proconsul, of Further Spain, where he had been operating unsuccessfully against Sex. Pompeius, until the latter came to terms with Lepidus and laid down his arms. On 15 March, the day before he wrote, he had received letters from Rome, including one from Pansa (§4) and one from Cicero (§6). This letter was not, however, dispatched until 14 April, the first day (if Pollio is to be believed, cf. 409 (X.33).3) on which the sea became navigable.

1, 2 itum est ad arma   At Mutina in November 44.

2–3 saltus Castulonensis   In the mountains (Sierra de Segura) near Castulo to the west of New Carthage, which formed the boundary between the two Spanish provinces.

5–6 ab utraque parte As naturally understood, Antony's party on the one hand and the Republicans on the other. Lepidus, whose interference with couriers is mentioned in §4, seems to have been reckoned by Pollio as supporting the former (ibid.).

8–9 postea...coeptum est In fact not till 14 April, if Pollio's later statement is to be believed; see intr. note.

2, 1 eius Certainly not Antony, who would have communicated with Pollio by letter or messenger, not by 'talk', and with whom Pollio was on personally friendly terms (409 (x.33).2). Clearly this was a man on the spot, and Wieland's conjecture that he was the younger Cornelius Balbus, Proquaestor under Pollio (cf. 415 (x.32).1–3), has everything to commend it. Cicero might well have felt uneasy about his possible influence on his chief.

3–4 ut...sit 'That anything in common with him would be disagreeable to me.' Cobet's deletion of *non* would ruin the sense.

9 inimici He cannot be identified. C. Porcius Cato, who was prosecuted by Pollio in 54 (Sen. *Contr.* vii.4.7), is unlikely, since nothing is heard of him after that year. Watson's suggestion of Labienus is more plausible. Cf. Quint. *Inst.* 1.5.8 *in oratione Labieni (sive illa Corneli Galli est) in Pollionem* (the ascription to Gallus, a friend of Pollio's, is improbable).

10 ne in extremis essem 'Having no wish to trail in the rear.'

3, 1–3 quod...habuit 'Because in his greatness he treated me, a recent acquaintance, as though I had been one of his oldest intimates. *modo* means 'just recently', not 'only'; cf. Ov. *Met.* vii.15 *quem modo denique vidi.*

3 pietate Cf. 12 (1.1).1n.

7 erudire me potuit 'Might have taught me (if I had needed teaching)'; cf. K.–S. i, 172. On his own showing Pollio had always known the value of freedom and only necessity had brought him into Caesar's camp.

9 ita = *itaque*; cf. A. v, 279.

4, 3 [post] Id. Mart. demum If Pansa's letter arrived after the Ides of March, it must have arrived on the 16th, the date of Pollio's letter. Why state that fact by a pointless circumlocution – as though the Ides had some special significance as such? *post* might well be the addition of someone who, like Corradus and others, thought Pollio was referring to the date of Caesar's assassination.

6 quod, sqq. Pollio seems to be defending himself against a criticism, presumably made or implied in Pansa's letter, that he ought to have written to the Senate earlier to put himself and his army at their disposal. He answers that this would have been 'highly inadvisable', because the land route to Italy was barred by Lepidus (in winter, of course, there could be no question of going by sea). The historic tenses show that he is thinking of the past. Moreover, at the end of the letter Pollio announces that he actually *is* setting out for Italy (see below). I have therefore felt obliged to mark a lacuna after *futurum* (representing e.g. *quod me iam pridem facere oportuisse significat*).

contionaretur 'Was declaring to public meetings'; cf. 409 (x.33).2 *contionibus...quas Narbone habuisse dicitur.*

7 **contrarium fuit** Probably = *inutile fuisset* (for the indicative cf. K.–S. I, 172), though lacking the full context we cannot be quite sure.

8 **commeatibus** 'Provisions', not 'routes'; cf. 409 (x.33).2 *si vellem commeatus per provincias eius iter faciens habere.*

legiones Pollio had three (415 (x.32).4).

10 **transvolare** Perhaps sarcastically in the literal sense of the word. *ad Herenn.* IV.31 *Alexandro si vita data longior esset, Oceanum manus Macedonum transvolasset* is quoted (slightly misquoted) by T.–P., but the reading is an inferior conjecture; F. Marx prints *Oceanum Macedonum transvolasse⟨n⟩t ⟨s⟩arisae.*

11 **nulla condicione** Pollio did, however, *receive* some letters by sea (§1).

12 **excutiuntur** 'Are searched.'

5, 1 **pro contione** 'Before a public meeting.' Corduba (Cordova) was the chief town of Further Spain.

3–4 **tradenda** Cf. 415 (x.32).4.

8–9 **omnis...salvos** A suspicious sentiment in Cicero's eyes; cf. *Phil.* VIII.13 (addressing Fufius Calenus) *atque ais eum te esse qui semper pacem optaris, semper omnis civis volueris salvos.* On *pax* as a political catchword at this time see H. Frisch, *Cicero's fight for the Republic* (1946), 131.

6, 1 **familiarem** Probably the poet C. Cornelius Gallus; cf. 415 (x.32).5.

11 **quae...possunt** 'Especially as they can be recovered without trouble (once the main conflict is decided in our favour).'

constitui The apparent discrepancy between this announcement and the previous contention that it was quite impossible to get to Italy through Lepidus' province seems to have passed unnoticed by editors, though it surprised J. van Wageningen (*Mnemos.* 47 (1919), 80). It seems unbelievable that Pollio should contradict himself on a matter of such vital consequence. The alternative is to suppose that he was thinking of a sea route either direct or by way of Africa and Sicily. He might have been expected to make this clear to Cicero, but may have done so in his letter to Pansa, of which he enclosed a copy.

12 **ut nunc est** 'As matters stand' – a hint that the decision might be reconsidered in the light of further news. Probably Pollio had no real intention of leaving his province at this time.

13 **exemplar** Cicero *always* uses *exemplum* for this sense: cf. *A*. II, 183f.

369 (x.27)

Lepidus, in charge of both Hither Spain and the Narbonensis and commanding seven legions, was the most important of the three more or less uncommitted western governors on whom the fate of the Republic was largely to depend. On 20 March the Senate had before it letters from Lepidus and apparently from Plancus advocating peace. Cicero dealt with Lepidus' letter with firmness and restraint in the course of his Thirteenth Philippic (as for Plancus, see the following letter, intr. note), and supported a motion from P. Servilius thanking him for it but reserving the question of peace to the Senate. This and the next letter were probably written in the evening after the debate.

1, 3–4 **summis honoribus** A *supplicatio* had been voted Lepidus on Antony's motion on 28 November. But Cicero no doubt refers to a motion of his own in the beginning of January thanking Lepidus for the successful conclusion of negotiations with Sex. Pompeius and providing for the erection of a gilded equestrian statue on the rostra, an extra-ordinary distinction first accorded to the Dictator Sulla (cf. *Phil.* v.41, IX.13, XIII.9; Vell. II.61.3; Liv. VIII.13.9).

370 (x.6)

The Thirteenth Philippic as we have it says nothing of Plancus' dispatch mentioned in §1. The most likely explanation is A. V. Streng's (*De Ciceronis ad Brutum epp. lib. II* (diss. Helsingfors (1885), 99), that Cicero cut out the relevant passages prior to publication, after the arrival of 371 (x.8).

1, 1 **Furnius** Cf. 371 (x.8).5.

6–8 **positis...parienda est** For the conglomeration of words beginning with 'p' cf. *Prov. Cons.* 41 *popularis impetus populari praesidio propulsare possem*; *Tusc.* I.I18 *portum potius paratum nobis et perfugium putemus*; Goodyear, *Annals of Tacitus*, I, 338f.

9–10 **fratre tuo** L. Plautius (originally C. Munatius) Plancus (*A*. VI, 222). On his original praenomen (Gaius, not Gnaeus), see Münzer *RE* XVI, 541f. He was Praetor this year but served in his brother's army and acted as his intermediary with the Senate (cf. Broughton, 339).

2, 2–3 deesset...esset The subjunctive after *quamquam* (cf. K.–S. II, 442) is due to the virtually oblique construction (*vellem pervenire = faciendum putarem ut perveniret*).

3 fidelisque prudentia 'Loyal good sense'; = *fidesque et prudentia*.

4–6 vellem...pervenire 'To wish that a word of advice, to which the many ties between us ought to lend some weight, should also reach you from myself.' I do not feel certain how the Latin should be analysed, but take *meae auctoritatis* as attributive 'carrying my authority'.

8 eos Cf. 22 (v.12).3n. (*eam*).

9 honorum...insignia 'Will count as so many official titles, not as symbols of public esteem.'

11 ab iis Generally of the Antonians and their sympathizers; cf. below *qui...te ab impiorum civium...societate seiungas*. Not Lepidus in particular, with whom Plancus was already on bad terms (cf. 390 (x.15).1).

3, 1 consules Caesar's creations; cf. 344 (xii.2).3 *reliquos... ignosce mihi si non numero consularis*.

2–3 qui...consulari Cf. Liv. III.29.2 *donec consularem animum incipias habere*; *consularis* can be defended by *Pis.* 23 *animo consulem esse oportet* but is distinctly less elegant here. Servilius and Trebonius would qualify.

6 principem, ducem *princeps* connotes moral primacy, *dux* active leadership.

13 [in] experiendo Most editors after Manutius read *in experiendo ea ratione*. 'Read *tu experiendo in ea*, comparing on the one hand 18 (1.7).10 *experiendo...cognovi* and on the other *Att.* 8 (1.3).3 *in se expertus est illum esse minus exorabilem*. This mistake might have been put right sooner if it had been understood that *ratio* here does not mean *modus*, but, as commonly with Cicero, *modus agendi* "line of conduct", "policy"; cf. e.g. 70 (III.8).6 *mea ratio in tota amicitia nostra constans et gravis reperietur*, 151 (IV.2).3 *aut probare oportet ea quae fiunt aut interesse etiam si non probes; quorum altera mihi turpis, altera etiam periculosa ratio videtur*. Plancus must choose between two *rationes* – collaboration with miscreants and loyalty to the Republic. The consequences of each have been set out in the preceding sentence (*si...; sin aliter...*). No doubt he will choose rightly. Translate therefore "You will prove the truth of my words in that path of conduct which is worthy of you"' (*Philol.* 105 (1961), 265. I did not then know that the reading advocated is due to Ernesti).

371 (x.8)

This letter arrived with the following in Rome on 7 April (377 (x.12).2). The journey will have taken about three weeks; see T.–P.

IMP. No doubt Plancus had received the title from his army in the campaign for which he was awarded a *supplicatio*; cf. 341 (x.2), intr. note.

POPULO PLEBIQUE Also in the headings of 406 (XII.15) and 408 (X.35). *populo* (now the whole people, originally patricians only) corresponds to *cos. pr.*, *plebi* to *tr. pl.*; cf. Mommsen, *St.* III, 6 n. 4.

2, 3 compluris Most conspicuously, Octavian.

8–9 expeditius...volui 'I preferred that the path of national deliverance be smooth rather than the path of my personal glory.'

9–10 ab ea...arbitror 'After a life such as I think I am generally known to have led.'

11–12 sordidum...perniciosum Plancus was not likely to degrade himself by becoming Antony's hireling nor yet to harbour personal ambitions mischievous to the Republic.

3, 4–5 neque...accederemus 'And to bring to the national cause, not empty hands and loyal sentiments, but the means to aid.'

12 praefuerunt I.e. at the time; not that there had been any changes. Lepidus and Pollio were still Plancus' neighbours, the former separating him from the latter.

13–15 ut potius...partiremur 'For I wished to join with many partners in a league for the defence of freedom; not to share with a few the fruits of a victory disastrous to the world.' This passage is generally misinterpreted. *paucioribus* are not the Antonians; Plancus does not suggest that he could ever have joined *them*. His point is that he preferred to organize for the constitutionalists, whose victory is assumed in any case, an overwhelming superiority of force. That meant sharing honour and rewards with a larger number of his peers (cf. 382 (x.11).3 fin.), but it also meant that victory would be won at a smaller cost in human life and suffering.

4, 2–4 ut...periculosum 'So that, when I came to make open declaration of my views, there might be no danger in the cause I intended to support becoming common knowledge, even though the announcement might be unwelcome in certain quarters.' *invitis quibusdam* is abl. abs.

7–9 quod...videbam 'For I saw from my colleague's predicament how dangerous it was for a loyal citizen to proclaim himself without preparing the ground.' Actually D. Brutus had been in no position to temporize.

5, 5–7 ex quo...excubare 'From which it can be seen that the defence of the supreme interests of the state has for a long time past been my vigilant concern.'

6, 1 nunc On Plancus' real motives see T.–P. vi, xliii n. 119. He may have been offended by Antony's proposal in January to take over his own province in lieu of Cisalpine Gaul (*Phil.* viii.27). But Antony's worsening situation at Mutina and the increasingly belligerent attitude of the Senate probably determined his timing.

2–3 explorate iudicare 'To make up their minds in full assurance.'

3 legiones...quinque In letters of 11 May (390 (x.15).3) and 28 July (428 (x.24).3) Plancus states that he had four legions (three veteran, one of recruits) with him in camp. T.–P.'s comment, 'in the latter passage he wishes to under-rate his forces; in the passage before us to represent them in the best possible light', can hardly pass as an explanation of the difference. The obvious one is that when he marched into the Narbonensis he left one legion in Gallia Comata (so Drumann–Groebe, iv, 224 n. 11).

8 libertatemque Plancus and Cicero would see nothing incongruous in the idea of the native Gauls defending 'their freedom' against Antony's despotism; see W. Kroll, *Kultur der ciceronischen Zeit* (1937), 10ff.

7, 7 eos The soldiers (and provincials?); cf. §3.

9 spe decipi 'Could not be deceived by any hope', i.e. seduced by delusive promises. Here and elsewhere *Thes.* (v (i), 178, 61) erroneously understands *decipi* as *destitui*.

372 (x.7)

This letter arrived with the foregoing.

1, 2 verbosius 'At greater length.' T.–P. remark that they knew of no other passage in which the word is used in a neutral sense; but cf. *Dom.* 32 *religionis partem, quae multo est verbosior*. The sense is probably no less neutral in 183 (vii.3).5 and elsewhere. In fact I know of no Ciceronian passage in which it is clearly pejorative, apart from implications of context.

3–4 quae...recepi 'How I have rendered to the state all that I took upon myself at your exhortation and to which I pledged myself by my solemn word to you given.' For *excepi = suscepi* see *Thes.* v (ii),1256, 1 and cf. Ov. *Tr.* v.6.11 *quem semel excepit numquam Podalirius aegro | promissam medicae non tulit artis opem*.

8–9 M. Varisidium He brought the letter (cf. 377 (x.12).2). The name is rare, pointing to North Italy; cf. Syme, *Historia* 5 (1956), 207.

2, 1–2 cum...viderentur 'When others appeared to be staking out their claims to glory'; cf. §2 of the previous letter. *laus* ('kudos') is metaphorically likened to a vacant property which might be seized by whoever got in first; cf. *Phil.* XIII.12 *an is non reddet qui domini patrimonium circumplexus quasi thesaurum draco, Pompei servus, libertus Caesaris, agri Lucani possessiones occupavit?*

8 **quarum rerum** Plancus may have been thinking of a Triumph. In fact he celebrated one (over the Raeti) at the end of the year. For Cicero's awareness of his interest in *honores* cf. 375 (x.10).2.

373 (XII.25)

What appears in the earliest editions (not, as T.–P. say, the MSS) as XII.25 was recognized by Corradus as two letters, this and 383 (XII.25*a*). The former was evidently written soon after the meeting of the Senate on 19 March. The absence of any reference to Pansa's departure for the north on the following day does not much signify, since the only news in the letter is of personal interest to Cornificius.

1, 1 Liberalibus 17 March.

Cornificius Probably either son of the addressee or a less close relative with the same praenomen (not therefore brother).

3 **Quinquatribus** The festival of Minerva on 19 March.

4–5 **non invita Minerva...Minerva nostra** See on 64 (III.1).1.

8 **Calvisi** Cf. 357 (XII.22*a*).1n. C. Calvisius Sabinus was a former officer of Caesar's. His Praetorship probably belongs to 44, not 46; see Sumner, *Lex Annalis*, 265ff. Later a triumviral partisan and Octavian's admiral against Sex. Pompeius, he gained a Consulship in 39 and a Triumph in 28. On his Spoletian origin see Syme, *Historia* 13 (1964), 113.

Tauri Probably the first record of T. Statilius Taurus, commander of Octavian's land forces at Actium and one of the leading figures of the subsequent period. The nature of his association with Calvisius is unknown, T.–P.'s statement that he had been nominated as Calvisius' Legate on his appointment to the governorship of Africa on 28 November being purely conjectural.

9 **senatus consultum** This may have confirmed Cornificius in office and made provision concerning his army. Some two months later his two legions were expected in Italy (413 (XI.14).3); cf. Broughton, 349.

2, 5 de obtinendis provinciis An annulment of Antony's re-allocations on 28 November; cf. *Phil.* III.38 *senatum ad summam rem publicam pertinere arbitrari a D. Bruto et L. Planco...itemque a ceteris qui provincias obtinent obtineri ex lege Iulia quoad ex senatus consulto cuique eorum successum sit. obtinere* is regular in the sense of holding a province as governor.

6 **eum** Calvisius.

7 **absens** He may have reappointed the Legates he had left in Utica (cf. 347 (XII.23).1n.) and put one of them in charge *pro praetore*.

513

8–9 seque in urbem recepit Thus giving up his *imperium*.

13 honoribus Presumably complimentary decrees of municipal bodies.

3, 1 de Sempronio Cf. 357 (XII.22*a*).2. The most popular theory, based on 433 (XII.29).2 (q.v.), is that Sempronius had proposed a decree in the Senate adverse to Cornificius, who had blamed Cicero as in some way responsible. This conflicts with the data. In his earlier letter Cicero reproached Cornificius for not having taken some action in respect to Sempronius which would have redounded to his (Cornificius') credit, as recommended in a previous letter from himself. Cornificius excused himself, and Cicero here accepts his excuses. From what follows the references seem to relate to the summer of 44, before Cicero left for Greece. See further E. Badian, *Proc. Afr. Cl. Ass.* 11 (1968), 4 n. 18, who thinks that the decree was most probably one permitting Sempronius return from exile.

2 fuit...servitutis 'In those days of slavery we lived in a land of mist.' There is no good reason to doubt the text, *graecum* in M being probably a mere error due to a misreading of uncials. For the metaphor cf. *Rosc. Am.* 91 *qui tamquam si offusa rei publicae sempiterna nox esset, ita ruebant in tenebris omniaque miscebant*; *Dom.* 24 *in illis rei publicae tenebris caecisque nubibus et procellis*, et sim.

3 dignitatisque After *consiliorum* it is highly unlikely that Cicero would have used the dative, though that is an admissible construction (*Thes.* VI, 390, 37); cf. 375 (X.10).2 *tuorum consiliorum adiutorem, dignitatis fautorem*; *Att.* 178 A (IX.11A).2 *fautor dignitatis tuae*; *Phil.* VII.6 *dignitatis meae...fautorem*.

5–6 etesiae...austerque Cf. *ad Brut.* 23.5 *in medio Achaico cursu cum etesiarum diebus auster me in Italiam quasi dissuasor mei consili rettulisset*; *Att.* 415 (XVI.7).5 *ego vero austro gratias miras qui me a tanta infamia averterit*.

7 ventis remis Cf. *Phil.* I.9 *tum vero tanta sum cupiditate incensus ad reditum ut mihi nulli neque remi neque venti satis facerent*; *Tusc.* III.25 *res omni contentione, velis, ut ita dicam, remisque fugienda*.

8 postridieque Apparently a slip. Cicero returned to Rome on 31 August and delivered the First Philippic on 2 September. He cannot be understood as alluding to his refusal to attend the Senate on 1 September, as Nardo suggests.

4, 3 effunderet On 19 September; cf. 344 (XII.2).1.

4 caedis causam 'Pretext for a massacre'; cf. *A.* 1, 404.

4–5 quem...plagas 'I flung the belching, vomiting brute into Caesar Octavian's toils.' *belua* is a term often applied to Antony in the Philippics, sometimes with metaphorical accompaniments (e.g. VII.27).

5, 4 statuti quid 'Any definite code.'

5 **nunc...postulat** Ter. *Andr.* 189, an iambic octonarius. Bentley and Kauer–Lindsay read *defert* scanning *dies* as a monosyllable; but R. H. Martin (*Cl. Rev.* 78 (1964), 3f.) rightly contends that *adfert* is recommended by sense, prosody, and the MSS of Terence (though here not including the Bembinus). *defert* can only be defended as an unlikely slip on Cicero's part.

8 **rectam** Cf. *Q.Fr.* 1.2.13 ὀρθὰν τὰν ναῦν; Otto, *Sprichwörter*, 85f.

374 (XII.28)

Datable after Pansa's departure on 20 March and before 20 April, when the news of the battle of Forum Gallorum reached Rome. But §3 will have been written before the end of March, by which time Cicero had become acutely anxious about the situation at Mutina.

1, 1 Lilybaeo 'It would appear that certain mercenaries of Antony had started from Africa and attempted to seize Lilybaeum; that Cornificius had captured them; but had dismissed them without inflicting any punishment' (T.–P.). Nardo thinks that soldiers of T. Sextius in Africa Nova (cf. Broughton, 330) may have been involved. However, the present tense (*minari*) makes it highly improbable that the attempt on Lilybaeum had already been made. Sicily was now under Cicero's friend Pompeius Bithynicus.

istic Not at Lilybaeum (T.–P.), but, as usual in the Letters, 'where you are', i.e. in Africa. Cornificius had written that he ought to have had the men punished on the spot, but that he had been afraid of the criticisms to which such action would have laid him open. He may have decided to send them to Rome.

3 ⟨**nimis**⟩ **gravis** The addition seems to me stylistically mandatory. Cf. Nardo: 'La ripresa dello stesso modulo sintattico usato da Cornificio (*ut ais*) da al rimprovero un accento particolarmente grave e severo.'

2, 1–2 quod...renovas 'I am glad you are reviving for yourself that partnership with me in the preservation of the commonwealth which you have inherited from your father.' T.–P. take *tibi* as governed by *acceptam*, rendering 'I am pleased that you renew our partnership in preserving the state – a partnership devolving on you from your father.' That would surely require *mecum tibi*. Moreover, there had never been any active political partnership between Cicero and the Caesarian Cornificius. It was the inherited partnership between Cicero and his father that Cornificius was reviving *for* himself (*tibi*). The elder Cornificius (*A.* 1, 290) had taken custody of the conspirator Cethegus in 63 (Sall. *Cat.* 47.4) and had raised Clodius' sacrilege in the Senate in 61 (*Att.* 13 (1.13).3).

6 appellaretur 'Would be called upon.' The word is regularly used of demanding payment from a debtor.

6–7 si...cogeretur In emergencies the Praetor Urbanus could convoke the Senate in the absence of the Consuls, as M. Cornutus did on 7 April (cf. 377 (x.12).3) and subsequently.

7 HS |XX|...HS DCC Evidently two grants for separate purposes for which Cornificius had asked.

8–9 ex senatus consulto For the annual decree *de ornandis provinciis* see Mommsen, *St.* III, 1097ff., Willems, *Le Sénat*, II, 616f. Cf. *ad Brut.* 4.4 *non enim mihi occurrunt facultates quibus uti te posse videam praeter illas quas senatus decrevit, ut pecunias a civitatibus mutuas sumeres*; *Phil.* x.26. Or the decree passed on 19 March may have contained financial provisions (cf. 373 (XII.25).1). The Treasury was in very low water at this time (*ad Brut.* l.c.).

9 imperandum On taxes imposed by provincial governors with and without senatorial authority see I. Shatzman, *Senatorial wealth and Roman politics* (1975), 56f.

3, 6 a quibusdam Editors, following Manutius, think of various Consulars. But a contemporary letter to M. Brutus (*ad Brut.* 1.1) points to the Consuls: *fidem enim consulum non condemnabam, quae suspecta vehementer erat; desiderabam non nullis in rebus prudentiam et celeritatem; qua si essent usi, iam pridem rem ⟨publicam⟩ reciperassemus.*

375 (x.10)

Plancus' declaration of loyalty reached Rome on 7 April (377 (x.12).2). The letter referred to in §1 must have been lost.

1, 3–4 quamquam...disceptat 'Although the Fortune of the commonwealth is deciding all points at issue in a single battle.' *disceptat* cannot = 'is being settled'. The 'parallel' adduced in *Thes.* v (i), 1295, 13 (see T.–P.), Tertull. *adv. Marc.* IV.4 *quatenus communio eius inter nos et Marcionem de veritate disceptat*, probably means 'since the fact that we and Marcion both recognize it (St Luke's Gospel) is decisive as to its authenticity'. Moreover, the Fortune of the commonwealth (like the Fortune of the Roman People) should decide, not be decided: cf. 254 (IX.8).2 *superiorum temporum Fortuna rei publicae causam sustineat*; 390 (x.15).4 *si nos mediocris modo fortuna rei publicae adiuverit*; *Man.* 28; *Sull.* 62; *Sest.* 17; *Mil.* 20. Hence *disceptatur* is implausible; Cicero would rather have written *de tota (universa) re publica. disceptat* could mean 'decides the issue' without expressed object, but *omnis Fortuna rei publicae* can hardly pass. *omnia* removes all difficulty.

2, 2 honoribus Evidently Cicero was alive to Plancus' interest in these, though he had yet to read 372 (x.7) fin.

3 **vere** Cf. *Phil.* v.41 *qui honos, patres conscripti, mihi maximus videtur; primum quia iustus est; non enim solum datur propter spem temporum reliquorum sed pro amplissimis meritis redditur.*

3-4 **invitamentum ad tempus** 'An allurement offered at a crisis.' *ad tempus* strictly = 'to suit (the needs of) the moment'; cf. 379 (x.9).3 *ad tempus consilium capiam.*

7-8 **me...fautorem** Cf. 373 (xii.25).3 to Cornificius *ego tuorum consiliorum auctor dignitatisque fautor.* The difference of role implied in *adiutorem* is to be noted.

376 (xii.6)

Seemingly written about the same time as *ad Brut.* 1, which expresses similar anxiety about the course of the war, probably about the end of March or beginning of April; cf. T.–P. vi, 105.

1, 2 **Tidio** The vulgate *Titio* is supported by the appearance of L. Titius Strabo in 281 (xiii.14). However, the nomen Tidius, a variant of Teidius (Tedius), is epigraphically attested (*C.I.L.* iii, 2864; xi, 5822, 5901–3), and no copyist would be likely to substitute it for the familiar Titius. Corruption is rather, therefore, to be suspected in 281 (xiii.14). Cf., however, the cognomen Cotta, common to the *gentes* Aurelia and Aurunculeia. Professor Badian has remarked to me that the cognomen Strabo seldom or never runs in families. It may also be noted that, according to T. P. Wiseman's reconstruction, Sejanus' father Seius Strabo was the stepson of a Teidia (*Latomus* 22 (1963), 90).

3 **cupidissimo tui** 'Most anxious to serve you' (not 'most eager to be with you'); cf. 18 (1.7).2n.

2, 3-4 **res...discrimen** Cf. *ad Brut.* 1.1 *cum haec scribebam, res existimabatur in extremum adducta discrimen*, 2.2.

4 **Brutus** Decimus, sufficiently distinguished from Marcus by context.

5 **vicimus** Cf. *Att.* 374 (xiv.20).3 *cui si esse in urbe tuto licebit, vicimus*, et sim.

sin *sin (autem)* = *si minus*, εἰ δὲ μή, is confined to letters in the classical period; cf. K.–S. ii, 418f.

6 **cursus est** In fact a few days before the news of Forum Gallorum arrived there was a panic flight from Rome to join Brutus (*ad Brut.* 9.2). The present is commonly thus used for the future in conditional sentences; cf. K.–S. i, 119f.

377 (x.12)

1, 3-4 **ita...adfert** Cf. 44 (xvi.16).1 *ita te...videam ut mihi gratissimum fecisti.* T.–P. (following Mendelssohn) are mistaken in stating that

adferat (H) would be allowable on the strength of 182 (v.21).1 *tecum esse,
ita mihi commoda omnia quae opto contingant ut vehementer velim*; see ad loc.

6 **tuas**   371 (x.8).

8–9 **verborum sententiarumque**   Cf. 393 (x.19).1, 404 (x.16).1;
de Orat. 1.31 *sapientibus sententiis gravibusque verbis*; *Tusc.* 11.3 *copia sententiarum atque verborum*; also *de Orat.* 11.56 *qui* [sc. *Thucydides*] *ita creber est
rerum frequentia ut verborum prope numerum sententiarum numero consequatur, ita
porro verbis est aptus et pressus ut nescias utrum res oratione an verba sententiis
illustrentur*; Fronto, *ad Amic.* 1.4 *luculentissimum verborum apparatu, maxima
frequentia sententiarum.*

10 **tuarum litterarum**   Perhaps the lost letter referred to in 375
(x.10).1.

2, 2 M. Varisidius   Cf. 372 (x.7).1.

4 **domo**   Cicero might have written *de domo mea*, but hardly *de domo*;
cf. *Thes.* v(i), 1963, 15; K.–S. 1, 483.

5 **interim**   I.e. before Cicero left for the Forum.

Munatius   Who this T. Munatius (§5) was, and how related to
Plancus, we do not know.

6 **litteras tuas**   Sc. *legi* or *dedi legendas*, an unusual but acceptable
ellipse.

3, 1 Cornutum   M. Caecilius Cornutus, no doubt related to Gaius,
the mock-Cato of 61 (*A.* 1, 312). He killed himself later in the year when
Octavian marched on Rome (App. *B.C.* 111.92).

4–5 **propter...litterarum**   'Attracted by the report of your
dispatch and their eagerness to hear it.'

6 **pullariorum**   The keepers of the sacred chickens also assisted
magistrates in taking auspices (*de caelo servare*), as was done before
meetings of the Senate, the Augural College being referred to in case of
difficulty; cf. *Div.* 11.74.

9 **Servilio**   Cf. *ad Brut.* 2.3, written the same day: *ego hic cum homine
furioso satis habeo negoti, Servilio...finem feci eius ferendi; coeperat enim esse
tanta insolentia ut neminem liberum duceret. in Planci vero causa exarsit incredibili
dolore mecumque per biduum ita contendit et a me ita fractus est ut eum in perpetuum modestiorem sperem fore.* Servilius' motives are uncertain. It may be
relevant that he and Lepidus married sisters, and that Lepidus and
Plancus were on bad terms.

11 **in alia omnia**   Cf. 13 (1.2).1n.

13 **P. Titius**   This Tribune later proposed laws expelling his
colleague, the conspirator Casca, from office and establishing the
Triumvirate (cf. Broughton, 340). His death during the year countenanced an ancient superstition (Dio xlvi.49.2; Obseq. 70).

4, 2 Iovi ipsi iniquus   Cf. *A.* iv, 355.

2–3 **quem ad modum** The phenomena in the MSS may be accounted for by supposing that the readings in V and DH were both corrections of *quidem* (for *quem*) *admodum* in the archetype.

3 **fregerim** 'Tamed'; colloquially, 'took the stuffing out of him'.

4 **abiecerim** 'Put down', 'humbled'; cf. *Att.* 18 (1.18).3 *ille annus...senatus auctoritatem abiecit* (I revoke my translation 'was thrown to the winds').

5, 1 **perge, sqq.** 'Continue then in your present course and hand your name down to eternity. Despise all these prizes that have only the semblance of glory, derived from meaningless badges of distinction; hold them for brief, unreal, perishable things.'

2–3 **collectam** Cf. R. Ellis, *Philol.* 13 (1900), 472: 'Praetulerim *collectam* cum Lambino. Amat Cicero hoc vocabulum locutionibus adnectere quales sunt *gloria, fama, existimatio, gratia* et his contraria *invidia, infamia* etc.' To see that Ellis was right it is only necessary to see that *haec omnia* are offices and honours, *insignia* their 'badges' (special dress, etc.).

4 **fucata** Three good arguments in favour of this reading are adduced by T.–P.: the MS tradition points that way (for 'g' replacing 'c' in M cf. 373 (XII.25).3 *caecum/graecum*); it is *difficilior lectio*, at least for a copyist; it corresponds very well with *falsa* in Phil. IV.13 *alia omnia falsa, incerta sunt, caduca, mobilia: virtus est una altissimis defixa radicibus.* Add that *fugax* occurs only once in pre-Augustan writing (apart from ps.-Sall. *Ep. ad Caes.* II.9.2), Plaut. *Pers.* 421.

6 **eam** = *eius rei*, a common type of attraction; cf. K.–S. I, 64ff.

7 **es, tene** I cannot doubt that this is what Cicero wrote; cf. *Phil.* III.34 *hanc igitur occasionem oblatam tenete...et amplissimi orbis terrae consili principes vos esse aliquando recordamini. signum date populo Romano,* sqq.

9–10 **cum...carior** Cf. 353 (XI.5).3.

378 (x.30)

On Ser. Sulpicius Galba see *A.* IV, 375. For a modern account of the battle of Forum Gallorum see H. Frisch, *Cicero's fight for the Republic* (1946), 267ff.

1, 1 **XVII⟨I⟩** The correction is indicated by Ov. *Fast.* IV.627f., where Octavian is said to have beaten his enemies at Mutina on 14 April, and *Phil.* XIV.28, where the action in defence of his camp is stated to have taken place on the same day as those described in this letter.

2 **cum quo** Sc. *Pansa*; cf. K.–S. II, 286f.

3 **passus** Colloquial for *passuum*; cf. K.–S. I, 250f. According to the MSS this usage is found in letters of Plancus (398 (X.17).1) and Cicero (*Att.* 415 (XVI.7).5; but see *A.* VI, 293).

3–4 **legiones...duas** Antony had six legions at Mutina: the Second, the Thirty-Fifth (both from Macedonia), and the Fifth (Alaudae), along with two of recruits and another of *evocati*; cf. How, 549.

4 **quintam tricensimam** The omission of *et* is good classical usage, though rare; cf. Kühner–Holzweissig, 643.

5 **Silani** M. Junius Silanus, perhaps identical with Caesar's Legate in 53 (*B.G.* VI.I.I) and distinguishable from a homonym who was *quaestor pro consule* in 34 and Consul in 25. He was now an officer (Dio XLVI.38.6 στρατιάρχῳ, which might mean Legate or, possibly, Military Tribune) under Lepidus, who had sent him to join Antony at Mutina, but later disavowed responsibility. See Broughton, 353 and Suppl. 32.

evocatorum Cf. 69 (III.6).5.

6 **ita** 'In this strength.'

8 **potuissemus** The substitution of pluperfect for perfect or imperfect is colloquial and oftener found in the indicative than the subjunctive, though the latter is common in Vitruvius; cf. K.–S. 1, 140f. Here it may be due to *miserat*.

8–9 **cui...solebam** Apparently the legion's present commander was D. Carfulenus, called Carsuleius by Appian (*B.C.* III, 66f.), to whom we owe the information. He probably fell in the battle (cf. *A.* VI, 248f.).

9 **duas** Hirtius' own and Octavian's.

2, 3 **coepimus** Galba affects this pleonastic use of *coepisse*, which is not exclusively colloquial; cf. K.–S. II, 569f.

4 **Forum Gallorum** A small place, now Castelfranco, about eight miles up the via Aemilia from Mutina.

7 **sequi** Pansa's four legions of recruits seem to have been left in camp (cf. §3 *ex castris*). He now sent orders for two of them to join him. The other two remained in camp under the Quaestor Torquatus (App. l.c. 69; the praenomen Aulus in T.–P. is conjectural).

8 **angustias...silvarum** 'The narrow route between marsh and woodland'; cf. App. l.c. 66 τῆς διόδου τῶν στενῶν. But Appian has a somewhat different account. According to him Pansa and 'Carsuleius' marched through the defile just before daybreak with the Martian legion and *five* other cohorts and then entered upon the high road between the marshes (why had they left it?). There they were ambushed by the Antonians. Obviously Galba has to be believed as an eyewitness where he had no discernible motive to depart from the truth.

9 **XII** Ten of the Martians and two praetorian.

3, 3 **etsi** Though each side fought extremely hard, the republican right put the enemy to flight at the first charge – on the face of it an inconsistency. Appian may here be preferred when he says that the Antonians gave way gradually, οὐκ αἰσχρῶς.

3, 3; 4, 2 **dexterius...sinisterius** Varro is the first author to use the comparative forms; cf. Neue–Wagener, II, 186f.

3, 4 cornu *cornum* is an allowable form, but Galba has *cornu* twice elsewhere.

7 itaque, sqq. The eight Martian cohorts on the right of the highway having advanced half a mile against Antony's Thirty-Fifth legion were in danger of being outflanked and attacked from the rear by the enemy cavalry. Galba, himself on horseback, personally led light-armed troops to stop this movement, but found himself among the enemy, some of whom had got behind him. He therefore made a dash for safety and reached one of Pansa's legions which was just arriving on the scene.

8 Maurorum Perhaps recruited by Caesar for his Parthian campaign. Antony had also recently been joined by a body of Gaulish cavalry deserting Octavian (Dio XLVI.37.2). Pansa apparently had no cavalry to speak of.

12 scuto reiecto For protection, and to show which side he was on: cf. Liv. XXII.48.2 *Numidae...specie transfugarum cum ab suis parmas post terga habentes adequitassent*; Virg. *Aen.* XI.619, et sim.

4, 1 **cohors Caesaris** According to Appian, whose account, perhaps based on Asinius Pollio, shows his usual Antonian bias, it was totally destroyed.

3 cohors praetoria T.–P. would supply *altera* or *Hirtii*, but the omission is probably Galba's fault rather than a copyist's.

4 coeperunt For the plural, rendered natural by the intervening clause *ubi...praetoria*, cf. K.–S. I, 24.

4–5 quo...Antonius 'Which is quite Antony's strongest arm.'

5–6 cum...castra A good deal is left unsaid. We are not told what happened to Octavian's praetorian cohort in the centre (see above). The left wing, says Appian, retreated at first in good order, but later ὡς ἐν φυγῇ. Seeing this, Pansa's recruits fled in disorder and crowded pell-mell into the camp (the Martians stood fast outside). Pansa himself was wounded and carried back to Bononia (Galba obviously had not yet learned of this). Neither Galba nor Appian says what happened on the republican right, which was last heard of in danger of an attack from the rear by Antony's cavalry. Apparently most of the eight cohorts were able to retreat to the camp.

8 compluris...quicquam Appian's account is different and, as usual, favourable to Antony. According to him, Antony left the Martians alone, but made a great slaughter of the recruits as they flocked into the camp.

10–11 delevit fugavit 'Destroyed or routed.'

12 hora noctis quarta About 10 p.m.

5, 1 rediit Galba seems to forget that Hirtius had not come from Pansa's camp but from Mutina.

2 reliquerat Sc. *Pansa*. The remnants of the two recently recruited legions which had been involved in the fight were also in the camp. T.–P.'s statement that Pansa had taken these two legions with him when he retired to Bononia is in conflict with Appian and unsupported by Galba. Nipperdey's *oppugnata* is at any rate worth recording.

3 partem maiorem Appian (l.c. 70) says that Antony and Pansa each lost something like half his force (apart from the totally destroyed praetorian cohort); also that the greater part (τὸ πλεῖστον) of the Antonians engaged by Hirtius perished. Galba apparently did not think the losses among the recruits worth mentioning.

6–7 aquilae...Antoni If this is true, each of Antony's legions lost its eagle and all its thirty standards (one per maniple). That is not easy to believe, but it is also difficult to think that Galba was misinformed on such a point or deliberately lying.

8 X⟨V⟩II A necessary correction. Galba evidently wrote just after the battle. He had not heard of Pansa's wound or of Octavian's successful defence of the camp at Mutina. This will have been attacked after Hirtius' departure by the Fifth legion which (despite *Phil.* XIV.27 *cum tribus Antoni legionibus*) was not engaged at Forum Gallorum.

379 (x.9)

An answer to 375 (x.10) written on or shortly after 26 April (§2).

1, 2–3 certe...nota 'At any rate the earlier I wished you to know my plans before the rest, the greater the evidence of my affection.' *hoc* (abl.) *maius* is correlative with *quo maturius*. Some translators seem to have read *quod* (for which there is something to be said), e.g. T.–P.: 'you have a greater evidence of my affection for you in that I wished', etc.

5 cogniturum magis recipio 'That you *will* learn of them I do not so much hope as guarantee.' Not 'and I undertake that you shall have still better knowledge of it'.

2, 3–5 sic...remissurus 'I prize the honours and rewards which you and those with you have to bestow – gifts surely no less precious than immortality itself – but at the same time my zeal and perseverance will be no whit relaxed without them.'

3, 1–2 contra quod ipse pugno *quod = aliquid sibi concupiscere*, selfish ambition such as Antony's against which Plancus is in arms. This baffled Manutius and others since, though Schütz is nearly right: 'ego procul absum ab ambitione, quam ipse in aliis reprehendere soleo.'

5 **Rhodanum traieci** Perhaps at Lugdunum or a point further south. This brought Plancus into the Narbonensis on his way to Italy.

6 **Vienna⟨m⟩ equites mille** In 382 (x.11).2 Plancus says he had sent his brother with 3,000 horse (*cum tribus milibus equitum*) in advance after crossing the Rhone. Sternkopf (*Hermes* 45 (1910), 253) obviates this apparent discrepancy by distinguishing two occasions. First, after crossing the Rhone north of Vienna (Vienne), Plancus sent cavalry ahead to Vienna (hence read *Viennam* for *Vienna*); second, he sent three thousand from Vienna on the route to Italy. This solution is not totally satisfying, but nobody has produced a better.

9 **genere** Plancus had with him three veteran legions and one (highly commended) of recruits; cf. 371 (x.8).6n.

380 (XI.9)

The second battle of Mutina (21 April), a decisive republican victory in which Hirtius was killed, forced Antony to raise the siege. After an unsatisfactory interview with Octavian and an abortive departure for Bononia on the 23rd to visit Pansa, news of whose death reached him on the road, Decimus started west in pursuit of Antony on the 24th (388 (XI.13).1f.), probably reaching Regium Lepidi (or Lepidum), seventeen miles from Mutina, the following day. If the date at the end of his letter is correct, he was still there on the 29th. Hence Schelle proposed to alter *III* to *VI*. But Decimus may have needed time to recruit his troops after the siege and assemble supplies; and he may have preferred to do this at Regium rather than at Mutina because he wanted to get away from Octavian and his soldiers.

1, 6 Ventidius *A.* VI, 281. He was bringing three legions up from Picenum to Antony, whom he eventually joined at Vada Sabatia (385 (XI.10).3).

7 **hominem ventosissimum** 'That arrant weathercock.'

9–10 **nam...facturus sit** Not that Pollio's intention would be honourable and Cicero as his friend would know it (so T.-P.), but the reverse. Pollio would join Antony if he got the chance. He is coupled with Lepidus in contradistinction to Plancus, of whose loyalty there was good hope now that Antony had suffered a defeat.

381 (XI.13*b*)

The first two words of this letter are preserved in M's Index. If Decimus left Regium on the 29th he might arrive at Parma on the same or the following day.

1 **Parmensis** In February Parma had been held by Antony (375 (XII.5).2), but must have subsequently passed into the hands of the republicans. On its sack by L. Antonius, who is said to have taken it by stealth (*surrepta*), see *Phil.* XIV.9. Rome knew of it on 21 April, though Pollio (409 (X.33).4) writes as though he thought it had happened after the second battle.

382 (x.11)

Since writing 379 (X.9) on *ca* 27 April Plancus had received 377 (X.12) from Cicero, with the news of the Senate's complimentary decree, and a report of Antony's defeat on 21 April (§2). The latter might take about a week to travel the 350 miles or so from Mutina. This letter was certainly sent before 9–10 May, when Plancus crossed the Isara (390 (X.15).3). See further 390 (X.15), 393 (X.19), intr. notes.

1, 3–4 **ut...scripsisti** Apparently in a lost letter. Some imagine a reference to *Planc.* 68 *gratiam...qui habet in eo ipso quod habet refert.*

5 **cum...tenebo** The indicative implies that Plancus *will* remember.

fili Cf. 358 (x.4).1n.

7–8 **primae...compositae** In 377 (X.12).3 Cicero mentions only the *sententia* which was vetoed by P. Titius on 8 April. As *notissima* shows, Plancus had received fuller accounts from others.

9 **oratio...perpetua** *perpetua* seems to refer to speeches as opposed to *altercationes* (cf. *Att.* 16 (1.16).8), *adsidua* to mean that Cicero kept on making such speeches.

13 **tuum munus tuere** 'Act in the spirit of your bounty.' For *tueri beneficium*, et sim. = 'live up to a benefaction (whether given or received)', see *A.* I, 333 (*togulam...suam*).

2, 1–2 **cum...praemisissem** Cf. 379 (X.9).3n.

1 **fratremque** Cf. 370 (x.6).1n.

4–5 **receptum** 'Refuge'; cf. Sall. *Iug.* 50.3 *ne forte cedentibus adversariis receptui ac post munimento foret* (sc. *mons*); Liv. XXII.12.10 *finitimo[rum] receptu[m]*; Virg. *Aen.* XI.527 *tutique receptus*. Cicero would probably have written *receptaculum*; cf. *Phil.* X.9 *esset...receptaculum pulso Antonio... Graecia.*

8 **furiosa** 'Treasonably minded'; cf. 91 (VIII.11).1n. So *furorem* below.

10 **nudus** 'Without a following.' In poetry *nudus* sometimes means 'unarmed'; cf. *Propertiana*, 217.

hoc Cf. *A.* IV, 352.

14 **adducet** The change of tense from present to future indicates a less desirable (rather than less likely) alternative; cf. 7 (XIV.2).3n.

decima legio According to Appian (*B.C.* III.83) this famous legion was now under Lepidus. But the defection of Lepidus' entire army has just been postulated (*quamvis ab exercitu Lepidi recipiatur*); disloyalty on the part of the Tenth Legion must represent something additional to that. Furthermore, if the Tenth was one of Lepidus' legions, how had it been recalled to duty by Plancus? That question occurred to E. Ritterling (*De Legione Romana X Gemina* (diss. Leipzig, 1885), 4); but his answer, that it had deserted Plancus (*after* becoming loyal?), is patently unacceptable. I can only conclude that Appian's statement is mistaken and that it was one of Plancus' three veteran legions. No more is heard of it in the civil wars.

3, 4 nec patientiae cuiusquam The usual construction would be *nec patientia cuiquam*. Hofmann–Andresen compare Tac. *Hist.* IV.2.3 *par vitiis fratris* (instead of *par vitiis fratri*).

8 interpretibusque 'Intermediaries.'

Laterense M. Juventius Laterensis, one of Lepidus' *legati* (*A.* 1, 387).

10 inimicissimo Plancus refers several times to his enmity with Lepidus; cf. 390 (x.15).1, 395(x.18).2, 414 (x.23).1.

12 sum *cum* is found in a number of texts from Boeckel onwards – perhaps in origin a misprint.

maiore...gloria If Antony were crushed by Plancus and Lepidus together, Plancus would reap less personal glory than by defeating Antony and Lepidus single-handed; for this way of thinking cf. 371 (x.8).3 fin.

383 (XII.25*a*)

Presumably written soon after the news of the second battle of Mutina reached Rome, i.e. about the beginning of May.

1, 1 P. Luccium Cf. 417 (XII.30).5. M has the name so in all three of its occurrences. There is no authority for the vulgate *Lucceium*, which should disappear, the nomen Luccius being completely unexceptionable. To say nothing of imperial times (C. Luccius Telesinus was Consul in A.D. 66), Münzer (*RE* XIII, 1562, 38) notes that an inscription of 31 B.C. records Q. Luccius, Aedile of Venusia, also that the MSS of Liv. *Epit.* xx offer a Vestal Virgin Luccia and of *Catalepton*, 13. 35 a *cinaedus Luccius* (at least the Bruxellensis does); in both passages editors usually print something else, though not without challenge (J. A. Richmond prints *cinaede Lucci* in the latter). Münzer has nothing to say of Cicero's Luccius (except as Lucceius), who now comes to the support of his *gentiles*.

3 collegas As Augurs.

6–7 **more nostro**   Cf. 361 (XII.24).2.

2, 4–5 Cn. Minucio   Nothing is known of him and his activities which were presumably in Africa.

384 (X.14)

By 5 May Cicero will have received D. Brutus' letter 380 (XI.9) of 29 April suggesting that Antony might get away.

1, 4–5 est...depellere   'To wipe out the last remnants of mischief is no less praiseworthy an achievement than to drive off its beginnings.' Cf. *Phil.* XIII.**44** *quamquam enim prima praesidia utiliora rei publicae sunt, tamen extrema sunt gratiora.*

385 (XI.10)

Dertona (now Tortona) lay about 50 miles north of Genoa and ten south of the Po at the northern junction of the via Postumia and the via Aemilia Scauri. 'It is clear that Antony had retreated to Placentia by the Via Aemilia [sc. Lepidi], and thence by the Via Postumia, pursued at a respectful distance by D. Brutus (ad Fam. XI.13)' (How).

1, 2–5 gratiorem...istorum   'Be sure that I can be more grateful to you than those ill-natured folk are to me. But if you should think I am saying this for expediency's sake, then have it that I prefer your good opinion to that of the whole lot of them put together.' *Philol.* 105 (1961), 266f.: 'When he promises gratitude Decimus' sincerity may be suspect, because to promise gratitude may be one way of solliciting further favours; but at least he will be believed when he says that he values Cicero's good opinion (*iudicium*), for in that he makes no promises of return for benefits received.' I am still unable to find any kind of plausibility in Madvig's rewriting of this passage, but since editors continue to laud it, here it is: *gratiorem me esse in te nosses quam...in me. exploratum habes vita (ne haec temporis videantur dici causa) malle... istorum.*

5 tu...nobis   'For your judgement of me starts from a sure and true perception.'

2, 3 hominibus   Doubtless with reference to Octavian.

honoris   Editors and their apparatuses err. The word *is* in D and should be in the text.

3–4 satis...arbitror   'I think I have written enough – as much as can be committed to a letter.' *quae...possint* is restrictive and two ideas are awkwardly combined: 'I must not say more on paper' and 'I need not say more to *you*'.

3, 2 ergastula solvendo Cf. 388 (XI.13).2 *ergastula solvit, homines abripuit*. Best taken literally, 'by throwing open the barracoons'.

5 itinere facto Starting from Picenum, Ventidius moved north along the via Flaminia, perhaps as far as Ariminum or even Faventia. On receiving the news of the battle of Mutina he will have turned west across the Appennines, struck the via Cassia, and joined the via Aemilia Scauri just south of Luna. That road led him along the coast to Vada Sabatia, about 30 miles west of Genoa, where he was joined by Antony, marching down the same road south-westwards from Dertona (cf. H. Gundel, *RE* VIIIA, 799ff.).

4, 2 Appennino Alpibusque This implies that the Appennines and the Alps are practically continuous, as is indeed the fact, although Strabo (p. 202) makes the latter begin at Vada and the former thirty miles further east near Genoa. Decimus himself writes of Vada as lying *inter Appenninum et Alpis* (388 (XI.13).2). Polybius, however, makes them meet near Marseilles (II.14.8, 16.1). My conjecture *Alpibusve* is, therefore, not necessarily required (the poetic idiom treated by Fordyce on Catull. 45.6 can be disregarded here).

4-5 aut rursus...referat 'Or again, he may retire...'. *rursus* may be taken as in Caes. *B.G.* II.24.1 *adversis hostibus occurrebant ac rursus aliam in partem fugam petebant. se referat* may relate loosely to movement in retrograde (i.e. southward), since Antony had not come from Etruria; though the greater part of his army had (under Ventidius).

8-9 sed neque...pessimum est 'But there is no giving orders to Caesar, nor *by* Caesar to his army – both very bad things.' Decimus evidently had proposed at their interview (cf. 388 (XI.13).1n.) that Octavian should cross the Appennines to block Ventidius while he himself followed Antony.

11-13 haec...timeo 'What alarms me is how this situation can be straightened out, or that, when you are in process of straightening it, others may tangle it up.' *timeo* is used with *quem ad modum* zeugmatically (not quite as in *Phil.* x.15 *timere se dicunt quo modo ferant veterani exercitum Brutum habere*; cf. K.–S. II, 487). *haec* is the military situation as described.

5, 2 cum...accessi Decimus had not neglected his opportunities for self-enrichment under Caesar; cf. 349 (XI.28).3n. (*idem homines*).

4 amicos As Pontius Aquila (Dio XLVI.40.2).

5 numerum Cf. §3 *numerus veteranorum*. The proposals *numero, nimirum...legiones* are unattractive.

6 Varronis thesauros Perhaps with reference to a fragment from the Menippean *Anthropopolis* (p. 103, Riese): *non fit thesauris, non auro pectu' solutum; | non demunt animis curas ac relligiones | Persarum montes, non atria diviti' Crassi* (cf. J. O. Thomson, *Cl. Rev.* 70 (1956), 2f.). Corradus' statement, echoed by Shuckburgh, that Varro wrote a book περὶ πλούτου seems to be baseless.

9–10 **tu...senseris** 'Let me have your kind regard, provided you find the same on my part.'

386 (XI.11)

The chief town of the Statiellenses (otherwise Statielli, Statelli, Statellates), Aquae (Statiellae), was on the via Aemilia Scauri, less than half way from Dertona to Vada.

1, 3 scripsi...gererentur 'I am writing to tell you what is going on here.' For the subjunctive, cf. below *quos...mitteret scribebat*; *Tusc.* III.54 *quae Carneades contra dixerit scripta sunt.*

5–6 in me inciderunt Cf. *A.* v, 344.

7 scribebat Epistolary for *scribit* = *scripsit* (cf. K.–S. I, 118).

7–8 non habui ambiguum 'I did not hold it doubtful', i.e. 'I entertained no misgivings'; cf. *dubium non habere* (*Thes.* VI, 2444, 49).

2, 4 consolabere For the passive or reflective use of *consolor* cf. Gell. xv.13.6; Neue–Wagener, III, 90f.

6 ⟨ex⟩ finibus Cf. 400 (X.34a).2 *ex castris, ex Ponte Argenteo*, 414 (X.23).7 *Cularone, ex finibus Allobrogum.*

387 (XII.12)

1, 1 s. v. b. e. e. q. v. Cf. 366 (XII.11).1n.

2 litteras Doubtless 367 (XII.7).

3 favere Cf. 367 (XII.7).1 *favebam et rei publicae, cui semper favi, et dignitati ac gloriae tuae.*

6 quod te primum I.e. *primum quod te.*

8 moliri 'That I am at work'; cf. *Thes.* VIII, 1361, 12. *molior* is especially used of work with a particular purpose in view.

9 legiones Cf. 363 (XII.11).1.

10–11 tabellariosque compluris Carrying letters *eodem exemplo.*

12 mei Cf. 367 (XII.7).1.

13 voluerint Fut. perf.

2, 1 pollulum The form is attested in Cato and Varro. So *Polla* for *Paul(l)a* and many similar variations. The forms in *o* were originally vulgarisms, but some of them became established in literary usage; cf. E. Kieckers, *Hist. lat. Gramm.* (1931), 34f.

8 tyrannis Dolabella and Antony, who would have got these armies into their clutches if Cassius had not forestalled them.

3, 5 misere 'Sorely', 'wretchedly'. *misere nolo*, as T.–P. point out, is the opposite of *misere cupio* (Ter. *Ad.* 522).

legionem Cf. 366 (XII.11).1n.

4, 2 senatus atque optimi cuiusque So combined in 405 (XII.14).7 and elsewhere. *optimus quisque* and *boni* (*omnes*) are often interchangeable though the former properly means 'the "best" of the "good"', the leading lights.

3 audiendo From Cassius himself.

4-5 qui...putabit 'Once they realize that you have their interests at heart, they will feel unbounded gratitude as well.'

5, 2 copiis Two legions raised locally (419 (XII.13).4; App. *B.C.* III.78).

in Ciliciam In the event Dolabella invaded Syria; cf. 406 (XII. 15).7.

6 ex castris Cassius' last letter, two months previously, was sent from Galilee. Now he had no doubt moved north again.

388 (XI.13)

On 6 May Decimus was encamped on the borders of the Statiellenses (not at Aquae Statiellae, as stated in T.–P.'s largely erroneous note), some 55 Roman miles from Antony at Vada. If he thence dispatched 386 (XI.11) that morning, the day's march along the via Aemilia Scauri would bring him to a point 30 (not 20) miles from Vada (§3). At that point he received a report that Antony intended to march on Pollentia (Pollenza) about 25 miles as the crow flies to the west of Decimus' camp. Decimus set out to forestall him, sending eight cohorts in advance. T.–P. suppose him to have continued south along the via Aemilia as far as its junction with the road connecting Pollentia and Vada, a distance of about 16 miles. To reach the same junction from Vada, Antony had about two miles less to go. Maps show that if Decimus kept to the highroads, as he probably did even though the eight cohorts may possibly have travelled across country, his quickest route was back to Aquae Statiellae and thence west to Pollentia by way of Alba Pompeia (about 60 miles). He could have done this by forced marches in two days, arriving at Pollentia on the evening of 8 May. So Mommsen (who confuses the two Bruti) in *C.I.L.* v, p. 850.

1, 1-2 cui...fieri 'There is no making an adequate return in words to one whom I can hardly repay in deeds.'

7 Aquilam perisse [ne]sciebam In view of the many other instances of the kind (see intr. p. 8) the absence of these words from M's text, explained by homoeoteleuton, is no evidence of interpolation, though T.–P.'s claim that no copyist would have been likely to know of

Aquila's death ignores 409 (x.33).4 *ibi Hirtium quoque perisse et Pontium Aquilam.* But they can hardly be sound as they stand. Even if the repetition of *perisse nesciebam,* in which Graevius came to see 'miram ἐνέργειαν' and I see ineptitude, is tolerated, how could Decimus' ignorance of both casualties constitute a reason for delaying his departure from Mutina? With *sciebam* his meaning may be thus expanded: 'I did not know, it is true, of Hirtius' death (which, if I had known of it, would have made it harder for me to leave at once), but I did know that Aquila was dead.' Exactly how Aquila's death affected the case is not explained. But for Decimus he may well have been a major loss.

Pontius Aquila (praenomen uncertain) had made himself conspicuous as Tribune in 45 by disrespectful behaviour to Caesar (Suet. *Iul.* 78.2), and became one of his assassins. In 43 he was Legate to D. Brutus, but operated outside Mutina and expelled Plancus Bursa from Pollentia (*Phil.* XI.14; Dio XLVI.38.3). On his loan of money to Decimus for military purposes see 385 (XI.10).5n. The Senate voted him posthumous honours along with the Consuls (*ad Brut.* 23.8). Aquila is not to be identified with the expropriated Pontius of *Att.* 375 (XIV.21).3 (cf. *A.* VI, 241 and, for more on the Pontii, Wiseman, *New men,* 253).

7–8 **Caesari...essem** From this and 385 (XI.10).4 it seems certain that Decimus and Octavian did meet, despite Appian's discrepant account (*B.C.* III.73).

8–9 **hic dies** The day after the battle, i.e. 22 April.

2, 3 **copiolas** 'My apology for an army'; cf. 399 (XI.19).1 *cum tironibus egentissimis.* The discrepancy explained by T.–P. between Decimus' language here and in 401 (XI.20).4 *legiones armo, paro. spero me non pessimum exercitum habiturum* does not exist.

5 **pessime acceptae** 'In very bad shape' (lit. 'very badly handled'). It is exceptional for this expression to be used of damage caused by a non-personal agent.

fecit Another of the many omissions in M supplied by χ. The word is certainly required. *itinera fugiens* (on the analogy of *iter pergere*) is an incredible expression, nor could it easily be combined with *quam ego sequens* (sc. *feci?*).

6–7 **ille...ordinatim** 'For he went helter-skelter while I moved in regular order.' Cf. Liv. XXVIII.16.3 *et iam inde fugientium modo effusi abibant; itaque ab legionibus Romanis aliquantum intervalli fecit.*

7 **ergastula** Cf. 385 (XI.10).3n.

4, 2 **contuli** See intr. note. Antony's threat to Pollentia is often supposed to have been a feint. So Shuckburgh: 'There is no doubt that Decimus Brutus was completely outmanœuvred. Antony's despatch of cavalry to Pollentia was a feint to draw him away from the road to Vada, and he fell into the trap' (cf. T.–P. VI, 240). It would follow that the refusal of Ventidius' soldiers to leave Italy and their demand to be led against Pollentia (on which, and not on the dispatch of the cavalry, Decimus acted) was either false intelligence or a scene stage-managed by Antony to mislead Decimus. But why was this so important? Had Antony not delayed his march by a day he would have been about 50 miles ahead of Decimus on the coastal road to the Narbonensis. And why did he actually send his cavalry to Pollentia, so that they arrived, thanks to Decimus' promptitude, only an hour too late to seize the town? On the other hand Antony's actions are perfectly intelligible if the report reaching Decimus was genuine. Since he could not march west because of the attitude of the soldiers, his best plan was to do as they demanded and go for Pollentia. From there he could still cross over to Transalpine Gaul if he could persuade his army to follow. As for T.–P.'s point (VI, liii n. 153) that the theory of a feint is supported by the fact that only the cavalry was sent forward, this may not be a fact. Antony may have been following with his infantry when Trebellius met him with the news that he had been forestalled by Decimus. For Antony, as it turned out, this was lucky, but that does not mean he planned it so.

3 **Trebellius** This is the last record of L. Trebellius Fides (cf. *Phil.* VI.11), who as Tribune in 47 had resisted Dolabella's radical economic programme. He is often mentioned in the Philippics as a firm adherent of Antony.

4–5 **in hoc...consistere** 'For I think victory depends upon...' – we shall never know what, for the letter here breaks off, a page in the archetype having been apparently lost. *hoc* is anticipatory (not 'for I think that this constitutes a victory').

389 (X.13)

An answer to 379 (X.9) of *ca* 27 April, which cannot have arrived in Rome before 10 May. Plancus may also have written to the Senate announcing his march to Italy.

2, 3 **insignibus gloriae** Cf. 377 (X.12).5 *inanissimis splendoris insignibus*. Cicero refers to §2 of Plancus' letter.

6–7 **qui...confecerit** The sentiment reappears in almost the same terms in subsequent letters: 394 (XI.12).2 (to D. Brutus), 393 (X.19).2, 407 (X.20).3.

8 πτολιπόρθιον For the form cf. *Od.* IX.504, 530. Strabo (p. 17) refers to Odysseus as ὁ πτολίπορθος ἀεὶ λεγόμενος καὶ τὸ Ἴλιον ἑλών. The epithet is applied to Achilles in four passages of the Iliad, which Aris-

tarchus seems to have athetized: cf. Schol. on xv.56 φησὶν ὁ 'Αρίσταρχος ὅτι οὐδαμῇ τὸν 'Αχιλλέα πτολίπορθον εἴρηκεν, ἀλλὰ ποδάρκη καὶ ποδώκη; Wolf, *Prolegomena*³, 200 (n. 44).

390 (X.15)

A postscript, whether to 382 (x.11), the dispatch of which might have been somehow delayed, or to a letter now lost (cf. Sternkopf, *Hermes* 45 (1910), 257f.); but almost certainly the latter (see 393 (x.19), intr. note).

2, 7 †decem† *DC* (Schelle) is plausible.

9–10 in cursu...putavi 'Reckoning that Lepidus should be assisted in the flowing tide of his good intentions.'

3, 2 persequi *Antonium* or an alias may have fallen out. Otherwise *eum* has to be supplied mentally from *eius* (= *Antoni*).

3–4 quae...alienata 'Which was tainted with disaffection to the commonwealth.'

7 a.d. VII *IIII* must be changed, since the dispatch of the cavalry was clearly subsequent to the building of the bridge and *a.d. V* below is less easily corrected. *VI* or *VIII* are possible; cf. Sternkopf, l.c. 256f.

9 Forum Iuli Fréjus.

11 IIII legionibus Cf. 371 (x.8).6n.

4, 1 mediocris For the adjective with *fortuna rei publicae* cf. *Sest.* 17 *fuit profecto quaedam illa rei publicae fortuna fatalis.*

7 Italiamque Cf. *A.* 1, 398 (*et prudentia*).

391 (X.21)

Written two days (§1 *biduo*) after the foregoing.

1, 5–6 bono...usurum 'That I was confident of finding Lepidus amenable.'

10–11 rei publicae summa The usual phrase is *summa res publica*.

2, 8–3, 1 putabam...suspicabar 'I reckoned that without in any way detracting from this paltry personage's credit I could be at hand somewhere in the vicinity, so as to come rapidly to the rescue if anything untoward should occur. That was how in my innocence I gauged the situation.'

3, 1 non malus homo Cf. *Tusc.* II.44 *Epicurus, homo minime malus,* III.50 *Epicurei, viri optimi (nam nullum genus est minus malitiosum); Off.* III.39 *philosophi quidam, minime mali illi quidem sed non satis acuti;* Plaut. *Bacch.* 1139 *stultae atque hau malae videntur.*

2 nimis quam Cf. K.–S. I, 14. *-que...-que = et...et* should not be admitted here (on the limitations of this usage see ibid. 35f.).

6 Titio Surely not the hostile Tribune of 377 (x.12).3 but Plancus' brother-in-law L. Titius, father of M. Titius, Consul in 31 (cf. Vell. ii.83.2; Münzer, *RE* via, 1558, 50).

misi Probably the messenger had either already left or was on the point of leaving.

6–7 et ⟨ea⟩ quibus credidi Cf. § 1 *credidi chirographis eius*. Not 'the letter of Laterensis and the communication which notified the disaffection in the army of Lepidus' (T.–P.).

7 et ea...putavi Not, as T.–P., 'the messages coming from Lepidus, both those urging Plancus to come to him, and that brought by the *stator* (§2 above)', but only the latter. Plancus had trusted the former.

8 Laevo Cispio He is usually said to have been Plancus' Legate, of which there is no sure proof (cf. 395 (x.18).2 *legatorum*). Broughton (351) includes him under 'Legates, Envoys' (not 'Legates, Lieutenants'), but describes him as a Legate of Plancus. He may be the L. Cispius who commanded part of Caesar's fleet in the African war (*Bell. Afr.* 62.2, 67.1), and a son of the Tribune of 57, M. Cispius; cf. Wiseman, *New men*, 224. The Roman Mons Cispius is said to have been called after a man of his name, a native of Anagnia (Fest. p. 476 (Lindsay); see Syme, *Historia* 13 (1964), 115).

dabo perferenda Sternkopf (l.c. 288) points out that the future, as opposed to an epistolary perfect, was necessary here to avoid misunderstanding. Cispius actually left soon afterwards, carrying this letter.

4, 2 Canidios P. Canidius Crassus, Consul-Suffect in 40. He commanded Antony's land forces at Actium and was executed by Octavian. On the plurals cf. 91 (viii.11).2n.

3 Rufrenos This Rufrenus seems to have been Tribune in 42 (Broughton, 360). For his praenomen (Titus?) and identification, or at least connexion, with a potter at Arretium cf. T. P. Wiseman, *Mnemos.* 16 (1963), 275ff.

quos...scietis 'Whose names you will know when the time comes' (not 'whose true character you will learn').

3–7 conclamarent...publicatis 'These honest patriots roared out that they wanted peace, that they would fight nobody now that two excellent Consuls had been killed and so many Romans lost to the fatherland, branded wholesale moreover as public enemies and their goods confiscated.' For *patriae* cf. *Verr.* ii.3.226 *amissam esse populo Romano Siciliam* and *Proc. Cam. Phil. Soc.* 5 (1958–9), 14f.: 'Some editors get rid of *pro patria amissis*, hardly a credible expression from so good a stylist as Plancus, by interchanging *amissis* and *occisis* with Ernesti. Corrections of this type need careful scrutiny. Authentic examples of such interchanges are very rare, in the Letters at any rate, fewer than editors allow. This proposal is barely specious. No doubt Cicero, to whom all right was on the side of the republicans at Mutina, could say that *their* men died *pro patria*, but these soldiers of Lepidus are deploring the fact that citizens had fought one another and urging that they should fight no more. From their point of view, the fallen at Mutina on both sides fell...in a political quarrel which should have been avoided...The familiarity of *pro patria mori* explains the corruption, which may however be partly visual, ꝑ duplicating *p. omnibus* must not be defended with T.–P. on the ground that Antony and Lepidus had practically joined forces. These soldiers are not yet open partisans of Antony, lying under the same ban. They pose as mediators, anxious to reconcile comrades in both armies. If *omnibus* is retained [I once thought of ⟨*commilit*⟩*onibus*] it must mean "*en bloc*" referring only to the Antonians.'

5, 2 coniunctis   An anticipation of what Plancus now felt was bound to happen.

6 defuturum   Cf. K.–S. i, 53.

6, 2 omniaque integra servem   'And to preserve the whole position uncompromised.'

3 exercitus   Plancus may have hoped for more than one, but below he uses the singular. Possibly *exercitum* was changed here under the influence of *exercitus* in the previous line.

392 (X.21*a*)

Possibly a postscript to 391 (x.21), but more likely a separate letter, written between that and 398 (x.17). On 11 May L. Plautius Plancus had once again been sent in advance with a force of cavalry, this time toward Forum Iuli (390 (x.15).3). Apparently he fell sick and returned to the main army. A letter from Cicero, probably written soon after he heard of the deaths of the Consuls (about 27 April), seems to have urged that he should return to Rome to discharge his duties as Praetor (he was not, as T.–P. say, Praetor Urbanus). The letter might reach Plancus about 14 May at the soonest.

3 adsiduam   'Continuous' (not tertian or quartan).

4 non dubitabit   Cf. 398 (x.17).2n. (*coegi*).

7–10 tu...observantiam   'The magnitude and timing of any benefaction you may wish me to owe you will be yours to determine. All I ask is that you take me as Hirtius' successor both in affection on your side and respect on mine.' In fact, whether Plancus knew it or not, Cicero's affection for Hirtius hardly went further than words (cf. *Fat.* 2; *Phil.* 1.37).

393 (x.19)

A reply to 382 (x.11), to which see intr. note. If the dispatch of that letter was not delayed, it might have reached Rome about the middle of May. Cicero's reply has generally been dated to the end of the month on the assumption that *litterae tuae* of §1 dealt with the same matters as 390 (x.15); but the dispatch mentioned in 404 (x.16) also referred to these matters. T.–P. explain that 'immediately after the first meeting of the Senate Cicero probably wrote x.19; and when the whole debate on the letters of Plancus had ended, he wrote x.16'. This unconvincing hypothesis they supplement with the futile suggestions that x.19 may never have been dispatched or that x.19 and 16 were to serve as duplicates. Walser is rather to be followed in dating the former to mid May. Plancus' letter mentioned in §1 will have corresponded to 382 (x.11), unless Cicero read that letter to the Senate himself.

1, 1 **gratiarum** Cf. 382 (x.11).1.

4–5 **dices...illustrius** '"And before?" you may ask. Yes indeed, but never more clearly.' For *quid antea?* cf. *A.* 1, 375 (*quid Caesar?*). With *semper* understand, not *te amavi* (with T.–P.), but *me a te amari vidi*.

8–9 **sententiarum atque verborum** Cf. 377 (x.12).1n. The dispatch is not preserved.

2, 6 **dederunt** Although Cicero did not in theory reject the forms in *-ere* (cf. *Orat.* 157) they are very seldom found in his best MSS; cf. R. G. M. Nisbet on *Pis.* 96, where he reads *fuerunt*.

394 (XI.12)

Probably written shortly after the arrival of Decimus' three letters (§1), the latest of which was dispatched from north-west Italy on 6 May. It might take six or seven days to reach Rome.

1, 1 **tris** 380 (XI.9), 385 (XI.10), and 386 (XI.11).

unam From the contents, agreeing with Volumnius' official message (see below), this must be 386 (XI.11), which is in fact hardly shorter than 380 (XI.9).

2 **Flacco Volumnio** Possibly son of the Senator mentioned in 113 (VII.32).1, possibly identical with M. Brutus' friend, the philosopher P. Volumnius (cf. Plut. *Brut.* 48), and possibly, as T.–P. assert without proof, Legate to Decimus. He brought a message to the Senate along with Galba; cf. 397 (XI.18).1.

3 **T. Vibi** He has been conjecturally identified with the Pansa mentioned by Appian (*B.C.* III.85) as having been secretly sent by the

Senate soon after this date to summon M. Brutus to Italy, perhaps a brother or son of the Consul.

4 Graecei Cf. 354 (XI.7).1.

4–5 non modo...videtur 'The flames of war, so far from having been extinguished, seem to be blazing higher.'

10 inermis For this older form (from *inermus*) see *Thes.* VII(i), 1304f.; cf. *sublimus, hilarus*, etc. (Neue–Wagener, II, 149ff.).

2, 4 homines alii facti sunt 'The public mood has changed'; cf. Plaut. *Trin.* 160 *verbis paucis quam cito | alium fecisti me, alius ad te veneram.*

5 persecuti non sitis Sc. *Antonium.*

10–11 hoc...scribere A hint that if Decimus lets Antony escape the credit for his eventual destruction will go to others.

395 (X.18)

After dispatching 391 (X.21) Plancus received further letters from Lepidus and Laterensis which determined him after all to join forces. This letter was probably dispatched on the morning of 18 May, just before he set out on his march to Forum Voconi where Lepidus was encamped, about 140 miles south.

1, 1 Laevus Nervaque Cf. 391 (X.21).3. Of Nerva nothing else is known, though it is not unlikely that he was one of the brothers L. and M. Cocceius Nerva, prominent in the triumviral period. The letter to Cicero which he and Laevus carried, in which Plancus had stated his intention to play a waiting game, was doubtless 391 (X.21).

6 dum me probarem Sc. *iis*, 'in earning approval'; cf. *Fin.* II.81 *at multis se probavit*; *Lig.* 2 *qua in legatione et civibus et sociis ita se probavit*, et sim. Not 'with the approval of my conscience'.

2, 1 legatorum This is no proof that Cispius and Nerva were Legates of Plancus, though they may have been; cf. *Catil.* IV.13 *filiumque eius impuberem legatum a patre missum*; 414 (X.23).5 *legatos...missos ad me*, et sim.

continuis 'In quick succession.' Plancus may mean that the second letter arrived before he had finished reading the first.

10 milites Plancus' own men. He would hardly answer for those of Decimus.

12–15 hoc...removissem 'All would be blamed on my obstinacy in not going to the relief of a friend to the public with whom I had a personal quarrel, or on my pusillanimity in deliberately withdrawing myself from the clash in so necessary a conflict.'

3, 3 non suis contractis 'Through no fault of his own.'

9 **mulionis** Cf. Gell. ×v.4.3 *eamque rem tam intoleranter tulisse populum Romanum, qui Ventidium Bassum meminerat curandis mulis victitasse, ut vulgo per vias urbis versiculi proscriberentur: 'concurrite omnes augures, haruspices! | portentum inusitatum conflatum est recens; | nam mulas qui fricabat, consul factus est'*; Dio xLIII.51.4f. According to Schol. Bob. 120.24 (Stangl) and others, Cicero applied the same epithet to him in the Philippics – possibly a reminiscence of this passage (see Stangl ad loc.). On the question whether Ventidius was ever enslaved cf. Treggiari, *Freedmen*, 61 n. 5.

12 **si uno loco me tenerem** 'If I stayed where I was'; cf. 414 (x.23).1 *si uno loco essem*. That this is the regular meaning of the phrase was demonstrated by Sternkopf (*Philol.* 63 (1904), 113ff.). Moreover the rendering (with *nisi*) 'unless I remained in the same place (as Lepidus)' would imply that Plancus had already made the junction: in fact he had eight days' march to go (§4).

15 **fecissent...abstraxissent** The contingency lay in the future, but the pluperfects express Plancus' hope that Antony's chance had already vanished.

396 (x.34)

Ventidius was two days' march from Antony on 15 May (or at some later date; cf. 398 (x.17).1), and this letter was written after their junction (§1); therefore not earlier than 18 May.

IMP. ITER. Cf. *Phil.* xIII.7 *M. Lepidus, imperator iterum*. The first time was no doubt in 48–47 when Lepidus was Proconsul in Nearer Spain (cf. Broughton, 275, 288), the second during his current Proconsulate, in which the Senate had voted him a *supplicatio* and a Triumph after his agreement with Sex. Pompeius (ibid. 326, 341).

1, 1 **s. v. b. e. e. v.** *q.* in DV is probably a conjectural supplement (see intr. pp. 18f.), but possibly correct; for its omission cf. 225 (v.9).1n.

4 **ab confluente** The confluence has been thought to be that between the Rhone and the Durance (Druentia) near Avignon (Avennio); hence *ab confluente ⟨Druentiae⟩ ac Rhodani* (Wesenberg). But *continuis itineribus* suggests a point further north. Lepidus can hardly have written simply *ab confluente*, without making clear which junction he meant.

6 **Forum Vocon[t]ium** Somewhere on the coast between Aquae Sextiae (Aix) and Forum Julii (Fréjus). The exact location is uncertain, for in two Itineraries it is variously given as 12 and 17 miles from Forum Julii; cf. Ihm, *RE* vII, 74. In 398 (x.17).1 the name is Forum Voconi, as in the elder Pliny and later. So *Voconi* is substituted here πρὸς τὸ καρτερόν. *Vocontium* can hardly stand; the Vocontii (cf. 414 (x.23).2) lived well inland to the north and *Vocontium* cannot be regarded as a mere variation of *Voconi*. *Voconium* can; cf. 365 (xII.5).2 *Forum Cornelium, Catil.* 1.24

Forum Aurelium (Aurelii in Itineraries) and Liv. xxvi.23.5 *Forum Suber-tanum* (*Subertani* in Plin. *N.H.* iii.52).

ultra   I.e. to the east of the town.

6–7 **flumen Argenteum**   Modern Argens.

7 **Antonios**   L. Antonius' title is unknown, but at Mutina he seems to have been second in importance only to his brother; but *Antonianos* may well be right.

8 **ultra me**   I.e. 'to the east of me'.

9 **reliquis**   The Second, Thirty-Fifth, and three others; cf. 378 (x. 30).1n. (*legiones...duas*).

10 **inermorum**   Cf. 394 (xi.12).1n.

11–12 **milia quinque**   This emendation of Madvig's has been generally accepted; cf. 409 (x.33).4.

12 **transierunt**   These 'deserters' were probably sent to tamper with Lepidus' troops.

2, 1 Silanus   Cf. 378 (x.30).1n.

Culleo   Perhaps son of Q. Terentius Culleo, Tribune in 58 (*A.* ii, 152). He had let Antony through the Alpine passes which Lepidus had (ostensibly at any rate) assigned him to guard (App. *B.C.* iii.83).

397 (xi.18)

1, 1 Volumnioque   Cf. 394 (xi.12).1n.

3 **videbantur**   The imperfects are epistolary throughout.

3, 1 nec dubito   *nec* is not coordinate with *nec vero* above, but = *nec tamen*.

2 **gratulatione**   'Thanksgiving', not 'rejoicing'. I withdraw my statement in *A.* ii, 165 that *gratulor* = 'thank' is not established for Cicero. Despite *Thes.* vi, 2254, 34 that meaning is clear in *Marc.* 19 *etsi persaepe virtuti, tamen plerumque felicitati tuae gratulabere.*

4 **id quod spero**   'And expect.'

4–5 **abiectus et fractus**   'Down and out.'

398 (x.17)

Written on the march south (cf. 395 (x.18), intr. note), after 18 and before 25 May (cf. 414 (x.23).2n.); see Sternkopf, *Hermes* 45 (1910), 264f.

1, 2–3 abest...habet   The presents must be carelessly used. Plancus was still more than two days' march from the scene, perhaps a good deal more, and could only know the situation as last reported.

2–3 **Forum Voconi**   Cf. 396 (x.34).1n.

538

4 **passus** Cf. 378 (x.30).1n.

5–6 **omnia mihi integra...servarit** 'Leave me a clear field'; cf. 391 (x.21).6.

2, 1 fratrem Cf. 392 (x.21*a*).

6–7 **quod...castris** 'On the ground that in his present state of health he would be more likely to wear himself out than to help me in camp.' The subjunctive *posset* makes this a reason given by Plancus to his brother. The second reason, that duty required the latter's presence in Rome, is tactfully presented as Plancus' own thought rather than as something he needed to urge upon the one concerned.

9 **in urbanis officiis** This does not imply that Plautius Plancus was City Praetor, an office in fact held by M. Cornutus.

9–10 **quod si, sqq.** Whereas in his earlier letter Plancus seems to be excusing the fact that his brother was still in Gaul, he now excuses his departure.

3, 1 tamen = δ' οὖν. *sed tamen* is common in this resumptive sense. After the digression in §2 the letter returns to the main topic.

Apellam Apparently a confidential freedman.

4 **†de tribus fratribus segaviano†** A *locus desperatus*. Of the 'two ingenious corrections' mentioned by T.–P. the first, *L. Gellius D. f. tribu Fab. Segovianus* (Orelli), has several disadvantages: (*a*) The name of a man's tribe is not usually so prefaced. (*b*) Of several places called Segovia, the best known was in Hispania Tarraconensis – not a very likely provenance, one would think, though not impossible. (*c*) The normal adjective is *Segoviensis* (Orelli also proposed *Segovia*, 'from Segovia'). The second, *L. Gellius de tribus fratribus S. A. C. Avianis* (Kleyn) involves an illegitimate abbreviation (S. for Sextus); for the answer to the question in *A.* v, 367 'was this really an ancient abbreviation?' seems to be practically, if not absolutely, 'no'; cf. 84 (VIII.8).3n. I am inclined to believe that *de tribus fratribus* may be sound (cf. the mysterious *Firmani fratres* of *Att.* 82 (IV.8*a*).3); and *Segovianis* is not wholly impossible (cf. *Brixianus* from *Brixia*). But again, there is the possibility that Gellius was M. Brutus' false friend L. Gellius Poplicola, Consul in 36, who may have joined Brutus after the republican collapse in the west; cf. Dio XLVII.24.3ff.

399 (XI.19)

1, 4 Druso Cf. *A.* 1, 365f. As a Praetorius he must have spoken after Paulus.

6 **tironibus egentissimis** Cf. 388 (XI.13).2. In fact Decimus did have one veteran legion and another with two years' service, but he had

taken over three of Pansa's four legions of recruits after Mutina (cf. 401 (XI.20).4n.). In July he had eight such (428 (X.24).3; cf. 354 (XI.7).3n.).

2, 1 **Vicetini**   Inhabitants of Vicetia (Vicenza).

2 **vernarum**   The people concerned may have been freedmen, in which case we have an example of the contemptuous usage mentioned in 128 (V.20).2n. But possibly they had been slaves belonging to the municipality, which denied the validity of their manumission; cf. the case of the Martiales at Larinum (*Cluent.* 43).

3 **in re⟨m⟩ publicam**   Cf. *Post Red. in Sen.* 23 *omnia officia . . . summa et in me et in rem publicam constiterunt*, et sim. Müller's 'parallels', as 221 (VI.22).3 *quanto semper tu et studio et officio in meis rebus fuisti*, only show that *officium in re publica* is translatable as 'loyalty in public affairs', which is clearly not what Decimus meant.

5 **incertissimum**   'Thoroughly untrustworthy'; cf. *Rosc. Am.* 62 *testis incertus*; *Cluent.* 21 *index . . . neque obscurus neque incertus*.

400 (X.34a)

Evidently separate from and subsequent to 396 (X.34).

1, 1–3 **etsi . . . conservata sunt**   'You and I have always vied in the eagerness of our mutual zeal to do one another service in virtue of the friendship between us, and both of us have been careful to maintain our practice accordingly.' For *mutuo* cf. *Thes.* VIII, 1739, 4. *proinde* does not mean 'just as before'.

6–7 **quae . . . rem publicam**   'Calculated to give your patriotic heart no small disquiet.'

7 **moderate**   'Calmly' (not 'with reserve').

12 **animo**   Cf. Lucil. 431 (Marx) *firmiter hoc pariterque tuo sit pectore fixum*. The preposition after *figere* is often omitted in Augustan poetry and later writing generally.

2, 2 **diligentiam, fidem**   For this combination cf. 347 (XII.23).4 *summam eius fidem, diligentiam prudentiamque cognovi*; *de Orat.* II.192 *fides, officium, diligentia*. On *vitam, studium diligentissime* I wrote in 1961 (*Philol.* 105, 266): '*Asyndeton bimembre* is a favourite with modern editors, who swallow indiscriminately every example in the MSS. This one is set off by the position of *diligentissime* and the remarkable combination *studium in re publica administranda*.'

3 **quae Lepido digna sunt**   'Such as are worthy of the name I bear.' The indicative is in order with reference to an objective standard: cf. *Deiot.* 19 *quo in loco Deiotarum talem erga te cognovisti qualis rex Attalus in P. Africanum fuit*. T.–P. mistakenly render 'and they (sc. my life and political activity) are worthy of a Lepidus'.

540

5-6 et proinde...debeo 'And to regard me as deserving the protection of your public influence in proportion as your kindness places me further and further in your debt.'

<h2 style="text-align:center">401 (XI.20)</h2>

1, 3 contemptum 'Taken lightly'; cf. *Att.* 44 (II.24).4 *ea nos, utpote qui nihil contemnere soleamus, non pertimescebamus.*

Labeo Segulius Known only in this connexion.

4 sui simillimus Cf. Ter. *Phorm.* 501 *quam uterque est similis sui!*; Suet. *Tib.* 67.3 *similem se semper sui futurum*; Fronto, *ad Amic.* 1.5 *semper et ubique eum parem sui reperies.* Cf. K.-S. II, 449.

6 dictum...dixisse Cf. 328 (XII.16).3n.

7 laudandum...tollendum 'The young man must get praises, honours and – the push.' Cf. Vell. II.62.6 *Cicero...Caesarem laudandum et tollendum censebat, cum aliud diceret, aliud intellegi vellet*; Suet. *Aug.* 12. If *tollendum* was really intended to have a double meaning, it is forced, *tollere aliquem* being regular in the sense 'to get rid of', but unexampled in that of 'exalt', except in expressions like *in caelum tollere* (cf. T.-P. VI, lx n. 174).

12 in decem viris According to Appian (*B.C.* III.82) the Senate appointed ten commissioners after the battle of Mutina to review Antony's *acta* (ἐς εὔθυναν τῆς ἀρχῆς τῆς 'Αντωνίου). The contention (cf. T. Rice Holmes, *Architect of the Roman Empire*, I (1928), 212; T.-P. VI, 241) that Appian made a chronological error and that the commission's task was to assign land to soldiers is to be rejected. On the one hand, the general invalidation of Antony's *acta* by the Senate in February (*Phil.* XII.12, XIII.5) does not rule out the appointment of a commission to examine and adjudicate upon particular cases (grants, etc.). On the other, Cicero's reply to this letter (411 (XI.21).5) makes it clear that agrarian matters were *not* the commission's primary or even legitimate business, though Decimus may have thought that these and the matter of soldiers' gratuities were involved; see ad loc. Later, according to Appian (III.86), another Commission of Ten was appointed with respect the pecuniary claims of Octavian's troops.

2, 2 nondum For a somewhat similar pleonasm Sjögren compares *Rosc. Am.* 60 *usque eo animadverti, iudices, eum iocari atque alias res agere ante quam Chrysogonum nominavi. nondum* would fall out after *committendum* even more easily than *non.*

6 totam istam cantilenam 'This whole rigmarole (about the veterans)', not 'the rhyme attributed to you'. There is no reference to Cicero's *dictum*, as Manutius and others have supposed.

3, 1 ne timendo...cogare Cf. *ad Brut.* 25.4 *o magnam stultitiam timoris, id ipsum quod verearis ita cavere ut, cum vitare fortasse potueris, ultro arcessas et attrahas.*

1–2 et ⟨tamen⟩ *tamen* (or *idem*) is needed to mark the contrast with the preceding idea. Cicero must not let himself be blackmailed, *but* he should meet the veterans' demands as far as possible.

2 occurri...occurras Cf. *Verr.* II.5.24 *ceteros docuit ante istius avaritiae scelerique occurrere; Cluent.* 63 *occurram exspectationi vestrae; Deiot.* 40 *(misericordia tua) occurrere solet ipsa supplicibus et calamitosis.* The usual sense, 'resist', is barred by the context.

5–6 ab utrisque nobis I.e. 'by myself and Octavian'. Ciceronian usage allows both *utrisque nobis* and *utroque nostrum* (cf. the reply 411 (XI.21).5); see K.–S. I, 427.

7 quattuor legionibus The Fourth, the Martian, and two (the Seventh and Eighth) raised by Octavian from veterans settled in Campania; cf. Ritterling, *RE* XII, 1643, 4. All were now under Octavian.

8 †silani† That the inconspicuous M. Junius Silanus owned land on a scale such as his name here would imply is hard to believe. *Sullanis* can be explained as referring to state land confiscated by Sulla and now under illegal occupation by private individuals or to land acquired from ex-soldiers who were not legally entitled to sell. But the reading remains in doubt.

9 agro Campano Land assigned under Caesar and Antony to veterans who had joined the latter would be available in addition to land still unassigned.

4, 6 legionem Apparently one of the four legions recruited by Pansa had been retained by Octavian. The Senate had put them under Decimus (Dio XLVI.40.1; App. *B.C.* III.76; cf. 399 (XI.19).1n.).

10 VIII⟨I⟩ See date of following letter, which can hardly have been dispatched the same day.

Eporedia Modern Ivrea.

402 (XI.23)

1, 2 Lepidus Evidently Decimus' earlier mistrust (cf. 380 (XI.9).2) had been to some extent allayed by recent reports or perhaps by a letter from Lepidus himself (cf. his letters to Cicero, 396 (X.34) and 400 (X.34*a*)).

3–4 quod...aliena 'Vel si Lepidus se cum Antonio coniungat' (Manutius).

4 tribus Those of Decimus himself, Plancus, and Octavian.

2, 3–4 si...poterint 'Just take the bit between your teeth and I'll be hanged if the whole pack of them will be able to stand against you when you open your mouth.' Decimus apparently uses a familiar metaphor (cf. Otto, *Sprichwörter*, 146) oblivious of its literal meaning. The result is comical, but the temptation I have sometimes felt to expel *conantem loqui* ('i.e. *nedum loquentem*' (Manutius)) from the text has to be resisted. For *poterint* cf. Neue–Wagener, III, 613.

403 (x.25)

Generally assigned to *ca* 27 May as contemporaneous with 393 (x.19). But there is nothing to link these two letters closely, and Plancus' acknowledgements of Furnius' services (§1) may have been made in any of his letters, private and official, written during the negotiations with Lepidus in which Furnius took part (cf. 382 (x.11).3). Furnius appears to have written to Cicero to ask his advice about returning to Rome to stand for the Praetorship.

1, 6 celeritati praeturae 'The swift arrival (i.e. attainment) of the Praetorship'; cf. §3. *celeritas* seems to be used as the opposite of *mora*, not quite as in *ad Brut.* 23.7 *celeritatem petitionis*, 'a hastening of his candidature for office'. Kappelmacher's statement in *RE* VII, 376, 46 that Furnius was proposing to stand before he was legally qualified is a misunderstanding; see on §2 below.

anteponendam Cf. K.–S. I, 53.

9 sententiaque Cf. *Fin.* 1.29 *omnium philosophorum sententia. scientia* has no business here. People in Rome had no direct knowledge of Furnius' performance, and if they had *known* they would not have needed Plancus' testimony or paid attention to common report (*fama*). For the error cf. 411 (XI.21).2.

2, 3–4 satis factum officio Editors dismiss these words as an interpolation. See Addenda.

6 haec ambitiosa festinatio 'Such haste in the furtherance of your career.'

7 consecuti sumus As often, Cicero affects to consider his friend's affairs as his own; cf. *A.* I, 380 (*magnum...oti*).

8 annum petitionis suae The year in which they attained the age at which (being otherwise qualified) they could stand for this or that office. Since Furnius had been Tribune in 50 he was presumably already past the normal minimal age for praetorian candidacy.

8–9 quod eo facilius, sqq. This passage was rescued from inveterate misinterpretation by E. Badian (*Journ. Rom. Stud.* 49 (1959), 84f.): 'Cicero is saying that, if Furnius had been aedile in 45 (with no implication whether he had actually stood for the office then), he would now be *expected* to stand for the Praetorship of 42; as, however, he never was aedile, there is no such moral obligation.'

10 **nunc, sqq.** 'As things stand, you will be looked upon as not letting slip any of the customary, quasi-legal period of candidacy.' This too is generally misunderstood. *petitio* officially had to last not less than one *trinundinum* before election day, beginning with *professio*, but in customary understanding it began long before *professio* (cf. *Att.* i (1.10).1). If Furnius stood in 43, he would be a candidate in this customary sense for a much shorter time than was normal; whereas if he waited till the following year he would be regarded as giving himself the benefit of the full period; cf. Tac. *Ann.* 11.36.5 *subverti leges quae sua spatia candidatorum industriae quaerendisque aut potiundis honoribus statuerint.* In the circumstances (*nunc*, i.e. since he had *not* been Aedile and so was at perfect liberty to stand when he chose) this would seem quite natural and proper.

12 **video**   *videbam* (Wesenberg) brings the sequence of tenses to normal. But *haberes* may be understood 'you would be having (if you were standing at the moment)', and once having used a historic tense Cicero continues as though he had started with one.

12–13 **etsi...haberes**   'Though you would have nothing to worry about even without him.'

14 **petitionem**   Sc. *fore*; cf. 244 (vi.4).1n.

3, 4 **dignitate**   'Prestige' (not 'love of honour').

7 **Caecina**   Possibly Cicero's correspondent.

Calvisio   Cf. 424 (x.26).3. Surely to be distinguished from the obnoxious C. Calvisius Sabinus, despite Münzer, *RE* iii, 1412, 36.

404 (x.16)

The official letter mentioned in §1 will have corresponded to 390 (x.15), and will have arrived in Rome about 25 May.

1, 2 **vidi**   As though *umquam* had preceded instead of *post hominum memoriam.*

4 **litteras Lepidi**   This dispatch, which must have been sent shortly before 396 (x.34), has not survived.

10–11 **quinque tribuni pl.**   Cf. 12 (1.1).3n. (*Lupo*).

11 **Servilius**   Cf. 377 (x.12).3. He seems regularly to have been called on to speak before Cicero in 43 (cf. *Phil.* ix.3, xiv.11). Note 203 (iv.4).4 *omnes ante me rogati.*

12 **eam sententiam**   'A motion'; cf. *A.* i, 284.

ad unum   Wesenberg added *omnes*; but cf. (with Lehmann) *Q.Fr.* iii.2.2 *consurrexit senatus cum clamore ad unum* and other examples in lexica.

2, 2–3 in rebus...angustis 'In a situation so fraught with surprises and with so little margin for error.'

4 ipse tibi sis senatus Cf. 354 (XI.7).2n.

405 (XII.14)

On P. Cornelius Lentulus Spinther, son of the Consul of 57, see *A.* v, 282f. Sumner (*Orators*, 39) notes that his adoption into the Manlius Torquatus family in order to enable him to join the augural College in 57 had no effect on his nomenclature outside the College. He had gone out to Asia in 44 as Quaestor to C. Trebonius, after whose murder about the beginning of 43 he was expelled by Dolabella from the province. His subsequent activities are narrated in this personal letter to Cicero and the following official dispatch. He was now in charge of Asia with the title of *pro quaestore pro praetore*.

1, 1 convenissem In Macedonia.

2–3 ut...colligerem 'To gather up the remnants of my work'; cf. 238 (XIII.66).2 *in reliquiis veteris negotiationis colligendis*; *Verr.* II.2.136 *voluptatum flagitiorumque istius ipse reliquias colligebat*; also below §5 *reliquias meae diligentiae*. The work was tax-collecting; cf. §1 of the next letter.

8 Antoniis Marcus and Lucius. Gaius was at this time a captive in M. Brutus' hands.

2, 2 sublata...profligata Cf. 417 (XII.30).2 *profligato bello et paene sublato*.

5 quod maxime timui This would more logically have followed *ut*.

3, 1 spreverint Easily corrupted to *desperaverint* after *valde. nos desperaverint* could be tolerated grammatically (Nardo explains as zeugma), but *spreverint* better expresses the writer's feeling of outrage; cf. below *in contemptione optimi cuiusque* and *eadem superbia in pravitate*; also §2 of the official letter *quam indignitatem deminutionemque maiestatis non solum iuris nostri sed etiam imperi populique Romani* and Liv. XXIII.5.1 *consulem... miserabilem bonis sociis, superbis atque infidelibus, ut erant Campani, spernendum.*

5 ⟨moverunt⟩ Doubtless a conjectural supplement, and no less certainly required. An ellipse here is not to be thought of. Besides the harshness, incredible in such a letter as this, it would invite misunderstanding; cf. Manutius 'subaudi *fuere*'. *pepulerunt* (Köhler) makes Lentulus deny that there had been any private injuries; cf. 225 (IV.13).2 init.

6 in nostra⟨m⟩ salute⟨m⟩ *in nostra salute* was explained by Orelli as 'in re ubi agitur nostra salus' and so understood by some later editors – a much less natural sense. 414 (X.23).4 *animum singularem in re publica* is rather different, even if the ablative be there allowed.

9 **tum** After Pharsalia (not, as Nardo, after the capture of Corfinium); cf. Caes. *B.C.* III.102.7 *idem hoc L. Lentulo...et P. Lentulo consulari ac non nullis aliis acciderat Rhodi, qui, cum ex fuga Pompeium sequerentur atque in insulam venissent, oppido ac portu recepti non erant missisque ad eos nuntiis ut ex his locis discederent contra voluntatem suam naves solverunt.* Caesar does not seem to have known of any similar incident involving Pompey such as is here implied. For the allusive *tum* cf. *Att.* 368 (XIV.14).5.

13 **eadem superbia in pravitate** 'The same arrogance in their perversity.'

4, 1 **de nostra dignitate...curae sit** = *nostra dignitas...curae sit*; or perhaps there should be a comma after *dignitate* ('as for my *dignitas*, keep it in mind'). With Nardo I take *ut semper* as parenthetic; cf. §5 *velim, ut solet, tibi curae sit.*

4 **decreta est Asia** Early in March; cf. 367 (XII.7).1. The news of the death of the Consuls had evidently not yet reached Lentulus.

5 **obtineat** The defenders of *obtineant* say that Lentulus is speaking generally. It is difficult to imagine why he should do that, particularly with reference to a specific decree. For the present tense see K.–S. II, 193.

8 **hoc** Cf. *A.* IV, 352.

10 **ut tu...praedicasti** No such prediction is to be found in the Eleventh Philippic; perhaps it occurred in the lost speech *ad populum* (cf. 367 (XII.7).1).

5, 2 **acturos consulatum** Cf. *Thes.* I, 1387, 19. *peracturos* (cf. *Pis.* 7 *ita est a me consulatus peractus*) would make the point that the Consuls would serve out their term of office in Rome rather more emphatically; but either reading is perfectly satisfactory.

4 **spero...impetrare** 'I imagine you can gain your point'; a slightly less assumptive expression than *spero te impetraturum.*

5 **Verrioque** Cf. 193 (IX.20).2n.

6–7 **ne...succedatur** In the normal course of things a new Quaestor would have come out in the summer of 43. Trebonius' death had of course created an unforeseen situation.

7–8 **cupiditate provinciae** *cupiditas* and *cupidus* are much used in this connexion; see on 87 (VIII.10).3.

10 **nive** For the archaic or colloquial *ni*, *nive* (and *nei*, *neive*) = *ne*, *neve*, common in inscriptions, see Neue–Wagener, II, 969.

18 **ut solet** Cf. 82 (VIII.9).3 (Caelius) *curare soles libenter, ut ego maiorem partem nihil curare.*

6, 3 **societate** According to Plutarch (*Caes.* 67) and Appian (*B.C.* II.119) Lentulus was one of several who, though not party to the conspiracy, joined the assassins immediately and claimed to have been in their number.

5 **fregi** Probably by disallowing grants to communities and individuals in Asia (so T.–P.); but this must have been under Trebonius' authority.

equitatum According to Dio (XLVII.21.3, 26.1), the money (see below) and horsemen were supplied by Trebonius. How far his subordinate was entitled to claim the credit we have no way of judging. The details will have been given in a letter from Lentulus which Cicero read to the Senate on 9 April (*ad Brut.* 2.3).

7, 2 sodalis et familiarissimus Chance provides information of an affair in 47 between Dolabella and Lentulus' wife Metella, whom he divorced in 45 (*A.* v, 291). The blood relationship with the Antonii may have been through Lentulus' mother, whose name is unknown. Their mother Julia married a Lentulus (Sura, Catiline's associate) after the death of her former husband, M. Antonius Creticus.

3 **illorum** Probably Antony and Dolabella are meant rather than the three Antonii.

4 πατρίδα, κ.τ.λ. The line, perhaps from Euripides' *Erechtheus*, ran φιλῶ τέκν' ἀλλὰ πατρίδ' ἐμὴν μᾶλλον φιλῶ (Nauck, p. 918).

8 **ac tamen** Cf. 147 (XVI.8).1n.

9 **senatus...cuiusque** Cf. 387 (XII.12).4n.

8, 3 ea...opinione 'That he should be so well thought of.'

7 **Pergae** In Pamphylia, now part of Asia. Coastal Cilicia may have been attached to Syria; cf. Magie, II, 1271f.

406 (XII.15)

The first six paragraphs were doubtless written about the same time as the preceding letter to Cicero, probably before that letter, though this is not definitely proved by *litteras quas publice misi* (epistolary perfect) in its §3. §7 is a postscript added on 2 June.

PRO Q. PRO PR. Lentulus probably assumed the title *pro praetore* as the senior official in the province after Trebonius' death, his position being like that of C. Cassius in Syria after Carrhae.

1, 1 s. v. l. v. v. b. e. v. *si vos liberique vestri valetis, benest. ego valeo.* For the omission of *q.* after *l(iberi)* see 396 (x.34)n.

4 **v. c.** *vir clarissimus.*

6–8 vastata...divenditis On Dolabella's levying of money and troops in Asia see Magie, II, 1273. I feel small doubt that Lentulus meant these words to lead up to *Asia excessisset*; so far the corrections of Manutius and Madvig are warranted. But the double changes involved in both do not commend themselves, and it seems preferable to suppose that this protracted sentence got out of hand in the process of composition;

i.e. Lentulus should have written *celerius Asia excessit* but was seduced by the temptation to make another subordinate clause leading up to *non necesse habui*. *divendere* is not found elsewhere in classical writing with a personal object. It is taken to mean 'sold here and there (as slaves)'. But why 'here and there'? Surely the reference is to property (cf. *Leg. Agr.* 1.7 *ut...bona populi Romani possint divendere*), 'sell up'; cf. *Phil.* 11.78 *ne L. Plancus praedes tuos venderet*. *omnibus* may have been omitted deliberately in the tradition apart from M as a foolish exaggeration, which of course it is.

13 **quidque** Müller's 'parallels' in defence of *quicquid*, as *Att.* 221 (XI.10).2 *rogo ut ne intermittas scribere ad me quicquid erit*, are valueless because the following subjunctives prove that here we have two indirect questions and *quicquid* is not an interrogative particle.

2, 1 **per insulas in Asiam** Lentulus will have been sailing from Macedonia to a port on the western seaboard, probably Ephesus. The news of Dolabella's fleet made him turn south.

1–2 **nuntiatum est** Cf. K.–S. II, 336f. Lentulus himself writes *cum veni...potui* in 405 (XII.14).8.

5 **Patiscus** Cf. 82 (VIII.9).3n. Like Lentulus he had joined Caesar's assassins after the deed (App. *B.C.* II.119). He may have been one of Trebonius' Legates, appointed *pro quaestore* by Lentulus himself, though there are other possibilities.

6 **deverti** Nardo brings *reverti* back into the text on the desperate excuses that (*a*) Rhodes would not have constituted a diversion if Lentulus was making for Perge (which he clearly was not; no Senator could have been expected to understand *in Asiam* as *in Pamphyliam* and Lentulus' reason for being there is explained in §5); and (*b*) he might have received the news of Dolabella's fleet after having passed Rhodes and then reversed course (he would not have gone anywhere near Rhodes but for the news).

7 **senatusque consulto** Passed early in March, the day before the delivery of the Eleventh Philippic (*Phil.* XI.16).

16 **singulis cum navigiolis** 'In one little boat on each occasion.' The diminutive heightens the indignity.

17–18 **deminutionemque...Romani** Proposed changes are unnecessary, as Nardo has shown in a good note. For *maiestas iuris nostri* he quotes *Inv.* II.53 *maiestatem minuere est de dignitate aut amplitudine aut potestate populi aut eorum quibus populus potestatem dedit aliquid derogare*, and compares *maiestas consulis* (*Pis.* 24), *iudicum* (*Rosc. Am.* 54). As for *imperi populique Romani*, 'Lentulo non fa che riunire insieme due gruppi nominali comunissimi...*maiestas imperi*...e *maiestas populi Romani*'.

23–4 **duum milium amphorum** I.e. about 52.4 tons. Tonnage of

Roman ships was measured in *amphorae*. The contracted form of the genitive plural seems to be regular in and confined to statements of quantity amounting to thousands of *amphorae*; cf. Neue–Wagener, I, 32f.

3, 3–4 ad illorum voluntatem 'In the way they wished.'

7 in pravitate Cf. 405 (XII.14).3 *eadem superbia in pravitate utuntur.*

10 **propense** 'By natural inclination', 'spontaneously'.

4, 3 binae The distributive is used of pairs (K.–S. I, 661). Apparently two delegations were sent contemporaneously, one representing the Senate the other the people of Rhodes (so Nardo).

4 contra leges The foreign affairs of Rhodes were the business of six Prytanes, who were elected for six months, starting in September and March. The body holding office in January at the time of Trebonius' murder, unlike their successors (cf. 405 (XII.14).3), leaned to the republican side of Roman politics.

5 haec *fecerunt* has to be understood, but this is probably no intentional ellipse but the result of Lentulus' lack of skill in constructing the lengthy periods which he liked to attempt. Given that, and the addition of *provocati* and the minor changes of *patientia* to *potentia* and *noluerunt* to *voluerunt*, the text can be accepted, though obviously not guaranteed. It is not worth while to rehearse palaeographically or otherwise unsatisfactory proposals, some to be found in T.–P.'s notes, more in Nardo's.

6 in continenti The Peraea, on the south coast of Caria opposite the island.

7 antea Cf. 405 (XII.14).3.

13 **voluerunt** According to M. Brutus (*ad Brut.* 4.3) the Rhodians had refused to admit Dolabella. As pointed out against T.–P. by R. E. Smith (*Cl. Quart.* 19 (1936), 197 n.9), that is not incompatible with the statements in this letter.

5, 5 Sex. Marius Münzer (*RE* XIV, 1820f.) would identify with one Sex. Marius L.f., a magistrate of Narona in Dalmatia (*C.I.L.* I², 2291), who might have come into contact with Dolabella in 49 when he was commanding a Caesarian naval squadron in the area. But *legati* were usually Senators.

C. Titius Probably an unknown; cf. 140 (XIII.58), intr. note.

13 **quae...meae** Cf. 405 (XII.14).8n.

6, 5 studium diligentiam Cf. 278 (XIII.11).3 *tuo studio diligentia.* I once wrote: 'it is pretty clear that Cicero in his letters sometimes saw fit to leave out *me* and *te* and *se* and *et* where moderns feel inclined to put them in; and it is quite certain that copyists left them out time and time again. Collecting examples gets us nowhere.'

8 **si** = *simul atque.*

549

9–11 praestiterunt...inierunt Subjunctives are not required. *qui = eos qui.*

10 scelere = *per scelus*, a common type of adverbial ablative, though seemingly not elsewhere found in this particular noun; cf. K.–S. 1, 409.

7, 6 itaque DC Wesenberg's *ita DC*, based on *itaque C* of M, may well be right.

407 (X.20)

Written after receipt of 391 (X.21) on the day (29 May) that Lepidus joined Antony (see next letter).

1, 4–5 alterius...alterum 'The latter...the former.'

2, 1 litteras Cf. 413 (XI.14).3. The letter is not extant.

4 propter...superiorum 'Because the optimism of your earlier letter turned out to be unfounded.' The letter is 390 (X.15).

7 erroris causa 'Excuse for a mistake.'

7–8 bis ad eundem Sc. *lapidem offendere turpe est.* In Greek δὶς πρὸς τὸν αὐτὸν αἰσχρὸν εἰσκρούειν λίθον. See Otto, *Sprichwörter*, 186, and cf. 'once bitten, twice shy', 'a burnt child fears the fire'.

3, 6–7 maiora et graviora 'Greater and more effective.' '*maiora* ad voluntatem refertur; *graviora* ad rem' (Manutius).

408 (X.35)

1, 5 nisi...extorsisset 'Had not fortune wrested my decision out of my hands.'

6–9 nam...coegit 'My entire army, faithful to its inveterate tendency to conserve Roman lives and the general peace, has mutinied; and, truth to tell, has compelled me to champion the preservation in life and estate of so vast a number of Roman citizens.' The 'mutiny' of Pompey's troops in Africa in 80 (Plut. *Pomp.* 13) provides a historical parallel.

2, 3 misericordiam Cf. App. *B.C.* III.84 τοῦ στρατοῦ...τὸν Λέπιδον αἰτοῦντος εἰρήνην τε καὶ ἔλεον ἐς ἀτυχοῦντας πολίτας.

7 III Kal. Cf. 414 (X.23).2n. (*castra moverunt*).

409 (X.33)

News from Italy took at least forty days to reach Pollio (§5) and the news of the battle of Mutina and events immediately following had been held up *en route* for nine days (§1). This letter should therefore be dated (with Ruete) to the first half of June rather than to the end of May.

1, 5 sed illis A qualification: 'desirable, that is to say, for those...';

cf. e.g. Mart. VII.89.3 *quas* [sc. *comas*] *tu nectere candidas, sed olim,* | *sic te semper amet Venus, memento.* Pollio himself might hope to be of help. The misgivings and perplexities felt by some editors are uncalled-for.

6 senatus consulto This decree was passed in the beginning of February when a state of war was declared (Dio XLVI.29.6). Pollio's claim that if he too had been summoned to Italy the calamity of Mutina would have been averted is nonsense by his own showing; cf. §2 and 368 (X.31).4.

11 **vastitatem Italiae** Cf. *A.* IV, 378.

2, 5 palparer 'Stroke the right way', '*ménager*'.

10 **Planco** Dative.

3, 1 binis Cf. 406 (XII.15).4n. Probably, however = 'two pairs of couriers', since we often find more than one courier with a single batch of letters (for greater security); cf. *A.* III, 244.

2 **et tibi** In 368 (X.31).4.

4 **quo die** 14 April.

8 **in Lusitania** Pollio says nothing about this in his earlier letter. Presumably the legions had already been brought back to Baetica.

4, 1 Gallia Lepidi I.e. Narbonensis as distinct from Comata and Cisalpina; for the expression cf. *A.* II, 204 (*gratia*), also *Att.* 114 (V.21).8 *in hac mea Asia.*

4 **L. Fabatum** *A.* IV, 348.

C. Peducaeum Asconius (28.23) mentions a man of this name as petitioner to the court on behalf of Scaurus in 54; cf. also *A.* IV, 306.

D. Carfulenum *A.* VI, 248f.

Hirtino Cf. *A.* I, 321 (*Marianas*).

5 **omnis peraeque** 'All alike.'

6 item Hirti A gloss has been suspected (cf. T.–P. VI, 375), and the latest editor, G. B. Perini in the Mondadori series (1967), brackets. But Pollio seems to have heard that the whole army under Hirtius, including the Seventh legion which he does not specifically mention, had sustained disastrous losses (the Fourth worst of all), like the whole of Antony's; cf. §5 *neque tamen dubito quin omnes qui supersint de Hirti exercitu confluant ad eum.* He is not concerned to arrange this cataract of destruction in orderly and consistent sequence.

7 **quinta** The Alaudae.

8 **Pontium Aquilam** Cf. 388 (XI.13).1n.

11 ⟨**V̄**⟩ Cf. 396 (X.34).1n.

12 **P. Bagienni** The Bagienni were a Ligurian people located between the Gulf of Genoa and the Po. Here we seem to have a cognomen like (Cornelius) Gallus, (Curtius) Salassus, (Annius) Cimber, (Catius) Vestinus, etc. (cf. V. Gardthausen, *Philol.* 51 (1892), 518, answering

O. E. Schmidt, ibid. 186ff.; also the centurion in *C.I.L.* III.13481). For *pupillus* in the MSS = *P(ublius)* cf. 281 (XIII.14).1. Nothing else is heard of Bagiennus or his legion, which perhaps had been recently recruited in his native area.

13 **VII, VIII, VIIII** Ventidius had recruited these three legions from Caesar's veterans. He seems to have given them numbers following the sequence of the Macedonian legions (from one to six), though legions bearing these numbers already existed; cf. T.–P. VI, 375f. For duplicated numbers in Augustus' army cf. Mommsen, *Res Gestae²*, p. 75.

16 **Parmam** Cf. 381 (XI.13*b*).

5, 5 **non frequentis** 'Not up to strength'; cf. Liv. XXXIV.8.5 *frequenti classe*, XLIV.43.1 *frequenti agmine equitum* (after 42.1 *equitatus prope integer pugna excessit*).

6–7 **neque tamen dubito** This assumes the truth of the report of Octavian's death.

9–10 **confirmandi sese** Cf. K.–S. I, 745.

13 **superesse** Cf. Gell. 1.22.18 *praeter haec 'superesse' invenimus dictum pro 'superstitem esse'. ita enim scriptum est in libro epistularum M. Ciceronis ad L. Plancum et in epistula M. Asini Pollionis ad Ciceronem verbis his: 'nam neque deesse rei publicae volo neque superesse', per quod significat, si res publica emoriatur et pereat, nolle se vivere.* He further quotes Plaut. *Asin.* 17. The use is found in Livy and later writers.

410 (XI.26)

Writing nine days after his last previous extant letter (cf. 413 (XI.14), intr. note) Decimus was presumably somewhere in the Alps on his way to join Plancus.

1 **maximo meo dolore** Cf. 419 (XII.13).3 *magna contumacia civitatum*; K.–S. I, 410f.

2 **ista** Antony's junction with Lepidus.

3–4 **ex Sardinia** Much unnecessary suspicion has been generated by the absence of other notice of troops in Sardinia. There is no difficulty in believing that there were some, at least a few cohorts. They would be needed to control the brigandage mentioned by Varro (*R.R.* 1.16.2; cf. Furneaux on Tac. *Ann.* II.85.5).

5 **dent an decernant** *den⟨egen⟩t* (Mendelssohn) makes good sense if a conjecture were required, though the two foregoing alternatives, in which the positive choice (*traiciant...accersant*) comes first, rather points to *dent an denegent*. However, O. E. Schmidt's explanation of the text seems acceptable. There was argument in the Senate whether to give ready money from the Treasury (cf. Caes. *B.C.* 1.6.3 *pecunia uti ex aerario*

Pompeio detur) or to pass a decree that it be raised by taxation (or in some other way; cf. 374 (XII.28).2n.). The former course was in fact adopted, so far at least as funds were available (412 (XI.24).2). Decimus was too impatient to anticipate a quibble that this too required a decree.

411 (XI.21)

A point by point reply to 401 (XI.20).

1, 1–2 omnium...futuri sunt A favourite formula with Catullus; cf. 21.1 *Aureli, pater esuritionum,* | *non harum modo, sed quot aut fuerunt* | *aut sunt aut aliis erunt in annis,* 24.2, 49.2. Manutius in addition cites Plaut. *Pers.* 777 and *post Red. ad Quir.* 16 *Cn. Pompeius, vir omnium qui sunt fuerunt erunt...princeps.* To these Fordyce adds Plaut. *Bacch.* 1087, and might have added id. *Trin.* 1125; Paulin. Nol. *Carm.* VI.117; Xen. *Symp.* II.10.

2 tu Sc. *locutum esse putas.*

5–6 istud...nugarum By not denying authorship of the offensive *dictum* Cicero as good as admits it, and his attempt to pass the matter off as a piece of negligible tittle-tattle rings false.

2, 4 de iis I.e. that they should be placed on the commission.

sententiam ferri 'A vote be taken.' This phrase is generally used of juries, but cf. *Balb.* 34 *de quo foedere populus Romanus sententiam non tulit*; *Verr.* II.2.76 *ut sit...qui in senatu sine ulla cupiditate de bello et pace sententiam ferat; Amic.* 56 *de quibus* [sc. *finibus*] *tres video sententias ferri.*

5 excepti...estis By the negative reception of Cicero's proposal.

7–8 qui...devoravit This passage has been almost totally misunderstood. *res novas quaerit* has a double sense: primarily 'is on the lookout for news', 'is a quidnunc'; and secondarily 'wants a political upheaval'. At this point Cicero bethinks himself of another meaning of *res, res familiaris.* Segulius is not looking for *novas res* because he has squandered *veterem rem (familiarem)*, having had none to squander; but he *has* gone through his recently acquired (from Caesar or Antony no doubt) *novam rem (familiarem).* For *devoravit* cf. *Att.* 16 (I.16).10 *ille autem Regis hereditatem spe devoraverat; Thes.* V (i), 876, 21. A desperate attempt at translation might run: 'He's out for news and a new deal – not that he squandered his share in the old one, which was nil, but he *has* wolfed down what he got out of this latest new one.'

3, 1–2 id pro me Sc. *facere.*

4 cautionem non habebunt 'Will not admit of precaution.'

4, 4–5 me...accedere Cf. 330 (XVI.23).2n.

5, 2 ab utroque vestrum Cf. on 401 (XI.20).3 *ab utrisque vobis.*

3–4 cum quidam...ligurrirent 'When certain of my colleagues were nibbling (lit. licking) at the agrarian business.' Obviously the commission's terms of reference did not, in Cicero's opinion, properly extend to agrarian matters; otherwise he would have had no grounds for heading these colleagues off, especially as Decimus and Octavian had been specifically excluded from membership (§2).

4 vobis A highly probable correction, though not certain. *nobis* would be ambiguous, and would not have given Decimus the reassurance he wanted.

412 (XI.24)

An answer to 402 (XI.23).

1, 1 narro tibi 'Take note now' (a warning); cf. *A.* v, 393.

9 sed ita...meae 'But only if I can do so while remaining true to my own resolution.'

2, 2–3 multa enim Romae 'For there is much afoot in Rome', or perhaps 'for much can happen in Rome'; cf. *Att.* 329 (XIII.22).4 *sin quid* (*multa enim*), *utique postridie*.

5 Servium Ser. Sulpicius Rufus (not Galba); cf. 354 (XI.7).1n.

413 (XI.14)

The reference to the Martian legion in §2 has been thought to point to 399 (XI.19).1 of 21 May, which would reach Cicero about 28 May, and the reference in §3 to Brutus' encouraging remarks about Lepidus has suggested contemporaneity with 407 (X.20). But neither of these points is conclusive. In fact the letter which Cicero is answering cannot be 399 (XI.19) or any other extant letter, for in it Decimus had expressed approval of Cicero's actions with respect to the Commission of Ten and to Octavian (§1) and had advocated recalling M. Brutus to Italy and keeping Octavian there (§2). That indicates that the letter was received after Cicero wrote 411 (XI.21).2 on 4 June, and written after Decimus' letter 401 (XI.20) of 24 May, and therefore after 402 (XI.23) of 25 May. But Cicero's reply was written before the news of Lepidus' defection reached Rome, about 8 or 9 June. These considerations point to 7 June, and the sequence of the correspondence from 21 May onwards runs as follows:

21 May 399 (XI.19) Decimus to Cicero.
24 May 401 (XI.20) Decimus to Cicero.
25 May 402 (XI.23) Decimus to Cicero.
26 (?) May Decimus to Cicero (letter lost).
3 June 410 (XI.26) Decimus to Cicero.
4 June 411 (XI.21) Cicero to Decimus (answering 401 (XI.20)).
6 June 412 (XI.24) Cicero to Decimus (answering 402 (XI.23)).

554

7 June 413 (XI.14) Cicero to Decimus (answering lost letter).

1, 3 non ⟨parum⟩ glorioso 'As one not given to self-depreciation'; cf. 326 (IX.14).2 *sum enim avidior etiam quam satis est gloriae*; *Att.* 37 (II.17).2 *quod est subinane in nobis et non* ἀφιλόδοξον (*bellum est enim sua vitia nosse*). *non glorioso* is pointless, for where is the point in saying 'believe me, as a man not apt to boast, that I am a spent force'? Cf. Curt. IX.5.21 *ipse, scilicet gloriae suae non refragatus, afuisse se...memoriae tradidit*; Liv. XXXIV. 15.9 (of the elder Cato) *haud sane detrectator laudum suarum.*

3–4 plane iam...frigeo 'I am now quite in the cold shade' (Shuckburgh), not 'I am now quite torpid' (T.–P.); cf. 33 (VII.10).2n.

4–5 ὄργανον...dissolutum 'The Senate was my right hand, and it has lost its cunning.'

5–8 attulerat...videantur The tenses must on no account be disturbed. *attulerat* points the contrast between the situation as it had been, or appeared to be, and as it subsequently became. The perfect *relaxati sint* emphasizes the importance of what happened as it exists in the mind of the writer (cf. K.–S. II, 188f.). *videantur* refers to the actual time of writing.

8 σκιαμαχίαι 'Shadow-boxing'; not that the opposition was no longer real, but because the audiences were no longer in a mood to take it seriously.

2, 3 pecuniae The Senate had assigned to Decimus such funds as were immediately available (412 (XI.24).2), but more would be required.

4–5 Caesareque...tenendo According to T.–P. 'this was urged in the despatch to the senate which Decimus wrote on May 21' (cf. 399 (XI.19).1). There are no grounds for this statement.

5–6 obtrectatores No doubt referred to in Decimus' letter, as earlier in 385 (XI.10).1 and 386 (XI.11).2.

7 ex Africa Cf. 410 (XI.26).

3, 1 bellum istuc 'That war of yours', i.e. with Antony.

renatum Cf. *ad Brut.* 22.2 *renatum enim bellum est, idque non parvum.* So to Cornificius and Cassius a few days later: 417 (XII.30).2 *profligato bello ac paene sublato renovatum bellum gerere conamur,* 416 (XII.8).1.

2 die tuo natali The day on which news of the victory gained on 21 April reached Rome is not certain, perhaps 26 April.

5 litteris The omission of the word in modern texts is not justified by its absence in M.

Id. Mai. Cf. 407 (X.20).2.

414 (x.23)

1, 5 credulitas enim *enim* refers not to *lapsum* but to *confiterer*. Credulity being pardonable, Plancus would be admitting it if he had in fact been guilty of it.

8 pudor 'Sensitivity to public opinion.'

9- 10 si uno loco essem 'If I stayed where I was', i.e. at the Isara. Cf. 395 (x.18).3n.

11 mea patientia 'By my inertia.'

2, 3-4 salutariter recipere me 'To retreat successfully' is about as near as an English rendering will come. *salutariter* implies more than mere safety; cf. a passage quoted from the 'Laudatio Turiae' (*C.I.L.* VI, 1527, d. 10) *sat [es]t mihi tibique salutariter m[e latuisse]*; *Brut.* 8 *quibus* [sc. *armis*] *illi ipsi, qui didicerant eis uti gloriose, quem ad modum salutariter uterentur non reperiebant.*

4 flumen This may have been the Durance or a tributary, the Verdon.

6 sub manu 'Close to hand'; cf. *Thes.* VIII, 365, 7.

6-7 per quorum...iter 'Through whose territory I could count on a free and trustworthy passage.' Cf. 411 (XI.21).5 *quo fidelius ad te litterae perferantur*; Ov. *ex Pont.* II.9.66 *terra sit exiliis ut tua fida meis.*

8 captabat After telling Plancus to keep away (391 (x.21).2), Lepidus had renewed his invitation (395 (x.18).2), luring him, as Plancus believed, into a trap.

9 castra moverunt Lepidus dated 408 (x.35) from Pons Argenteus on 30 May (unless *III* is altered to *IIII* with Ruete), the day after his junction with Antony. He may, therefore, have remained there, leaving the advance against Plancus to Antony. But probably, as T.-P. say, he dated his dispatch from Pons Argenteus because he did not choose to intimate to the Senate what was going on.

3, 1-2 deum benignitate As it were, 'under Providence'; cf. 371 (x.8).6 et al., also 423 (x.22).1 *dis approbantibus.*

4-5 ferventibus latronibus 'Red-hot rebels.' Cf. Ter. *Ad.* 534 *cum fervit maxime, tam placidum quasi ovem reddo.*

6 pontisque There seems to have been only one bridge. For the plural, which may refer to the spans of the bridge, cf. Tac. *Ann.* II.8.2.

7 ad colligendum se Cf. K.-S. I, 735.

homines 'People', including the provincials; not = *milites.*

4, 1-2 in re⟨m⟩ publicam Cf. 359 (x.5).1n.

2 sed certe, sqq. Walser calls this 'Invective' against Laterensis 'geradezu unwürdig'. But Plancus' criticism is far from harsh, and may have been fair.

556

7 **victurus** In fact he died, and was voted a public funeral and a statue by the Senate (Dio XLVI.51.4).

5, 4 castigare I.e. *castigando impellere*; similarly *ad Herenn.* IV.25; Caes. *B.C.* III.25.2.

5 **colloquia** Perhaps between soldiers of the two armies.

legatos From Antony, carrying safe-conducts from Lepidus; cf. 386 (XI.11).1.

6–7 **C. Catium Vestinum** Vestinus is probably a cognomen (cf. 409 (X.33).4n.).

8 **exceperam** 'Took up', i.e. 'arrested'. An exact parallel in *Phil.* VIII.32 is variously misunderstood: *hunc enim* [sc. *L. Varium Cotylam, Antoni legatum*] *reditu ad Antonium prohiberi negabant oportere et in eodem excipiendo sententiam meam corrigebant.* Cf. also *Att.* 146 (VII.22).1 *de Pompeio scio nihil eumque, nisi in navim se contulerit, exceptum iri puto*; Curt. v.4.4 *captivos quos nuper exceperat,* et sim. In hunting parlance *excipere* is regularly used of lying in wait for an animal or attacking it when it comes or both (cf. *Propertiana*, 100). Manutius' alteration of *ad me* to *ad eum*, adopted in many editions, is quite unwarranted; and, as T.–P. pertinently ask, how would Plancus have caught a messenger from Antony to Lepidus?

numeroque hostis habueram Probably Catius was merely kept under arrest; cf. Liv. XXX.42.9 *quod eos...hostium numero in vinclis habeat.*

6, 2 subornes 'Instruas iis rebus, quae ad bellum necessariae sunt' (Manutius).

3 **firmissimas** 'Very reliable.' Octavian's army consisted mainly of veterans, and the Fourth and Martian legions, now again under his command, had been particularly hostile to Antony.

4–5 **cuius...agitur** 'Who is himself most perilously involved.' A parenthetic remark, apparently quite general. No allusion is likely to particular plots by Antony against Octavian.

6 **hoc** Probably a pronoun, not = *huc*; cf. with Hofmann–Andresen 358 (X.4).3 *quantum...hoc omne*, 395 (X.18).2 *si quid...hoc omne.*

7, 1–2 in dies...cottidie Used with a comparative these expressions are virtually interchangeable; cf. *A.* III, 201.

4 **pietate** Cf. 12 (I.1).1n.

6 **Cularone** Cularo (Grenoble), on the left bank of the Isara. Plancus was on the right bank, where there may have been a settlement (cf. F. Perrachet, *Rev. des Ét. lat.* 35 (1957), 180). But probably 'Plancus dated from it as a well known town in the immediate neighbourhood' (How).

415 (x.32)

1, 1 Balbus   The Younger (*A.* iv, 338).

2 exactionibus   'Tax-collections.' On the description of Horace's father as *exactionum collector* in the Suetonian life see E. Fraenkel, *Horace* (1957), 4 n. 5.

3 duxit se   'Took himself off.' So in comedy (*Thes.* v(i), 2146, 20).

4 Calpem   On the termination see Neue–Wagener, 1, 94f.

5 Bogudis   Bogudes or Bogud (Βόγος, Βογούας) was recognized as King of Mauretania by Caesar in 49, along with Bocchus (Dio XLI.42.7). In 31 he fought for Antony in Greece and was put to death by Agrippa (Strabo, p. 359).

plane bene peculiatus   'With his pockets very nicely lined.' But cf. Manutius: 'non est idem quod *bene nummatus*. nam auri argentique pondus nummorum nomine non continetur, sed peculii, quod latius patet.'

his rumoribus   'With the rumours that are coming in'; cf. *hac iuventute*, 'young people being what they are' (*Att.* 202 (x.11).3), et sim.

2, 3 Herennium Gallum   An inscription records a Duumvir of Caiatia (not Calatia) called M. Herennius M. f. Gallus (*C.I.L.* 1, 1216 = x, 4587). A presumable descendant commanded a legion in A.D. 69 (Tac. *Hist.* IV.19).

4 summo = *ultimo*.

4–5 anulo...deduxit   This paralleled Caesar's dealings with Laberius; cf. 205 (XII.18).2n.

4 in XIIII   Sc. *ordines*; cf. Petr. 126.7; Sen. *Ep.* 44.2.

5 tot...loci   It is perhaps going too far to speak on the strength of this passage of 'the *equester ordo* instituted by Balbus at Gades' (A. N. Sherwin-White, *Journ. Rom. Stud.* 30 (1940), 120).

6 prorogavit   He extended his term as magistrate in his home town as Caesar might be said to have extended his Dictatorship (formally a reappointment, not a prorogation; cf. Mommsen, *St.* 1, 637 n. 1).

8 senatus   I.e. *decuriones*.

9 Sex. Varo   Sex. Quintilius Varus was Praetor in 57. This is the only record of his Proconsulate in Further Spain.

3, 2 de suo itinere   Shortly before Pharsalia: cf. Vell. II.51.3 *tum Balbus Cornelius excedente humanam fidem temeritate ingressus castra hostium saepiusque cum Lentulo collocutus consule* [sic], *dubitante quanti se venderet, illis incrementis fecit viam quibus non Hispaniensis natus sed Hispanus in triumphum et pontificatum adsurgeret fieretque ex privato consularis* (apparently a confusion with his uncle). This *praetexta* must have been a curiosity. I cannot call to mind another play in which the author has a role, though this often happened in philosophical dialogues. Pollio does not, it is true, actually say that Balbus wrote it, but it seems to be implied.

3 posuit = 'Staged.' This use of *ponere* does not seem to be found elsewhere.

9 deinde abstractum Pollio forgets that *Fadium* has not been provided with a governing verb.

9–10 defodit...combussit Cf. Gell. III.14.19 *M. Cato de Carthaginiensibus ita scripsit: 'Homines defoderunt in terram dimidiatos, ignemque circumposuerunt. ita interfecerunt.'* Metellus Numidicus dealt similarly with deserters from the Roman army in Africa (App. *Bell. Num.* fr. 3).

10 nudis pedibus, tunica soluta Signs of relaxation, as of precipitate haste in Hor. *Sat.* 1.2.132 *discincta tunica fugiendum est ac pede nudo.* There seems no need to suppose that Balbus was wearing slippers (as opposed to *calcei*), but cf. Sen. *Dial.* v.18.4 *quantulum fuit lucem exspectare denique, ne senatores populi Romani soleatus occideret!*

12 quiritanti Cf. Varro, *L.L.* VI.68 *quiritare dicitur is qui Quiritum fidem clamans implorat*; but this etymology may not have been in Pollio's mind.

c. R. natus sum Cf. *Verr.* II.5.162 *nulla vox alia illius miseri inter dolorem crepitumque plagarum audiebatur nisi haec, 'civis Romanus sum.'* Greenidge (*Leg. Proc.* 414) observes that 'it was perhaps due to the fact that the citizen was protected by law at Rome, by custom in the provinces, that, while in the one case he said *provoco* against the decree of the magistrate, in the other he asserted his claim by the words *civis Romanus sum*'. Strachan-Davidson (*Criminal law*, I, 121) conjectures that the soldier's career as a gladiator may have lost him his rights as a free man; he was not, however, *auctoratus*, and Balbus is said below to have thrown other Roman citizens to wild beasts.

abi nunc Kleyn conjectured *i nunc* 'non intellecta scilicet dicti crudelitate' (Mendelssohn).

12–13 populi fidem implora The regular phrase; cf. Varro, l.c.; *Thes.* VI, 667, 6.

14 Hispali Now Seville.

4, 1 quod praestat 'What is more important.' *restat* is a needless conjecture.

2 firmas The Twenty-Eighth and Thirtieth legions had been formed in 49. The legion not mentioned by number may have been raised from old soldiers in Spain; cf. Brunt, *Manpower*, 479 n. 8.

4–5 denarios quingenos Octavian gave the same sum to the veterans who joined him (*Att.* 418 (XVI.8).1).

6–7 quis...putavit 'Who (ever) thought...?' The vulgate

559

putabit is no improvement, but perhaps *putarit* should be read; cf. *Fin.* 1.32 *quis...iure reprehenderit...?*

8 **si uno loco habuissem** 'If I had kept them together in one place', or perhaps 'if I had not moved them'; cf. 395 (x.18).3n.

5, 4-5 **atque ita...feci** 'On the evidence of my obedience to the orders you have actually given you must believe that I should have obeyed any I had received.' *ita...si* implies 'I ask you to trust me only if I have already proved myself trustworthy'. Cf. J. van Wageningen, *Mnemos.* 47 (1919), 82: 'Quid senatus iussit? ignoramus, saltem non certo scimus, sed ex omnibus rebus, quas iam in litteris superioribus legimus, conicere nobis licet senatum Pollioni imperasse, ut in provincia maneret, illum huic imperio obsecutum esse. Et quid sibi vult illud: *quodcumque imperassetis, facturum fuisse?* Sine dubio Asinius significat, si senatus iussisset se cum tribus legionibus in Italiam venire ad bonorum causam defendendam, se venturum fuisse. Quam coniecturam non esse audacem apparet ex verbis consequentibus: *nam...excessi*, in quibus coniunctio *nam* referenda est ad ea quae antecedunt: *si quod iussistis feci*. Et confirmatur haec sententia nostra iis, quae paulo post in fine epistulae legimus: *sed...tulisset.*' On the justice of the implied complaint see 409 (x.33).1n.

9 **decedentis** 'Leaving', i.e. 'deserting'.

15 **Gallum Cornelium** The poet; cf. 368 (x.31).6n.

416 (xII.8)

The news of Lepidus' defection on 29 May would reach Rome about 8 or 9 June.

1, 2 **certo scio** 'I am sure' (i.e. 'I assume').

5 ⟨**vel**⟩, **si verum quaeris** 'Possibly *sed* (*s;*) may have fallen out before *si*' (T.–P.). Or, as I formerly conjectured, *sin* could replace *si*. But *vel* (*l*) = *vel potius* is more appropriate.

M. Bruto In 67 (III.4).2 *meum Brutum* has similarly replaced *M. Brutum* in the MSS; cf. *Q.Fr.* III.2.1 *C. L. Antonios* [*meos*] *M.f. meo Bruto* is awkward in two ways. It might, as opposed to *D. Bruto*, imply that Decimus was not Cicero's friend; and it ignores the close ties between M. Brutus and Cassius, in writing to the latter of whom Cicero would surely have preferred *nostro* (cf. 365 (xII.5).1, 208 (xv.20).3) or even *tuo* (cf. 106 (xv.14).6, 425 (xII.10).4).

6-7 **si...libertatis** 'Not only for immediate refuge, should some reverse unfortunately occur, but for the assurance of freedom in perpetuity.'

417 (XII.30)

Probably written about the same time as the preceding; cf. §2 fin.

1, 1 litigatores   Like the heirs of Q. Turius (431 (XII.26)).

9–10 quibus...oportebat   '*You* should be the challenger'; cf. 339 (XII.20) *lacesses...provocare.*

11–13 noli...flagitare   'Don't have the effrontery to nag me and dun me for letters when you write so few yourself.'

3, 5 Chaerippus   Cf. 357 (XII.22*a*).2n.

4, 5 tributo   An extraordinary levy on property; cf. *ad Brut.* 26.5 *obdurescunt enim magis cottidie boni viri ad vocem tributi.* None had been imposed since 167, but the Triumvirs did what the Senate was unwilling to do; cf. Syme. *Rom. Rev.* 195f.

5, 1 Attio Dionysio   Cf. 430 (XII.24.3). 4.

nihil puto esse   'I imagine there is nothing in it.'

2 P. Luccio   Cf. 383 (XII.25*a*).1. He seems to have been interested in the estate of a bankrupt which was in the hands of liquidators (*magistri*) and about to be auctioned (Gaius, *Inst.* III.79). They would not agree to postpone the action, being prevented from so doing by their oath and also, as Cicero says, by a *compromissum*, i.e. an agreement to submit to arbitration (cf. Buckland, 532). T.–P. conjecture that 'Lucceius' (i.e. Luccius) or some other interested person had put the question of postponement to arbitration and that the arbiter found against him.

7, 1 de Venuleio, Latino, Horatio   From what follows these appear to have been Legates left behind by Calvisius Sabinus. Cicero (*Phil.* III.26) mentions only two as left at Utica; hence Broughton (355) suggests the punctuation *Venuleio Latino, Horatio.* But Cicero may not have known that there were actually three, or one of them may have been absent and returned later. Mommsen's view (*St.* I, 387 n. 1) that they were unimportant Senators does not account for *ignominia dignis.* Münzer remarks that the cognomen 'Latinus' is not found among the better-known families of the republic. Is it republican at all? Another gentilicium might be expected here. Has 'Latinus' replaced 'Latinius', as in MSS of Val. Max. 1.7.4 and the Oxford Text of Tac. *Ann.* IV.71.1?

3 honore   Sc. *digni* (not 'in respect of distinction' (T.–P.)).

5 ex senatus consulto   Perhaps that passed on 20 December.

418 (XI.13*a*)

The latter part of an official letter from Plancus and D. Brutus to the Senate, attached in the MSS to 388 (XI.13). It was probably written soon after their junction, which had been expected to take place on 9 June (414 (x.23).3).

1, 1 venerant The subjects seem to be Antony and Lepidus.

4 satis adroganter 'Saucily enough.' A remarkable expression, but probably sound, since no other adverb (e.g. *audacter*) is likely to have been so corrupted. That native troops and a force of cavalry should hold their own against a veteran Roman army might well flout conventional military thinking.

2, 5 ab exercitu The paradosis *et* is superfluous and very doubtful Latin; cf. K.–S. II.36f.

7 qui quidem Lepidus is in mind. *hostium* surely precludes any covert reference to Octavian.

419 (XII.13)

The writer is in all probability the poet Cassius Parmensis, author of elegies mentioned by Horace (*Ep.* 1.4.3) and by some identified (implausibly) with the C. Cassius of *Att.* 385 (xv.8).2. After Philippi he joined Sex. Pompeius, then Antony, and was put to death by Octavian's orders after Actium. That he was one of Caesar's assassins, the last to die, rests on the statement of Velleius (II.87.3). Valerius Maximus (1.7.7), who gives more details about his death, does not mention it; neither is there any clear allusion in this letter, the opening paragraphs of which rather give the impression that the writer had only recently come into the public eye. Moreover, Velleius appears to be wrong in making this Cassius the last survivor. He seems to have been killed at Athens soon after the battle, whereas another of the assassins, Turullius (§3), was with Antony almost to the end. The suspicion arises that Velleius confused the two.

Cassius styles himself Quaestor, and in a letter-heading this can hardly be used for *pro quaestore*. But if he took part in Caesar's murder he must have been a Senator in 44, presumably allected by Caesar (cf. Broughton, Suppl. 15).

1, 6 toga Perhaps recalling the notorious *cedant arma togae, concedat laurea laudi*.

10 tenebris Caesar's régime. Antony's dominance after his death never had such an air of permanence.

16 ipse *ipsi* (Ernesti) or *tuo ipsius* is logically required. *ipse*, however, balancing *omnium*, can be what Cassius illogically wrote.

17 haec...facta These must include Caesar's assassination, if Cassius was indeed one of his assassins.

18 nec convenientia = *et non convenientia*; cf. K.–S. II, 39f.

20 **minimam** Sense and style alike demand this exiguous change.

2, 1 liberi Actually one son; cf. 248 (IV.5).3n.

3 **studiorum** Apparently with reference to politics ('your patriotic ideals'), not oratory or philosophy.

4 **non maxima...turba** I.e. there will not be so many with claims superior to the writer's as to exclude him.

5 **me excipere** 'To take me up (as I come within reach)'; cf. 414 (X.23).5n. One might translate 'to take my outstretched hand'.

6–8 **animum...videri** 'My spirit you have perhaps seen reason to approve. As for my talents, however humble, it can at least be claimed that the long years of servitude let them seem less than they really were.' *videri* does *not* = 'to be seen'.

3, 2–3 magna contumacia civitatum 'Despite the stubbornly uncooperative attitude of the communes'; cf. 410 (XI.26)n.

4 **L. Figulus** Cf. App. *B.C.* IV.60 Λευκίου Φίγλου...ὁ Φίγλος. He was probably a son of C. Marcius Figulus, Consul in 64.

6 **Corycum** On the coast of Cilicia.

7 **illa** I.e. *classe.*

in castra 'To join the land army.'

9 **Tillius Cimber** Cf. 226 (VI.12).2n.

Turullius In all likelihood the Senator and assassin of Caesar whose death in 30 is mentioned by Dio, LI.8.2f. Dio gives his praenomen as Publius, but coins of *ca* 31 show it to have been Decimus (a distinction between two Turullii being highly improbable); cf. Broughton, Suppl. 64, and *d(ecimus)* in the MSS for Publius in 214 (XV.17).2. It is generally assumed that he went out to Bithynia as Tillius Cimber's Quaestor in 44, in which case he was now *pro quaestore.* Like Cassius himself he later joined Antony and was executed by Octavian (Val. Max. I.1.19; Dio l.c.).

4, 3 Graecorum militum numero 'With a quantity of native troops.' *numero* may not in itself imply contempt; cf. *Font.* 13 *est... numerus civium Romanorum atque hominum honestissimorum* (where Hotoman added *maximus*); Liv. IV.56.7 *ut ad quosque ventum erat, numerus iuniorum conscribebatur.* 'Greek' here, as often, signifies provincials, not, as T.–P. thought, Greeks in contradistinction to orientals.

8 **Πάλτῳ** Paltus was on the Syrian coast south of Laodicea. Παλτοῖ or ἐν Πάλτῳ may be right, but cf. Kühner–Gerth, *Gr. Gram.* II, 442; K.–S. I, 477.

9 **ternis tetrachmis** At 12 drachmae per medimnus. A drachma was about equal to a denarius (four sesterces).

12 **Sextilius Rufus** Cf. 142 (XIII.48), intr. note.

13 **Patiscus** Cf. 406 (XII.15).2n.

18 **Crommyacride** Κρομμύου ἄκρα (ἀκρίς is a diminutive), 'Onion Point', a promontory on the north coast of Cyprus. Editors read *Crommyuacride* or *Crommyoacride* (cf. Plin. *N.H.* v.138, where *Crommyonesos* is read for *commynesos* vel sim. in the MSS). But some centuries later we find Κρομμυακίτης, leading to modern Κορμακίτης, Kormakiti; see Oberhummer, *RE* xi, 1974.

420 (XI.25)

1, 1 Lupus Cf. 353 (XI.5).1.

5 audiebam Cicero did not have to *hear* of Decimus' λακωνισμός. He *saw* it in Decimus' letters; cf. 412 (XI.24).1, 422 (XI.15).2. Hence my former conjecture *videbam*: for *videre/audire* cf. 20 (1.9).4 fin., 355 (X.3).1; *Att.* 15 (1.15).1 (Sjögren's apparatus), 231 (XI.25).3; *A.* VI, 266 (*quidnam...amplius*). But the rhythm is against this and explains why Cicero preferred *audiebam*.

⟨**nihil...nolebam**⟩ The fact that Cicero had nothing to write about was not a reason for not being brief but for not writing at all.

2, 4 intestinum urbis malum Perhaps intrigues to obtain a Consulship for Octavian were already on foot (so Manutius). Cf. 425 (XII.10).4 *sunt enim permulta quibus erit medendum.*

6 pagella Cf. *Att.* 350 (XIII.34) *complere paginam volui* (after 60 words). Manutius suggests with reason that these two letters were written on *codicilli* (cf. *A.* v, 305). The 90 words of 88 (VIII.6).5 were written on one page (cf. 93 (II.13).3) and the first page of *Att.* 116 (VI.2) seems to have contained more than 200.

421 (XII.9)

The letter was written, as its contents show, before 30 June, when Lepidus was declared a public enemy, and after 416 (XII.8) (of which T.–P. conjecture that it may be a 'duplicate'!).

1, 1 tuarum litterarum Obviously this letter is not a reply to 366 (XII.11), as Schmidt supposed, but Cicero may refer to that letter and another received subsequently.

2, 4–5 ut...procedant 'Even supposing everything goes on prosperously'; so, rightly, T.–P., comparing *ad Brut.* 17.3 *nos te tuumque exercitum exspectamus, sine quo, ut reliqua ex sententia succedant, vix satis liberi videmur fore.* Nardo takes as final.

7 anno 41.

422 (XI.15)

News of Plancus' junction with D. Brutus (§1) will have reached Rome towards the end of June.

1, 5–6 **litteris communibus** 418 (XI.13*a*).

2, 2 **tecum ipse certa** Cf. *A*. VI, 234.

3 **magistro brevitatis** Cf. 420 (XI.25).1.

423 (X.22)

The identical conclusion indicates that this and the foregoing were composed at a sitting.

1, 2 **litteris vestris** 418 (XI.13*a*).

2, 1 **de re agraria** Plancus, like D. Brutus (cf. 401 (XI.20).1), will have wanted personal control over the assignment of land to his troops.

6 **eo ⟨senatus consulto⟩** The terms of this decree seem to have been imprecise. It should not be confused with that which set up the Commission of Ten (cf. 401 (XI.20).1n.).

7 **quis fuerit** Probably Servilius Isauricus, always a stumbling-block where Plancus' interests were concerned.

424 (X.26)

Perhaps dispatched along with the two foregoing.

1, 2 **illud** The loss of Narbonensis. At Cularo the republican forces were still well inside that province.

6 **cuius** Furnius himself.

8–10 **scribis...sis** 'You write that if the elections are put off till August, you will soon be here, and if they have already taken place, sooner still, since you have been a fool at the risk of your neck long enough.'

2, 1–2 **qui...discas** Furnius must have been a practised advocate.

2 **candidatum te putas** At such a time such things meant nothing.

4 **ut scribis** This second version of Furnius' words seems to be a paraphrase.

8 **levissimi et divulgatissimi** Caesar had increased the number of Praetors from eight to sixteen. The competition in 43 was however very keen; cf. 435 (XI.17).1.

3, 4–5 **quam omnes sequuntur** On the Roman cult of *gloria* see W. Kroll, *Kultur der ciceronischen Zeit* (1933), 45ff.

5 **Calvisius** Cf. 403 (x.25).3n.

8–9 **in Ianuarium mensem** The order is unusual, though found in *Att.* 116 (VI.2).6 and *Sest.* 74.

10 **vince...vale** Cf. 411 (XI.25) fin.

425 (XII.10)

2, 2 **litteris tuis** 387 (XII.12).

6 **sin quid forte titubatum** Lit. 'if there should have been any stumbling.' Cf. *Div. in Caec.* 72 *si tantulum offensum titubatumque sit*; Plaut. *Mil.* 946 *ne quid ubi miles venerit titubetur.* Similarly to Brutus (1.3) *ut intellegas aut, si hoc tempore bene res gesta sit, tibi meliorem rem publicam esse faciendam aut, si quid offensum sit, per te esse eandem reciperandam.*

4, 3 **tamen** Even if not required for military victory, Cassius and Brutus would still be needed politically.

426 (X.29)

The recipient is Ap. Claudius Pulcher *maior*, son of Gaius (*A.* II, 154; cf. 84 (VIII.8).2n.). See also the following letter to D. Brutus.

1 **incolumitatem** Appius had apparently been declared a public enemy along with Antony's other followers after the battle of Mutina (cf. *ad Brut.* 10).

7 **in maxima re** Just what this was cannot be determined.

8 **nulla re** Cf. 23 (V.17).2 *nulla re saluti tuae defui* and other passages cited by Müller ad loc.

427 (XI.22)

T.–P. think it probable that this letter accompanied the foregoing, and compare 235 (VI.8) and 236 (VI.9) to Caecina and Furfanus. But Cicero says nothing to Appius about his letter to D. Brutus, nor does it appear that Appius was travelling to Gaul. The purpose of the letter seems to have been to enlist Decimus' support for a move in the Senate to restore Appius' civic rights. Whether it was written before or after 426 (X.29) is not clear.

1, 8 **propter patris restitutionem** C. Claudius (Clodius) Pulcher, condemned *de repetundis* in 51 (or possibly earlier; cf. 84 (VIII.8).2n.), must have been recalled from exile by Antony, whether in 49 (cf. *Phil.* II.56) or 44 (ibid. 98).

2, 2 **[vel probabilem]** From *Philol.* 105 (1961), 267: *vel* is supposed to mean 'at least', and Madvig's second thoughts on *Fin.* IV.43 are appealed to. Madvig overlooked the point that in passages like Plin.

Ep. 1.12.8 *ut scilicet isti latroni vel uno die supersim* or Suet. *Nero,* 47.2 *vel Aegypti praefecturam concedi sibi oraret,* where *vel* can be translated 'even', the implied comparison is with something more or better, whereas here and in *Fin.* IV.43 it is with something less or worse. You might say, at any rate in silver Latinity, *causam vel probabilem inducam,* meaning 'I shall put forward even a plausible reason (since I cannot find a true one)'; you cannot say it meaning 'I shall put forward a reason which is at any rate plausible' (i.e. better than an implausible reason or none at all). Nor is the sense here satisfactory. Why should Cicero imply that the excuse is in fact (and not merely in Decimus' opinion) a poor one? And why *aliquam* (needless after *probabilem*)? *vel probabilem* may have been a marginal note by someone who felt that *aliquam* needed an explanation. *habebis* = *duces*: 'So, even if you won't find the excuse entirely valid, still you will be able to put forward *some* excuse.'

428 (X.24)

Chronologically the last letter in the correspondence. Shortly after its dispatch Octavian crossed the Rubicon and marched on Rome.

1, 4–5 **neque ego...orationis** 'And it goes against the grain to acquit myself of your splendid benefactions with so cheap a commodity as words.'

6 **diligentia** So Lambinus for *indulgentia* (the Ambrosianus has the converse corruption in *Att.* 174A (IX.17A).2), which would not be offered by a Plancus to a Cicero; nor does it fit aptly between the nouns preceding and following. Lambinus made the same substitution below, but the uncouth and silly repetition, which maintains itself in modern texts, should be trimmed. *indulgentia, adsiduitate* is a copyist's mechanical reiteration, prompted by the reappearance of *observantia*.

2, 2–3 **nihil...scio** 'For I know that none but patriotic thoughts are in my mind.'

3 **ornari** 'To be provided for'; cf. 425 (XII.10).2 *quem quidem ego exercitum quibuscumque potuero rebus ornabo.*

3, 1 **nos...sustinuimus** 'So far we have maintained the situation here wholly uncompromised.'

3 **ta⟨m optabi⟩lis** Plancus uses this adjective in 358 (X.4).3; cf. *ad Brut.* 5.2 *ea quoque habuit exitum optabilem.* For earlier proposals, most of them totally implausible, see T.–P.

8 **ex omnibus** I.e. of the recently recruited legions.

9 **octo** Three had been recruited by Pansa, the rest by Decimus.

10–12 **quantum...habemus** 'We have seen only too often how much reliance can be placed on raw troops in battle.' Cf. 104

(xv.1).5 *ut neque exspectandum ab iis neque committendum iis quicquam esse videatur.*

4, 4–5 aliquanto...videbamus 'And we observe that in Caesar's case the distance is considerably less.' *quod ad Caesarem attinet* has been translated 'what belonged [*sic*] to Caesar' – 'a somewhat inelegant expression for Caesar's forces' (T.–P.); but such a use of *attinere ad* cannot be admitted. Some editors expel *ad* and *attinet* as reflecting *quod ad Caesaris amorem attinet* below, taking *videbamus* with what follows: 'because we see' (or 'saw') 'that Caesar is somewhat closer'. Or *hunc* (sc. *Caesaris exercitum*) might fall out after *autem* and *quod ad Caesarem attinet* be then added for explanation in the margin. However, it seems best to retain the text, taking *quod...attinet* as a periphrasis for *Caesarem*. There may be something similar in Liv. iii.14.2 *cum velut victores tribuni perculsis patribus Caesonis exilio prope perlatam esse crederent legem, et quod ad seniores patrum pertineret cessissent* (v.l. *cessisse*) *possessione rei publicae, iuniores...non minuerunt animos* (read *cessisset?*).

5, 1 scis tu, sqq. 'You are well aware, my dear Cicero, that so far as affection for Caesar is concerned you and I are partners. Even during the late Caesar's lifetime, as an intimate of his, I was bound to have a care and a regard for the young man. So far as I could tell, his disposition was eminently moderate and gentle. By Caesar's decision and that of you all he has been given the place of Caesar's son, and I think it would be to my discredit, considering the conspicuously friendly relations between Caesar and myself, if I did not look upon him as such. At the same time (and whatever I write to you, believe me, is written more in sorrow than in any spirit of ill-will), the fact that Antony is alive today, that Lepidus is by his side, that they have armies by no means contemptible, that their hopes and audacity run high – for all this they can thank Caesar.'

2 in familiaritate Caesaris Here and below the context leaves no doubt that the Dictator is meant.

5 sensus Cf. *A.* iv, 391.

6 vestro Octavian's title to the name of Caesar had been generally recognized, as by Cicero in the Philippics, though it was not formally established until the adoption was sanctioned by the Curies in August.

6, 6 ex eo tempore Plancus goes on as though he had written *eo tempore* or *ut ex eo tempore incipiam.*

8 aversissimam Pompeian sympathies were traditionally strong in Spain. *adversissimam* could easily be right; cf. Tac. *Hist.* iii.13 *adversas Gallias Hispaniasque.*

11 semestris *bimestris* can hardly be accepted as 'an exaggeration' (or rather understatement) 'prompted by petulance' (T.–P.). *semes-*

tris (= *vimestris*) is palaeographically practically the same thing. Octavian's demand is first mentioned in a letter of mid(?) June (*ad Brut.* 18.3).

12 **insulsa** 'Tasteless.'

13 **exputare** The metaphorical sense 'isolate' (i.e. 'get to the bottom of') comes from the literal 'thoroughly cleanse or prune'; cf. Colum. *R.R.* IV.30.6 *in exputanda silice*; Gell. VII.5.9 *argentum*...'*putum*' *dictum est quasi exputatum excoctumque omnique aliena materia carens.*

7, 2 **necessarii** To wit his stepfather L. Philippus and his brother-in-law C. Marcellus.

7-8 **plurimum ipsum iuvero** 'I shall have done *him* a great service.'

8, 2 **neque...putamus** 'We do not see our way quite clear to a decisive engagement.'

9 **ex castris** Probably still at Cularo, since Plancus says nothing about a move.

429 (XII.21)

This and the following three letters to Cornificius cannot be dated precisely.

1 **C. Anicius** Cf. 210 (VII.26).2n.

7 **ut...lictores darem** Cf. Mommsen, *St.* I, 386f.

7-8 **quod idem acceperam** 'Having received the same privilege myself.' This may have happened when Cicero visited Sicily in 70 to gather evidence against Verres and on visits to Cisalpine Gaul (cf. *Att.* 124 (VII.1).4). Without *id* the meaning would be 'which I had been told and had personally known was commonly done'.

10 **erit...gratissimum** Cf. 310 (XIII.39).

430 (XII.24.3)

Nardo's suspicion that this is a separate letter from 361 (XII.24.1-2) is probably right, the MSS having nothing to say to the matter; though letters of recommendation are occasionally combined with other content (cf. 82 (VIII.9).4, 114 (IX.25).2, 212 (XIII.77).2, 399 (XI.19).2). This Pinarius is likely to be the young man mentioned in *Q.Fr.* III.1.22 (*is homo semper me delectavit*): cf. *A.* III, 253.

4 **Dionysi** Probably the Attius Dionysius of 417 (XII.30).5, not Pomponius Dionysius, formerly tutor to the young Ciceros.

431 (XII.26)

1, 2 similis sui   I.e. *equites* (cf. 432 (XII.27))? But see below.

Cn. Saturninum, sqq.   Of these six heirs Sex. Aufidius reappears in the next letter. Q. Considius Gallus is identified by Syme (*Historia* 13 (1964), 163) with the capitalist of *Att.* 12 (1.12).1 (cf. *A.* 1, 298), whom he distinguishes from the aged Senator of *Att.* 44 (11.24).4. It seems more likely that these two are identical and that Gallus was a younger man, perhaps a relative (but see Wiseman, *New men*, 225f.). The gentilicia Anneus (cf. Anneius, Annaeus) and Rubellinus are epigraphically attested; cf. Schulze (*Eigennamen*, 345f., 220). Syme's suggestion that Cn. Saturninus is to be identified with Annius Saturninus of *Att.* 94 (v.1).2 (who bears a suspicious resemblance to Fannius Saturninus of Val. Max. VI.1.3) is not favoured by the praenomen. Cn. (Sentius) Saturninus senior (see on 97 (VIII.14).1) would be more acceptable. As a Praetor's son with service as Military Tribune(?) *ca* 67 (*Planc.* 27) he can be placed above the *negotiator* Turius socially, but *similis sui* may mean no more than *viros bonos et honestos*.

2, 8 splendore   'splendor pertinet potissimum ad censum equestrem' (Schütz).

432 (XII.27)

3–4 severitas...humanitate   Manutius cites many examples of such combinations, as *Q.Fr.* 1.1.21 *haec illius severitas acerba videretur nisi multis condimentis humanitatis mitigaretur.*

433 (XII.29)

The letter belongs to the first half of 43 (§2 *illis consulibus*). On L. Aelius Lamia see 136 (XIII.62)n. and *A.* III, 203.

1, 8 merita   Cf. 435 (XI.17).1 *magna sunt in me, non dico officia, sed merita.*

iucundissima   With *consuetudo*; cf. 45 (II.1).2 *carui fructu iucundissimae consuetudinis; Att.* 16 (1.16).11 *multa et iucunda consuetudine coniuncti inter nos sumus,* and in the next letter (§2) *nihil mihi eius est familiaritate iucundius.*

10 non puto...exspectare   Cf. *Att.* 10 (1.1).1 *de Palicano non puto te exspectare dum scribam.* In *ad Brut.* 3.4 read *non* (*nunc* vulg.) *scilicet hoc exspectas dum eas laudem.*

11 causa...tanti amoris   'A cause (case) involving so great an affection.'

2, 9–10 consulibus   Antony and Dolabella.

11 **deferebantur** Sc. *ad aerarium.*
12 **Semproniano** Cf. 373 (XII.25).3n.

434 (XI.16)

Evidently written in May or June, after the raising of the siege of Mutina.

1, 2 sollicitudinis Cf. Hor. *Ep.* II.1.219 *multa quidem nobis facimus mala saepe poetae | (ut vineta egomet caedam mea), cum tibi librum | sollicito damus aut fesso.* The hope that D. Brutus might be found *ab omni molestia vacuus* at this period seems unduly sanguine. But the whole paragraph is an expansion of polite formulae like εἰ μή σέ τι κωλύει, on which see Fraenkel, *Horace* (1959), 350 n. 4.

2, 6 princeps 'A leading member'; cf. *Flacc.* 4 *an equites Romanos? indicabitis principes eius ordinis quinquaginta quid cum omnibus senseritis*; Nep. *Att.* 8.3 *principes eius ordinis.* See also on 74 (III.11).3 *principis... iuventutis* and 337 (XVI.21).5 *princeps Atheniensium.*

7 relegatus est He was exiled to a distance of 200 miles from Rome (*Sest.* 29).

8 Romae This would seem to imply that such penalties *had* been imposed by magistrates upon Roman citizens in the provinces.

10 turpissimum est See on 243 (VI.3).3 (*miserrimum est*).

3, 5 equitum centurias The eighteen centuries of *equites equo publico*, who voted with or after the first *classis* (Taylor, *Assemblies*, 96f.), not (as originally) first of all (*praerogativae*). They consisted of young aristocrats and distinguished members of the *ordo equester*, Senators being excluded since the Gracchan period (*Rep.* IV.2).

435 (XI.17)

This letter to M. Brutus seems to have found its way into the correspondence with Decimus by mistake. T.–P. offer three explanations to sustain the praenomen *D* in the heading. (*a*) 'It is quite possible that Cicero may have written two letters and given them to different letter-carriers, in order to make sure of one at least reaching its destination.' The preposterous notion that letters *eodem exemplo* had different texts here makes its final bow. (*b*) 'Or again, he may have heard that Lupus was in Rome, and on hearing it may have written Ep. 888 [i.e. 434 (XI.16)] to urge Decimus to recommend Lamia to Lupus, as the latter would be able to secure the votes of the equites in his favour.' Comment is superfluous. (*c*) 'Or lastly, it is not impossible that Cicero wrote two drafts of the letter, and only dispatched one.' Not impossible, but highly improbable.

In all likelihood, as suggested by B. F. Schmieder (*Historisch-philol. Bemerkungen zu Ciceros Briefen* (1799), 60), the letter was written to M. Brutus. Cicero's letters to him are all headed *CICERO BRUTO S(AL)*.

ADDENDA TO THE COMMENTARY

(*Studies* = *Two studies in Roman nomenclature*, forthcoming as vol. 3 of the American Classical Studies series)

188 (IX.21)

2, 11–12 **valde honoratus** Not, as hitherto supposed, the afore-mentioned Magister Equitum of 340, who became five times Consul and Dictator twice, but his son, also L. Papirius Cursor, cos. 293 and 272.

190 (IX.16)

7, 4 **denarium** The denarius was probably for a single dish or course. According to Plutarch (*Cat. Mai.* 4), Cato the Elder never spent more than 3 denarii (ἀσσαρίων τριάκοντα) on meat for his dinner.

191 (IX.18)

3, 8 **sus Minervam** Add Enn. *Ann.* 105 (Vahlen²) *nam vi depugnare sues stolidi soliti sunt.*

193 (IX.20)

2, 3 **artolagyni** This reading has been restored by J. P. Vallot (Mondadori). The meaning of ἀρτολάγυνος in *Anth. Pal.* XI.38 (King Polemo) ἡ ‖πτωχῶν χαρίεσσα πανοπλίη ἀρτολάγυνος | αὕτη is doubtful, but the association with paupers *is* in its favour as opposed to the former vulgate *artolagani*. So is transcriptional probability and gender. If *artolagani* were right, it would best be taken as adjectival, sc. *panes. panis artolaganus* is a variety of bread in Plin. *N.H.* XVIII.105.

208 (XV.20)

1, 1 **Sabino** The joke is improved if we suppose that he was a slave. The Quinctio of the *Catalepton* might have been a freedman from his name (cf. I. Kajanto, *The Latin cognomina* (1965), 164).

209 (VII.23)

2, 2 **Damasippus** Perhaps a son of the Licinius Crassus Damasippus (*RE* Licinius 65) who perished with Metellus Scipio (*Bell. Afr.* 96) and who is now identified with P. Licinius Crassus Junianus (*RE* Licinius 75). See *Am. Journ. Anc. Hist.* 1 (1976), 162f.) and *Studies,* 46f.

573

5–6 **Musis Metelli**   Cicero generally calls Metellus Scipio 'Scipio', but cf. 344 (XII.2).1 *villa Metelli*, which should have been noticed in *Studies*, 107.

219 (XVI.18)

1, 9 πέψιν, σύμμετ sqq. ρον may mean simply 'short'; cf. Philostr. *Vit. Ap.* VII.16 ἀφ' ὧν ξύμμετρος ἐς τὴν 'Ρώμην ἀνάπλους.

253 (IV.12)

1, 10 supra Maleas   My reference to Ov. *Am.* II.16.24 overlooks G. P. Goold's solution of the problem in *Harv. Stud.* 69 (1965), 41f. This I accept, saving only that I am inclined to take *vestros* as referring to the *sinus Argolicus* only (= *tuos et Scyllae*) rather than to the two gulfs, Argolicus and Laconicus.

268 (XIII.43)

On the addressee see further *Studies*, 62.

275 (XIII.78)

Allienus could be identical with Q. Caecilius' *subscriptor* mentioned in *Div. in Caec.* 48f.; see *Studies*, 8.

318 (XIII.4)

2, 3–4 ut...vellent   Cf. Enn. *Ann.* 199 (Vahlen[2]) *quorum virtuti belli fortuna pepercit,* | *eorundem libertati me parcere certum est.*

322 (VI.15)

I can no longer accept the customary identification of Caesar's assassin with the son of M. Satrius; see *Studies*, 53f.

328 (XII.16)

3, 12 licuerit   Best taken as potential perfect subjunctive referring to the past, a rare phenomenon; cf. K.–S. 1, 176 and 18 (1.7).3 *intellexerim*. Less likely, future perfect indicative, corresponding to such futures as *huius motus...haec erit causa* (K.–S. 1, 142).

398 (X.17)

3, 4 †de tribus fratribus segaviano†   If *Firmani fratres* in *Att.* 82 (IV.8*a*).3 is indeed a nickname for Pompey and Crassus I wonder whether it has something to do with the name of the town and the soldierly qualities of the inhabitants; cf. Plut. *Cat. Mai.* 13 ὁ Κάτων ἐκέλευσεν αὐτῷ προσελθεῖν ἄνευ τῶν ἄλλων τοὺς Φιρμανούς, οἷς ἀεὶ πιστοῖς ἐχρῆτο καὶ προθύμοις.

403 (x.25)

2, 3–4 satis factum officio Cf. 157 (ix.9).2 *satis factum est iam a te vel officio vel familiaritati, satis factum etiam partibus.*

416 (xii.18)

1, 3–4 confecto...gerimus So in the next letter, §2, *profligato bello... renovatum bellum gerere conamur.*

428 (x.24)

5, 6 vestro On the controversial matter of Octavian's *adrogatio* see *Studies*, 93ff.

CONCORDANCE I

[1] With minor variations from editor to editor. I follow Sjögren.

This edition	Vulg.	This edition	Vulg.
69	III.6	110	XV.4
70	III.8	111	XV.5
71	III.7	112	XV.6
72	III.9	113	VII.32
73	III.10	114	IX.25
74	III.11	115	II.18
75	III.12	116	II.19
76	III.13	117	II.17
77	VIII.1	118	XV.11
78	VIII.2	119	XIV.5
79	VIII.3	120	XVI.1
80	II.8	121	XVI.2
81	VIII.4	122	XVI.3
82	VIII.9	123	XVI.4
83	VIII.5	124	XVI.5
84	VIII.8	125	XVI.6
85	II.9	126	XVI.7
86	II.10	127	XVI.9
87	VIII.10	128	V.20
88	VIII.6	129	XIII.55
89	II.14	130	XIII.53
90	II.11	131	XIII.56
91	VIII.11	132	XIII.54
92	VIII.7	133	XIII.57
93	II.13	134	XIII.65
94	VIII.13	135	XIII.61
95	II.12	136	XIII.62
96	II.15	137	XIII.63
97	VIII.14	138	XIII.64
98	VIII.12	139	XIII.9
99	XV.7	140	XIII.58
100	XV.8	141	XIII.59
101	XV.9	142	XIII.48
102	XV.12	143	XVI.11
103	XV.3	144	XIV.18
104	XV.1	145	XIV.14
105	XV.2	146	XVI.12
106	XV.14	147	XVI.8
107	II.7	148	VII.27
108	XV.10	149	VIII.15
109	XV.13	150	IV.1

CONCORDANCES

This edition	Vulg.	This edition	Vulg.
233	IV.10	274	XIII.47
234	VI.6	275	XIII.78
235	VI.8	276	XIII.79
236	VI.9	277	XIII.10
237	VI.7	278	XIII.11
238	XIII.66	279	XIII.12
239	VI.5	280	XIII.13
240	IV.14	281	XIII.14
241	IV.15	282	XIII.29
242	VI.1	283	XIII.17
243	VI.3	284	XIII.18
244	VI.4	285	XIII.19
245	VI.2	286	XIII.20
246	VI.21	287	XIII.21
247	VI.20	288	XIII.22
248	IV.5	289	XIII.23
249	IV.6	290	XIII.24
250	IX.11	291	XIII.25
251	V.14	292	XIII.26
252	V.15	293	XIII.27
253	IV.12	294	XIII.28
254	IX.8	295	XIII.28 *a*
255	V.9	296	XIII.67
256	V.10 *a*.3	297	XIII.69
257	V.11	298	XIII.70
258	V.10 *b*	299	XIII.71
259	V.10 *a*.1–2	300	XIII.72
260	VII.24	301	XIII.30
261	VII.25	302	XIII.31
262	VI.19	303	XIII.32
263	IX.12	304	XIII.33
264	VII.29	305	XIII.34
265	VII.30	306	XIII.35
266	XIII.50	307	XIII.36
267	VII.31	308	XIII.37
268	XIII.43	309	XIII.38
269	XIII.74	310	XIII.39
270	XIII.44	311	IX.13
271	XIII.45	312	XIII.52
272	XIII.46	313	XIII.49
273	XIII.73	314	XIII.2

CONCORDANCES

This edition	Vulg.	This edition	Vulg.
397	XI.18	417	XII.30
398	X.17	418	XI.13a
399	XI.19	419	XII.13
400	X.34a	420	XI.25
401	XI.20	421	XII.9
402	XI.23	422	XI.15
403	X.25	423	X.22
404	X.16	424	X.26
405	XII.14	425	XII.10
406	XII.15	426	X.29
407	X.20	427	XI.22
408	X.35	428	X.24
409	X.33	429	XII.21
410	XI.26	430	XII.24.3
411	XI.21	431	XII.26
412	XI.24	432	XII.27
413	XI.14	433	XII.29
414	X.23	434	XI.16
415	X.32	435	XI.17
416	XII.8		

CONCORDANCE II

Vulg.	This edition	Vulg.	This edition
I.1	12	II.3	47
I.2	13	II.4	48
I.3	56	II.5	49
I.4	14	II.6	50
I.5a	15	II.7	107
I.5b	16	II.8	80
I.6	17	II.9	85
I.7	18	II.10	86
I.8	19	II.11	90
I.9	20	II.12	95
I.10	21	II.13	93
		II.14	89
II.1	45	II.15	96
II.2	46	II.16	154

CONCORDANCES

Vulg.	This edition	Vulg.	This edition
VII.1	24	VIII.7	92
VII.2	52	VIII.8	84
VII.3	183	VIII.9	82
VII.4	199	VIII.10	87
VII.5	26	VIII.11	91
VII.6	27	VIII.12	98
VII.7	28	VIII.13	94
VII.8	29	VIII.14	97
VII.9	30	VIII.15	149
VII.10	33	VIII.16	153
VII.11	34	VIII.17	156
VII.12	35		
VII.13	36	IX.1	175
VII.14	38	IX.2	177
VII.15	39	IX.3	176
VII.16	32	IX.4	180
VII.17	31	IX.5	179
VII.18	37	IX.6	181
VII.19	334	IX.7	178
VII.20	333	IX.8	254
VII.21	332	IX.9	157
VII.22	331	IX.10	217
VII.23	209	IX.11	250
VII.24	260	IX.12	263
VII.25	261	IX.13	311
VII.26	210	IX.14	326
VII.27	148	IX.15	196
VII.28	200	IX.16	190
VII.29	264	IX.17	195
VII.30	265	IX.18	191
VII.31	267	IX.19	194
VII.32	113	IX.20	193
VII.33	192	IX.21	188
		IX.22	189
		IX.23	198
VIII.1	77	IX.24	362
VIII.2	78	IX.25	114
VIII.3	79	IX.26	197
VIII.4	81		
VIII.5	83	X.1	340
VIII.6	88	X.2	341

CONCORDANCES

Vulg.	This edition	Vulg.	This edition
XII.14	405	XIII.20	286
XII.15	406	XIII.21	287
XII.16	328	XIII.22	288
XII.17	204	XIII.23	289
XII.18	205	XIII.24	290
XII.19	206	XIII.25	291
XII.20	339	XIII.26	292
XII.21	429	XIII.27	293
XII.22	346	XIII.28	294
XII.22a	357	XIII.28a	295
XII.23	347	XIII.29	282
XII.24	361	XIII.30	301
XII.24.3	430	XIII.31	302
XII.25	373	XIII.32	303
XII.25a	383	XIII.33	304
XII.26	431	XIII.34	305
XII.27	432	XIII.35	306
XII.28	374	XIII.36	307
XII.29	433	XIII.37	308
XII.30	417	XIII.38	309
		XIII.39	310
XIII.1	63	XIII.40	59
XIII.2	314	XIII.41	54
XIII.3	315	XIII.42	53
XIII.4	318	XIII.43	268
XIII.5	319	XIII.44	270
XIII.6	57	XIII.45	271
XIII.6a	58	XIII.46	272
XIII.7	320	XIII.47	274
XIII.8	321	XIII.48	142
XIII.9	139	XIII.49	313
XIII.10	277	XIII.50	266
XIII.11	278	XIII.51	61
XIII.12	279	XIII.52	312
XIII.13	280	XIII.53	130
XIII.14	281	XIII.54	132
XIII.15	317	XIII.55	129
XIII.16	316	XIII.56	131
XIII.17	283	XIII.57	133
XIII.18	284	XIII.58	140
XIII.19	285	XIII.59	141

CONCORDANCES

CONCORDANCES

Vulg.	This edition	Vulg.	This edition
XVI.15	42	XVI.22	185
XVI.16	44	XVI.23	330
XVI.17	186	XVI.24	350
XVI.18	219	XVI.25	338
XVI.19	184	XVI.26	351
XVI.20	220	XVI.27	352
XVI.21	337		

INDICES TO VOLUMES I AND II

591

II INDEX NOMINUM (ii)

This index lists proper names which appear in the Commentary, excluding references in Index nominum (i). References are to the Commentary by letter only (meaning introductory note or heading) or by letter, section, and/or line.

III INDEX VERBORUM

To Commentary

A. LATINORUM

B. GRAECORUM

IV INDEX RERUM
To Commentary

debt, 135.5.6; 349.2.16. (*aestima-tio*), 128.9.9; 190.7.12; 191.4.2. (Caesar's regulations), 156.2.2; 190.7.12; 349.2.14 (cf. 348.7.2). (temple deposits), 128.5.3; 131.3.1. (*hypothecae*), 131.2.1, 2. See *faeneratores*

decem viri, 401.1.12; 411.5.3–4

decretum, see *edictum*

decuria (senatorial), 84.5.16.

delatio nominis, see trials

deputy-governors, appointment of, 96.4.2, 2–3; 115

designati (called by title of office), 8.2.7

dibaphus, 154.7.2

dilectus provincialis, 104.5.6

dinners, women seated at, 197.2.1

discessus, see Senate

divinatio, 84.3.11–12

divination (Etruscan), 234.3.2

divorce, notice of, 92.2.4

doctors, 123.1.9–10

ecdici, 131.1.9

edictum/decretum, 131.3.2–3. Censorial edicts, 97.4.2

eggs (at dinner), 193.1.7

elections, 81.2.9 (Curio); 97.1.4 (Augurs). (voting procedure), 79.1.19–20

ellipse, 70.8.2 (*est*); 77.4.1 (*attinet*); 178.2.2 (*sint*); 196.3.7 (*habe(n)t*); 200.1.3 (*erat*); 244.1.6 (*fore*); 262.2.13 (*sciam(us)*); 294.1.5 (*sunt*); 330.1.2 (verb after *verum tamen*); 346.2.7 (*faciam(?)*; *cf.* 362.3.7); 362.3.7 (*iudicent(?)*); 412.2.2–3 (*evenire possunt(?)*). 77.4.12 (*ars*); 91.1.3 (*dies*); 128.6.11–12 (*caput*). 79.1.1 (*me*); 253.2.7 (*se*); 310.7 (*id*)

Ennius, see *Medea*

Epicureans, 35.1.2, 4; 63.3.3; 63.5.3–4; 72.2.5; 197.3.4, 4–5; 213.1.6–7; 214.3.4; 216.2.9. (theory of images), 215.1.6, 8; 215.2.2

equestris census, 311.4.3. equitum centuriae, 434.3.5

Equus Troianus (Livii vel Naevii), 24.2.12; 32.1.1, 6

ethnica and place-adjectives, 70.3.6; 131.1.10; 398.3.4

evocati, 69.5.12

expense allowances, Cicero's, see money

Fabius Gallus, M., *Cato*, 260.2.11

faeneratores, 156.2.2

fevers, 127.3.5–6, 143.1.3

formula fiduciae, 35.2.3

Fortune, 20.7.3. Cf. 111.2.5

freedmen, 128.2.10–11; 297.1.4

Fronto, 197.4.5

frumentum in cellam, see money

future, 7.3.5; 63.1.7–8; 134.2.7; 354.2.2; 382.2.14

games, date of Pompey's in 55, 24, *add.*

gender, 74.1.3 (*dies*); 98.2.6 (*simia*); 364.1.5 (*pestis*)

genitive, 111.1.3; 409.4.1. (adjectival), 18.11.3–4. (appositional), 253.3.12. (defining, with *genus*), 70.2.15; 128.7.9. (partitive), 16.3.3. (quality), 197.4.5; 212.3.3–4; 259.1.11. (with *casus*), 187.5.6–7. (with *fortuna*), 226.1.5–6. (with *furtum*), 351.2.5. (with *iudicium*), 216.3.5. (with *pertinacia*), 174.1.2. (with *potiri?*) 181.3.7. (with *sollicitudo*), 70.2.9. (forms of), 1.2.3 (*nostrum*); 18.3.2 (*studi(i)*); 31.1.3 (*mensum*); 69.5.4 (*mensuum*); 84.6.10 (*senati*); 248.4.10 (*oppidum*); 406.2.23–4 (*amphorum*)

gerund, 45.1.9; 72.3.8; 114.2.2

Graeca via, 24.3.7

'Greeks', 134.1.10. (Cicero's attitude toward), 123.2.5

haruspices, 218.1.5

V INDEX GRAECITATIS
To text